독학사 2단계

컴퓨터공학과

C프로그래밍

시대에듀

머리말 INTRO

학위를 얻는 데 시간과 장소는 더 이상 제약이 되지 않습니다. 대입 전형을 거치지 않아도 '학점은행제'를 통해 학사학위를 취득할 수 있기 때문입니다. 그중 독학학위제도는 고등학교 졸업자이거나 이와 동등 이상의 학력을 가지고 있는 사람들에게 효율적인 학점 인정 및 학사학위 취득의 기회를 줍니다.

학습을 통한 개인의 자아실현 도구이자 자신의 실력을 인정받을 수 있는 스펙인 독학사는 짧은 기간 안에 학사학위를 취득할 수 있는 가장 빠른 지름길로써 많은 수험생들의 선택을 받고 있습니다.

이 책은 독학사 시험을 준비하는 수험생분들이 단기간에 효과적인 학습을 할 수 있도록 다음과 같이 구성하였습니다.

---

01 '기출복원문제'를 수록하여 최근 시험 경향을 파악하고 이에 맞춰 학습할 수 있도록 하였습니다.

02 시행처의 평가영역을 바탕으로 시험에 출제될 수 있는 내용을 정리하여 '핵심이론'으로 구성하였으며, '더 알아두기'와 '체크 포인트'를 통해 관련 내용까지 파악할 수 있도록 하였습니다. (2022년 시험부터 적용되는 개정 평가영역 반영)

03 해당 영역에 맞는 출제 포인트를 분석하여 구성한 '실전예상문제'를 수록하였습니다.

04 최신 출제 유형을 반영한 '최종모의고사(2회분)'를 통해 자신의 실력을 점검해 볼 수 있도록 하였습니다.

05 요점을 정리한 '핵심요약집'으로 전반적인 내용을 한눈에 파악할 수 있도록 하였습니다

시간 대비 학습의 효율성을 높이기 위해 방대한 학습 분량을 최대한 압축하여 정리하였으며, 출제 유형을 반영한 문제들로 구성하도록 노력하였습니다. 이 책으로 학위취득의 꿈을 이루고자 하는 수험생 여러분의 합격을 응원합니다.

편저자 드림

독학학위제 소개 BDES

독학학위제란?

「독학에 의한 학위취득에 관한 법률」에 의거하여 국가에서 시행하는 시험에 합격한 사람에게 학사학위를 수여하는 제도

- 고등학교 졸업 이상의 학력을 가진 사람이면 누구나 응시 가능
- 대학교를 다니지 않아도 스스로 공부해서 학위취득 가능
- 일과 학습의 병행이 가능하여 시간과 비용 최소화
- 언제, 어디서나 학습이 가능한 평생학습시대의 자아실현을 위한 제도
- 학위취득시험은 4개의 과정(교양, 전공기초, 전공심화, 학위취득 종합시험)으로 이루어져 있으며 각 과정별 시험을 모두 거쳐 학위취득 종합시험에 합격하면 학사학위 취득

독학학위제 전공 분야 (11개 전공)

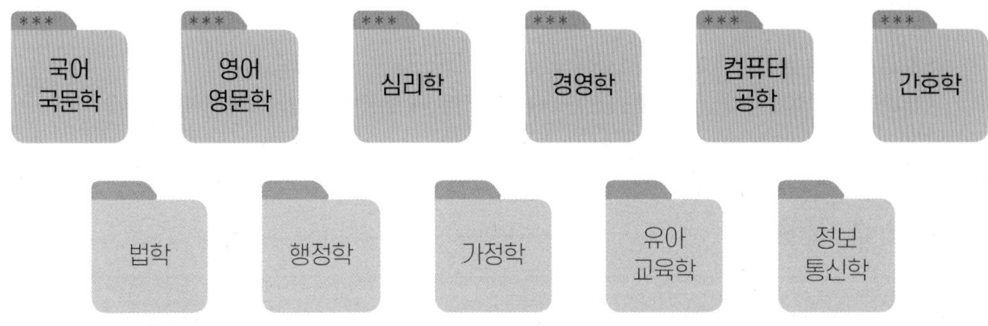

※ 유아교육학 및 정보통신학 전공 : 3, 4과정만 개설
(정보통신학의 경우 3과정은 2025년까지, 4과정은 2026년까지만 응시 가능하며, 이후 폐지)
※ 간호학 전공 : 4과정만 개설
※ 중어중문학, 수학, 농학 전공 : 폐지 전공으로, 기존에 해당 전공 학적 보유자에 한하여 2025년까지 응시 가능

※ 시대에듀는 현재 4개 학과(심리학과, 경영학과, 컴퓨터공학과, 간호학과) 개설 완료
※ 2개 학과(국어국문학과, 영어영문학과) 개설 중

독학학위제 시험안내 INFORMATION

과정별 응시자격

단계	과정	응시자격	과정(과목) 시험 면제 요건
1	교양	고등학교 졸업 이상 학력 소지자	• 대학(교)에서 각 학년 수료 및 일정 학점 취득 • 학점은행제 일정 학점 인정 • 국가기술자격법에 따른 자격 취득 • 교육부령에 따른 각종 시험 합격 • 면제지정기관 이수 등
2	전공기초		
3	전공심화		
4	학위취득	• 1~3과정 합격 및 면제 • 대학에서 동일 전공으로 3년 이상 수료 (3년제의 경우 졸업) 또는 105학점 이상 취득 • 학점은행제 동일 전공 105학점 이상 인정 (전공 28학점 포함) • 외국에서 15년 이상의 학교교육과정 수료	없음(반드시 응시)

응시방법 및 응시료

- 접수방법 : 온라인으로만 가능
- 제출서류 : 응시자격 증빙서류 등 자세한 내용은 홈페이지 참조
- 응시료 : 20,700원

독학학위제 시험 범위

- 시험 과목별 평가영역 범위에서 대학 전공자에게 요구되는 수준으로 출제
- 독학학위제 홈페이지(bdes.nile.or.kr) → 학습정보 → 과목별 평가영역에서 확인

문항 수 및 배점

과정	일반 과목			예외 과목		
	객관식	주관식	합계	객관식	주관식	합계
교양, 전공기초 (1~2과정)	40문항×2.5점 =100점	–	40문항 100점	25문항×4점 =100점	–	25문항 100점
전공심화, 학위취득 (3~4과정)	24문항×2.5점 =60점	4문항×10점 =40점	28문항 100점	15문항×4점 =60점	5문항×8점 =40점	20문항 100점

※ 2017년도부터 교양과정 인정시험 및 전공기초과정 인정시험은 객관식 문항으로만 출제

합격 기준

■ 1～3과정(교양, 전공기초, 전공심화) 시험

단계	과정	합격 기준	유의 사항
1	교양	매 과목 60점 이상 득점을 합격으로 하고, 과목 합격 인정(합격 여부만 결정)	5과목 합격
2	전공기초		6과목 이상 합격
3	전공심화		

■ 4과정(학위취득) 시험 : 총점 합격제 또는 과목별 합격제 선택

구분	합격 기준	유의 사항
총점 합격제	• 총점(600점)의 60% 이상 득점(360점) • 과목 낙제 없음	• 6과목 모두 신규 응시 • 기존 합격 과목 불인정
과목별 합격제	매 과목 100점 만점으로 하여 전 과목(교양 2, 전공 4) 60점 이상 득점	• 기존 합격 과목 재응시 불가 • 1과목이라도 60점 미만 득점하면 불합격

시험 일정

■ 컴퓨터공학과 2단계 시험 과목 및 시간표

구분(교시별)	시간	시험 과목명
1교시	09:00～10:40(100분)	논리회로, C프로그래밍
2교시	11:10～12:50(100분)	자료구조, 객체지향프로그래밍
중식 12:50～13:40(50분)		
3교시	14:00～15:40(100분)	웹프로그래밍, 컴퓨터구조
4교시	16:10～17:50(100분)	운영체제, 이산수학

※ 시험 일정 및 세부사항은 반드시 독학학위제 홈페이지(bdes.nile.or.kr)를 통해 확인하시기 바랍니다.
※ 시대에듀에서 개설된 과목은 빨간색으로 표시하였습니다.

독학학위제 출제방향 GUIDE

국가평생교육진흥원에서 고시한 과목별 평가영역에 준거하여 출제하되, 특정한 영역이나 분야가 지나치게 중시되거나 경시되지 않도록 한다.

독학자들의 취업 비율이 높은 점을 감안하여, 과목의 특성을 반영하는 범주 내에서 학문적이고 이론적인 문항뿐만 아니라 실무적인 문항도 출제한다.

단편적 지식의 암기로 풀 수 있는 문항의 출제는 지양하고, 이해력 · 적용력 · 분석력 등 폭넓고 고차원적인 능력을 측정하는 문항을 위주로 한다.

이설(異說)이 많은 내용의 출제는 지양하고 보편적이고 정설화된 내용에 근거하여 출제하며, 그럴 수 없는 경우에는 해당 학자의 성명이나 학파를 명시한다.

교양과정 인정시험(1과정)은 대학 교양교재에서 공통적으로 다루고 있는 기본적이고 핵심적인 내용을 출제하되, 교양과정 범위를 넘는 전문적이거나 지엽적인 내용의 출제는 지양한다.

전공기초과정 인정시험(2과정)은 각 전공영역의 학문을 연구하기 위하여 각 학문 계열에서 공통적으로 필요한 지식과 기술을 평가한다.

전공심화과정 인정시험(3과정)은 각 전공영역에 관하여 보다 심화된 전문적인 지식과 기술을 평가한다.

학위취득 종합시험(4과정)은 시험의 최종 과정으로서 학위를 취득한 자가 일반적으로 갖추어야 할 소양 및 전문지식과 기술을 종합적으로 평가한다.

교양과정 인정시험 및 전공기초과정 인정시험의 시험방법은 객관식(4지택1형)으로 한다.

전공심화과정 인정시험 및 학위취득 종합시험의 시험방법은 객관식(4지택1형)과 주관식(80자 내외의 서술형)으로 하되, 과목의 특성에 따라 다소 융통성 있게 출제한다.

독학학위제 합격수기 COMMENT

"저는 학사편입 제도를 이용하기 위해 2~4단계 시험에 순차로 응시했고 한 번에 합격했습니다. 아슬아슬한 점수라서 부끄럽지만 독학사는 자료가 부족해서 부족하나마 후기를 쓰는 것이 도움이 될까 하여 제 합격전략을 정리하여 알려 드립니다.

#1. 교재와 전공서적을 가까이에!

학사학위 취득은 본래 4년을 기본으로 합니다. 독학사는 이를 1년으로 단축하는 것을 목표로 하는 시험이라 실제 시험도 변별력을 높이는 몇 문제를 제외한다면 기본이 되는 중요한 이론 위주로 출제됩니다. 시대에듀의 독학사 시리즈 역시 이에 맞추어 중요한 내용이 일목요연하게 압축 · 정리되어 있습니다. 빠르게 훑어보기 좋지만 내가 목표로 한 전공에 대해 자세히 알고 싶다면 전공서적과 함께 공부하는 것이 좋습니다. 교재와 전공서적을 함께 보면서 교재에 전공서적 내용을 정리하여 단권화하면 시험이 임박했을 때 교재 한 권으로도 자신 있게 시험을 치를 수 있습니다.

#2. 시간확인은 필수!

쉬운 문제는 금방 넘어가지만 지문이 길거나 어렵고 헷갈리는 문제도 있고, OMR 카드에 마킹까지 해야 하니 실제로 주어진 시간은 더 짧습니다. 앞부분에 어려운 문제가 있다고 해서 시간을 많이 허비하면 쉽게 풀 수 있는 뒷부분 문제들을 놓칠 수 있습니다. 문제 푸는 속도가 느려지면 집중력도 떨어집니다. 그래서 어차피 배점은 같으니 아는 문제를 최대한 많이 맞히는 것을 목표로 했습니다.

① 어려운 문제는 빠르게 넘기면서 문제를 끝까지 다 풀고 ② 확실한 답부터 우선 마킹한 후 ③ 다시 시험지로 돌아가 건너뛴 문제들을 다시 풀었습니다. 확실히 시간을 재고 문제를 많이 풀어봐야 실전에 도움이 되는 것 같습니다.

#3. 문제풀이의 반복!

여느 시험과 마찬가지로 문제는 많이 풀어볼수록 좋습니다. 이론을 공부한 후 예상문제를 풀다보니 부족한 부분이 어딘지 확인할 수 있었고, 공부한 이론이 시험에 어떤 식으로 출제될지 예상할 수 있었습니다. 그렇게 부족한 부분을 보충해가며 문제유형을 파악하면 이론을 복습할 때도 어떤 부분을 중점적으로 암기해야 할지 알 수 있습니다. 이론 공부가 어느 정도 마무리되었을 때 시계를 준비하고 모의고사를 풀었습니다. 실제 시험시간을 생각하면서 예행연습을 하니 시험 당일에는 덜 긴장할 수 있었습니다.

학위취득을 위해 오늘도 열심히 학습하시는 수험생 여러분에게도 합격의 영광이 있길 기원하면서 이만 줄입니다."

이 책의 구성과 특징 STRUCTURES

01 기출복원문제

'기출복원문제'를 풀어 보면서 독학사 시험의 기출 유형과 경향을 파악해 보세요.

C프로그래밍

기출복원문제

※ 본 문제는 다년간 독학사 컴퓨터공학과 2단계 시험에서 출제된 기출문제를 복원한 것입니다. 문제의 난이도와 수험경향 파악용으로 사용하시길 권고드립니다. 본 기출복원문제에 대한 무단복제 및 전제를 금하며 저작권은 시대에듀에 있음을 알려드립니다.

01 다음 중 C언어의 기본 구성 요소에 포함되지 않는 것은?

① 변수
② 함수
③ 객체
④ 전처리기 지시자

01 C언어의 기본 구성 요소에는 변수, 함수, 전처리기 지시자가 포함된다. 객체는 객체지향프로그래밍(OOP)에서 사용하는 개념이며, C언어는 절차적 프로그래밍 언어로서 기본적으로 객체지향을 지원하지 않는다.

02 C프로그램의 작성 과정에서 가장 먼저 해야 할 일은 무엇인가?

① 디버깅을 시작한다.
② 프로그램을 컴파일한다.
③ 프로그램의 실행 파일을 생성한다.
④ 프로그램의 목적을 정의하고 설계한다.

02 C프로그램을 작성할 때 가장 먼저 해야 할 일은 프로그램의 목적을 정의하고 설계하는 것이다. 이 단계에서 프로그램이 무엇을 해야 하는지, 어떤 기능을 구현해야 하는지를 명확히 하는 것이 중요하며, 이후에 코딩, 컴파일, 디버깅, 실행 파일 생성 등의 단계가 이어진다.

03 다음 중 알고리즘에 대한 설명으로 올바른 것은?

① 데이터의 저장 방식이다.

03 알고리즘은 문제를 해결하기 위한 단계적 절차이다. 알고리즘은 주어진 문제를 해결하는 데 필요한 작업

02 핵심이론

평가영역을 바탕으로 꼼꼼하게 정리된 '핵심이론'을 통해 꼭 알아야 하는 내용을 명확히 파악해 보세요.

제 1 장 C언어의 개요

제1절 C언어의 역사 및 특징

1 컴퓨터 프로그램의 개념

컴퓨터 소프트웨어는 컴퓨터의 시스템을 구성하는 주요 요소 중 하나이다. 프로그램, 데이터 등의 무형(형태가 없는) 구성요소를 가리키며, 디지털 컴퓨터의 소프트웨어는 모든 비트가 0과 1의 수로 이루어져 있다. 우리가 컴퓨터를 사용하는 목적은 소프트웨어를 이용하거나 처리하기 위함이며, 소프트웨어가 없는 컴퓨터(즉 하드웨어)는 그냥 빈 껍질이다. 그런 컴퓨터에 전원을 넣어봐야 아무 일도 일어나지 않는다. 간혹 소프트웨어의 반대말이 하드웨어라고 생각하나, 둘 다 컴퓨터 시스템을 구성하는 구성요소이고 상호 보완적인 기능을 하며, 반대말은 아니다.
프로그래밍이란 프로그램을 만드는 것을 뜻한다. 그리고 여기에서의 프로그램은 대체로 컴퓨터에서 동작하는 프로그램을 말한다. 따라서 프로그래밍이라고 하면 대개 컴퓨터 프로그래밍을 뜻하며, 수집한 여러 가지 데이터(data)에 대해 정해진 절차대로 특별한 처리를 수행하여 의사 결정에 사용할 수 있는 정보(information)를 얻기 위해 컴퓨터에게 내리는 명령을 모아놓은 것을 말한다. 또 프로그래밍을 하는 도구를 '개발자 도구' 또는 '개발환경(IDE : Integrated Development Environment)'이라고 부르고 프로그래밍 언어는 프로그래밍을 하는 방식 또는 절차를 말하며 프로그래밍을 하는 사람을 프로그래머라고 한다.

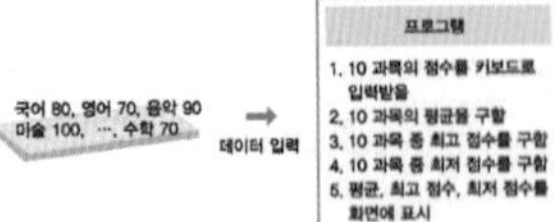

프로그램

1. 10 과목의 점수를 키보드로 입력받음
2. 10 과목의 평균을 구함
3. 10 과목 중 최고 점수를 구함
4. 10 과목 중 최저 점수를 구함
5. 평균, 최고 점수, 최저 점수를 화면에 표시

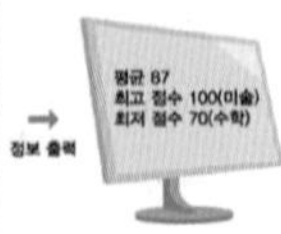

[그림 1-1] 컴퓨터 프로그램의 개념

제 1 장 | 실전예상문제

01 초기 C언어의 목적은 UNIX운영체제를 보다 쉽게 개발하기 위해서이다.

01 다음 중 C언어의 역사에 대한 설명으로 잘못된 것은?
① 1972년 데니스 리치에 의해 Unix에서 사용되기 위해 개발된 언어이다.
② C++은 C에서 객체 지향형 언어로 발전된 것이다.
③ UNIX의 기반이 되는 언어는 C언어이다.
④ 초기 C언어의 목적은 Linux를 쉽게 개발하기 위해서이다.

02 C언어는 범용 고급 프로그래밍 언어이다.

02 다음 중 C언어의 특징을 잘못 설명한 것은?

03 실전예상문제

'핵심이론'에서 공부한 내용을 바탕으로 '실전예상문제'를 풀어 보면서 문제를 해결하는 능력을 길러 보세요.

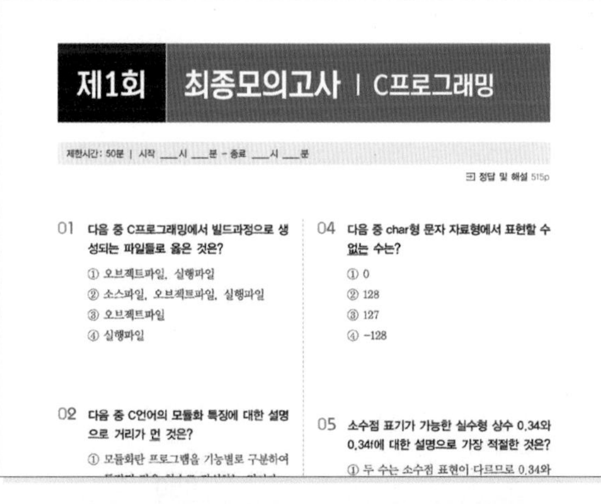

제1회 최종모의고사 | C프로그래밍

제한시간 : 50분 | 시작 ___시 ___분 - 종료 ___시 ___분

정답 및 해설 515p

01 다음 중 C프로그래밍에서 빌드과정으로 생성되는 파일들로 옳은 것은?
① 오브젝트파일, 실행파일
② 소스파일, 오브젝트파일, 실행파일
③ 오브젝트파일
④ 실행파일

02 다음 중 C언어의 모듈화 특징에 대한 설명으로 거리가 먼 것은?
① 모듈화란 프로그램을 기능별로 구분하여

04 다음 중 char형 문자 자료형에서 표현할 수 없는 수는?
① 0
② 128
③ 127
④ −128

05 소수점 표기가 가능한 실수형 상수 0.34와 0.34f에 대한 설명으로 가장 적절한 것은?
① 두 수는 소수점 표현이 다르므로 0.34와

04 최종모의고사

'최종모의고사'를 실제 시험처럼 풀어 보며 실력을 점검해 보세요.

C프로그래밍
시험장에 가져가는 핵심요약집

제1장 C언어의 개요

제1절 C언어의 역사 및 특징

1 컴퓨터 프로그램의 개념
프로그래밍을 하는 도구를 '개발자 도구' 또는 '개발환경(IDE : Integrated Development Environment)'이라고 부르고, 프로그래밍 언어는 프로그래밍을 하는 방식 또는 절차를 말하며, 프로그래밍을 하는 사람을 프로그래머라고 함

2 C언어의 탄생
C언어는 1972년 켄 톰슨과 데니스 리치가 벨 연구소에서 일할 당시 새로 개발된 유닉스 운영 체제에서 사용하기 위해 개발한 프로그래밍 언어임

ALGOL	1960년 국제위원회에서 제작
CPL	1963년 캠브리지와 런던대학에서 공동제작(Combined Programming Language)

05 핵심요약집

요점을 정리한 '핵심요약집'으로 전반적인 내용을 한눈에 파악해 보세요.

목차 CONTENTS

PART 1 기출복원문제

PART 2 핵심이론 & 실전예상문제

목차 CONTENTS

C프로그래밍

합격의 공식 시대에듀 www.sdedu.co.kr

기출복원문제

출/ 제/ 유/ 형/ 완/ 벽/ 파/ 악/

훌륭한 가정만한 학교가 없고, 덕이 있는 부모만한 스승은 없다.

– 마하트마 간디 –

C프로그래밍

기출복원문제

※ 본 문제는 다년간 독학사 컴퓨터공학과 2단계 시험에서 출제된 기출문제를 복원한 것입니다. 문제의 난이도와 수험경향 파악용으로 사용하시길 권고드립니다. 본 기출복원문제에 대한 무단복제 및 전제를 금하며 저작권은 시대에듀에 있음을 알려드립니다.

01 다음 중 C언어의 기본 구성 요소에 포함되지 않는 것은?

① 변수
② 함수
③ 객체
④ 전처리기 지시자

01 C언어의 기본 구성 요소에는 변수, 함수, 전처리기 지시자가 포함된다. 객체는 객체지향프로그래밍(OOP)에서 사용하는 개념이며, C언어는 절차적 프로그래밍 언어로서 기본적으로 객체지향을 지원하지 않는다.

02 C프로그램의 작성 과정에서 가장 먼저 해야 할 일은 무엇인가?

① 디버깅을 시작한다.
② 프로그램을 컴파일한다.
③ 프로그램의 실행 파일을 생성한다.
④ 프로그램의 목적을 정의하고 설계한다.

02 C프로그램을 작성할 때 가장 먼저 해야 할 일은 프로그램의 목적을 정의하고 설계하는 것이다. 이 단계에서 프로그램이 무엇을 해야 하는지, 어떤 기능을 구현해야 하는지를 명확히 하는 것이 중요하며, 이후에 코딩, 컴파일, 디버깅, 실행 파일 생성 등의 단계가 이어진다.

03 다음 중 알고리즘에 대한 설명으로 올바른 것은?

① 데이터의 저장 방식이다.
② 네트워크 연결 프로토콜이다.
③ 프로그램을 컴파일하는 도구이다.
④ 문제를 해결하기 위한 단계적 절차이다.

03 알고리즘은 문제를 해결하기 위한 단계적 절차이다. 알고리즘은 주어진 문제를 해결하는 데 필요한 작업을 순서대로 정의한 것으로, 프로그램의 중요한 구성 요소 중 하나이다.

정답 01 ③ 02 ④ 03 ④

04 float와 double 자료형의 차이에 대한 설명으로 옳은 것은?

① float와 double은 같은 자료형이다.
② float는 정수형, double은 부동소수점형이다.
③ float는 단일 정밀도, double은 배 정밀도 부동소수점형이다.
④ float는 배 정밀도, double은 단일 정밀도 부동소수점형이다.

04 float와 double은 모두 부동소수점 자료형이지만, 차이가 있다. float는 단일 정밀도(single precision) 부동소수점형으로, 소수점 이하 6자리까지 정확히 표현할 수 있다. double은 배 정밀도(double precision) 부동소수점형으로, 소수점 이하 15자리까지 정확히 표현할 수 있다. 이는 double이 float보다 더 높은 정밀도와 더 큰 범위의 값을 저장할 수 있음을 의미한다.

05 다음 중 상수와 변수의 차이점에 대한 설명으로 옳은 것은?

① 상수는 컴파일 시에만 존재한다.
② 변수는 메모리에 저장되지 않는다.
③ 상수는 프로그램 실행 중에 변경될 수 없다.
④ 상수는 변경할 수 있지만, 변수는 변경 불가능하다.

05 ①・② 상수와 변수 모두 메모리에 저장되며, 상수는 컴파일 시에만 존재하는 것이 아니라 실행 시에도 사용된다.
③・④ 상수는 프로그램 실행 중에 값을 변경할 수 없으며, 한 번 정의된 값은 변하지 않는다. 반면 변수는 프로그램 실행 중에 값을 변경할 수 있다.

06 다음 중 #ifdef와 #endif의 사용 목적으로 가장 적절한 것은?

① 변수 선언을 포함한다.
② 함수 정의를 포함한다.
③ 매크로 정의를 제거한다.
④ 특정 코드 블록을 조건부로 컴파일한다.

06 #ifdef와 #endif는 특정 코드 블록을 조건부로 컴파일할 때 사용된다. 이를 통해 코드의 특정 부분을 조건에 따라 포함하거나 제외할 수 있다. 주로 디버깅, 특정 플랫폼에 대한 코드 분기 또는 다양한 빌드 설정을 처리할 때 사용된다.

정답 04 ③ 05 ③ 06 ④

07 다음 중 C언어에서 논리 AND 연산자를 나타내는 것은?

① &
② |
③ &&
④ ||

08 다음 코드의 출력 결과는?

```
#include <stdio.h>
int main() {
    int a = 5, b = 10;
    int c = a > b ? a : b;
    printf("%d\n", c);
    return 0;
}
```

① 5 ② 7
③ 10 ④ 15

09 다음 코드의 출력 결과는?

```
#include <stdio.h>
int main() {
    int x = 5;
    int y = 10;
    printf("%d\n", x * (y + 2) / 4);
    return 0;
}
```

① 12 ② 13
③ 15 ④ 20

07 && 연산자는 논리 AND를 나타내며, 두 조건이 모두 참일 때 참을 반환한다.
||는 논리 OR, &는 비트 AND, |는 비트 OR 연산자이다.

08 삼항 연산자 a 〉 b ? a : b는 조건 a 〉 b를 평가하여 참이면 a, 거짓이면 b를 반환한다.
여기서 5 〉 10은 거짓이므로 b의 값인 10이 c에 할당되고 출력된다.

09 괄호 안의 덧셈 → 곱셈 → 나눗셈의 순서로 연산된다.
(y + 2) = 12 → x * 12 = 60 → 60 / 4 = 15

정답 07 ③ 08 ③ 09 ③

10 다음 코드의 출력 결과는?

```
#include <stdio.h>
int main() {
    int num = 123;
    printf("%05d\n", num);
    return 0;
}
```

① 122
② 00123
③ 12300
④ 1230

11 scanf() 함수에서 %s 포맷 지정자를 사용할 때 주의할 점으로 가장 적절한 것은?

① 실수형 데이터를 문자열로 변환한다.
② 공백을 포함한 문자열을 입력받을 수 있다.
③ 입력된 문자열의 길이를 자동으로 제한한다.
④ 입력된 문자열의 끝에 자동으로 널 문자(\0)가 추가된다.

10 %05d는 정수를 출력할 때 최소 5자리로 표시하며, 부족한 자릿수는 0으로 채우는 포맷 지정자이다. 따라서 정수 123은 앞에 00이 붙어 00123으로 출력된다.

11 scanf() 함수에서 %s 포맷 지정자를 사용할 때, 입력된 문자열의 끝에는 자동으로 널 문자(\0)가 추가된다. 이 널 문자는 문자열의 끝을 나타내기 위해 사용되며, 문자열의 길이를 측정할 때 중요한 역할을 한다.
%s 포맷 지정자는 공백을 구분자로 사용하여 문자열을 입력받기 때문에, 공백을 포함한 문자열을 제대로 입력받지 못한다. 또한 문자열의 길이를 자동으로 제한하지 않기 때문에, 버퍼 오버플로우를 방지하기 위해 입력 받을 최대 길이를 명시적으로 제한하는 것이 좋다.

정답 10 ② 11 ④

12 **다음 코드에서 x의 값이 7일 때, 출력되는 결과는?**

```
#include <stdio.h>
int main() {
    int x = 7;
    if (x % 2 == 0) {
        printf("Even\n");
    } else {
        printf("Odd\n");
    }
    return 0;
}
```

① 7

② Even

③ Odd

④ Error

12 이 코드는 if문을 사용하여 x가 홀수인지 짝수인지를 판별하고 결과를 출력한다.
4행에서 x % 2 == 0는 x를 2로 나눈 나머지를 계산한다. %는 나머지 연산자(modulus operator)이다. 짝수일 경우 나머지가 0이 된다. if(x % 2 == 0)에서 조건문이 true일 경우에는 x가 짝수라는 의미이고, 조건이 false일 경우, 즉 x % 2 != 0일 때 x는 홀수라는 의미이다.
7은 홀수이므로 Odd가 출력된다.

13 **다음 중 do-while 반복문과 while 반복문의 주요 차이점으로 적절한 것은?**

① while문은 최소한 두 번 실행된다.

② do-while문은 최소한 한 번 실행된다.

③ while문은 반복 후 조건을 평가한다.

④ do-while문은 반복 전에 조건을 평가한다.

13 do-while 반복문은 반복 후에 조건을 평가하므로, 조건이 거짓이라도 반복문 블록이 최소한 한 번 실행된다. 그러나 while 반복문은 반복 전에 조건을 평가하므로, 조건이 거짓이면 반복문 블록이 실행되지 않을 수 있다.

정답 12 ③ 13 ②

14 다음 코드에서 break문이 실행되는 조건은?

```
while(1) {
    if(condition) {
        break;
    }
    //Some code
}
```

① condition이 참일 때
② 무한 루프가 종료될 때
③ 반복문의 첫 번째 실행 시
④ 반복문이 두 번째 실행 시

14 while(1)은 조건이 항상 참인 무한 루프를 생성한다.
if(condition)문은 condition이라는 조건식이 참인지 거짓인지 평가하며, condition은 실제 코드에서 정의된 조건이다.
break문은 반복문을 즉시 종료시키는 역할을 하며, break가 실행되면 반복문이 즉시 종료되고, 반복문 이후의 코드로 흐름이 이동한다.
condition이 참이면 break 문이 실행되고, 반복문을 벗어나 이후의 //Some code 부분은 실행되지 않는다. 만약 condition이 거짓이면 루프의 본문이 계속 실행되어 루프는 계속 반복되며, //Some code 부분이 실행된다.

15 다음 중 switch문에서 default 레이블의 역할로 적절한 것은?

① 모든 조건을 평가한다.
② 변수의 값을 초기화한다.
③ 특정 조건에 맞는 코드 블록을 실행한다.
④ 주어진 모든 case 레이블 중 일치하지 않는 경우의 코드 블록을 실행한다.

15 default 레이블은 switch 문에서 주어진 표현식의 값이 어떤 case 레이블과도 일치하지 않을 때 실행되는 코드 블록을 정의한다. 모든 가능한 경우를 처리하지 못했을 때의 기본 처리를 제공하며, default 레이블이 없으면 일치하지 않을 때에 아무 코드도 실행되지 않을 수 있다.

정답 14 ① 15 ④

16 다음 코드에서 continue문이 수행되는 조건은?

```
for(int i = 0; i < 10; i++) {
    if(i % 2 == 0) {
        continue;
    }
    printf("%d\n", i);
}
```

① i가 5일 때
② i가 홀수일 때
③ i가 짝수일 때
④ 반복문이 종료될 때

16 continue문은 현재 반복을 건너뛰고 다음 반복으로 넘어가도록 지시한다. 문제의 코드에서는 i % 2 == 0 조건이 참일 때에는 continue문이 실행되어 printf문을 건너뛰어 출력이 없게 된다.

17 다음 중 stdio.h 헤더 파일에 포함된 함수는?

① sqrt()
② printf()
③ strcpy()
④ malloc()

17 stdio.h 헤더 파일은 표준 입출력 함수를 포함하고 있으며, printf()는 이 헤더 파일에 포함된 함수로, 형식화된 출력을 수행한다.
① sqrt()는 수학적 계산 함수로, math.h 헤더 파일에 포함된다.
③ strcpy()는 문자열 복사 함수로, string.h 헤더 파일에 포함된다.
④ malloc()는 동적 메모리 할당 함수로, stdlib.h 헤더 파일에 포함된다.

정답 16 ③ 17 ②

18 다음 코드에서 void 반환형 함수의 특징으로 적절한 것은?

```
void printMessage() {
    printf("Hello, World!\n");
}

int main() {
    printMessage();
    return 0;
}
```

① 값을 반환한다.

② 값을 반환하지 않는다.

③ 함수가 끝나면 자동으로 정수를 반환한다.

④ 함수가 종료되면 자동으로 실수를 반환한다.

18 void 반환형 함수는 C언어에서 함수의 반환형으로 사용되며, 이 경우 함수는 반환값이 없음을 의미한다. 함수가 void를 반환형으로 가지면, 함수는 종료되었을 때 어떠한 값도 반환하지 않고 단순히 작업을 수행한다.

19 다음 코드에서 findMax() 함수의 반환형은 무엇인가?

```
int findMax(int a, int b) {
    if (a > b)
        return a;
    else
        return b;
}
```

① int형

② void형

③ float형

④ char형

19 함수 정의에서 int findMax(int a, int b)는 int형 값을 반환한다고 명시하고 있다. 이는 함수가 두 정수 매개변수를 받아서 정수형 결과를 반환함을 의미한다. findMax() 함수의 반환형은 int형으로, 두 정수 매개변수를 비교하여 더 큰 정수를 반환한다. 반환형은 함수 선언과 정의에서 일관되며, 반환값 또한 int형이다.

정답 18 ② 19 ①

20 다음 코드에서 register 저장 클래스를 가진 변수의 특성으로 가장 적절한 것은?

```
void exampleFunction() {
    register int count = 0;
    count++;
    printf("%d\n", count);
}
```

① 변수는 메모리의 특정 위치에 저장된다.
② 변수는 함수 호출 시마다 새로 생성된다.
③ 변수는 프로그램의 모든 함수에서 접근할 수 있다.
④ 변수는 빠른 접근을 위해 CPU의 레지스터에 저장될 수 있다.

20 register 저장 클래스를 가진 변수는 CPU의 레지스터에 저장되도록 권장된다. 이 변수는 접근 속도가 빠르지만, 레지스터 수가 한정되어 있어 실제로 레지스터에 저장되는지는 컴파일러의 결정에 따라 달라질 수 있다. 레지스터 변수는 메모리 주소를 가질 수 없으므로, 포인터로 참조할 수 없다.

21 C언어에서 함수 호출 시 인수가 함수의 매개변수에 복사되는 방식은?

① 값에 의한 전달
② 참조에 의한 전달
③ 배열에 의한 전달
④ 포인터에 의한 전달

21 C언어는 기본적으로 값에 의한 전달(Call-by-Value) 방식을 사용한다. 함수 호출 시 인수의 값이 함수의 매개변수로 복사되어 전달되며, 이로 인해 함수 내에서 매개변수의 값을 수정하더라도 호출하는 쪽의 원본 변숫값에는 영향을 미치지 않는다.

22 다음 중 배열의 크기를 정의하는 올바른 방법은?

① int arr{10};
② int arr(10);
③ int arr[10];
④ int arr = [10];

22 배열의 크기는 대괄호([])를 사용하여 정의한다. int arr[10];은 10개의 int형 요소를 가지는 배열을 정의하고, 메모리에 4byte × 10개인 40byte가 arr의 이름으로 연속 할당된다.

정답 20 ④ 21 ① 22 ③

23 다음 중 포인터 변수의 기본적인 역할로 적절한 것은?

① 문자열을 저장하는 것
② 정숫값을 저장하는 것
③ 메모리 주소를 저장하는 것
④ 함수의 반환 값을 저장하는 것

23 포인터 변수는 일반적으로 4byte의 크기의 영역에 메모리 주소를 저장하는 데 사용된다. 포인터는 메모리의 특정 위치를 참조할 수 있으며, 이 메모리 위치에 저장된 데이터에 접근하고 수정할 수 있다. 포인터는 특정 변수의 주소를 저장하거나, 동적 메모리 할당 후 할당된 메모리 블록의 주소를 저장하는 데 사용된다.

24 포인터와 배열의 관계를 설명한 것으로 가장 적절한 것은?

① 배열은 포인터와 완전히 같으며, 서로 대체할 수 있다.
② 배열과 포인터는 완전히 다르며, 서로 변환할 수 없다.
③ 포인터를 배열로 변환할 수 있지만, 배열을 포인터로 변환할 수는 없다.
④ 배열을 포인터로 변환할 수 있지만, 포인터를 배열로 변환할 수는 없다.

24 배열의 이름은 배열의 첫 번째 요소의 주소를 가리키는 포인터로 자동 변환되므로, 배열의 이름을 포인터 변수에 할당할 수 있다. 배열의 이름을 사용하여 포인터 연산을 수행하거나 함수에 배열을 전달할 때 포인터 형태로 전달되지만, 포인터를 배열로 직접 변환하는 것은 불가능하다. 포인터는 메모리의 특정 주소를 가리키는 단일 주소를 저장하는 변수이지만, 배열은 연속된 메모리 블록을 차지한다.

정답 23 ③ 24 ④

25 다음 중 포인터 연산의 잘못된 예는?

① ptr++
② ptr--
③ ptr / 2
④ ptr + 5

25 포인터 연산은 포인터가 가리키는 메모리 위치를 조작하는 다양한 연산을 포함한다.
③ ptr / 2는 포인터 연산에서 허용되지 않는 연산으로, 포인터와 정수를 나누는 것은 의미가 없으며, 포인터 연산에서 지원되지 않는다. 포인터는 주소를 가리키고, 포인터 주소에 대한 나눗셈은 정의되지 않는다.
①·②·④ ptr++, ptr--, ptr +5 연산은 포인터를 증가 또는 감소시키는 연산으로, 포인터를 증가(또는 감소)시키면 포인터가 가리키는 메모리 주소가 포인터가 가리키는 데이터 타입의 크기만큼 이동한다.

26 포인터를 이용한 주소에 의한 호출에서 함수 포인터는 무엇을 포함해야 하는가?

① 함수의 매개변수만 포함
② 함수의 반환 타입만 포함
③ 함수의 이름과 반환 타입 포함
④ 함수의 매개변수와 반환 타입 포함

26 함수 포인터는 함수의 주소를 저장하고 호출할 수 있는 변수이다. 함수 포인터를 선언할 때, 포인터가 가리킬 함수의 시그니처(매개변수 타입과 반환 타입)를 정확히 알아야 함수 호출이 제대로 이루어질 수 있다. 함수의 매개변수와 반환 타입을 포함하는 함수 포인터를 사용함으로써, 함수 호출 시 타입 불일치 문제를 방지하고, 코드의 안전성과 가독성을 유지할 수 있다.

정답 25 ③ 26 ④

27 다음 코드에서 ptr은 배열의 몇 번째 요소를 가리키고 있는가?

```
int arr[10];
int *ptr = &arr[5];
```

① 배열의 첫 번째 요소
② 배열의 두 번째 요소
③ 배열의 다섯 번째 요소
④ 배열의 여섯 번째 요소

27 C언어에서 배열의 인덱스는 0부터 시작되며, 포인터를 통해 배열의 요소에 접근할 때, 포인터의 값을 증가시키거나 감소시키는 방식으로 배열의 다른 요소를 참조할 수 있다. arr[0]이 배열의 첫 번째 요소이고, arr[5]는 배열의 여섯 번째 요소이다. ptr은 arr[5]의 주소를 저장하므로, 배열의 여섯 번째 요소를 가리킨다.

28 다음 코드에서 포인터 연산의 결과로 올바른 값은?

```
int arr[4] = {1, 2, 3, 4};
int *ptr = arr;
ptr += 2;
```

① *ptr은 2이다.
② *ptr은 3이다.
③ *ptr은 4이다.
④ ptr의 값은 배열의 마지막 요소의 주소이다.

28 ptr = arr;은 ptr이 배열 arr의 첫 번째 요소(즉, arr[0])의 주소를 가리키게 만든다.
ptr += 2;는 포인터를 두 번째 요소만큼 이동시키며, 이때 ptr은 배열의 세 번째 요소(즉, arr[2])의 주소를 가리키게 된다.
*ptr은 ptr이 가리키는 요소의 값을 나타내고, 현재 ptr은 arr[2]를 가리키고 있으므로 *ptr의 값은 3이다.

정답 27 ④ 28 ②

29 **다음 코드에 대한 설명으로 올바른 것은?**

```
char str1[ ] = "World";
char str2[6];
strcpy(str2, str1);
```

① str2의 크기와 관계없이 복사 작업은 항상 성공한다.
② str2의 크기가 str1의 크기와 같으므로 올바르게 복사된다.
③ str1의 크기가 str2의 크기보다 작으므로 올바르게 복사되지 않는다.
④ str2의 크기가 str1의 크기보다 작으므로 올바르게 복사되지 않는다.

29 strcpy 함수는 문자열을 복사할 때 NULL 문자를 포함하여 문자열 전체를 복사한다.
str1의 문자열 "World"는 6바이트(5글자 + NULL 문자)가 필요하고, str2의 크기가 6바이트이므로 strcpy(str2, str1);는 문자열을 올바르게 복사한다.

30 **다음 코드에서 str 배열에 대한 접근 방법으로 적절한 것은?**

```
char str[] = "Data";
char *p = str;
```

① p[1]은 a를 반환한다.
② p[3]은 D를 반환한다.
③ *(p + 1)은 D를 반환한다.
④ *(p + 2)는 a를 반환한다.

30 포인터 p는 문자열 "Data"의 첫 번째 문자를 가리키고, p[1]은 배열의 두 번째 요소를 참조하므로 a를 반환한다.
②・③・④ p[3]는 a, *(p + 1)는 a, *(p + 2)는 t를 반환한다.

정답 29 ② 30 ①

31 다음 중 구조체의 멤버에 직접 접근하는 방법으로 옳은 것은?

① 구조체의 멤버는 -> 연산자를 사용하여 접근한다.
② 구조체의 멤버는 * 연산자를 사용하여 접근한다.
③ 구조체의 멤버는 & 연산자를 사용하여 접근한다.
④ 구조체의 멤버는 . 연산자를 사용하여 접근한다.

31 구조체의 멤버에 직접 접근할 때는 . 연산자를 사용하고, 포인터를 통해 구조체의 멤버에 접근할 때는 -> 연산자를 사용한다.

32 열거형에서 명시적으로 값을 할당하지 않은 경우에 대한 설명으로 옳은 것은?

① 명시적으로 값을 할당하지 않은 열거형 상수는 항상 동일한 값을 가진다.
② 명시적으로 값을 할당하지 않은 열거형 상수는 0부터 시작하여 연속적으로 증가한다.
③ 명시적으로 값을 할당하지 않은 열거형 상수는 컴파일러에 의해 무작위로 값이 할당된다.
④ 명시적으로 값을 할당하지 않은 열거형 상수는 기본적으로 1부터 시작하여 연속적으로 증가한다.

32 열거형 상수는 기본적으로 첫 번째 상수는 0으로 시작하며, 이후 상수는 이전 상수의 값에 1을 더한 값으로 자동 할당된다. 명시적으로 값을 할당하지 않은 상수는 연속적으로 증가하는 패턴을 따른다.

정답 31 ④ 32 ②

33 다음 코드에서 struct와 union의 메모리 사용 차이를 설명한 것으로 옳은 것은? [단, 구조체에서 정의된 멤버들 간의 간격(패딩)은 없다고 가정함]

```
#include <stdio.h>
struct MyStruct {
    int x;
    char y;
};
union MyUnion {
    int x;
    char y;
};
int main() {
    printf("Size of struct : %u\n", sizeof(struct
MyStruct));
    printf("Size of union : %u\n", sizeof(union
MyUnion));
    return 0;
}
```

① struct와 union은 항상 같은 크기이다.
② struct와 union의 크기는 구현에 따라 다르다.
③ struct는 가장 큰 멤버의 크기로 크기를 결정하고, union은 각 멤버의 크기의 합산으로 크기를 결정한다.
④ struct는 각 멤버의 크기를 합산하여 크기를 결정하고, union은 가장 큰 멤버의 크기로 크기를 결정한다.

33 구조체는 모든 멤버의 총합의 크기에, 공용체는 가장 큰 멤버의 크기에 맞춰 메모리를 할당한다.
코드에서 멤버 크기는 int x는 4byte, char y는 1byte이며, 패딩이 없을 경우 각 멤버가 연속적으로 저장된다. 따라서 구조체의 총 크기는 4byte + 1byte = 5byte가 된다.

〈출력 결과〉

```
Size of struct : 5
Size of union : 4
```

정답 33 ④

34 다음 코드에서 구조체와 공용체의 멤버에 대한 설명으로 적절한 것은?

```
#include <stdio.h>
struct Person {
    char name[20];
    int age;
};
union Data {
    int num;
    char str[20];
};
int main() {
    struct Person p;
    union Data d;
    //Initialize and access struct members
    p.age = 30;
    printf("Age : %d\n", p.age);
    //Initialize and access union members
    d.num = 1234;
    printf("Number : %d\n", d.num);
    return 0;
}
```

① 구조체와 공용체는 모든 멤버가 동일한 메모리 공간을 공유한다.

② 구조체의 모든 멤버는 동일한 메모리 공간을 공유하며, 공용체의 멤버는 독립적인 메모리 공간을 가진다.

③ 구조체의 멤버는 각각 독립적인 메모리 공간을 가지며, 공용체의 멤버는 동일한 메모리 공간을 공유한다.

④ 공용체의 모든 멤버는 독립적인 메모리 공간을 가지며, 구조체의 모든 멤버도 독립적인 메모리 공간을 가진다.

34 구조체의 각 멤버는 독립적인 메모리 공간을 가지며, 각각 별도로 메모리를 차지한다. 공용체의 모든 멤버는 동일한 메모리 공간을 공유하며, 마지막으로 저장된 값이 모든 멤버에 영향을 미친다.

〈출력 결과〉

Age : 30
Number : 1234

정답 34 ③

35 다음 중 구조체 배열을 초기화할 때 올바른 구문은?

① struct Person array[2] = { {"Alice", 30}, {"Bob", 25} };
② struct Person array[2] = { {"Alice", 30}, "Bob", 25 };
③ struct Person array = { {"Alice", 30}, {"Bob", 25} };
④ struct Person array[2] = { {"Alice", 30}, {25, "Bob"} };

35 배열의 각 요소를 구조체로 초기화할 때, 각 구조체 멤버에 맞게 값을 설정해야 한다.
struct Person array[2] = { {"Alice", 30}, {"Bob", 25} };는 올바른 초기화 방법으로, 각 구조체의 name과 age 멤버가 올바르게 초기화된다.

36 다음 중 C언어에서 파일을 열기 위한 함수는?

① open()
② create()
③ fopen()
④ fileopen()

36 fopen() 함수는 파일을 열기 위해 사용된다.
① open() 함수는 파일 디스크립터를 얻기 위해 사용된다.
② create() 함수는 파일을 생성하기 위해 사용된다.
④ fileopen()은 C언어 표준 함수가 아니다.

37 fclose() 함수를 호출해야 하는 이유로 적절하지 <u>않은</u> 것은?

① 파일의 크기를 줄이기 위해서
② 데이터 손실 가능성을 줄이기 위해서
③ 파일 핸들을 반환하고 시스템 리소스를 해제하기 위해서
④ 파일 버퍼에 남아 있는 데이터를 디스크에 기록하기 위해서

37 파일 작업에서는 반드시 fclose() 함수를 호출하여 파일을 닫아야 하며, 파일을 닫지 않으면 데이터 손실, 메모리 낭비, 시스템 리소스 낭비와 같은 문제가 발생할 수 있다. 표준 함수 fclose()는 파일 작업의 마지막 단계로 필수적으로 사용된다.

정답 35 ① 36 ③ 37 ①

38 다음 중 fscanf() 함수의 사용이 적절하지 않은 경우는?

① 파일에서 포맷에 맞는 문자열을 읽어올 때
② 파일에서 정수를 읽어와서 변수에 저장할 때
③ 파일에서 실수 값을 읽어와서 변수에 저장할 때
④ 파일에서 데이터를 읽기 전에 파일을 열지 않았을 때

38 fscanf() 함수는 파일에서 데이터를 읽을 때, 파일이 올바르게 열려 있어야 정상적으로 동작한다. 파일이 열리지 않은 상태에서 fscanf() 함수를 호출하면 데이터 읽기에 실패하며 프로그램의 동작에 오류를 일으킬 수 있으므로, 파일에서 데이터를 읽기 전에 파일을 열지 않은 상태에서 fscanf() 함수를 호출하는 것은 적절하지 않다.

39 fseek() 함수를 사용할 때, SEEK_END 플래그는 어떤 역할을 하는가?

① 파일을 끝까지 읽는다.
② 파일의 끝으로 파일 포인터를 이동시킨다.
③ 파일의 시작으로 파일 포인터를 이동시킨다.
④ 파일의 현재 위치에서 특정 오프셋만큼 이동시킨다.

39 fseek() 함수에서 SEEK_END 플래그는 파일의 끝으로 파일 포인터를 이동시키는 데 사용된다. 이 플래그는 오프셋이 파일의 끝을 기준으로 계산되게 한다.
예 fseek(file, 0, SEEK_END)는 파일의 끝으로 이동한다.

40 다음 중 텍스트 파일과 바이너리 파일의 주요 차이점으로 적절한 것은?

① 텍스트 파일과 바이너리 파일은 같은 방식으로 데이터가 저장된다.
② 텍스트 파일은 사람이 읽을 수 없고, 바이너리 파일은 사람이 읽을 수 있다.
③ 텍스트 파일은 줄 바꿈 문자를 변환하고, 바이너리 파일은 변환하지 않는다.
④ 텍스트 파일은 이진 데이터로 저장되고, 바이너리 파일은 문자 데이터로 저장된다.

40 텍스트 파일은 줄 바꿈 문자(\n)를 운영체제에 맞게 자동으로 변환한다. (예 Unix에서는 \n, Windows에서는 \r\n으로 변환됨)
바이너리 파일에서는 데이터가 그대로 저장되며, 줄 바꿈 문자를 포함한 모든 데이터가 원시 바이트로 저장된다.

정답 38 ④ 39 ② 40 ③

제 1 장

C언어의 개요

우리 인생의 가장 큰 영광은 결코 넘어지지 않는 데 있는 것이 아니라
넘어질 때마다 일어서는 데 있다.

– 넬슨 만델라 –

제 1 장 C언어의 개요

제1절 C언어의 역사 및 특징

1 컴퓨터 프로그램의 개념

컴퓨터 소프트웨어는 컴퓨터의 시스템을 구성하는 주요 요소 중 하나이다. 프로그램, 데이터 등의 무형(형태가 없는) 구성요소를 가리키며, 디지털 컴퓨터의 소프트웨어는 모든 비트가 0과 1의 수로 이루어져 있다.
우리가 컴퓨터를 사용하는 목적은 소프트웨어를 이용하거나 처리하기 위함이며, 소프트웨어가 없는 컴퓨터(즉 하드웨어)는 그냥 빈 껍질이다. 그런 컴퓨터에 전원을 넣어봐야 아무 일도 일어나지 않는다. 간혹 소프트웨어의 반대말이 하드웨어라고 생각하나, 둘 다 컴퓨터 시스템을 구성하는 구성요소이고 상호 보완적인 기능을 하며, 반대말은 아니다.
프로그래밍이란 프로그램을 만드는 것을 뜻한다. 그리고 여기에서의 프로그램은 대체로 컴퓨터에서 동작하는 프로그램을 말한다. 따라서 프로그래밍이라고 하면 대개 컴퓨터 프로그래밍을 뜻하며, 수집한 여러 가지 데이터(data)에 대해 정해진 절차대로 특별한 처리를 수행하여 의사 결정에 사용할 수 있는 정보(information)를 얻기 위해 컴퓨터에게 내리는 명령을 모아놓은 것을 말한다. 또 프로그래밍을 하는 도구를 '개발자 도구' 또는 '개발환경(IDE : Integrated Development Environment)'이라고 부르고 프로그래밍 언어는 프로그래밍을 하는 방식 또는 절차를 말하며 프로그래밍을 하는 사람을 프로그래머라고 한다.

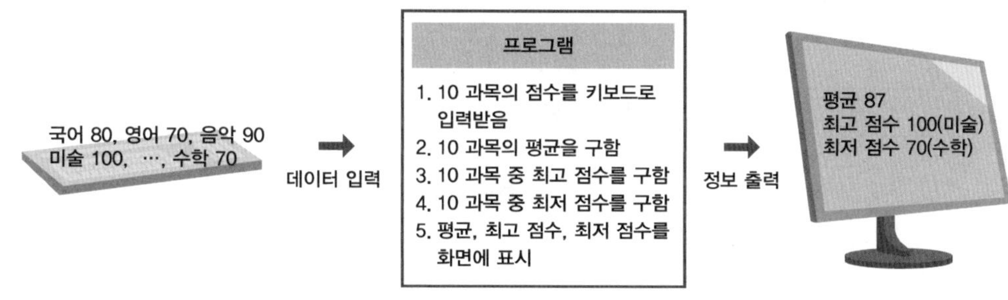

[그림 1-1] 컴퓨터 프로그램의 개념

2 C언어의 개요

(1) C언어의 탄생

C언어는 1972년 켄 톰슨(Ken Thompson)과 데니스 리치(Dennis M. Ritchie)가 벨 연구소에서 일할 당시 새로 개발된 유닉스 운영체제에서 사용하기 위해 개발한 프로그래밍 언어이다. 켄 톰슨은 BCPL언어를 필요에 맞추어 개조해서 B언어(언어를 개발한 벨 연구소의 B를 따서)라 명명했고, **데니스 리치**가 이것을 개선하여 C언어가 탄생했다.

유닉스 시스템의 바탕 프로그램은 모두 C언어로 작성되었고, 수많은 운영체제의 커널 또한 C언어로 만들어졌다. 오늘날 많이 쓰이는 C++은 C언어에서 객체 지향형 언어로 발전된 것이며, 또 다른 다양한 최신 언어들도 그 뿌리를 C언어에 두고 있다.

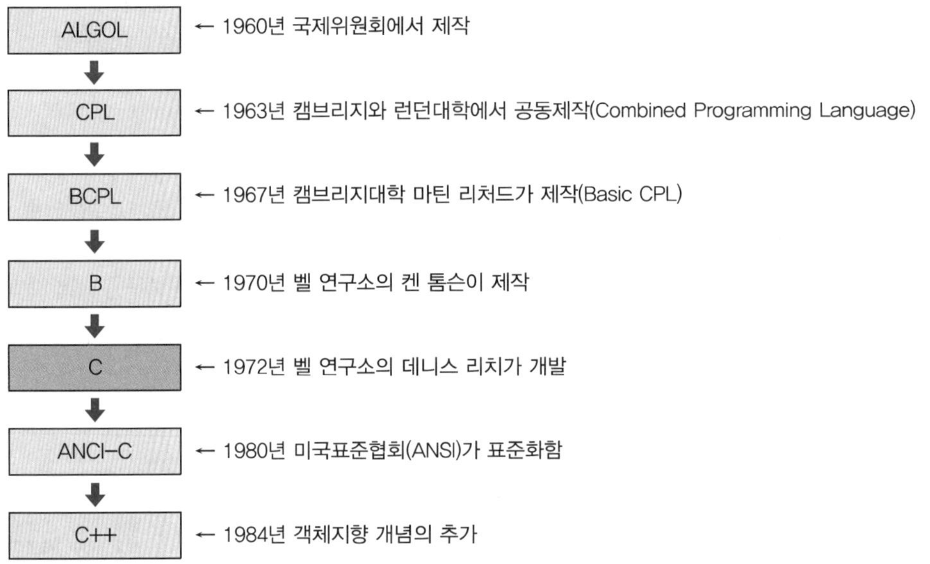

[그림 1-2] C언어의 발전과정

(2) C언어와 UNIX 운영체제

초기 C언어의 목적은 운영체제의 어머니라고 할 수 있는 UNIX 운영체제를 보다 쉽게 개발할 수 있도록 만들어진 언어이다. UNIX는 프로그래밍을 편리하고 효율적으로 할 수 있는 운영체제로 지금은 Windows, MAC OS 등 다양한 운영체제가 존재하지만 UNIX가 독보적이라고 할 수 있을 정도로 UNIX는 표준운영체제로 자리잡고 있다. UNIX는 다양한 곳에서 사용되고 있고 스마트폰의 가장 기본이 되는 운영체제는 UNIX를 기반으로 만들어졌으며, UNIX의 기반이 되는 언어는 C언어이다.

3 C언어의 특징

C언어는 **시스템 프로그래밍** 언어이다. 시스템 프로그램이란 운영체제, 언어처리계, 편집기, 디버깅 등 소프트웨어 작성을 지원하는 프로그램을 의미한다. C언어는 뛰어난 이식성과 작은 언어사양으로 비트 조작, 포인터 사용, 자유로운 형 변환, 분할 컴파일 기능 등의 특징을 갖고 있기 때문에 시스템 프로그래밍 언어로 적합하다. C언어는 고급언어이면서 저급언어인 양면성을 갖고 있는 특별한 언어이다. C언어는 시스템・하드웨어를 제어하는 저급언어와 사용자・소프트웨어 중심의 고급언어 중간에 위치한다.

(1) 이식성이 뛰어나다.

C언어는 8비트 컴퓨터부터 슈퍼컴퓨터에 이르기까지 모두 사용할 수 있는 강력한 이식성을 갖고 있다. 한 시스템에서 개발된 소프트웨어를 약간만 수정하면 다른 컴퓨터 시스템에서도 동일하게 실행할 수 있다.

(2) 범용 프로그래밍 언어이다.

C언어는 운영체제와 같이 하드웨어와 밀접한 프로그램뿐만 아니라 운영체제 위에서 작동하는 워드프로세서, 게임, 개발도구와 같은 다양한 응용 프로그램을 작성할 수 있다. 풍부한 자료형과 자료 구조화 기능, 현대적인 제어구조, 43개에 이르는 다양한 연산자, 함수를 이용한 인터페이스 제공, 풍부한 라이브러리 함수 제공, 포인터를 이용한 메모리 제어 등의 기능을 갖추고 있다.

(3) 구문이 간결하고 명확하다.

C프로그램은 함수를 사용해서 간결하게 프로그램을 작성할 수 있다. 각 함수는 변수들의 선언 부분과 수행될 문장으로 구성된다. 또한 포인터를 사용해 효율적으로 자료의 주소를 표현할 수 있으며 동적으로 메모리를 관리할 수 있다. 그리고 전처리기를 이용해 파일포함, 매크로, 조건 번역 등의 기능을 간단하게 수행할 수 있다.

(4) C언어를 익히면 다른 프로그래밍 언어도 쉽게 이해할 수 있다.

C언어는 전산 이론 및 실무에 적용하기 위해 제어구조, 자료구조 및 연산자를 충분히 갖추고 있는 현대적인 언어이다. 하향식 설계와 구조적 프로그래밍, 모듈식 설계 등이 용이하여 신뢰성 있고 이해하기 쉬운 프로그램을 작성할 수 있다. 포인터를 사용해 어셈블리어처럼 컴퓨터의 기능을 최대한 효율적으로 사용할 수 있으며, 어떤 시스템에 사용되든지 약간의 수정만으로 다른 시스템에서 실행시킬 수 있는 장점이 있다.

4 C언어의 사용분야

(1) 운영체제

C언어는 UNIX 운영체제를 개발하기 위해 탄생한 언어이다. 따라서 C언어를 가장 먼저 사용해 개발된 프로그램이 바로 컴퓨터 운영체제이다. 현재 우리가 사용하는 컴퓨터 운영체제 거의 대부분은 UNIX를 기반으로 만들어진 리눅스, 윈도우, 솔라리스, 매킨토시, OS/2 등의 운영체제이다. 이러한 운영체제는 거의 대부분 C언어로 만들어져 있다. 또한 최근에는 휴대폰이나 PDA, 셋톱박스 등에 탑재되는 리얼타임 운영체제도 C언어를 이용해 주로 개발되고 있다.

(2) 컴파일러

C언어로 개발할 수 있게 해주는 컴파일러들은 모두 Xcode로 작성되어 있다. 또한 C언어를 이용해 비주얼 베이직이나 파워빌더 같은 새로운 프로그램 개발 언어를 만들어 사용하고 있다.

(3) 게임

최근에 개발되는 게임들은 DirectX, openGL을 이용해 만들어지고 있다. DirectX와 openGL은 C언어로 작성된 API이다.

(4) 유틸리티와 상용 소프트웨어

워드프로세서, 스프레드시트 프로그램, 오라클, MS-SQL 서버, MySQL과 같은 데이터 베이스 엔진, 인터넷 익스플로러, 넷스케이프 네비게이터 등의 웹브라우저도 C언어로 작성되어 있다.

(5) 산업용 소프트웨어

공장 자동화 시스템, 산업용 로봇 제어 프로그램, 가전제품 제어 프로그램 등 다양한 산업분야에서 C언어는 광범위하게 사용된다.

제2절 C프로그램의 작성 및 준비 중요 기출

[프로그램 개발단계]

C프로그램 작성방법과 실행과정을 요약하면 다음 그림과 같다.

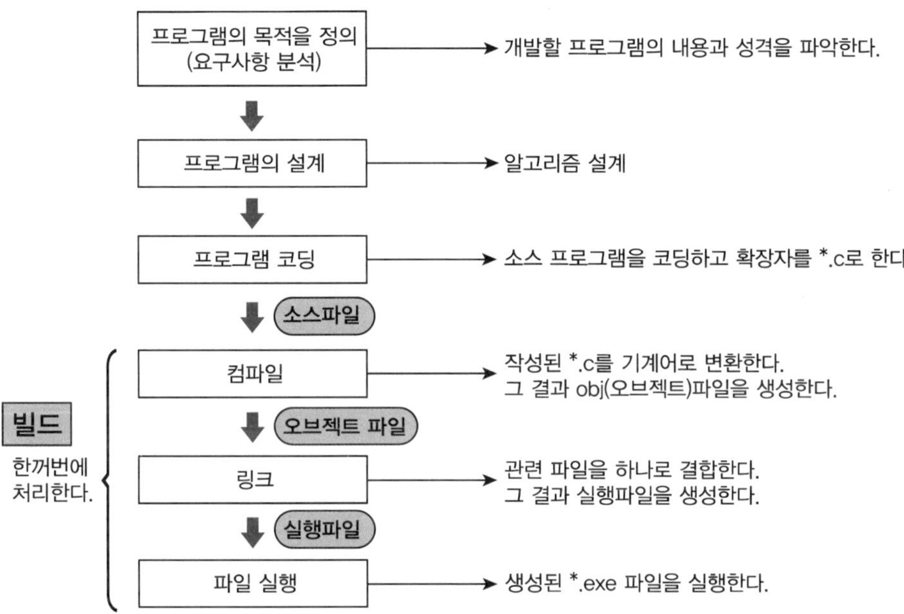

[그림 1-3] C프로그램 개발단계 및 코딩 작성과 실행순서

(1) 프로그램의 목적을 정의(요구사항 분석)

개발할 프로그램의 내용과 성격을 파악하고 프로그램 사용자가 요구하는 사항이 무엇인지를 분석하는 단계로

① 프로그램 실행 시 어떤 자료를 입력해야 하는지(프로그램의 입력 : 데이터)

② 프로그램에서 구할 값이 무엇인지(프로그램의 결과 : 정보)

③ 결과 화면을 어떻게 구성할 것인지 등을 결정한다.

(2) 프로그램의 설계(알고리즘 설계 단계)

① **알고리즘(algorithm)** : 주어진 문제를 풀기 위한 방법을 순서대로 표현한 것이다.

예제 1-1

학생 성적 처리 알고리즘

1. 학생 100명의 점수를 입력받는다.
2. 입력받은 점수 100개의 합을 구한다.
3. 합을 100(명)으로 나누어 평균을 구한다.
4. 각 학생마다 점수와 평균과의 차이를 구한다.
5. 각 학생의 점수, 평균과의 차이를 화면에 출력한다.

예제 1-2

학교 과제물을 발표하기 위한 알고리즘

1. 도서관과 인터넷에서 자료를 수집한다.
2. 집으로 돌아와서 컴퓨터로 과제물을 완성한다.
3. 컴퓨터에 있는 과제물을 USB에 저장한다.
4. 학교에 USB를 가져간다.
5. 집에서 가져온 USB에 저장된 과제물을 강의실 컴퓨터에 옮긴다.
6. 과제물을 발표한다.

② **순서도(flow chart)나 의사코드(pseudo code)를 이용한다.**

순서도는 미리 약속된 도형과 화살표를 이용하여 일의 흐름을 한눈에 볼 수 있도록 나타낸 것이다. 의사코드(pseudo code)는 사람의 자연어와 프로그래밍 언어의 중간 수준으로 알고리즘을 표현한 것이며, 의사코드를 미리 완성해두면 실제 사용할 프로그래밍 언어로 알고리즘을 쉽게 표현할 수 있다.

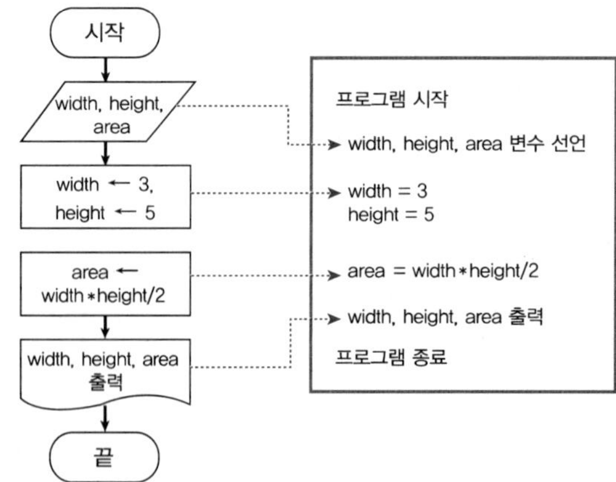

[그림 1-4] 삼각형의 면적을 구하여 출력하는 알고리즘의 순서도와 의사코드

(3) 프로그램 코딩(coding)

코딩은 컴퓨터 프로그래밍 또는 프로그래밍이라고 하며, 하나 이상의 관련된 추상 알고리즘(즉, 머릿속에 그려진 결과물)을 특정한 프로그래밍 언어를 이용해 구체적인 컴퓨터 프로그램으로 구현하는 기술을 말한다. C프로그래밍에서 코딩은 C컴파일러가 알아들을 수 있는 C의 문법형식으로 작성해야 한다. 코딩 과정을 마친 프로그램을 소스 코드(source code), 소스 파일(source file), 또는 소스 프로그램(source program)이라고 한다.

예제 1-3

100에서 50을 뺀 결과를 모니터에 출력하는 코드

```
#include <stdio.h>
int main()
{
  int result;
  result = 100 - 50;
  printf("%d", result);
}
```

(4) 소스 코드의 번역(compiling)

고급 언어로 작성한 소스 프로그램을 기계어로 번역하는(바꾸는) 작업으로 컴파일러(compiler) 프로그램이 번역을 수행한다.

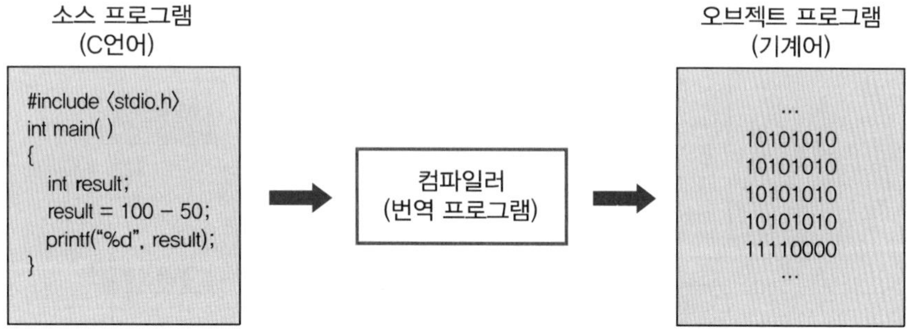

[그림 1-5] 소스 코드를 컴파일한 후 기계어로 번역을 수행

(5) 실행파일 생성(linking)

분리된 여러 개의 파일을 하나로 합치는 작업으로 여러 소스 파일로 나누어 작업한 경우 또는 C언어에서 미리 제공하는 라이브러리(library)를 이용한 경우에 여러 소스 프로그램 파일들을 하나로 합치고 라이브러리와 관련된 프로그램 코드를 실제 오브젝트 프로그램 안에 포함시키는 링킹 과정이 필요하다.

(6) 프로그램 실행(execution)

링킹 과정을 마친 *.exe 파일은 로더(loader)에 의해 주기억장치에 적재(loading) 즉 저장된 후 CPU에 의해 실행된다.

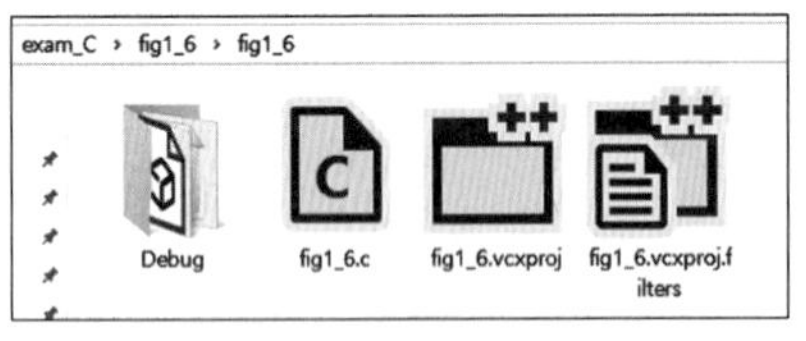

(a) 소스코드(*.c)와 프로젝트 파일

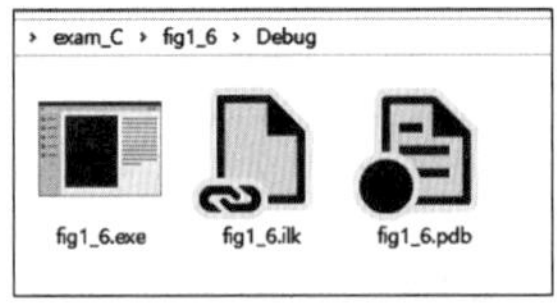

(b) 실행파일(*.exe)

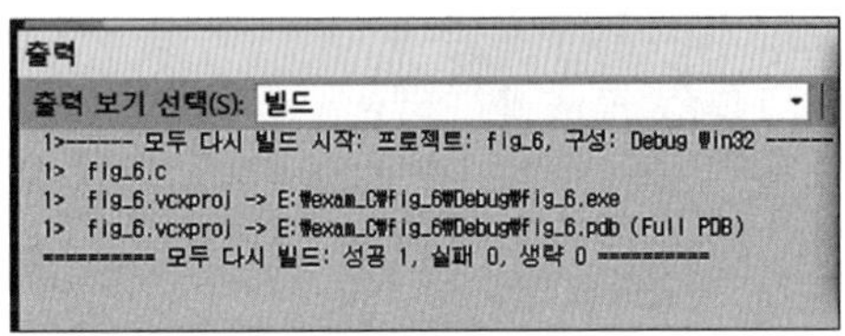

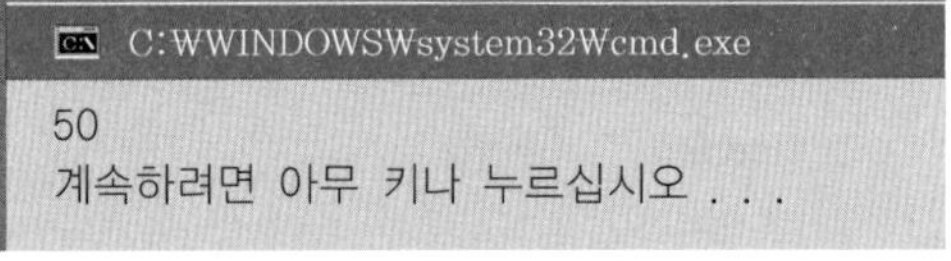

(c) 컴파일 후 오류 없음을 나타내며, 실행의 결과 '50'을 출력한다.

[그림 1-6] Visual Studio 2015에서 컴파일한 후 생성된 파일과 실행결과

(7) 테스트와 디버깅 중요

① **버그(bug)** : 프로그램이 제대로 실행되는 것을 방해하는 오류이다.

② **디버깅** : 버그를 찾아서 제거하는 작업으로 프로그래밍 입문 과정에서 어렵고 힘든 과정 중의 하나가 디버깅 과정이다. 숨어있는 버그를 찾기 위해 프로그램 소스 코드를 꼼꼼하게 추적(trace)해야 하므로 인내심과 세심함을 요구한다.

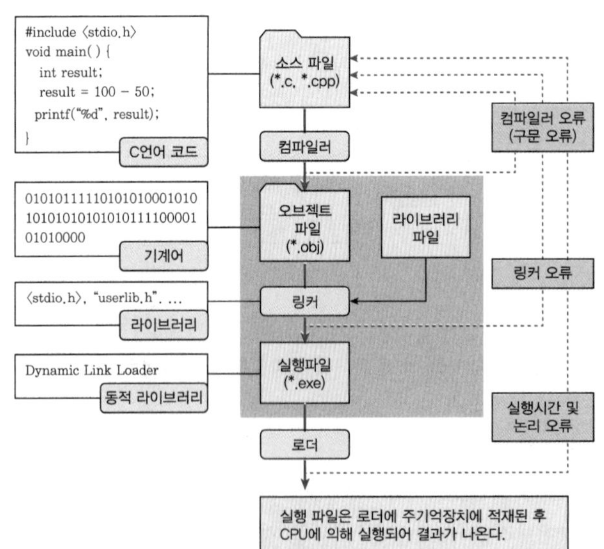

[그림 1-7] C프로그램에서 소스 파일 → 컴파일 과정 → 링킹 과정 → 실행 및 디버깅 과정

더 알아두기

프로그램 오류의 종류와 예

종류(발생시점)	오류의 예
컴파일 시간 오류 (컴파일 과정)	• result란 변수를 선언하지 않고, result = 0;과 같이 변수를 사용한 경우 • int result 선언문 뒤에 ;를 빠트린 경우
링커 오류 (링킹 과정)	main 함수의 이름을 잘못 지정해서 main 함수가 프로그램에 없는 경우
실행 시간 오류 (실행 과정)	나누기 연산에서 0으로 나누기를 시도한 경우
논리 오류 (알고리즘 설계 과정)	• 무한반복이 되어 프로그램 실행이 끝나지 않는 경우 • a, b, c 중 실제 제일 큰 값은 c인데 제일 큰 값의 결과가 a가 나온 경우

논리 오류의 경우 쉽게 찾을 수 없으므로 프로그램의 명령문을 실제 실행하는 것처럼 결괏값을 확인하면서 명령문이 실행되는 순서대로 추적해야 한다.

제3절 C프로그램의 구성

1 C프로그램의 기본 구조 중요 기출

C프로그램의 기본 구조는 다음과 같이 전처리기 지시영역, main 함수, 추가적으로 호출된 함수 부분으로 구분할 수 있다.

```
#include <stdio.h>                          //전처리기 지시 영역
int Tarea(int w, int h);                    //사용자 정의 함수 선언

/* C프로그램의 기본구조를 보여주는 프로그램으로
삼각형의 면적을 구하는 프로그램으로 밑변 4, 높이가 5이다.
*/

int main()                                  //main() 함수 지정한다.
{
  int area, width, height;                  //변수를 선언한다.

  width = 4;                                //각 변수에 값을 처리한다.
```

```
    height = 5;
    area = Tarea(width, height) ;    //호출된 사용자 정의 함수

                                              //결과 출력
    printf("삼각형의 면적 =%d\n ", area);
    return 0;
  }

  int Tarea( int w, int h )                   //사용자 정의 함수
  {
    return 0.5*w*h;
  }
```

[그림 1-8] C프로그램의 기본 구조를 보여주는 프로그램

(1) 전처리기 지시영역

컴파일 하기 전 파일 포함이나 문자열 치환과 같은 문법 외적인 작업을 먼저 처리하는 과정으로, 전처리기는 #으로 시작하고, ;를 붙이지 않으며, 컴파일 시 연산처리는 이루어지지 않으며 치환만 이루어진다.

(2) main 함수

콘솔 응용 프로그램을 실행하면 처음으로 실행되는 함수로, 반드시 존재해야 하며 프로젝트에 하나만 존재해야 하는 함수이다.

① **함수의 본체(body)** : { }로 묶은 내용을 블록(block)이라 하고, { }는 함수의 본체 외에도 한 개 이상의 문장(statement)을 묶을 때 사용한다.

② **변수선언** : 프로그램에서 사용할 변수를 선언하는 곳으로 C언어는 반드시 실행부 이전에 변수 선언문이 있어야 한다.

③ **자료입력** : 프로그램에 필요한 값을 입력한다.

④ **자료처리** : 프로그램에서 처리할 명령문을 모아둔 곳으로, 주어진 자료로부터 필요한 정보를 얻기 위한 처리 과정을 C언어 구문에 맞게 명령문으로 표현한 곳이다.

⑤ **자료출력** : 실행결과를 형식에 맞추어 출력장치에 표시한다.

⑥ **함수 결괏값 반환** : main 함수의 결괏값을 main 함수를 호출했던 곳으로 돌려준다.

(3) 사용자 정의 함수

사용자가 용도에 맞게 작성하여 사용하는 것이 사용자 정의 함수(user defined function)이다.

더 알아두기

C프로그램 작성 시 규칙

① C프로그램은 반드시 하나 이상의 함수를 포함해야 한다.
② main() 함수가 반드시 존재해야 하며 한 번만 쓰여야 한다.
③ 중괄호 { }를 이용해서 함수의 시작과 끝을 알려야 하며, 중괄호 안에는 변수 선언문, 치환문, 연산문, 함수 등의 명령을 기입한다.
④ 문장의 끝에 세미콜론(;)을 사용하여 각 문장을 구분한다. 단 선행처리기(preprocessor) 끝에는 세미콜론(;)을 붙이지 않는다.
⑤ 주석(comment)은 프로그램상의 어느 위치든 추가가 가능하다.

2 C프로그램의 구성요소

(1) 예약어(키워드)

C언어에서 명령어나 의미있게 사용되는 단어들을 말하며, 프로그램 코드를 작성하는 사람은 키워드를 다른 용도로 사용해서는 안 된다.

예약어의 종류	자료형 관련	char, short, int, float, long, double, unsigned 등
	제어문 관련	if, if~else, switch~case, for, while, do~while, continue, break, goto 등
	기억클래스 관련	auto, static, extern, register
	기타 예약어	return, main, sizeof, include 등

(2) 식별자(identifier)

주로 프로그래밍 언어의 스펙(specification)에서 사용하는 용어로 변수, 상수, 함수, 사용자 정의 타입 등에서 다른 것들과 구분하기 위해서 사용되는 변수의 이름, 상수의 이름, 함수의 이름, 사용자 정의 타입의 이름 등 '이름'을 일반화해서 지칭하는 용어이다. 식별자(명칭)를 만들 때 규칙은 다음과 같다.

① 영문 대소문자, 숫자, 밑줄(_)만 사용할 수 있다.
② 키워드를 식별자로 사용할 수 없다.
③ C언어에서 밑줄은 특수문자로 보지 않는다.
④ 명칭의 첫 글자는 반드시 영문자나 밑줄(_)을 사용한다.
⑤ 문자 사이에 공백 및 예약어를 사용할 수 없다.
⑥ 모든 변수는 사용하기 전에 반드시 정의한다.
⑦ 영문자의 경우 대문자와 소문자는 서로 구별된다.
⑧ 명칭의 길이는 컴파일러에 따라 차이가 있으나 일반적으로 32자까지 지원한다.
⑨ Visual Studio 2010 이상 버전에서는 달러($)를 사용할 수 있다.

(3) 상수

상수는 변환되지 않는 값을 말하며, 초기화가 되면 재정의가 불가능하다. 상수는 변환되지 않는 값(파이, 3.14~)을 정의하여 반복적으로 사용하기 위해 쓰며 값이 불변인 자료로 문자형 상수, 숫자형 상수, 문자열 상수 등으로 구분한다. 예를 들어 'a', '10', '12.5', "programming" 등은 각각 문자형, 정수형, 실수형, 문자열 상수에 해당한다.

(4) 연산자

선언된 변수에 값(상수)를 넣어 값을 계산하는데 이때 사용되는 기호들을 연산자라고 한다. C언어에서는 대입 연산자, 산술 연산자, 관계 연산자, 논리 연산자, 할당 연산자, 삼항 연산자, 비트 연산자 등이 있다.

(5) 주석(설명문)

/* */는 C언어와 C++의 주석 기호이다. 즉 코멘트/설명문이다. /*에서 */ 사이에 있는 모든 문장들은 컴파일에서 완전히 무시되어, 설명문 등을 적어 놓거나, 코드의 특정 구역을 무효화 시킬 수 있다. //는 C++의 주석 기호이다. // 기호 뒤쪽 부분의 행은 무조건 무시된다. C언어에서도 //를 사용할 수 있지만 오래된 C컴파일러, 가령 터보 C 2.0에서는 // 주석을 인식하지 못하고 오류를 낸다. 그렇지만 요즘 컴파일러들은 C언어와 C++ 문법을 동시에 지원하기 때문에, C언어에서도 // 주석의 사용이 가능하다.

3 Visual Studio 2015 설치와 사용방법

(1) Visual Studio 2015 설치방법

Visual Studio 2015는 교육이나 비상업적 목적으로 무료로 설치할 수 있는 C/C++ 프로그램 개발 도구(tool)로 소스 코드 편집기, 컴파일러, 링커, 디버거(디버깅을 도와주는 프로그램) 등을 통합하여 한꺼번에 제공하는 통합 개발 환경(IDE : Integrated Development Environments) 소프트웨어이며 마이크로소프트 다운로드 사이트에서 받을 수 있다.

① https://visualstudio.microsoft.com/ko/vs/older-downloads/에서 Visual Studio 2015 Community를 다운로드 받는다.

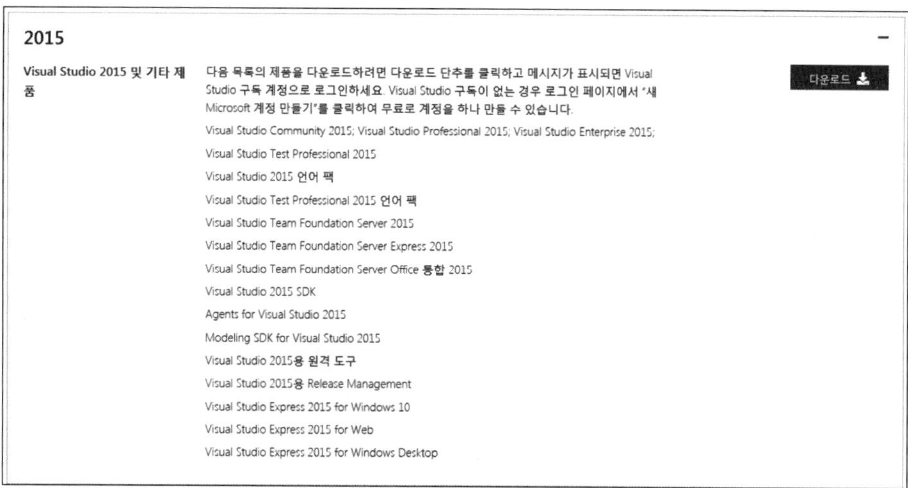

[그림 1-9] Visual Studio Community old버전 다운로드화면

② 계정을 로그인을 하고, 계정이 없으면 새로 만들기를 한다.

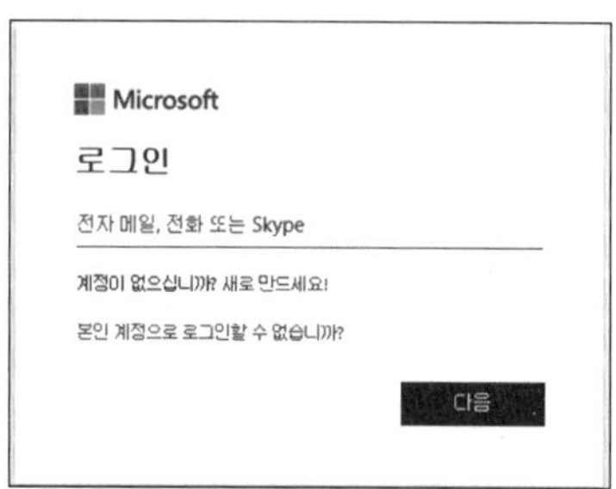

[그림 1-10] 계정 로그인 화면

③ Visual Studio 2015 Community에서 언어는 korean으로 바꿔 다운로드해서 실행한다.

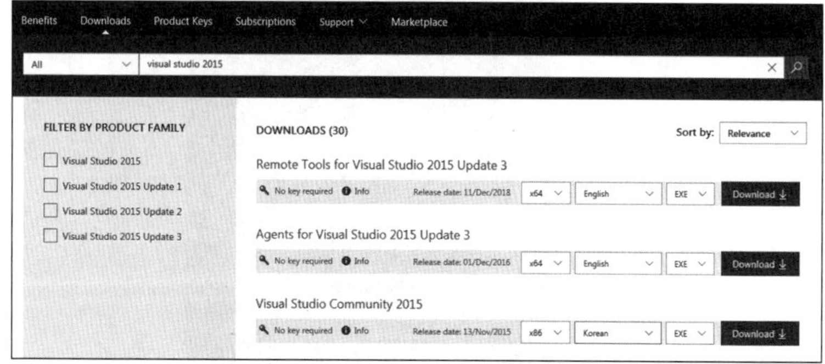

ko_visual_studio_community_2015_x86_web_installer_6847459.exe

[그림 1-11] Visual Studio 2015 Community 다운로드 화면

④ 설치할 곳을 지정하고, 설치 타입을 선택한다.

㉠ 첫 번째 체크는 설치할 위치를 지정한다. 지정하지 않는다면 기본 주 드라이버인 C드라이브에 (C:₩Program Files(x86)₩Microsoft Visual Studio 14.0) 설치된다. 다른 드라이브에 설치하고 싶다면 옆의 … 버튼을 눌러 바꿔주면 된다.

㉡ Choose the type of installation에서 Default에 체크된 것은 Custom으로 변경한다(Default하면 후에 C언어 코딩을 할 때 다시 추가 설치를 해야 한다).

㉢ Next 버튼을 클릭한다.

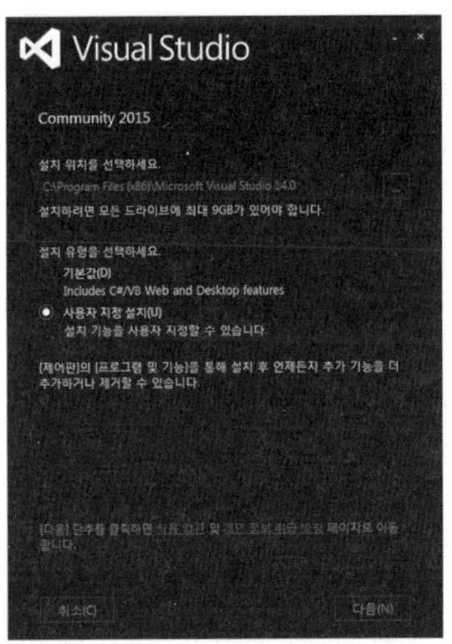

[그림 1-12] 설치할 곳을 지정하고 설치 타입 선택

⑤ 선택 특징(Select features)을 선택한다.

여기서는 Programming Languages 하위의 Visual C++을 클릭하여 체크를 한다(또, 필요한 항목이 있다면 추가로 체크해주면 된다).

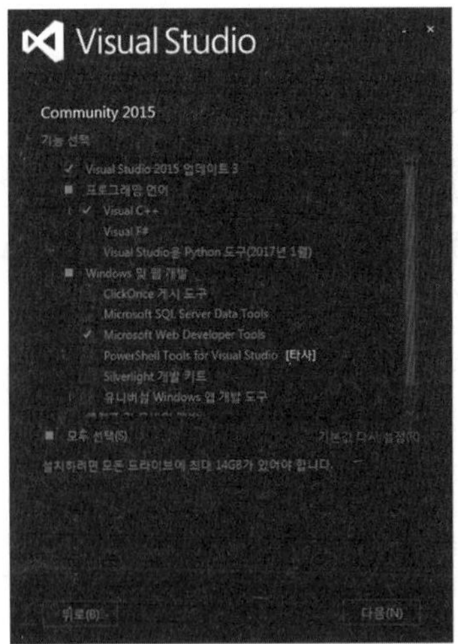

[그림 1-13] 선택특징(Select features)을 선택하는 화면

⑥ 선택 특징 확인 후 설치용량을 확인하고 Install을 클릭하면 설치된다.

㉠ 설치완료 후 처음 실행하면 계정 로그인을 하거나, 로그인 없이 실행하거나 둘 중 하나를 선택할 수 있다.

㉡ 계정이 있다면 로그인, 없으면 Not now, maybe later를 선택한다. 주로 C, C++를 다룰 것이므로 Development Settings를 General에서 Visual C++로 바꿔주고 Start Visual Studio를 클릭하면 준비를 거친 후 정상 실행이 된다.

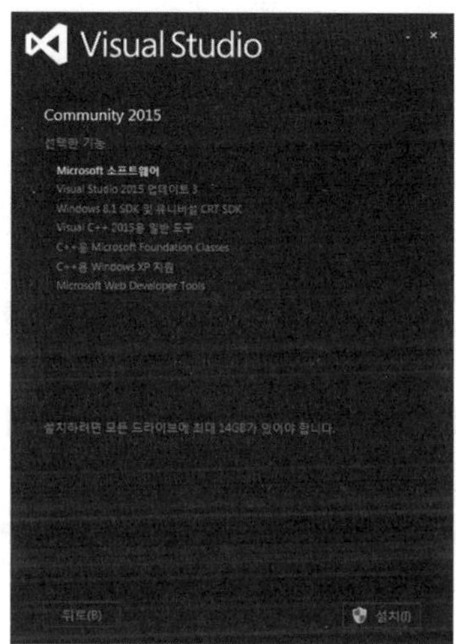

[그림 1-14] 설치용량 표시 후 Install 클릭 화면

⑦ Visual Studio 2015 실행

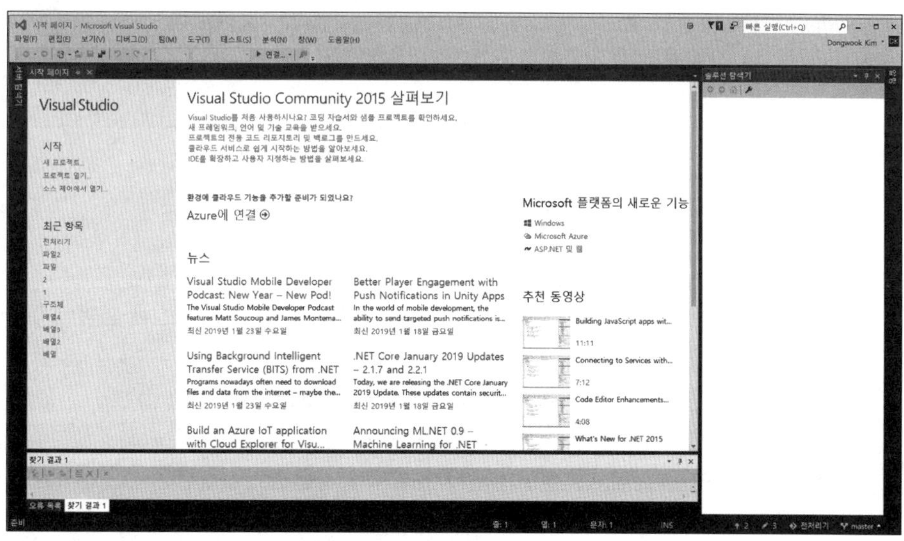

[그림 1-15] 실행화면

(2) 프로젝트 만들기

① 비주얼 C++ 2015 창의 [시작 페이지] 창 → [새 프로젝트]를 클릭한다. 기존의 프로젝트를 실행하다가 새 프로젝트를 만들 때는 [파일] → [새로 만들기] → [프로젝트] 메뉴를 선택하여 만들 수 있다.

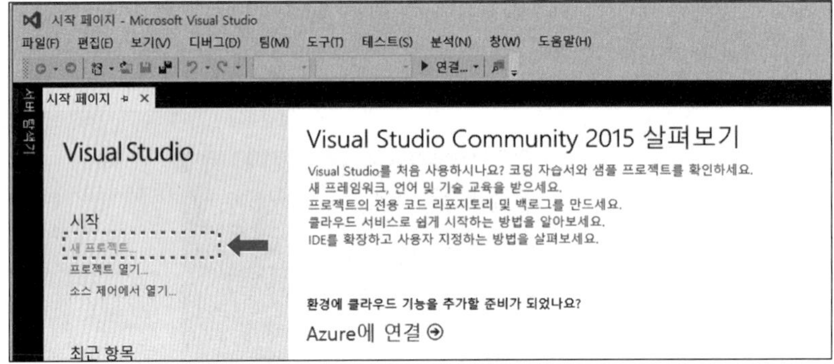

[그림 1-16] 새 프로젝트 만들기

② 프로젝트 유형, 이름, 저장 위치 설정

㉠ Win32 콘솔 응용 프로그램을 선택한다.

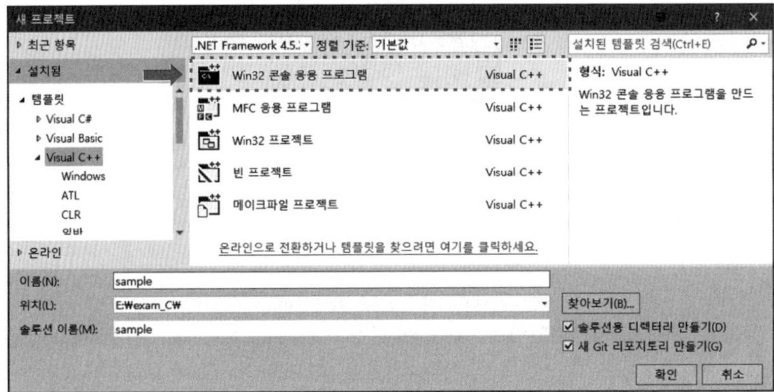

[그림 1-17] Win32 콘솔 응용 프로그램 선택

㉡ 솔루션용 디렉터리 만들기 체크를 해제한 경우

- 'E:₩exam_C' 폴더 안에 프로젝트 이름의 'sample' 폴더만 생성한다.
  즉 'E:₩exam_C₩sample'만 만들어지고 이 안에 솔루션과 프로젝트에 관련된 내용이 같이 저장된다.
- 실행형 파일은 'E:₩exam_C₩sample₩debug₩sample.exe'로 생성된다.

㉢ 솔루션용 디렉터리 만들기를 체크한 경우

- 프로젝트 이름과 동일한 솔루션 폴더가 별도로 자동으로 생성된다.
  - 'E:₩exam_C₩sample' 솔루션 폴더가 생성된다.
  - 'E:₩exam_C₩sample₩sample' 프로젝트 폴더가 생성된다.

- 기본적으로, 소스 파일(*.c 또는 *.cpp)은 프로젝트 폴더 안에, 실행 파일(*.exe)은 솔루션 폴더의 'debug' 폴더에 '프로젝트이름.exe'로 생성된다.
- 소스 파일은 'E:₩exam_C₩sample₩sample' 프로젝트 폴더에, 실행형 파일은 'E:₩exam_C₩sample₩debug' 폴더 안에 'sample.exe'로 생성된다.

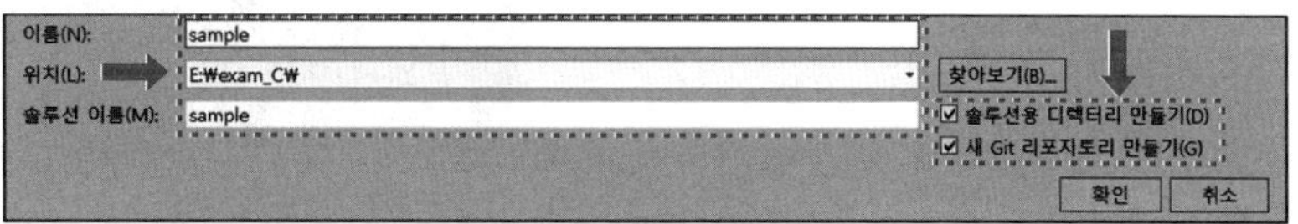

[그림 1-18] 프로젝트 폴더 생성

③ Win32 콘솔 응용 프로그램 마법사 설정

㉠ [Win32 응용 프로그램 마법사 시작] 창의 [다음] 단추를 클릭한다.

㉡ [응용 프로그램 설정] 창에서 [콘솔 응용 프로그램]을 선택한다.

㉢ 추가 옵션을 [빈 프로젝트]로 선택한 후

㉣ [마침]을 클릭한다.

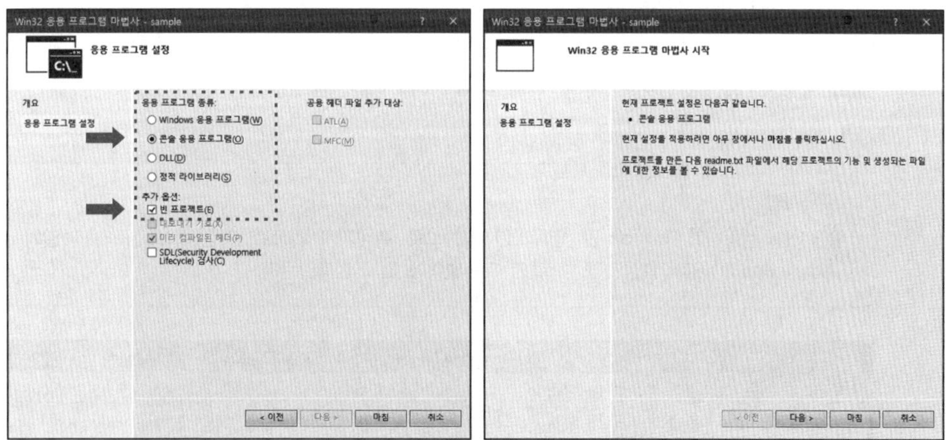

[그림 1-19] Win32 콘솔 응용 프로그램 마법사 설정

(3) 프로젝트에 소스 파일 추가하고 프로그램 실행하기

① 새 소스 파일 추가하기

㉠ [솔루션 탐색기]의 [소스 파일]에서 마우스 오른쪽 버튼을 클릭한다.

㉡ [추가] - [새 항목]을 클릭한다.

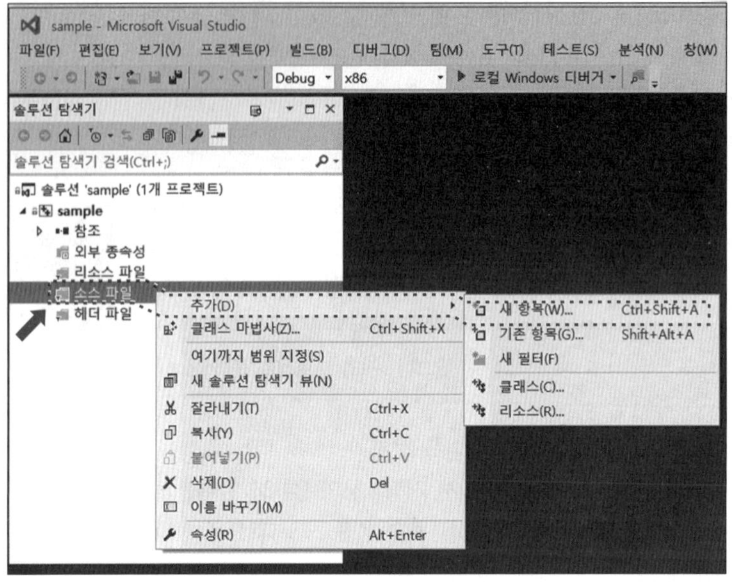

[그림 1-20] 프로젝트에 소스 파일 추가하고 프로그램 실행

② **새 소스 파일 이름 설정**

C언어에서만 제공하는 기능을 사용하려면 반드시 확장자를 '.c'로 직접 입력해서 파일명을 'sample.c'로 해야 C언어에 맞게 컴파일된다.

> **주의사항**
>
> 확장자를 생략하고 'sample'만 입력하면 자동으로 확장자가 cpp로 지정되므로 소스 파일의 이름은 'sample.cpp'가 된다. 확장자가 '.cpp'면 C++언어에 맞게 컴파일된다.

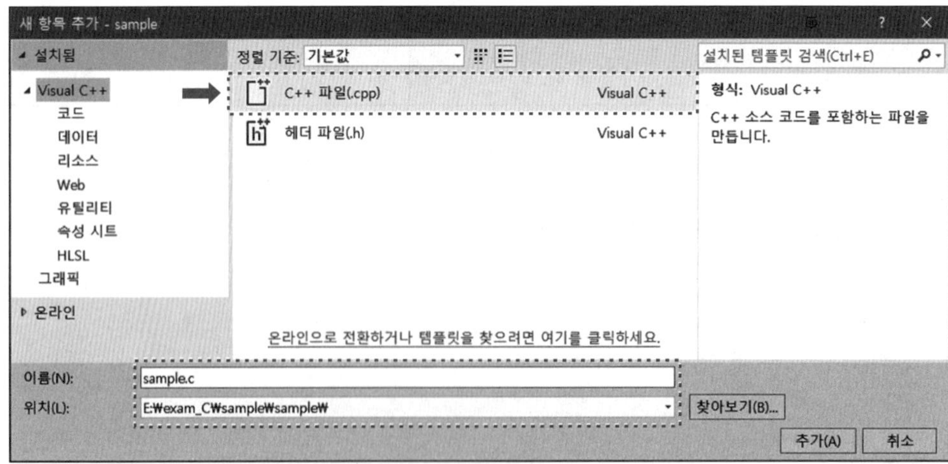

[그림 1-21] 새 소스 파일 이름 설정

③ 프로젝트에 소스 파일이 추가된 후 편집 창에서 소스 프로그램을 입력한다.

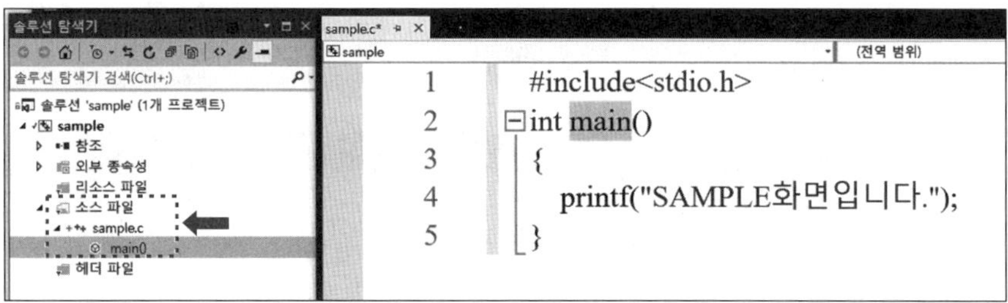

[그림 1-22] 소스 파일 입력

④ **빌드(컴파일 & 링크) 하기**

㉠ 소스 프로그램 작성 후 [빌드] - [솔루션 빌드] 메뉴를 선택하거나, sample빌드를 클릭한다.

㉡ 컴파일은 Ctrl + F7을 이용한다.

㉢ [출력] 창에 빌드 결과가 나타난다.

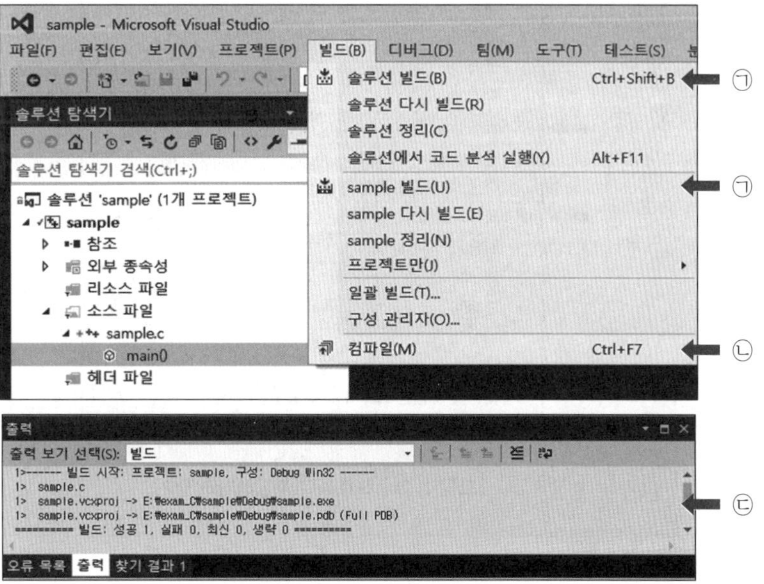

[그림 1-23] 빌드(컴파일 & 링크)

⑤ **프로그램 실행하기**

㉠ [Ctrl] + [F5]를 눌러 실행한다.

㉡ 실행이 정상적으로 끝나면 "계속하려면 아무 키나 누르십시오…"가 나타나며, 아무 키나 누르면 다시 비주얼 C++ 2015 창으로 돌아간다.

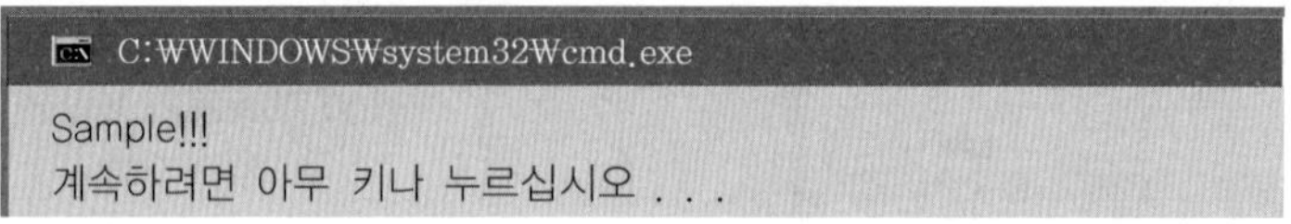

[그림 1-24] 프로그램 실행 및 결과화면

⑥ **프로젝트 저장하기와 닫기**

㉠ [파일] – [모두 저장]을 선택한다.

㉡ [파일] – [솔루션 닫기]를 선택한다.

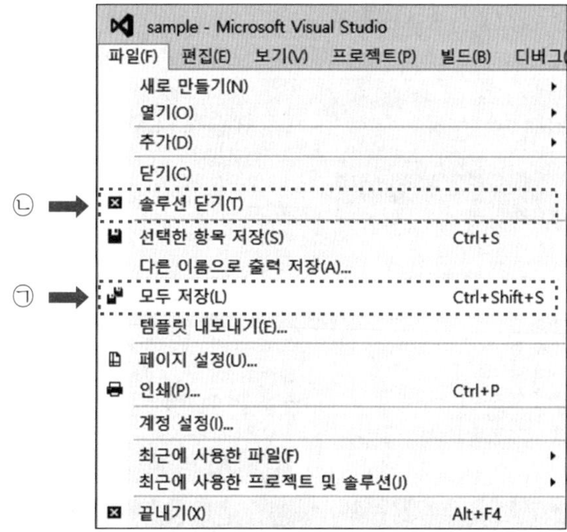

[그림 1-25] 프로젝트 저장하기와 닫기

OX로 점검하자 | 제1장

※ 다음 지문의 내용이 맞으면 O, 틀리면 ×를 체크하시오. [1 ~ 7]

01 C언어의 특징으로 뛰어난 이식성, 전문적인 프로그래밍 언어, 구문의 간결화와 명확성을 들 수 있다. ( )

>>> C언어는 범용적인 프로그래밍 언어이다.

02 프로그램의 개발단계는 요구사항 분석, 설계, 코딩, 컴파일, 파일 실행 순서이다. ( )

>>> 프로그램 개발은 요구사항의 분석을 토대로 설계한 후 코딩을 하고, 컴파일러를 통해 목적파일을 만든 후 링크를 통해 실행파일을 만들고 파일을 실행한다.

03 고급언어로 작성한 소스 프로그램을 기계어로 번역하는 작업을 링크라고 한다. ( )

>>> 컴파일링은 소스 코드를 번역하여 소스 프로그램을 기계어로 바꾸는 작업이다.

04 여러 소스 프로그램 파일을 하나로 합치고 라이브러리와 관련된 프로그램 코드를 실제 오브젝트 프로그램 안에 포함시키는 과정을 컴파일링이라고 한다. ( )

>>> 분리된 여러 개의 파일을 하나로 합치는 작업은 linking(실행파일 생성) 과정이다.

05 프로그램 실행파일은 에디팅에 의해 주기억장치에서 자료를 받아 실행한다. ( )

>>> 프로그램 실행파일은 로더(loader)에 의해 주기억장치에 적재(loading), 즉 저장한 후 CPU에 의해 실행된다.

06 C프로그램의 기본 구조는 전처리기 지시영역, main 함수, 추가적으로 호출된 함수 부분으로 구분할 수 있다. ( )

>>> 전처리기 지시영역(#include 〈stdio.h〉), main 함수(int main(void)), 사용자 정의 함수(int User(int x, int y))로 구분할 수 있다.

07 main 함수의 주요 기능은 함수의 본체, 변수선언, 자료입력, 자료처리, 자료출력, 함수 결괏값 반환 등이 있다. ( )

>>> main 함수는 콘솔 응용 프로그램을 실행하면 처음으로 실행되는 함수이다. 반드시 존재해야 하며 프로젝트에 하나만 존재해야 하는 함수로 변수의 선언과 자료의 입력, 처리, 출력과 함수의 결괏값을 반환할 수 있다.

정답 1 × 2 ○ 3 × 4 × 5 × 6 ○ 7 ○

제 1 장 실전예상문제

01 다음 중 C언어의 역사에 대한 설명으로 잘못된 것은?

① 1972년 데니스 리치에 의해 Unix에서 사용되기 위해 개발된 언어이다.
② C++은 C에서 객체 지향형 언어로 발전된 것이다.
③ UNIX의 기반이 되는 언어는 C언어이다.
④ 초기 C언어의 목적은 Linux를 쉽게 개발하기 위해서이다.

01 초기 C언어의 목적은 UNIX운영체제를 보다 쉽게 개발하기 위해서이다.

02 다음 중 C언어의 특징을 잘못 설명한 것은?

① 이식성이 좋고 하드웨어까지 제어할 수 있다.
② C언어는 전문적인 고급 프로그래밍 언어이다.
③ 구문이 간결하고 명확하다.
④ 다른 프로그래밍의 기본이 된다.

02 C언어는 범용 고급 프로그래밍 언어이다.

03 한 시스템에서 개발된 소프트웨어를 약간만 수정하면 다른 컴퓨터 시스템에서도 동일하게 실행할 수 있는 C언어의 특징은?

① 간결성
② 복합성
③ 이식성
④ 범용성

03 C언어는 8비트 컴퓨터부터 슈퍼컴퓨터에 이르기까지 모두 사용할 수 있는 강력한 이식성을 갖고 있다.

정답 01 ④ 02 ② 03 ③

04 **다음 중 프로그램 개발 단계과정을 올바르게 나열한 것은?**

① 요구사항 분석 → 프로그램 설계 → 링크 → 코딩 → 컴파일 → 실행파일 생성 → 파일실행
② 요구사항 분석 → 프로그램 설계 → 코딩 → 실행파일 생성 → 링크 → 컴파일 → 파일실행
③ 프로그램 설계 → 요구사항 분석 → 코딩 → 컴파일 → 링크 → 실행파일 생성 → 파일실행
④ 요구사항 분석 → 프로그램 설계 → 코딩 → 컴파일 → 링크 → 실행파일 생성 → 파일실행

04 **프로그램 개발 단계과정**
① 개발할 프로그램의 내용과 성격을 파악하여 요구사항을 분석
② 알고리즘을 설계
③ 프로그램 코딩
④ 기계어로 변환된 오브젝트 파일 생성(컴파일)
⑤ 관련 파일을 하나로 결합(링크)
⑥ 실행파일 생성

05 **프로그램이 제대로 실행되는 것을 방해하는 오류와 이 오류를 찾아서 제거하는 작업을 각각 무엇이라고 하는가?**

① 버그, 디버깅　　② 디버깅, 버그
③ 오류, 삭제　　④ 인터럽트, 제거

05 버그는 컴파일오류, 링크오류, 실행시간 및 논리오류가 발생할 수 있으며, 이 버그를 단계별 디버깅을 통해 수정해야 한다.

06 **main 함수의 이름을 잘못 지정해서 main 함수가 프로그램에 없는 경우 발생하는 버그와 발생시점은?**

① 논리 오류, 알고리즘 설계 과정
② 실행 시간 오류, 실행 과정
③ 링커 오류, 링킹 과정
④ 컴파일 시간 오류, 컴파일 과정

종류(발생시점)	오류의 예
컴파일 시간 오류 (컴파일 과정)	• result란 변수를 선언하지 않고, result=0;과 같이 변수를 사용한 경우 • int result 선언문 뒤에 (;)를 빠트린 경우
링커 오류 (링킹 과정)	main 함수의 이름을 잘못 지정해서 main 함수가 프로그램에 없는 경우
실행 시간 오류 (실행 과정)	나누기 연산에서 0으로 나누기를 시도한 경우
논리 오류 (알고리즘 설계 과정)	• 무한반복이 되어 프로그램 실행이 끝나지 않는 경우 • a, b, c 중 실제 제일 큰 값은 c인데 제일 큰 값 결과가 a로 나온 경우

06 [문제 하단의 표 참고]

정답 04 ④ 05 ① 06 ③

07 나누기 연산에서 0으로 나누기를 시도한 경우 발생하는 오류와 발생 시점은?

① 실행 시간 오류, 실행 과정
② 논리 오류, 알고리즘 설계 과정
③ 컴파일 시간 오류, 컴파일 과정
④ 링커 오류, 링킹 과정

07 code 내 나누기 연산에서 0으로 나누기를 시도한 경우 실행 과정에서 실행 시간 에러가 발생된다.

08 코딩 작성 오류로 무한반복이 되어 프로그램 실행이 끝나지 않는 경우 발생하는 오류와 발생 시점은?

① 실행 시간 오류, 실행 과정
② 컴파일 시간 오류, 컴파일 과정
③ 논리 오류, 알고리즘 설계 과정
④ 링커 오류, 링킹 과정

08 code 내에서 코딩작성 오류로 무한반복되는 경우 프로그램 실행이 끝나지 않으므로, 알고리즘의 설계 과정에서 오류가 발생된다. 디버깅 과정을 통해 오류 수정을 해야 하며, 프로그램 무한반복의 강제 종료는 'ctrl+c'로 처리한다.

09 변수 선언 시 자료형 int result 선언문 뒤에 ;를 빠트린 경우 발생하는 오류와 발생시점은?

① 링커 오류, 링킹 과정
② 컴파일 시간 오류, 컴파일 과정
③ 논리 오류, 알고리즘 설계 과정
④ 실행 시간 오류, 실행 과정

09 컴파일 과정에서 발생하는 오류는 문법적인 오류가 대부분으로 컴파일 시간 오류로 처리가 된다.

정답 07 ① 08 ③ 09 ②

10 **C프로그램의 기본 구조가 아닌 것은?**

① 사용자 정의 함수
② 예약어
③ main 함수
④ 전처리기 지시영역

10 C프로그램의 기본 구조는 전처리기, main 함수, 추가적으로 호출된 함수 부분으로 구분할 수 있다.

11 **콘솔 응용 프로그램을 실행하면 처음으로 실행되는 함수로, 반드시 존재해야 하며 프로젝트에 하나만 존재해야 하는 함수는?**

① main 함수
② 사용자 정의 함수
③ sine 함수
④ 전처리기 함수

11 C프로그램의 기본 구조 중에 main 함수는 실행되는 콘솔 응용 프로그램에서 반드시 하나만 존재해야 하는 함수이다.

12 **main 함수를 구성하는 요소가 아닌 것은?**

① 함수의 본체(body)
② 변수의 선언
③ 디버깅 선언
④ 함수 결과값의 반환

12 main 함수는 반드시 존재해야 하며, 한 번만 쓰여야 하는 매우 중요한 함수로, 구성요소에는 Body, 변수의 선언, 함수 결과값의 반환 요소 등이 있다.

정답 10 ② 11 ① 12 ③

13 • 문장의 끝에 세미콜론(;)을 사용하여 각 문장을 구분하고, 선행처리기(preprocessor) 끝에는 반드시 세미콜론(;)을 붙이지 않는다.
• 주석(comment)은 프로그램상의 어느 위치든 추가가 가능하다.

13 C프로그램의 작성 시 규칙으로 올바르지 않은 것은?

① C프로그램은 반드시 하나 이상의 함수를 포함해야 한다.
② main() 함수가 반드시 존재해야 하며 한 번만 쓰여야 한다.
③ 중괄호 { }를 이용해서 함수의 시작과 끝을 알려야 하며, 중괄호 안에는 변수 선언문, 치환문, 연산문, 함수 등의 명령을 기입한다.
④ 문장의 끝에 콜론(:)을 사용하여 각 문장을 구분하고, 선행처리기(preprocessor) 끝에는 반드시 콜론(:)을 추가해 문장의 끝을 알려야 한다.

14 자료형 관련 예약어로는 char, short, int, float, long, double, unsigned 등이 있으며, 이를 이용하여 변수의 자료형을 선언한다.

14 C프로그램의 자료형 관련 예약어(키워드)에 해당하지 않는 것은?

① float ② static
③ char ④ int

15 식별자(명칭)를 만들 때의 규칙은 다음과 같다.
• 영문 대소문자, 숫자, 밑줄(_)만 사용할 수 있다.
• 키워드를 식별자로 사용할 수 없다.
• C언어에서 밑줄은 특수문자로 보지 않는다.
• 명칭의 첫 글자는 반드시 영문자나 밑줄(_)을 사용한다.
• 문자 사이에 공백 및 예약어를 사용할 수 없다.
• 모든 변수는 사용하기 전에 반드시 정의한다.
• 영문자의 경우 대문자와 소문자는 서로 구별된다.

15 식별자를 만들 때의 규칙으로 잘못된 것은?

① 영문 대소문자, 숫자, 밑줄(_)만 사용할 수 있다.
② 키워드를 식별자로 중복 사용할 수 있다.
③ C언어에서 밑줄은 특수문자로 보지 않는다.
④ 명칭의 첫 글자는 반드시 영문자나 밑줄(_)을 사용한다.

정답 13 ④ 14 ② 15 ②

16 변수, 상수, 함수, 사용자 정의 타입 등에서 다른 것들과 구분하기 위해서 사용되는 변수의 이름, 상수의 이름, 함수의 이름, 사용자 정의 타입의 이름 등 '이름'을 일반화해서 지칭하는 것은 무엇인가?

① 예약어
② 식별자
③ 주석
④ 상수

16
- 식별자는 주로 프로그래밍 언어의 스펙(specification)에서 사용하는 용어이다.
- 예약어는 C언어에서 명령어나 의미 있게 사용되는 단어들을 말한다.
- 주석은 코멘트, 설명문을 말한다.
- 상수는 변환되지 않는 값을 말하며, 초기화가 되면 재정의가 불가능하다.

17 프로그램 실행파일 생성과정인 링킹과정에 대하여 잘못 설명한 것은?

① 하나의 파일을 여러 개의 작업으로 나누는 작업이다.
② 여러 소스 파일로 나누어 작업한 경우에 필요하다.
③ C언어에서 미리 제공하는 라이브러리(library)를 이용한 경우에 필요하다.
④ 여러 소스 프로그램 파일을 하나로 합치고 라이브러리와 관련된 프로그램 코드를 실제 오브젝트 프로그램 안에 포함시키는 과정이다.

[C프로그램 소스 파일 작성부터 실행 및 디버깅까지의 과정]

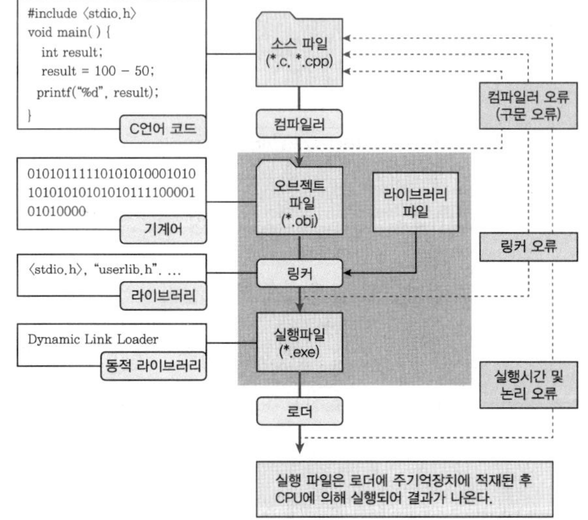

17 링킹 과정은 여러 개의 프로그램을 하나의 프로그램으로 합치는 과정이다. [문제 하단의 도표 참조]

정답 16 ② 17 ①

Self Check로 다지기 | 제1장

- C언어의 특징은 이식성이 좋다. 하드웨어까지 제어할 수 있다. 구문이 간결하고 명확하다. 다른 프로그래밍의 기본이 된다.
- C프로그램 개발단계는 요구사항 분석, 설계, 코딩, 컴파일, 파일실행 순서로 진행된다.
- 프로그램 코딩은 C컴파일러가 알아들을 수 있는 형식으로 문서를 작성하는 것이다.
- 컴파일은 소스 파일을 컴퓨터가 이해하는 오브젝트 파일로 변환하는 과정이다.
- 링크는 여러 개의 오브젝트 파일을 하나의 실행 파일로 묶어주는 것이다.
- 빌드는 컴파일과 링크를 하나로 합친 개념이다.
- 실행은 빌드한 결과인 실행파일(*.exe)을 작동시키는 것이다.
- **C프로그램의 작성과 디버깅과정**

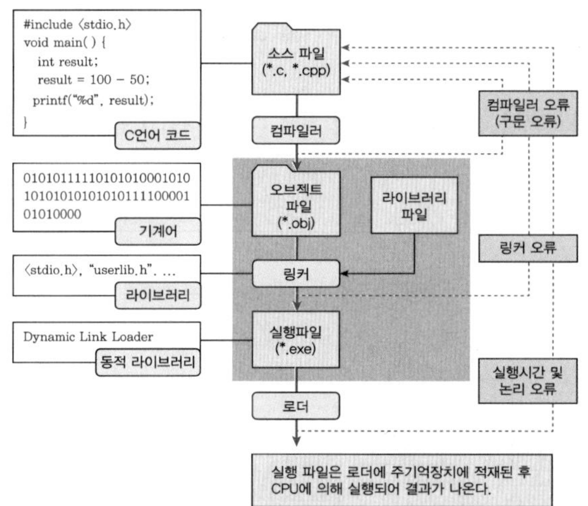

- C프로그램의 기본구조는 전처리기 지시영역, main 함수, 사용자 정의 함수로 구분할 수 있다.
- 전처리기 지시영역은 컴파일을 시도할 경우 컴파일이 실행되기 전에 전처리기 명령부터 처리된다.
- main 함수는 콘솔 응용 프로그램을 실행하면 처음으로 실행되는 함수로 반드시 존재해야 하며, 프로젝트에 하나만 존재해야 하는 함수로 변수의 선언과 자료의 입력, 처리, 출력과 함수의 결괏값을 반환할 수 있다.
- 사용자 정의 함수(user defined function)는 사용자가 용도에 맞게 작성하여 사용하는 함수이다.

제 2 장

자료형과 선행처리기

교육이란 사람이 학교에서 배운 것을 잊어버린 후에 남은 것을 말한다.

- 알버트 아인슈타인 -

제 2 장 자료형과 선행처리기

제1절 변수와 자료형

1 변수의 표현 기출

프로그램은 처리할 자료나 결과를 기억장치에 저장해야 한다. 자료를 저장하기 위한 공간을 변수(variable)라 하며 기억공간을 확보하는 행위를 변수 선언이라 한다. 변수는 프로그램 실행 중간에 새로운 값이 저장되고, 값이 변할 수 있어서 붙은 이름이다. 자료를 저장하거나 읽어올 때 변수가 차지하는 주기억장치의 주소를 직접 사용하는 불편함을 없애기 위해 기억공간에 적절한 이름(식별자)을 붙인다. 이 때 이 주소 대신 이름을 이용할 수 있게 한 것이 변수명이다.

(1) 변수명의 생성 규칙

자료 값을 저장하기 위하여 주기억장치 일부 공간에 값을 보관(저장)하며, 이름으로 그 값을 가리키게 된다(이름으로 호출). 상수와 달리 프로그램 수행 도중에 그 값이 바뀔 수 있다. 프로그램은 처리할 자료형에 맞는 변수를 선택해 변수에 자료를 저장하고 변수의 자료를 적절히 처리하여 결과를 얻는다.

① **식별자**: 프로그램에서 사용할 변수, 함수, 구조체에 대해 프로그래머가 직접 지정한 이름을 말한다.

② **식별자(변수명, 함수명 등) 생성 규칙**

㉠ 영어 소문자와 대문자, 숫자 그리고 특수문자 _(밑줄문자)만 사용한다.
㉡ 영어 대소문자를 구별해서 생성한다.
㉢ 첫 글자는 숫자일 수 없다.
㉣ 중간에 공백을 포함해서는 안 된다.
㉤ 예약어는 사용할 수 없다.
㉥ 변수명 길이는 제한이 없으나 가능하면 31자 이내로 한다.

주의사항
실제 비주얼 스튜디오 2010에선 한글, $도 사용가능하나 호환성을 위해 사용하지 않는 것을 권장한다.

③ **식별자 관습 규칙** : 가능한 저장할 자료의 의미를 표현하는 변수명을 사용한다.

예 average, sum, height 등

• 여러 단어를 사용할 경우
  - _(언더스코어)로 단어를 구분 : sum_of_product, card_num 등
  - 카멜 표기법 : sumOfproduct, cardNum 등 두 번째 단어의 첫 글자를 대문자로 사용
  - 파스칼 표기법 : SumOfProduct, CardNum 등 모든 단어의 첫 글자를 대문자로 사용

④ **예약어(reserved word 또는 keyword)**

예약어는 C언어에서 미리 그 의미를 규정해 놓은 단어들로, ISO(International Organization for Standardization, 국제표준화기구) C(C99)에서 정의한 예약어와 비주얼 C++에서 사용하는 마이크로소프트 C에서 정의한 예약어가 있다.

[표 2-1] 예약어

구분	예약어
ISO C(C99) 예약어	_Bool, _Complex, _Imaginary, auto, break, case, char, const, continue, default, do, double, else, enum, extern, float, for, goto, if, inline, int, long, register, restrict, return, short, signed, sizeof, static, struct, switch, typedef, union, unsigned, void, volatile, while
마이크로소프트 C 예약어	_asm, _based, _cdecl, _declspec, _except, _fastcall, _finally, _inline, _int16, _int32, _int64, _int8, _leave, _stdcall, _try, dllexport, dllimport, naked, thread

(2) 변수의 선언

C프로그램에서는 변수를 사용하기 전에 선언부터 해야 한다. 변수 선언이란 변수에 자료 값을 저장할 주기억장치의 기억공간을 할당하는 것을 의미한다. C++언어와 달리 C언어에서는 변수 선언문이 대입문, 제어문, 함수 호출문과 같은 실행문 이전에만 올 수 있다. 따라서 { 다음에 곧바로 선언문이 오며, 선언문이 끝난 후에 실행문이 온다.

① **변수의 선언** 중요

[형식] 변수 선언

```
자료형 변수명;
자료형 변수명 = 초깃값;
자료형 변수명1, 변수명2, 변수명3, …, 변수명n ;
```

```
char c='A' ;          //문자 상수 1개를 저장하기 위한 char형 변수 선언, c에 'A' 저장
int sum;              //정수 1개를 저장하기 위한 int형 변수 선언
int width, height;    //정수들을 저장하기 위한 int형 변수 선언
```

더 알아두기

주의 : C++언어에서는 변수 사용 전에 선언문이 있으면 되지만, C언어는 본체 안에서 { 다음에 곧바로 변수 선언문이 와야 한다.

→ 본체 안의 다른 실행문 뒤에 선언문이 오는 것은 오류로 처리한다.

{
    int score;
    age = 100;
    ~~int grade;~~
}

② 변수 선언의 의미

변수의 자료형(char형, int형 등)에 맞게 주기억장치 공간에서 각 자료형의 크기만큼 기억공간을 확보하라는 의미이다. 변수에 해당하는 기억공간에 값을 저장하는 행위를 '변수에 값을 대입한다(assign)'고 한다.

예제 2-1

변수 선언의 예

해설

```
#include <stdio.h>

 int main()
 {
 int a1, a2, a3; //정수를 저장할 int형 변수 선언

 a1 = 10;
 a2 = 20;
 a3 = a1 + a2; //a1과 a2에 저장된 값을 더한 결과를 a3에 저장

    printf("a1 = %d, a2 = %d, a3 = %d\n", a1, a2, a3);

    a3 = a2 / 2; //a2에 저장된 값을 2로 나눈 값(몫)을 다시 a3에 저장

    printf("a1 = %d, a2 = %d, a3 = %d\n", a1, a2, a3);

    return 0;
 }
```

[그림 2-1]

㉠ 5행 : 정수를 저장할 변수 a1, a2, a3을 선언하고 각 변수마다 기억공간을 할당한다. 초기화하지 않았으므로 각 변수의 기억공간에는 임의의 값(쓰레기값)이 저장되어 있다.
㉡ 7 ~ 8행 : 변수 a1, a2에 각각 10, 20을 대입(저장)한다.
㉢ 9행 : 변수 a1에 저장된 값 10과 변수 a2에 저장된 값 20을 더한 결과인 30을 변수 a3에 대입한다.
㉣ 11, 15행 : 변수에 저장된 값을 출력한다.
㉤ 13행 : 변수 a3에 식 a2/2, 즉 20/2의 값 10이 저장되어 이전 값 30은 사라진다. 이와 같이 변수는 대입을 통해 다른 값으로 계속 바뀔 수 있다.

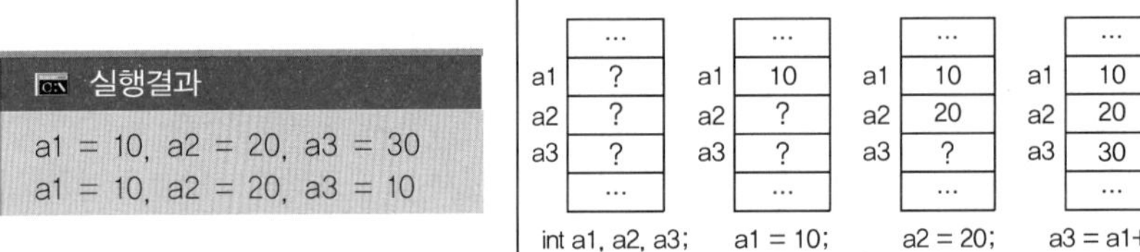
실행결과
a1 = 10, a2 = 20, a3 = 30
a1 = 10, a2 = 20, a3 = 10
a1 ? a2 ? a3 ?
int a1, a2, a3;
a1 10 a2 ? a3 ?
a1 = 10;
a1 10 a2 20 a3 ?
a2 = 20;
a1 10 a2 20 a3 30
a3 = a1+a2;
a1 10 a2 20 a3 10
a3 = a2/2;

(a) 실행결과 (b) 기억공간에서의 결과

[그림 2-2] 실행결과 및 기억공간에서의 결과

2 자료형 중요

자료의 표현 방법에서는 프로그램에서 처리하는 기본 자료인 문자, 정수, 실수를 표현하는 방법이 있다. 이러한 자료를 변수에 저장하려면 이 자료와 자료형(data type)이 같은 변수를 선언해야 한다. 변수는 어떤 값을 저장하기 위한 메모리 공간으로, 프로그램에서 사용할 변수는 사용하기 전에 반드시 변수의 자료형(type)을 필요로 한다.

자료의 표현 방법에 따라 char, int, double 세 가지 자료형의 변수만 있어도 되지만, 기억공간의 낭비를 없애기 위해 다양한 크기의 자료형을 제공한다. [표 2-2]는 자료형을 세부적으로 분류한 것이다. 회색 음영 부분은 **기본 자료형**이며, ()는 생략이 가능한 것이다. 기본 자료형이란 상수에 대해 특별히 자료형을 명시하지 않았을 때 적용되는 자료형이다. 예를 들면 3.4는 double형 실수로 8바이트로 표현되지만 3.5f는 float형 실수로 4바이트로 표현된다.

[표 2-2] 자료형의 종류

정수	문자	char	signed char	unsigned char
	정수	(signed) short (int)	(signed) int	(signed) long (int)
		unsigned short (int)	unsigned (int)	unsigned long (int)
실수		float	double	long double

(1) 문자형

문자형이란 문자 1개를 표현하기 위한 자료형으로, [표 2-3]과 같이 세 가지 자료형이 제공된다. 이중 char이 문자 1개를 저장하는 데 가장 많이 사용되며, 표현범위는 음수를 포함하지만 실제로는 코드값이 0 ~ 127인 128개 문자를 저장하는 데 사용된다. 문자형 자료는 1바이트의 기억공간을 차지하므로 2바이트의 코드로 표현되는 한글 한 글자는 문자형으로 표현될 수 없으며, 배열을 이용한 문자형 배열을 이용하여 처리한다.

[표 2-3] 문자형의 종류

문자 자료형	크기(size)	유효(표현)범위
char	1 byte	-128 ~ 127
signed char	1 byte	-128 ~ 127
unsigned char	1 byte	0 ~ 255

① char, signed char, unsigned char

문자 1개를 저장하기 위한 기본 문자 자료형으로, 한글은 2바이트로 표현된다. 특히 unsigned char형은 부호가 없는 즉, 양의 정수만 표현하므로 0 ~ 255까지 표현 가능하다.

예 아스키 코드와 같이 255를 초과하지 않는 정수형 자료는 unsigned char형을 이용하는 것이 4바이트의 int형 변수를 이용하는 것보다 훨씬 효율적이다.

② 아스키 코드(ASCII Code)

7비트 표현 방식으로 2^7 즉, 128개의 문자 조합을 갖는 0 ~ 9, a ~ z, A ~ Z, 특수문자 등 정보 표현용 문자들의 표현을 말한다. C언어에서는 숫자를 문자로도 표현하며, char ch = 'a'; 와 char ch = 97; 은 같은 표현이다.

더 알아두기

ASCII Code의 설명

[ASCII Code와 10진수, 16진수와의 관계]

아스키 코드	10진수	16진수
0 ~ 9	48 ~ 57	0x30 ~ 0x39
A ~ Z	65 ~ 90	0x41 ~ 0x5A
a ~ z	97 ~ 122	0x61 ~ 0x7A

(2) 정수형(고정 정수형)

정수형은 소수점을 포함하지 않는 수치를 위한 자료형이다. [표 2-4]처럼 주기억장치를 차지하는 크기에 따라 short, int, long 세 가지로 분류되고, 부호비트의 사용 여부에 따라 다시 signed, unsigned로 분류된다. unsigned int형은 음수를 표현하지 않음으로써 int형보다 두 배로 큰 양수까지 표현할 수 있다.

[표 2-4] 정수형의 종류

정수 자료형	의미	크기(size)	유효(표현)범위
(signed) short (int)	작은 정수	2 byte	$-2^{15}(-32768) \sim 2^{15}-1(32767)$
unsigned short (int)	부호없는	2 byte	$0 \sim 2^{16}-1(65535)$
(signed) int	정수	4 byte	-2^{31}(약 -21억) $\sim 2^{31}-1$(약 21억)
unsigned (int)	부호없는	4 byte	$0 \sim 2^{32}-1$(약 42억)
(signed) long (int)	큰 정수	4 byte	$-2^{31} \sim 2^{31}-1$
unsigned long (int)	부호없는 큰 정수	4 byte	$0 \sim 2^{32}-1$

정수의 표현범위는 n비트를 사용할 때 $-(2^{n-1}) \sim (2^{n-1}-1)$까지 표현이 가능하다. 예를 들어 나이나 현재 연도를 표시할 경우, 마이너스 값이 있을 수 없으므로 unsigned int나 unsigned short를 사용하면 된다. 하지만 표현범위의 최댓값이 절대 unsigned short의 최대 크기인 65535를 넘지 않기 때문에, unsigned int보다는 저장 공간을 더 적게 사용하는 unsigned short를 사용하는 게 더 효율적이다. C언어에서 다양한 자료형을 제공하는 이유는 처리속도와 관련이 있다. 실수형 자료는 정수형 자료보다 처리속도가 훨씬 느리므로 정수형으로 처리할 수 있는 자료를 실수형으로 처리한다면 기억장소와 처리속도 측면에서 모두 좋지 않다.

예제 2-2

정수형 변수의 사용 예

해설

```
#include <stdio.h>

int main()
{
    unsigned char age = 97;
    int max = 2147483647;
    int max_plus_1 = max + 1;
    unsigned int super = max + 1;

    printf("age = %d\n max = %d\n", age, max);
    printf("max + 1 = %d\n", max_plus_1);
    printf("super = max + 1 = %u\n", super);

    return 0;
}
```

| 결과 |

실행결과

```
age = 97
max = 2147483647
max + 1 = -2147483648
super = max + 1 = 2147483648
```

[그림 2-3]

㉠ 5행 : int자료형을 선언해도 문법적으로 문제가 없으나 나이 age는 양의 정수인 작은 범위의 값을 저장하기 위한 변수로 사용되므로 unsigned char형 선언을 권장한다.

㉡ 7, 11행 : 현재 max에는 int형으로 표현할 수 있는 최댓값 2,147,483,647이 저장되어 있고, 여기에 1을 더한 값은 int형 변수 max_plus_1에 저장할 수 없으므로 오버플로가 발생하여, 그 결과 11행에서 전혀 다른 값이 출력된다.

```
     01111111111111111111111111111111        max
+    00000000000000000000000000000001        1
-------------------------------------
     10000000000000000000000000000000        max_plus_1
     ↖최상위 부호 비트가 1이 되어 음수가 된다
```

㉢ 8, 12행 : super는 int와 달리 양수만 표현하는 unsigned int형이므로 최대 4,294,967,295까지 저장할 수 있으므로 12행에서 정확한 결과를 얻을 수 있다.

(3) 실수형 기출

실수형은 차지하는 기억공간의 크기에 따라 float, double, long double로 나눌 수 있지만 비주얼 C++에서는 double과 long double 둘 다 8바이트로 표현된다. float는 소수점 이하 6자리까지, double과 long double은 소수점 이하 15자리까지 정확히 표현할 수 있다. 즉 double은 float보다 표현 범위가 넓고 정밀하다.

[표 2-5] 실수의 표현범위

실수 자료형	크기(size)	유효자릿수	유효(표현)범위
float	4 byte	소수점 이하 6	약 $-3.4\times10^{38} \sim 3.4\times10^{38}$
double	8 byte	소수점 이하 15	약 $-1.79\times10^{308} \sim 1.79\times10^{308}$
long double	8 byte	소수점 이하 15	약 $-1.79\times10^{308} \sim 1.79\times10^{308}$

예제 2-3

실수형 변수 사용의 예

해설

```
#include <stdio.h>

int main()
{
   float radius = 10.0;
   float area;
   area = 3.14 * radius * radius;

```

```
9       printf("반지름이 %f인 원의 넓이는 %f입니다.\n", radius, area);
10
11      return 0;
12  }
```

| 결과 |

실행결과

반지름이 10.000000인 원의 넓이는 314.000000입니다.

[그림 2-4]

㉠ 5행 : 4바이트 float형 변수 radius를 선언하고 초깃값으로 10.0을 대입한다.

㉡ 6행 : 4바이트 float형 변수 area를 선언한다.

㉢ 7행 : 오른쪽 식의 값을 평가한 값 314를 area에 대입한다. 3.14부분에서 컴파일 경고 메시지가 발생한다. 비주얼 C 또는 C++에서 기본 실수형은 double이므로 3.14를 double형 실수로 번역하기 때문이다. 3.14는 8바이트의 double형 상수이고, 3.14f는 4바이트의 float형 상수이므로 오른쪽 식의 값은 8바이트를 차지한다. 결국 8바이트의 자료를 4바이트 기억장소에 저장하게 되어 자료 값의 일부가 잘리므로 경고 메시지가 발생한다.

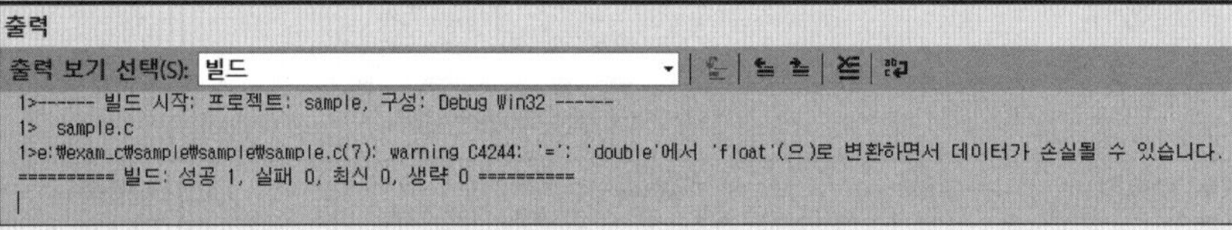

==〉 수정된 부분 `7    area = 3.14f * radius * radius;`

이를 해결하기 위해 3.14를 double형이 아닌 4바이트의 float형으로 지정하기 위해 뒤에 f를 붙인다.

㉣ 9행 : radius와 area에 저장된 값을 주기억장치에서 읽어와 %f형식으로 출력한다.

예제 2-4

밑변 3cm, 높이가 5cm인 삼각형의 넓이를 구하시오.

해설

① 필요한 변수는 밑변(width), 높이(height), 넓이(area)가 있다. 이 세 변수에 저장된 값은 처리할 자료이자 출력할 자료가 된다.

② 특별히 제시한 자료형 조건은 없으나 밑변이나 높이가 실수인 경우도 처리할 수 있도록 세 변수 모두 실수형으로 선언한다.

③ 삼각형의 넓이 : 밑변 * 높이 / 2

④ 순서도

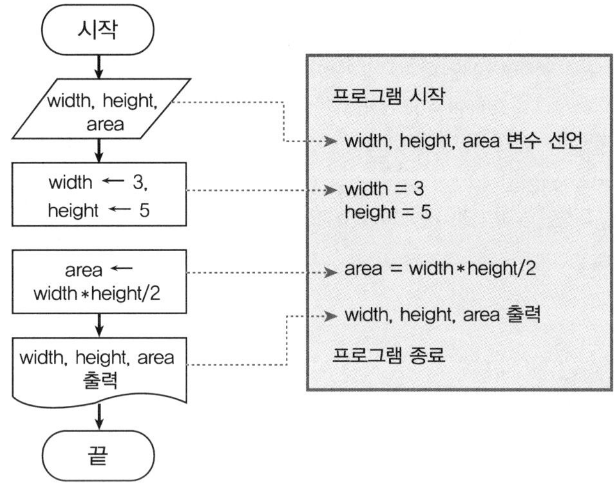


```
#include <stdio.h>
int main()
{
  //변수 선언
    double width, height;
    double area;
  //처리
    width = 3.0;
    height = 5.0;
    area = width * height / 2.0;
  //출력
    printf("밑변 %lfcm, 높이 %lfcm인 삼각형의 넓이 = ", width, height);
    printf("%lfcm²\n", area);
    return 0;
}
```

| 결과 |

실행결과

밑변 3.000000cm, 높이 5.000000cm인 삼각형의 넓이 = 7.500000cm^2

[그림 2-5]

㉠ 5 ~ 6행 : 처리할 자료인 밑변, 높이, 넓이를 저장하기 위한 변수를 선언한다. 밑변과 높이는 각각 3, 5와 같이 정수 형태, 결과 값인 넓이가 실수형이 될 수 있으므로 모두 double형으로 선언한다. 모든 변수가 선언될 때 초기화되지 않았으므로 주기억장치는 임의의 값을 가진다.
㉡ 8 ~ 10행 : width, height변수에 double형 상수 3.0과 5.0을 대입하고, 넓이를 계산하여 변수 area에 저장한다. 3, 5, 2와 같이 int형 상수로 표현해도 되지만, 실수형은 소수점을 명시적으로 표현하기를 권장한다.
㉢ 12 ~ 13행 : 밑변, 높이, 넓이는 double형이므로 %lf 변환명세로 출력한다.

제2절 상수

상수는 프로그램에서 변하지 않는 값으로 정의한다. 크게 값 자체에 의미가 있는 리터럴 상수(literal Constant)와 상수에 명칭을 부여하는 심볼릭 상수(Symbolic Constant)로 나눌 수 있다. 상수의 메모리에 저장되는 크기는 컴파일러가 알아서 상수값을 보고, 적당한 자료형으로 메모리에 할당한다.

1 리터럴 상수(Literal Constant) 중요

상수는 프로그램에서 자료의 값을 나타내는 데 사용하는 숫자나 문자로, 프로그램이 실행되는 도중에 값이 변경될 수 없다. 상수는 문자 상수, 정수 상수, 실수 상수, 문자열 상수로 구분한다.

(1) 숫자 상수의 표현

① 정수형 상수의 표현

[형식] 정수형 상수의 표현 방법

숫자(10진수), 0숫자(8진수), 0x숫자(16진수) [0 : 숫자]

- 10진수 : 2013, 2012u, 3333U, +213234, −234255
- 8진수 : 0223, −02342, 0234
- 16진수 : 0xfff, 0X44ab, 0xFA, −0xA34F

정수형 상수는 소수점을 포함하지 않는 0을 포함한 부호 있는 정수로 표현하며, 진법에 따라 2진수, 10진수, 8진수, 16진수로 표시한다.

㉠ 진수

[표 2-6] 진수 표현 방법

10진수(0 ~ 9)	2진수(0, 1)	8진수(0 ~ 7)	16진수(0 ~ F)	예
0	0000	000	0	• 8진수 상수 : 025 (숫자 앞에 0을 접두사로 사용) • 16진수 상수 : 0X25, 0x25 (숫자 앞에 0X 또는 0x를 접두사로 사용) • 25u, 025u,0x25U : 숫자 뒤에 u 또는 U를 접미사로 사용하여 부호 없는 상수 (unsigned형) • 25l, 025L, 0X25l : 숫자 뒤에 l 또는 L을 접미사로 사용하여 큰 길이의 정수 (long형)
1	0001	001	1	
2	0010	002	2	
3	0011	003	3	
4	0100	004	4	
5	0101	005	5	
6	0110	006	6	
7	0111	007	7	
8	1000	010	8	
9	1001	011	9	
10	1010	012	A	
11	1011	013	B	
12	1100	014	C	
13	1101	015	D	
14	1110	016	E	
15	1111	017	F	

더 알아두기

10이라는 숫자를 보면 이것이 10진수인지, 2진수인지, 16진수인지 구분하기 힘들다. 그래서 진수를 구분할 필요가 있을 때 2진수라면 10_2(또는 $10_{(2)}$), 10진수라면 10_{10}(또는 $10_{(10)}$), 16진수라면 10_{16}(또는 $10_{(16)}$)과 같이 표기하기도 한다.

㉡ 바이트 : 비트 8개가 합쳐진 단위

[표 2-7] 바이트의 표현 방법

비트수	바이트수	표현개수	2진수	16진수	10진수
1		$2^1 = 2$	0 ~ 1	0 ~ 1	0 ~ 1
2		$2^2 = 4$	0 ~ 11	0 ~ 3	0 ~ 3
4		$2^4 = 16$	0 ~ 1111	0 ~ F	0 ~ 15
8	1	$2^8 = 256$	0 ~ 11111111	0 ~ FF	0 ~ 255
16	2	$2^{16} = 65536$	0 ~ 1111111111111111	0 ~ FFFF	0 ~ 65535
32	4	2^{32} =약42억		0 ~ FFFF FFFF	
64	8	2^{64} −약1800경			

예제 2-5

정수형 상수의 예

해설

```
#include <stdio.h>
int main(void)
{
        printf(“10진수 정수형 상수 %d + %d = %d 입니다. \n”, 10, 20, 10 + 20);
        printf(“16진수 정수형 상수 %x + %x = %x 입니다. \n”, 0x10, 0x20, 0x10 + 0x20);
        printf(“ 8진수 정수형 상수 %o + %o = %o 입니다. \n”, 010, 020, 010 + 020);
    return 0;
}
```

[그림 2-6]

㉠ 10진수 정수형 상수 10, 20, 수식 10+20을 각각 10진수 변환명세에 대응하여 출력한다.
㉡ 16진수 정수형 상수 10, 20, 수식 10+20을 각각 16진수 변환명세에 대응하여 출력한다.
㉢ 8진수 정수형 상수 10, 20, 수식 10+20을 각각 8진수 변환명세에 대응하여 출력한다.
㉣ 다음 그림과 같이 출력되고, 각각 10진수, 16진수, 8진수 표현이다.

| 결과 |

```
C:WWINDOWSWsystem32Wcmd.exe
10진수 정수형 상수 10 + 20 = 30 입니다.
16진수 정수형 상수 10 + 20 = 30 입니다.
 8진수 정수형 상수 10 + 20 = 30 입니다.
계속하려면 아무 키나 누르십시오 . . .
```

② 실수형 상수의 표현

[형식] 실수형 상수의 표현 방법

소수점을 포함한 숫자[f/F/l/L], 가수 e 지수[f/F/l/L]

소수점 표기는 일반 표기와 같지만 0.34와 0.34f는 다르다. 0.34는 8바이트, 0.34f는 4바이트로 표현되므로 비트 크기도 다를 뿐만 아니라 비트열도 다르다. 실수를 처리할 때 오차가 발생할 수 있으므로 주의해야 한다.

지수 표기는 실수를 가수와 지수로 분리해서 나타내는 것으로 가수 e 지수다. 이때 가수는 실수나 정수이며, 지수는 정수, e는 대문자 E를 사용해도 된다.

㉠ 소수점 표기법 : 예 3.14, 0.876f, 0.876, −0.12
  - 3.14는 double형 상수로 8byte 표현
  - 0.876f는 float형 상수로 4byte 표현

㉡ 지수 표기법
  - 지수 표기는 실수를 가수와 지수로 분리해서 표현
  - 실수를 가수 × $10^{\text{지수}}$, 가수 e 지수로 표기하고, 가수는 실수나 정수이며, 지수는 정수, e는 대문자 E도 가능

    예 0.314e1, 0.314e+1, 31.4e−1

예제 2-6

실수형 상수의 예제

해설

```
#include <stdio.h>
int main(void)
{
   printf("실수형 상수 %lf + %lf = %lf 입니다. \n", 3.1, 4.1, 3.1 + 4.1);
   return 0;
}
```

[그림 2-7]

- 실수형 상수 3.1, 4.1, 수식 3.1 + 4.1을 각각 실수형 변환명세에 대응하여 출력한다. 변환명세에 대해서는 후에 배우기로 하자.

| 결과 |

```
C:WWINDOWSWsystem32Wcmd.exe
실수형 상수 3.100000 + 4.100000 = 7.200000 입니다.
```

(2) 문자, 문자열 상수의 표현

① 문자 체계

문자는 고유 번호를 부여한 코드로 변환되어 표현되는데 ASCII(American Standard Code for Information Interchange)는 대표적인 문자 체계이다. 7비트를 사용해 128개의 문자, 숫자, 특수 문자에 고유 번호를 부여한다.

㉠ 제어 문자표 : 정보 표현보다는 화면 제어, 장치 제어 등을 위한 문자들이다.

[표 2-8] ASCII code 제어문자 표현

10진	16진	약자	설명	한국어 설명
0	00	NUL	Null Character	널문자
1	01	SOH	Start of Header	헤더 시작
2	02	STX	Start of Text	본문 시작, 헤더 종료
3	03	ETX	End of Text	본문 종료
4	04	EOT	End of Transmission	전송 종료, 데이터 링크 초기화
5	05	ENQ	Enquiry	응답 요구
6	06	ACK	Acknowledgment	긍정응답
7	07	BEL	Bell	경고음
8	08	BS	Backspace	백스페이스
9	09	HT	Horizontal Tab	수평 탭
10	0A	LF	Line feed	개행
11	0B	VT	Vertical Tab	수직 탭
12	0C	FF	Form feed	다음 페이지
13	0D	CR	Carriage return	복귀
14	0E	SO	Shift Out	확장문자 시작
15	0F	SI	Shift In	확장문자 종료
16	10	DLE	Data Link Escape	전송 제어 확장
17	11	DC1	Device Control 1	장치 제어 1
18	12	DC2	Device Control 2	장치 제어 2
19	13	DC3	Device Control 3	장치 제어 3
20	14	DC4	Device Control 4	장치 제어 4
21	15	NAK	Negative Acknowledgement	부정응답
22	16	SYN	Synchronous idle	동기
23	17	ETB	End of Transmission Block	전송블록 종료
24	18	CAN	Cancel	무시
25	19	EM	End of Medium	매체 종료
26	1A	SUB	Substitute	치환
27	1B	ESC	Escape	제어기능 추가
28	1C	FS	File Separator	파일경계 할당
29	1D	GS	Group Separator	레코드 그룹경계 할당
30	1E	RS	Record Separator	레코드 경계 할당
31	1F	US	Unit Separator	장치 경계 할당
127	7F	DEL	Delete	삭제

ⓛ 출력이 가능한 아스키 문자표

[표 2-9] 출력이 가능한 ASCII code 표현

10진	16진	모양	10진	16진	모양	10진	16진	모양
32	20	SP	64	40	@	96	60	`
33	21	!	65	41	A	97	61	a
34	22	“	66	42	B	98	62	b
35	23	#	67	43	C	99	63	c
36	24	·	68	44	D	100	64	d
37	25	%	69	45	E	101	65	e
38	26	&	70	46	F	102	66	f
39	27	‘	71	47	G	103	67	g
40	28	(	72	48	H	104	68	h
41	29	)	73	49	I	105	69	i
42	2A	*	74	4A	J	106	6A	j
43	2B	+	75	4B	K	107	6B	k
44	2C	,	76	4C	L	108	6C	l
45	2D	−	77	4D	M	109	6D	m
46	2E	.	78	4E	N	110	6E	n
47	2F	/	79	4F	O	111	6F	o
48	30	0	80	50	P	112	70	p
49	31	1	81	51	Q	113	71	q
50	32	2	82	52	R	114	72	r
51	33	3	83	53	S	115	73	s
52	34	4	84	54	T	116	74	t
53	35	5	85	55	U	117	75	u
54	36	6	86	56	V	118	76	v
55	37	7	87	57	W	119	77	w
56	38	8	88	58	X	120	78	x
57	39	9	89	59	Y	121	79	y
58	3A	:	90	5A	Z	122	7A	z
59	3B	;	91	5B	[	123	7B	{
60	3C	〈	92	5C	\	124	7C	|
61	3D	=	93	5D	]	125	7D	}
62	3E	〉	94	5E	^	126	7E	~
63	3F	?	95	5F	_			

② **문자 상수의 표현**

> **[형식] 문자(열) 상수의 표현방법**
> '문자', '\문자', '\8진수', '\x16진수', "문자열"

㉠ 문자상수

문자상수의 표현은 단일 인용부호로 한 개의 문자를 묶어서 표현하고, 문자열 상수는 이중 인용부호로 여러 문자를 묶어서 표현한다. (예 'A', "Hello World C")

문자 상수는 문자 1개를 표현한 것으로 원하는 문자를 **단일 인용부호(' ')**로 둘러싸고 반드시 하나의 문자만 써야 한다. 'AB'처럼 사용할 경우 컴파일할 때 오류가 발생한다.

㉡ escape문자

단일 인용부호 안에 나타내기 곤란한 문자를 표현할 수 있도록 하고, **특별 문자 표현**에 사용한다. 백슬래시(\)로 시작하는 특수문자로 '\'는 폰트에 따라 '₩'으로 표시되기도 하나 백슬래시로 읽고 써야 한다. 제어문자([Enter]키, [Tab]키, 그래픽 문자 등), 백슬래시 문자 상수는 '\\'로 표현한다.

[표 2-10] escape문자 표현

이스케이프 문자	ASCII 문자	의미
\0	Null	널 문자
\a	BEL	beep음
\b	BS	백스페이스
\t	HT	탭
\n	LF	개행
\r	CR	열 복귀
\"	"	이중 인용부호
\'	'	단일 인용부호
\\	\	백슬래시

'\0'은 ASCII 코드 값이 0인 문자로 **널(null)문자**라고 부르며 출력해도 화면에 아무것도 나타나지 않는다. 주로 **문자열의 끝을 나타낼 때** 사용된다.

③ **문자열 상수의 표현**

문자열은 한 문자가 여러 개 이어진 것으로, 이중 인용부호로 여러 문자를 묶어서 표현한다. 다음 예를 보면 문자열이 메모리에 저장될 때 문자의 **마지막에** '\0' ('\null')이 추가되므로 저장되는 크기는 **문자열의 크기+1**까지 고려해야 한다. 예를 들어 "Hello World"를 저장할 때는 다음과 같이 12바이트에 채워진다.

H	e	l	l	o		W	o	r	l	d	\0
char	char	char	char	char	char	char	char	char	char	char	char

예제 2-7

문자형 상수의 예제

해설

```
1   #include <stdio.h>
2   void main()
3   {
4       printf("%c\n", 'a');                //문자 상수 'a' 출력
5       printf("%c\n", 97);                 //ASCII 코드 값이 97인 문자 출력
6       printf("%c\n", '\141');             //ASCII 코드 값이 8진수로 141인 문자 출력
7       printf("%c\n", '\x61');             //ASCII 코드 값이 16진수로 61인 문자 출력
8       printf("삐음: %c\n", '\a');         //삐음 출력
9       printf("단일 인용부호 : %c\n", '\'' );        //' 출력
10      printf("abcdef\b\b\b\b");                    //백스페이스 출력
11      printf("%s\n", "ghijk");
12      return 0;
13      }
```

[그림 2-8]

㉠ 4～7행: 문자 'a'의 ASCII 코드 값이 97이므로 'a', '97', '\141', '\x61' 모두 'a'를 출력한다.
㉡ 8행: 화면에는 문자가 표시되지 않으며 삐음이 난다.
㉢ 9행: 이스케이프 문자 '\'를 사용해서 단일 인용부호를 출력한다.
㉣ 10행: C프로그램의 출력에서 '\b'는 일반 문서 편집기와 달리 커서 위치만 왼쪽으로 한 칸 이동하는 역할을 한다. 따라서 'abcdef'가 화면에 출력되고 '\b' 문자가 네 개 나오므로 네 문자 앞으로 이동한 'c'의 위치가 다음 출력 위치가 된다.
㉤ 11행: %s는 문자열을 출력하는 변환명세이다. 12행의 결과로 'c'가 출력된 곳부터 'ghijk'가 출력되어 'cdef'가 지워진다.

| 결과 |

```
C:WWINDOWSWsystem32Wcmd.exe
a
a
a
a
삐음 :
단일 인용부호 : '
abghijk
계속하려면 아무 키나 누르십시오 . . .
```

2 심볼릭 상수(symbolic constant)

심볼릭 상수는 변수와 마찬가지로 이름을 가지고 있는 상수이고, 이러한 심볼릭 상수는 반드시 **선언과 동시에 초기화**되어야 한다. 심볼릭 상수는 const 키워드를 사용하거나, 매크로를 이용하여 선언할 수 있다.

(1) Const 상수

상수(Constant)는 변수의 반대 개념으로 생각하면 될 듯하다. 즉 변수는 상황에 따라 그 값을 변경하는 것이 가능하지만 상수인 const로 지정을 하면 그 값을 '절대로' 바꿀 수 없다. 또한 변수와는 달리, 처음 상수를 정의할 때 값을 지정해 주어야 한다. 즉, 상수를 기호화하여 변수처럼 이름이 있는 상수를 말한다.

[형식] const 키워드 이용하기

```
const 자료형 변수명 = 초깃값; //const float PI = 3.1415;
자료형 const 변수명 = 초깃값; //float const PI = 3.1415;
const 변수명 = 초깃값; //const PI = 3.1415;
```

(2) 매크로 상수(#define문 이용하기)

지정한 기호 상수를 프로그래머가 정의한 치환 문자열로 대체하여 인수 없이 단순히 치환만 하는 매크로 상수와 함수처럼 인수를 가지는 매크로 함수를 사용한다. 자세한 내용은 제3절 선행처리기에서 배우기로 한다.

제3절 선행처리기

선행처리기(전처리기 : preprocessor)는 소스(source) 프로그램을 오브젝트(object) 프로그램으로 컴파일하기 전에 수행되며, 프로그램 소스 파일이 컴파일될 수 있도록 준비하는 역할을 한다. 전처리기가 파일 포함이나 문자열 치환과 같은 문법 외적인 작업을 먼저 수행하는 것을 '소스 프로그램을 전처리(preprocessing)한다'고 한다. 전처리기는 일반적으로 컴파일에 포함되어 있고 자동으로 실행되므로 사용자가 별도로 신경을 쓰지 않아도 된다.

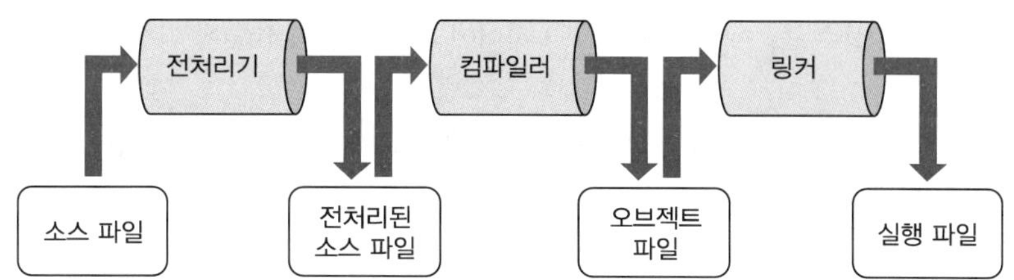

[그림 2-9] 실행 파일의 생성과정

프로그램 소스 파일은 전처리기에 의해 전처리 과정을 거치면서 수정된 소스 파일이 생성된다. 이 수정된 소스 파일이 C컴파일러의 입력으로 사용되고 컴파일 과정을 거치면서 오브젝트 파일이 된다. 전처리 과정을 거친 소스파일은 컴파일이 끝난 다음에 삭제되기 때문에 사용자에게는 보이지 않는다.
전처리기를 위한 전처리기 지시자는 다른 파일을 포함하거나 소스 파일의 특정 문자열을 다른 문자열로 대치할 때 그리고 조건에 따라서 코드 일부를 컴파일하거나 하지 않도록 할 때 사용한다. 일반 C언어 문장과 달리 전처리기 지시자는 '#'으로 시작하므로 쉽게 구별할 수 있다. 헤더 파일을 포함하기 위해 사용한 #include가 전처리기 지시자이다. 그리고 전처리기 지시자는 컴파일러가 아닌 전처리기에 의해 처리되므로 명령어의 끝에 ';'을 붙이지 않으며, 한 행에 하나의 지시자만 쓸 수 있다. 전처리기의 종류에는 매크로 상수(#define), 파일의 첨가(#include), 조건부 컴파일(#if, #ifedf, #ifndef, #undef) 등이 있다.

1 #define 지시자 중요

#define 지시자는 특정 기호 상수(symbolic constant)를 프로그래머가 정의한 치환 문자열로 대체하는 역할을 한다. 프로그램에서 상수를 직접 사용하면 의미를 이해하기 어려울 뿐 아니라 변경할 때도 해당 상수를 일일이 찾아 변경해야 한다. 이런 경우 상수를 직접 사용하지 않고 #define 지시자로 이름을 정의하면 프로그램의 유지보수가 쉬워진다. #define으로 정의한 매크로는 인수를 가지지 않고 단순히 치환만 되는 **매크로 상수**와 함수처럼 인수를 가지는 **매크로 함수**로 나눈다.

(1) #define 사용 시 유의사항

① #define 정의는 프로그램에서 첫 칸에 #기호로 시작되며 원시 프로그램 내의 어느 곳에서나 지정할 수 있다. 이때의 유효 범위는 정의한 곳에서부터 그 프로그램의 끝까지이다.

② 매크로명은 일반 변수와 구별하기 위해 보통 대문자를 많이 사용한다. 이때 지정하는 매크로명 중간에 공백을 두어서는 안 된다.(매크로명을 소문자로 지정하여도 문법적인 오류는 발생하지 않는다.)

③ C언어에서는 문장의 끝을 세미콜론(;)으로 나타내는 데 비해, #define문의 끝에는 세미콜론(;)을 붙이지 않는다. 만약 세미콜론을 붙이면 세미콜론까지도 치환할 문자열로 간주한다. 이때 컴파일러 에러는 발생하지 않지만 프로그래머의 의도와 달라질 수 있다.

④ #define 지정은 한 줄 내에서만 가능하다. 만약 한 줄에 매크로명과 치환 문자열을 전부 쓸 수 없으면 줄의 끝에 백슬래쉬를 하여 다음 줄에 계속 지정할 수 있다.

⑤ 매크로를 문자열 상수 즉, 이중 인용부호("") 사이에 지정하면 #define에 지정한 치환 문자열로 치환되지 않는다.

⑥ 매크로명과 인수를 기입하기 위한 괄호 사이에 공백(blank)을 두어서는 안 되며, 문자열 전체를 괄호 속에 넣어서도 안 된다.

(2) 매크로 상수(인수가 없는 매크로)

[형식] 매크로 상수

```
#define 매크로 치환할 값
#define 매크로명 치환 문자열
#define 매크로명 '문자 상수'
#define 매크로명 "문자열 상수"
```

```
#define MAX 200 //MAX를 200으로 정의한다.
#define NUM MAX-1 //NUM을 MAX-1로 정의한다.
#define TRUE 1    //TRUE를 1로 정의한다.
#define PI 3.141592 //PI를 3.141592로 정의한다.
#define HELLO "Hello, C Porgramming" //HELLO를 정의할 문자열로 정의한다.
#define IINT int //IINT를 C프로그램에서의 예약어 int로 정의한다.
#define BEGIN { //BEGIN을 C프로그램 <stdio.h>에 정의된 '{'로 정의한다.
#define STOP '@' //STOP을 정의할 문자로 정의한다.
#define STOP "end of data" //STOP을 정의할 문자열로 정의한다.
```

예제 2-8

인수가 없는 매크로 상수의 예

해설

```
# include <stdio.h>
# define        IINT int
# define        FFLOAT      float
# define        PRT printf
# define        READ        scanf
void main()
{
        IINT    a;
        FFLOAT  b, c;
```

```
10         PRT("정수 a와 실수 b를 각각 입력하시오. ");
11         READ("%d   %f", &a, &b); //scanf("%d   %f", &a, &b);과 동일하다.
12         c = a + b;
13         PRT("%d + %f = %f \n", a, b, c);
14     }
```

[그림 2-10]

㉠ 2～5행 : C프로그램에서 예약어와 표준형 입·출력함수를 정의할 수 있다.
㉡ 8～9행 : int형 변수 'a'를 IINT로, float형 변수 b, c를 FFLOAT로 정의할 수 있다.
㉢ 11행 : scanf("%d   %f", &a, &b);과 동일하다.

| 결과 |

```
C:WWINDOWSWsystem32Wcmd.exe
정수 a와 실수 b를 각각 입력하시오. 10 10.2
10 + 10.200000 = 20.200001
계속하려면 아무 키나 누르십시오 . . .
```

(3) 매크로 함수(인수가 있는 매크로의 정의)

매크로 함수는 매크로 상수처럼 문자열을 치환하는 기능도 하지만 사용자 정의 함수처럼 인수를 가질 수 있다. 즉, 함수처럼 상황에 따라 인수를 지정하여 원하는 결과를 얻을 수 있다. 이를 인수를 갖는 매크로 또는 매크로 함수(macro function)라 한다. 매크로 함수를 사용하면 컴파일할 때 함수가 호출되는 개념이 아니라 호출된 곳에 코드가 직접 삽입되기 때문에 컴파일 속도가 빨라진다. 그리고 전처리기는 함수가 사용된 곳을 찾아 ()안에 있는 매크로 함수의 인수를 치환할 내용에 매핑하여 문자열 치환을 수행한다. 매크로 함수에 대해서는 5장에서 배우기로 한다.

[형식] 매크로 함수

#define 매크로 함수명(인수1, 인수2, ...) 치환할 내용

```
#define ADD(x, y) ((x)+(y))
#define SQUARE(x) ((x)*(y))
```

① 매크로 함수 사용 시 주의사항

㉠ 매크로명과 매개변수를 나타내는 괄호 사이에 공백이 있어서는 안 된다. 공백이 있는 경우에는 이것도 치환 문자열로 인식하게 된다.

㉡ 치환 문자열에서 매개변수 내용의 전체 및 각 요소 자체에도 괄호를 삽입해야 원하는 연산 결과를 얻을 수 있다.

```
#define EXE1(x) x * x
#define EXE2(x) ((x) * (x))
result1 = EXE1(2 + 3); //result1 = 2 + 3 * 2 + 3;으로 치환되어 11이 저장된다.
result2 = EXE2(2 + 3); //result2 = ((2 + 3)*(2 + 3));으로 치환되어 25가 저장된다.
```

㉢ 매개변수로 ++a와 같은 증감 연산자를 사용할 경우 결과를 예측할 수 없으므로 사용하지 않는 것이 바람직하다.

㉣ #define문은 반드시 한 행으로 작성해야 한다. 여러 행으로 된 매크로 함수를 정의하려면 각 행의 끝에 '\'을 써준다.

```
#define TEST(x) if(x%2 == 0) printf("짝수이다"); \ ←행 분리 표시
                else printf("홀수이다.");
```

② **매크로 함수 사용 시 장단점**

㉠ 매크로 함수는 실제 함수 호출이 일어나지 않으므로 함수 호출의 오버헤드를 줄일 수 있기 때문에 **프로그램 실행 속도가 빨라질 수 있다.**

㉡ 매크로 함수를 사용하는 곳마다 정의된 코드로 치환되므로 매크로 함수를 여러 번 호출하면 코드가 여러 번 복사된다. 일반 함수 호출 시 함수 코드를 한 번만 컴파일해두고 같은 주소의 코드를 필요할 때마다 반복 호출하는 것과 비교하면 **프로그램의 크기가 커진다.**

㉢ 크기가 작은 함수만 매크로 함수로 정의하는 것이 효과적이다.

예제 2-9

매크로 함수 정의하기

해설

매크로 함수를 정의하여 반지름을 입력받아 원의 둘레, 넓이를 구한다.

```
#include <stdio.h>
#defineFFLOAT    float
#definePRT   printf
#defineREAD    scanf
#definePI   3.141592
#defineCIRCUM(r)  (2*PI*(r))
#defineAREA(r)  (PI *(r)*(r))
int main()
{
```

```
10          FFLOAT  r;
11          PRT(" 원의 반지름 r(cm)을 입력하시오: ");
12          READ("%f", &r);
13          PRT("원의 둘레는 = %0.2f(cm) 이고,  ", CIRCUM(r));
14          PRT("원의 넓이는 = %.2f(cm^2) 이다.\n ", AREA(r));
15      return 0;
16  }
```

| 결과 |

```
C:\WINDOWS\system32\cmd.exe
원의 반지름 r(cm)을 입력하시오 : 10

원의 둘레는 = 62.83(cm) 이고, 원의 넓이는 = 314.16(cm^2) 이다.
계속하려면 아무 키나 누르십시오 . . .
```

[그림 2-11]

㉠ 2~5행: 매크로 상수로 정의한다.
㉡ 6~7행: 매크로 함수로 정의하고, PI는 매크로 상수로 정의되어 3.141592로 치환된다.
㉢ 13행: CIRCUM(r) = (2*3.141592*(r))로 치환된다.
㉣ 14행: AREA(r) = (3.141592*(r)*(r))로 치환된다.

2 #include 지시자 중요

#include는 파일을 포함하는 지시자로 **헤더 파일**을 포함하기 위해 사용한다. 프로그램에서 함수를 사용할 때는 프로그램 안에 해당 함수에 대한 원형(prototype)선언이 반드시 포함되어 있어야 한다. 프로그래머가 사용한 라이브러리 함수인 printf() 함수나 scanf() 함수가 프로그램 안에 정의되어 있지 않더라도 사용할 수 있는 이유는 해당 함수의 원형 선언 및 관련 내용이 포함된 헤더 파일을 소스 프로그램에 포함시켰기 때문이다(#include 〈stdio.h〉). 이와 같이 프로그램에서 라이브러리 함수를 사용할 때는 해당 함수에 필요한 헤더 파일을 #include 지시자를 이용해 포함시켜야 한다. 그리고 프로그래머가 직접 만든 프로그램 파일이나 매크로 상수 또는 함수 정의를 포함한 헤더 파일도 #include를 사용해 포함시킬 수 있다.

[형식] #include 지시자

#inculde 〈라이브러리 헤더 파일〉 또는 #include "라이브러리 헤더 파일"
#include "사용자 정의 헤더 파일"
#include "사용자 정의 파일"

```
#include <stdio.h>              //라이브러리 헤더 파일
#include <stdlib.h>             //라이브러리 헤더 파일
#include "C:\user\userlib.h"    //사용자 정의 파일
#include "user_test.c"          //사용자 정의 파일
```

[표 2-11] 표준 라이브러리 함수와 헤더 파일 기출

헤더 파일	기능	함수
stdio.h	표준 입·출력 함수	scanf(), printf(), gets(), puts(), …
stdlib.h	기본 라이브러리 함수	rand(), exit(), atoi(), …
string.h	문자열 처리 함수	strcpy(), strlen(), strcmp(), …
conio.h	콘솔 입·출력 함수	getch(), putch(), …
math.h	수학 관련 함수	abs(), sin(), sqr(), …
time.h	시간 관련 함수	time(), localtime(), asctime(), …
ctype.h	문자 분류 함수	isalpha(), islower(), isspace(), …
memory.h	메모리 관련 함수	memcpy(), memset(), memmove(), …

예제 2-10

사용자가 직접 작성한 헤더 파일의 예

해설

① 파일명 : file_include.h

```
#define Name "John"
#define Age 25
```

[그림 2-12] file_include.h 헤더 파일

② 파일명 : source.c

```
#include <stdio.h>
#include "file_include.h"
int main()
{
  printf("내 이름은 %s이고, 나이는 %d세입니다.\n", Name, Age);
  return 0;
}
```

[그림 2-13] source.c 소스 파일

③ 파일의 위치와 헤더 파일 만들기

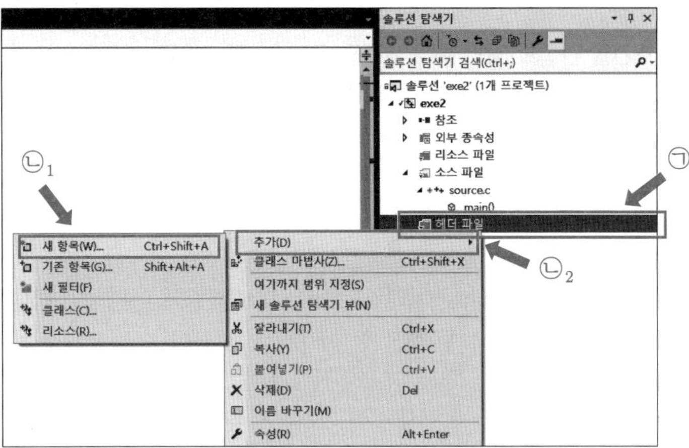

㉠ 솔루션 탐색기의 헤더 파일을 클릭한다.
㉡ 추가에 새항목을 클릭한다.($㉡_1$→$㉡_2$)

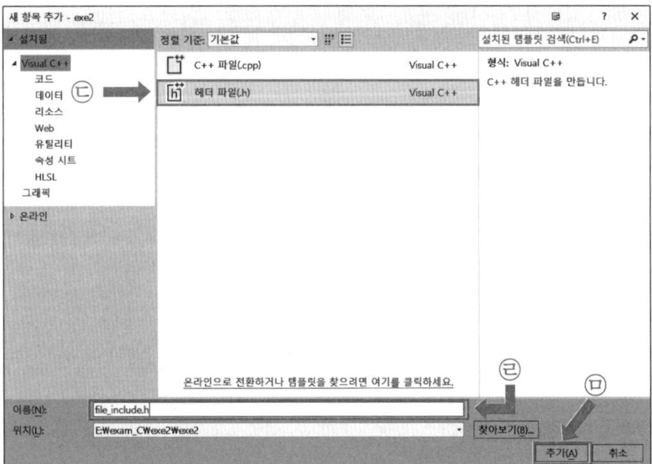

㉢ 헤더 파일을 클릭한다.
㉣ 사용자 정의 헤더 파일 이름을 넣는다.
㉤ 추가를 클릭한다.

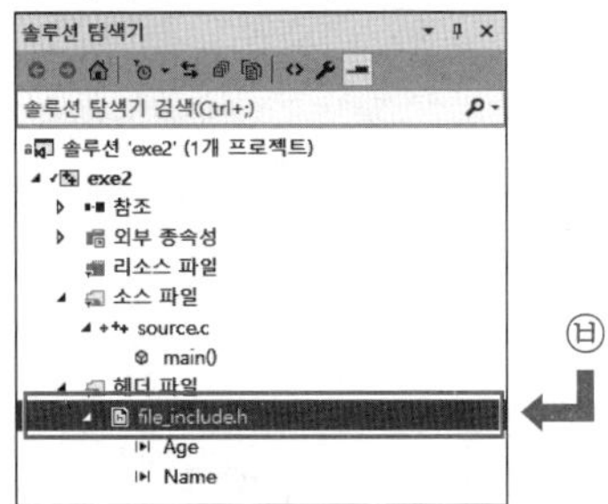

㉥ 솔루션 탐색기를 보면 소스파일의 이름과 사용자 정의 헤더 파일의 이름을 확인할 수 있다.

3 조건부 컴파일을 위한 지시자 중요

조건부 컴파일 지시자는 **특정 조건을 만족할 때만 특정 코드를 프로그램에 삽입하여 컴파일**할 수 있다. 결과적으로 전처리를 마치면 필요한 코드만 삽입됨으로써 결국 선택된 코드만 컴파일된다. 즉, 최종 프로그램에 포함된다. 특정 컴파일러에서 작성한 프로그램을 다른 컴파일러에서도 수정하지 않고 컴파일하여 실행 파일을 만들 때 유용하다.

(1) #if

가장 기본이 되는 조건부 컴파일 지시자이다. 전처리기는 #if를 만나면 조건식이 참일 때 '문장1'을, 거짓일 때 '문장2'를 소스파일에 삽입한다. 즉 두 문장 중 한 개만 선택하여 소스 파일에 포함시키므로 컴파일러가 선택한 문장만 컴파일하게 된다. #if문의 조건식에는 매크로를 정수와 비교하는 관계 연산자가 주로 사용된다. 물론 산술 연산자나 논리 연산자 등도 사용할 수 있다. 단, 매크로를 정수와 비교하거나 연산할 수 있지만 실수나 문자열과 비교하는 것은 불가능하다.

조건문을 만드는 if문은 컴파일을 모두 마치고 실행할 때 조건에 따라 분기되는 실행문이지만, #if는 조건에 따라 선택적으로 컴파일되는 문장이다. #else문에서 또 다른 조건문을 검사하려면 #else와 #if를 결합한 #elif문을 사용한다.

[형식] #if를 이용한 조건부 컴파일

```
#if 조건식
    문장 1;
  #else
    문장 2;
  #endif
```

조건식이 참이면 '문장 1'을 삽입하고, 그렇지 않으면(거짓이면) '문장 2'를 삽입하여 컴파일한다.

```
#if (NATION == 1)
      #include "korea.h"
#elif (NATION == 2)
      #include "usa.h"
#else
      #include "japan.h"
#endif
```

다른 조건문을 검사하려면 #else와 #if를 결합한 #elif문을 사용한다.

(2) #ifdef, #ifndef, #undef 기출

① **#ifdef**

정의된 매크로에 대한 특정 조건이 참이나 거짓이냐에 따라 #if가 동작한다면, #ifdef는 매크로가 정의되어 있는지 여부에 따라 동작한다. #ifdef는 "if defined"의 약자로 #ifdef문 다음에 오는 매크로가 정의되어 있으면 #ifdef와 #endif사이의 문장이 소스 파일에 삽입되어 컴파일된다. 매크로가 정의되어 있지 않으면 #else 뒤의 문장이 삽입되어 컴파일된다. #ifdef문에서는 #else문을 생략할 수 있으며 #elif문을 사용할 수 없다.

[형식] #ifdef를 이용한 조건부 컴파일

```
#ifdef 매크로명
    문장 1;
   #else
    문장 2;
   #endif
```

② #ifndef

#ifndef는 "if not defined"의 약어이며, 매크로가 정의되어 있지 않은 경우에만 #ifndef ~ #endif 사이의 문장을 소스 파일에 삽입하여 컴파일되게 한다. 사용 방법은 #ifdef와 같다.

[형식] #ifndef를 이용한 조건부 컴파일

```
#ifndef 매크로명
    문장 1;
   #else
    문장 2;
   #endif
```

③ #undef

매크로 정의를 해제한다. 이전에 정의된 매크로 정의를 무효로 한다. 새로 정의할 때 사용한다.

[형식] #undef를 이용한 매크로 정의 해제

```
#undef 매크로명
```

예제 2-11

조건부 컴파일 지시자 #ifdef, #undef를 사용하는 예

해설

```
#include <stdio.h>
#define PI 3.141592
#define R 5
int main()
{
    double area;
    #ifdef PI
```

```
8                       printf("PI = 3.141592\n");
9       #endif
10      #undef R        //R의 정의 해제
11      #define R 3     //R을 3으로 재정의
12                      area = PI * R * R;
13                      printf("Radius = %d\nArea = %.2lf\n", R, area);
14      return 0;
15  }
```

| 결과 |

```
C:WWINDOWSWsystem32Wcmd.exe
PI = 3.141592
Radius = 3
Area = 28.27
계속하려면 아무 키나 누르십시오 . . .
```

[그림 2-14]

㉠ 7행: 매크로 상수 PI가 정의되어 있고, 전처리기에 의해 8행이 소스 코드에 포함되므로 8행의 출력이 실행 결과에 포함된다. 만약 2행에서 PI가 정의되지 않았다면 실행 결과의 첫 행은 출력되지 않는다.

㉡ 10행: 매크로 상수 R의 정의를 취소하였으므로 매크로 R을 더 이상 사용할 수 없다.

㉢ 11행: 매크로 상수 R이 재정의되어 11행 이후에는 매크로 R을 사용할 수 있으며, 새로운 값으로 치환된다.

4 매크로 연산자 #,

매크로와 관련된 연산자로는 인수를 인용 부호가 있는 문자열로 치환하는 #연산자와 두 식별자를 하나로 결합하는 ##연산자가 있다.

예제 2-12

매크로 함수를 정의해 문자열을 출력하는 예

해설

```
1   #include <stdio.h>
2   #define STR(A, B) "A은 B의 수도이다."
```

```
3   int main() {
4       puts(STR(서울, 대한민국));
5       puts(STR(워싱턴, 미국));
6       return 0;
7   }
```

| 결과 |

```
C:\WINDOWS\system32\cmd.exe
A은 B의 수도이다.
A은 B의 수도이다.
```

[그림 2-15]

• 4～5행: "서울은 대한민국의 수도이다." 또는 "워싱턴은 미국의 수도이다."와 같은 실행결과를 예상했지만 문자열 안에서는 매크로 치환이 일어나지 않으므로 실행결과는 [그림 2-15]와 같이 나온다.

예제 2-13

문자열 치환이 일어나는 매크로 함수를 정의하는 예

해설

```
1   #include <stdio.h>
2   #define STR(A, B) #A"은 " #B"의수도이다."
3   int main() {
4       puts(STR(서울, 대한민국));
5       puts(STR(워싱턴, 미국));
6       return 0;
7   }
```

| 결과 |

```
C:\WINDOWS\system32\cmd.exe
서울은 대한민국의수도이다.
워싱턴은 미국의수도이다.
```

[그림 2-16]

• 2, 4행: 매크로 연산자 #에 의해 인수 A가 문자열로 변환되므로 STR(서울, 대한민국)은 "서울" "은 ""대한민국""의수도이다."로 치환되고, 문자열을 "서울""은 "과 같이 나란히 쓰면 두 문자열을 합치는 결과가 되어 "서울은 "이 된다. 따라서 올바른 실행결과가 나온다.

예제 2-14

매크로 연산자 ##이용하는 예

해설

```
1  #include <stdio.h>
2  #define STR(Y, M, D) Y ## M ## D
3  int main() {
4      printf("생년월일: %d\n", STR(11, 06, 10));
5      printf("생년월일: %d\n", STR(10, 11, 25));
6      return 0;
7  }
```

| 결과 |

```
C:\WINDOWS\system32\cmd.exe
생년월일 : 110610
생년월일 : 101125
```

[그림 2-17]

㉠ 2행 : 매크로 연산자 ##은 좌우의 내용을 단순히 이어주는 역할을 한다.
㉡ 4행 : STR(11, 06, 10)은 11##06##10이 되어 110610으로 연결되어 출력된다.

OX로 점검하자 | 제2장

※ 다음 지문의 내용이 맞으면 O, 틀리면 ×를 체크하시오. [1 ~ 9]

01 상수는 자료 값을 저장하기 위한 주기억장치 일부 공간에 값을 저장하며, 이름으로 그 값을 가리키게 된다. (   )

>>> 변수는 자료를 저장하는 기억공간으로 프로그램 중간에 값이 변할 수 있다는 의미이다. 상수는 자료의 값을 나타내는 데 사용되는 숫자나 문자를 말하며, 프로그램 실행 중에 변경될 수 없다.

02 변수의 선언은 변수를 위한 메모리 공간을 확보하고 낭비를 최소화하기 위해 필요하다. (   )

>>> 변수의 선언은 변수의 자료형에 맞는 기억공간이 할당되어 자료의 저장을 가능하게 한다.

03 특별히 자료형을 지정하지 않은 경우 상수에 적용되는 자료형은 char, int, float형이다. (   )

>>> 자료형을 지정하지 않은 상수에 적용되는 기본 자료형은 char, int, double형이다.

04 문자형 자료형 중 7비트 표현 방식으로 128개의 문자조합을 갖는 정보표현용 문자들의 표현은 signed char이다. (   )

>>> ASCII Code는 7비트 표현 방식으로 2^7, 즉 128개의 문자 조합을 갖는 0 ~ 9, a ~ z, A ~ Z, 특수문자 등 정보표현용 문자들의 표현을 말한다.

05 C프로그램의 정수의 표현범위는 4비트를 사용하면 -8부터 7까지이다. (   )

>>> 정수를 표현할 때 n비트를 사용하면 $-(2^{n-1}) \sim (2^{n-1}-1)$까지 표현 가능하다.

06 C프로그램 작성 중 나이나 연도의 최댓값을 표현할 때 int형을 사용하는 것이 가장 효율적인 방법이다. (   )

>>> 나이나 현재 연도의 최댓값이 절대로 unsigned short의 최대 크기인 65535를 넘지 않기 때문에, unsigned int보다는 저장 공간을 더 적게 사용하는 unsigned short를 사용하는 것이 더 효율적이다.

정답 1 × 2 O 3 × 4 × 5 O 6 ×

07 리터럴 상수는 값 자체를 의미하는 상수로 숫자 상수(정수, 실수), 문자, 문자형 상수로 표현한다. (   )

>>> 상수는 프로그램에서 변하지 않는 값으로 정의한다. 크게 값 자체에 의미가 있는 리터럴 상수(literal Constant)와 상수에 명칭을 부여하는 심볼릭 상수(Symbolic Constant)로 나눌 수 있다.

08 상수가 메모리에 저장되는 크기는 컴파일러가 알아서 할 수 없으므로, 프로그래머가 상수값을 보고 적당한 자료형으로 메모리에 할당해야 한다. (   )

>>> 특별히 자료형을 지정하지 않은 경우 상수에 적용되는 자료형은 char, int, double형이다.

09 문자열을 메모리에 저장할 때 저장되는 크기는 문자열의 크기와 같다. (   )

>>> 문자열의 마지막에 'null'문자 또는 '\0'이 추가되어 저장되는 크기는 문자열의 크기 +1이 된다.

정답 7 ○ 8 × 9 ×

제 2 장 실전예상문제

01 변수명의 생성 규칙 중 잘못된 것은?

① 영어 소문자와 대문자, 숫자, 특수문자를 사용할 수 있다.
② 영어 대소문자를 구별한다.
③ 첫 글자는 숫자일 수 없다.
④ 중간에 공백을 포함하는 것이 불가능하다.

식별자(변수명, 함수명)의 생성 규칙
• 영어 소문자와 대문자, 숫자 그리고 특수문자 _(밑줄문자)만 사용 • 영어 대소문자 구별 • 첫 글자는 숫자일 수 없음 • 중간에 공백 포함 불가 • 예약어 사용 불가 • 변수명 길이는 제한이 없음(가능하면 31자 이내로 함)

01 [문제 하단의 표 참고]

02 변수의 선언의 의미를 올바르게 표현한 것은?

① 본체 안의 다른 실행문 뒤에 선언문이 오는 것은 오류로 처리한다.
② 프로그램에서 사용할 변수, 함수, 구조체에 대해 프로그래머가 직접 지정한 이름을 말한다.
③ 숫자형 데이터 형식의 소수점이 없는 정수형 표현이다.
④ 변수를 위한 메모리 공간을 확보하고 낭비를 최소화하기 위해 변수 선언이 필요하다.

02 변수의 자료형에 맞는 기억공간이 할당되어 자료의 저장을 가능하게 한다.

03 특별히 자료형을 지정하지 않은 경우 상수에 적용되는 자료형으로 올바르지 않은 것은?

① char ② int
③ float ④ double

03 기본 자료형은 자료형을 지정하지 않은 경우 상수에 적용되는 자료형으로 char, int, double형으로 한다.

정답 01 ① 02 ④ 03 ③

04 아스키(ASCII) 코드에 대한 설명으로 잘못된 것은?

① 7비트 표현방식이다.
② 128개의 문자 조합이다.
③ 0 ~ 9, a ~ z, A ~ Z, 특수문자 등 정보표현용 문자들이다.
④ int char형으로 표현한다.

04 아스키 코드는 7비트 표현 방식으로 2^7, 즉 128개의 문자 조합을 갖는 0 ~ 9, a ~ z, A ~ Z, 특수문자 등 정보표현용 문자들이고 char, signed char, unsigned char 자료형으로 표현한다.

05 C프로그램에서 4비트 부호가 있는 정수의 표현범위로 올바른 것은?

① $-16 \sim 15$
② $-(2^3) \sim (2^3-1)$
③ $-15 \sim 16$
④ $-(2^n) \sim (2^{n-1}-1)$

05 4비트 부호가 있는 정수의 표현범위는 n = 4이므로,
$-(2^{n-1}) \sim (2^{n-1}-1)$
$= -(2^3) \sim (2^3-1)$
$= -8 \sim 7$

06 float L = 180.7;과 같이 선언하면 경고 메시지가 나타난다. 경고 메시지가 나타나는 이유를 올바르게 설명한 것은?

① 경고 메시지가 나타나지 않는다.
② float형은 4바이트인데 180.7은 기본 자료형 double로 지정되므로 데이터의 손실이 있어 경고 메시지가 나타난다.
③ 180.7은 기본 실수형인 float형 상수로 지정되어야 하는데 지정을 하지 않아 경고 메시지가 나타난다.
④ 변수 L이 대문자인데 float는 소문자이므로 경고 메시지가 나타난다.

06 180.7은 기본 실수형인 double형 상수로 지정되지만 변수 L이 4바이트 float형으로 지정되어 있으므로 double에서 float형으로 변환하면서 데이터의 손실이 발생할 수 있다는 메시지가 나타난다. 이때 float L = 180.7f; 로 수정해야 경고 메시지가 사라진다.

정답 04 ④ 05 ② 06 ②

07 리터럴 상수의 표현으로 잘못된 것은?

① PI = 3.14159
② 숫자 상수(0x25)
③ 문자 상수('A')
④ 문자열 상수("Hello")

07 리터럴 상수는 값 자체를 의미하는 상수로 숫자 상수(정수, 실수), 문자, 문자열 상수로 표현하는데, 예를 들면 8진수는 025, 16진수는 0x25, 실수는 0.25 또는 0.25f, 문자 상수는 '문자', 문자열 상수는 "문자열 상수"로 표현한다.

08 백슬래시(\)로 시작하는 특수문자로 폰트에 따라 '₩'으로 표시되기도 하는 문자는?

① 전처리기 문자
② 숫자 상수 문자
③ escape 문자
④ 문자열 상수 문자

»»

이스케이프문자	ASCII문자	의미
\0	Null	널 문자
\a	BEL	beep음
\b	BS	백스페이스
\t	HT	탭
\n	LF	개행
\r	CR	열 복귀
\"	"	이중 인용부호
\'	'	단일 인용부호
\\	\	백슬래시

08 escape 문자는 백슬래시('\')로 시작하는 특수문자로 널 문자, beep음, 탭, 개행, 열 복귀 기능 등을 수행한다. [문제 하단의 표 내용 참고]

09 문자열 상수의 표현에 대한 설명으로 잘못된 것은?

① 이중 인용부호("")를 써서 표현한다.
② 한 문자가 여러 개 이어진 것을 의미한다.
③ 문자열이 메모리에 저장될 때 저장되는 크기는 문자열의 크기와 같다.
④ 문자열이 메모리에 저장될 때 문자의 마지막에 null문자가 추가된다.

09 문자열 상수는 이중 인용부호("")를 써서 한 문자가 여러 개 이어진 것을 의미하며, 메모리에 저장될 때 문자의 마지막에 NULL문자가 추가되므로 저장되는 크기는 문자열의 크기+1이 된다.

정답 07 ① 08 ③ 09 ③

10 const 상수는 상수를 기호화하여 변수처럼 이름이 있는 상수이고, const 키워드는 변수 선언 시 자료형 앞뒤에 사용하여 상수로 선언한다.

10 const 상수의 사용법이 잘못된 것은?

① float PI = 3.14159f

② const float PI = 3.14159

③ float const PI = 3.14159

④ const PI = 3.14159

11 선행처리기에서 하나의 명령지시자는 한 행에서만 쓸 수 있다.

11 선행처리기(전처리기)의 선언에 대한 설명으로 잘못된 것은?

① 전처리기 지시자는 '#'으로 시작한다.

② 선언되는 위치는 특별히 정해져 있지는 않지만 일반적으로 첫 칸부터 지정한다.

③ 문장의 끝에 ;을 붙이지 않는다.

④ 하나의 명령 지시자는 여러 행에서 같이 쓸 수 있다.

12 [문제 하단의 표 내용 참고]

12 #define 사용 시 주의사항으로 올바른 것은?

① #define 지정은 여러 줄로 쓸 경우에는 줄의 끝에 '/'를 하여 다음 줄에 계속 지정한다.

② #define문의 끝에는 세미콜론(;)을 붙여 컴파일러 오류가 발생하지 않도록 한다.

③ 매크로를 문자열 상수 즉, 이중 인용부호("") 사이에 지정한다.

④ 매크로명과 인수를 기입하기 위한 괄호 사이에 공백을 두어서는 안 된다.

#define 사용 시 주의사항
㉠ #define 정의는 프로그램에서 첫 칸에 #기호로 시작 ㉡ 매크로명은 일반 변수와 구별하기 위해 보통 대문자를 많이 사용 ㉢ #define문의 끝에는 세미콜론(;)을 붙이지 않음 ㉣ #define 지정은 한 줄 내에서만 가능, 만약 한 줄에 매크로명과 치환 문자열을 전부 쓸 수 없으면 줄의 끝에 백슬래쉬(\)를 하여 다음 줄에 계속 지정할 수 있음 ㉤ 매크로를 문자열 상수 즉, 이중 인용부호("")사이에 지정하면 #define에 지정한 치환 문자열로 치환되지 않음 ㉥ 매크로명과 인수를 기입하기 위한 괄호 사이에 공백(blank)을 두어서는 안 되며, 문자열 전체를 괄호 속에 넣어서도 안 됨

정답 10 ① 11 ④ 12 ④

13 **인수가 없는 매크로의 정의로 올바르지 않은 것은?**

① #define TRUE 1

② #define HELLO " Hello , C Programming "

③ #define STOP end of data

④ #define STOP '@'

13 매크로명과 인수를 기입하기 위한 괄호 사이에 공백(blank)을 두어서는 안 되며, 문자열 전체를 괄호 속에 넣어서도 안 됨(#define "STOP end of data").

14 **특정 파일을 현재 파일에 포함하기 위해 사용하며, 특히 함수의 원형이 있는 헤더 파일 포함에 사용하는 선행처리기는?**

① #include 지시자 ② #define

③ #if ④ #ifdef

14 #include 지시자 선언은 #include 〈라이브러리 헤더 파일〉 또는 #include "라이브러리 헤더 파일", #include "사용자 정의 헤더 파일", #include "사용자 정의 파일"의 형식으로 할 수 있다.

15 **#if를 이용한 조건부 컴파일 형식의 설명으로 올바른 것은?**

```
#if 조건식
    문장 1;
  #else
    문장 2;
  #endif
```

① 조건식이 참이면 '문장 1'을 삽입하고, 거짓이면 '문장 2'를 삽입한다.

② 조건식이 거짓이면 '문장 1'을 삽입하고, 참이면 '문장 2'를 삽입한다.

③ 매크로가 정의되어 있으면 '문장 1'을 삽입하고, 그렇지 않으면 '문장 2'를 삽입한다.

④ 매크로가 정의되어 있지 않으면 '문장 1'을 삽입하고, 정의되어 있으면 '문장 2'를 삽입한다.

15 #if는 조건식 결과값에 따라 특정 문장을 선택적으로 소스 파일에 삽입할 수 있다.

정답 13 ③ 14 ① 15 ①

16 #ifdef를 이용한 조건부 컴파일 형식의 설명으로 올바른 것은?

```
#ifdef 매크로명
    문장 1;
  #else
    문장 2;
  #endif
```

① 조건식이 참이면 '문장 1'을 삽입하고, 거짓이면 '문장 2'를 삽입한다.
② 조건식이 거짓이면 '문장 1'을 삽입하고, 참이면 '문장 2'를 삽입한다.
③ 매크로명의 매크로가 정의되어 있으면 '문장 1'을 소스 코드에 삽입하고, 그렇지 않으면 '문장 2'를 삽입한다.
④ 매크로명의 매크로가 정의되어 있으면 '문장 1'을 소스 코드에 삽입하고, 그렇지 않으면 '문장 1 + 문장 2'를 삽입한다.

16 정의된 매크로에 대한 특정 조건이 참이나 거짓이냐에 따라 #if가 동작한다면, #ifdef는 매크로가 정의되었는지 여부에 따라 동작한다. #ifdef는 "if defined"의 약자로 #ifdef문 다음에 오는 매크로가 정의되어 있으면 #ifdef와 #endif 사이의 문장이 소스 파일에 삽입되어 컴파일된다. 매크로가 정의되어 있지 않으면 #else 뒤의 문장이 삽입되어 컴파일된다. #ifdef문은 #else문을 생략할 수 있으며 #elif문을 사용할 수 없다.

17 #ifndef를 이용한 조건부 컴파일 형식의 설명으로 올바른 것은?

```
#ifndef 매크로명
    문장 1;
  #else
    문장 2;
  #endif
```

① 조건식이 참과 거짓일 때 '문장 1'과 '문장 2'를 삽입한다.
② 조건식이 거짓이면 '문장 1'을 삽입하고, 참이면 '문장 2'를 삽입한다.
③ 매크로가 정의되어 있지 않은 경우에만 #ifndef ~ #endif 사이의 문장을 소스 파일에 삽입하여 컴파일되게 한다.
④ 매크로가 정의되어 있는 경우에만 #ifndef ~ #endif사이의 문장을 소스 파일에 삽입하여 컴파일되게 한다.

17 #ifndef를 이용한 조건부 컴파일 형식은 "if not defined"의 약어로 매크로가 정의되어 있지 않은 경우에만 #ifndef ~ #endif 사이의 문장을 소스 파일에 삽입하여 컴파일되게 한다. 사용 방법은 #ifdef와 같다.

정답 16 ③ 17 ③

18 #undef를 이용한 매크로 형식의 설명으로 올바른 것은?

```
#undef 매크로명
```

① 조건식이 참과 거짓일 때 '문장 1'과 '문장 2'를 삽입한다.
② 매크로 정의를 해제하고, 이전에 정의된 매크로 정의를 무효로 한다.
③ 매크로가 정의되어 있지 않은 undefine 된 경우에만 매크로를 실행한다.
④ 매크로가 정의되어 있는 매크로만 소스 파일에 삽입하여 컴파일되게 한다.

18 #undef를 이용한 매크로 정의 해제 형식은 매크로 정의를 해제하고, 이전에 정의된 매크로 정의를 무효로 한다. 새로 정의할 때 사용한다.

19 주어진 문장 다음에 올 수 없는 것은?

```
int a, b, c;
```

① a = 10;　② c = b = a;
③ 20 = c;　④ c = c;

19 대입 연산자의 왼쪽에는 변수만 올 수 있다.

20 다음을 실행한 결과 변수 c의 값으로 가장 적절한 것은?

```
float a;
int b;
float c;
c = b = a = 123.45;
```

① 123.000000　② 123.45
③ 123.450000　④ 123.5

20 대입 연산자는 오른쪽에서 왼쪽 방향으로 진행한다.
㉠ a = 123.45 실행 시 double형에서 float형으로 변환됨
㉡ b = a 실행 시 float형에서 int형으로 변환되면서 데이터 손실됨
㉢ b = c 실행 시 int형에서 float형으로 변환됨
(결과) 123.000000

정답 18 ② 19 ③ 20 ①

21 다음 코드의 올바른 실행결과는?

```
printf("111 ");
printf("11 + 22 ");
printf("%d",1 + 3);
```

① 111 11 + 22 4
② 111 33 4
③ 111 11 + 22 1 + 3
④ 111 33 4

22 다음 프로그램의 결과는?

```
int a = 10, b = 20;
float c;
c = a / b;
printf("%f", c);
```

① 0.000000
② 0.5
③ 0
④ 0.500000

23 다음 프로그램의 결과는?

```
#include <stdio.h>
#define PI 3.14159
#define ST "원의 면적이다.\n"
void main()
{
printf("지름20인 원의 면적은? %10.5f",10*10*PI);
printf(ST);
}
```

① 지름20인 원의 면적은? 3.141590
② 지름20인 원의 면적은? 314.16원의 면적이다.
③ 지름20인 원의 면적은? 314.15900원의 면적이다.
④ 지름20인 원의 면적은? 314.16000

21 printf함수 내의 " "안의 내용을 화면으로 출력하고, 우측 연산의 결과를 왼쪽으로 대응하여 10진수로 표시한다.

22 c = a/b의 결과는 0.5가 아니라 0이 나오고, printf의 %f를 통해 0.000000이 출력된다. 이유는 다음과 같은 숫자의 연산 규칙이 있기 때문이다.

정수 +,−,*,/ 정수 = 정수
정수 +,−,*,/ 실수 = 실수
실수 +,−,*,/ 실수 = 실수

23 #define을 이용한 상수의 정의와 문자열의 정의가 되었고, %10.5f는 소수점 5자리 수까지 표현한다.

정답 21 ① 22 ① 23 ③

24 다음 코딩 중 잘못된 것은?

```
const int a = 100;     → ㉠
int b;                 → ㉡
b = a + 100;           → ㉢
a = 200;               → ㉣
```

① ㉠ ② ㉡
③ ㉢ ④ ㉣

24 ㉠ a를 100으로 고정시키고,
㉡ b는 int형 자료형으로 선언하고,
㉢ a는 100이므로 b에 200이 저장된다.
㉣ a는 심볼릭 상수의 const 상수이므로 "상수 = 상수"를 의미하므로 컴파일 오류가 발생한다.

25 다음 코딩 중 잘못된 것은?

```
#define a 10           → ㉠
int b;                 → ㉡
b = a + 100;           → ㉢
a = b;                 → ㉣
```

① ㉠ ② ㉡
③ ㉢ ④ ㉣

25 ㉠ 기호 a는 10으로 정의되고,
㉡ b는 int형 자료형으로 선언하고,
㉢ a는 10이므로 b에 110이 저장된다.
㉣ a는 10이고, b에는 110이므로 10 = 110과 같은 의미이므로 문법적으로 틀린 문장이다. 따라서 컴파일 오류가 발생한다.

정답 24 ④ 25 ④

Self Check로 다지기 | 제2장

- 프로그램 구조는 전처리기 지시영역, main 함수, 사용자 정의 함수 영역으로 구분된다.
- 프로그램은 자료를 처리하여 정보를 얻는 것이 목적으로, 일반적으로 변수선언 → 자료입력 → 자료처리 → 결과 출력 순으로 작성된다.
- 자료의 표현방법은 컴퓨터에서는 자료가 이진 체계로 표현되며 문자형, 정수형, 실수형은 각각 표현 방법이 다르다. 표준화된 변환코드(ASCII코드 등)에 따라 2진수로 변환된다.
- 컴퓨터에서 음수는 1의 보수나 2의 보수를 이용하여 표현되고, 실수는 부동소수점 표현방식으로 표현된다.
- 변수는 자료를 저장하는 기억공간으로 프로그램 중간에 값이 변할 수 있다는 것을 의미한다.
- 변수는 자료를 주기억장치에 저장하거나 읽어오기 위해, 주기억장치의 주소를 직접 사용하지 않고 기억공간에 적절한 이름(변수명)을 붙인 후 이 변수명을 사용하여 편리하게 저장하거나 저장된 자료를 읽게 해준다.
- 변수는 사용하기 전에 선언을 해야 하며 생성규칙에 따라 변수명을 명명해야 한다. 또한 변수선언 시 12가지 자료형 중 하나를 지정해 줘야 한다.
- 기본 자료형은 문자형 char, 정수형 int, 실수형 double을 사용한다.
- 상수는 자료의 값을 나타내는데 사용되는 숫자나 문자를 말하며, 프로그램이 실행되는 중에 변경할 수 없다.
- 리터럴 상수(literal Constant)에는 값 자체에 의미가 있는 문자/문자열 상수, 정수형 상수, 실수형 상수가 있다.
- 심볼릭 상수(Symbolic Constant)에는 상수에 명칭을 부여하는 const 상수와 #define문을 이용한 매크로 상수가 있다.
- **문자/문자열 상수** : 문자 1개는 내부적으로 1바이트로 표현되며, 문자 상수는 단일 인용부호('')를, 문자열 상수는 이중 인용부호("")를 써서 표현한다. 그리고 특수문자는 이스케이프 문자를 이용하여 표현한다.

- **정수형 상수** : 10진 정수는 숫자만으로 표현하며 8진 정수, 16진 정수는 각각 숫자 앞에 0, 0x를 붙여 표현한다. 컴파일러는 일반적으로 4바이트로 표현된다.

- **실수형 상수** : 실수는 소수점을 포함한 숫자 또는 가수 e 지수로 표현되며, 소수점 이하 12자리까지 가질 수 있다. 컴파일러는 일반적으로 4바이트 또는 8바이트로 표현된다.

- 선행처리기(전처리기)는 소스(source) 프로그램을 오브젝트(object) 프로그램으로 컴파일하기 전에 수행되며, 프로그램 소스 파일이 컴파일될 수 있도록 준비하는 역할을 한다.

- 선행처리기의 종류에는 매크로 상수(#define), 파일의 첨가(#include), 조건부 컴파일(#if, #ifedf, #ifndef, #undef) 등이 있다.

얼마나 많은 사람들이 책 한 권을 읽음으로써 인생에 새로운 전기를 맞이했던가.

-헨리 데이비드 소로-

제 3 장

입 · 출력함수와 연산자

지식에 대한 투자가 가장 이윤이 많이 남는 법이다.

– 벤자민 프랭클린 –

제 3 장 입 · 출력함수와 연산자

제1절 표준 입 · 출력함수

데이터의 입력과 출력은 C언어에서 제공하는 라이브러리 함수의 일부 입・출력함수를 이용하여 원활한 코딩을 할 수 있으며, 입력할 때는 scanf() 함수, 출력할 때는 printf() 함수를 일반적으로 사용한다.

1 표준 입 · 출력함수

(1) 입력

사용자로부터 마우스, 터치스크린, 조이스틱 등 입력 장치를 통하여 프로그램의 변수에 자료를 전달하는 과정을 의미한다.

(2) 출력

컴퓨터 내부의 내용을 사람이 인식할 수 있는 형태로 모니터, 프린터, 스피커 등에 표시해 주는 과정을 의미한다.

(3) 표준 입 · 출력

C언어에서 표준 입・출력이란 키보드를 통한 입력과 모니터를 이용한 출력을 의미하고, 입・출력 라이브러리로 <stdio.h>라는 헤더 파일에 정의되어 사용된다.

[그림 3-1] 표준 입력과 출력

① **표준 출력함수의 종류**

㉠ printf() : 화면에 형식화된 여러 종류의 자료를 출력한다.

㉡ putchar() : 화면에 1개의 문자를 출력한다.

㉢ puts() : 화면에 문자열을 출력한다.

② 표준 입력함수의 종류

㉠ scanf() : 키보드로부터 1개 이상의 형식화된 자료를 입력받는다.

㉡ getchar() : 키보드로부터 1개의 문자를 입력받는다.

㉢ gets() : 키보드로부터 문자열을 입력받는다.

2 출력함수 printf() 중요

프로그래머에 의해 작성된 코딩은 프로그램이 실행되면서 컴퓨터 주기억장치에 해당 정보가 저장되고, 출력되기 전까지는 의미가 없다. 프로그래머가 의도한 정보가 화면을 통하거나, 프린터로 출력을 하거나, 다른 출력으로 정보를 전달해야 그 가치가 있게 된다.

기억장치로부터 정보를 받아들여 모니터나 프린터로 표시하는 것을 '출력'이라 하고, 이와 같은 작업의 실행은 표준출력장치인 모니터로 자료를 출력한다. 이때 쓰이는 함수들이 표준 출력함수인 printf(), putchar(), puts() 함수들로 이들은 표준 라이브러리로 제공되며, printf() 함수가 가장 일반적인 출력함수로 사용된다.

[형식] printf 함수의 인수

printf("형식 문자열", 인수1, 인수2, …, 인수n);

변환명세는 형식 문자열에 포함된 '% 문자' 형식의 문자열로, 변환명세를 포함하지 않는 printf() 함수는 printf("형식 문자열")와 같이 인수를 하나만 가지고, 변환명세를 포함한 printf() 함수는 변환명세의 개수와 같은 인수를 가진다.

(1) 변환명세를 포함하지 않은 printf()

① 단순한 특정 문자열 출력

수식을 계산한 결괏값, 변수에 저장된 값이 아니라 특정 메시지나 문자를 모니터 화면에 출력하는 printf() 함수를 사용한다.

[형식] 인수가 한 개인 문자열 출력 printf() 함수

printf("문자열");

예제 3-1

특정 문자열 출력의 예

```
1   #include 〈stdio.h〉
2   void main()
3   {
4      printf("Hello! ");
5      printf("My name is 'C'. ");
6      printf("Nice to meet you. ");
7      return 0;
8   }
```

| 결과 |

```
C:WWINDOWSWsystem32Wcmd.exe
Hello! My name is 'C'. Nice to meet you.
```

[그림 3-2] 특정 문자열의 출력

㉠ 4행: Hello!(printf() 함수의 끝이 ';'으로 되어 문자의 끝을 의미하며, 다음 출력이 이어서 시작된다)
㉡ 5행: My name is 'C'.(4행의 끝에 이어서 5행의 결과가 출력된다)
㉢ 6행: Nice to meet you.(4행과 5행, 6행이 모두 한 행에 이어서 출력된다)

② 이스케이프 문자 출력

C언어에서는 일반적으로 알고 있는 문자의 의미에서 벗어나 특별한 의미를 담는 문자를 표시하기 위해 '\'로 시작하는 이스케이프 문자(escape sequence)가 있다. 다음 [표 3-1]에 자주 사용하는 이스케이프 문자가 있다.

[표 3-1] 자주 사용하는 이스케이프 문자

표기	이름	설명
\r	carriage return 문자	커서를 현재 행의 맨 앞으로 이동시킨다.
\n	line feed(개행) 문자	커서를 현재 행의 맨 앞으로 이동시킨 후 다음 행으로 옮긴다.
\t	Tab 문자	커서를 다음 탭 위치로 옮긴다.
\‘	작은따옴표	작은 따옴표를 출력한다.
\“	큰따옴표	큰 따옴표를 출력한다.
\\	back slash	백슬래시 문자를 출력한다.
\b	back space	출력 위치를 왼쪽으로 한 칸 이동한다.
\a	alarm	삐 신호음을 낸다.

예제 3-2

이스케이프 문자 출력의 예

```
1   #include 〈stdio.h〉
2
3   void main()
4   {
5       printf(“안녕!”);
6       printf(“내 이름은 Kim Dongwook입니다..\n”);
7       printf(“반갑습니다. 안녕!\n\n”);
8       printf(“당신의 이름은?\b\b\b”);
9       printf(“내 이름은 \“철수야!!\”\n\n”);
10  }
```

| 결과 |

```
C:WWINDOWSWsystem32Wcmd.exe
안녕!내 이름은 Kim Dongwook 입니다..
반갑습니다. 안녕!

당신의 이름내 이름은 "철수야!!"

계속하려면 아무 키나 누르십시오 . . .
```

[그림 3-3] 이스케이프 문자

㉠ 5행 : 안녕! 출력된다.
㉡ 6행 : 5행의 끝에 이어서 출력되고, 맨 마지막에 '\n'(개행문자)으로 다음 문장의 시작을 다음 행으로 옮긴다.
㉢ 7행 : 행의 끝에 '\n'(개행문자)가 2개가 있어 2행 후 처음으로 이동한다.
㉣ 8행 : 당신의 이름은? 출력된다.
㉤ 9행 : 8행의 결과에 이어서 출력되고, 8행에 백스페이스가 3개 있어 3칸 왼쪽으로 이동하여 한 행에 출력한다.

더 알아두기

백슬래시

백슬래시는 파일 경로를 표현할 때 자주 사용된다. 일반적인 파일 저장 경로는 “d:\C언어\3장 예제.txt”로 표현되지만 C언어에서는 “d:\\C언어\\3장 예제.txt”로 코딩해야 한다.

(2) 변환명세를 포함한 printf()

프로그래머가 코딩으로 결과를 구한 값이 숫자 정보일 때 이 정보를 변수에 저장한 후 그 결괏값을 알맞게 화면에 출력하고자 하면 그 변수에 맞는 결과를 변환명세에 따라 출력해야 한다. 만약 변수에 저장된 연산의 결과가 100인 경우, 화면을 printf("출력값은 100")로 하면 변수에 저장된 값을 출력하는 것이 아니라 문자열로 출력하는 것이 된다.

출력 결과를 형식에 맞추어 보기 좋게 출력하고자 한다면 변환명세 '%' 기호로 시작하며, 형식 플래그, 필드폭, 정밀도, 출력변환 지시자로 구성되어야 한다. 임의의 자료형으로 출력하고자 할 때 명시하는 출력변환 지시자를 [표 3-2]와 같이 간단히 나타낼 수 있다.

[표 3-2] printf() 함수의 변환명세 이용 형식

출력값	변환명세	자료형	출력형식
정수	%d, %i	int 형	정수를 10진 형태로 출력
	%u	unsigned int 형	부호 없는 정수를 10진 형태로 출력
	%o	int 형	정수를 8진 형태로 출력
	%x	int 형	정수를 16진 형태로 출력
실수	%f	float 형	실수를 소수점 아래 6자리까지 출력
	%lf	double 형	실수를 소수점 아래 6자리까지 출력
	%e	float 형	지수형식(과학적 표기)으로 출력
문자	%c	char 형	문자 1개만 출력
문자열	%s		문자열 출력

더 알아두기

%d(정수형), %lf(실수형), %c(문자형)는 기본 자료형의 변환명세이다.

[형식] 변환명세를 포함한 printf() 함수

printf("변환명세를 n개 포함한 형식 문자열", 인수1, 인수2, …, 인수n);
→ 형식 문자열에 포함된 변환명세가 n개이면 뒤의 인수도 n개이어야 한다.

예제 3-3

변환명세를 포함한 출력의 예

```
#include <stdio.h>
void main()
```

```
3    {
4        int age = 26;
5        double height = 175.7;
6        char grade = ‘A’;
7
8        printf(“나이 %d세\n”, age);
9        printf(“키 %lfcm의 표준체중: %lf\n”, height, (height - 100) * 0.9);
10       printf(“학점: %c\n”, grade);
11       printf(“국적: %s\n\n”, “대한민국”);
12       printf(“1억: %e\n”, 1.0e8);
13
14       printf(“10진수 %d = 8진수 %o = 16진수 %X\n”, age, age, age);
15   }
```

| 결과 |

```
C:\WINDOWS\system32\cmd.exe
나이 26세
키 175.700000cm의 표준 체중: 68.130000
학점: A
국적: 대한민국

1억: 1.000000e + 08
10진수 26 = 8진수 32 = 16진수 1A
계속하려면 아무 키나 누르십시오 . . .
```

[그림 3-4] 변환명세 포함 출력

㉠ 4～6행 : 변수 age에 26, height에는 double형 175.7, grade에는 문자열 ASCII code 값이 저장된다.
㉡ 8행 : age는 정수형으로 변환명세 ‘%d’에 대응되어 정수형으로 출력된다.
㉢ 9행 : height는 double float형으로 변환명세 ‘%lf’로 대응되고, 변환명세가 2개 있으므로 인수도 2개 있어야 한다. 또 인수는 수식이 적용되어도 된다.
㉣ 10행 : grade는 char형으로 문자 ‘A’ 값이 전달되어 출력된다.
㉤ 11행 : 변환명세 ‘%s’는 문자열을 출력하는 것으로 “대한민국”을 출력하고, 변환명세에 이스케이프 문자 ‘\n\n’가 2개이므로 2행 후 처음으로 이동한다.
㉥ 12행 : 지수형 변환명세에 의해 지수로 출력한다.
㉦ 14행 : 인수인 age 값을 변환명세에 의해 10진, 8진, 16진으로 출력한다.

(3) 변환명세의 필드폭, 플래그, 정밀도 중요

필드폭을 명시하지 않는 %d, %lf, %c의 일반적인 출력은 다음과 같다.

예제 3-4

필드폭이 명시되지 않은 출력의 예

```
#include 〈stdio.h〉
void main()
{
    int n1 = 9;
    int n2 = 77;
    int n3 = 100;

    printf("1. %dcm\n", n1);
    printf("2. %dcm\n", n2);
    printf("3. %dcm\n", n3);
}
```

| 결과 |

```
C:WWINDOWSWsystem32Wcmd.exe
1. 9cm
2. 77cm
3. 100cm
계속하려면 아무 키나 누르십시오 . . .
```

[그림 3-5] 필드폭이 명시되지 않는 경우의 출력

필드폭을 명시하지 않은 경우는 출력 시 왼쪽부터 정렬하여 출력한다.

예제 3-5

필드폭이 명시된 출력의 예

```
#include 〈stdio.h〉
void main()
{
    int n1 = 9;
    int n2 = 77;
```

```
    int n3 = 100;
    printf("1. %3dcm\n", n1);
    printf("2. %3dcm\n", n2);
    printf("3. %3dcm\n", n3);
}
```

| 결과 |

```
C:WWINDOWSWsystem32Wcmd.exe
1.   9cm
2.  77cm
3. 100cm
계속하려면 아무 키나 누르십시오 . . .
```

[그림 3-6] 필드폭을 명시하여 출력

필드폭을 3으로 명시하여 3칸 확보하여 오른쪽부터 정렬하여 출력한다.

① %d를 사용한 정수 출력 기출

정수형 인수를 출력하고자 할 때 '%d' 변환명세를 사용해 다음과 같은 형식으로 정의한다.

[형식] %d 변환명세

- %필드폭d : %5d(5 : 자료를 출력하는 데 사용하는 **전체 확보된 칸수**)
- %+필드폭d : %+5d(+ : 양수 부호 출력)
- %−필드폭d : %−5d(− : 왼쪽을 기준으로 정렬하여 확보된 칸에 출력)

예 ("%−+5d", 10) : '+10' 왼쪽을 기준으로 정렬하고 '+'부호 출력

예제 3-6

필드폭과 형식 플래그를 사용한 출력의 예

```
#include <stdio.h>
void main()
{
    int n = 123;
    printf("n = %d\n", n);
    printf("n = %5d\n", n);
    printf("n = %+5d\n", n);
    printf("n = %-5d\n", n);
    printf("n = %-+5d\n", n);
}
```

| 결과 |

```
C:\WINDOWS\system32\cmd.exe
n = 123
n =   123
n =  +123
n = 123
n = +123
계속하려면 아무 키나 누르십시오 . . .
```

[그림 3-7] 필드폭과 형식 플래그 사용

㉠ 5행 : 필드폭을 정의하지 않는 경우를 출력한다.
㉡ 6행 : 전체 출력 5칸 확보하고, 오른쪽 정렬하여 출력한다.
㉢ 7행 : 전체 출력 5칸 확보하고, 오른쪽 정렬하여 양수(+) 부호를 포함해서 출력한다.
㉣ 8행 : 전체 출력 5칸 확보하고, 왼쪽 정렬하여 출력한다.
㉤ 9행 : 전체 출력 5칸 확보하고, 왼쪽 정렬하여 양수(+) 부호를 포함해서 출력한다.

예제 3-7

출력값보다 필드폭이 작은 경우의 출력의 예

```
int n1 = 90;
int n2 = 770;
int n3 = 1000;
printf("1. %+2dcm\n", n1);
printf("2. %-2dcm\n", n2);
printf("3. %-+2dcm\n", n3);
```

| 결과 |

```
C:\WINDOWS\system32\cmd.exe
1. +90cm
2. 770cm
3. +1000cm
계속하려면 아무 키나 누르십시오 . . .
```

[그림 3-8] 출력값보다 필드폭이 작은 경우

지정된 필드폭보다 출력할 값의 자릿수가 크면 출력형태가 흐트러져 출력된다.

예제 3-8

변환명세 %d를 사용한 출력의 예

```
#include <stdio.h>
void main()
{
   printf(“|%d | \n\n”, 1234);
      //정수 1234를 정수형으로 출력
   printf(“|%6d|\n\n”, 1234);
      //정수 1234를 6자리 공간을 잡아서 오른쪽에 맞추어 출력
   printf(“|%-6d|\n\n”, 1234);
      //정수 1234를 6자리 공간을 잡아서 왼쪽에 맞추어 출력
   printf(“|%06d|\n\n”, 1234);
      /*정수 1234를 6자리 공간을 잡아서 오른쪽에 맞추어 출력하되
      왼쪽의 남는 빈 공간(2개)을 0으로 채움*/
   printf(“|%6f|\n\n”, 12.345);
      /*실수 12.345를 6자리 공간을 잡아서 출력함. 기본적으로
      실수는 소수점 이하 6자리를 표시해야 하므로 자릿수가 모자람.
      이런 경우 자릿수를 무시하고 12.345000을 모두 출력함*/
   printf(“|%6.1f|\n\n”, 12.345);
      /*실수 12.345를 6자리 공간을 잡아서 출력하되 소수 이하
      첫 번째 자리까지만 출력함*/
   printf(“|%06.2f|\n\n”, 12.345);
      /*실수 12.345를 6자리 공간을 잡아서 출력하되 소수 이하
      두 번째 자리까지만 출력하고 왼쪽의 남는 공간은 0으로 채움.
      소수 이하 세 번째 자리에서 반올림이 발생함 */
}
```

참고 | ⇒ 키보드에서 shift + ₩로 입력

| 결과 |

```
C:₩WINDOWS₩system32₩cmd.exe
|1234|

|  1234|

|1234  |

|001234|

|12.345000|

|  12.3|

|012.35|

계속하려면 아무 키나 누르십시오 . . .
```

[그림 3-9] 변환명세 %d 사용

② %lf를 사용한 실수 출력

[형식] %lf 변환명세

- %필드폭.정밀도lf : %7.3lf (7 : 전체 자릿수로 소수점 위, 아래 포함한 수)
  (.3 : 소수점 이하 자릿수까지 출력)
- %.정밀도lf : %.3lf (.3 : 소수점 이하 자릿수까지 출력)
- %필드폭lf : 소수점 위, 아래 포함한 필드폭, 소수점 아래는 6자리까지 확보하여 출력
- %필드폭.lf : 소수점 아래 첫 자리에서 반올림하여 출력, 필드폭만큼 칸을 확보하여 출력. 즉, %필드폭.0lf와 같다.

예제 3-9

변환명세 %lf를 사용한 출력의 예

```
1   #include <stdio.h>
2   void main()
3   {
4       double avg = 83.768;
5
6       printf("avg = %7.3lf\n", avg);
7       printf("avg = %6.2lf\n", avg);
8   }
```

6행 출력

	8	3	.	7	6	8

7행 출력

	8	3	.	7	7

| 결과 |

```
C:WWINDOWSWsystem32Wcmd.exe
avg = 83.768
avg = 83.77
계속하려면 아무 키나 누르십시오 . . .
```

[그림 3-10] 변환명세 %lf

㉠ 4행 : 변수 avg에 double형 자료가 저장된다.
㉡ 6행 : 전체 7자리 수가 확보되어 소수점 이하 3자리까지 출력된다.
㉢ 7행 : 전체 6자리 수가 확보되어 저장 변숫값의 소수점이 반올림되어 출력된다.

예제 3-10

변환명세 %.정밀도lf를 사용한 출력의 예

```
1  #include <stdio.h>
2  void main()
3  {
4      double avg = 83.768;
5
6      printf("avg = %.2lf\n", avg);
7  }
```

6행 출력

8	3	.	7	7

| 결과 |

```
C:WWINDOWSWsystem32Wcmd.exe
avg = 83.77
계속하려면 아무 키나 누르십시오 . . .
```

[그림 3-11] 변환명세 %.정밀도lf

㉠ 4행 : 변수 avg에 double형 자료가 저장된다.
㉡ 6행 : 소수점 아래에서 반올림하여 출력하고, 소수점 위에서는 필요한 만큼만 칸을 확보하여 출력한다.

예제 3-11

변환명세 %필드폭lf를 사용한 출력의 예

```
1  #include <stdio.h>
2  void main()
3  {
4      double avg = 83.768;
5
6      printf("avg = %10lf\n", avg);
7  }
```

6행 출력

	8	3	.	7	6	8	0	0	0

| 결과 |

```
C:\WINDOWS\system32\cmd.exe
avg = 83.768000
계속하려면 아무 키나 누르십시오 . . .
```

[그림 3-12] 변환명세 %필드폭.lf

㉠ 4행: 변수 avg에 double형 자료가 저장된다.
㉡ 6행: 전체 10칸을 확보하고, 소수점 아래는 6칸을 확보하여 출력한다.

예제 3-12

변환명세 %필드폭.lf를 사용한 출력의 예

```
1   #include <stdio.h>
2
3   void main()
4   {
5       double n1 = 83.768;
6       printf("avg = %5.lf\n", n1);
7       printf("avg = %5.0lf\n", n1);
8   }
```

6, 7행 출력

			8	4

| 결과 |

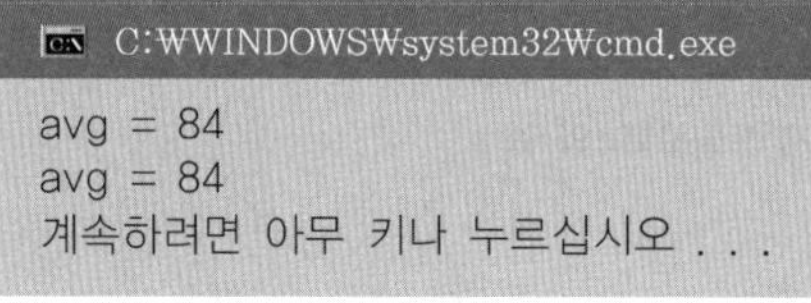
C:\WINDOWS\system32\cmd.exe
avg = 84
avg = 84
계속하려면 아무 키나 누르십시오 . . .

[그림 3-13] 변환명세 %필드폭.lf

㉠ 5행: 변수 avg에 double형 자료가 저장된다.
㉡ 6~7행: 전체 5칸을 확보하고, 소수점 아래 첫 자리에서 반올림하여 소수점 위의 값만 출력된다. "%5.0lf"와 같다.

③ %c를 사용한 문자 출력

문자 1개를 출력할 때 사용하는 변환명세이고, 기본정렬방식도 오른쪽 정렬로 출력된다.

[형식] %c 변환명세

- %필드폭c : %5c(5 : 전체 확보되는 칸의 수이고, c : 문자형식으로 출력, **오른쪽 정렬**)
- %-필드폭c : %-5c(5 : 전체 확보되는 칸의 수이고, 왼쪽 정렬하여 출력)

예제 3-13

변환명세 %필드폭c를 사용한 출력의 예

```
1  #include <stdio.h>
2
3  void main()
4  {
5     char grade = 'A';
6     printf("내 학점은 %c.\n", grade);
7     printf("내 학점은 %3c.\n", grade);
8     printf("내 학점은 %-3c.\n", grade);
9  }
```

| 결과 |

```
C:\WINDOWS\system32\cmd.exe
내 학점은 A.
내 학점은   A.
내 학점은 A  .
계속하려면 아무 키나 누르십시오 . . .
```

[그림 3-14] 변환명세 %필드폭c의 예

㉠ 5행 : 변수 grade에 char형 'A'가 저장된다.
㉡ 6행 : 1개의 문자를 출력한다.
㉢ 7행 : 전체 3칸을 확보하여, 오른쪽 정렬하여 문자를 출력한다.
㉣ 8행 : 전체 3칸을 확보하여, 왼쪽 정렬하여 문자를 출력한다.

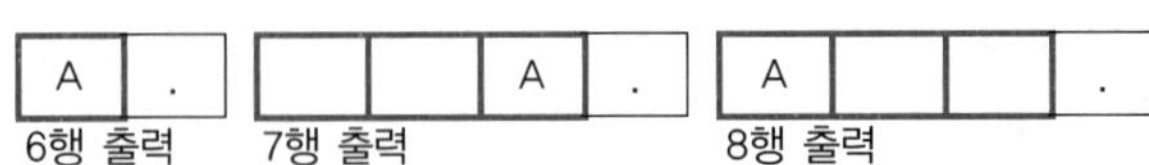

④ %s를 사용한 문자열 출력

여러 문자로 구성되는 문자열을 출력할 때 사용되는 변환명세이고, 기본 정렬은 오른쪽 정렬을 한다. 문자의 자료형은 char형을 사용하지만, 문자열의 자료형은 없다.

[형식] %s 변환명세

- %필드폭s : %5s(5 : 전체 확보되는 칸의 수이고, s : 문자열 형식으로 출력하고, **오른쪽 정렬**)
- %-필드폭s: %-5s(5 : 전체 확보되는 칸의 수이고, 왼쪽 정렬하여 출력)

예제 3-14

변환명세 %필드폭s를 사용한 출력의 예

```
1   #include <stdio.h>
2
3   void main()
4   {
5       printf("%s.\n", "Hi");
6       printf("My name is %14s.\n", "Dongwook, Kim");
7       printf("%-20s %-10s\n", "Nice to meet you.", "Hello");
8   }
```

| 결과 |

```
C:\WINDOWS\system32\cmd.exe
Hi.
My name is Dongwook, Kim.
Nice to meet you.    Hello
계속하려면 아무 키나 누르십시오 . . .
```

5행 Hi. ↵

6행 My name is Dongwook, Kim. ↵

7행 Nice to meet you.   Hello   ↵

[그림 3-15] 변환명세 %필드폭s의 예

㉠ 5행 : "Hi"로 출력된다.
㉡ 6행 : 전체 14칸을 확보하여, 오른쪽 정렬하여 문자를 출력한다.
㉢ 7행 : 20칸, 10칸을 각각 확보하고 왼쪽 정렬하여 문자를 출력한다.

3 문자와 문자열 전용 출력함수 중요

문자와 문자열을 화면으로 출력하기 위해서 일반적인 printf() 함수를 사용할 수도 있지만, 변환명세를 자료형에 따라 명시해야 하므로 번거롭다. C언어에서는 문자와 문자열을 편리하게 사용할 수 있도록 **변환명세를 사용하지 않는 함수**가 있다.

(1) 문자 전용 출력함수 putchar()

putchar() 함수는 문자만 출력하기 위한 함수로, printf() 함수처럼 변환명세가 필요 없다. printf() 함수보다 실행속도가 빠르고, 문자 출력을 여러 번 반복하여 출력할 때 사용한다.

[형식] putchar() 함수

putchar('문자' 또는 문자형 변수);

예제 3-15

putchar() 함수를 사용한 예

```
1    #include <stdio.h>
2
3    void main()
4    {
5        char jumsu = 'A';
6        putchar(jumsu);
7        putchar('0');
8        putchar('\n');
9    }
```

| 결과 |

```
C:WWINDOWSWsystem32Wcmd.exe
A0
계속하려면 아무 키나 누르십시오 . . .
```

[그림 3-16] putchar() 함수의 예

㉠ 5행: 문자형 자료형 jumsu에 문자 'A'를 저장한다.
㉡ 6행: 문자형 변수가 화면으로 출력된다.
㉢ 7행: 개행문자가 없으므로 6행의 출력문자에 이어서 출력된다.
㉣ 8행: 7행 출력에 이어 개행문자가 커서의 위치를 다음 행의 처음으로 이동시킨다.

(2) 문자형 자료의 ASCII code 값의 변환

기본적으로 문자형의 char자료형으로 선언하고 컴퓨터 메모리에서 1byte(8bit) 저장공간을 확보한 후 변수를 저장한다. 변수를 저장할 때도 ASCII code 값으로 저장됨을 알아야 한다.

문자와 ASCII code 값의 변환은 변환명세 '%c'로 자유롭게 바꿀 수 있으며, ASCII code 값은 2진수, 10진수, 16진수 등으로 표현할 수 있으므로 이 값들을 산술연산한 결과를 문자형 변환명세로 표현하면 쉽게 문자를 출력할 수 있다.

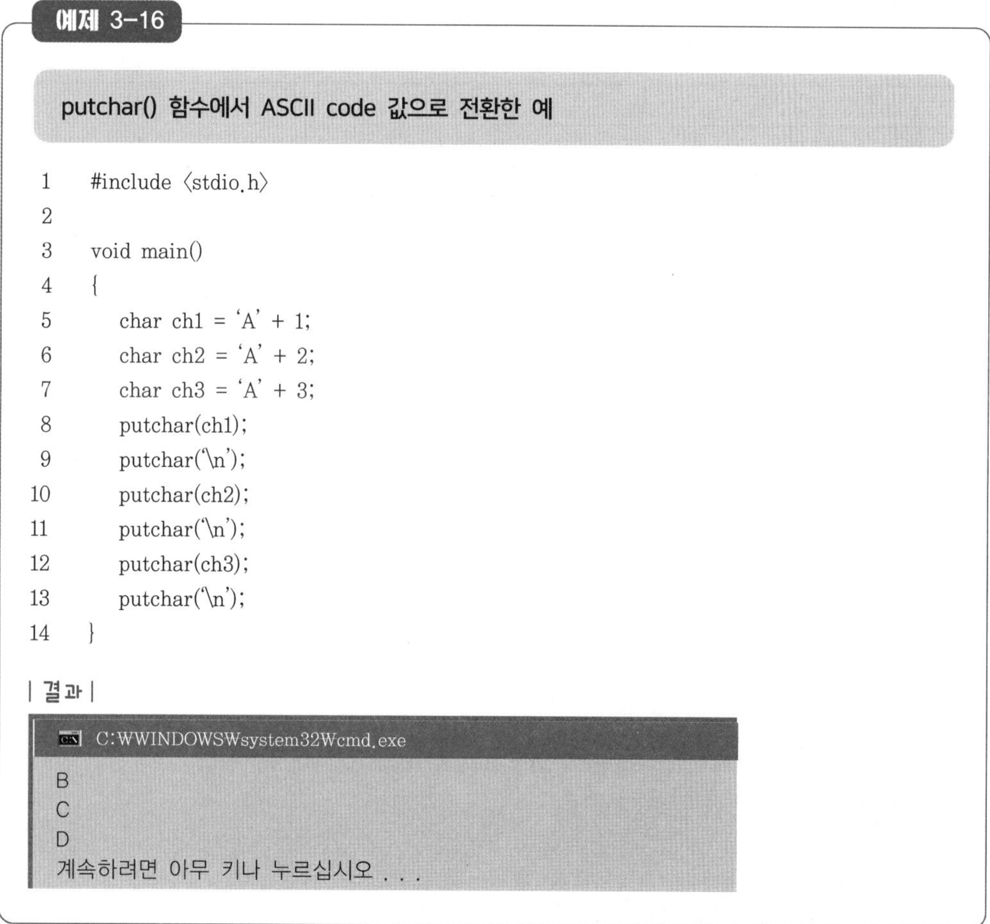

예제 3-16

putchar() 함수에서 ASCII code 값으로 전환한 예

```
1   #include <stdio.h>
2
3   void main()
4   {
5       char ch1 = 'A' + 1;
6       char ch2 = 'A' + 2;
7       char ch3 = 'A' + 3;
8       putchar(ch1);
9       putchar('\n');
10      putchar(ch2);
11      putchar('\n');
12      putchar(ch3);
13      putchar('\n');
14  }
```

| 결과 |

```
C:WWINDOWSWsystem32Wcmd.exe
B
C
D
계속하려면 아무 키나 누르십시오 . . .
```

[그림 3-17] putchar() 함수에서 ASCII code 값으로 전환하는 예

㉠ 5행: 문자 'A'의 ASCII code 값은 65이므로 연산의 결과는 66이 되고, 66은 ASCII code 값으로 처리되어 변수 ch1에는 'B'가 저장된다.
㉡ 8행: 'A'의 ASCII code 값에 +1을 한 결과가 저장된 변수 ch1을 화면에 출력한다.
㉢ 9행: 8행 출력에 이어 개행문자가 커서의 위치를 다음 행의 처음으로 이동시킨다.
㉣ 10행: 'A'의 ASCII code 값에 +2를 한 결과가 저장된 변수 ch2를 화면에 출력한다.

ⓜ 11행 : 10행 출력에 이어 개행문자가 커서의 위치를 다음 행의 처음으로 이동시킨다.
ⓗ 12행 : 'A'의 ASCII code 값에 +3을 한 결과가 저장된 변수 ch3을 화면에 출력한다.
ⓢ 13행 : 12행 출력에 이어 개행문자가 커서의 위치를 다음 행의 처음으로 이동시킨다.

[표 3-3] 문자와 ASCII code 값의 변환

문자	ASCII code 값	
	2진수	10진수
'A'	01000001	65
'B'	01000010	66
'a'	01100001	97
'0'	00110000	48

```
#include 〈stdio.h〉

void main()
{
   char ch1 = 'A';
   char ch2 = 'B';
   char ch3 = 'a';
   char ch4 = '0';
   printf("Ascii code 값 %3d 〈==〉 문자 %2c\n", ch1, ch1);
   printf("Ascii code 값 %3d 〈==〉 문자 %2c\n", ch2, ch2);
   printf("Ascii code 값 %3d 〈==〉 문자 %2c\n", ch3, ch3);
   printf("Ascii code 값 %3d 〈==〉 문자 %2c\n", ch4, ch4);
}
```

| 결과 |

```
C:WWINDOWSWsystem32Wcmd.exe
Ascii code 값 65 〈==〉 문자 A
Ascii code 값 66 〈==〉 문자 B
Ascii code 값 97 〈==〉 문자 a
Ascii code 값 48 〈==〉 문자 0
계속하려면 아무 키나 누르십시오 . . .
```

[그림 3-18] 문자와 ASCII code 값 변환의 예

(3) 문자열 전용 출력함수 puts()

문자열만 출력하기 위한 함수로, printf()의 변환명세가 필요 없다. 한 문자열을 출력한 후 커서의 위치를 자동으로 다음 행에 이동시킨다.

[형식] puts() 함수

puts("문자열" 또는 문자열을 저장한 변수);

예제 3-17

문자열 puts() 함수를 사용한 예

```
1  #include <stdio.h>
2
3  void main()
4  {
5     puts("Hi!!");
6     puts("My name is Dongwook Kim");
7     puts("Bye Bye~~");
8  }
```

| 결과 |

```
C:WWINDOWSWsystem32Wcmd.exe
Hi!!
My name is Dongwook Kim
Bye Bye~~
계속하려면 아무 키나 누르십시오 . . .
```

[그림 3-19] 문자열 puts( ) 함수의 예

㉠ 5행 : " " 내의 문자열을 출력하고, 커서의 위치를 다음 행으로 옮긴다.
㉡ 6행 : " " 내의 문자열을 출력하고, 커서의 위치를 다음 행으로 옮긴다.
㉢ 7행 : " " 내의 문자열을 출력하고, 커서의 위치를 다음 행으로 옮긴다.

4 입력함수 scanf() 중요

C언어는 키보드 입력을 편리하게 코딩할 수 있도록 scanf(), getchar(), gets() 등의 함수를 제공한다. 표준입력장치인 키보드로 자료를 입력받아 변환명세에 의해 지정된 변수에 저장하는 함수로 많이 사용된다. 변환명세는 printf() 함수에서의 사용법과 유사하며, 어떤 종류의 입력값을 읽을지 지정하는 변환 지시자만 포함된 변환명세는 [표 3-4]와 같다.

[표 3-4] scanf() 함수에서 입력되는 값의 종류에 따른 변환명세

입력값	변환 명세	입력변수의 자료형	설명(%d, %lf, %c는 기본 자료형 변환명세)
정수	%d	int	10진수 정수를 입력받아 지정한 변수에 저장한다.
	%u	unsigned int	입력값을 부호 없는 정수형 변수에 저장한다.
	%o	int	입력값을 8진수로 받아들여 10진수로 변환하여 정수형 변수에 저장한다.
	%x	int	입력값을 16진수로 받아들여 10진수로 변환하여 정수형 변수에 저장한다.
실수	%f	float	입력값을 float형 변수에 저장한다.
	%lf	double	입력값을 double형 변수에 저장한다.
	%e	float	'가수e지수'형식으로 또는 실숫값으로 입력받아 실숫값을 float형 변수에 저장한다.
	%le	double	'가수e지수'형식으로 또는 실숫값으로 입력받아 실숫값을 double형 변수에 저장한다.
문자	%c	char	입력된 문자 한 개를 문자형 변수에 저장한다.
문자열	%s	문자열	입력된 문자열을 저장하기 위해 변수나 배열을 저장한다.

(1) 한 개의 자료만 입력

scanf() 함수를 사용하여 키보드로부터 입력받은 값은 주기억장치에 저장되고, 입력된 값을 저장할 변수의 실제 주소를 알아야 한다. 이 메모리 주소는 실제 기억장소의 주소가 되고 이를 알기는 쉽지 않다. C언어에서는 변수의 **메모리 기억장소를 알 수 있는 연산자** '&'을 변수명 앞에 붙여준다.

[형식] scanf() 함수

```
scanf("변환명세", &변수명);
```

scanf() 함수가 실행되면 모니터 화면에서 커서가 깜박거리고, 키보드로 자료가 입력되기를 기다린다. 선언된 자료형에 맞는 값을 키보드로 입력하고 엔터를 눌러 입력을 완료하면 입력된 자료는 변환명세에 맞게 변환된 후 변수에 해당하는 기억장소에 저장된다.

예제 3-18

scanf() 함수로 한 문자 입력받기의 예

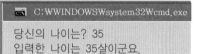

```
1  #include <stdio.h>
2
3  void main()
4  {
5     int age;
6     printf("당신의 나이는?");
7     scanf("%d", &age);
8     printf("입력한 나이는 %d살이군요.\n", age);
9  }
```

| 입력화면 |

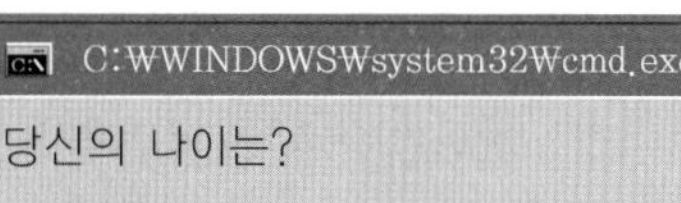

| 결과 |

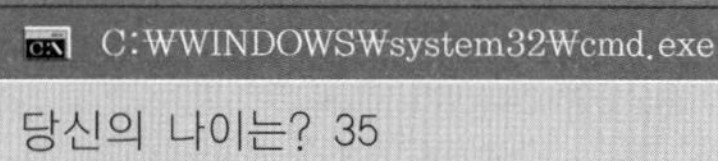

당신의 나이는? 35
입력한 나이는 35살이군요.

[그림 3-20] scanf() 함수의 한 문자 입력받기

㉠ 6행: scanf() 함수로 자료를 입력받을 시 화면에 커서만 깜박거리기 때문에 사용자는 어떤 입력에 관한 내용인지 알기 어렵기 때문에 입력될 자료를 먼저 printf() 함수를 사용하여 출력하는 것을 권장한다.

㉡ 7행: 정수형 자료를 키보드로부터 입력받아 10진 변환명세로 변환하여 변수에 해당하는 기억장소에 저장한다. 6행의 출력 끝에 개행문자가 없으므로 자료의 입력은 출력문장 끝에 이어 입력된다.

㉢ 8행: 6행의 끝에 키보드로부터 입력을 받아 엔터를 눌렀으므로 8행의 시작은 행의 처음에서 시작되어 출력되며, 변수에 저장된 값이 변환명세에 대응되어 화면에 출력된다.

① 한 개의 자료만 입력 시 주의사항

㉠ 변환명세 후에 공백이나 이스케이프 문자를 사용하지 않는다.

- 프로그램을 실행하면 키보드로부터 자료를 입력 후에도 계속해서 커서가 깜박이며 입력을 기다린다.
- 공백을 제외한 자료를 입력해야 프로그램이 진행되고, 두 번째 입력된 값은 그다음 입력함수에서 지정한 변수에 저장된다.
- scanf() 함수 사용 시 변환명세는 %d, %lf, %c, %s 등만을 사용하는 것이 안전하다.
  - 변환명세 후 이스케이프 문자가 있는 경우

```
printf("당신의 나이는?");
scanf("%d\n", &age);
printf("입력한 나이는 %d살이군요.\n", age);
```

C:WWINDOWSWsystem32Wcmd.exe
당신의 나이는?35
2
입력한 나이는 35살이군요.

- 변환명세 후 공백문자가 있는 경우

```
printf("당신의 나이는?");
scanf("%d ", &age);
printf("입력한 나이는 %d살이군요.\n", age);
```

```
C:\WINDOWS\system32\cmd.exe
당신의 나이는?35
2
입력한 나이는 35살이군요.
```

- 변환명세 후 공백문자가 있는 경우 자료를 입력한 후에 다른 입력자료를 넣어 주어야 scanf() 함수가 실행되며, 두 번째 입력된 자료는 또 다른 scanf() 함수호출이 있어 '2' 값이 입력되어 출력된다.

```
scanf("%d ", &age);
printf("입력한 나이는 %d살이군요.\n", age);
scanf("%d", &age);
printf("입력한 나이는 %d살이군요.\n", age);
```

```
C:\WINDOWS\system32\cmd.exe
당신의 나이는?35
2
입력한 나이는 35살이군요.
입력한 나이는 2살이군요.
```

ⓒ 변환명세에 필드폭은 꼭 필요할 때에만 사용한다.

- 필드폭보다 더 긴 수를 입력하면 그 후 자릿수는 입력되지 않고, 필드폭만큼의 자료만 입력받는다.
  - scanf() 함수에서 필드폭을 사용할 땐 많은 주의가 필요하다.

```
#include <stdio.h>

int main()
{
    int age;
    printf("당신의 나이는?");
    scanf("%2d", &age);
    printf("입력한 나이는 %d살이군요.\n", age);
    scanf("%d", &age);
    printf("입력한 나이는 %d살이군요.\n", age);
    return 0;
}
```

| 결과 |

```
C:\WINDOWS\system32\cmd.ex
당신의 나이는?351
입력한 나이는 35살이군요.
입력한 나이는 1살이군요.
```

ⓒ 자료형에 맞는 변환 지시자(%d, %lf, %c, %s)를 사용한다.

- 변수의 자료형과 scanf() 함수의 변환명세가 다를 경우 프로그램에서 오류가 발생한다.
  - 변수의 자료형과 다른 자료형으로 입력하면 오류는 발생하지 않으나 이상한 결괏값을 얻는다.

```
int age;
printf("당신의 나이는?");
scanf("%lf", &age);
printf("입력한 나이는 %d살이군요.\n", age);
```

| 결과 |

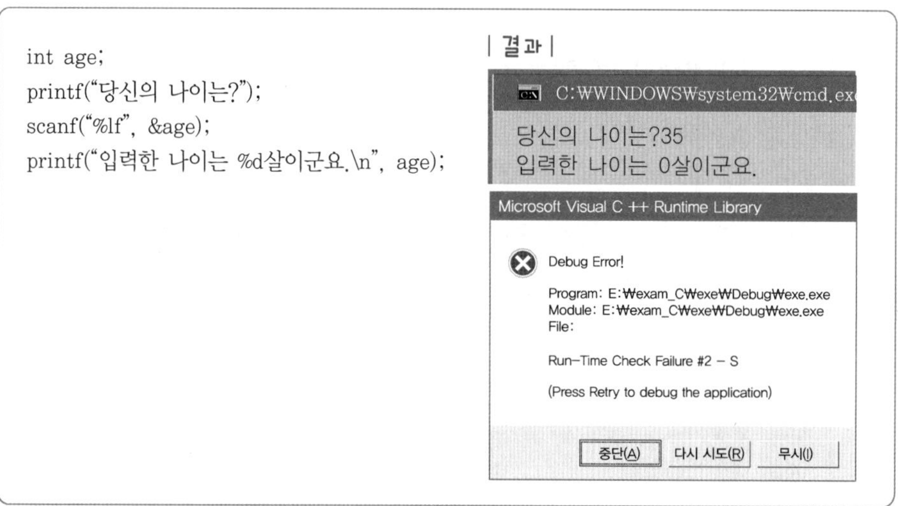

C:\WINDOWS\system32\cmd.ex
당신의 나이는?35
입력한 나이는 0살이군요.
Microsoft Visual C ++ Runtime Library
Debug Error!
Program: E:\exam_C\exe\Debug\exe.exe
Module: E:\exam_C\exe\Debug\exe.exe
File:
Run-Time Check Failure #2 - S
(Press Retry to debug the application)
중단(A)
다시 시도(R)
무시(I)

예제 3-19

학생의 정보(성별, 나이, 신장)를 입력받아 출력하는 예

```
#include <stdio.h>
int main()
{
    int age;
    char sex;
    double height;

    //자료를 입력받기
    printf("\n==================================\n");
    printf("학생의 성별은? (남자라면 M 여자라면 F)");
    scanf("%c", &sex);
    printf("학생의 나이는?");
    scanf("%d", &age);
    printf("학생의 신장은?");
    scanf("%lf", &height);
    printf("\n================================\n");

    //자료를 출력하기
    printf("\n==================================\n");
    printf("성별: %c\n", sex);
    printf("나이: %d세\n", age);
```

```
    printf("신장: %.1lfcm\n", height);
    printf("\n=================================\n");
    return 0;
}
```

| 결과 |

```
C:\WINDOWS\system32\cmd.exe
============================
학생의 성별은? (남자라면 M 여자라면 F) M
학생의 나이는? 35
학생의 신장은? 175
============================
============================
성별: M
나이: 35세
신장: 175.0cm
============================
계속하려면 아무 키나 누르십시오 . . .
```

[그림 3-21] 학생 정보의 입 · 출력

더 알아두기

[예제 3-19] 프로그램에서 나이 입력 부분의 변환명세를 "%o"로 하면?

- **입력 부분 :** 정수형 10진수로 입력받은 값이 scanf() 함수의 변환명세를 통해 8진수로 저장된다.

```
scanf("%o", &age);
printf("학생의 신장은?");
```

| 결과 |

```
C:\WINDOWS\system32\cmd.exe
학생의 성별은? (남자라면 M 여자라면 F) M
학생의 나이는? 35
학생의 신장은? 175
```

- **출력 부분 :** 입력받은 정수형 자료(35)가 8진수로 인식되고 저장되어 10진수 29로 출력된다.
  $35_8 \Rightarrow 011101_2 \Rightarrow 29_{10}$

```
printf("성별: %c\n", sex);
printf("나이: %d세\n", age);
printf("신장: %.1lfcm\n", height);
```

| 결과 |

```
C:\WINDOWS\system32\cmd.exe
성별: M
나이: 29세
신장: 175.0cm
```

② %s를 사용한 문자열 입력

문자열은 1차원 배열을 이용해 저장하게 되고, 문자열을 저장하는 변수명이나 배열명은 그 자체가 문자열을 저장하게 될 메모리 시작 번지가 되므로 &를 붙이지 않아야 한다.

[형식] scanf() 함수에서 문자열 입력

scanf("%s", 문자열을 저장할 변수명);	문자열을 저장할 변수의 자료형은 char형 포인터 또는 1차원 배열명이 된다. 포인터와 배열명 자체가 메모리의 시작 주소가 되므로 &을 **붙이지 않는다.**

예제 3-20

scanf() 함수에서 문자열의 입 · 출력하는 예

```
1   #include <stdio.h>
2
3   int main()
4   {
5       char name[10];
6       printf("학생의 이름은?");
7       scanf("%s", name);
8       printf("입력된 학생 이름은 %s입니다.\n", name);
9   }
```

| 결과 |

```
C:\WINDOWS\system32\cmd.exe
학생의 이름은? 김동욱
입력된 학생 이름은 김동욱입니다.
계속하려면 아무 키나 누르십시오 . . .
```

[그림 3-22] scanf() 문자열의 입 · 출력

㉠ 5행 : 문자를 최대 10개 저장할 수 있는 1차원 배열을 선언한다.
㉡ 7행 : 입력된 문자열을 name 배열에 저장한다.
㉢ 8행 : name 배열에 저장된 문자열을 출력한다.

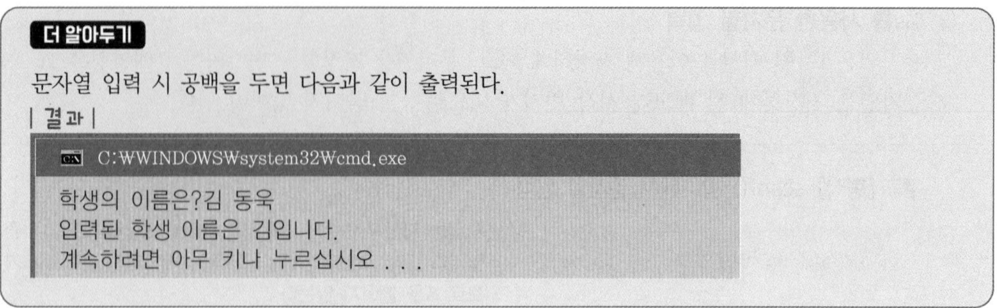

더 알아두기

문자열 입력 시 공백을 두면 다음과 같이 출력된다.

| 결과 |

```
C:\WINDOWS\system32\cmd.exe
학생의 이름은?김 동욱
입력된 학생 이름은 김입니다.
계속하려면 아무 키나 누르십시오 . . .
```

(2) 여러 개의 자료를 한꺼번에 입력

키보드로부터 여러 개의 자료를 입력받을 수 있으나, 한 개의 자료를 입력받는 것보다 주의할 점이 많으므로 주의해야 한다.

[형식] scanf() 함수에서 여러 자료 입력

scanf("변환명세를 n개 포함한 형식 문자열", &변수명1, &변수명2, … &변수명n);

① **scanf("%d%d%d", &변수명1, &변수명2, &변수명3);**

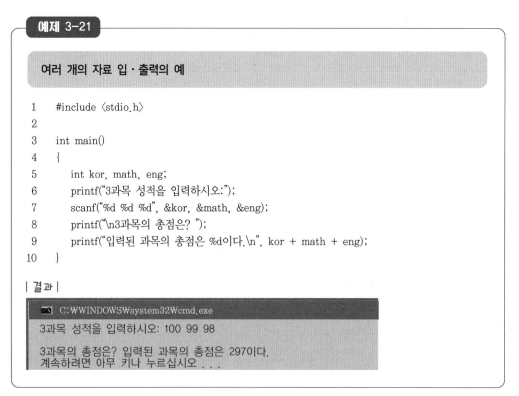

예제 3-21

여러 개의 자료 입・출력의 예

```c
#include <stdio.h>

int main()
{
    int kor, math, eng;
    printf("3과목 성적을 입력하시오:");
    scanf("%d %d %d", &kor, &math, &eng);
    printf("\n3과목의 총점은? ");
    printf("입력된 과목의 총점은 %d이다.\n", kor + math + eng);
}
```

| 결과 |

```
C:\WINDOWS\system32\cmd.exe
3과목 성적을 입력하시오: 100 99 98

3과목의 총점은? 입력된 과목의 총점은 297이다.
계속하려면 아무 키나 누르십시오 . . .
```

[그림 3-23] 여러 개의 자료 입・출력

㉠ 7행 : scanf() 함수 내에 변환명세 사이에 공백을 넣어도 된다.
㉡ 자료 간의 구분은 C언어에서 공백문자(스페이스 바, 탭, 엔터키)를 사용하고, 입력의 끝은 엔터키를 사용한다.
㉢ 입력방법
- 100 99 98 ↵[엔터]
- 100[TAB]99[TAB]98↵[엔터]
- 100↵[엔터]
  99↵[엔터]
  98↵[엔터]

② scanf("%d,%d,%d", &변수명1, &변수명2, &변수명3);

예제 3-22

여러 개의 자료 입 · 출력의 예

```
1  int kor, math, eng;
2  printf("3과목 성적을 입력하시오:");
3  scanf("%d, %d, %d", &kor, &math, &eng);
4  printf("\n3과목의 총점은? " );
5  printf("입력된 과목의 총점은 %d이다.\n", kor + math + eng);
```

| 결과 |

```
C:\WINDOWS\system32\cmd.exe
3과목 성적을 입력하시오: 100,
99, 98

3과목의 총점은? 입력된 과목의 총점은 297이다.
계속하려면 아무 키나 누르십시오 . . .
```

[그림 3-24] 여러 개의 자료 입 · 출력과 예

㉠ 3행 : scanf() 함수 내에 변환명세 구분을 ','로 했다면 자료 입력 시 반드시 ','를 넣어야 한다.
㉡ 입력방법
- 100,99,98↵[엔터]
- 100,↵[엔터]
  99,98↵[엔터]
- 100,↵[엔터]
  99,↵[엔터]
  98↵[엔터]

③ **여러 개의 자료 입력 시 주의사항** : scanf() 함수의 "형식 문자열" 안의 변환명세 개수와 입력변수의 개수가 같아야 한다.

㉠ 변환명세의 개수 〈 입력변수의 개수인 경우

3과목의 성적을 입력하지만, 변환명세가 2개만 있으므로 eng 자료는 입력되지 않아 출력 시 eng의 쓰레깃값이 합산되어 출력되므로 이상한 결과가 나온다.

```
int kor, math, eng;
printf("3과목 성적을 입력하시오:");
scanf("%d%d", &kor,&math,&eng);
printf("\n3과목의 총점은?");
printf("입력된 과목의 총점은 %d이다. \n", kor + math + eng);
```

| 결과 |

```
C:₩WINDOWS₩system32₩cmd.exe
3과목 성적을 입력하시오: 100 100 100

3과목의 총점은?입력된 과목의 총점은 -858993260이다.
```

㉡ 변환명세의 개수 〉 입력변수의 개수인 경우

값 3개를 입력한 후에도 커서가 깜박이며 입력을 기다리다가 임의의 값을 입력하고 엔터를 누르면 출력의 결과는 표시되지 않고 프로그램이 종료된다.

```
int kor, math, eng;
printf("3과목 성적을 입력하시오:");
scanf("%d%d%d%d", &kor,&math,&eng);
printf("\n3과목의 총점은?");
printf("입력된 과목의 총점은 %d이다. \ n",kor + math + eng);
```

| 결과 |

```
C:₩WINDOWS₩system32₩cmd.exe
3과목 성적을 입력하시오: 100 90 95
100
계속하려면 아무 키나 누르십시오 . . .
```

5 문자와 문자열 전용 입력함수 중요

scanf() 함수는 입력되는 값에 대한 변환명세를 명시해야 하는 번거로움이 있지만, C언어에서는 변환명세를 사용하지 않고 문자와 문자열을 직접 입력받을 수 있는 getchar() 함수, gets() 함수가 있다.

(1) 문자전용 입력함수 getchar()

getchar() 함수는 사용자가 키보드에서 누른 한 개의 문자를 반환 값으로 변수에 저장하여 사용한다.

[형식] getchar() 함수

변수 = getchar();

예제 3-23

getchar() 함수를 사용한 예

```
#include 〈stdio.h〉

int main()
{
    char grade;
    printf(“과목에 대한 성적을 입력하시오:”);
    grade = getchar();
    printf(“입력된 과목의 성적은 %c이다.\n”, grade);
}
```

| 결과 |

```
C:\WINDOWS\system32\cmd.exe
과목에 대한 성적을 입력하시오: A
입력된 과목의 성적은 A이다.
계속하려면 아무 키나 누르십시오 . . .
```

[그림 3-25] getchar() 함수의 예

(2) 문자의 연산

컴퓨터 프로그램에서 문자는 ASCII code 값이 부여되어 있으며, 문자와 정수 간의 상호변환을 활용해서 소문자와 대문자 또는 문자와 숫자 변환에 응용된다.

예제 3-24

문자의 연산의 예

```
1   #include 〈stdio.h〉
2
3   int main()
4   {
5       char small, large;
6
7       printf("알파벳 소문자 한 개를 입력하시오:");
8       small = getchar();
9       large = 'A' + (small - 'a');
10      printf("입력한 소문자 %c의 대문자는 %c이다.\n", small, large);
11  }
```

| 결과 |

```
C:WWINDOWSWsystem32Wcmd.exe
알파벳 소문자 한 개를 입력하시오: z
입력한 소문자 z의 대문자는 Z이다.
계속하려면 아무 키나 누르십시오 . . .
```

[그림 3-26] 문자연산의 예

㉠ 5행: 문자자료형 변수 small, large를 선언한다.
㉡ 8행: 입력받은 문자를 small 변수에 저장한다.
㉢ 10행: 문자의 연산으로 입력된 소문자의 ASCII code 값과 'a'의 ASCII code 값과의 차이와 알파벳 순서에 따라 얼마나 뒤에 있는지를 알 수 있다('A'=65, 'a'=97).

(3) 문자열 전용 입력함수 gets()

gets() 함수는 공백과 탭을 포함한 행 단위의 문자열을 입력받을 수 있으며, 문자열만 입력받기 위한 함수이므로 반환명세가 필요 없고, 엔터키를 입력하기 전까지의 모든 문자가 문자열로 저장된다.

[형식] gets() 함수

gets(문자열을 저장할 변수);

예제 3-25

gets() 함수를 사용한 예

```
1   #include <stdio.h>
2
3   int main()
4   {
5       char text[30];
6
7       printf("임의의 문장을 입력하시오:");
8       gets(text);
9       printf("입력된 문장은 %s이다.\n", text);
10  }
```

| 결과 |

```
C:\WINDOWS\system32\cmd.exe
임의의 문장을 입력하시오: 김동욱 Dongwook - Kim
입력한 문장은 김동욱 Dongwook - Kim이다.
계속하려면 아무 키나 누르십시오 . . .
```

[그림 3-27] gets() 함수의 예

㉠ 5행: 30개의 문자를 저장할 수 있는 1차원 배열을 선언한다.
㉡ 8행: 공백 또는 탭키를 포함한 문자열을 입력받아 text 배열에 저장한다.

제2절 C언어의 연산자

C언어는 다른 프로그래밍 언어보다 비교적 연산자의 종류가 많다. 다양한 연산자는 복잡한 연산을 간단하게 표현할 수 있으며, 자료를 가공할 수 있는 능력 또한 탁월하여 효율적인 프로그램 작성이 가능하다. 프로그램에서의 수식(expression)은 연산자(operator)와 하나 이상의 피연산자(operand)로 구성되며, 피연산자는 연산의 대상을 말하며 변수, 상수 또는 다른 식이 될 수 있다.

1 연산자의 종류

연산자의 종류에 따라 피연산자는 1개 ~ 3개를 사용할 수 있으며, 피연산자의 개수에 따라 1개인 경우는 단항 연산자, 2개인 경우는 **이항** 연산자, 3개인 경우는 **삼항** 연산자라고 한다. 연산자의 **우선순위**와 **결합방법**에 따라 연산자의 기능과 사용법을 이해해야 한다.

[표 3-5] 피연산자의 개수에 따른 구분

<table>
<tr><th>종류</th><th>연산자</th></tr>
<tr><td>단항 연산자(unary operator)</td><td>++ -- ! & ~ sizeof</td></tr>
<tr><td>이항 연산자(binary operator)</td><td>+ - * / % = 〈 〉= 〈= == != && || & | ^ 〈〈 〉〉 += -= *= /= %= 〉〉= 〈〈= &= |= ^=</td></tr>
<tr><td>삼항 연산자(ternary operator)</td><td>?:</td></tr>
</table>

[표 3-6] 기능에 따른 연산자의 분류

<table>
<tr><th>구분</th><th>종류</th></tr>
<tr><td>대입 연산자</td><td>=</td></tr>
<tr><td>산술 연산자</td><td>+ - * / %</td></tr>
<tr><td>복합 대입 연산자</td><td>+= -= *= /= %= 〉〉= 〈〈= &= |= ^=</td></tr>
<tr><td>관계 연산자</td><td>〉 〈 〉= 〈= == !=</td></tr>
<tr><td>논리 연산자</td><td>&& || !</td></tr>
<tr><td>조건 연산자</td><td>?:</td></tr>
<tr><td>증감 연산자</td><td>++ --</td></tr>
<tr><td>비트 연산자</td><td>& | ^ ~ 〈〈 〉〉</td></tr>
<tr><td>형 변환 연산자</td><td>(자료형)</td></tr>
<tr><td>콤마 연산자</td><td>,</td></tr>
<tr><td>주소 연산자</td><td>&</td></tr>
<tr><td>sizeof 연산자</td><td>sizeof(피연산자)</td></tr>
</table>

2 대입 연산자(assignment operator) 중요

대입 연산자는 연산자 오른쪽에 있는 수식의 결과를 왼쪽의 변수에 저장하는 연산자이고, **치환 연산자**라고도 한다. 변수 하나는 한순간에 하나의 값만을 저장하며, 대입 연산자에 의해 새로운 값이 대입되면 이전에 저장된 변수의 값은 새로운 값으로 변경된다. 동시에 여러 개의 변수에 값을 대입할 수 있는 다중대입도 가능하고, 대입 연산자의 결합 방향은 오른쪽에서 왼쪽이다.

형식	예	의미
변수명 = 값;	x = 200;	변수 x에 200을 저장한다.
변수명 = 변수;	y = 'A';	변수 y에 문자 상수 'A'를 저장한다.
변수명 = 수식;	z = x + 10	변수 z에 수식의 결과 210을 저장한다.
변수명 1 = 변수명 2 = 변수명 3;	x = y = z = 1	상수 1을 z에서 y, x 순서대로 대입 저장한다.

예제 3-26

대입 연산자를 사용한 예

```
#include <stdio.h>
int main()
{
    int A, B;
    A = 100;
    printf("A의 값: %d\n", A);
    printf("A + 50의 결과: %d\n", A + 50);
    printf("B = A + 10의 결과: %d\n", B = A + 10);
    printf("B = 10 + (A = 20 + 30)의 결과: %d\n", B = 10 + (A = 20 + 30));
    printf("B = A = 50의 결과: %d\n", B = A = 50);
}
```

| 결과 |

```
C:\WINDOWS\system32\cmd.exe
A의 값 : 100
A + 50의 결과 : 150
B = A + 10의 결과 : 110
B = 10 + (A = 20 + 30)의 결과 : 60
B = A = 50의 결과 : 50
계속하려면 아무 키나 누르십시오 . . .
```

[그림 3-28] 대입 연산자의 예

㉠ 6행 : 정수형 변수 A에 저장된 값을 10진수 변환명세에 의해 출력한다.
㉡ 7행 : 변수 A(100)에 저장된 값에 상수 50을 더한 값을 출력한다.
㉢ 8행 : 변수 A(100)에 상수 10을 더한 값을 변수 B에 대입하여 저장한다.
㉣ 9행 : 우측항의 20 + 30의 결괏값을 변수 A에 저장한다. 이전 변수 A에 저장되어 있던 값은 50으로 변경된다. 변수 A의 값에 10을 더한 후 좌측 항 변수 B에 저장한다.
㉤ 10행 : 우측 항 상수 50을 변수 A에 대입하여 저장하고, 다시 변수 B에 대입하여 저장한다. 이전 9행의 결과로 저장된 변수 A(50), B(60)는 10행의 결과로 모두 50의 값이 저장된다.

3 산술 연산자(arithmetic operator) 중요

산술 연산자는 기본 사칙연산(+, −, *, /)을 할 수 있는 연산자이다. 정수만 가능한 나머지를 구하는 연산자(%)도 있다. 여기서 정수란 자료형 int, long, char 등을 말한다.

예제 3-27

산술 연산자를 사용한 예

```
#include <stdio.h>

int main()
{
    int A = 10, B = 20;
    printf("%d + %d = %d\n", A, B, A + B);
    printf("%d * %d = %d\n", A, B, A * B);
    printf("%d / %d = %d\n", A, B, A / B);
    printf("%d %% %d = %d\n", A, B, A % B);
    printf("%d / %.1lf = %.1lf\n", A, 3.0, A / 3.0);
}
```

| 결과 |

```
C:\WINDOWS\system32\cmd.exe
10 + 20 = 30
10 * 20 = 200
10 / 20 = 0
10 % 20 = 10
10 / 3.0 = 3.3
계속하려면 아무 키나 누르십시오 . . .
```

[그림 3-29] 산술 연산자의 예

㉠ 6~10행 : printf() 함수 내의 인수에 수식이 포함되어 변환명세에 대응하여 출력된다.
㉡ 9행 : prittf() 함수 내의 변환명세 내에 있는 '%%'는 '%'를 출력으로 표시하기 위한 방법이다.
㉢ 10행 : 피연산자와 자료형이 실수와 정수로 서로 다르면 결과는 실수가 된다.

4 복합 대입 연산자(compound assignment operator) 중요

대입 연산자를 산술 연산자, 비트 연산자와 결합하여 사용할 수 있고, 동일한 변수명으로 대입 연산자의 좌우에 나타낼 때 문장을 짧게 표현하는 효과가 있다.

[표 3-7] 복합 대입 연산자의 종류와 의미

복합 대입 연산자	같은 표현	의미
a += b	a = a + b	변수 a, b의 덧셈 결과를 a에 대입 저장한다.
a -= b	a = a - b	변수 a, b의 뺄셈 결과를 a에 대입 저장한다.
a *= b	a = a * b	변수 a, b의 곱셈 결과를 a에 대입 저장한다.
a /= b	a = a / b	변수 a, b의 나눗셈 결과를 a에 대입 저장한다.
a %= b	a = a % b	변수 a를 b로 나눈 나머지의 결과를 a에 대입 저장한다.
a &= b	a = a & b	변수 a, b의 비트 논리곱 연산의 결과(참, 거짓)를 a에 대입 저장한다. 참(1), 거짓(0)
a |= b	a = a | b	변수 a, b의 비트 논리합 연산의 결과(참, 거짓)를 a에 대입 저장한다.
a ^= b	a = a ^ b	변수 a, b의 배타적 논리합 연산의 결과(참, 거짓)를 a에 대입 저장한다.
a <<= b	a = a << b	변수 a를 왼쪽으로 b비트 이동한 연산결과를 a에 대입 저장한다. 즉, 우변은 $a \times 2^b$의 결과이다.
a >>= b	a = a >> b	변수 a를 오른쪽으로 b비트 이동한 연산결과를 a에 대입 저장한다. 즉, 우변은 $a \div 2^b$의 결과이다.

더 알아두기

연산의 우선순위

복합 대입 연산자는 다른 연산자보다 우선순위가 낮으므로 연산에 유의한다.

```
1   #include <stdio.h>
2
3   int main()
4   {
5       int a = 2, b = 2;
6       printf("%d = %d * 3 + 2\n", a * 3 + 2, a);
7       printf("%d *= 3 + 2\n", a *= 3 + 2);
8   }
```

| 결과 |

```
C:WWINDOWSWsystem32Wcmd.exe
8 = 2 * 3 + 2
10 *= 3 + 2
계속하려면 아무 키나 누르십시오 . . .
```

[그림 3-30] 복합 대입 연산자의 우선순위와 예

- 6행 : $a=a\times3+2=(a\times3)+2=8$
- 7행 : $a{*}=3+2=a\times(3+2)=10$

예제 3-28

복합 대입 연산자를 사용한 예

```
1   #include <stdio.h>
2
3   int main()
4   {
5       int a = 1, b = 2;
6
7       printf("a = %d, b = %d\n", a, b);
8       printf("a += b의 결과는 %d\n\n", a += b);
9       printf("a = %d, b = %d\n", a, b);
10      printf("a -= b의 결과는 %d\n\n", a -= b);
11      printf("a = %d, b = %d\n", a, b);
12      printf("a *= b의 결과는 %d\n\n", a *= b);
13      printf("a = %d, b = %d\n", a, b);
14      printf("a /= b의 결과는 %d\n\n", a /= b);
15      printf("a = %d, b = %d\n", a, b);
16      printf("a %% = b의 결과는 %d\n", a %= b);
17  }
```

| 결과 |

```
C:WWINDOWSWsystem32Wcmd.exe
a = 1, b = 2
a += b의 결과는 3
a = 3, b = 2
a -= b의 결과는 1
a = 1, b = 2
a *= b의 결과는 2
a = 2, b = 2
a /= b의 결과는 1
a = 1, b = 2
a %= b의 결과는 1
계속하려면 아무 키나 누르십시오 . . .
```

[그림 3-31] 복합 대입 연산자의 예

㉠ 8행 : 7행 연산 후 변수 a, b에 저장된 값으로 연산한다.
㉡ 10행 : 9행 연산 후 변수 a, b에 저장된 값으로 연산한다.
㉢ 12행 : 11행 연산 후 변수 a, b에 저장된 값으로 연산한다.
㉣ 14행 : 13행 연산 후 변수 a, b에 저장된 값으로 연산한다.
㉤ 16행 : 15행 연산 후 변수 a, b에 저장된 값으로 연산한다.

5 관계 연산자(relational operator) 중요

관계 연산자는 피연산자 두 개의 크기를 비교하는 연산자로 비교연산자라고 한다. 연산의 결과는 참(true, 1), 거짓(false, 0)으로 한다.

[표 3-8] 관계 연산자의 종류와 연산결과

관계 연산자	의미	연산결과 (a = 1, b = 2인 경우)
a > b	a가 b보다 크다.	거짓, false, 0
a >= b	a가 b보다 크거나 같다.	거짓, false, 0
a < b	a가 b보다 작다.	참, true, 1
a <= b	a가 b보다 작거나 같다.	참, true, 1
a == b	a와 b가 같다.	거짓, false, 0
a != b	a와 b가 같지 않다.	참, true, 1

예제 3-29

관계 연산자를 사용한 예

```
#include <stdio.h>

int main()
{
   int x = 1, y = 2;
   printf("(%d > %d)의 결과는 %d입니다.\n", x, y, x > y);
   printf("(%d < %d)의 결과는 %d입니다.\n", x, y, x < y);
   printf("(%d >= %d)의 결과는 %d입니다.\n", x, y, x >= y);
   printf("(%d <= %d)의 결과는 %d입니다.\n", x, y, x <= y);
   printf("(%d == %d)의 결과는 %d입니다.\n", x, y, x == y);
   printf("(%d != %d)의 결과는 %d입니다.\n", x, y, x != y);
   return 0;
}
```

| 결과 |

```
C:\WINDOWS\system32\cmd.exe
(1 > 2)의 결과는 0입니다.
(1 < 2)의 결과는 1입니다.
(1 >= 2)의 결과는 0입니다.
(1 <= 2)의 결과는 1입니다.
(1 == 2)의 결과는 0입니다.
(1 != 2)의 결과는 1입니다.
계속하려면 아무 키나 누르십시오 . . .
```

[그림 3-32] 관계 연산자의 예

6 논리 연산자(logical operator) 중요 기출

논리 연산자는 논리값을 이용한 논리연산 기능인 논리곱(AND, &&), 논리합(OR, ||), 부정(NOT, !)을 제공한다. 연산의 결과는 1(참, true), 0(거짓, false)으로 나타낸다.

[표 3-9] 논리 연산자의 종류와 연산결과

변수		기능			
a	b	a && b	a || b	a !	b !
0	0	0	0	1	1
0	1	0	1	1	0
1	0	0	1	0	1
1	1	1	1	0	0

예제 3-30

논리 연산자를 사용한 예

```
#include <stdio.h>

int main()
{
    printf("(참 && 참)의 결과는 %d입니다.\n", (100 == 100) && (100 != 10));
    printf("(참 && 거짓)의 결과는 %d입니다.\n", (100 == 100) && (100 != 100));
    printf("(참 || 거짓)의 결과는 %d입니다.\n", (100 == 100) || (100 == 10));
    printf("(거짓 || 거짓)의 결과는 %d입니다.\n", (100 != 100) || (100 == 10));
    printf("(!참)의 결과는 %d입니다.\n", !(100 == 100));
    printf("(!거짓)의 결과는 %d입니다.\n", !(100 != 100));
}
```

| 결과 |

```
C:WWINDOWSWsystem32Wcmd.exe
(참 && 참)의 결과는 1입니다.
(참 && 거짓)의 결과는 0입니다.
(참 || 거짓)의 결과는 1입니다.
(거짓 || 거짓)의 결과는 0입니다.
(!참)의 결과는 0입니다.
(!거짓)의 결과는 1입니다.
계속하려면 아무 키나 누르십시오 . . .
```

[그림 3-33] 논리 연산자의 예

㉠ 5행 : 인수의 논리연산 과정이 (100과 100은 같다 : 참) && (100은 10과 같지 않다 : 참)
㉡ 6행 : (100과 100은 같다 : 참) AND (100은 100과 같지 않다 : 거짓)
㉢ 7행 : (100과 100은 같다 : 참) OR (100과 10과 같다 : 거짓)
㉣ 8행 : (100과 100은 같지 않다 : 거짓) OR (100과 10과 같다 : 거짓)
㉤ 9행 : (100과 100은 같다 : 참)에 부정으로 거짓
㉥ 10행 : (100과 100은 같지 않다 : 거짓)에 부정으로 참

예제 3-31

논리 연산자를 사용한 예

```
1   #include <stdio.h>
2
3   int main()
4   {
5      int a = 100, b = 10, c;
6      c = (a += 20) || (b += 10);
7      printf("a = %d, b = %d\n", a, b);
8      printf("c = %d\n", c);
9   }
```

| 결 과 |

```
C:WWINDOWSWsystem32Wcmd.exe
a = 120, b = 10
c = 1
계속하려면 아무 키나 누르십시오 . . .
```

[그림 3-34] 논리 연산자의 예

㉠ 6행 : $a+=20 \Rightarrow a=a+20=120$의 결과가 참이 되므로 $b+=10$ 연산은 수행하지 않는다.
㉡ 7행 : $a=120$ 연산만 수행하므로 b값은 10이 유지된다.
㉢ 8행 : 논리 연산자 OR는 입력 중 하나라도 1이면 1이 되므로, $c=1$이 출력된다.

7 조건 연산자(conditional operator) 기출

조건 연산자는 C언어에서 유일한 삼항 연산자이다.

> **[형식] 조건 연산자**
>
> 조건식 ? 수식1 : 수식2 ;
>
> 조건식이 참이면 수식1의 결과가 전체 연산의 결과이고, 거짓이면 수식2의 결과가 전체 연산의 결과가 된다.

예제 3-32

조건 연산자를 사용한 예

```
1  #include <stdio.h>
2
3  int main()
4  {
5      int a = 10, b = 7;
6      (a%2 == 0) ? printf("%d는 짝수입니다.\n", a) : printf("%d는 홀수입니다.\n", a);
7      (b%2 == 0) ? printf("%d는 짝수입니다.\n", b) : printf("%d는 홀수입니다.\n", b);
8  }
```

| 결과 |

```
C:\WINDOWS\system32\cmd.exe
10는 짝수입니다.
7는 홀수입니다.
계속하려면 아무 키나 누르십시오 . . .
```

[그림 3-35] 조건 연산자의 예

㉠ 6행 : 10을 2로 나눈 나머지가 0이므로 참이 된다.
㉡ 7행 : 7을 2로 나눈 나머지가 0이 아니므로 거짓이 된다.

8 증감 연산자(increment/decrement operator) 중요

증감 연산자는 변수의 값을 1만큼 증가 또는 감소시킬 수 있고, 연산자가 피연산자의 앞과 뒤에 위치하여 전위형과 후위형으로 구분하여 연산한다.

[표 3-10] 증감 연산자의 종류와 연산결과

종류	증감 연산자	연산결과
전위형	++a	a값이 1 증가한 후, 증가한 값으로 연산을 수행한다.
	--a	a값이 1 감소한 후, 감소한 값으로 연산을 수행한다.
후위형	a++	현재 a의 값이 연산에 사용된 후, a값이 1 증가한다.
	a--	현재 a의 값이 연산에 사용된 후, a값이 1 감소한다.

예제 3-33

증감 연산자를 사용한 예

```
1   #include <stdio.h>
2
3   int main()
4   {
5       int a = 10, b = 20, c = 30;
6       a++; printf("a = %d\n", a);
7       a = ++a * 5; printf("a = %d\n", a);
8       b = b++ * 5; printf("b = %d\n", b);
9       c = 5 - --c; printf("c = %d\n", c);
10  }
```

| 결과 |

```
C:\WINDOWS\system32\cmd.exe
a = 11
a = 60
b = 101
c = -24
계속하려면 아무 키나 누르십시오 . . .
```

[그림 3-36] 증감 연산자의 예

㉠ 6행 : 후위형 증가 연산자의 출력은 11이다.
㉡ 7행 : 6행의 출력값 11이 넘어와 전위형 증가 연산자를 만나 12 * 5 연산을 한다.
㉢ 8행 : 후위형 증가 연산자이므로 b * 5 연산을 먼저 수행한 후 좌측 항으로 대입되면서 변수 b의 값을 증가시킨다.
㉣ 9행 : 전위형 감소 연산자이므로 5 - 29를 연산한 결과가 좌측 항으로 대입 저장된다.

9 비트 연산자(bit operator) 중요

디지털 컴퓨터 시스템의 모든 자료는 2진(binary) 값으로 처리하고, 2진 자료를 저장할 수 있는 최소 단위를 비트라 한다. 비트 연산은 일반적으로 컴퓨터 통신에 많이 사용되며 비트 연산의 대상이 되는 피연산자의 자료형은 반드시 정수형이어야 한다.

(1) 비트 논리 연산자

비트 논리 연산자는 2진수 각 자리에 대한 연산을 수행하며, AND(&), OR(|), XOR(^), NOT(~) 연산을 한다.

[표 3-11] 비트 논리 연산자의 종류와 연산결과

비트 변수		a & b	a | b	a ^ b	~a	~b
a	b					
0	0	0	0	0	1	1
0	1	0	1	1	1	0
1	0	0	1	1	0	1
1	1	1	1	0	0	0

① AND 연산자 : 입력 비트 중 어느 하나라도 0이면 연산의 결과는 0이다.
② OR 연산자 : 입력 비트 중 어느 하나라도 1이면 연산의 결과는 1이다.
③ XOR 연산자 : 두 비트 입력이 서로 다른 경우에 연산의 결과는 1이다.
④ NOT 연산자 : 단항 연산자이고, 입력 비트의 반전으로 연산한다.

예제 3-34

논리 비트 연산자를 사용한 예

```
#include <stdio.h>

int main()
{
    int a = 7, b = 10;
    printf("%d & %d = %d\n", a, b, a & b);
    printf("%d | %d = %d\n", a, b, a | b);
    printf("%d ^ %d = %d\n", a, b, a ^ b);
    printf("~%d = %d\n", a, ~a);
    printf("~%d = %d\n", b, ~b);
}
```

| 결과 |

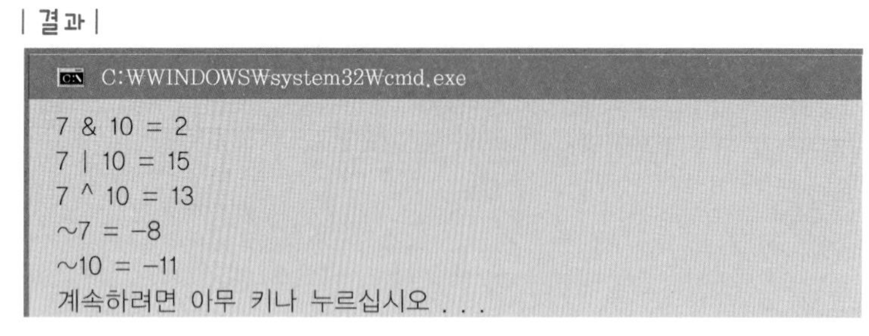
C:\WINDOWS\system32\cmd.exe

```
7 & 10 = 2
7 | 10 = 15
7 ^ 10 = 13
~7 = -8
~10 = -11
계속하려면 아무 키나 누르십시오 . . .
```

[그림 3-37] 논리 비트 연산자의 예

• C언어 컴파일러는 정수형 int를 메모리에서 4byte(32bit) 확보한다.

a = 7	0000 0000	0000 0000	0000 0000	0000 0111
b = 10	0000 0000	0000 0000	0000 0000	0000 1010
a & b = 2	0000 0000	0000 0000	0000 0000	0000 0010
a | b = 15	0000 0000	0000 0000	0000 0000	0000 1111
a ^ b = 13	0000 0000	0000 0000	0000 0000	0000 1101
~a = -8	1111 1111	1111 1111	1111 1111	1111 1000
~b = -11	1111 1111	1111 1111	1111 1111	1111 0101

(2) 비트 이동 연산자(bit shift operator) 중요

비트 이동 연산자는 좌측 피연산자의 각 비트를 우측 피연산자가 지정한 만큼 이동시키는 것으로, 왼쪽 비트 이동 연산자는 곱셈을 수행하고, 오른쪽 비트 이동 연산자는 나눗셈을 수행한다.

① 왼쪽 비트 이동 연산자

[형식] 왼쪽 비트 이동 연산자

```
피연산자 << n ;
```

㉠ 피연산자의 각 비트값을 왼쪽으로 한 비트씩 이동하기를 n번 반복한다.

㉡ 왼쪽으로 밀려난 비트값은 제거되고 오른쪽 빈 비트는 0으로 채워진다.

㉢ **곱셈 효과**: 왼쪽으로 n비트 이동 → 피연산자 × 2^n

㉣ 맨 왼쪽 부호 비트값이 바뀔 수 있으므로 부호 없는 자료형에 사용하는 것이 바람직하다.

예제 3-35

왼쪽 비트 이동 연산자를 사용한 7<<2 연산과정의 예

정수형 상수이므로 32bit범위 내에서 연산을 수행한다.

	0000 0000	0000 0000	0000 0000	0000 0111
00	0000 0000	0000 0000	0000 0000	0001 1100

㉠ 정수형 범위를 벗어난 왼쪽 비트는 무시한다.
㉡ 비어있는 오른쪽 비트는 0으로 채운다.
㉢ 연산의 결과는 $7 \times 2^2 = 28$

② **오른쪽 비트 이동 연산자**

[형식] 오른쪽 비트 이동 연산자
피연산자 〉〉 n ;

㉠ 피연산자의 각 비트값을 오른쪽으로 한 비트씩 이동하기를 n번 반복한다.
㉡ 오른쪽으로 밀려난 비트 값은 제거되고 왼쪽 빈 비트에는 부호 비트값(양수 : 0, 음수 : 1)이 채워진다.
㉢ **나눗셈 효과** : 오른쪽으로 n비트 이동 → 피연산자 $\div 2^n$
㉣ 정수 간 연산이므로 정확히는 몫을 구하는 효과를 얻는다.
㉤ 일반 곱셈, 나눗셈 연산보다 계산속도가 매우 빠르다.

예제 3-36

오른쪽 비트 이동 연산자를 사용한 7>>2 연산과정의 예

정수형 상수이므로 32bit범위 내에서 연산을 수행한다.

0000 0000	0000 0000	0000 0000	0000 0111	
0000 0000	0000 0000	0000 0000	0000 0001	11

㉠ 정수형 범위를 벗어난 오른쪽 비트는 무시한다.
㉡ 비어있는 왼쪽 비트는 부호 비트 0으로 채운다.
㉢ 연산의 결과는 $7 \div 2^2 = 1$

예제 3-37

오른쪽 비트 이동 연산자를 사용한 -7>>2 연산과정을 보여라.

정수형 상수이므로 32bit범위 내에서 연산을 수행한다.

1111 1111	1111 1111	1111 1111	1111 1001	
1111 1111	1111 1111	1111 1111	1111 1110	01

㉠ 정수형 범위를 벗어난 오른쪽 비트는 무시한다.
㉡ 비어있는 왼쪽 비트는 부호 비트 1로 채운다.
㉢ 연산의 결과는 $-7 \div 2^2 = -1$

예제 3-38

비트 이동 연산자를 사용한 예

```
#include <stdio.h>

int main()
{
    int a = 10, n = 1;
    printf("%d >> %d = %d\n", a, n, a >> n);
    printf("%d >> %d = %d\n", a, n + 1, a >> (n + 1));
    printf("%d >> %d = %d\n", a, n + 2, a >> (n + 2));
    printf("%d << %d = %d\n", a, n, a << n);
    printf("%d << %d = %d\n", a, n + 1, a << (n + 1));
    printf("%d << %d = %d\n", a, n + 2, a << (n + 2));
}
```

| 결과 |

```
C:WWINDOWSWsystem32Wcmd.exe
10 >> 1 = 5
10 >> 2 = 2
10 >> 3 = 1
10 << 1 = 20
10 << 2 = 40
10 << 3 = 80
계속하려면 아무 키나 누르십시오 . . .
```

[그림 3-38] 비트 이동 연산자의 예

㉠ 6행: $10 \div 2^1 = 5$　　㉡ 7행: $10 \div 2^2 = 2$
㉢ 8행: $10 \div 2^3 = 1$　　㉣ 9행: $10 \times 2^1 = 20$
㉤ 10행: $10 \times 2^2 = 40$　　㉥ 11행: $10 \times 2^3 = 80$

10 형 변환 연산자 중요

C언어에서 연산자에 의한 이항연산은 CPU의 성능 향상을 위해 두 피연산자의 자료형이 일치하는 경우에만 연산하기 때문에 피연산자의 자료형이 서로 다를 경우 연산을 수행할 때 자료형을 하나로 통일하는 형 변환(type conversion)이 필요하다. 형 변환에는 컴파일러가 자동으로 처리하는 자동 형 변환과 프로그래머가 형 변환 연산자를 사용한 강제 형 변환이 있다.

(1) 자동(암시적) 형 변환

자동 형 변환은 프로그래머가 지정하지 않아도 컴파일러가 **자동으로** 형 변환을 하는 것으로 자료형이 서로 다른 값을 같이 연산하는 경우에 발생한다.

① 형 넓힘(promotion) 변환

두 피연산자의 자료형이 다를 때 작은 **표현범위에서 큰 표현범위의 자료형으로 변환**되는 것을 말한다. 표현범위는 char < short < int, long < float < double이다.

예제 3-39

형 넓힘 변환 연산자를 사용한 예

```
#include <stdio.h>

int main()
{
    int i = 10;
    double j = 1.23;
    printf("i의 메모리 크기 → %d byte\n", sizeof(i));
    printf("j의 메모리 크기 → %d byte\n", sizeof(j));
    printf("i + j = %.2lf와 형 변환된 메모리 크기는 → %d byte\n", i + j, sizeof(i + j));
}
```

| 결과 |

```
C:\WINDOWS\system32\cmd.exe
i의 메모리 크기 → 4 byte
j의 메모리 크기 → 8 byte
i + j = 11.23와 형 변환된 메모리 크기는 → 8 byte
계속하려면 아무 키나 누르십시오 . . .
```

[그림 3-39] 형 넓힘 변환의 예

㉠ 7행 : 정수 자료형의 메모리 공간의 크기는 4byte이다.
㉡ 8행 : 실수 자료형의 메모리 공간의 크기는 8byte이다.
㉢ 9행 : 자료형의 크기가 실수형이 더 크므로 연산의 결과는 실수형 표현으로 확장됨을 알 수 있다. 연산의 결과도 실수형으로 계산됨을 알 수 있다.

② 형 좁힘(demotion) 변환

변수에 값을 대입할 때 발생하는 경우로 대입 연산자 오른쪽 값과 왼쪽 변수의 자료형이 다르면 왼쪽 변수의 자료형에 맞추어 형 변환이 발생한다. 형 좁힘 변환은 의도적 사용(실숫값의 소수점 위의 값만 필요한 경우)이 아닌 경우엔 오차가 발생할 수 있으므로 주의해야 한다.

예제 3-40

형 좁힘 변환 연산자를 사용한 예

```
#include <stdio.h>

int main()
{
    short i = 10, k;
    double j = 1.23;
    k = i + j;
    printf("i의 메모리 크기 → %d byte\n", sizeof(i));
    printf("j의 메모리 크기 → %d byte\n", sizeof(j));
    printf("i + j = %d와 형 변환된 메모리 크기는 → %d byte\n", k, sizeof(k));
}
```

| 결과 |

```
C:₩WINDOWS₩system32₩cmd.exe
i의 메모리 크기 → 2 byte
j의 메모리 크기 → 8 byte
i + j = 11와 형 변환된 메모리 크기는 → 2 byte
계속하려면 아무 키나 누르십시오 . . .
```

[그림 3-40] 형 좁힘 변환 연산자

㉠ 5~6행 : 변수 자료형의 선언으로 short형(2byte)과 double형(8byte)이 선언되었다.
㉡ 7행 : 형 좁힘 변환 연산으로, short형과 double형의 연산은 형 넓힘 변환이 되지만 연산의 결과가 좌측 항에 대입되면서 short형으로 좁혀지는 변환이 이루어진다. 그리고 실수의 소수점 이하 자릿수의 자료는 제외된다.
㉢ 8행 : short형의 메모리 공간은 2byte 확보된다.
㉣ 9행 : double형의 메모리 공간은 8byte 확보된다.
㉤ 10행 : 형 좁힘 변환된 연산의 결과와 메모리의 크기를 알 수 있다.

(2) 강제(명시적) 형 변환

강제 형 변환은 프로그래머가 형 변환 연산자(type cast operator)를 이용해 형 변환을 직접 지시하고, 캐스트 연산자가 사용된 곳에서만 일시적으로 형 변환이 발생한다.

[형식] 강제 형 변환

(자료형) 피연산자

- 피연산자의 값을 지정한 자료형 값으로 변환한다.
- [주의] 변수 자체의 기억장소 크기가 변경되는 것이 아니므로 대입문 왼쪽의 변수는 사용 불가하다.

예제 3-41

강제 형 변환 연산자를 사용한 예

```
#include <stdio.h>

int main()
{
    int a = 20, b = 8, sum;
    double avg;

```

```
8        printf("정수 간 a / b = %d\n", a / b);
9        printf("실수 간 a / b = %lf\n", (double)a / (double)b); //강제 형 변환
10
11       sum = (double)a / (double)b; //강제 형 변환 후 자동 형 좁힘 변환
12       printf("잘못된 나눗셈 = %d\n", sum);
13
14       avg = (double)(a / b); //강제 형 변환
15       printf("잘못된 나눗셈 = %lf\n", avg);
16
17       avg = (double)a / b; //강제 형 변환과 자동 형 넓힘 변환
18       printf("정확한 나눗셈 = %lf\n", avg);
19   }
```

| 결과 |

```
C:WWINDOWSWsystem32Wcmd.exe
정수 간 a / b = 2
실수 간 a / b = 2.500000
잘못된 나눗셈 = 2
잘못된 나눗셈 = 2.000000
정확한 나눗셈 = 2.500000
계속하려면 아무 키나 누르십시오 . . .
```

[그림 3-41] 강제 형 변환의 예

㉠ 8행 : 정수형 자료 간의 나눗셈 연산을 한다.
㉡ 9행 : 강제 형 변환으로 실수 간의 나눗셈으로 연산이 수행된다.
㉢ 11행 : 실수형으로 강제 형 변환 후 형 좁힘 변환으로 소수점이 제거된다.
㉣ 14행 : 정수형을 나눗셈한 연산결과를 강제 형 변환을 한 것이다.
㉤ 17행 : (double)a가 형 변환되고, 나눗셈 연산에서 피연산자의 큰 자료형인 double형으로 자동 변환된다.

11 콤마 연산자, 주소 연산자, sizeof 연산자

(1) 콤마 연산자(comma operator)

콤마 연산자는 수식을 분리하는 연산자로 C언어에서 제공하는 연산자 중 우선순위가 제일 낮다.

예제 3-42

콤마 연산자를 사용한 예

```
#include 〈stdio.h〉

int main()
{
    int a, b;
    b = (a = 10 + 20, a - 5);
    printf(“콤마 연산자의 결과는 %d\n”, b);
}
```

| 결과 |

```
C:₩WINDOWS₩system32₩cmd.exe
콤마 연산자의 결과는 25
계속하려면 아무 키나 누르십시오 . . .
```

[그림 3-42] 콤마 연산자의 예

출력 : 콤마 연산자를 중심으로 왼쪽과 오른쪽에 수식이 올 수 있으며, 왼쪽부터 수식을 연산하고, 오른쪽 수식을 연산 후 좌측항의 변수에 대입하여 저장한다.

(2) 주소 연산자(address operator)

앰퍼샌드(&)는 변수 앞에서 단항 연산자로 변숫값을 키보드로 입력받았을 때 사용하는 scanf() 함수의 변수 앞에 사용하는 연산자이다. 주소 연산자를 이용하면 변수에 할당된 기억공간의 주소를 알 수 있고, 기억장치의 주소는 시스템에 따라 다르지만, 일반적으로 1byte 단위이다. 또 메모리 주소를 표시할 때는 printf() 함수의 변환명세를 16진수로 표시한다.

예제 3-43

주소 연산자를 사용한 예

```
1   #include 〈stdio.h〉
2
3   int main()
4   {
5       int a, b;
6       printf("다음 2개의 정수를 입력하시오:");
7       scanf("%d%d", &a, &b);
8       printf("입력받은 a의 주기억장치 주소는 → %x이고,\n", &a);
9       printf("입력받은 b의 주기억장치 주소는 → %x이고,\n", &b);
10  }
```

| 결과 |

```
C:₩WINDOWS₩system32₩cmd.exe
다음 2개의 정수를 입력하시오: 10 20
입력받은 a의 주기억장치 주소는 → eff7dc이고,
입력받은 b의 주기억장치 주소는 → eff7d0이고,
계속하려면 아무 키나 누르십시오 . . .
```

[그림 3-43] 주소 연산자의 예

㉠ 7행: 키보드로부터 값을 입력받아 그 값을 변수 a, b에 저장한다.
㉡ 8행: 정수형 자료로 선언된 변수 a의 주기억장치의 주소를 알 수 있다.
㉢ 9행: 정수형 자료로 선언된 변수 b의 주기억장치의 주소를 알 수 있다. 메모리 주소는 시스템에 따라 다르고 변수로 선언된 주소는 연속적으로 지정되지 않는다.

(3) sizeof() 연산자 중요

sizeof 연산자는 자료가 저장된 공간의 크기가 몇 byte인지를 알 수 있다. C언어는 컴파일러에 따라 자료형들의 기억공간 크기가 다르므로 sizeof()를 이용해 확인한다.

[형식]

```
sizeof(변수);
sizeof(상수);
sizeof(수식);
sizeof(자료형);
```

변수, 상수, 수식, 자료형이 차지하는 기억공간의 크기(byte)를 알 수 있다.

예제 3-44

sizeof() 연산자를 사용한 예

```
#include <stdio.h>

int main()
{
    char x = 'a';
    int y;
    double z = 1.234;
    printf("char형 변수 x의 메모리 크기 = %d\n", sizeof(x));
    printf("int형 변수 y의 메모리 크기 = %d\n", sizeof(y));
    printf("double형 변수 z의 메모리 크기 = %d\n", sizeof(z));
    printf("float형의 메모리 크기 = %d\n", sizeof(float));
    printf("상수의 메모리 크기 = %d\n", sizeof(100));
    printf("수식의 메모리 크기 = %d\n", sizeof(1 + 0.2));
}
```

| 결과 |

```
C:WWINDOWSWsystem32Wcmd.exe
char형 변수 x의 메모리 크기 = 1
int형 변수 y의 메모리 크기 = 4
double형 변수 z의 메모리 크기 = 8
float형의 메모리 크기 = 4
상수의 메모리 크기 = 4
수식의 메모리 크기 = 8
계속하려면 아무 키나 누르십시오 . . .
```

[그림 3-44] sizeof() 연산자

12 연산자의 우선순위와 결합 방향 기출

수식에 여러 연산자가 사용될 때 괄호가 없더라도 연산의 우선순위대로 수행해야 한다.

[표 3-12] 연산자의 우선순위

우선순위	분류	연산자	결합방향
0	단항	( )(함수 호출)	→
1		(후위 증감 단항 연산자) ++ -- (배열 인덱스) [ ] (구조체 멤버) . (구조체 포인터) →	→
2		(전위 증감 단항 연산자) ++ -- (부호) + - (논리 연산자) ! ~ (형변환) (type) (간접 참조 연산자) * (주소 추출 연산자) & (크기 계산 연산자) sizeof	←
3	산술	(산술 연산자) * / %	→
4		(산술 연산자) + -	→
5	이동	(비트 연산자) 〈〈 〉〉	→
6	관계	(비교 연산자) 〈 〈= 〉 〉=	→
7		(비교 연산자) == !=	→
8	비트	(비트 연산자 AND) &	→
9		(비트 연산자 XOR) ^	→
10		(비트 연산자 OR) |	→
11	논리	(논리 연산자 AND) &&	→
12		(논리 연산자 OR) ||	→
13	조건	(삼항 연산자) ? :	→
14	대입	(대입 연산자) = (산술 대입 연산자) += -= *= /= %= (복합 대입 연산자) 〈〈= 〉〉= &= ^= |=	←
15	콤마	(콤마 연산자) ,	→

예제 3-45

연산자의 우선순위를 알아보기 위한 예

```
1  #include <stdio.h>
2
3  int main()
4  {
5     int a = 1, b = 2, c = 3;
6
7     printf("10 * 2 / 5 * 2 → %d\n", 10 * 2 / 5 * 2);
8     printf("10 - 2 * 5 + 2 / 2 → %d\n", 10 - 2 * 5 + 2 / 2);
9     printf("++a * c-- → %d\n", ++a * c--);
10    printf("a + b >= c + !b → %d\n", a + b >= c + !b);
11    printf("a || b && c → %d\n", a || b && c);
12    printf("c += b >> (2 + ++b) → %d\n", c += b >> (2 + ++b));
13    printf("a = b = c = 5 → %d\n", a = b = c = 5);
14    printf("(a = 1 + 2, 2 - 1) → %d\n", (a = 1 + 2, 2 - 1));
15 }
```

| 결과 |

```
C:WWINDOWSWsystem32Wcmd.exe
10 * 2 / 5 * 2 → 8
10 - 2 * 5 + 2 / 2 → 1
++a * c-- → 6
a + b >= c + !b → 1
a || b && c → 1
c += b >> (2 + ++b) → 2
a = b = c = 5 → 5
(a = 1 + 2, 2 - 1) → 1
계속하려면 아무 키나 누르십시오 . . .
```

[그림 3-45] 연산자의 우선순위

㉠ 7행: $((10*2)/5)*2=8$
㉡ 8행: $(10-(2*5))+(2/2)=1$
㉢ 9행: $(++1)*3=6$
㉣ 10행: $(2+2) \geq 2+0 \Rightarrow 1$(참)
㉤ 11행: $(1 \| (2 \&\& 2)) \Rightarrow 1$(참)
㉥ 12행: $c=(c+(b \gg ((2+++2)))) \Rightarrow c=(2+2/2^5) \Rightarrow c=2$
㉦ 13행: $(a=(b=(c=5))) \Rightarrow 5$
㉧ 14행: $(a=3,1) \Rightarrow 1$

OX로 점검하자 | 제3장

※ 다음 지문의 내용이 맞으면 O, 틀리면 ×를 체크하시오. [1 ~ 13]

01 표준 입·출력을 위해 입·출력 라이브러리로 <stdio.h>라는 헤더 파일이 정의되어 사용된다. (　　)

》》 C언어에서 표준 입·출력이란 키보드, 모니터 등을 사용하며, 입·출력 라이브러리로 <stdio.h>라는 헤더 파일이 정의되어 사용된다.

02 표준 출력함수의 종류는 printf(), putchar(), scanf(), puts() 함수 등이 있다. (　　)

》》 scanf()는 표준 입력함수로 getchar(), gets() 함수와 같이 쓰인다.

03 printf() 함수의 기본 자료형의 변환명세는 "%d", "%f", "%c" 이다. (　　)

》》 %d(정수형), %lf(실수형), %c(문자형)은 기본 자료형의 변환명세이다.

04 scanf() 함수 내에서 문자열 입력은 반드시 변수명 앞에 &을 붙여야 한다. (　　)

》》 1차원 배열을 이용하여 저장하게 되므로, 문자열을 저장하는 변수명이나 배열명은 그 자체가 문자열을 저장하게 될 메모리의 시작 번지가 되므로 &를 붙이지 않아야 한다.

05 연산자의 피연산자 개수에 따라 단항 연산자, 이항 연산자, 다항 연산자, 삼항 연산자가 있다. (　　)

》》 연산자의 종류에 따라 피연산자는 1개 ~ 3개를 사용할 수 있으며, 단항 연산자, 이항 연산자, 삼항 연산자가 있다.

06 관계 연산자는 피연산자의 두 개의 크기를 비교하는 것으로 연산결과는 1, 0으로 표현한다. (　　)

》》 관계 연산자는 피연산자 두 개의 크기를 비교하는 연산자로 비교 연산자라고도 한다. 연산의 결과는 참(true, 1), 거짓(false, 0)으로 한다.

07 조건 연산자는 C언어에서 유일한 단항 연산자이다. (　　)

》》 조건 연산자는 유일한 삼항 연산자이다.

정답 1 O 2 × 3 × 4 × 5 × 6 O 7 ×

08 비트 연산자에는 비트 논리 연산자, 비트 이동 연산자, 논리 연산자가 있다. ( )

》》 비트 연산자는 각각의 비트 자리에 대한 연산으로, 비트 논리 연산자와 비트 이동 연산자가 있다.

09 오른쪽 비트 이동 연산자는 피연산자의 각 비트값을 오른쪽으로 한 비트씩 이동하여 곱셈 연산을 수행할 수 있다. ( )

》》 비트 이동 연산자는 일반 곱셈, 나눗셈 연산보다 계산속도가 매우 빠른 연산으로 오른쪽 비트 이동 연산자는 피연산자 $\div 2^n$ 기능을 수행한다.

10 형 변환 연산자는 프로그래머의 의지에 따라 필요한 작업이다. ( )

》》 형 변환은 컴파일러가 자동으로 처리하는 자동 형 변환과 프로그래머가 형 변환 연산자를 사용한 강제 형 변환이 있다.

11 자동 형 변환과정 중 형 넓힘 변환은 변수에 값을 대입할 때 발생한다. ( )

》》 형 넓힘 변환은 두 피연산자의 자료형이 다를 때 작은 표현범위에서 큰 표현범위의 자료형으로 변환되는 것으로, 변수에 값을 대입할 때 발생하는 것은 형 좁힘 변환이다.

12 강제 형 변환은 변수 자체의 기억장소 크기가 변경되므로 대입문 오른쪽의 변수는 사용 불가하다. ( )

》》 변수 자체의 기억장소 크기가 변경되는 것이 아니므로 대입문 왼쪽의 변수는 사용 불가하다.

13 콤마 연산자는 C언어에서 제공되는 연산자 중 우선순위가 제일 높다. ( )

》》 콤마 연산자는 우선순위가 제일 낮고, 제일 높은 것은 단항 연산자의 함수 호출( )이 가장 높다.

정답 8 × 9 × 10 × 11 × 12 × 13 ×

제 3 장 실전예상문제

01 다음 중 표준 출력함수가 <u>아닌</u> 것은?

① putchar();
② scanf();
③ printf();
④ puts();

01 **표준 출력함수의 종류**
- printf() : 화면에 형식화된 여러 종류의 자료를 출력한다.
- putchar() : 화면에 1개의 문자를 출력한다.
- puts() : 화면에 문자열을 출력한다.

표준 입력함수의 종류
- scanf() : 키보드로부터 1개 이상의 형식화된 자료를 입력받는다.
- getchar() : 키보드로부터 1개의 문자를 입력받는다.
- gets() : 키보드로부터 문자열을 입력받는다.

02 다음 중 화면에 형식화된 여러 종류의 자료를 출력하는 표준 출력함수는?

① putchar();
② scanf();
③ printf();
④ puts();

02 printf() : 화면에 형식화된 여러 종류의 자료를 출력한다.

03 다음 중 키보드로부터 문자열을 입력받는 표준 입력함수는?

① putchar();
② scanf();
③ printf();
④ gets();

03 gets() : 키보드로부터 문자열을 입력받는다.

정답 01 ② 02 ③ 03 ④

04 다음 중 화면에 문자열을 출력하는 표준 출력함수는?

① putchar();
② scanf();
③ printf();
④ puts();

04 puts() : 화면에 문자열을 출력한다.

05 다음 중 커서를 현재 행의 맨 앞으로 이동시킨 후 다음 행으로 옮기는 이스케이프 문자는?

① \r
② \“
③ \n
④ \엔터

»»

표기	이름	설명
\r	carriage return 문자	커서를 현재 행의 맨 앞으로 이동시킨다.
\n	line feed 문자	커서를 현재 행의 맨 앞으로 이동시킨 후 다음 행으로 옮긴다.
\t	Tab 문자	커서를 다음 탭 위치로 옮긴다.
\‘	작은따옴표	작은 따옴표
\“	큰따옴표	큰 따옴표
\\	back slash	백슬래시 문자를 출력한다.
\b	back space	출력 위치를 왼쪽으로 한 칸 이동한다.
\a	alarm	삐 신호음을 낸다.

05 [문제 하단의 표 참고]

06 다음 중 출력 위치를 왼쪽으로 두 칸 이동시킬 수 있는 이스케이프 문자 표현은?

① \t
② \b
③ \b\b
④ \ \

06 \b\b는 출력 위치를 왼쪽으로 두 칸 이동한다.

정답 04 ④ 05 ③ 06 ③

07 %d(정수형), %lf(실수형), %c(문자형)는 기본 자료형의 변환명세이다.

07 다음 중 C언어에서 기본 자료형의 변환명세가 아닌 것은?

① %o
② %d
③ %lf
④ %c

08 [문제 하단의 표 참고]

08 printf() 함수 내에서 사용하는 변환명세 중 실수형 출력값을 변환하지 않는 것은?

① %e ② %f
③ %lf ④ %x

출력값	변환명세	자료형	출력형식
실수	%f	float 형	실수를 소수점 아래 6자리까지 출력
	%lf	double 형	실수를 소수점 아래 6자리까지 출력
	%e	float 형	지수형식(과학적 표기)으로 출력

09 [문제 하단의 표 참고]

09 printf() 함수 내에서 사용하는 변환명세 중 부호 있는 정수를 10진 형태로 출력값을 변환하는 것은?

① %d ② %u
③ %o ④ %x

출력값	변환명세	자료형	출력형식
정수	%d, %i	int 형	정수를 10진 형태로 출력
	%u	unsigned int 형	부호 없는 정수를 10진 형태로 출력
	%o	int 형	정수를 8진 형태로 출력
	%x	int 형	정수를 16진 형태로 출력

정답 07 ① 08 ④ 09 ①

10 **printf() 함수 내에서 사용하는 변환명세 중 정수를 16진 형태로 출력값을 변환하는 것은?**

① %i ② %x
③ %d ④ %lf

10 %x, %X는 정수를 16진 형태로 출력을 할 때 사용된다.

11 **다음 변환명세의 필드폭에 대한 설명으로 옳은 것은?**

"%-10d"

① 자료를 출력하는 데 사용되는 전체 확보된 칸수는 10, 오른쪽을 기준으로 정렬, 음수출력
② 자료를 출력하는 데 10을 곱셈, 왼쪽을 기준으로 정렬, 양수출력
③ 자료를 출력하는 데 사용되는 전체 확보된 칸수는 10, 왼쪽을 기준으로 정렬
④ 자료를 출력하는 데 사용되는 전체 확보된 칸수는 10, 음수출력

11 **[형식] %d 변환명세**
%-필드폭d: %-5d(- : 왼쪽을 기준으로 정렬하여 확보된 칸에 출력)

12 **다음 변환명세의 필드폭에 대한 설명으로 옳은 것은?**

"%-+5d"

① 자료를 출력하는 데 사용되는 전체 확보된 칸수는 5, 오른쪽을 기준으로 정렬, 음수출력
② 자료를 출력하는 데 사용되는 전체 확보된 칸수는 5, 왼쪽을 기준으로 정렬, (+)부호 포함해서 출력
③ 자료를 출력하는 데 5을 곱셈, 왼쪽을 기준으로 정렬, 양수출력
④ 자료를 출력하는 데 사용되는 전체 확보된 칸수는 5, 음수출력

12 %-필드폭d : %-5d(- : 왼쪽을 기준으로 정렬하여 확보된 칸에 출력)
예 ("%-+5d",10) : '+10' 왼쪽을 기준으로 정렬하는 '+'부호 출력

정답 10 ② 11 ③ 12 ②

13 전체 출력 5칸 확보하고, 오른쪽 정렬하여 양수(+) 출력한다.

14 지정된 필드폭보다 출력할 값의 자릿수가 크면 출력형태가 흐트러져 출력된다.

정답 13 ④ 14 ①

13 다음 프로그램의 결과로 옳은 것은?

```
int x=100; printf("%+5d",x);
```

①

+	1	0	0	

②

1	0	0		

③

		1	0	0

④

	+	1	0	0

14 다음은 코딩의 일부분을 나타낸 것으로, 예상되는 출력 결과로 옳은 것은?

```
int x = 10, y = 123, z = 1234;
printf("1. %+2d\n", x);
printf("2. %-2d\n", y);
printf("3. %-+2d\n", z);
```

①

1.		+	1	0		
2.		1	2	3		
3.		+	1	2	3	4

②

1.				+	1	0
2.		1	2			
3.		+	1			

③

1.				+	1	0
2.		1	2			
3.		+	1	2		

④

1.				+	1	0
2.		1	2			
3.		−	1	2		

15 다음 실수형 변환명세의 필드폭과 정밀도에 대한 설명으로 옳은 것은?

"%10.4lf"

① 소수점 위, 아래를 포함한 전체자릿수가 10, 소수점 아래 자릿수 4자리까지 출력
② 소수점 위 자릿수가 10, 소수점 아래 자릿수 4자리까지 출력
③ 소수점 위, 아래를 포함한 전체자릿수가 14, 소수점 아래 자릿수 4자리까지 출력
④ 소수점 위, 아래를 포함한 전체자릿수가 10, 소수점 위 자릿수 10까지, 아래 자릿수 4자리까지 출력

15 **[형식] %lf 변환명세**
%필드폭.정밀도lf : %10.4lf
(10 : 전체 자릿수로 소수점 위, 아래 포함한 수)
(.4 : 소수점 이하 자릿수까지 출력)

16 다음은 코딩의 일부분을 나타낸 것으로, 예상되는 출력 결과로 옳은 것은?

```
double x=12.3456; printf("%10.5lf",x);
```

① | | | 1 | 2 | . | 3 | 4 | 5 | 6 | 0 |

② | | | | 1 | 2 | . | 3 | 4 | 5 | 6 |

③ | | | | | 1 | 2 | . | 3 | 4 | 5 |

④ | 1 | 2 | . | 3 | 4 | 5 | 6 | 0 | 0 | 0 |

16 전체 10자리 수를 확보하여 소수점 이하 5자리까지 출력된다. 남는 자릿수는 0으로 채운다.

정답 15 ① 16 ①

17 소수점 아래에서 반올림하여 출력하고, 소수점 위에서는 필요한 만큼만 칸을 확보하여 출력한다.

18 전체 9칸을 확보하고, 소수점 아래 자릿수는 기본 6자리까지 출력한다.

정답 17 ④ 18 ②

17 다음은 코딩의 일부분을 나타낸 것으로, 예상되는 출력으로 옳은 것은?

```
double x=12.3456; printf("%.2lf",x);
```

① | 1 | 2 | . | 3 | 4 | 5 | 6 | 0 | 0 |

② | 1 | 2 | 3 | 4 | . | 5 | 6 |

③ | | | | | 1 | 2 | . | 3 | 4 |

④ | 1 | 2 | . | 3 | 5 |

18 다음은 코딩의 일부분을 나타낸 것으로, 예상되는 출력 결과로 옳은 것은?

```
double x=12.34; printf("%9lf",x);
```

① | | | | | 1 | 2 | . | 3 | 4 |

② | 1 | 2 | . | 3 | 4 | 0 | 0 | 0 | 0 |

③ | | | | | | | | 1 | 2 |

④ | 1 | 2 | . | 3 | 4 |

19 다음은 코딩의 일부분을 나타낸 것으로, 예상되는 출력 결과로 옳은 것은?

```
double x=45.55; printf("%9.1f",x);
```

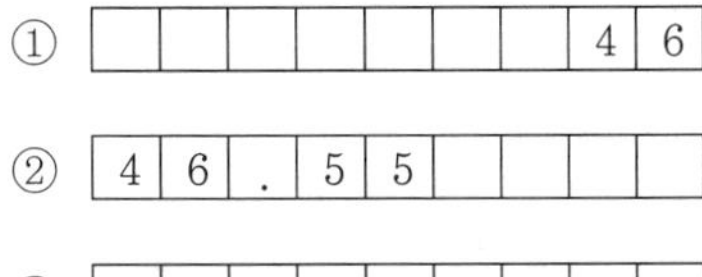

① | | | | | | | |4|6|

② |4|6|.|5|5| | | | |

③ |4|6|.|0|0|0|0|0|0|

④ |4|5|.|5|5|

19 전체 9칸을 확보하고, 소수점 아래 첫 자리에서 반올림하여 소수점 위의 값만 출력된다. "%9.0lf"와 같다.

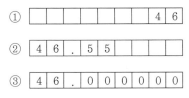

20 다음 중 문자열 전용 출력함수 puts() 함수에 대한 설명으로 옳지 <u>않은</u> 것은?

① 문자열만 출력하기 위한 함수이다.
② printf() 내에서 변환명세로 문자열을 출력한다.
③ 문자열을 출력 후 커서의 위치가 자동으로 다음 행으로 이동시킨다.
④ puts() 함수 내에 문자열을 저장한 변수를 통해 문자열을 출력할 수 있다.

20 [형식] puts() 함수
puts("문자열" 또는 문자열을 저장한 변수);

문자열만 출력하기 위한 함수로, puts() 함수는 한 문자열을 출력한 후 커서의 위치를 자동으로 다음 행에 이동시킨다.

21 C언어에서는 변수의 메모리 기억장소를 알 수 있는 연산자를 변수명 앞에 붙여 쉽게 변수의 시작 주소를 알 수 있는데, 이때 쓰이는 연산자로 옳은 것은?

① %　　② *
③ &　　④ &&

21
- scanf() 함수 내에서는 scanf("변환명세", &변수명);
- printf() 함수 내에서는 printf("변환명세", &변수명);

이렇게 &를 변수명 앞에 두어 쓸 수 있다.

정답 19 ① 20 ② 21 ③

22 다음 중 scanf() 함수 사용 시 주의사항으로 옳지 않은 것은?

① 변환명세 후에 공백이나 이스케이프 문자를 사용하지 않는다.
② 변환명세에 필드폭은 꼭 사용한다.
③ 자료형에 맞는 자료를 입력한다.
④ 자료형에 맞는 변환 지시자(%d, %lf, %c, %s)를 사용한다.

22 변환명세에 필드폭은 꼭 필요한 경우에만 사용한다. 필드폭보다 더 긴 수를 입력하면 그 필드폭보다 큰 자릿수는 입력되지 않고, 필드폭 만큼의 자료만 입력받게 된다.

23 scanf() 함수 사용 시 변환명세 후에 공백이나 이스케이프 문자를 사용하면 발생하는 문제점을 설명한 것으로 옳지 않은 것은?

① 프로그램 실행을 하면 키보드로부터 자료를 입력 후에도 계속해서 커서가 깜박이며 입력을 기다린다.
② 공백을 자료로 입력해야 프로그램이 진행된다.
③ 공백을 제외한 자료를 입력해야 프로그램이 진행된다.
④ scanf() 함수 사용 시 변환명세는 %d, %lf, %c, %s 등 만을 사용하는 것이 안전하다.

23 변환명세 후 공백문자가 있는 경우 자료를 입력 후 공백을 제외한 다른 입력자료를 넣어 주어야 scanf() 함수가 실행되며, 이때 두 번째 입력된 자료는 또 다른 scanf() 함수 호출 시 입력되어 출력된다.

24 scanf() 함수 내 변환명세 사이에 공백을 넣어 여러 개의 자료를 한꺼번에 입력하는 방법으로 옳지 않은 것은?

① 자료 간의 구분은 C언어에서 스페이스 바를 사용한다.
② 자료 입력의 끝에서는 반드시 엔터키를 사용한다.
③ 각 자료를 입력한 후 엔터키를 친다.
④ 각 자료를 입력할 때 ','를 넣어 자료를 구분해 준다.

24
- 자료 간의 구분은 C언어에서 공백문자(스페이스 바, 탭, 엔터키)를 사용하고, 입력의 끝은 엔터키를 사용한다.
- 입력방법 :
  - 100 99 98 ↵[엔터]
  - 100[TAB]99[TAB]98↵[엔터]
  - 100↵[엔터]
99↵[엔터]
98↵[엔터]

정답 22 ② 23 ② 24 ④

25 scanf() 함수 내 변환명세 구분을 ','로 해서 여러 개의 자료를 한꺼번에 입력하는 방법으로 옳은 것은?

① 자료 간의 구분은 C언어에서 스페이스 바를 사용한다.
② 각 자료를 입력할 때 ','를 넣어 자료를 구분해 주고, 자료 입력의 끝에서는 반드시 엔터키를 사용한다.
③ 각 자료를 입력한 후 엔터키를 친다.
④ 각 자료를 모두 입력하면 자동으로 프로그램이 실행된다.

25 scanf() 함수 내에 변환명세 구분을 ','로 했다면 자료 입력 시 반드시 ','를 넣어야 한다.
• 입력방법 :
- 100,99,98↵[엔터]
- 100,↵[엔터]
  99,98↵[엔터]

26 scanf() 함수 내 변환명세의 개수가 입력변수의 개수보다 클 때 나타나는 문제점을 표현한 것은?

① 자료 간의 구분은 C언어에서 스페이스 바를 사용한다.
② 입력변수의 개수를 입력한 후에도 커서가 깜박이며 입력을 기다리다가 임의의 값을 입력하고 엔터를 누르면 출력의 결과는 표시되지 않고 프로그램이 종료된다.
③ 각 자료를 입력한 후 엔터키를 친다.
④ 각 자료를 모두 입력하면 자동으로 프로그램이 실행된다.

26 **변환명세의 개수 〉 입력변수의 개수**
입력변수의 개수를 입력한 후에도 커서가 깜박이며 입력을 기다리다가 임의의 값을 입력하고 엔터를 누르면 출력의 결과는 표시되지 않고 프로그램이 종료된다.

27 피연산자의 개수에 따른 연산자 종류에 해당하지 않는 것은?

① 단항 연산자
② 이항 연산자
③ 대입 연산자
④ 삼항 연산자

27 연산자의 종류에 따라 피연산자는 1～3개를 사용할 수 있으며, 피연산자의 개수에 따라 1개인 경우는 단항 연산자, 2개인 경우는 이항 연산자, 3개인 경우는 삼항 연산자라고 한다.

정답 25 ② 26 ② 27 ③

28 [문제 하단의 표 참고]

28 다음 중 C언어의 삼항 연산자에 해당하는 것은?

① ? :　　② 〈〈
③ &&　　④ ^=

<table>
<tr><th>종류</th><th>연산자</th></tr>
<tr><td>단항 연산자
(unary operator)</td><td>+ − ++ −− ! & ∼ sizeof</td></tr>
<tr><td>이항 연산자
(binary operator)</td><td>+ − * / % = 〈 〉= 〈= == != && || & | ^ 〈〈 〉〉
+= −= *= /= %= 〉〉= 〈〈= &= |= ^=</td></tr>
<tr><td>삼항 연산자
(ternary operator)</td><td>?:</td></tr>
</table>

29 [문제 하단의 표 참고]

29 다음 중 기능에 따른 연산자 분류를 잘못 나열한 것은?

① 복합 대입 연산자 : += −= *= /= %= 〉〉= 〈〈= &= |= ^=
② 증감 연산자 : ++ −−
③ 산술 연산자 : + − * / %
④ 비트 연산자 : && || !

[기능에 따른 연산자의 분류]

<table>
<tr><th>구분</th><th>종류</th></tr>
<tr><td>대입 연산자</td><td>=</td></tr>
<tr><td>산술 연산자</td><td>+ − * / %</td></tr>
<tr><td>복합 대입 연산자</td><td>+= −= *= /= %= 〉〉= 〈〈= &= |= ^=</td></tr>
<tr><td>관계 연산자</td><td>〉 〈 〉= 〈= == !=</td></tr>
<tr><td>논리 연산자</td><td>&& || !</td></tr>
<tr><td>조건 연산자</td><td>?:</td></tr>
<tr><td>증감 연산자</td><td>++ −−</td></tr>
<tr><td>비트 연산자</td><td>& | ^ ∼ 〈〈 〉〉</td></tr>
<tr><td>형 변환 연산자</td><td>(자료형)</td></tr>
<tr><td>콤마 연산자</td><td>,</td></tr>
<tr><td>주소 연산자</td><td>&</td></tr>
<tr><td>sizeof 연산자</td><td>sizeof(피연산자)</td></tr>
</table>

정답 28 ① 29 ④

30 **다음 중 복합 대입 연산자의 표현과 그 의미가 잘못 연결된 것은?**

① a|=b는 a=a | b로 변수 a, b의 비트 논리합 연산의 결과(참, 거짓)를 a에 대입 저장한다.

② a^=b는 a=a^b로 변수 a의 b 제곱한 것을 변수 a에 저장한다.

③ a <<=b는 a=a <<b로 변수 a를 왼쪽으로 b 비트 이동한 연산결과를 a에 대입 저장한다. 즉, 우변은 $a \times 2^b$의 결과이다.

④ a %= b는 a=a % b로 변수 a를 b로 나눈 나머지의 결과를 a에 대입 저장한다.

»»

복합 대입 연산자	같은 표현	의미
a += b	a = a + b	변수 a, b의 덧셈 결과를 a에 대입 저장한다.
a -= b	a = a - b	변수 a, b의 뺄셈 결과를 a에 대입 저장한다.
a *= b	a = a * b	변수 a, b의 곱셈 결과를 a에 대입 저장한다.
a /= b	a = a / b	변수 a, b의 나눗셈 결과를 a에 대입 저장한다.
a %= b	a = a % b	변수 a를 b로 나눈 나머지의 결과를 a에 대입 저장한다.
a &= b	a = a & b	변수 a, b의 비트 논리곱 연산의 결과(참, 거짓)를 a에 대입 저장한다. 참(1), 거짓(0)
a |= b	a = a | b	변수 a, b의 비트 논리합 연산의 결과(참, 거짓)를 a에 대입 저장한다.
a ^= b	a = a ^ b	변수 a, b의 배타적 논리합 연산의 결과(참, 거짓)를 a에 대입 저장한다.
a <<= b	a = a << b	변수 a를 왼쪽으로 b비트 이동한 연산결과를 a에 대입 저장한다. 즉, 우변은 $a \times 2^b$의 결과이다.
a >>= b	a = a >> b	변수 a를 오른쪽으로 b비트 이동한 연산결과를 a에 대입 저장한다. 즉, 우변은 $a \div 2^b$의 결과이다.

30 [문제 하단의 표 참고]

정답 30 ②

31 복합 대입 연산자는 다른 연산자보다 우선순위가 낮으므로 연산에 유의한다.
$a^* = a+b \Rightarrow a \times (a+b)$
$= 5 \times 15 = 75$

31 **다음은 코딩의 일부분을 나타낸 것으로, 예상되는 출력 결과로 옳은 것은?**

```
int a = 5, b = 10 ; printf("%d", a* = a+b);
```

① 75　　② 250
③ 80　　④ 200

32 우선 100! = 100는 거짓(0)이고, 이 결과의 부정으로 참(1)이 된다.

32 **다음 중 논리 연산자의 설명으로 틀린 것은?**

① 논리곱(AND)은 변수들이 모두 참일 때만 출력이 된다.
② 논리 연산자의 결괏값은 1 또는 0이다.
③ !(100 != 100)의 출력 결과는 거짓이 된다.
④ (1 && 1) && !(0 || 1)의 출력 결과는 거짓이 된다.

»»

변수		기능			
a	b	a && b	a || b	!a	!b
0	0	0	0	1	1
0	1	0	1	1	0
1	0	0	1	0	1
1	1	1	1	0	0

정답 31 ① 32 ③

33 다음은 코딩의 일부분을 나타낸 것으로, 예상되는 출력 결과로 옳은 것은?

```
int x = 0, y = 1, z;
z = x && (y += x + 1);
printf("%d, %d, %d", x, y, z);
```

① x = 0, y = 1, z = 1

② x = 0, y = 0, z = 0

③ x = 0, y = 1, z = 0

④ x = 1, y = 1, z = 1

33 논리연산은 1이면 참이고 0이면 거짓이므로 변수에 저장된 값에 따라 논리연산 과정이 "0(거짓) && $(y=y+(x+1))$"
논리곱은 순서가 왼쪽부터 진행되어, 어느 한 입력이라도 거짓이면 모든 출력값은 거짓이 된다. 그러므로 논리곱 연산자의 우측에 있는 수식은 연산을 수행하지 않는다.

34 다음은 코딩의 일부분을 나타낸 것으로, 예상되는 출력 결과로 옳은 것은?

```
1  int x = 1, y, z;
2  --x;
3  y = ++x + 1 ;
4  z = y++ + ++x ;
5  printf("x = %d, y = %d, z = %d", x, ++y, z++);
```

① x = 2, y = 4, z = 5

② x = 2, y = 4, z = 4

③ x = 4, y = 4, z = 4

④ x = 2, y = 5, z = 5

34
- 2행 : x = 0(전위감소 x : 1 → 0)
- 3행 : x = 1, y = 2(전위증가 x : 0 → 1, 대입 y = 2)
- 4행 : x = 2, y = 2, z = 4(전위증가 x : 1 → 2, 후위증가 y : 2 → 2, 대입 z = 4)
- 5행 출력 : x = 2, y = 4, z = 4[x 출력, 후위값 전달 + 전위증가 y : 2 → 3 → 4, 후위증가(z : 4 → 4)]

정답 33 ③ 34 ②

35 다음 중 비트 연산자의 설명으로 틀린 것은?

① XOR 연산자에서 두 비트 입력이 서로 다른 경우에 연산의 결과는 1이다.

② NOT 연산자는 단항 연산자이고, 입력 비트의 반전으로 연산한다.

③ 비트 연산의 대상이 되는 피연산자는 모든 자료형이 가능하다.

④ 비트 이동 연산자는 좌측 피연산자의 각 비트를 우측 피연산자가 지정한 만큼 이동시킨다.

35 각 자릿수 비트별 2진 연산으로 진행된다. 비트 연산의 대상이 되는 피연산자의 자료형은 반드시 정수형이어야 한다.

- AND 연산자: 입력 비트 중 어느 하나라도 0이면 연산의 결과는 0이다.
- OR 연산자: 입력 비트 중 어느 하나라도 1이면 연산의 결과는 1이다.
- XOR 연산자: 두 비트 입력이 서로 다른 경우에 연산의 결과는 1이다.
- NOT 연산자: 단항 연산자이고, 입력 비트의 반전으로 연산한다.

비트 이동 연산자는 좌측 피연산자의 각 비트를 우측 피연산자가 지정한 만큼 이동시킨다.

36 비트변수 a, b로 비트 연산을 할 때의 결과가 거짓인 것은?

① (a = 1) | (b = 1) ② (a = 0) ^ (b = 1)

③ (a = 1) ^ (b = 1) ④ (a = 1) & (b = 1)

비트변수		a & b	a | b	a ^ b	~a	~b
a	b					
0	0	0	0	0	1	1
0	1	0	1	1	1	0
1	0	0	1	1	0	1
1	1	1	1	0	0	0

36 비트 논리 연산자 종류와 연산결과 (1이 참이고, 0이 거짓)

37 왼쪽 비트 이동 연산자에 대한 설명으로 틀린 것은?

① 피연산자의 각 비트값을 왼쪽으로 한 비트씩 이동하기를 n번 반복한다.

② 왼쪽으로 밀려난 비트 값은 제거되고, 오른쪽 빈 비트는 1로 채워진다.

③ 곱셈 효과로 왼쪽으로 n비트 이동하면 피연산자 $\times 2^n$이다.

④ 맨 왼쪽 부호 비트값이 바뀔 수 있으므로 부호 없는 자료형에 사용하는 것이 바람직하다.

37 왼쪽으로 밀려난 비트 값은 제거되고, 오른쪽 빈 비트는 0으로 채워진다.

정답 35 ③ 36 ③ 37 ②

38 오른쪽 비트 이동 연산자의 설명으로 옳지 않은 것은?

① 오른쪽으로 밀려난 비트 값은 제거되고 왼쪽 빈 비트에는 0이 채워진다.

② 피연산자의 각 비트값을 오른쪽으로 한 비트씩 이동하기를 n번 반복한다.

③ 나눗셈 효과로 오른쪽으로 n비트 이동으로 피연산자 $\div 2^n$ 이다.

④ 정수 간 연산이므로 정확히는 몫을 구하는 효과를 얻는다.

38 오른쪽으로 밀려난 비트 값은 제거되고 왼쪽 빈 비트에는 부호 비트값(양수:0, 음수:1)이 채워진다.

39 다음은 코딩의 일부분을 나타낸 것으로, 예상되는 출력 결과로 옳은 것은?

```
1  int x = 2, y = 5;
2  x = x << y;
3  printf("%d", x);
```

① 64 ② 32

③ 0 ④ 128

39 코딩은 왼쪽 비트 이동 연산자에 대한 설명이다. 이를 계산하면 다음과 같다.

2행 연산 과정 : $x = 2 \times 2^5 = 64$

40 다음 중 형 변환 연산자에 대한 설명으로 틀린 것은?

① 자동 형 변환은 프로그래머가 지정하지 않아도 컴파일러가 자동으로 형 변환을 하는 것이다.

② 두 피연산자의 자료형이 다를 때 작은 표현범위에서 큰 표현범위의 자료형으로 변환되는 것을 말한다.

③ 형 넓힘(promotion) 변환의 표현범위는 short 〈 char 〈 int, long 〈 float 〈 double 순으로 범위가 넓어진다.

④ 변수에 값을 대입할 때 대입 연산자 오른쪽 값과 왼쪽 변수의 자료형이 다르면 왼쪽 변수의 자료형에 맞추어 형 변환이 발생한다.

40 형 변환 연산자의 의미 중 형 넓힘 변환의 표현범위는 char 〈 short 〈 int, long 〈 float 〈 double 순으로 범위가 넓어진다.

정답 38 ① 39 ① 40 ③

41 다음은 코딩의 일부분을 나타낸 것으로, 예상되는 출력 결과로 옳은 것은?

```
short x = 10;
float y = 12.4;
printf("short형 메모리의 크기는 → %d\n", sizeof(short));
printf("float형 메모리의 크기는 → %d\n", sizeof(float));
printf("형 변환 메모리의 크기는 → %d\n", sizeof(x+y));
```

① short형 메모리의 크기는 → 2
float형 메모리의 크기는 → 4
형 변환 메모리의 크기는 → 2

② short형 메모리의 크기는 → 2
float형 메모리의 크기는 → 4
형 변환 메모리의 크기는 → 6

③ short형 메모리의 크기는 → 2
float형 메모리의 크기는 → 4
형 변환 메모리의 크기는 → 4

④ short형 메모리의 크기는 → 2
float형 메모리의 크기는 → 8
형 변환 메모리의 크기는 → 8

41
- 1행 : short 정수 자료형의 메모리 공간의 크기는 2byte이다.
- 2행 : float 실수 자료형의 메모리 공간의 크기는 4byte이다.
- 3행 : 자료형의 크기가 실수형이 더 크므로 연산의 결과는 실수형 표현으로 확장됨을 알 수 있다. 연산의 결과도 실수형으로 계산됨을 알 수 있다.

42 다음은 코딩의 일부분을 나타낸 것으로, 예상되는 출력 결과로 옳은 것은?

```
1  short x, y = 10;
2  double z = 12.5;
3  x = y+z;
4  printf("x = %d, 형 변환 메모리의 크기는 → %d\n", x,
5  sizeof(x));
```

① x = 22.5, 형 변환 메모리의 크기는 → 8
② x = 22, 형 변환 메모리의 크기는 → 2
③ x = 23, 형 변환 메모리의 크기는 → 2
④ x = 22.5, 형 변환 메모리의 크기는 → 2

42
- 1~2행 : short형(2byte)과 double형(8byte)이 선언되었다.
- 3행 : short형과 double형의 연산은 형 넓힘 변환이 되지만 연산의 결과가 좌측 항에 대입되면서 short형으로 좁혀지는 변환이 이루어진다. 그리고 실수의 소수점 이하 자릿수의 자료는 제외된다.
- 4행 : 형 좁힘 변환된 연산의 결과와 메모리의 크기를 알 수 있다.

정답 41 ③ 42 ②

43 다음 프로그램의 실행결과로 옳은 것은?

```
1   #include <stdio.h>
2
3   int main()
4   {
5       printf("%d\n", 123);
6       printf("%05d\n", 123);
7       printf("%f\n", 123.45);
8       printf("%7.1f\n", 123.45);
9       printf("%s\n", "C 프로그래밍");
10      printf("%20s\n", "C 프로그래밍");
11  }
```

①
```
12300
00123
123.45
123.450
        C 프로그래밍
        C 프로그래밍
```

②
```
123
00123
123.450000
  123.5
C 프로그래밍
        C 프로그래밍
```

③
```
123
00123
123.5
123.450
C 프로그래밍
C 프로그래밍
```

④
```
  123
123.450000
123.5
123.450
C 프로그래밍
        C 프로그래밍
```

43 printf()의 변환명세에 대한 내용을 묻고 있다.

- 5행 : 정수형 상수 출력을 기본 왼쪽 정렬한다.
- 6행 : 전체 자릿수 5칸 확보 후 오른쪽 정렬하고, 남은 부분을 0으로 채운다.
- 7행 : 소수점 아래 6자리까지 무조건 출력한다.
- 8행 : 소수점 아래 첫 번째 자리까지 출력하고, 반올림한다.
- 9행 : 자릿수만큼 출력한다.
- 10행 : 전체 자릿수 20칸을 확보하고, 오른쪽으로 정렬하여 출력한다.

정답 43 ②

44 다음 프로그램의 실행결과로 옳은 것은?

```
1   #include <stdio.h>
2
3   int main()
4   {
5       int a = 100, b = 200;
6       float result;
7
8       result = a / b;
9
10      printf("%f\n", result);
11  }
```

① 0.000000　　② 1.0
③ 1.000000　　④ 0

44 변수 선언의 타입과 형 변환을 묻고 있다.

- 5행 : 정수형 변수 선언
- 8행 : 정수형/정수형 → 100/200 → 0(정수형 결과), 정수형 결과를 실수형 변수에 대입하면 실수형으로 형 변환이 되지만 그 결과는 정수값의 실수 값으로의 변환이 된다.
- 10행 : 실수형 기본 변환명세에 의해 소수점 6자리까지 표현

45 다음 프로그램의 실행결과로 옳은 것은?

```
1   #include <stdio.h>
2
3   int main()
4   {
5   int a = 10;
6   printf("%d을 왼쪽 1회 시프트하면 %d이다.\n", a, a <<1);
7   printf("%d을 왼쪽 2회 시프트하면 %d이다.\n", a, a <<2);
8   printf("%d을 왼쪽 3회 시프트하면 %d이다.\n", a, a <<3);
9   }
```

① 10을 왼쪽 1회 시프트하면 5이다.
10을 왼쪽 2회 시프트하면 2이다.
10을 왼쪽 3회 시프트하면 1이다.

② 10을 왼쪽 1회 시프트하면 10이다.
10을 왼쪽 2회 시프트하면 20이다.
10을 왼쪽 3회 시프트하면 30이다.

③ 10을 왼쪽 1회 시프트하면 1이다.
10을 왼쪽 2회 시프트하면 2이다.
10을 왼쪽 3회 시프트하면 5이다.

④ 10을 왼쪽 1회 시프트하면 20이다.
10을 왼쪽 2회 시프트하면 40이다.
10을 왼쪽 3회 시프트하면 80이다.

45 왼쪽 비트 이동 연산자에 대한 설명이다.

- 6행 출력 : $10 \times 2^1 = 20$
- 7행 출력 : $10 \times 2^2 = 40$
- 8행 출력 : $10 \times 2^3 = 80$

정답 44 ① 45 ④

46 다음 프로그램의 실행결과로 옳은 것은?

```
1  #include <stdio.h>
2
3  int main()
4  {
5  int a = 10;
6  printf("%d을 오른쪽 1회 시프트하면 %d이다.\n",
   a, a >> 1);
7  printf("%d을 오른쪽 2회 시프트하면 %d이다.\n",
   a, a >> 2);
8  printf("%d을 오른쪽 3회 시프트하면 %d이다.\n",
   a, a >> 3);
9  printf("%d을 오른쪽 4회 시프트하면 %d이다.\n",
   a, a >> 4);
10 }
```

① 10을 오른쪽 1회 시프트하면 10이다.
10을 오른쪽 2회 시프트하면 20이다.
10을 오른쪽 3회 시프트하면 40이다.
10을 오른쪽 3회 시프트하면 80이다.

② 10을 오른쪽 1회 시프트하면 0이다.
10을 오른쪽 2회 시프트하면 1이다.
10을 오른쪽 3회 시프트하면 2이다.
10을 오른쪽 3회 시프트하면 5이다.

③ 10을 오른쪽 1회 시프트하면 5이다.
10을 오른쪽 2회 시프트하면 2이다.
10을 오른쪽 3회 시프트하면 1이다.
10을 오른쪽 3회 시프트하면 0이다.

④ 10을 오른쪽 1회 시프트하면 20이다.
10을 오른쪽 2회 시프트하면 40이다.
10을 오른쪽 3회 시프트하면 80이다.
10을 오른쪽 3회 시프트하면 160이다.

46 오른쪽 비트 이동 연산자에 대한 설명이다.

- 6행 출력: $10 \div 2^1 = 5$
- 7행 출력: $10 \div 2^2 = 2$
- 8행 출력: $10 \div 2^3 = 1$
- 9행 출력: $10 \div 2^4 = 0$

정답 46 ③

47
- 8행 : 키보드로부터 1250을 입력받았다.
- 9~10행 : 500원짜리 동전의 개수를 계산하고, 500원짜리로 바꾼 후 나머지 금액이다.
- 11~12행 : 100원짜리 동전의 개수를 계산하고, 100원짜리로 바꾼 후 나머지 금액이다.
- 13~14행 : 50원짜리 동전의 개수를 계산하고, 50원짜리로 바꾼 후 나머지 금액이다.
- 15~16행 : 10원짜리 동전의 개수를 계산하고, 10원짜리로 바꾼 후 나머지 금액이다.
- 22행 : 바꾸지 못한 나머지 돈은 money에 저장된다.

정답 47 ④

47 다음 프로그램의 실행결과로 옳은 것은?

```
1   #include <stdio.h>
2
3   int main()
4   {
5      int money, m500, m100, m50, m10;
6
7      printf("## 교환할 돈은?");
8      scanf("%d", &money);
9      m500 = money / 500;
10     money = money % 500;
11     m100 = money / 100;
12     money = money % 100;
13     m50 = money / 50;
14     money = money % 50;
15     m10 = money / 10;
16     money = money % 10;
17
18     printf("\n오백원짜리 → %d개\n", m500);
19     printf("백원짜리 → %d개\n", m100);
20     printf("오십원짜리 → %d개\n", m50);
21     printf("십원짜리 → %d개\n", m10);
22     printf("바꾸지 못한 잔돈 → %d원\n", money);
23  }
```

① ## 교환할 돈은? 1250

오백원짜리 → 1개
백원짜리 → 1개
오십원짜리 → 1개
십원짜리 → 1개
바꾸지 못한 잔돈 → 0원

② ## 교환할 돈은? 1250

오백원짜리 → 2개
백원짜리 → 2개
오십원짜리 → 1개
십원짜리 → 1개
바꾸지 못한 잔돈 → 0원

③ ## 교환할 돈은? 1250

오백원짜리 → 3개
백원짜리 → 2개
오십원짜리 → 2개
십원짜리 → 1개
바꾸지 못한 잔돈 → 0원

④ ## 교환할 돈은? 1250

오백원짜리 → 2개
백원짜리 → 2개
오십원짜리 → 1개
십원짜리 → 0개
바꾸지 못한 잔돈 → 0원

48 다음 프로그램의 실행결과로 옳은 것은?

```
1   #include 〈stdio.h〉
2
3   int main()
4   {
5      int a;
6      float b, result;
7
8      printf(“첫 번째 값을 입력하세요 → ”);
9      scanf(“%d”, &a);
10     printf(“두 번째 값을 입력하세요 → ”);
11     scanf(“%f”, &b);
12     result = a + b;
13     printf(“%5d + %5.2f = %5.2f\n”, a, b, result);
14     result = a - b;
15     printf(“%5d - %5.2f = %5.2f\n”, a, b, result);
16     result = a * b;
17     printf(“%5d * %5.2f = %5.2f\n”, a, b, result);
18     result = a / b;
19     printf(“%5d / %5.2f = %5.2f\n”, a, b, result);
20     result = (int)a % (int)b;
21     printf(“%d %% %d = %d\n”, (int)a, (int)b, (int)result);
22  }
```

① 첫 번째 값을 입력하세요 → 50
두 번째 값을 입력하세요 → 12.5
   50 + 13 = 62.50
   50 - 13 = 37.50
   50 * 13 = 625.00
   50 / 13 = 4.00
 50 % 12 = 2

② 첫 번째 값을 입력하세요 → 50
두 번째 값을 입력하세요 → 12.5
   50 + 12.50 = 62.50
   50 - 12.50 = 37.50
   50 * 12.50 = 625.00
   50 / 12.50 = 4.00
 50 % 12 = 2

48
- 5~6행 : 정수형 변수와 실수형 변수를 선언한다.
- 13, 15, 17, 19행 : 덧셈, 뺄셈, 곱셈, 나눗셈 연산의 결과를 출력한다.
- 20행 : 나머지 연산을 위해 실수를 정수로 강제 형 변환한다.

③ 첫 번째 값을 입력하세요 → 50
두 번째 값을 입력하세요 → 12.5
```
  50 + 12.50 = 62.5
  50 - 12.50 = 37.5
  50 * 12.50 = 625.0
  50 / 12.50 = 4.0
50 % 12 = 2
```

④ 첫 번째 값을 입력하세요 → 50
두 번째 값을 입력하세요 → 12.5
```
  50 + 12.50 = 63
  50 - 12.50 = 38
  50 * 12.50 = 625
  50 / 12.50 = 4
50 % 12 = 2
```

정답 48 ②

Self Check로 다지기 | 제3장

- 출력이란 컴퓨터 내부의 내용을 모니터, 프린터 등에 표시해 주는 작업으로 printf(), putchar(), puts() 등의 함수를 제공한다.

- **printf() 함수의 변환명세**

"%+필드폭d"		"%+필드폭.정밀도lf"		"%-필드폭c"	
필드폭	전체 자료 전체 칸수	필드폭	소수 포함 전체 칸수	필드폭	문자 전체 칸수
d	정수형 자료	정밀도	소수 이하 자릿수	–	왼쪽정렬
+	부호표시	lf	실수형 자료	c	문자형 자료
–	왼쪽정렬	+	부호표시		

- **문자/문자열 전용 출력함수 :** putchar('문자 상수'), puts("문자열")

- 입력이란 표준입력장치인 키보드로부터 scanf(), getchar(), gets() 함수로 자료를 입력받을 수 있다.

- **scanf() 사용 시 주의사항**
  - 변환명세 후에 공백이나 이스케이프 문자를 사용하지 않는다.
  - 변환명세에 필드폭은 꼭 필요한 경우에만 사용한다.
  - 자료형에 맞는 변환 지시자(%d, %lf, %c, %s)를 사용한다.
  - 자료형에 맞는 자료를 입력한다.

- **문자/문자열 전용 입력함수 :** 변수 = getchar(), gets("문자열 또는 변수")

- 수식은 연산자와 하나 이상의 피연산자로 구성되고, 연산자는 연산에 사용되는 기호이며, 피연산자는 연산자의 대상이 되는 변수나 값이다.

연산자의 우선순위 종류와 내용

<table>
<tr><th>우선순위</th><th>분류</th><th>연산자</th><th>결합방향</th></tr>
<tr><td>0</td><td rowspan="3">단항</td><td>( )(함수 호출)</td><td>→</td></tr>
<tr><td>1</td><td>(후위 증감 단항 연산자) ++ --
(배열 인덱스) [ ]
(구조체 멤버) .
(구조체 포인터) →</td><td>→</td></tr>
<tr><td>2</td><td>(전위 증감 단항 연산자) ++ --
(부호) + -
(논리 연산자) ! ~
(형변환) (type)
(간접 참조 연산자) *
(주소 추출 연산자) &
(크기 계산 연산자) sizeof</td><td>←</td></tr>
<tr><td>3</td><td rowspan="2">산술</td><td>(산술 연산자) * / %</td><td>→</td></tr>
<tr><td>4</td><td>(산술 연산자) + -</td><td>→</td></tr>
<tr><td>5</td><td>이동</td><td>(비트 연산자) 〈〈 〉〉</td><td>→</td></tr>
<tr><td>6</td><td rowspan="2">관계</td><td>(비교 연산자) 〈 〈= 〉 〉=</td><td>→</td></tr>
<tr><td>7</td><td>(비교 연산자) == !=</td><td>→</td></tr>
<tr><td>8</td><td rowspan="3">비트</td><td>(비트 연산자 AND) &</td><td>→</td></tr>
<tr><td>9</td><td>(비트 연산자 XOR) ^</td><td>→</td></tr>
<tr><td>10</td><td>(비트 연산자 OR) |</td><td>→</td></tr>
<tr><td>11</td><td rowspan="2">논리</td><td>(논리 연산자 AND) &&</td><td>→</td></tr>
<tr><td>12</td><td>(논리 연산자 OR) ||</td><td>→</td></tr>
<tr><td>13</td><td>조건</td><td>(삼항 연산자) ? :</td><td>→</td></tr>
<tr><td>14</td><td>대입</td><td>(대입 연산자) =
(산술 대입 연산자) += -= *= /= %=
(복합 대입 연산자) 〈〈= 〉〉= &= ^= |=</td><td>←</td></tr>
<tr><td>15</td><td>콤마</td><td>(콤마 연산자) ,</td><td>→</td></tr>
</table>

제 4 장

제어문

행운이란 100%의 노력 뒤에 남는 것이다.

– 랭스턴 콜먼 –

제 4 장 제어문

프로그램의 각 문장은 일반적으로 위에서 아래로 순차적으로 실행된다. 프로그램 내의 조건에 따라 문장이 달라지거나, 특정 내용을 반복 실행하는 경우에는 제어문을 사용하여 실행 흐름을 제어할 수 있다. 프로그래밍의 핵심이라 할 수 있는 제어문은 조건문, 반복문, 분기문과 기타 제어문으로 나눌 수 있다.

제1절 조건분기 제어문

1 if문 중요 기출

if문은 주어진 조건을 만족하는지, 그렇지 않은지에 따라 실행할 문장이 다를 때 사용한다. if문은 else가 없는 단순 if문과 else를 포함하는 if ~ else문으로 나뉜다.

(1) 단순 if문

단순 if문은 주어진 조건을 만족할 경우, 추가로 처리할 내용이 있을 때 사용한다.

① 형식과 흐름도

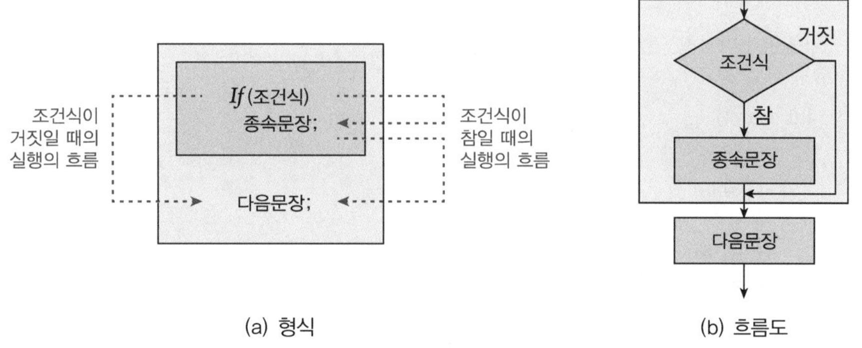

[그림 4-1] 단순 if문의 형식과 흐름도

② 조건식

조건식의 결과 논리값이 참(true)이면 종속문장을 실행하고, 거짓(false)이면 종속문장을 실행하지 않고 if문을 빠져나와 다음문장을 실행한다. 조건을 만족하는 경우에만 종속문장을 실행하고 if문을 빠져나온다.

③ **복합문(compound statement)**

조건식이 참일 때 실행할 문장이 두 개 이상일 경우에는 { }를 사용하여 문장을 하나로 묶어줘야 한다. 이와 같이 { }로 묶인 문장을 복합문 또는 블록이라고 한다. { }를 사용하면 프로그램을 이해하기 쉽고, 조건식에 종속문장을 추가할 때는 조건이 적용될 범위를 정확히 { }로 정의할 수 있기 때문에 { }를 빠뜨려 오류가 나는 것을 방지할 수 있다.

[복합문 형식] 조건식이 참일 때 실행할 내용이 여러 문장인 경우에는 반드시 { }로 묶어줘야 한다.

```
if(조건식)
{
    종속문장 1;
    종속문장 2;
    …
    종속문장 n;
}
```

예제 4-1

단순 if문을 이용하여 오늘의 온도를 출력하는 예

```
#include <stdio.h>

int main()
{
    int temp;

    printf(“현재 온도는 : ”);
    scanf(“%d”, &temp);

    if(temp < 0)
    printf(“오늘은 영하이며 ”);

    printf(“현재 온도는 %d도입니다.\n”, temp);

    return 0;
}
```

| 결과 |

```
C:WWINDOWSWsystem32Wcmd.exe
현재 온도는 : -2
오늘은 영하이며 현재 온도는 -2도입니다.
계속하려면 아무 키나 누르십시오 . . .
```

```
C:WWINDOWSWsystem32Wcmd.exe
현재 온도는 : 1
현재 온도는 1도입니다.
계속하려면 아무 키나 누르십시오 . . .
```

[그림 4-2]

㉠ 7행 : 키보드로부터 자료를 입력받기 전에 안내문을 출력한다.
㉡ 8행 : 정수값을 입력한다.
㉢ 10행 : 입력값이 0보다 작으면 조건식이 참이므로 11행을 실행하고, 입력값이 0보다 크면 조건식은 거짓이 되어 11행을 실행하지 않고 13행을 실행한 후 프로그램은 종료된다.

(2) if ~ else문 중요

주어진 조건을 만족할 때와 만족하지 않을 때의 처리내용이 다른 경우, 즉 조건의 참과 거짓에 따라 실행할 두 문장 중 하나를 선택하여 처리할 경우에 사용한다.

① 형식과 흐름도

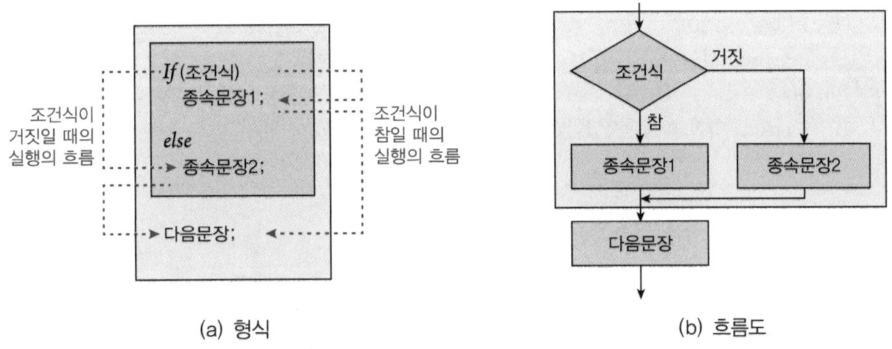

(a) 형식 (b) 흐름도

[그림 4-3] if ~ else문 형식과 흐름도

② 조건식

if문의 조건이 참이면 종속문장1을 실행한 후 if문을 빠져나오고, 거짓이면 else로 이동하여 종속문장2를 실행하고 if문을 종료한다. 조건식의 결과 값에 따라 종속문장1, 종속문장2 중 하나를 선택적으로 실행한다. 단순 if문과 마찬가지로 종속문장1과 종속문장2가 여러 문장이라면 { }로 묶어서 복합문으로 표현한다.

[형식] 조건식의 결과에 따라 실행할 내용이 여러 문장일 때는 반드시 { }로 묶어야 한다.

```
if(조건식)
{
    종속문장1, …, 종속문장n;
}
else
{
    종속문장1, …, 종속문장n;
}
다음문장
```

③ 주의사항

㉠ 조건식 뒤에 ;을 붙이지 않아야 한다.

조건식이 참일 때 처리할 내용이 없이 빈 문장으로 처리된다. 그리고 9행에 else가 없으므로 8행에서는 단순 if문만 있는 것으로 판단한다. 그런데 10행에 else가 나타나면 새로운 if없이 바로 else가 있다고 판단하여 오류가 발생한다.

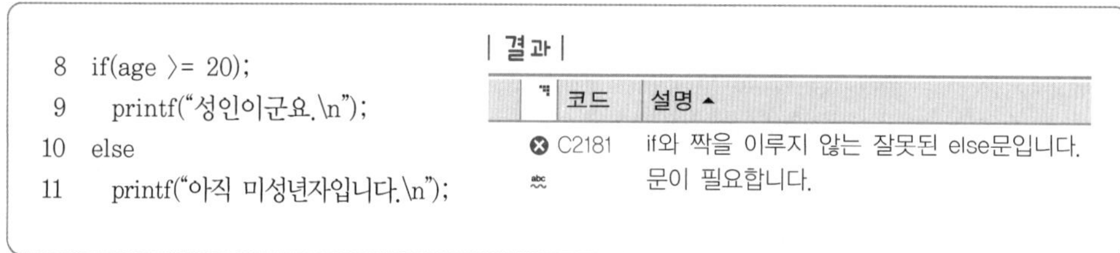

```
8  if(age >= 20);
9    printf("성인이군요.\n");
10 else
11   printf("아직 미성년자입니다.\n");
```

| 결과 |

	코드	설명 ▲
⊗	C2181	if와 짝을 이루지 않는 잘못된 else문입니다.
		문이 필요합니다.

㉡ else 뒤에 조건식을 단독으로 사용할 수 없다.

8행의 조건식이 거짓이면 10행으로 실행순서가 변경된다. 그러므로 else뒤에 조건식을 쓸 필요가 없으며, if없이는 조건식이 올 수 없다. 따라서 10행에서 오류가 발생한다.

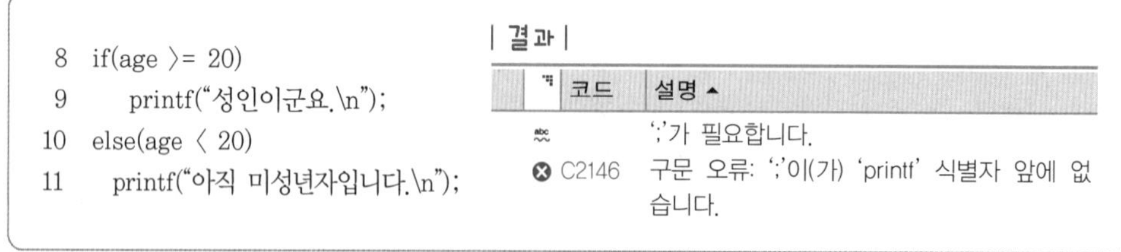

```
8  if(age >= 20)
9      printf("성인이군요.\n");
10 else(age < 20)
11   printf("아직 미성년자입니다.\n");
```

| 결과 |

	코드	설명 ▲
		';'가 필요합니다.
⊗	C2146	구문 오류: ';'이(가) 'printf' 식별자 앞에 없습니다.

예제 4-2

if ~ else문을 이용하여 입력받은 정수가 짝수인지 홀수인지를 판단하여 출력하는 예

```
1  #include <stdio.h>
2  int main()
3  {
4    int num;
5
6    printf("정수를 입력하시오 : ");
7    scanf("%d", &num);
8
9    printf("입력한 수 %d는(은)", num);
10
11   if(num % 2 == 0)
12       printf("짝수입니다.\n");
13   else
14       printf("홀수입니다.\n");
15
16   return 0;
17 }
```

| 결과 |

```
C:\WINDOWS\system32\cmd.exe
정수를 입력하시오 : 10
입력한 수 10는(은) 짝수입니다.
계속하려면 아무 키나 누르십시오 . . .
```

```
C:\WINDOWS\system32\cmd.exe
정수를 입력하시오 : 45
입력한 수 45는(은) 홀수입니다.
계속하려면 아무 키나 누르십시오 . . .
```

[그림 4-4]

㉠ 6행 : 키보드로 정수를 입력받기 위한 안내문을 출력한다.
㉡ 7행 : 정수를 입력받는다.
㉢ 9행 : 7행 실행으로 입력받아 저장되어 있는 변수 값을 출력한다.
㉣ 11행 : 입력받은 값을 2로 나눠 나머지가 0이면 짝수이고, 나머지가 1이면 홀수이다. 그러므로 참이면 짝수이고, 그렇지 않으면 13행으로 실행순서가 바뀐다.
㉤ 13행 : 11행에서 조건이 거짓이면 14행 출력문을 수행하고 프로그램을 종료한다.

예제 4-3

if ~ else문을 사용하여 세 과목의 평균을 구한 후 합격 여부를 출력하는 예

분석

① 세 과목의 점수를 kor, eng, math로 선언하고 입력받는다.
② 세 과목 점수를 합산하여 평균(avg)을 구하고, 과목의 점수와 평균을 출력한다.
③ if ~ else문을 사용하여 평균이 70이상인지, 아닌지를 판단한다.
④ 평균이 70이상이면 평가통과, 그렇지 않으면 재교육필요를 출력한다.

```
#include 〈stdio.h〉

int main()
{
    int kor, eng, math;
    double avg;

    printf(“국어 영어 수학 점수를 입력하시오?”);
    scanf(“%d %d %d”, &kor, &eng, &math);

    avg = (double)(kor + eng + math) / 3;

    printf(“========================================= \n”);
    printf(“국어 \t영어 \t수학 \t평균 \t결과\n”);
    printf(“----------------------------------------- \n”);
    printf(“%3d \t%3d \t%3d \t%6.21f ”, kor, eng, math, avg);
    if(avg 〉= 70)
        printf(“\t평가통과\n”);
    else
        printf(“\t재교육필요\n”);
    printf(“========================================= \n”);

    return 0;
}
```

| 결과 |

```
C:\WINDOWS\system32\cmd.exe
국어 영어 수학 점수를 입력하시오?85 99 70
==================================
국어    영어    수학    평균      결과
----------------------------------
85      99      70      84.67     평가통과
==================================
계속하려면 아무 키나 누르십시오 . . .
```

```
C:\WINDOWS\system32\cmd.exe
국어 영어 수학 점수를 입력하시오?50 60 80
==================================
국어    영어    수학    평균      결과
----------------------------------
50      60      80      63.33     재교육필요
==================================
계속하려면 아무 키나 누르십시오 . . .
```

[그림 4-5]

㉠ 5 ~ 6행 : 세 과목 점수와 평균값을 저장할 변수를 선언한다.
㉡ 9행 : 키보드로부터 과목점수를 입력받는다.
㉢ 11행 : 평균값 연산을 위해 정수형으로 합산된 결과의 double형 변환을 실행한다.
㉣ 14행 : 이스케이프 문자를 사용하여 항목들 사이 간격을 tab으로 한다.
㉤ 16행 : 과목점수와 평균은 지정된 변환명세에 따라 과목은 3칸을 확보하여 출력하고, 평균점수는 6칸 확보, 소수점 2자리수로 출력한다. printf()문의 끝에 개행문자를 사용하지 않음으로써 뒤의 평가통과, 재교육필요를 평균점수 뒤에 출력할 수 있다.
㉥ 17행 : 평균점수가 70이상이면 평가통과를 출력하고, 21행을 출력하고, 프로그램을 종료한다.
㉦ 19행 : 17행의 조건이 거짓이면 19 ~ 21행을 출력하고, 프로그램을 종료한다.

(3) 중첩된 if문 중요

여러 선택 사항 중 한 가지를 골라 처리하거나, 여러 가지 복잡한 조건에 따라 선택적으로 처리할 내용이 있을 때, if문 안에 다시 if문을 사용하여 해결할 수 있다. if문 안에 또 다른 if문을 포함시킨 것을 중첩된(nested) if문이라고 한다.

① 형식과 흐름도

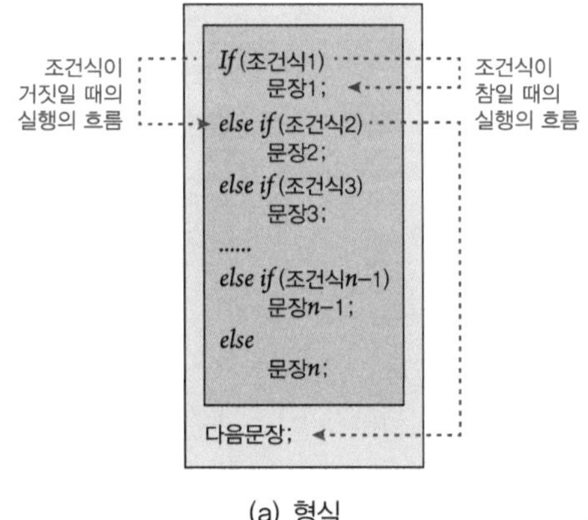

(a) 형식

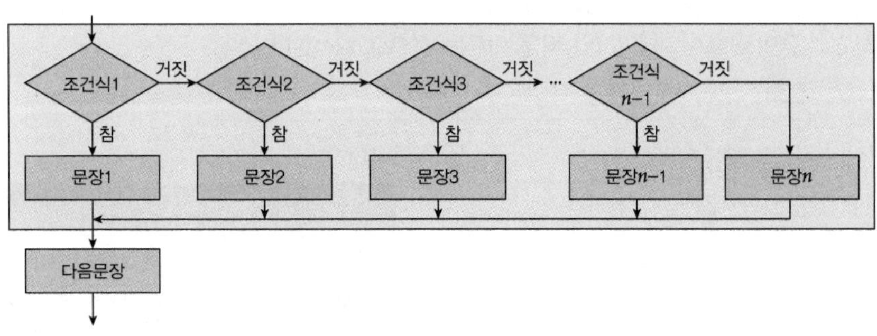

(b) 흐름도

[그림 4-6] 중첩된 if문 형식과 흐름도

② **조건식**

if문이 시작되면 먼저 조건식1을 검사한다. 조건식1이 참이면 문장1을 실행한 후 else뒤의 내용은 실행하지 않은 채 다음문장을 실행한다. 그러나 조건식1이 거짓이면 else로 이동한다. else뒤에 if문이 중첩되어 있으므로 조건식2를 검사하여 참이면 문장2를 실행한 후 if문을 끝내고 다음문장을 실행한다. 같은 방식으로 else if문 뒤의 조건식을 계속 처리하다가 조건식n-1이 거짓이면 문장n을 실행한 후 다음문장을 실행한다. 즉, 마지막 else뒤의 문장n은 조건식1 ~ 조건식n-1이 모두 거짓인 경우에 실행된다.

③ **주의사항 : 중첩된 if와 else의 매칭**

if문이 중첩되는 경우에는 else가 어떤 if문과 매칭되는지 주의해서 구분해야한다. 우선 나타난 if문이 else가 없는 단순 if문인지 구별해야하고, 단순 if문이 아니라면 else가 어떤 if문과 짝을 이루는지를 정확히 구분해야한다.

㉠ 중첩된 if문이 else와 짝이 맞지 않을 때

9행의 if문과 12행의 else가 짝을 이루는 것처럼 보이지만 실제로 num = 3을 입력하면 9행의 조건은 참이 되고, 10행은 거짓이 되어 12행의 else로 13행을 출력하게 되므로, 해석상의 문제가 발생한다.

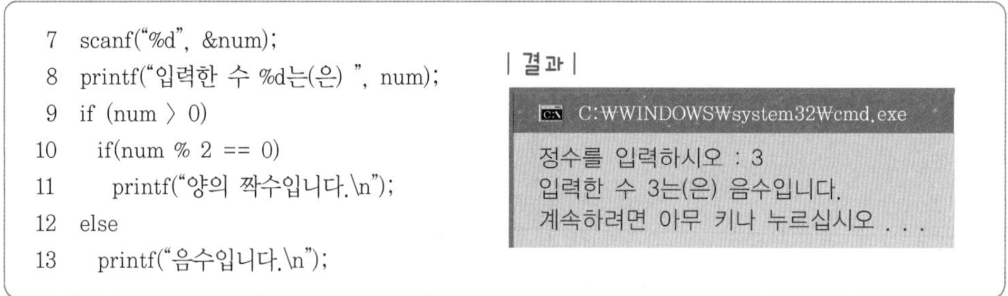

```
 7  scanf("%d", &num);
 8  printf("입력한 수 %d는(은) ", num);
 9  if (num > 0)
10    if(num % 2 == 0)
11      printf("양의 짝수입니다.\n");
12  else
13    printf("음수입니다.\n");
```

| 결과 |

```
C:\WINDOWS\system32\cmd.exe
정수를 입력하시오 : 3
입력한 수 3는(은) 음수입니다.
계속하려면 아무 키나 누르십시오 . . .
```

㉡ 사용 범위를 명확하게 표시하기 위하여 { }로 표시한다.

num = 3을 입력하면 9행의 조건이 참이고, 10행 ~ 13행을 실행한다. num = -3을 입력하면 9행의 조건이 거짓이므로, 14행에 이어 15행을 실행한다. 그러므로 11행은 단순 if문으로 해석하고 14행의 else는 9행의 if와 짝을 이루는 것으로 해석한다.

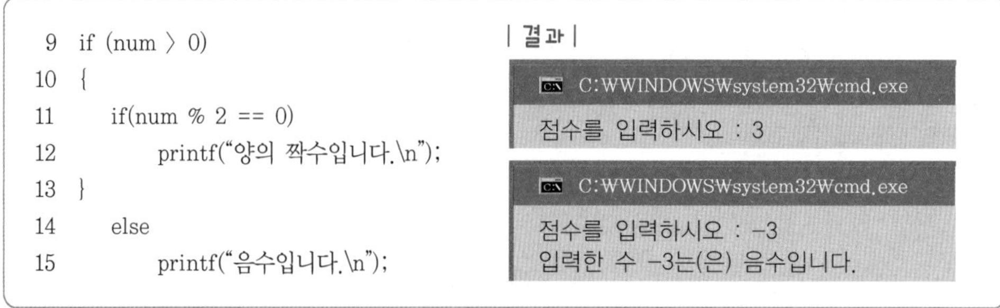

```
 9  if (num > 0)
10  {
11     if(num % 2 == 0)
12          printf("양의 짝수입니다.\n");
13  }
14     else
15          printf("음수입니다.\n");
```

| 결과 |

```
C:\WINDOWS\system32\cmd.exe
점수를 입력하시오 : 3
```

```
C:\WINDOWS\system32\cmd.exe
점수를 입력하시오 : -3
입력한 수 -3는(은) 음수입니다.
```

예제 4-4

중첩된 if문을 사용하여 입력받은 점수의 학점을 출력하는 예

```
1   #include <stdio.h>
2
3   int main()
4   {
5       int score;
6       char grade;
7
8       printf(“점수를 입력하시오 : ”);
9       scanf(“%d”, &score);
10
11      if(score >= 90) grade = ‘A’;
12          else if(score >= 80) grade = ‘B’;
13              else if(score >= 70) grade = ‘C’;
14                      else if(score >= 60) grade = ‘D’;
15                          else grade = ‘F’;
16      printf(“학점 : %c\n”, grade);
17      return 0;
18  }
```

| 결과 |

```
C:\WINDOWS\system32\cmd.exe
점수를 입력하시오 : 90
학점 : A
계속하려면 아무 키나 누르십시오 . . .
```

```
C:\WINDOWS\system32\cmd.exe
점수를 입력하시오 : 50
학점 : F
계속하려면 아무 키나 누르십시오 . . .
```

[그림 4-7]

㉠ 5행: 점수를 저장할 변수를 선언한다.
㉡ 6행: 학점에 해당되는 문자 1개를 저장할 변수를 선언한다.
㉢ 8행: 키보드로부터 점수를 입력받기 위한 안내문을 출력한다.
㉣ 9행: 키보드로부터 정수 값을 입력받는다.
㉤ 키보드로부터 90이 입력되면, 11행: 조건이 참이 되고, 16행으로 이동하여 A를 출력하고 프로그램을 종료한다.
㉥ 키보드로부터 50이 입력되면, 11행(거짓) → 12행(거짓) → 13행(거짓) → 14행: 조건이 거짓이 되고, 14행 if의 짝을 이루는 15행을 실행하고 16행으로 이동하여 F를 출력하고 프로그램을 종료한다.

예제 4-5

중첩된 if문을 사용하여 산술계산기 동작을 하는 프로그램을 작성한 예

분석

① 산술 계산은 +, −, *, /, %, &, |, ^으로 하고, 그 외의 연산자는 잘못된 입력으로 간주하여 간단한 안내문을 출력한다.
② 키보드로부터 정수형 피연산자 두 개와 문자형 연산자 한 개를 입력받는다.
③ 중첩된 if ~ else문을 사용하여 작성한다.

```
#include <stdio.h>
#include <stdlib.h>

int main()
{
    int x, y, result;
    char op;
    printf("수식을 입력하시오.\n");
    printf("연산자의 종류 : + - * / %% & | ^\n");
    printf("입력 예 : 2 + 3\n\n입력 >> ");
    scanf("%d %c %d", &x, &op, &y);

    if (op == '+')
        result = x + y;
    else if (op == '-')
        result = x - y;
    else if (op == '*')
        result = x * y;
    else if (op == '/')
        result = x / y;
    else if (op == '%')
        result = x % y;
    else if (op == '&')
        result = x & y;
    else if (op == '|')
        result = x | y;
    else if (op == '^')
        result = x ^ y;
    else
    {
        printf("잘못된 연산자입니다.\n");
        exit(0);
```

```
33    }
34          printf("\n결과>>%d %c %d = %d\n", x, op, y, result);
35          return 0;
36    }
```

| 결과 |

```
C:\WINDOWS\system32\cmd.exe
수식을 입력하시오.
연산자의 종류 : + - * / % & | ^
입력 예 : 2 + 3

입력 >> 10+20

결과 >> 10 + 20 = 30
```

```
C:\WINDOWS\system32\cmd.exe
수식을 입력하시오.
연산자의 종류 : + - * / % & | ^
입력 예 :  2  +  3

입력 >> 20 > 10
잘못된 연산자입니다.
계속하려면 아무 키나 누르십시오 . . .
```

[그림 4-8]

㉠ 2행 : exit함수를 위한 헤더 파일을 삽입한다.
㉡ 7행 : 연산자 문자 한 개를 저장할 문자형 변수를 선언한다.
㉢ 8～10행 : 수식의 입력과 연산자의 종류와 입력의 예를 보여주는 안내문을 출력한다.
㉣ 11행 : 키보드로부터 피연산자 2개와 연산의 종류를 입력받는다.
㉤ 13～27행 : 입력된 연산자에 따라 계산을 실행하고 result변수에 저장하고, 34행을 출력한다.
㉥ 29～33행 : 지정된 연산자 이외의 것을 입력하면 31행을 출력하고, exit(0)을 호출하여 프로그램을 종료한다.

2 switch문 중요 기출

if문은 조건식의 참과 거짓에 따라 하나의 경우를 선택하여 실행하므로 여러 조건 중 하나만 선택하는 경우에는 중첩된 if문을 사용하게 된다. 그러나 중첩된 if문을 사용하면 프로그램이 복잡해지고 이해하기 힘들며, 실수로 문장 제어를 잘못하는 경우가 발생하기 쉽다. 이런 경우 switch문을 사용하면 중첩된 if문보다 단순 명료하게 작성할 수 있어서, 조건에 따른 문장제어를 보다 쉽게 처리할 수 있다.

switch문은 조건식 값에 따라 여러 종류 중 한 가지만 선택해 실행할 때 많이 사용되므로 **다중 분기문**이라고 부른다. switch문은 1개 이상의 case문과 default문으로 구성된다. 여러 case문 중 조건식의 결과 값과 일치하는 case를 찾아서 그 뒤에 나오는 문장들을 실행한다.

(1) switch문의 형식과 실행 흐름

① 형식과 흐름도

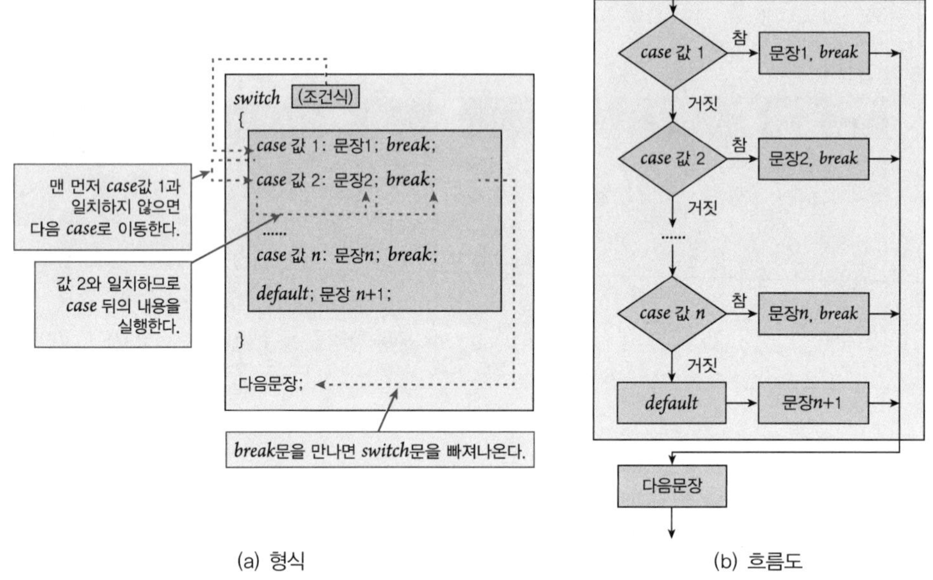

[그림 4-9] switch문의 형식과 흐름도

② 조건식

조건식의 결과 값은 반드시 **정수형**이어야 한다. 논리식은 결과가 참일 때는 정수 1, 거짓일 때는 정수 0으로 변환되므로 조건식으로 사용할 수 있다. 그리고 문자는 문자에 해당하는 ASCII코드값이 정수형이므로 결과 값이 **문자인 수식도 사용**할 수 있다.

③ case문

case문에 명시하는 값은 반드시 **정수형 상수 한 개만** 가능하다. 그렇지 않으면 오류가 발생한다. 수식(n + 3, n % 2 등)은 있을 수 있지만, (2 + 1)과 같은 수식은 올 수 없다. 문자상수('A', '+' 등)는 가능하다. 각 case문 뒤의 문장에는 일반적으로 **break문을 갖으며**, switch문의 실행을 종료한다는 의미이다.

④ 실행의 흐름

switch문은 조건식을 평가한 결과 값과 case문의 값을 차례대로 비교하여, 같은 값을 가진 case문 뒤의 문장을 실행한다. 그리고 break문을 만나면 switch문을 빠져나온다. break문이 다음 case문과의 경계를 나타내므로 해당 case문의 처리할 문장이 둘 이상이더라도 { }를 사용할 필요가 없다.

⑤ default문

조건식 결과 값과 case 뒤의 값을 비교하여 일치하는 값을 찾지 못하면 default문 뒤의 내용을 실행한다. default문은 switch문 안의 모든 위치에 사용할 수 있지만 일반적으로 switch문의 맨 마지막에 사용하며, 불필요하면 생략가능하다. 만약 default문이 case문 중간에 위치하면 default문 뒤의 내용을 실행한 다음 뒤에 case문을 계속 실행한다.

(2) 주의사항

① switch문에서 break문을 생략할 경우

num = 1을 입력하면 11행이 실행되고, 실행문장 뒤에 break문이 없으므로 그 뒤의 case문과 상관없이 다음 문장을 계속 실행한다. 결국 switch문을 빠져나오지 못하고, 12행, 13행, 14행, 15행까지 모두 실행한 후 switch문을 빠져나온다.

```
6   printf("각 학년을 입력하시오.\n");
7   printf("1:1학년, 2:2학년, 3:3학년, 4:4학년\n");
8   scanf("%d", &num);
9   switch (num)
10  {
11    case 1: printf("1학년입니다.n");
12    case 2: printf("2학년입니다.\n");
13    case 3: printf("3학년입니다.\n");
14    case 4: printf("4학년입니다.\n");
15    default: printf("잘못된 입력입니다.\n");
```

| 결과 |

```
C:\WINDOWS\system32\cmd.exe
각 학년을 입력하시오.
1:1학년, 2:2학년, 3:3학년, 4:4학년
1
1학년입니다.
2학년입니다.
3학년입니다.
4학년입니다.
잘못된 입력입니다.
```

② 여러 결과 값에 따라 동일한 코드를 처리할 경우

break;를 사용하지 않음으로써 조건식의 여러 결과 값에 따라 동일한 코드를 처리할 수 있다. case 1이거나 case 2인 경우 case 1, 2: 으로 표현하지 않는다.

```
printf("1:1~2학년, 3:3~4학년 \n ");
scanf("%d", &num);
switch (num)
{
  case 1:case 2: printf("1~2학년입니다.\n");break;
  case 3:case 4: printf("3~4학년입니다.\n");break;
  default: printf("잘못된 입력입니다.\n");
}
```

| 결과 |

```
C:\WINDOWS\system32\cmd.
1:1~2학년, 3:3~4학년
 2
1~2학년입니다.
```

예제 4-6

switch문을 사용하여 [예제 4-5]와 같이 산술계산기 동작을 하는 프로그램을 작성하는 예

분석

① 산술 계산은 +, −, *, /, %, &. |, ^으로 하고, 그 외의 연산자는 잘못된 입력으로 간주하여 간단한 안내문을 출력한다.
② 키보드로부터 정수형 피연산자 두 개와 문자형 연산자 한 개를 입력받는다.
③ switch문을 사용하여 작성한다.

```
#include <stdio.h>
#include <stdlib.h>

int main()
{
    int x, y, result;
    char op;
    printf("수식을 입력하시오.\n");
    printf("연산자의 종류 : + - * / %% & | ^ \n");
    printf("입력 예 : 2 + 3\n\n입력 >> ");
    scanf("%d %c %d", &x, &op, &y);

switch (op)
    {
    case '+': result = x + y; break;
    case '-': result = x - y; break;
    case '*': result = x * y; break;
    case '/': result = x / y; break;
    case '%': result = x % y; break;
    case '&': result = x & y; break;
    case '|': result = x | y; break;
    case '^': result = x ^ y; break;
    default: printf("잘못된 연산자입니다.\n"); exit(0);
    }
    printf("\n결과 >> %d %c %d = %d\n", x, op, y, result);

    return 0;
}
```

| 결과 |

```
C:\WINDOWS\system32\cmd.exe
수식을 입력하시오.
연산자의 종류 : + - * / % & | ^
입력 예 : 2 + 3

입력 >> 2&0

결과 >> 2 & 0 = 0
계속하려면 아무 키나 누르십시오 . . .
```

```
C:\WINDOWS\system32\cmd.exe
수식을 입력하시오.
연산자의 종류 : + - * / % & | ^
입력 예 : 2 + 3

입력 >> 2^2

결과 >> 2 ^ 2 = 0
계속하려면 아무 키나 누르십시오 . . .
```

[그림 4-10]

㉠ 2행: exit함수를 위한 헤더 파일을 삽입한다.
㉡ 7행: 연산자 문자 한 개를 저장할 문자형 변수 선언한다.
㉢ 8～10행: 수식의 입력과 연산자의 종류와 입력의 예를 보여주는 안내문 출력한다.
㉣ 11행: 키보드로부터 피연산자 2개와 연산의 종류를 입력받는다.
㉤ 13행: 11행에 입력받은 연산자의 종류에 따라 해당되는 case문으로 이동하여 연산결과를 result에 저장한 후 break문을 실행하여 프로그램을 종료한다.
㉥ 23행: 지정된 연산자 이외의 것을 입력하면 default문을 실행하고, exit(0)를 호출하여 프로그램을 종료한다.

제2절 반복 제어문 중요

반복문은 동일한 내용을 특정횟수만큼 반복하여 처리할 때 사용되며, **루프(loop)**라고도 한다. 일반적으로 프로그램은 많은 양의 데이터로부터 원하는 정보를 얻기 위해 사용되므로 많은 데이터에 동일한 처리를 반복하는 경우가 많다. 주어진 문제를 분석하고 해결할 때 프로그램을 반복구조로 작성하면, 일정 코드를 지정한 횟수만큼 반복하여 실행하므로 프로그램이 단순하고 명확해지며, 유지관리가 쉬워진다.

반복문의 종류에는 for문, while문, do ～ while문이 있다. **for문**은 반복횟수가 분명할 때 사용하고, **while문**은 반복횟수는 정확히 모르며 특정 조건을 만족하는 한 반복할 때 사용한다. **do ～ while문**은 반복횟수는 정확히 모르지만 무조건 한번은 반복한 후 특정조건을 만족하는 한 반복이 필요할 때 사용한다.

1 for문

반복문을 작성할 때는 먼저 어떤 내용을 반복해야 하는지부터 분석해야한다.

(1) for문의 형식과 실행 흐름

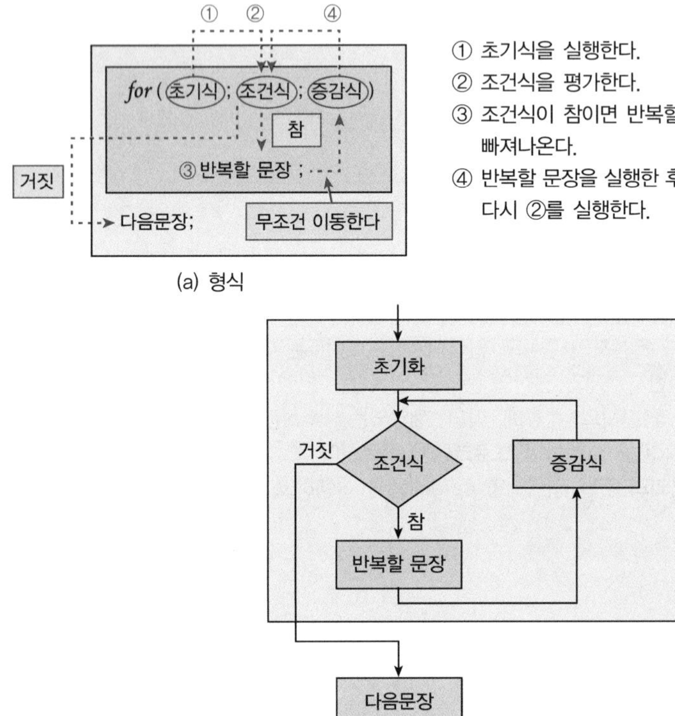

① 초기식을 실행한다.
② 조건식을 평가한다.
③ 조건식이 참이면 반복할 문장을 실행하고, 거짓이면 for문을 빠져나온다.
④ 반복할 문장을 실행한 후에는 증감식으로 돌아가서 실행한 후 다시 ②를 실행한다.

[그림 4-11] for문의 형식과 흐름도

① for문 헤더(header)

for문의 첫 행을 헤더라고 하는데 이 헤더는 세 부분으로 나뉘며 반드시 ;**으로 구분**해야한다.

㉠ 초기식 : 반복 루프가 시작될 때 한 번만 실행되는 곳으로 주로 루프의 반복을 제어하는 제어변수를 초기화하는 용도로 사용된다.

㉡ 조건식 : 루프의 반복 내용을 실행할지 아니면 반복을 중단하고 for문을 끝낼지를 결정하는 데 사용된다. 조건식의 결과 값이 참이면 for문의 본체(body)를 실행하고, 거짓이면 본체를 실행하지 않는다.

㉢ 증감식 : 주로 제어변수를 증가시키거나 감소시키는 데 사용되며, 복합 대입연산자를 사용하여 특정 값만큼 증감 연산을 수행한다. for문의 본체를 실행하면 실행 순서가 증감식으로 이동한다. 증감식을 실행한 후에는 언제나 조건식 부분으로 이동한다. 사실 조건식은 이 증감식의 실행으로 제어변수의 값이 변경되어 조건식의 결과 값이 거짓이 되면 반복이 끝난다.

② for문 본체(body)

반복할 내용을 적는 곳으로, 한 문장이라면 { }를 사용할 필요가 없으나, 두 문장 이상이라면 반드시 { }로 묶어야 한다. 본체의 마지막 문장을 실행하면 언제나 헤더의 증감식으로 돌아간다.

```
for (초기식 ; 조건식; 증감식)          ← for문 헤더
{                                     ← for문 본체
   반복할 문장들 ;                     반복할 내용이 두 문장 이상이라면 반드시 { }로
}                                     묶어야 한다.
```

③ 주의사항

㉠ for문 헤더 뒤에 처리문장 없이 ;으로만 구성된 문장(NULL문장)

for문에서 반복할 문장이 없는 널문장이 있는 경우, for문의 헤더 부분만 반복하여, i가 6이 되면 for문을 빠져나와 7행을 실행하므로 결국 1번만 실행한다.

```
5   int i;
6   for (i = 1; i <= 5; i++);
7   printf("for문 헤더 바로 뒤에 ;를 쓰면 잘못된 결과를 얻을 수 있다.\n");
```

| 결과 |

```
C:\WINDOWS\system32\cmd.exe
for문 헤더 바로 뒤에 ;를 쓰면 잘못된 결과를 얻을 수 있다.
계속하려면 아무 키나 누르십시오 . . .
```

㉡ for문의 헤더에서 초기식, 조건식, 증감식을 구분하기 위해 ;를 써야한다.

```
6   for (i = 1, i <= 5, i++);
7   printf("for문 헤더 바로 뒤에 ;를 쓰면 잘못된 결과를 얻을 수 있다.\n");
```

| 결과 |

코드	설명 ▲
	';'가 필요합니다.
C2143	구문 오류: ';'이(가) ')'앞에 없습니다.

(2) for문의 실행 과정

for문이 동일한 내용을 원하는 횟수만큼 반복하여 실행하는 과정을 다음 [표 4-1]에서 보여준다. 헤더에 포함된 변수 i는 for문의 반복을 제어하는 데 사용된다고 하여 for문의 제어변수라고 한다.

[표 4-1] for문의 실행과정

예 for(i = 1 ; i <= 5 ; i++) printf(“1번\n”);

i의 값	조건식 i <= 5	반복할 문장
1	참	printf(“1번\n“);
2	참	printf(“1번\n“);
3	참	printf(“1번\n“);
4	참	printf(“1번\n“);
5	참	printf(“1번\n“);
6	거짓	for문을 빠져나옴

① 단순히 5번 반복을 위해 실행한다.

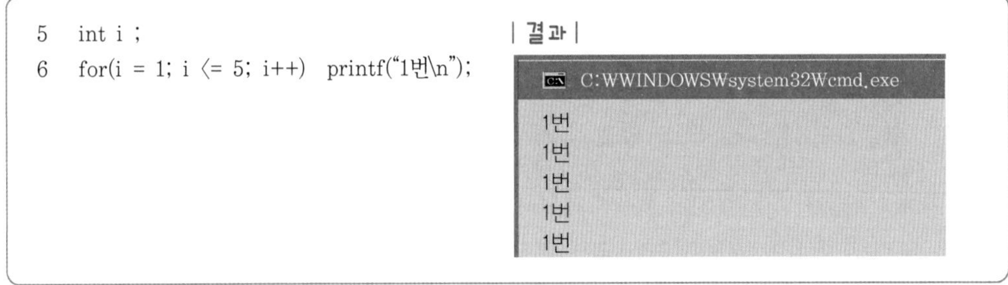

```
int i ;
for(i = 1; i <= 5; i++)  printf(“1번\n”);
```


② 제어변수를 활용하여 1번에서 5번까지 차례로 출력을 실행한다.

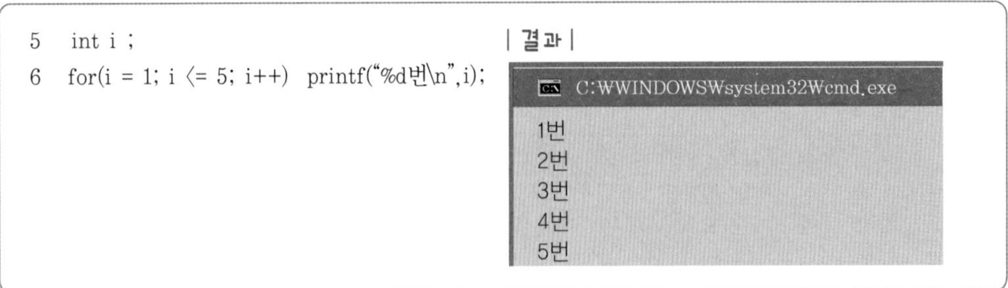

```
int i ;
for(i = 1; i <= 5; i++)  printf(“%d번\n”,i);
```

③ 제어변수를 활용하여 1에서 5까지의 합을 구하는 과정을 실행한다.

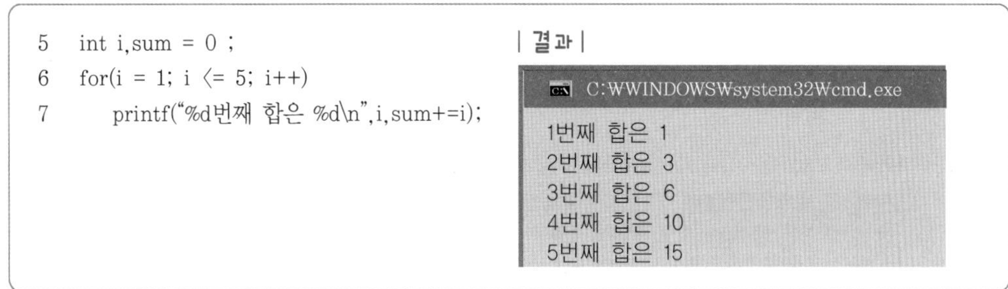

```
int i,sum = 0 ;
for(i = 1; i <= 5; i++)
    printf("%d번째 합은 %d\n",i,sum+=i);
```

| 결과 |

```
C:WWINDOWSWsystem32Wcmd.exe
1번째 합은 1
2번째 합은 3
3번째 합은 6
4번째 합은 10
5번째 합은 15
```

(3) 다양한 for문의 헤더 중요

① 초기식에서 콤마 연산자를 이용하여 여러 문장을 사용할 수 있으며, 증감식도 다양하게 사용할 수 있다.

㉠ 1에서 10까지의 합을 구하기

```
int i,sum ;
for (sum = 0, i = 1; i <= 10; i++) sum += i;
    printf("합 : %d\n",sum);
```

| 결과 |

```
C:WWINDOWSWsystem32Wcmd.exe
합 : 55
계속하려면 아무 키나 누르십시오 . . .
```

㉡ 1과 20 사이의 4의 배수의 합 구하기

```
int i,sum ;
for (sum = 0, i = 0; i <= 20; i += 4) sum += i;
    printf("합 : %d\n", sum);
```

| 결과 |

```
C:WWINDOWSWsystem32Wcmd.exe
합 : 60
계속하려면 아무 키나 누르십시오 . . .
```

ⓒ 10에서 1까지 거꾸로 출력하기

```
int i;
for (i = 10; i >= 1; i --)
    printf("%2d ",i);
```

| 결과 |

```
C:\WINDOWS\system32\cmd.exe
10  9  8  7  6  5  4  3  2  1
계속하려면 아무 키나 누르십시오 . . .
```

② for문의 조건식에서는 논리연산자를 이용해 여러 조건을 결합할 수도 있다.

㉠ 정수를 최대 5개 입력받아 합을 구하되, 합이 10보다 커지면 입력을 중지하기

```
int i,sum,n;
for (sum = 0, i = 1; i <= 5 && sum <= 10; i++)
{
    printf("%d번째 정수는 ?",i);
    scanf("%d", &n);
    sum += n;
}
```

| 결과 |

```
C:\WINDOWS\system32\cmd.exe
1번째 정수는 ?7
2번째 정수는 ?3
3번째 정수는 ?2
계속하려면 아무 키나 누르십시오 . . .
```

㉡ 초기식, 조건식, 증감식을 모두 생략할 수 있지만 무조건 for문의 본체를 실행하여 **무한 반복**시킨다. 실제로 무한루프가 되면 프로그램이 끝나지 않으므로 본체 안에서 for문을 탈출하는 방법이 반드시 포함되어야 한다. 일반적으로 for문 안에 break문을 많이 사용한다.

1+3+ ... +n이 처음으로 10이 넘는 n을 찾기

```
int i, sum;
for (sum = 0, i = 1; ; i = i + 2)
{
    sum += i;
    if (sum > 10) break;
}
printf("1부터 %d까지의 홀수의 합은 %d\n", i, sum);
```

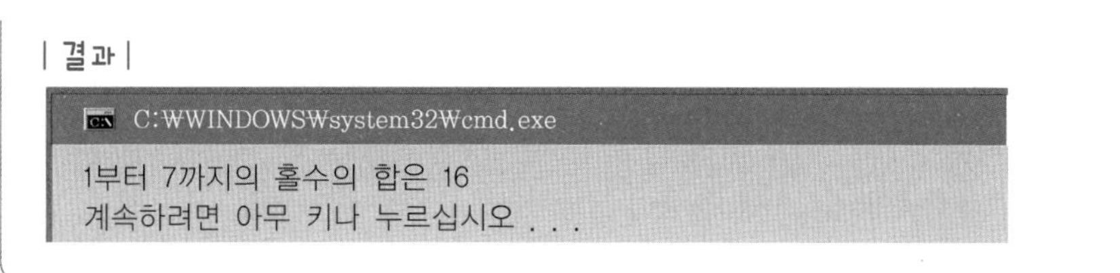

(4) 중첩된 for문 중요

① 중첩된 for문의 형식과 실행 흐름

반복문 안에 또 다른 반복문이 포함된 것을 중첩된 반복문이라 한다. 중첩 반복문에서 주의할 점은 각 반복문의 제어변수가 달라야 한다는 것이다.

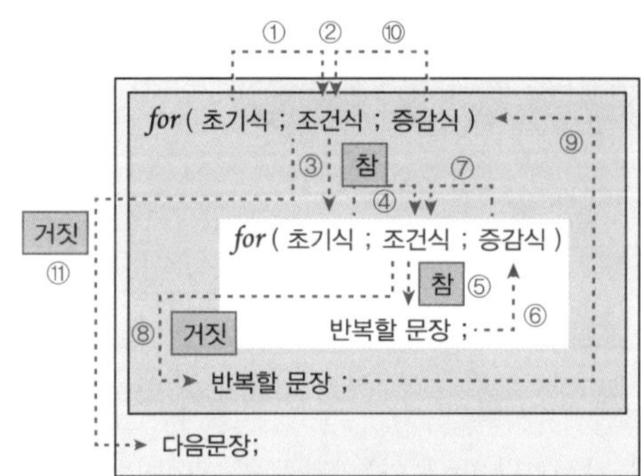

① 외부 for문 초기식을 실행한다.
② 외부 for문 조건식을 평가한다.
③ 외부 for문의 조건식이 참이면 내부 for문을 실행한다.
④ 내부 for문 초기식을 실행한다.
⑤ 내부 for문 조건식을 평가한다.
⑥ 내부 for문의 조건식이 참이면 반복할 문장을 실행하고, 증감식으로 이동한다.
⑦ 증감식을 실행한 후 조건식을 평가한다.
⑧ 내부 for문의 조건식이 거짓이면 내부 for문을 빠져나와 외부 for문의 반복할 문장을 실행한다.
⑨ 외부 증감식으로 이동한다.
⑩ 증감식을 실행 후 조건식을 평가한다.
⑪ 외부 for문의 조건식이 거짓이면 외부 for문을 탈출하여, 다음 문장을 실행한다.

(a) 형식

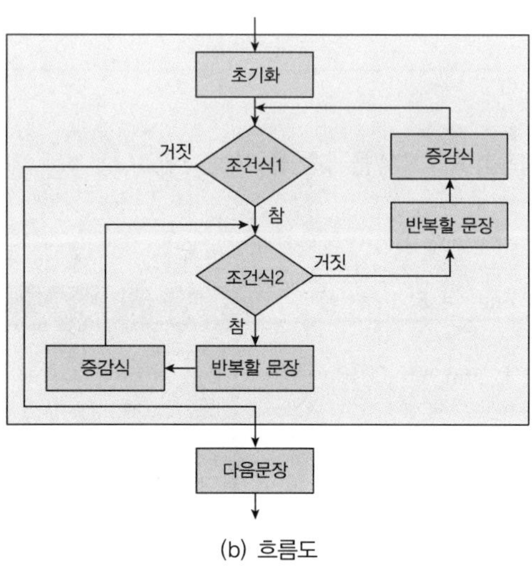

(b) 흐름도

[그림 4-12] 중첩된 for문의 형식과 실행 흐름

② **간단한 예**

i반복되는 for문 본체의 마지막 문장을 실행한 후 증감식으로 돌아가고, 조건문이 거짓이면 for문을 탈출하므로 실행순서가 12행으로 바뀐다. j반복되는 for문 본체의 마지막 문장을 실행한 후 증감식으로 돌아가고, 조건문이 거짓이면 for문을 탈출하므로 실행순서가 11행으로 바뀐다. 그러므로 i반복이 3번, j반복이 3번으로 총 9번 반복된다.

```
5   int i,j;
6   for (i = 1; i <= 3; i++)
7   {
8       printf("i=%d일 때 : ", i);
9       for(j = 1; j <= 3; j++)
10          printf("j=%d ", j);
11          printf("\n ");
12  }
```

| 결과 |

```
C:\WINDOWS\system32\cmd.exe
i=1일 때 : j=1 j=2 j=3
i=2일 때 : j=1 j=2 j=3
i=3일 때 : j=1 j=2 j=3
계속하려면 아무 키나 누르십시오 . . .
```

③ **중첩된 for문에서 제어변수의 활용**

중첩된 for문에서 안쪽으로 중첩되는 for문들은 자신보다 밖에 있는 for문의 제어변수들을 많이 활용한다.

㉠ 외부 for문의 제어변수와 내부 for문의 **제어변수 활용**

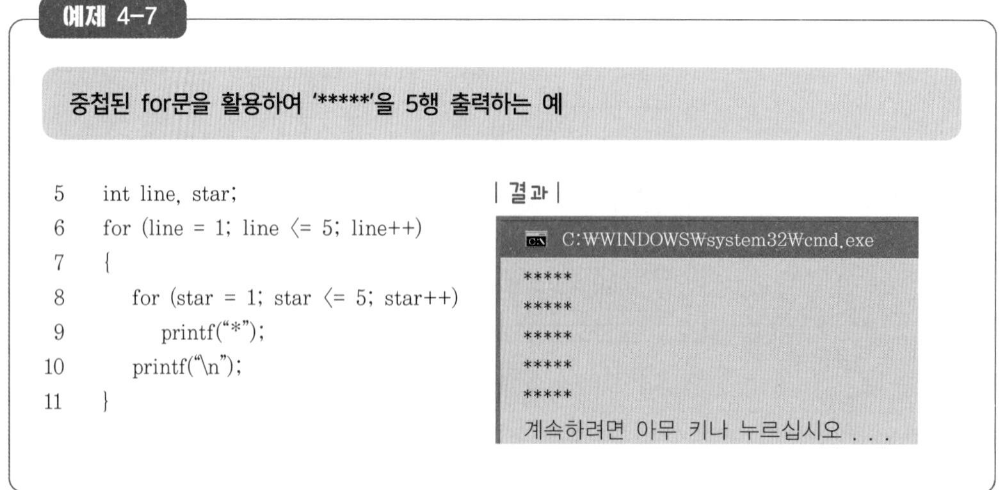

예제 4-7

중첩된 for문을 활용하여 '***'을 5행 출력하는 예**

```
int line, star;
for (line = 1; line <= 5; line++)
{
    for (star = 1; star <= 5; star++)
        printf("*");
    printf("\n");
}
```

| 결과 |

```
C:\WINDOWS\system32\cmd.exe
*****
*****
*****
*****
*****
계속하려면 아무 키나 누르십시오 . . .
```

[그림 4-13]

㉠ 6행 : line = 1(초깃값)실행 후, 조건식과 비교하면 참이므로 7행으로 이동한다.
㉡ 7행 : 6행의 조건이 참이므로 8행으로 이동한다.
㉢ 8행 : star = 1(초깃값)실행 후, 조건식을 비교하면 참이므로 9행으로 이동한다.
㉣ 9행 : '*'를 출력하고 8행 증감식으로 이동한다. 이스케이프문자(개행문자\n)가 없음에 유의한다.
㉤ 8행 : 증감식에 star변수 값을 1증가시킨 후 조건식으로 이동한다. 조건이 다시 참이 되므로, 9행으로 이동하여 출력한다.
㉥ 8행과 9행을 반복 실행하여 5번 반복출력으로 '*****' 출력한다.
㉦ 8행 : 8행의 증감식에 의해 star변수에 6이 저장되고, 조건식으로 이동한다. 조건식과 비교하여 거짓이 되므로 star반복문을 탈출하여 printf()문의 개행문자를 출력한 후 11행으로 이동한다.
㉧ 11행 : 6행의 증감식으로 이동한다.
㉨ 6행 : line변수 값을 1증가시킨 후 조건식으로 이동한다. 조건이 다시 참이 되므로, ㉢~㉧으로 반복한다.
㉩ star반복문으로 '*****'를 출력하고, line반복문을 5번 반복하여 출력한다.

㉡ 외부 for문의 제어변수를 내부 for문의 본체 반복횟수로 활용

예제 4-8

중첩된 for문과 제어변수를 활용해 n행에 *를 n개 출력하는 예

```
5   int line, star;
6   for (line = 1; line <= 5; line++)
7   {
8       for (star = 1; star <= line; star++)
9           printf("*");
10      printf("\n");
11  }
```

| 결과 |

```
C:\WINDOWS\system32\cmd.exe
*
**
***
****
*****
```

[그림 4-14]

8행 : for문의 반복 횟수를 5로 고정시키지 않고 외부 for문의 제어변수 line으로 지정해서 외부 for문의 본체가 실행될 때마다 출력하는 '*'의 개수가 하나씩 늘어나게 한다.

㉢ n행에는 1에서 n까지의 합을 차례로 출력한다.

예제 4-9

중첩된 for문과 제어변수를 활용해 1 ~ n까지의 합을, n이 1 ~ 5일 때까지 구하는 예

```
5   int n, i, sum;
6   for (n = 1; n <= 5; n++)
7   {
8       for (sum = 0, i = 1; i <= n; i++)
9           sum += i;
10          printf("1~%d까지의 합은 %d이다.\n", n, sum);
11  }
```

| 결과 |

```
C:\WINDOWS\system32\cmd.exe
1~1까지의 합은 1이다.
1~2까지의 합은 3이다.
1~3까지의 합은 6이다.
1~4까지의 합은 10이다.
1~5까지의 합은 15이다.
계속하려면 아무 키나 누르십시오 . . .
```

[그림 4-15]

㉠ 8행에서 6행으로 이동한다면 8행의 for문을 실행함으로써 저장된 sum값에 다시 i값을 1부터 n까지 더하게 된다.

㉡ $\sum_{n=1}^{5}\sum_{i=1}^{n} i = (1)+(1+2)+(1+2+3)+(1+2+3+4)+(1+2+3+4+5)$를 구한다.

㉢ 내부 for문을 시작하기 전에 반드시 sum을 다시 0으로 초기화하는 과정이 필요하다.

2 while문 중요

특정 작업을 반복하기는 하지만 반복횟수가 얼마나 되어야 하는지 정확히 모르는 경우가 있다. 비밀번호를 잊어버린 경우 몇 번을 입력해야 찾을 수 있는지 알지 못한다. 확실한 사실은 비밀번호를 틀리는 한 계속 반복해야 한다는 것이다. 이처럼 **특정 조건을 만족하는 한 계속 반복**하는 문제는 while문을 사용하는 것이 좋다.

(1) while문의 형식과 실행 흐름

① 형식과 실행 흐름

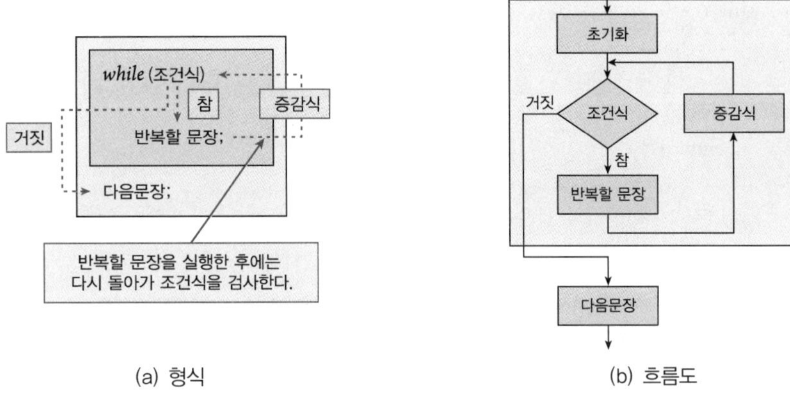

(a) 형식 (b) 흐름도

[그림 4-16] while문의 형식과 실행 흐름

② 조건식

while문 본체의 반복 여부를 결정한다. while문을 실행할 때는 먼저 조건식을 검사한다. 조건식이 참이면 다음에 나오는 반복문장을 실행하고, 거짓이면 while문을 탈출한다. while문 본체의 마지막 문장을 실행한 후에는 다시 조건식이 있는 곳으로 돌아와 조건식을 검사한다. 조건식이 참이면 해당 문장을 다시 반복하고 거짓이면 while문을 탈출한다. 즉, 조건식이 참인 동안 본체를 계속 반복하여 실행한다. while문을 시작할 때 처음부터 조건식의 값이 거짓일 경우에는 본체가 한 번도 실행되지 않을 수 있다.

[형식]

```
while(조건식)
{
        반복할 여러 문장 ;                반복할 문장이 두 문장 이상이면 반드시 { }로 묶어야 한다.
}
다음 문장 ;
```

③ while문 본체의 마지막 문장을 실행한 후에는 다시 while문의 헤더로 돌아가 조건식을 검사한다.

1 ~ n까지의 합이 처음으로 100을 넘게 되는 n구하기

```
int i = 0, sum = 0;
while (sum <= 100)
{
    i++;
    sum += i;
}
printf("1~%d까지의 합은 %d이다.\n", i, sum);
```

| 결과 |

```
C:\WINDOWS\system32\cmd.exe
1~14까지의 합은 105이다.
계속하려면 아무 키나 누르십시오 . . .
```

(2) while문과 for문의 비교

for문의 헤더는 초기식, 조건식, 증감식을 포함하지만 while문의 헤더는 조건식만 포함하므로, 일반적으로 while문 이전에 제어변수가 초기화되고 while문의 본체가 끝나기 전에 제어변수의 증감식이 포함된다. 반복횟수를 정확히 알면서도 while문을 사용하게 되면, 코드길이도 길어지고 반복횟수도 한 눈에 알아볼 수 없기 때문에 좋지 않다.

while문과 for문의 비교

```
int i = 1, sum = 0;
while (i <= 10)
{
  i++;
  sum += i;
}
printf("1~%d까지의 합은 %d이다.\n", i, sum);
```

```
int i, sum;
for (sum = 0, i = 1; i <= 10; i++)
  sum += i;
printf("1~%d까지의 합은 %d이다.\n", i, sum);
```

예제 4-10

정수 1 ~ n까지의 곱을 구하는 예 (단, while문을 이용)

```
1   #include <stdio.h>
2
3   int main()
4   {
5       int i, n, mul;
6       printf("1부터 n까지의 곱을 구한다. 정수n은?");
7       scanf("%d", &n);
8
9       mul = 1;
10      i = 1;
11      while (i <= n)
12      {
13      mul *= i;
14      i++;
15      }
16      printf("1부터 %d까지의 곱은 %d이다.\n", n, mul);
17
18      return 0;
19  }
```

| 결과 |

```
C:WWINDOWSWsystem32Wcmd.exe
1부터 n까지의 곱을 구한다. 정수n은?5
1부터 5까지의 곱은 120이다.
계속하려면 아무 키나 누르십시오 . . .
```

[그림 4-17]

㉠ 10행 : while문이 시작하기 전에 반복의 초기화를 담당하는 제어변수를 반드시 초기화해야한다.
㉡ 11행 : 조건식을 (i < n)으로 지정하면 1에서 (n - 1)까지의 곱만 구해진다. while문은 for문보다 조건식을 작성할 때 더욱 주의해야한다.
㉢ 14행 : 다시 11행으로 돌아가기 전에 i값을 증가시키지 않으면 11행의 조건식이 언제나 참이 되므로 무한루프가 발생한다.

(3) while문과 무한루프

for문에서 조건식을 생략하여 무한루프를 만들 수 있다. while문에서 무한루프를 만들려면 조건식을 항상 참이 되게 하면 된다. 0이 아닌 값은 모두 참이지만 일반적으로는 조건식으로 1을 이용한다. 무한루프 형태로 반복문을 표현한 경우에는 반복을 끝내고 while문을 탈출할 수 있도록 break문을 이용하는 경우가 많다.

1 ~ n까지의 합이 처음으로 100을 넘게 되는 n을 구하기

```
5   int sum = 0, i = 1;
6   while (1)
7   {
8       sum += i;
9       if (sum > 100) break;
10      i++;
11  }
12  printf("1~%d까지의 합이 100을 넘는 수 : %d\n", i, sum);
```

| 결과 |

```
C:WWINDOWSWsystem32Wcmd.exe
1~ 14까지의 합이 100을 넘는 수 : 105
계속하려면 아무 키나 누르십시오 . . .
```

㉠ 6행: 정수 1은 참이므로 무조건 본체를 실행한다.
㉡ 9행: while문의 탈출조건이 된다.

3 do ~ while문 중요 기출

일반적인 이공계열에서 다루는 문제는 수치 데이터를 다루거나 특정한 일을 정해진 횟수만큼 반복하는 경우가 많다. 그러나 일반 응용 프로그램에서는 일단 한 번 실행한 후에 다시 반복 실행할지 그만둘지를 결정해야 하는 경우가 많다. 그 예가 메뉴 방식 프로그램이다. 프로그램을 통해 처리할 수 있는 기능을 메뉴로 표시하고 사용자가 원하는 메뉴를 선택하면 해당 메뉴에 대한 기능을 처리해주며, 끝내기 전까지는 다시 메뉴를 처리하도록 반복하는 형태이다. 프로그래머 입장에서 반복횟수를 미리 알 수 없으므로 while문으로 작성하는 것이 좋다. 그런데 이러한 메뉴 방식의 응용프로그램은 사용자에게 일단 한번은 메뉴를 표시한다는 특징이 있다. 이처럼 반복 내용을 반드시 한 번 실행한 후에, 계속할지 그만둘지를 결정하는 경우에는 while문 보다 do ~ while문을 이용하는 것이 훨씬 편리하다.

(1) do ~ while문의 형식과 실행 흐름

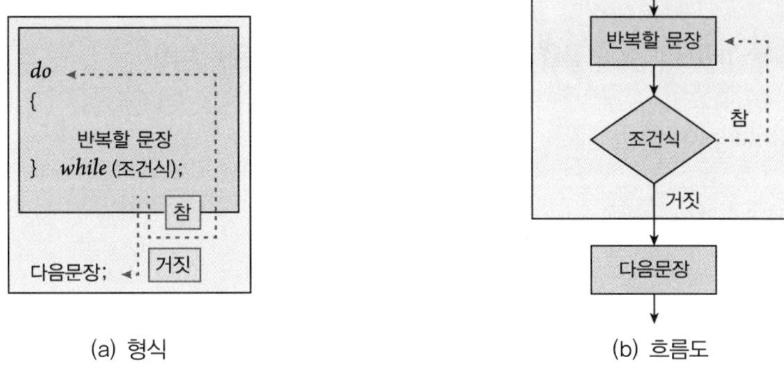

(a) 형식　　(b) 흐름도

[그림 4-18] do ~ while문의 형식과 실행 흐름

do문 뒤에 조건식이 없으므로 무조건 본체를 실행한다. 본체를 실행한 후에는 while뒤의 조건식을 검사해서, 참이면 다시 본체를 실행하고 거짓이면 do ~ while문을 탈출한다.

(2) do ~ while문의 본체

for문이나 while문과는 달리 반복할 문장이 하나뿐이더라도 반드시 { }로 묶어야 한다. 본체가 끝난 후 } 뒤에 while(조건식)을 붙여서 쓰며 마지막에는 ;을 꼭 붙여야 한다.

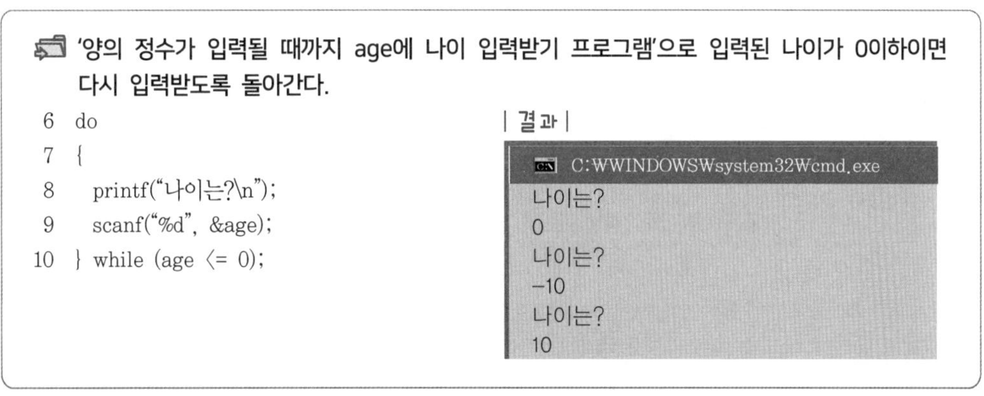

'양의 정수가 입력될 때까지 age에 나이 입력받기 프로그램'으로 입력된 나이가 0이하이면 다시 입력받도록 돌아간다.

```
do
{
  printf("나이는?\n");
  scanf("%d", &age);
} while (age <= 0);
```

| 결과 |

```
C:\WINDOWS\system32\cmd.exe
나이는?
0
나이는?
-10
나이는?
10
```

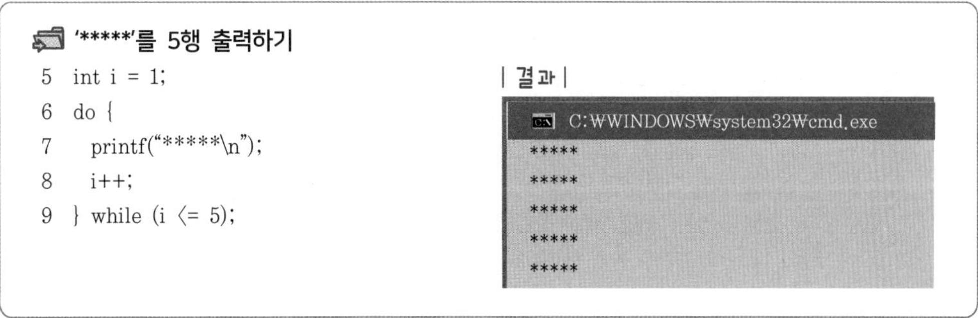

'***'를 5행 출력하기**

```
int i = 1;
do {
  printf("*****\n");
  i++;
} while (i <= 5);
```

| 결과 |

```
C:\WINDOWS\system32\cmd.exe
*****
*****
*****
*****
*****
```

예제 4-11

정수 1 ~ n까지의 합과 곱을 구하는 예 (단, do ~ while문을 이용)

```
1   #include <stdio.h>
2
3   int main()
4   {
5      int i, n, sum, multi;
6      printf(“정수 n : ”);
7      scanf(“%d”, &n);
8
9      i = 1; sum = 0; multi = 1;
10     do
11     {
12       sum += i;
13       multi *= i;
14       i++;
15     } while (i <= n);
16     printf(“1부터 %d까지의 합은 %d입니다.\n”, n, sum);
17     printf(“1부터 %d까지의 곱은 %d입니다.\n”, n, multi);
18
19     return 0;
20  }
```

| 결과 |

```
C:WWINDOWSWsystem32Wcmd.exe
정수 n : 10
1부터 10까지의 합은 55입니다.
1부터 10까지의 곱은 3628800입니다.
계속하려면 아무 키나 누르십시오 . . .
```

[그림 4-19]

㉠ 9행 : 변수들의 초기값 설정으로, i는 1부터 반복하기 위한 값이고, sum은 합을 구하기 위한 초기값이다. multi는 곱셈을 하기 위한 초기값으로 설정한다.
㉡ 10 ~ 14행 : 덧셈과 곱셈을 실행한다.
㉢ 15행 : 키보드로부터 입력받은 n값과 i값을 비교하여 조건식이 거짓이 될 때까지 합과 곱셈을 실행한다. 만약 거짓이 되면 while문을 탈출한다.
㉣ 16 ~ 17행 : 12 ~ 13행까지 저장된 합과 곱의 결과를 출력한다.

제3절 기타 제어문

프로그램이 실행되면 제일 먼저 main() 함수가 호출되고, main() 함수에 있는 일련의 문장들이 나열된 순서대로 실행된다. C언어는 앞에서 설명한 조건문과 반복문 외에는, 문장들의 실행순서를 변경할 수 있는 다양한 제어문을 제공한다.

1 break문 중요 기출

break문은 switch문, for문, while문, do ~ while문을 실행하는 중간에 완전히 탈출할 때 사용되는 유용한 제어문이다. 특히 무한루프에서 특정조건을 만족하면 루프를 끝내는 데 매우 유용하게 사용된다.

(1) break문의 흐름과 간단한 예

n값이 0미만이면 다시 입력받기 위한 break문

```
6   while (1)
7   {
8       printf("필요한 물건의 개수는 ?\n");
9       scanf("%d", &n);
10      if (n >= 0) break;
11      printf("잘못된 개수를 입력했습니다. 재입력하세요.\n");
12  }
```

| 결과 |

```
C:WWINDOWSWsystem32Wcmd.exe
필요한 물건의 개수는 ?
-1
잘못된 개수를 입력했습니다. 재입력하세요.
필요한 물건의 개수는 ?
1
```

㉠ 10행: 조건식이 참이면 break문을 실행하여 while문을 탈출하고, 조건식이 거짓이면 11행을 실행한 후 6행으로 이동한다.
㉡ 6행: 조건식이 참(무한루프)으로 다시 7 ~ 10까지 실행한다.

(2) break문 사용 시 주의 사항

사용되는 break문의 개수는 제한이 없으나 너무 많이 사용되면 코드가 복잡해지므로 특별한 경우를 제외하고는 사용을 자제하는 것이 좋다.

① 중첩된 루프인 경우 내부 루프에서 break문을 사용하면 break문이 속한 내부 루프만 빠져나온다.

맨 안쪽 내부의 루프에서 가장 바깥쪽 외부 루프까지 빠져나오려면 break문이 루프의 개수만큼 필요하다.

```
printf("정수값을 입력하시오.");
scanf("%d", &n);
for(i = 1; i <= n; i++)
{
  for(j = 1; j <= n; j++)
   {
      for(k = 1; k <= n; k++)
      {
         printf("i(%d), j(%d), k(%d)\n", i, j, k);
         if (k >= n) break;
      }
      printf("i(%d), j(%d), k(%d)\n", i, j, k);
      if (j >= n) break;
   }
  printf("i(%d), j(%d), k(%d)\n", i, j, k);
  if (i >= n) break;
}
```

k루프를 탈출

j루프를 탈출

i루프를 탈출

| 결과 |

```
C:\WINDOWS\system32\cmd.exe
정수값을 입력하시오.2
i(1), j(1), k(1)
i(1), j(1), k(2)
i(1), j(1), k(2)
i(1), j(2), k(1)
i(1), j(2), k(2)
i(1), j(2), k(2)
i(1), j(2), k(2)
i(2), j(1), k(1)
i(2), j(1), k(2)
i(2), j(1), k(2)
i(2), j(2), k(1)
i(2), j(2), k(2)
i(2), j(2), k(2)
i(2), j(2), k(2)
계속하려면 아무 키나 누르십시오 . . .
```

② break문은 **반복문과 switch문에서만 사용한다.** if문을 탈출하는 데에는 사용할 수 없다.

```
6         if (i == 1)
7         {
8           printf("1번을 선택했다.\n");
9           printf("필요한 물건의 개수를 입력:");
10          scanf("%d", &n);
11          if (n <= 0)
12            break;
13          printf("합계는 %d이다. ", n*1000);
14        }
15    }
```

| 결과 |

	코드	설명 ▲
		break 문은 루프 또는 스위치 내에서만 사용할 수 있습니다.
⊗	C2043	break가 잘못되었습니다.

프로그래머의 의도는 6행의 if문을 탈출해서 15행으로 이동하기 위한 것으로 보이지만 반복문과 switch문 밖에서는 break가 나타날 수 없으므로 'break가 잘못되었습니다.'라는 오류메시지가 나타난다.

예제 4-12

정수 1 ~ n까지의 합을 구하는 예 (단, 무한루프를 이용)

```
#include <stdio.h>

int main()
{
    int i, n, sum;

    while (1) //무한 루프
    {
        printf("정수 n을 입력(종료:-1)) : ");
        scanf("%d", &n);

        if (n == -1)
            break;
```

```
14
15          sum = 0;
16          for (i = 1; i <= n; i++)
17              sum += i;
18          printf("정수 1에서 %d까지의 합은 %d입니다.\n\n", n, sum);
19      }
20      printf("프로그램을 끝냅니다. \n");
21
22      return 0;
23  }
```

| 결과 |

```
C:\WINDOWS\system32\cmd.exe
정수 n을 입력(종료:-1) : 50
정수 1에서 50까지의 합은 1275입니다.

정수 n을 입력(종료:-1) : 1
정수 1에서 1까지의 합은 1입니다.

정수 n을 입력(종료:-1) : -1
프로그램을 끝냅니다.
계속하려면 아무 키나 누르십시오 . . .
```

[그림 4-20]

㉠ 7행 : while문의 조건식이 무한루프로 실행된다.
㉡ 12행 : 무한루프를 탈출하기 위한 조건을 명시해야 한다. n의 입력에 −1을 입력하면 조건식이 참이 되므로 break문이 실행되어 20행으로 이동한다.

2 continue문 기출

반복문에서 사용되는 또 다른 제어문으로 continue문이 있다. break문은 반복문의 실행을 완전히 끝내는 데 반해, continue문은 단순히 continue문의 다음 내용만 실행하지 않은 채 다음 반복으로 진행하기 위해 루프의 시작이나 끝으로 이동한다. 반면 for문은 무조건 헤더의 **증감식**으로 이동하고, while문은 헤더의 **조건식**으로 이동하며, do ~ while문은 맨 끝 while뒤의 **조건식**으로 이동한다.

예제 4-13

정수 1 ~ n까지의 짝수들의 합을 구하는 예 (단, continue문을 이용)

```
1   #include <stdio.h>
2
3   int main()
4   {
5       int i, n, sum = 0;
6       printf(“정수 n을 입력 : ”);
7       scanf(“%d”, &n);
8       i = 0;
9       while (i <= n)
10      {
11          i++;
12          if (i % 2 == 1)
13                  continue;
14          sum += i;
15      }
16      printf(“1~%d까지의 짝수들의 합: %d.\n”, n, sum);
17
18      return 0;
19
20  }
```

| 결과 |

```
C:\WINDOWS\system32\cmd.exe
정수 n을 입력 : 10
1~ 10까지의 짝수들의 합 : 30.
계속하려면 아무 키나 누르십시오 . . .
```

[그림 4-21]

㉠ 12행 : 조건식이 참(i값이 홀수)이면 15행으로 이동한다.
㉡ 15행 : while문 내의 종속문장을 실행하지 않고 9행으로 이동한다.
㉢ 9행 : 조건식을 다시 검사한다.

예제 4-14

양의 정수 5개의 합을 구하는 예 (단, continue문을 이용)

```
#include <stdio.h>

int main()
{
    int i, n, cnt, sum;
    sum = 0;
    cnt = 1;
    for (i = 1; cnt <= 5; i++)
    {
        printf("\n양의 정수 n을 입력하세요. ");
        scanf("%d", &n);
        if (n <= 0)
            continue;
            cnt++;
        printf("지금까지의 합 %2d + %2d = ", sum, n);
        sum += n;
        printf("%2d \n", sum);
    }
        return 0;
}
```

| 결과 |

```
C:WWINDOWSWsystem32Wcmd.exe
양의 정수 n을 입력하세요. 1
지금까지의 합 0 + 1 = 1

양의 정수 n을 입력하세요. -1

양의 정수 n을 입력하세요. 2
지금까지의 합 1 + 2 = 3

양의 정수 n을 입력하세요. 3
지금까지의 합 3 + 3 = 6

양의 정수 n을 입력하세요. 4
지금까지의 합 6 + 4 = 10

양의 정수 n을 입력하세요. 5
지금까지의 합 10 + 5 = 15
```

[그림 4-22]

㉠ 7행 : 입력된 양의 정수의 개수를 뜻한다.
㉡ 8행 : 양의 정수 5개를 입력받을 때까지 반복하여 실행한다.
㉢ 12행 : 양수만 덧셈을 하기 위해 조건식이 참(0 이하)이면 13행으로 이동한 후 8행으로 이동하고, 거짓이면 14행으로 이동한다.
㉣ 14행 : 15 ~ 18행까지 실행하고, 8행의 증감식으로 이동하여 for문을 계속 실행한다.

3 goto문

goto문은 프로그램 실행 중 레이블(label)이 붙은 위치로 제어를 무조건 이동시킬 때 사용한다. goto문을 사용하려면 문장을 가리키는 레이블이 필요하며 레이블을 정의할 때는 레이블을 구별하기 위한 이름과 콜론(:)이 필요하다.

(1) goto문의 형식

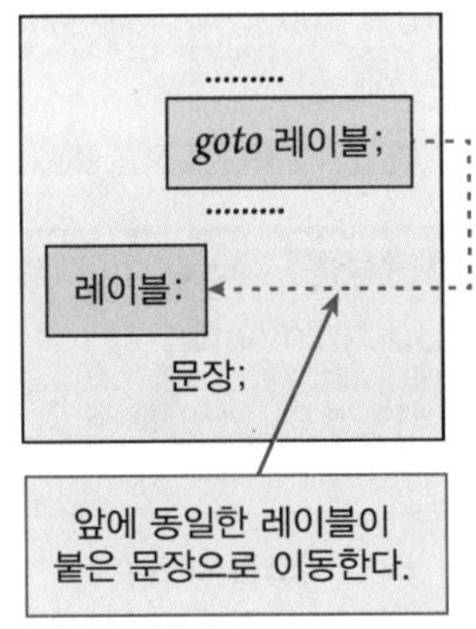

[그림 4-23] goto문의 흐름

(2) goto문의 주의사항

goto문을 사용한 프로그램은 복잡하고 이해하기 어려우므로 가능한 한 사용하지 말아야 하지만, 중첩된 반복 루프에서 문제가 발생하였을 때에는 중첩된 루프를 단번에 빠져나올 수 있어 유용하다.
C언어에는 세 가지의 레이블이 있다. switch~case문의 case레이블과 default레이블, 그리고 goto레이블이다. 레이블 이름은 작명규칙에 따라 만들고, 레이블 이름 뒤에는 반드시 콜론(:)을 붙여야 한다. goto문은 case와 default레이블이 붙은 곳으로는 이동할 수 없고, 해당 레이블 이름이 있는 곳으로만 이동할 수 있다.

예제 4-15

1부터 100까지 덧셈을 하여 합이 2000을 넘을 때, 그때의 피연산자와 합의 결과를 출력하는 예 (단, goto문을 이용)

```
1   #include <stdio.h>
2
3   int main()
4   {
5       int i, sum=0;
6
7       for (i = 1; i <= 100; i++)
8       {
9           sum += i;
10          if (sum > 2000) goto oversum;
11      }
12
13  oversum:
14      printf("1부터 %d까지의 합이 2000을 초과해서 %d이다..\n ", i, sum);
15  }
```

| 결과 |

```
C:\WINDOWS\system32\cmd.exe
1부터 63까지의 합이 2000을 초과해서 2016이다.
계속하려면 아무 키나 누르십시오 . . .
```

[그림 4-24]

㉠ 10행 : 누적된 sum의 값이 2000을 넘으면 13번으로 이동하고, 그렇지 않으면 7행으로 이동하여 계속 덧셈연산을 실행한다.
㉡ 13행 : 14행으로 진행되어 1부터 몇까지 덧셈을 해야 2000이 넘는지 출력한다.

OX로 점검하자 | 제4장

※ 다음 지문의 내용이 맞으면 O, 틀리면 ×를 체크하시오. [1 ~ 12]

01 참인 경우에 수행하는 것과 거짓인 경우에 수행하는 것이 다를 경우에는 while문을 사용해야 한다. ( )

>>> if ~ else문은 주어진 조건을 만족할 때와 만족하지 않을 때의 처리내용이 다른 경우, 즉 조건의 참과 거짓에 따라 실행할 두 문장 중 하나를 선택하여 처리할 경우에 사용한다.

02 if문에서 참이거나 거짓일 때, 실행해야 할 문장이 여러 개일 경우 ;으로 구분해준다. ( )

>>> 블록({ })은 여러 문장을 한 문장처럼 묶어주는 효과가 있으므로 구분해주어야 한다.

03 if문은 참이거나 거짓일 경우 두 가지로만 분기가 되지만, 중첩된 if문은 여러 가지의 경우로 분기할 수 있다. ( )

>>> switch, case문은 다양한 경우의 수가 있을 때 사용하며, 중첩 if문보다 구문을 간단하게 표현할 수 있다.

04 조건식의 값이 1일 때만 참으로 간주한다. ( )

>>> 조건식의 값이 0이 아니면 모두 참으로 간주한다.

05 for(초기식; 조건식; 증감식)에서 초기식은 한 개 이상이어도 되지만, 증감식은 반드시 한 개만 와야 한다. ( )

>>> for문의 헤더의 초기식, 조건식, 증감식은 자리만 확보되면 문법상의 문제가 없이 사용할 수 있다. for(i = 0, j = 0, k = 0 ; ; i++, j++, k++)

06 다음의 문장이 문법상으로 맞는지 O, X로 구분하시오.

① for(i = 0) ( )
② for(i = 0 ;) ( )
③ for(i = 0 ; ;) ( )
④ for(; i < 0 ;) ( )
⑤ for(; ; i++) ( )
⑥ for(i = 0, j = 0, k = 0 ; ;) ( )
⑦ for(i = 0, j = 0, k = 0 ; ; i++, j++, k++) ( )

정답 1 × 2 × 3 ○ 4 × 5 × 6 ① × ② × ③ ○ ④ ○ ⑤ ○ ⑥ ○ ⑦ ○

»» for문의 헤더의 초기식, 조건식, 증감식은 자리만 확보되면 문법상의 문제없이 사용할 수 있다.
① for(i = 0) (X) : 헤더의 각 자리가 확보되어야 한다.
② for(i = 0 ;) (X) : 헤더의 각 자리가 확보되어야 한다.
③ for(i = 0 ; ;) (O)
④ for(; i < 0 ;) (O)
⑤ for(; ; i++) (O)
⑥ for(i = 0, j = 0, k = 0 ; ;) (O)
⑦ for(i = 0, j = 0, k = 0 ; ; i++, j++, k++) (O)

07 while문은 실행해야 할 문장을 무조건 한 번은 실행해야 한다. (　　)

»» do ~ while문은 while문과 거의 동일하지만, 조건이 참이든 거짓이든 무조건 반복할 문장을 한번은 수행한다.

08 do~while문에서 조건식의 값이 거짓이면 한 번도 수행되지 않는다. (　　)

»» do ~ while문은 조건식의 값이 거짓이라도 반드시 한 번은 수행한다.

09 do ~ while문은 실행해야 할 문장을 한 번도 실행하지 않을 수 있다. (　　)

»» do ~ while문은 조건이 참이든 거짓이든 무조건 반복할 문장을 한 번은 수행한다.

10 break문은 if문의 블록을 빠져나오는 구문이다. (　　)

»» break문은 switch문, for문, while문, do ~ while문을 실행하는 중간에 완전히 탈출할 때 사용되는 유용한 제어문이다.

11 continue문은 반복문의 블록 밖으로 빠져나오게 하는 구문이다. (　　)

»» continue문을 만나면 무조건 블록의 끝으로 이동한 후 다시 반복문의 처음으로 돌아간다.

12 goto문은 자주 사용하는 것이 좋다. (　　)

»» goto문을 사용한 프로그램은 복잡하고 이해하기 어려우므로 가능한 한 사용하지 말아야 하지만, 중첩된 반복 루프에서 문제가 발생하였을 때에는 중첩된 루프를 단번에 빠져나올 수 있어 유용하다.

정답 7 × 8 × 9 × 10 × 11 × 12 ×

제 4 장 실전예상문제

01 다음 구문에서 if문에 의해 직접 영향을 받아 실행되는 문장으로 옳은 것은?

```
if(1 >= 5) printf("IF문 실행1");
printf("IF문 실행2");
printf("IF문 실행3");
```

① 아무것도 출력이 안 된다.
② IF문 실행2IF문 실행3
③ IF문 실행1IF문 실행2IF문 실행3
④ IF문 실행1IF문 실행3

01 if문의 조건식이 거짓이 되므로 바로 뒤에 있는 문장을 실행하지 않는다.

02 다음 내용에서 괄호 안을 올바르게 채운 것은?

참인 경우에 수행하는 것과 거짓인 경우에 수행하는 것이 다를 경우에는 (㉠)～(㉡)문을 사용하고, if문에서 참이거나 거짓일 때 실행해야 할 문장이 여러 개라면 (㉢)로 묶어야한다. if문은 참이거나 거짓일 경우 두 가지로만 분기가 되지만, (㉣)～(㉤)문은 여러 가지의 경우로 분기할 수 있다.

	㉠	㉡	㉢	㉣	㉤
①	if	else	{ }	switch	case
②	do	while	;	if	else
③	if	while	{ }	for	while
④	if	else	;	switch	case

02 if～else문은 조건의 참과 거짓에 따라 실행할 두 문장 중 하나를 선택하여 처리할 경우에 사용한다. 블록({ })은 여러 문장을 한 문장처럼 묶어주는 효과가 있으므로 구분해주어야 한다. switch, case문은 다양한 경우의 수가 있을 때 사용하며, 중첩 if문보다 구문을 간단하게 표현할 수 있다.

정답 01 ② 02 ①

03 if문의 조건식이 참이면 종속문장을 실행하는 단순 if문의 예이다. 그러므로 if문의 조건인 i가 10이상일 경우 경우 i++연산을 한다. i++는 후위형 증가 연산자이므로 i값의 변화는 없다. 코딩 후에 i값을 참조할 때 증가하게 된다.

03 다음 프로그램의 구문으로 예상되는 결과를 올바르게 설명한 것은?

```
if(i >= 10) i++;
```

① i가 10 이하일 때 i를 1 증가시키기
② i가 10 초과일 때 i++ 연산하기
③ i가 10 미만일 때 i를 1 증가시키기
④ i가 10 이상일 때 i++ 연산하기

04 if문에서 참이거나 거짓일 때 실행해야 할 문장이 { }으로 묶여져 있으므로, 조건식이 참이면 블록 사이의 문장을 실행하는데 j++은 후위형 증가 연산자이므로 j값에는 변화가 없지만 코딩 후에 j를 참조할 때 증가한다. sum = sum + i를 수행한다.

04 다음 프로그램의 구문으로 예상되는 결과를 올바르게 설명한 것은?

```
if(i >= 10)
{ j++;
  sum += i;
};
```

① i가 10 이상일 때 j를 1 증가시키고, sum = sum + i를 실행한다.
② i가 10 미만일 때 블록({ }) 사이의 문장인 j를 1 증가시키고, sum = sum + i를 실행한다.
③ i가 10 미만일 때 j를 1 증가시키고, sum = sum + i를 실행한다.
④ i가 10 이상일 때 블록({ }) 사이의 문장인 j++연산과 sum = sum + i를 실행한다.

정답 03 ④ 04 ④

05 다음 프로그램의 구문으로 예상되는 결과를 올바르게 설명한 것은?

```
if(i >= 10)   printf("10 이상입니다.\n");
printf("10 이하입니다.\n");
```

① i가 10 이상이면 "10 이상입니다."를 출력한다.

② i가 10 이상이면 "10 이상입니다."를 출력하고, 이어서 "10 이하입니다."를 출력한다.

③ i가 10 미만이면 "10 이상입니다."를 출력하고, 이어서 "10 이하입니다."를 출력한다.

④ i가 10 미만이면 "10 이하입니다."를 출력한다.

05 if문의 조건식이 참이면 바로 뒤에 있는 "10 이상입니다."를 출력하고, 이어서 "10 이하입니다."를 출력한다. 즉, if문의 조건식이 참일 때 실행하는 문장은 ;으로 구분되지 않은 문장으로 한다.

06 다음 프로그램의 구문의 결과를 올바르게 설명한 것은? (단, i = 5)

```
if(i >= 10) ; printf("10 이상입니다."); printf("10 이하입니다.");
```

① 10 이상입니다.

② 10 이하입니다.

③ 10 이상입니다.10 이하입니다.

④ 출력의 결과가 없습니다.

06 if(i >= 10) 뒤에 ;을 붙이면 컴파일러는 조건식이 참일 때 처리해야 할 내용이 없는 빈 문장으로 해석하므로, 다음문장들을 이어서 출력한다.

07 다음 중 수식의 결과 값으로 옳은 것은?

수식 : $!(1 + 1 >= 2)$

① 0　　② 1

③ 2　　④ 3

07

!	1+1	>=	2	
	2	참(1)	2	
!	1			거짓(0)

거짓이 되므로 0이 된다.

정답 05 ② 06 ③ 07 ①

08 다음 중 주어진 조건을 올바르게 구현한 것은?

> 조건 : 만약 x가 0 또는 1이면

① if(x==0 || x==1)

② if(x==0 && x==1)

③ if!(x==0 || x==1)

④ if!(x==0 && x==1)

08 조건연산자의 || 는 OR을 나타내고, &&는 AND를 나타낸다.
조건연산자 OR(||)의 특징은 조건 중에 어느 하나라도 참이 되면 참이 되므로, if(!(x! = 0 && x! = 1))으로 표현해도 같은 결과를 나타낸다.

09 다음의 작업을 실행하는 문장부분을 조건식으로 올바르게 작성한 것은?

> 거리가 10m 이상이고 50m 이하이면 “적당”이라고 출력한다.

① if((d <= 10) && (d >= 50)) printf(“적당”);

② if((d >= 10) || (d <= 50)) printf(“적당”);

③ if((d >= 10) && (d <= 50)) printf(“적당”);

④ if((d <= 10) || (d >= 50)) printf(“적당”);

09 if문의 조건식은 &&연산자를 사용하여 작성하고, 조건식이 참인 경우에 문장을 실행하도록 한다.

10 다음의 작업을 실행하는 문장부분을 조건식으로 올바르게 작성한 것은?

> x와 y 중에서 큰 값을 max에 저장하고 작은 값은 min에 저장한다.

① if(x > y) max = x; min = y;
   else max = y; min = x;

② if(x > y) max = x; min = y;
   else { max = y; min = x; }

③ if(x < y) { max = x; min = y; }
   else { max = y; min = x; }

④ if(x > y) { max = x; min = y; }
   else { max = y; min = x; }

10

x > y
거짓
참
max = x;
min = y;
max = y;
min = x;

x와 y값을 비교하여 조건식이 참이면 x가 큰 값이 되므로, x값을 max에 저장하고, y를 min에 저장하면 된다. 만약 조건식이 거짓이면 y값이 큰 값이 되므로, y값을 max에 저장하고, x를 min에 저장하면 된다.

정답 08 ① 09 ③ 10 ④

11 다음의 작업을 실행하는 문장부분을 조건식으로 올바르게 작성한 것은?

op가 1이면 "one"을, op가 2이면 "two"를, op가 3이면 "three"를 출력한다.

①
```
switch(op) {
   case 1: printf("one");          default;
   case 2: printf("two");          default;
   case 3: printf("three");        default;
}
```

②
```
switch(op) {
   case 1: printf("one");          break;
   case 2: printf("two");          break;
   case 3: printf("three");        break;
}
```

③
```
switch(op) {
   case 1: printf("one");          break;
   case 2: printf("two");
   case 3: printf("three");
}
```

④
```
switch(op) {
   case 1: printf("one");
   case 2: printf("two");
   case 3: printf("three");
}
```

11 switch, case문을 사용하여 op가 1, 2, 3의 경우에 각각 실행할 문장을 구분할 수 있다. 각 case문 뒤의 문장에는 일반적으로 break문이 오며, switch문의 실행을 종료한다는 의미이다.

정답 11 ②

12 주어진 if ~ else문을 switch문으로 옳게 변경한 것은?

```
if(x==-1) num--;
    else if(x==1) num++;
        else num = 0;
```

① switch(x) {
```
    case -1: num--; break;
    case 1:  num--; break;
    case 3:  num = 0;  break;
}
```

② switch(x) {
```
    case -1: num--; break;
    case 1:  num++; break;
    default:  num = 0;
}
```

③ switch(x) {
```
    case -1: num--; break;
    case 1:  num++; break;
    default:  num = 0;  break;
}
```

④ switch(x) {
```
    case -1: num--;
    case 1:  num++;
    default:  num = 0;  break;
}
```

»»🔍

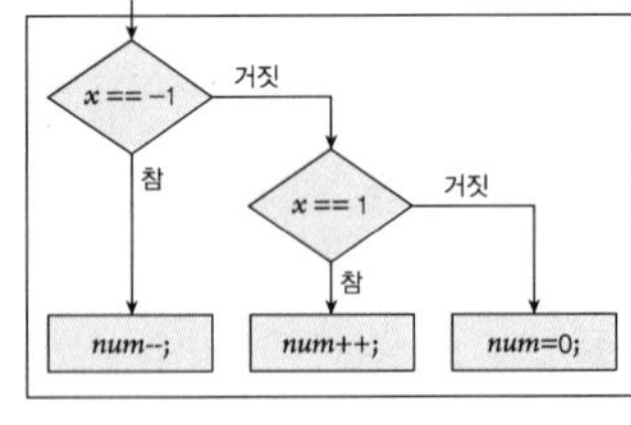

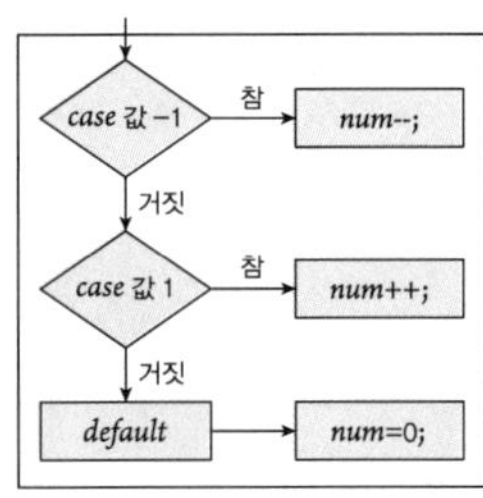

12 다음은 중첩된 if문의 흐름도와 switch, case문의 흐름도를 비교한 것이다. 첫 번째 조건식 x값이 -1과 같으면 num--;를 실행하고, 그렇지 않고 거짓이면서 두 번째 조건식 x값이 1이면 num++;를 실행한다. 만약 두 번째 조건식이 거짓이면 마지막으로 num = 0을 실행한다. 즉, 조건식에 x값이 -1, 1, 그리고 그 외의 것이라고 정의할 수 있으므로 switch, case문으로 변경하여 프로그래밍할 수 있다.
[문제 하단의 도표 참고]

정답 12 ②

13 주어진 2개의 if문을 논리 연산자를 사용하여 하나의 if문으로 올바르게 변경한 것은?

```
if(x > 10)
   if(x < 20) printf("10 초과 20 미만의 값");
```

① if(x < 10 || x > 20)
printf("10 초과 20 미만의 값");

② if(x > 10 && x < 20)
printf("10 초과 20 미만의 값");

③ if(x < 10 && x > 20)
printf("10 초과 20 미만의 값");

④ if(x > 10 || x < 20)
printf("10 초과 20 미만의 값");

14 주어진 2개의 if문을 논리 연산자를 사용하여 하나의 if문으로 올바르게 변경한 것은?

```
if(x < 10) printf("%d\n", x);
if(x > 20) printf("%d\n", x);
```

① if(x < 10 || x > 20)
printf("%d\n", x);

② if(x < 10 && x > 20)
printf("%d\n", x);

③ if(x > 10 || x < 20)
printf("%d\n", x);

④ if(x > 10 && x > 20)
printf("%d\n", x);

13 첫 번째 조건식에서 x값이 10을 초과하면 두 번째 조건식으로 이동하여, x값이 20 미만이면 문장을 출력한다. "10 초과 20 미만의 값" 만약 첫 번째 조건식에서 x값이 10 미만의 값으로 입력되면 아무 문장도 출력되지 않는다. 모든 조건이 참인 경우에만 문장이 출력돼야 하므로 &&연산자를 사용한다.

14 프로그램을 해석해 보면 x값이 10미만 또는 20 초과인 값을 출력하는 것으로 OR(||)연산자를 사용하여 논리합의 결과가 표현되면 된다. 첫 번째 조건식에서 x값이 10 미만이면 문장을 출력하고, 두 번째 조건식으로 이동하여 조건에 따라 문장을 출력한다. 예를 들면 x값이 5이면, 첫 번째 조건은 참이 되어 문장을 출력하고, 두 번째 조건은 거짓이 된다. 또 x값이 21이면 첫 번째 조건은 거짓이 되어 두 번째 조건으로 이동하고, 조건이 참이 되므로 문장을 출력한다.

정답 13 ② 14 ①

15 for문 헤더의 초기식, 조건식, 증감식은 자리만 확보되면 문법상의 문제가 없이 사용할 수 있다.

15 다음 중 무한 반복을 구현한 소스로 옳지 않은 것은?

① while(1) { }

② for(; 1 ;) { }

③ for(; ;) { }

④ for(1) { }

16 순번4 : 출력은 1이 되고, 실행 연산의 결과 값(-2)가 n에 저장되고, 순번 5로 이동한다.
순번5 : while문의 조건에서 거짓이 되므로 while문을 탈출하게 된다.
그러므로 출력문장은 "10 7 4 1"이 된다.
[문제 하단의 표 참고]

16 주어진 코드의 출력으로 옳은 것은?

```
int n = 10;
while(n > 0) {
    printf("%d ",n);
    n -= 3;
}
```

① 7 4 1

② 10 7 4 1

③ 9 6 3 0

④ 10 8 6 4 2

순번	n의 값	조건식 n > 0	출력 문장	실행 연산
1	10(초기값)	참	10	7
2	7	참	7	4
3	4	참	4	1
4	1	참	1	−2
5	−2	거짓		

정답 15 ④ 16 ②

17 **주어진 프로그램을 실행하면 반복되는 문장("**")을 몇 번 출력하는가?**

```
1   #include <stdio.h>
2
3   int main()
4   {
5       int x;
6       for (x = 0; x > 5; x++)
7       {
8          if (x > 2) continue;
9          if (x > 4) break;
10         printf("**");
11      }
12         return 0;
13  }
```

① 2번

② 3번

③ 4번

④ 한 번도 출력되지 않는다.

17 6행: for문의 조건이 거짓이므로 for문 내의 블록으로 묶여진 문장들을 실행하지 않는다. 즉, 일반적으로 for문의 조건식이 참인 경우에, 증감식에 의해 거짓인 조건까지 반복되지만, 주어진 프로그램은 초기부터 조건식이 거짓이므로 출력되는 문장은 없다.

정답 17 ④

18 주어진 프로그램에서 생성되는 출력의 결과로 옳은 것은?

```
int i = 0;
while(i < 10) {
    printf("%2d",i);
    i += 3;
}
```

① 3 6 9　　② 0 3 6 9
③ 1 4 7　　④ 2 5 8

18 출력 문장의 변환명세는 2칸 확보해서 오른쪽 정렬로 출력한다.

	0		3		6		9

[문제 하단의 표 참고]

순번	i의 값	조건식 i < 10	출력 문장	실행 연산
1	0(초기값)	참	0	3
2	3	참	3	6
3	6	참	6	9
4	9	참	9	12
5	12	거짓		

19 주어진 프로그램에서 생성되는 출력의 결과로 옳은 것은?

```
int i = 0;
do {
    printf("%2d",i);
    i += 3;
} while(i < 10);
```

① 0 3 6 9　　② 3 6 9
③ 1 4 7　　④ 2 5 8

19 출력 문장의 변환명세는 2칸 확보해서 오른쪽 정렬로 출력한다.

	0		3		6		9

실행되는 과정은 화면을 출력하고, 연산을 수행한 후 while문의 조건식을 비교한다.
[문제 하단의 표 참고]

순번	i의 값	출력 문장	실행 연산	조건식
1	0(초기값)	0	3	참
2	3	3	6	참
3	6	6	9	참
4	9	9	12	거짓

정답 18 ② 19 ①

20 주어진 프로그램과 동일한 결과를 생성하도록 while문으로 올바르게 변환된 것은?

```
int i ;
for(i = 5; i>= 0; i--)
printf("%d\n",i);
```

①
```
int i = 5;
while(i <= 0){
        printf("%d\n", i);
        i--;
}
```

②
```
int i = 5;
while(i > 0){
        printf("%d\n", i);
        i--;
}
```

③
```
int i = 0;
while(i >= 5){
        printf("%d\n", i);
        i--;
}
```

④
```
int i = 5;
while(i >= 0){
        printf("%d\n", i);
        i--;
}
```

»»🔍

순번	i의 값	조건식 i >= 0	출력 문장	증감식
1	5(초기값)	참	5	4
2	4	참	4	3
3	3	참	3	2
4	2	참	2	1
5	1	참	1	0
6	0	참	0	−1
7	−1	거짓		

20 [문제 하단의 표 참고]

정답 20 ④

21 break문은 switch문, for문, while문, do ~ while문을 실행하는 중간에 완전히 탈출할 때 사용되는 유용한 제어문이다. continue문을 만나면 무조건 블록의 끝으로 이동한 후 다시 반복문의 처음으로 돌아간다. goto문은 프로그램 실행 중 레이블이 붙은 위치로 제어를 무조건 이동시킬 때 사용한다.

정답 21 ②

21 다음 내용에서 설명이 잘못 연결된 것은?

A	break	a	지정한 레이블로 분기한다.
B	continue	b	무조건 반복문의 블록을 탈출한다.
C	goto	c	반복문 블록의 제일 끝으로 무조건 이동한 뒤 다시 반복문의 처음으로 돌아간다.

① A → b

② C → c

③ B → c

④ C → a

Self Check로 다지기 | 제4장

제어문

문장을 순차적으로 실행하지 않고 필요에 따라 문장의 실행순서를 제어해야 할 때 제어문(조건문, 반복문, 분기문)을 사용한다.

단순 if문

주어진 조건을 만족할 경우, 추가로 처리할 내용이 있을 때 사용한다.

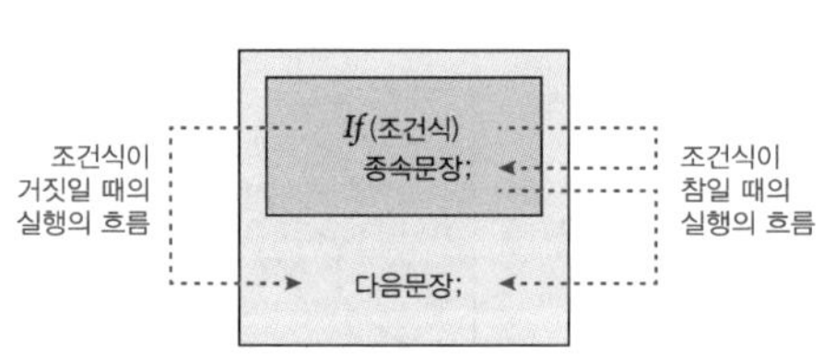

If(조건식)
종속문장;
다음문장;
조건식이 거짓일 때의 실행의 흐름
조건식이 참일 때의 실행의 흐름

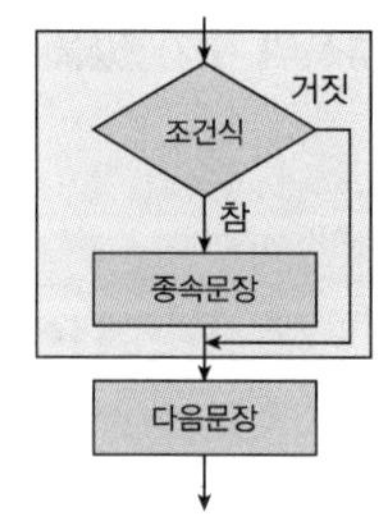

조건식
거짓
참
종속문장
다음문장

if~else문

주어진 조건을 만족할 때와 만족하지 않을 때의 처리내용이 다른 경우, 즉 조건의 참과 거짓에 따라 실행할 두 문장 중 하나를 선택하여 처리할 경우에 사용한다.

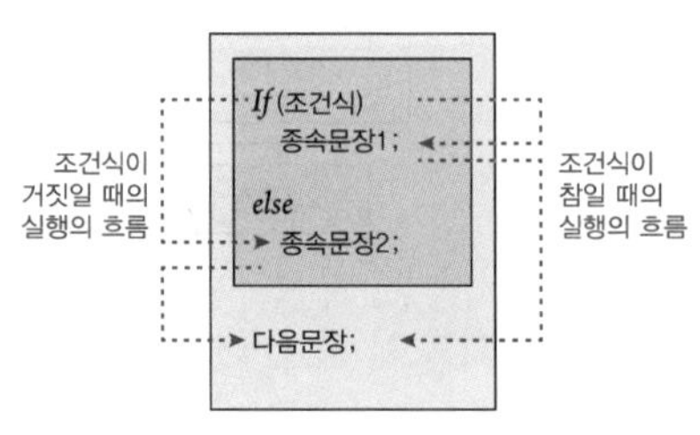

If(조건식)
종속문장1;
else
종속문장2;
다음문장;
조건식이 거짓일 때의 실행의 흐름
조건식이 참일 때의 실행의 흐름

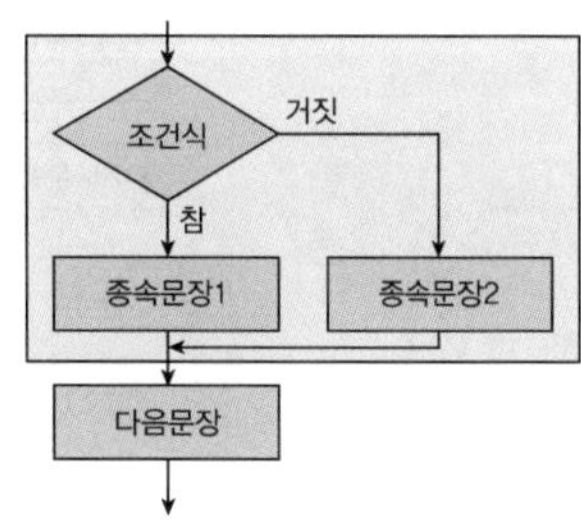

조건식
거짓
참
종속문장1
종속문장2
다음문장

중첩된 if문

여러 선택 사항 중 한 가지를 골라 처리하거나, 여러 가지 복잡한 조건에 따라 선택적으로 처리할 내용이 있을 때 사용한다.

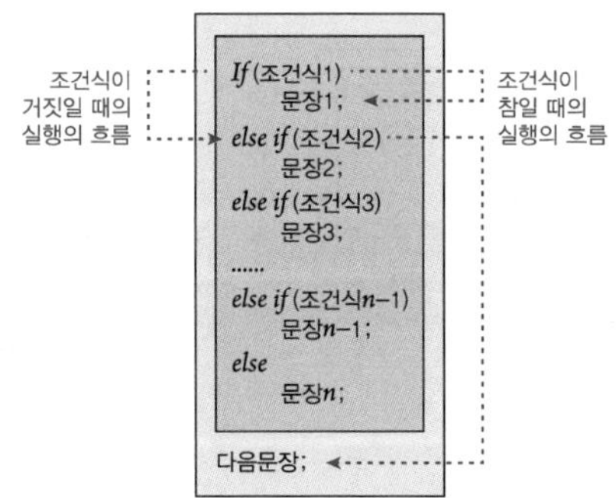

If(조건식1)
문장1;
else if(조건식2)
문장2;
else if(조건식3)
문장3;
......
else if(조건식n−1)
문장n−1;
else
문장n;
다음문장;
조건식이 거짓일 때의 실행의 흐름
조건식이 참일 때의 실행의 흐름

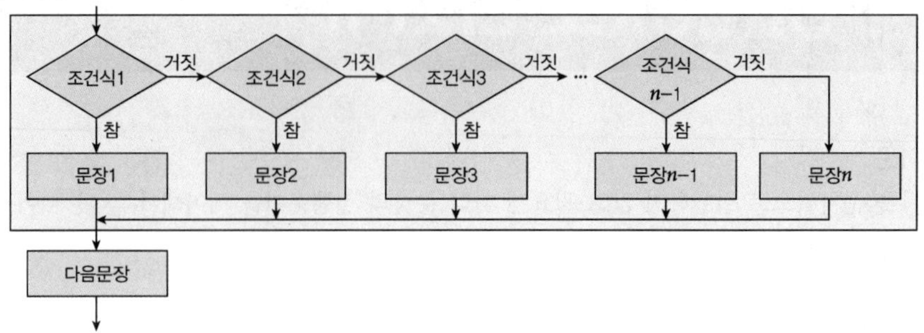

switch문

다양한 경우의 수가 있을 때 사용하며, 중첩 if문보다 구문을 간단하게 표현할 수 있다.

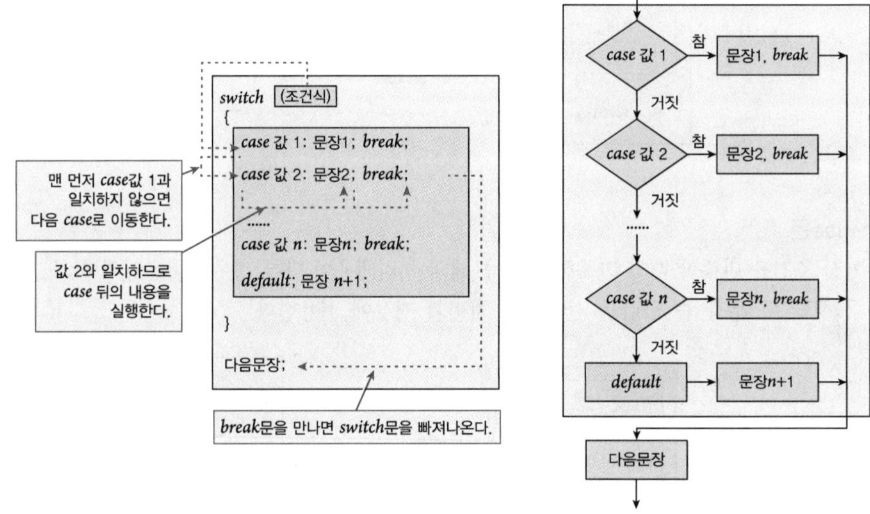

for문

반복해야 할 문장을 원하는 만큼 반복하게 해주며, 반복횟수가 분명할 때 사용한다.

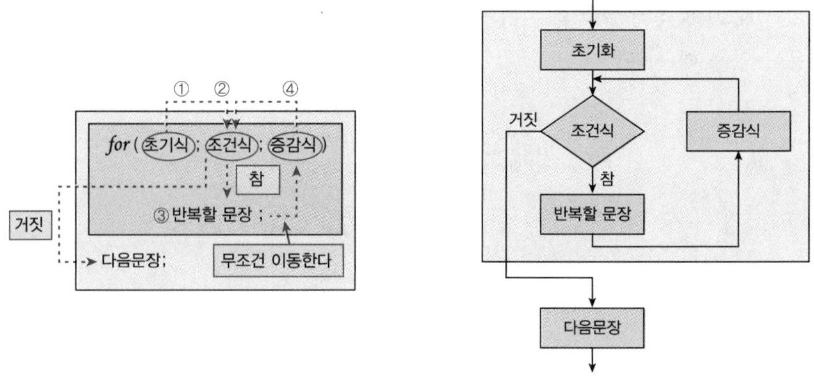

중첩된 for문

반복문 안에 또 다른 반복문이 포함된 형태이며, 각 반복문의 제어변수가 달라야 한다.

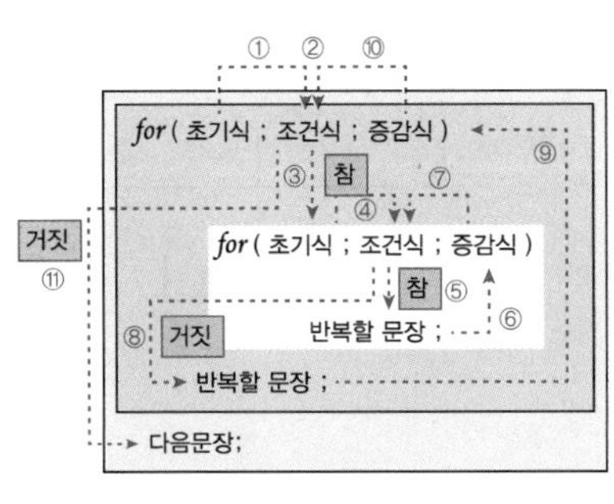

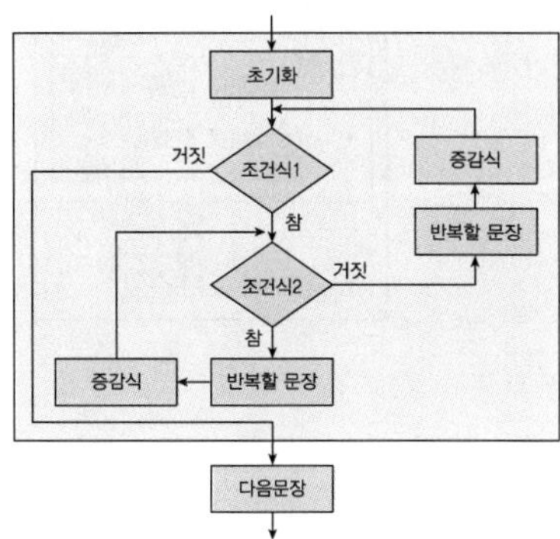

for문의 다른 형태

for문의 초깃값, 조건식, 증감식은 하나 이상을 생략할 수 있고, for문의 헤더를 모두 지운 for(; ;)문은 무한루프 역할을 한다.

while문

for문과 같이 특정동작을 반복하기 위해 사용되며, 특정조건을 만족하는 한 계속 반복하는 경우에 사용하는 것이 좋다.

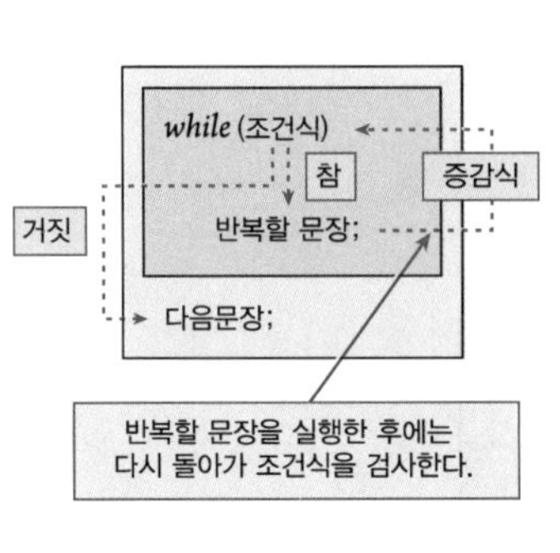

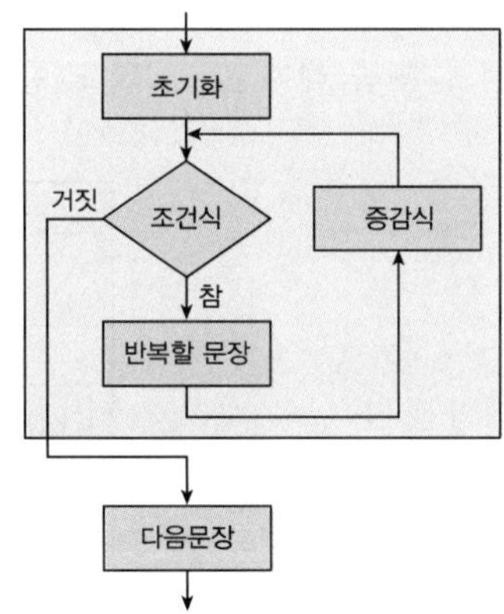

do ~ while문

while문과 거의 동일하지만, 조건이 참이든 거짓이든 무조건 반복할 문장을 한 번은 수행한다. 그러므로 반복 내용을 반드시 한 번 실행한 후 계속할지 그만둘지 결정하는 경우에는, while문보다 do ~ while문을 이용하는 것이 훨씬 편리하다.

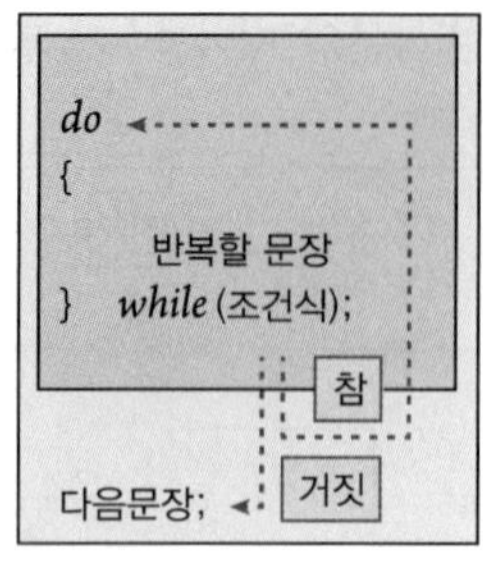

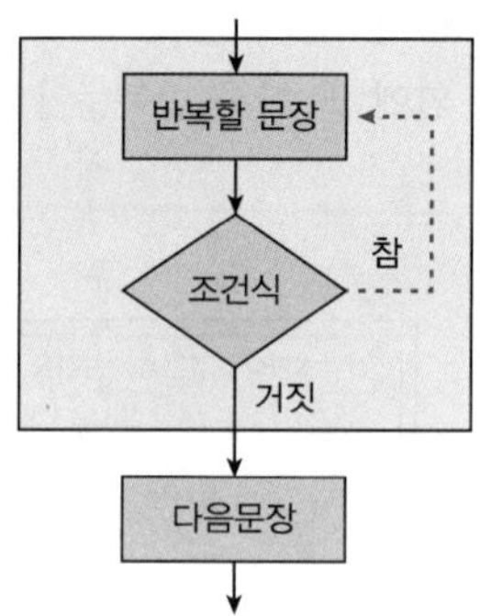

break문

switch문, for문, while문, do ~ while문을 실행하는 중간에 완전히 탈출할 때 사용되는 유용한 제어문이다. 특히 무한루프에서 특정조건을 만족하면 루프를 끝내는 경우에 매우 유용하게 사용된다.

continue문

continue문은 단순히 다음 내용만 실행하지 않은 채, 다음 반복으로 진행하기 위해 루프의 시작이나 끝으로 이동한다. for문은 무조건 헤더의 증감식으로 이동하고, while문은 헤더의 조건식으로 이동하며, do ~ while문은 맨 끝 while뒤의 조건식으로 이동한다.

goto문

프로그램 실행 중 레이블(label)이 붙은 위치로 제어를 무조건 이동시킬 때 사용한다.

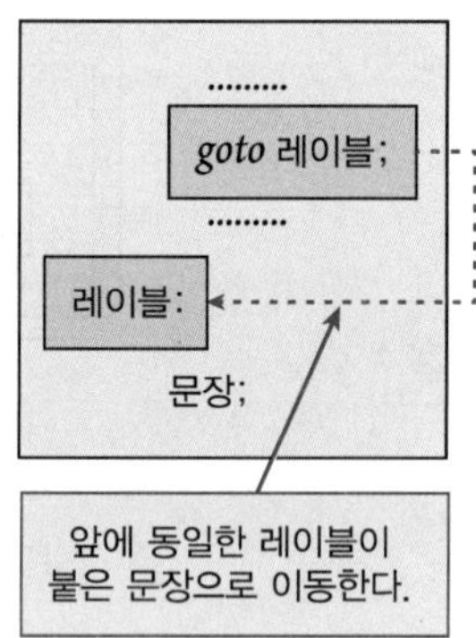

제 5 장

함수와 기억클래스

또 실패했는가? 괜찮다. 다시 실행하라. 그리고 더 나은 실패를 하라!

– 사뮈엘 베케트 –

제 5 장 함수와 기억클래스

제1절 함수의 개념

1 함수란?

함수(function)는 특정 작업을 수행하는 명령어들의 모음에 이름을 붙인 것이다. 함수는 입력을 받아 특정한 작업을 수행하고 결과를 반환하는 블랙박스와 같다. 각각의 함수에는 이름이 붙어 있으며, 우리는 함수를 호출해서 작업을 시킬 수 있다. 함수는 작업에 필요한 데이터를 전달받을 수 있으며, 작업이 완료된 후에는 작업의 결과를 호출자에게 반환한다.

C프로그램에서 함수는 평균, 최댓값, 표준편차와 같은 특정 값을 구하거나 파일생성, 사용자 안내문 표시, 배열 내용 변경, 결과 출력과 같이 특정한 일을 수행하는 코드 블록이다. C프로그램에서 이러한 함수들의 집합 중 main() 함수는 꼭 있어야 한다. [그림 5-1]은 사용자가 정의한 함수()로, 외부로부터 값들을 입력받아 정의되어 있는 규칙으로 출력 값을 반환한다.

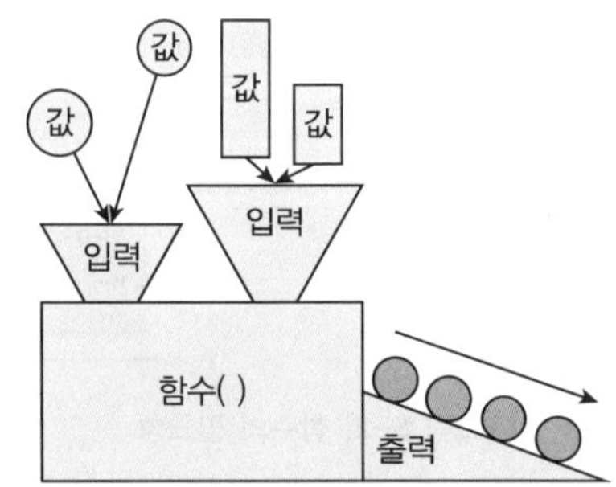

함수는 이름으로 호출되며 입력과 출력을 가진다.

[그림 5-1] 함수

> **더 알아두기**
>
> 함수는 내부 구현방법을 모르더라도 호출하여 사용할 수 있고, 지금까지 사용한 printf()나 scanf()도 함수의 일종이다.

(1) 함수의 필요성

일상생활에서도 되풀이되는 작업들이 있듯이, 프로그램에서도 반복되는 작업들이 있다. 예를 들면 10개의 *를 출력하는 작업(A기능)이 필요하다면 다음 [그림 5-2]와 같은 코드를 작성할 수 있다. A기능 코드는 프로그램 안의 여러 곳에서 사용되고 있는 것을 볼 수 있다. A기능을 합쳐서 하나의 코드로 만들면 코드의 길이는 줄어들 수 있다. 이러한 경우에 사용할 수 있는 도구가 함수이다. 함수를 이용하면 여러 번 반복 처리되는 단계를 하나로 모아서 필요할 때 언제든지 호출하여 사용할 수 있다. 함수는 특정한 작업을 수행하기 위한 명령어들의 모임으로 우리가 함수를 호출하면 컴퓨터는 호출된 함수 안의 명령어들을 수행하고 결과를 반환한다.

① 함수는 서로 구별되는 이름을 가진다.
② 함수는 특정한 작업을 수행한다.
③ 함수는 입력을 받을 수 있고, 결과를 반환할 수 있다.

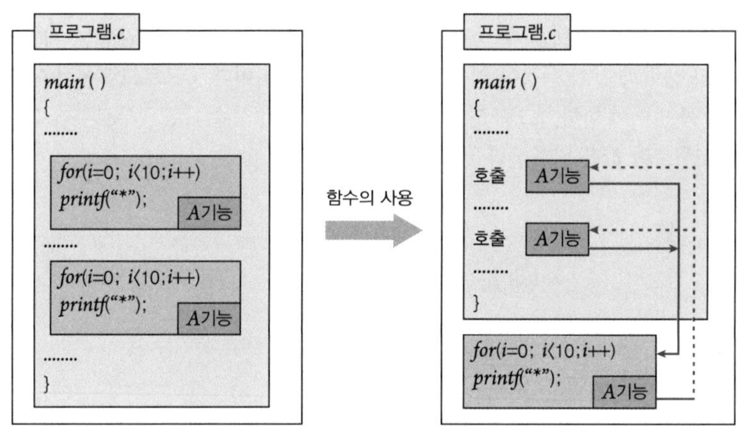

[그림 5-2] 함수의 필요성

(2) 함수의 중요성

함수는 프로그램을 구성하는 **기본적인 구성요소**라고 할 수 있다. 하나의 프로그램은 여러 함수들이 모여서 이루어진다. 조립장난감 레고를 생각해 보면, 기본 블록이 있고, 이 블록들을 조립하면 하나의 조립작품을 만들 수 있다. 프로그램에서 함수는 레고의 블록과 같은 역할을 한다. 각 함수들은 레고의 블록처럼 다른 함수들과 연결되어서 하나의 프로그램을 구성한다.

프로그램 작성 시 모든 코드를 하나의 덩어리처럼 사용하지 말고 전체 프로그램을 많은 함수들로 분리하여 작성하도록 한다. 함수를 적절히 잘 사용하는 것은 C프로그램에서 아주 중요하다. 함수는 한 번 만들어지면 다른 프로그램에서도 재사용할 수 있고, 함수를 적절히 사용하면 가독성이 좋아지며, 유지관리도 쉬워진다.

(3) 함수를 사용하는 이유 중요

① 코드의 중복을 막을 수 있다.

함수를 사용하는 가장 중요한 이유는 소스코드의 **중복을 막기 위해서**이다. 한 번 만들어진 함수는 여러 번 호출하여 사용할 수 있기 때문에 소스코드를 중복시킬 필요가 없다. 따라서 소스코드의 양을 줄일 수 있다. 프로그램에서 중복되는 부분을 함수로 만들면 다른 여러 곳에서 그 함수를 호출하여 똑같은 작업을 시킬 수 있다. 즉, 작성된 함수는 여러 번 호출이 가능하므로 중복을 최소화하여 프로그램을 간결하게 만들 수 있다.

② 한 번 제작된 함수는 다른 프로그램을 제작할 때도 사용이 가능하다.

하나의 프로그램에서 만들어진 함수는 다른 프로그램에도 **재사용이 가능**하다. 즉, 소스코드를 그대로 옮기기만 하면 사용할 수 있다. 한 번 작성된 함수는 다른 프로그램을 만들 때도 그대로 이용할 수 있다. 텍스트 에디터로 복사, 붙여넣기만 하면 된다. 하나의 프로그램에서 잘 동작하는 함수는 이미 디버깅이 되어 있기 때문에 다른 프로그램을 작성할 때도 유용하게 사용할 수 있다.

③ 복잡한 문제를 단순한 부분으로 분해할 수 있다.

함수를 사용하는 아주 중요한 또 한 가지의 이유는 딱 한 번만 실행되는 작업이라고 할지라도 함수를 사용하게 되면 개발 과정이 쉬워지고, 보다 체계적이면서 유지보수도 쉬워진다. 일반적으로 상용 프로그램은 우리가 지금까지 작성해 온 프로그램들보다 훨씬 크고 복잡하다. 이러한 대규모의 프로그램을 개발하고 유지보수하기 위해서는 전체 프로그램이 하나의 덩어리로 되어 있는 것보다는 작은 부분으로 나눠져 있는 것이 더 관리하기가 쉽다. 이것이 **모듈(module)**이라는 개념이다. 회사 전체가 하나로 되어 있지 않고 각 부서별로 나눠져 있어야 관리하기가 쉬운 것과 같은 의미이다.

더 알아두기

프로그램을 작성할 필요성이 있을 경우

바로 컴퓨터 앞에서 앉아서 키보드로 타이핑을 시작하는 것은 좋은 습관이 아니다. 타이핑을 시작하기 전에 먼저 프로그램이 무엇을 해야 하는지를 숙지해야 한다. 좋은 전략 중의 하나는 이 전체 목적을 더 작은 작업들로 분리하는 것이다. 항상 전체 목적도 잊으면 안 되고 또한 이 목적을 성취하기 위해 각 부분들이 어떻게 결합될 것인지도 생각해야 한다. 설계가 끝나면 최종적으로 컴퓨터 앞에 앉아서 문제를 코딩하기 시작한다. 절대로 하나의 큰 문제로 접근하지 말고, 작은 조각들로 접근하고, 이 조각들을 독립적으로 작성해야 한다.

2 함수의 종류

함수는 컴파일러에서 미리 작성되어 제공하기도 하고, 프로그래머가 직접 작성할 수도 있다.

(1) 라이브러리 함수(library function)

컴파일러에서 지원하는 함수들을 **라이브러리 함수**(library function)라고 한다. 이미 사용하였던 printf()와 같은 함수들이 대표적인 라이브러리 함수이다. 이들 라이브러리 함수들은 프로그래머가 필요로 하는 다양한 기능을 제공하기 때문에 쉽게 프로그래밍을 할 수 있다. 라이브러리는 수학적 계산, 문자열 조작, 입・출력을 수행하는 데 필요한 함수를 제공한다.

(2) 사용자 정의 함수(user-defined function)

개발자가 프로그래밍 작성 시 자신만의 필요한 함수가 있을 수 있으므로 직접 만들어서 사용한다.

더 알아두기

레고블록처럼 기본적인 블록들을 조립해서 프로그램을 작성하는 스크래치(scratch)

MIT에서 개발된 도구로서 프로그래밍 개념을 학습하기 위한 환경으로 초보프로그래머들이 문법에 신경쓰지 않고 주어진 문제를 해결하고 결과를 얻을 수 있다.

(http://scratch.mit.edu)

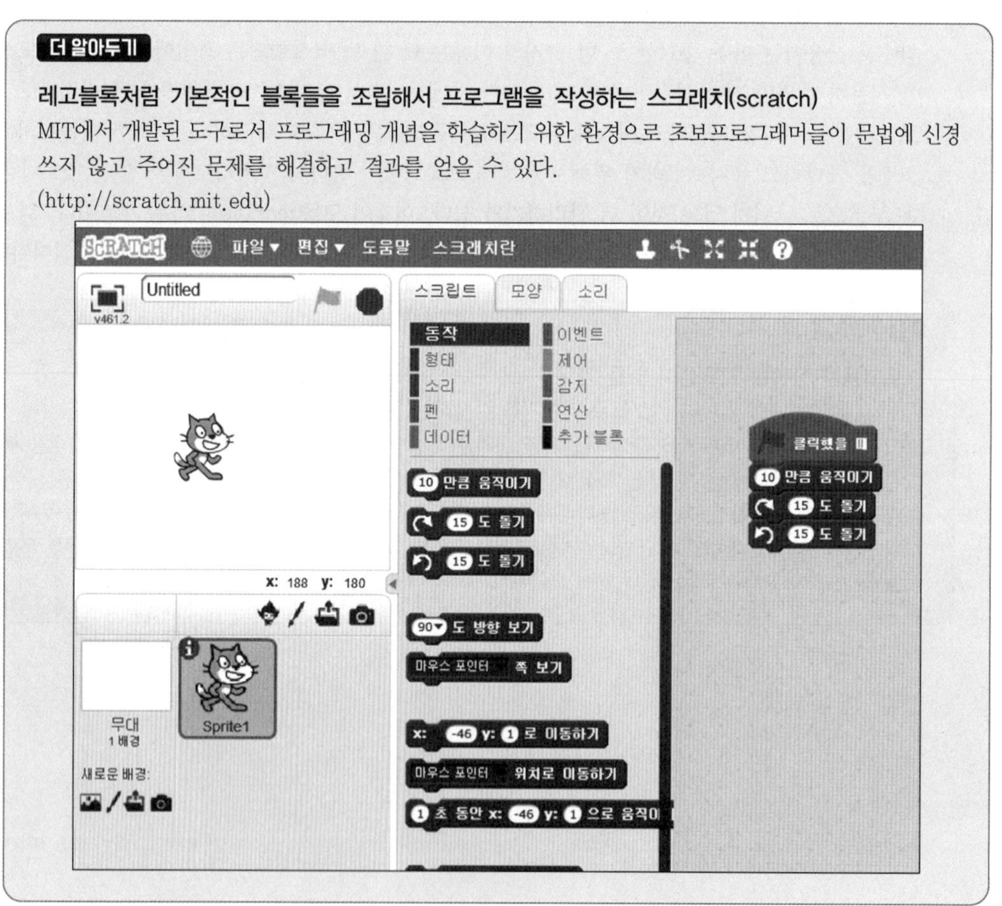

제2절 라이브러리 함수

라이브러리 함수는 미리 정의되어 있으므로 직접 정의할 필요 없이 함수 호출을 통해 바로 이용할 수 있다. 주의할 점은 라이브러리 함수를 사용하려면 해당 함수의 원형을 포함하고 있는 헤더파일을 프로그램에 포함하도록 #include 지시자를 명시해야한다.

1 라이브러리 함수의 호출

함수를 호출할 때는 함수명을 정확히 명시해야 하며, 이 함수가 실행될 때 필요한 정보인 인수를 개수와 자료형에 맞추어 순서대로 정확히 기술해야한다.

[형식] 라이브러리 함수의 호출

함수명(인수목록)

㉠ 인수목록 : 인수1, 인수2, …, 인수n

㉡ 인수는 상수, 변수, 수식 등으로 표현할 수 있으며, 최종적으로 인수의 값이 전달된다.

㉢ 함수마다 인수의 순서, 자료형, 개수가 정해져 있다.

2 라이브러리 함수의 종류

(1) 수학과 관련된 함수 : #include 〈math.h〉가 필요 중요

함수 호출의 예	수학 수식	함수의 의미
pow(x,n)	x^n	거듭제곱
sqrt(2*x+a)	$\sqrt{2x+a}$	제곱근
log(x)	$\ln x$	자연로그
log10(abs(2*x))	$\log_{10}\lvert 2x\rvert$	상용로그
abs(−2)	$\lvert -2\rvert$	절대치(결과는 정수형)
fabs(−1.2)	$\lvert -1.2\rvert$	절대치(결과는 실수형)
exp(x)	e^x	자연상수 e의 거듭제곱
ceil(x)	$\lceil x \rceil$	실수 x와 같거나 x보다 큰 정수 중 가장 작은 정수
floor(x)	$\lfloor x \rfloor$	실수 x와 같거나 x보다 작은 정수 중 가장 큰 정수
sin(2*3.14159)	$\sin(360^\circ)$	사인 값(인수는 각도가 아니라 라디안 단위)
cos(3.14159)	$\cos(180^\circ)$	코사인 값(인수는 각도가 아니라 라디안 단위)
tan(3.14159/4)	$\tan(45^\circ)$	탄젠트 값(인수는 각도가 아니라 라디안 단위)

(2) 문자와 관련된 함수 : #include 〈ctype.h〉가 필요

함수 호출의 예	함수의 의미
isdigit(ch)	ch에 저장된 문자가 숫자문자면 참, 그렇지 않으면 거짓을 반환
isalpha(ch)	ch에 저장된 문자가 영문자면 참, 그렇지 않으면 거짓을 반환
islower(ch)	ch에 저장된 문자가 영문 소문자면 참, 그렇지 않으면 거짓을 반환
isupper(ch)	ch에 저장된 문자가 영문 대문자면 참, 그렇지 않으면 거짓을 반환

(3) 문자열과 관련된 함수 : #include 〈string.h〉가 필요 중요

함수 호출의 예	함수의 의미
strlen(str)	str에 저장된 문자열의 길이를 반환
strcmp(str1, str2)	str1과 str2에 저장된 문자열이 같다면 0을, str1이 작으면 −1, str1이 더 크면 1을 반환
strcpy(str1, str2)	str2의 문자열을 str1의 문자열에 복사

(4) 그 외 범용 함수 : #include 〈stdlib.h〉가 필요 중요

함수 호출의 예	함수의 의미
rand()	정수 0～32767 중의 한 개의 난수를 반환
srand(time(NULL))	현재시간(time(NULL))을 난수 발생기의 씨드(seed)로 설정
exit(0)	프로그램을 종료(인수는 0과 1을 사용) exit(0)은 정상적인 종료, exit(1)은 비정상적인 종료
system("cls")	문자열 인수에 해당하는 시스템 명령을 실행 system("cls")는 화면을 지우는 시스템 명령을 실행

3 라이브러리 함수의 사용 예

예제 5-1

0도부터 180도까지 30도 간격으로 사인 함수의 값을 출력하는 프로그램을 작성하시오.

분석

① 사인 삼각함수의 값은 C라이브러리 함수 sin을 호출해서 구한다.
② sin함수를 이용하려면 #include 〈math.h〉가 필요하다.
③ sin함수의 인수는 단위가 각도가 아니라 라디안이므로 각도 변수 degree를 라디안 변수 radian으로 변환한 후 sin(radian)으로 호출한다.
④ 180도는 라디안으로 π이므로 각도를 라디안 단위로 변환하는 식은 (π*각도) / 180이다.

해설

```
1   #include <stdio.h>
2   #include <math.h>
3   #define PI 3.141592
4
5   int main()
6   {
7       int degree;
8       double radian;
9
10      for (degree = 0; degree <= 180; degree += 30)
11      {
12          radian = (PI * degree) / 180;
13          printf("sin(%d°) = %.5lf\n", degree, sin(radian));
14      }
15      return 0;
16  }
```

| 결과 |

```
C:\WINDOWS\system32\cmd.exe
sin(0° ) = 0.00000
sin(30° ) = 0.50000
sin(60° ) = 0.86603
sin(90° ) = 1.00000
sin(120° ) = 0.86603
sin(150° ) = 0.50000
sin(180° ) = 0.00000
계속하려면 아무 키나 누르십시오 . . .
```

[그림 5-3]

㉠ 1행 : printf() 함수 등 기본 함수를 위한 헤더파일이다.
㉡ 2행 : sin() 함수를 위한 헤더파일이다.
㉢ 3행 : π를 식별자로 사용할 수 없으므로 PI라는 매크로상수를 선언한다. 상수의 값은 3.14가 아닌 3.141592정도로 지정해야 정확한 함수 값을 얻을 수 있다.
㉣ 7행 : 각도 값을 저장할 변수를 선언한다.
㉤ 8행 : degree의 라디안 값을 저장할 변수를 선언한다.
㉥ 10행 : for문의 헤더로 0도부터 180도까지 30도 간격의 degree를 얻기 위한 반복문이며, 조건식이 참이면 12행으로 이동한다.
㉦ 12행 : 각도인 degree를 라디안 단위로 변경한다
㉧ 13행 : 사인 삼각함수 값을 구하기 위해 라이브러리 함수 sin을 호출할 때 12행에서 구한 radian을 인수로 사용한다. '°'는 컴파일러에서 한글자판에서 [ㄱ]키를 누른 후 [한자]키를 누른 후, 화면 하단의 특수문자 목록에서 찾아서 넣는다.

제3절 사용자 정의 함수 중요

프로그래머가 필요한 함수를 직접 작성하여 사용한다. 사용자 정의 함수도 호출은 라이브러리 함수와 같다.

1 사용자 정의 함수의 호출과 정의

사용자 정의 함수의 호출

함수명(인수목록)
인수목록: 인수1, 인수2, …, 인수n

[형식] 사용자 정의 함수의 정의

```
반환 값의 자료형 함수명(매개변수 선언 목록)    ⇐ 함수의 헤더(header)
{
  함수에서 사용할 변수의 선언부
  함수에서 처리할 명령의 선언부                ⇐ 함수의 본체(body)
  return 반환 값;
}
```

① 매개변수 선언 목록 : 자료형 매개변수1, 자료형 매개변수2, …, 자료형 매개변수n,
매개변수는 일반변수와 다르게 각각 선언해야 한다. 즉, int 매개변수1, int 매개변수2이다.

② 함수 호출이 실행되면 인수 목록 순서대로 인수의 값이 함수의 매개변수에 전달되어 저장된다. 즉, '매개변수 = 인수'와 같은 대입문 효과가 있다.

③ 호출된 함수의 본체를 실행하다가 return문을 만나면 함수를 호출한 곳으로 반환 값이 전달된다. 즉, '함수 호출문 = 반환 값'과 같은 대입문 효과가 있다. 반환 값이 없을 수도 있다.

2 인수와 매개변수에 대한 이해

main() 함수만 정의한 C프로그램에서는 main() 함수에서 선언한 변수만으로 결과를 얻지만, main() 함수가 아닌 다른 사용자 정의 함수나 라이브러리 함수의 경우 함수가 임무를 완수하려면 외부로부터 특별한 정보를 제공받아야 하는 경우가 많다. 함수는 서로 독립적인 개체로 특정함수에서 선언한 변수(지역 변수)를 다른 함수에서 마음대로 참조, 출력, 변경할 수 없음을 명심해야 한다. 그러므로 호출할 함수에 꼭 지정하고 싶은 값은 그 함수를 호출할 때 인수로 제공해야 한다.

예제 5-2

1 ~ n까지의 합을 구하는 함수 func_sum을 정의하고 호출하는 프로그램을 작성하시오.

분석

1에서 임의의 정수 n까지의 합을 구하는 함수 func_sum을 만들고 main함수에서 func_sum을 호출하여 결과를 출력하는 프로그램이다.

해설

```
#include <stdio.h>

int func_sum(int n)
{
    int i, sum = 0;
        for (i = 1; i <= n; i++)
        sum += i;
    return sum;
}

int main()
{
    int end ;
    printf(“1~100까지의 합 : %d \n\n”, func_sum(100));

    printf(“1에서 몇까지의 합을 구할까요?”);

    scanf(“%d”, &end);
    printf(“\n1~%d까지의 합: %d \n”, end, func_sum(end));
    return 0;
}
```

| 결과 |

```
C:WWINDOWSWsystem32Wcmd.exe
1~100까지의 합: 5050

1에서 몇까지의 합을 구할까요? 20

1~20까지의 합: 210
계속하려면 아무 키나 누르십시오 . . .
```

[그림 5-4]

㉠ 3행 : 정수형 func_sum() 함수를 정의한다. 매개변수 정수형 n은 지금 어떠한 값도 얻을 수 없다. 즉, main() 함수에서 사용자 정의 함수를 호출할 때 n값도 지정되어 연결된다.
㉡ 4～9행 : main() 함수로부터 매개변수 n값이 넘어오면 n값까지 포함하여 덧셈의 합을 실행한다.
㉢ 8행 : 합의 연산을 한 결과를 main() 함수로 반환한다.
㉣ 14행 : func_sum()가 호출되고, 호출된 함수에 정의되어 있는 n값으로 100이 전달된다. 즉, n = 100과 같은 의미이다. 3행으로 이동하여 주어진 값에 의해 함수를 실행하고, 결과 값을 14행으로 반환받아 printf()을 실행한다.
㉤ 18～19행 : 키보드로부터 입력받은 값을 end 변수에 저장하고, 정의되어 있는 n값으로 전달한다. 즉, n = end와 같은 의미이다. 14행에서 실행한 것과 같이 프로그램을 실행한다.
㉥ 20행 : main()에서 반환할 값이 없으므로 0값을 반환한다. return값에 대해서는 추후 다시 설명하기로 한다.

예제 5-3

사용자가 입력한 임의의 두 정수 x, y중 큰 값을 사용자 정의 함수를 이용해 구한 후 출력하는 프로그램을 작성하시오.

분석

① 사용자 정의 함수 이름을 func_large로 정의하자.
② 두 수를 전달받아 큰 값을 반환하는 함수로 정의하면 함수의 헤더는 int func_large(int x, int y)이다.

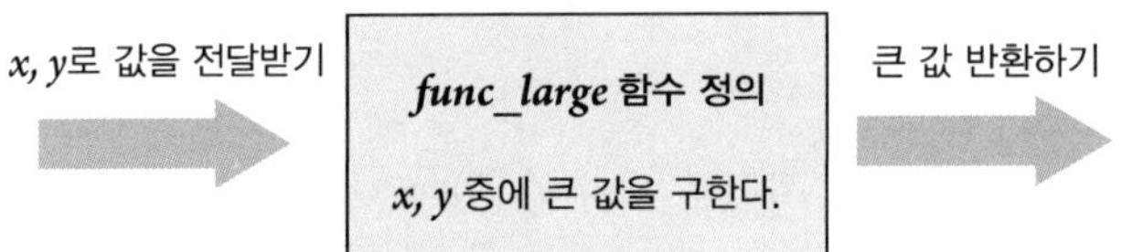

③ main() 함수에서 n1, n2의 값을 입력받는다.
④ func_large() 함수를 호출하여 x, y 중 큰 값을 반환받아 max에 저장한다.
⑤ max를 출력한다.

해설

```
1   #include <stdio.h>
2
3   int func_large(int x, int y)
4   {
5       int larger;
6       if(x > y)
7           larger = x;
8       else
9           larger = y;
10      return larger;
11  }
12
13  int main()
14  {
15      int n1, n2, max;
16      printf(“첫째 정수?”); scanf(“%d”, &n1);
17      printf(“둘째 정수?”); scanf(“%d”, &n2);
18      max = func_large(n1, n2);
19      printf(“%d, %d 중 큰 값은 %d \n”, n1, n2, max);
20      return 0;
21  }
```

| 결과 |

```
C:WWINDOWSWsystem32Wcmd.exe
첫째 정수? 10
둘째 정수? 11
10, 11 중 큰 값은 11
계속하려면 아무 키나 누르십시오 . . .
```

[그림 5-5]

㉠ 18행 : func_large() 함수를 호출하여 3행으로 이동한다. 이때 x = n1, y = n2로 전달되어 저장된다.

㉡ 3 ~ 11행 : 전달받은 값 x = 10, y = 11의 크기를 비교하여 연산을 실행한다.

㉢ 10행 : 연산의 결과 larger를 main() 함수로 반환하여 18행으로 이동한다.

㉣ 18행 : func_large() 함수로부터 반환받은 값을 max에 저장한다. 즉, main() 함수에서 직접 n1, n2 중 큰 값을 구하는 if문을 작성하는 대신 func_large() 함수를 정의하여 사용하면 프로그램 내의 가독성을 높일 수 있고, 분석하기도 수월해진다.

3 함수 원형 선언

(1) 함수 호출과 함수 정의의 위치

함수는 서로 독립된 개체로, 함수 안에 다른 함수를 정의할 수 없으며, 함수의 정의가 끝난 후 다른 함수를 정의해야 한다. 기본적으로 함수의 정의는 함수 호출 전에 위치해야 컴파일러가 오류를 발생시키지 않는다.

일반적으로 프로그램의 가독성(readability)을 위해 가장 중요한 main() 함수를 맨 앞에 정의하고, 그 외 사용자 정의 함수는 main() 함수 뒤에 정의한다. 예를 들어 [예제 5-3]에서 main()를 앞에 두고 사용자 정의 함수를 뒤에 두면, 컴파일러는 프로그램을 위에서 아래로 지금까지 자신이 번역한 내용만을 기반으로 번역한다. 그러다가 func_large() 호출문을 만나면 아직 정의된 적이 없는 함수를 호출하는 것으로 간주하여 컴파일러는 오류를 발생시킨다. 즉, 사용자 정의 함수의 정의보다 호출이 앞에 있으면 잘못된 것으로, 이런 오류를 해결하기 위한 방법으로 함수의 원형 선언(prototype declarations)이 필요하다.

(2) 함수 원형 선언 중요

사용자 정의 함수를 함수 호출문 뒤에 정의하려면 원형 선언이 필요하며, 컴파일러에게 함수 호출문을 번역할 때 해당 함수의 헤더 부분이 이러하니 일단 원형만 보고 함수 호출을 제대로 번역하라고 주문하는 것이다. 함수 원형 선언문은 적어도 맨 처음 나타나는 함수 호출문보다 앞에 있어야 하므로, 일반적으로 프로그램 상단의 main() 함수를 정의하기 전에 둔다.

[형식] 함수의 원형 선언

반환 값의 자료형 함수명(매개변수의 자료형 목록)

※ 매개변수의 자료형 목록은 다음과 같이 선언문 형태와 또는 자료형만 명시하는 형태 두 가지 모두 가능하다.

① (자료형1 매개변수1, 자료형2 매개변수2, …, 자료형n 매개변수n)

```
int func_large(int x, int y);
```

㉠ 함수 원형 선언문은 문장의 끝에 반드시 ;을 붙여야 한다.

㉡ 함수의 최초 호출문보다 앞에 선언해야 한다.

② (자료형1, 자료형2, …, 자료형n)

```
int func_large(int, int);
```

매개변수의 이름은 생략할 수 있으나 매개변수의 자료형은 반드시 명시해야 하며 이 자료형은 함수의 정의에 나타나는 자료형과 같아야 한다.

예제 5-4

함수 원형을 선언하는 방법으로 [예제 5-3]의 프로그램을 재작성하시오.

```
1   #include <stdio.h>
2
3   int func_large(int first, int second);
4
5   int main()
6   {
7      int n1, n2, max;
8      printf(“첫째 정수?”); scanf(“%d”, &n1);
9      printf(“둘째 정수?”); scanf(“%d”, &n2);
10     max = func_large(n1, n2);
11     printf(“%d, %d 중 큰 값은 %d \n”, n1, n2, max);
12     return 0;
13  }
14
15  int func_large(int x, int y)
16  {
17     int larger;
18     if(x > y)
19        larger = x;
20     else
21        larger = y;
22     return larger;
23  }
```

| 결과 |

```
C:￦WINDOWS￦system32￦cmd.exe
첫째 정수? 10
둘째 정수? 11
10, 11 중 큰 값은 11
```

[그림 5-6]

㉠ 3행: 함수 원형 선언으로 int func_large(int, int)도 가능하다. 반드시 문자의 끝에 ;을 붙여야 한다.
㉡ 5행: main() 함수의 정의이다.
㉢ 10행: func_large() 함수 호출 후 반환된 값을 max에 저장한다. func_large() 함수의 정의가 15행에 있으므로 3행의 원형 선언이 반드시 필요하다.
㉣ 15행: func_large() 함수의 정의이다.
㉤ 17～22행: 이 함수를 호출한 문장으로 반환 값을 전달하고 함수 실행을 끝낸다.

그리고 다음과 같이 함수를 정의해도 같은 결과를 얻을 수 있다.

```
15  int func_large(int x, int y)
16  {
17      int larger;
18      if(x > y)
19          return x;
20      else
21          return y;
22  }
```

[그림 5-7] [예제 5-4]의 15행～22행의 수정

예제 5-5

[예제 5-1]을 사용자 정의 함수를 선언하여 프로그램을 작성하시오.

분석

① sin 라이브러리 함수는 인수가 라디안 단위여야 하므로 함수를 호출하기 전에 각도 단위의 인수를 라디안 단위로 변경해야 한다. 이를 개선하기 위해 각도를 인수로 사용하는 사용자 정의 함수를 만들어 사용한다.

② 전달받은 각도를 라디안으로 변환한 후 sin함수를 이용해 삼각함수 값을 구하여 반환한다. get_sin() 사용자 정의 함수는 다음과 같다.

- 함수 원형 : double get_sin(double degree)

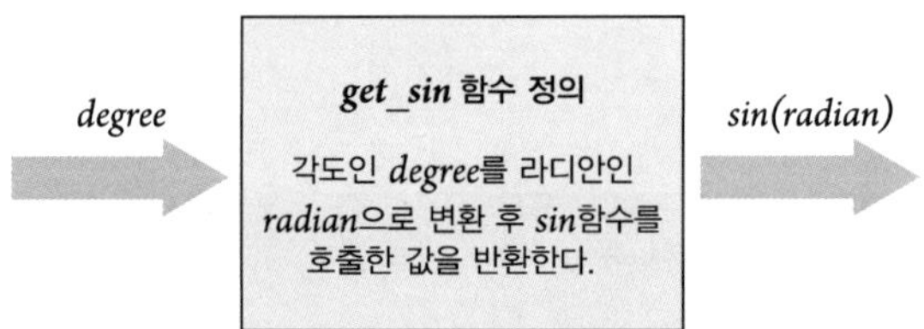

③ sin함수는 사용할 때마다 각도를 라디안 단위로 변경해야 한다. 그러나 get_sin() 함수를 정의해 사용하면 일반 수학 함수를 사용할 때처럼 각도를 이용할 수 있다.

④ sin함수가 라디안 단위를 사용해 생기는 불편을 덜기 위해, 각도를 함수 인수로 사용할 수 있는 get_sin()이라는 사용자 정의 함수를 정의하여 사용한다.

해설

```
1   #include <stdio.h>
2   #include <math.h>
3   #define PI 3.141592
4   double get_sin(double degree);
5
6   int main()
7   {
8      int degree;
9      double radian;
10     for(degree = 0; degree <= 180; degree += 30)
11        printf("sin(%d°) = %.5lf\n", degree, get_sin(degree));
12     return 0;
13  }
14
15  double get_sin(double degree)
16  {
17     double radian;
18     radian = (PI * degree) / 180;
19     return sin(radian);
20  }
```

| 결과 |

```
C:WWINDOWSWsystem32Wcmd.exe
sin(0° ) = 0.00000
sin(30° ) = 0.50000
sin(60° ) = 0.86603
sin(90° ) = 1.00000
sin(120° ) = 0.86603
sin(150° ) = 0.50000
sin(180° ) = 0.00000
계속하려면 아무 키나 누르십시오 . . .
```

[그림 5-8]

㉠ 2행 : sin함수를 위한 헤더 파일이다.
㉡ 4행 : 함수의 원형을 선언한다.
㉢ 6행 : main() 함수의 정의이다.
㉣ 8행 : 각도 값을 저장할 변수를 선언한다.
㉤ 11행 : 사용자 정의 함수를 호출한다. get_sin() 함수 대신 라이브러리 함수 sin을 직접 사용하려면 [예제 5-1]에서처럼 11행 이전에 degree를 라디안 단위로 변환하거나 sin((PI*degree)/180)처럼 호출해야 한다.

㉥ 15행 : 그러나 11행에서 호출한 get_sin() 함수는 라디안 변환을 대신해주기 때문에 함수를 호출할 때 각도 degree를 그대로 인수로 사용할 수 있으므로 훨씬 편리하다.

㉦ 19행 : sin(radian) 호출문이 먼저 실행되어 반환 값이 전달되고 get_sin() 함수는 이 반환 값을 자신의 반환 값으로 전달한다.

4 함수의 인수 전달 : 값에 의한 호출 중요 기출

함수간의 인수를 전달하는 방법에는 값에 의한 호출(call-by-value)과 주소에 의한 호출(call-by- address) 두 가지가 있다. 주소에 의한 호출은 포인터 개념을 알아야 하므로 포인터에서 논하기로 한다.

(1) 값에 의한 호출과 인수 전달 과정

함수를 호출하면 호출할 때 명시한 인수의 값이 전달되어 호출된 함수의 매개변수에 저장된다. 인수의 값을 함수로 전달하기 때문에 **값에 의한 호출**(call-by-value)이라고 한다.

[형식] 값에 의한 호출 방식을 사용할 때의 함수의 호출과 정의

① 함수 호출

함수명(인수1, 인수2, …, 인수n)

```
func_sum(x)
func_large(a+100, a+10)
func_mul(sum, 7)
```

② 함수 정의

변환 값의 자료형 함수명(자료형1 매개변수1, 자료형2 매개변수2, …, 자료형n 매개변수n)
{
 : 함수본체
}

```
int func_sum( int n1 ) {...}
int func_large( int n1, int n2 ) {...}
int func_mul( double n1, int n2 ) {...}
```

③ 인수는 값을 전달하므로 상수, 변수, 수식이 될 수 있지만 **매개변수**는 값을 저장해야 하므로 **변수**만 가능하다.

예제 5-6

인수 전달과정을 설명하기 위해 학생의 결석시간을 근거로 출석 통과 여부를 출력하는 프로그램을 작성하시오.

분석

① main() 함수는 주어진 결석시간(absence)을 pass함수로 전달해 변환된 값이 1이면 "통과"를, 0이면 "과락"을 출력한다.

② func_pass() 함수는 다음과 같이 설계한다.

- 함수 원형 : int func_pass(int number)

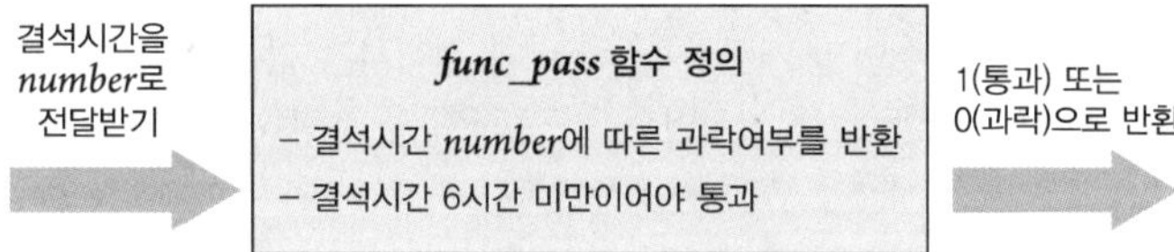

결석시간을 *number*로 전달받기
func_pass 함수 정의
– 결석시간 *number*에 따른 과락여부를 반환
– 결석시간 6시간 미만이어야 통과
1(통과) 또는 0(과락)으로 반환

해설

```
#include <stdio.h>
int func_pass(int number);

int main()
{
   int absence ;
   printf("결석시간을 입력하시오.");
   scanf("%d", &absence);
   if (func_pass(absence))
      printf("통과 \n");
   else
      printf("과락 \n");
   return 0;
}

int func_pass(int number)
{
   int limit=6 ;
   if(number < limit)
      return 1;
   else
      return 0;
}
```

① ② ③

| 결과 |

```
C:₩WINDOWS₩system32₩cmd.exe
결석시간을 입력하시오. 5
통과
계속하려면 아무 키나 누르십시오 . . .
```

```
C:₩WINDOWS₩system32₩cmd.exe
결석시간을 입력하시오. 7
과락
계속하려면 아무 키나 누르십시오 . . .
```

[그림 5-9]

㉠ 8행 : 키보드로부터 입력받은 결석시간을 저장한다.
㉡ 9행 : func_pass() 함수를 호출하여⇒①, 인수 결석시간에 저장된 값을 함수로 전달한다. ⇒②
㉢ 16행 : func_pass() 함수의 매개변수 number에 결석시간 값이 저장된다.
㉣ 18～22행 : 함수에서 전달받은 매개변수 값으로 연산을 실행하여, 결과 값을 9행으로 반환한다. ⇒③

(2) 값에 의한 호출과 함수 간의 독립성

인수를 값에 의한 호출방식으로 전달하면 프로그래밍에서 아주 중요한 **함수 간의 독립성**을 보장할 수 있다. 함수 간의 독립성 보장을 다음 예제로 알아보자.

예제 5-7

근로자의 오늘 하루 근로시간에 대한 하루 임금을 다음의 임금 기준에 따라 시급제와 일급제를 혼용하여 계산하시오. (단, 시급은 10,000원이며, 8시간 이상을 일하면 일급으로 100,000원을 적용함. 일급을 적용할 수 없는 나머지 시간은 시급을 적용함. 즉, 10시간 일하면 8시간은 일급으로, 나머지 2시간은 시급으로 계산함)

분석

① 근로일은 (총 근로시간 / 8), 나머지 근로시간은 (총 근로시간 % 8), 총 근로시간이 8시간 미만인 경우에는 근로일은 0이 되고 나머지 값이 총 근로시간과 같게 된다.
② 오늘의 임금 = 근로일 * 일급 + 나머지 근로시간 * 시급
③ 급여 계산은 func_pay() 함수를 이용하며, func_pay() 함수를 호출할 때 임금 계산에 필요한 근로시간, 일급, 시급을 인수로 전달한다.
④ 함수 원형 : int func_pay(int hours, int day_rate, int hour_rate)

hours: 총 근로시간
day_rate: 일급
hour_rate: 시급

***func_pay* 함수 정의**
총 근로시간으로부터 오늘의 임금을 계산

오늘의 임금

해설

```
1   #include <stdio.h>
2
3   int func_pay(int hours, int day_rate, int hour_rate);
4
5   int main()
6   {
7       int total_hours;
8       int daily_rate = 100000, hourly_rate = 10000;
9       int pay;
10
11      printf("근로 시간은?");
12      scanf("%d", &total_hours);
13
14      pay = func_pay(total_hours, daily_rate, hourly_rate);
15      printf("오늘의 임금은 %d원 \n", pay);
16
17      return 0;
18  }
19
20  int func_pay(int hours, int day_rate, int hour_rate)
21  {
22      int day = hours / 8;
23      hours = hours % 8;
24      return (day * day_rate + hours * hour_rate);
25  }
```

| 결과 |

```
C:₩WINDOWS₩system32₩
근로 시간은? 4
오늘의 임금은 40000원
```

```
C:₩WINDOWS₩system32₩
근로 시간은? 8
오늘의 임금은 100000원
```

```
C:₩WINDOWS₩system32₩
근로 시간은? 12
오늘의 임금은 140000원
```

[그림 5-10]

㉠ 3행 : 함수의 원형을 선언한다.
㉡ 5행 : main() 함수를 정의한다.
㉢ 7행 : 근로시간을 정의한다.
㉣ 8행 : 일급과 시급을 정의한다.
㉤ 9행 : 임금을 정의한다.

ⓑ 14행 : total_hours = 12시간이 입력되고, func_pay(total_hours, daily_rate, hourly_rate)로 함수를 호출한 직후의 각 함수의 변수상태는 다음과 같다.

main() 함수의 변수			func_pay() 함수의 변수	
total_hours	12	⇒	hours	12
daily_rate	100,000	⇒	day_rate	100,000
hourly_rate	10,000	⇒	hour_rate	10,000
pay			day	

ⓢ 22 ~ 23행 : func_pay() 함수에서 hours와 day를 변경한 후의 변수 상태는 다음과 같다. 23행 실행으로 hours는 12를 8로 나눈 나머지 4로 수정되고, 22행 실행으로 day에는 12를 8로 나눈 몫 1이 저장된다.

main() 함수의 변수			func_pay() 함수의 변수	
total_hours	12	⇒	hours	12 → 4로 수정
daily_rate	100,000	⇒	day_rate	100,000
hourly_rate	10,000	⇒	hour_rate	10,000
pay			day	1

ⓞ 24행 : 함수 실행이 끝난 뒤 값 140,000을 main() 함수 14행으로 반환하고, 14행에 의해 pay변수에 저장된 후의 변수 상태는 다음과 같다. func_pay() 함수 실행이 끝나면 이 함수의 변수에 할당된 기억장소는 모두 해제되어 더 이상의 변수는 존재하지 않는다.

main() 함수의 변수			func_pay() 함수의 변수	
total_hours	12	⇒	hours	
daily_rate	100,000	⇒	day_rate	
hourly_rate	10,000	⇒	hour_rate	
pay	140,000		day	

ⓩ 15행 : 14행의 함수 호출 직전의 total_hours값과 함수 실행이 완료된 직후의 total_hours값은 언제나 같다. 15행에서 total_hours값을 출력하면 함수 호출 직전의 값 12가 그대로 출력됨을 알 수 있다. 이는 함수에서 인수를 전달할 때 값에 의한 호출 방식으로 전달되므로, 인수 total_hours와 매개변수 hours는 전혀 다른 기억장소를 사용하기 때문이다. 그러므로 func_pay() 함수에서 매개변수 hours를 수정하더라도 main() 함수의 total_hours는 절대 변하지 않는다.

ⓒ 함수에서 다른 함수를 호출할 때, 호출하는 함수는 자신의 변수를 마음 놓고 인수로 전달할 수 있다. 만약 그렇지 않다면 자신의 변수가 호출된 함수에 의해 어떻게 바뀔지 몰라서 주의해야 하며, 이것이 바로 프로그래밍에서 중요한 함수의 독립성 보장의 개념이다.

5 여러 가지 함수의 유형

함수는 기능에 따라 형태가 조금씩 다르고 사용하는 방법도 차이가 있다. 처리할 데이터를 스스로 입력하는 함수에는 매개변수가 없어도 되고, 전달받은 데이터를 화면에 출력하는 함수는 반환형을 쓰지 않아도 된다.

그리고 같은 내용을 단지 화면에 출력하는 함수는 둘 다 쓰지 않아도 된다. 다음 표는 다양한 함수의 형식을 보여준다.

형식	구분	의미
매개변수가 없는 경우	선언	int func_pay(void); 또는 int func_pay();
	특징	호출할 때 인수 없이 괄호만 사용한다.
반환값이 없는 경우	선언	void print_char(char ch, int ct);
	특징	반환할 때 return문을 쓰지 않거나 return문만 사용한다. 호출문장을 수식의 일부로 쓸 수는 없다.
매개변수와 반환값이 모두 없는 경우	선언	void print_title(void);
	특징	두 가지 경우의 특징을 모두 포함한다.

(1) 매개변수가 없는 함수 중요

함수는 매개변수를 반드시 가져야 하는 것은 아니다. 앞서 다른 사용자 정의 함수들은 매개변수가 있었지만, 키보드로부터 값을 입력받아 반환하는 함수를 만든다면 호출함수로부터 값을 받을 필요가 없으므로 매개변수가 필요 없다. 매개변수가 없는 함수는 **매개변수 자리에 void**를 넣어 만든다.

예제 5-8

키보드로부터 양수 값을 입력받아 반환하는 함수를 매개변수가 없는 함수를 사용하여 작성하시오.

```
#include <stdio.h>
int get_pos(void);

int main(void)
{
    int res;
    res = get_pos();
    printf("반환값 : %d\n", res);
    return 0;
}

int get_pos(void)
{
    int pos;
    printf("양수 입력 : ");
    scanf("%d", &pos);
    return pos;
}
```

| 결과 |

```
C:\WINDOWS\system32\cmd.exe
양수 입력 : 20
반환값 : 20
계속하려면 아무 키나 누르십시오 . . .
```

[그림 5-11]

㉠ 2행 : 함수 원형을 선언한다.
㉡ 7행 : 함수를 호출하고, 반환된 값을 res에 저장한다.
㉢ 12행 : 함수의 원형이고 괄호 안에 void를 넣어 매개변수가 없음을 표기한다. 괄호만 사용하는 것도 가능하지만 void를 넣어 매개변수가 없음을 명시적으로 표현하는 것이 좋다.
㉣ 13 ~ 18행 : get_pos() 함수는 매개변수가 필요 없지만 키보드로 입력받은 값을 호출함수로 반환하므로 반환형이 있어야한다. 또한 17행과 같이 반환하는 문장도 필요하다. 즉, 이 함수는 양수를 입력받는 작업을 도맡아서 처리를 한다.
㉤ 7행 : 17행의 반환된 값을 res에 저장하고,
㉥ 8행 : 화면으로 반환된 값을 출력한다.

(2) 반환 값이 없는 함수 기출

함수는 기능에 따라 형태가 결정되는데 데이터를 받아서 단지 화면에 출력하는 함수이면 특별히 반환값이 필요 없다. 예를 들면 문자와 숫자를 인수로 주고 호출하면 문자를 숫자만큼 화면에 출력하는 함수를 기억하자. 화면에 출력한 내용이 함수가 수행한 결과이므로 호출한 곳으로 특별히 값을 반환할 필요가 없다. 반환 값이 없는 함수는 선언과 정의의 **반환형**에 void를 사용한다.

예제 5-9

반환 값이 없는 함수를 사용하여 프로그램을 작성하시오.

```
#include 〈stdio.h〉
void print_char(char ch, int cnt);

int main(void)
{
   print_char(‘@’,5);
   return 0;
}

void print_char(char ch, int cnt)
{
   int i;
      for (i = 0; i 〈 cnt; i++)
   {
      printf(“%c”, ch);
   }
}
```

| 결과 |

```
C:\WINDOWS\system32\cmd.exe
@@@@@계속하려면 아무 키나 누르십시오
```

[그림 5-12]

㉠ 2행 : 함수 원형을 선언한다.

㉡ 6행 : 함수를 호출하고, 함수에 인수를 전달한다.

㉢ 10행 : 함수의 원형이고 문자와 숫자를 받아야 하므로 매개변수는 있으나 반환형은 void를 사용한다. 함수의 정의가 끝날 때까지 return문이 보이지 않는다. 즉, 반환 값이 없는 함수는 return문을 생략할 수 있으며, return문이 없어도 함수의 코드를 모두 수행하면 호출된 곳으로 자동으로 돌아간다.

㉣ 11 ~ 17행 : main() 함수로부터 전달받은 인수가 매개변수에 전달되어 문자(ch)'@'를 5번 반복해서 출력하는 문장을 실행한다. 화면에 문자를 출력을 할 뿐, main()로 반환되는 값은 없다.

(3) 반환 값과 매개변수가 모두 없는 함수

반환 값과 매개변수가 모두 필요 없는 함수도 있다. 예를 들면 일정한 문자열을 여러 번 출력하는 경우 함수로 만들고 필요할 때 호출할 수 있다. 함수의 **매개변수와 반환형에 모두 void를 쓴다.**

예제 5-10

반환 값과 매개변수가 모두 없는 함수를 사용하여 프로그램을 작성하시오.

```
#include <stdio.h>
void print_line(void);

int main(void)
{
    print_line();
    printf("학번 이름 전공 학점\n");
    print_line();
    return 0;
}

void print_line(void)
{
    int i;
        for (i = 0; i < 50; i++)
    {
        printf("-");
    }
        printf("\n");
}
```

| 결과 |

```
C:\WINDOWS\system32\cmd.exe
----------------------------------
학번 이름 전공 학점
----------------------------------
계속하려면 아무 키나 누르십시오 . . .
```

[그림 5-13]

㉠ 2행 : 함수 원형을 선언한다.
㉡ 6행, 8행 : 함수를 호출하고, 함수에 전달할 인수는 없다.
㉢ 12행 : 함수의 원형으로 main() 함수에서 전달받은 인수도 없고, 다시 main() 함수로 전달할 값도 없으므로 void형을 사용한다.
㉣ 13 ~ 20행 : 반환 값은 없이 문자('-')를 50번 반복해서 화면으로 출력만 한다.

6 재귀함수

(1) 재귀함수(Recursive Function)의 개요

자기 자신의 함수를 정의한 후 이 함수를 반복적으로 스스로 호출, 사용하는 함수를 재귀함수라고 하며, 재귀호출, 순환함수, 재귀 서브프로그램이라고도 한다. 이때, 자신 이름으로 정의된 함수를 호출하는 것을 재귀호출((Recursive Call)이라고 한다. 재귀함수는 프로그램 안에 또 하나의 프로그램들을 연이어 포함된 내포구조의 프로그램에 적합하며, 자기 자신을 다시 호출하여 프로그래밍 하는 방법을 쓴다. 이전 우리가 배운 반복문에서 루프방식처럼 정의된 내용을 반복적으로 수행하는 일을 대신할 수 있다. 자료구조에서 트리 및 연결 리스트와 같은 컴퓨터 자료구조에 유용하게 응용된다.

```
void recall_func(void)
{
  ......
  recall_func() //자신을 다시 호출
}
```

[그림 5-14] 함수 안에서 자신을 호출하는 재귀 호출함수

(2) 반복문을 이용한 재귀호출

10에서 1까지 출력하는 프로그램을 for문을 이용한 작성한 예이다.

```
#include <stdio.h>
void main()
{
  for(int i = 10; i >= 1; i--)
    printf("%4d", i);
}
```

| 결과 |

```
C:\WINDOWS\system32\cmd.exe
10 9 8 7 6 5 4 3 2 1
```

㉠ 10에서 1까지 출력하는 프로그램으로 10을 출력하고, 9에서 1까지 내림차순으로 출력한다. 반복문의 초기값을 출력하고, 이후 조건에 따라 출력됨을 알 수 있다.
처음 출력 숫자만 다를 뿐 이후 반복되는 부분을 임의의 n에 대해 n에서 1까지 역순으로 출력하는 함수 descend를 미리 정의할 수 있다면 10에서 1까지 내림차순으로 출력하는 프로그램을 만들 수 있다.

㉡ 프로그램을 요약 정리하면 다음과 같다.
- 10을 출력한다.
- descend(9);를 실행하면 9에서 1까지 내림차순으로 출력한다.

10에서 1까지 출력하기 위해 descend(10)을 호출하면 descend()함수는 먼저 10을 출력한 후 나머지를 출력하기 위해 descend(9);로 자기 자신을 호출한다. descend()함수는 자기 자신을 다시 호출해서 프로그램을 실행한다.

(3) 재귀함수의 조건

① **종료 조건(base case 또는 stopping condition)**

위 정리된 프로그램 요약정리에서 descend()함수를 호출했을 때 함수 실행이 끝나지 않고 무한반복하여 실행될 것이므로 재귀호출을 이용할 때는 더 이상의 재귀호출을 하지 않는 조건이 있어야 하는데 이 상황을 종료 조건이라고 한다.

② **재귀호출 조건(recursive case)**

각 단계마다 종료 조건에 접근하도록 그 자신을 재귀적으로 호출하게 되고, 원래 문제보다 작아진 부분 문제를 대상으로 한다.

```
- 10을 출력한다.
- if(n==1) //종료 조건
      함수 종료
  else
    descend()함수;
```

직전에 출력한 숫자가 1이면 더 이상 재귀호출을 할 필요가 없으므로 위와 같이 종료 조건을 수정할 수 있으며, descend()함수(재귀호출)하여 n-1에서 1까지 내림차순으로 출력한 후 종료한다.

예제 5-11

n에서 1까지 내림차순으로 출력하도록 재귀함수 descend()를 이용하여 프로그램을 작성하시오.

```
1    #include <stdio.h>
2    void descend(int n);
3    int main()
4    {
5      int n;
6      prinrf("n에서 1까지 내림차순으로 출력하는 프로그램 \n");
7      printf("n값을 입력하시오 : ");
8      scanf("%d", &n);
9      descend(n);
10     return 0;
11   }
12
13   void descend(int n) //n에서 1까지 내림차순으로 출력하는 재귀함수
14   {
15     printf("%4d", n);
16     if(n > 1)
17       descend(n - 1);
18       return;
19   }
20
```

| 결과 |

```
C:WWINDOWSWsystem32Wcmd.exe
n에서 1까지 내림차순으로 출력하는 프로그램 n값을 입력하시오 : 10
10   9   8   7   6   5   4   3   2   1
```

㉠ 1~8행 : 키보드로부터 n값을 읽어 들이는 프로그램 수행한다.
㉡ 9행 : 입력된 n=10값으로 재귀함수를 호출(13행)한다.
㉢ 15행 : 호출된 재귀함수에서 10을 출력한다.
㉣ 16행 : 종료조건이 참이므로,
㉤ 17행 : 9를 다시 호출된 재귀함수로 전달하여 9행을 수행한다.
㉥ 18행 : 첫 번째 값 n=10의 호출된 값을 9행으로 복귀한다.

이와 같은 일을 계속 반복 수행한 후 현재 n값 1을 출력한 후 종료조건을 만족하여 return문을 실행해 호출된 descend(1)로 복귀한다.

(4) 반환값을 갖는 재귀함수

반환값이 없는 재귀함수뿐만 아니라 반환값이 있는 재귀함수도 정의할 수 있다.

예제 5-12

1부터 n까지 합을 구하는 함수 scend_sum()를 반복문을 사용하여 프로그램을 작성하시오.

분석

1에서 n까지의 합을 구하는 프로그램은 먼저 1부터 n–1까지의 합을 구한 다음 n을 합하면 되므로 1에서 n–1까지의 합을 구하는 재귀함수를 호출하고, 이전 합의 결과에 n을 더하면 된다.

```
int scend_sum(int n)
 {
   int sum = 0;
   for(int i = 1; i <= n; i++)
      sum += i;
   return sum;
 }
```

예제 5-13

1부터 n까지 합을 구하는 재귀함수 scending_sum()를 정의하여 프로그램을 작성하시오.

```
#include <stdio.h>
int scending_sum(int n);

int main(){
  int n;
  printf("1부터 n까지의 합을 구하는 프로그램\n");
  printf("값을 입력하시오. : ");
  scanf_s("%d", &n);
  printf("1부터 %d까지의 합은 %d이다.", n, scending_sum(n));
  return 0;
}


int scending_sum(int n) //1부터 n까지의 합을 구하는 재귀 함수
{
  int sum;
  if(n > 1) sum = scending_sum(n - 1) + n ;
```

```
18      else sum = 1;
19      return sum;
20   }
```

㉠ 1~8행 : 키보드로부터 n값을 입력한다.
㉡ 9행 : 1에서 n까지의 합을 구하는 함수를 호출한다. 입력된 초기값 n=10
㉢ 14행 : 호출된 재귀함수를 수행한다.
㉣ 17행 : n이 1보다 클 때는 자기 자신을 다시 호출해 1에서 (n–1)까지 합을 구한 후 n을 더해 최종 합계를 구한다. 최종적으로 1에서 10까지의 합을 저장한 sum값을 반환한다.
㉤ 18행 : n=1일 때는 1에서 1까지의 합은 1이므로 더 이상 재귀호출을 하지 않는다.

scending_sum(1)의 호출결과 값으로 1이 반환되면 1+2가 sum에 저장되고 다음 문장 return sum; 이 자신을 호출한 곳 scending_sum(2)로 3을 반환한다.
또, scending_sum(1)인 경우 (n 〉 1)이 아니므로 sum에서 1이 저장되고 자신을 호출한 곳 scending_sum(1)로 1을 반환하여 이 재귀함수는 1에서 1까지의 합을 구한다.

(5) 재귀함수에 의한 구현 예

① 팩토리얼 계산

- 1부터 n까지 양의 정수(자연수)를 모두 곱한 것으로, n!로 나타낸다.
- n(n–1)(n–2)(n–3)...(2)(1) = n! (단, 0! = 1, 1! = 1)

```
function factorial(n) {
    if (n == 0)
        return 1;
    else
        return n * factorial(n-1);
}
```

(n–1)항의 최적 해법을 사용해 n항의 최적 해법을 구하는 최적의 하위 구조를 갖는다.

② 피보나치 수열 계산

- 연속한 두 수의 합이 그 다음 수가 되는 수열
- {1,1,2,3,5,8,13,21,34,55,... }

```
function fibonacci(n) {
    if (n <= 2)
        return 1;
    else
        return fibonacci(n-1) + fibonacci(n-2);
}
```

(6) 재귀적 프로그래밍의 특징

① 프로그램을 직관적이고, 간결하게 작성하는 것이 가능하다

② 재귀호출은 루프(반복)보다 다소 비효율적이며, 재귀호출은 루프(반복)와 달리 메모리에 함수 복사본을 반복적으로 만들기 때문에 루프(반복)보다 다소 느리고 더 많은 메모리가 필요하다.

③ 내포 구조(nested)로 된 데이터를 다루기에 적합하다.
재귀호출 시, 함수 내 코드도 데이터처럼 내포된 구조로써 포함되는 일종의 추상 자료형 형태로도 볼 수 있다.

④ 최적의 하위 구조(Optimal Substructure)로 크기가 더 작은 동일 유형의 하위 문제를 갖는 경우로써 상위 문제보다 크기만 작고 같은 유형을 갖는 하위 문제들을 포함하는 구조이다. 하위 최적 해법을 사용해 상위 최적 해법을 구할 수 있다.

⑤ 하위 문제를 반복 계산(Overlapping Subproblems)하여 반복되는 (동일) 재귀호출이 다수 발생하는 경우로써 실행 속도가 크게 늘어날 수 있다.

제4절 기억클래스

프로그램에서 '변수를 사용한다'는 것은 변수에 해당하는 기억장소를 참조(address)하여 저장된 값을 읽어오거나 기억장소에 새로운 값을 저장한다는 것을 의미한다. 즉, '변수를 참조한다'라고도 한다. 예를 들면 변수에 값을 대입하는 것, printf() 함수에서 변수값을 출력하는 것, 변수들의 연산을 실행하는 것들이 바로 변수를 참조하는 것이다.

변수 참조는 **변수의 참조영역 안에서만 가능**하다. 지역(local) 변수는 함수 외부에서는 참조할 수 없으며, 전역(global) 변수는 모든 함수에서 참조할 수 있다. 예를 들면 학급에서 선생님이 칠판에 판서하는 내용들은 전역 변수로 생각할 수 있고, 학생들이 각자의 노트에 정리하는 내용들은 지역 변수라고 할 수 있다. 참조영역에 따라 지역과 전역 변수로 나누는 것 외에, 변수가 기억장소를 차지하는 지속기간에 따라 자동, 정적, 외부, 레지스터 변수로 나눌 수 있다.

1 지역 변수 중요

프로그램에서 선언한 변수는 프로그램 어디서나 사용할 수 있는 것이 아니라 변수의 참조영역 안에서만 사용(참조)할 수 있다. 변수의 참조영역이란 프로그램에서 변수를 참조할 수 있는 영역 즉, 변수의 참조가 유효한 영역을 말한다.

지역 변수는 함수(블록) 안에서 선언된 변수로, 변수가 선언된 **함수(블록) 안에서만** 참조할 수 있다. 블록은 { }로 묶은 코드로 함수의 본체뿐만 아니라 { }로 묶은 for문의 본체나 do ~ while문의 본체도 블록이다. 즉, 지역 변수의 참조영역은 그 변수가 선언된 함수(블록)이므로 함수(블록)를 벗어난 곳에서는 참조할 수 없다.

(1) 지역 변수의 선언 위치

예전 버전의 C언어에서는 지역 변수는 블록의 맨 첫 부분에서 정의되어야 했지만, 최근 C언어에서는 블록의 어디서든지 변수를 선언할 수 있다. 변수는 사용하는 위치와 가까운 곳에서 선언하는 것이 좋다.

[형식] 지역 변수 선언

```
반환 값의 자료형 함수명(매개변수 선언 목록)
{
    자료형 지역 변수 1;
    자료형 지역 변수 2;
    : 함수 본체의 나머지 코드
}
```

{ }는 지역 변수1, 지역 변수2의 참조영역
함수의 본체 블록{ } 안에서 윗부분에 지역 변수 선언문을 두며, 이 지역 변수는 이 함수 안에서만 참조할 수 있다.

```
while(x!=0) {
    ......
    int x = func_integer() ;
}
```

블록의 중간에서도 얼마든지 지역 변수를 선언할 수 있다.

(2) 이름이 같은 지역 변수

지역 변수는 특정 지역 안에서만 유효하다. 따라서 다른 지역 안에 동일한 이름의 변수가 있어도 컴파일 오류는 발생하지 않는다.

```
int main(void)
{
  int count ;
  ...
  x= sub() ;
  ...
}
```

```
float sub(void)
{
  int count ;
  ...
}
```

main() 함수 안에 변수 count가 선언되어 있고 sub()에도 똑같은 이름의 변수 sub()가 선언되어 있지만 동일한 이름의 변수가 존재해도 변수가 선언되어 있는 지역이 다르므로 아무런 문제가 없다.

(3) 지역 변수의 생존기간

지역 변수는 전역 변수와는 아주 다른 생존기간을 가진다. 전역 변수는 프로그램이 시작되기 전에 만들어 지고 프로그램이 끝날 때까지 계속 존재한다. 반면 지역 변수는 변수가 선언된 블록이 시작할 때 시스템 스택(stack)이라 불리는 메모리 공간에 만들어지며 동시에 초기화된다. 지역 변수에 할당된 메모리 공간은 블록 끝에서 반환된다. 그러므로 이때 지역 변수도 사라지게 된다.

예제 5-14

지역 변수의 생존기간을 알아보기 위한 간단한 프로그램을 작성하시오.

```
1   #include <stdio.h>
2
3   int main(void)
4   {
5       int i;
6       for (i = 0; i < 5; i++)
7       {
8           int temp = 1;
9           printf("temp=%d\n", temp);
10          temp++;
11      }
12      return 0;
13  }
```

| 결과 |

```
C:WWINDOWSWsystem32Wcmd.exe
temp=1
temp=1
temp=1
temp=1
temp=1
계속하려면 아무 키나 누르십시오 . . .
```

[그림 5-15]

㉠ 8행 : temp는 블록 안에 선언되었으므로 지역 변수이다. 블록이 시작될 때 생성되고, 블록이 끝나면 소멸된다. temp의 초깃값을 1로 한다.
㉡ 10행 : temp가 하나씩 증가되어 2가 되고, 블록{ }을 탈출한다. 그리고 기존의 temp는 사라진다.
㉢ 6행 : 증감식에 의해 i를 1 증가시키고, 조건식이 참이므로 7행 블록{ }으로 이동한다.
㉣ 8행 : 다시 새로운 temp가 생성되어 1로 초기화한다. 출력한다.
㉤ 12행 : 반복을 5번 해도 temp값은 계속 1이 되고, 증가되지 않고 프로그램을 종료한다.

(4) 지역 변수의 초깃값

지역 변수의 초깃값을 정해주지 않았다면 아무런 의미 없는 값이 들어가 있다. 보통 이런 값을 쓰레기값(garbage value)이라고 한다. 만약 프로그램 상에 지역 변수를 초기화시키지 않고 값을 출력하면 비주얼 스튜디오에서는 오류가 발생한다.

```
#include <stdio.h>

int main(void)
{
    int i;
        printf("temp=%d\n", i);
    return 0;
}
```

| 결과 |

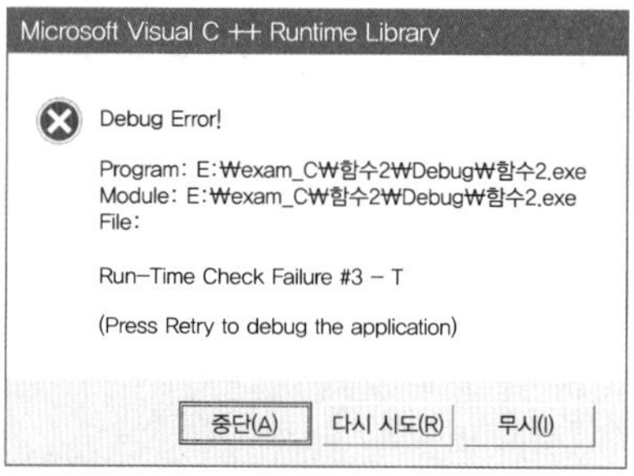

Microsoft Visual C ++ Runtime Library

Debug Error!

Program: E:₩exam_C₩함수2₩Debug₩함수2.exe
Module: E:₩exam_C₩함수2₩Debug₩함수2.exe
File:

Run-Time Check Failure #3 - T

(Press Retry to debug the application)

중단(A) 다시 시도(R) 무시(I)

[그림 5-16] 지역 변수를 초기화시키지 않고 값을 출력하면 오류가 발생

(5) 함수의 매개변수

함수의 헤더 부분에 정의되어 있는 매개변수도 일종의 지역 변수이다. 즉 지역 변수가 지닌 모든 특징을 가지고 있다. 지역 변수와 다른 점은 호출 시의 인수 값으로 초기화되어 있다는 점이다. 사용자 정의 함수의 매개변수는 함수의 매개변수이고 동시에 함수 내의 지역 변수이다. 함수가 시작하면 생성되고, 함수가 종료되면 소멸된다. 또한 함수 내부에서는 지역 변수처럼 사용할 수 있다.

예제 5-15

함수의 매개변수가 지역 변수인지를 알아보는 간단한 프로그램을 작성하시오.

```
#include <stdio.h>
void inc(int count);

int main(void)
{
    int i = 10;
        printf("함수 호출전 i=%d\n", i);
        inc(i);
        printf("함수 호출후 i=%d\n", i);
    return 0;
}

void inc(int counter)
{
    counter++;
}
```

| 결과 |

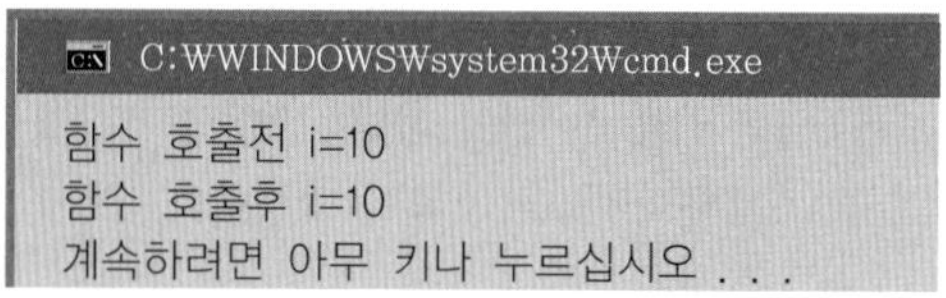

C:₩WINDOWS₩system32₩cmd.exe

함수 호출전 i=10
함수 호출후 i=10
계속하려면 아무 키나 누르십시오 . . .

[그림 5-17]

㉠ 6행 : main() 함수 내의 지역 변수이며 정수형 변수인 i를 10으로 선언한다.
㉡ 7행 출력 : "함수 호출전 i=10"을 출력한다.
㉢ 8행 : 사용자 정의 inc() 함수를 호출한다. 이때 인수 i는 함수의 매개변수 정수형 counter에 전달된다. 이때 main() 함수 안의 i와 inc() 함수 counter는 완전히 다른 별도의 지역 변수이기 때문에 함수 호출 시에는 변수 i의 값이 변수 counter로 복사될 뿐이다. 이것을 3절에서 배운 '값에 의한 호출(call-by-value)'이라고 한다.
㉣ 13～16행 : 전달받은 인수 값을 매개변수로 복사하여 문장을 실행하고, 8행으로 값을 반환한다.
㉤ 8～9행 : 함수에서 전달받은 값으로 9행을 실행한다.

2 전역 변수 중요

전역 변수(global variable)는 **함수 외부에서 선언**되는 변수이다. 지역 변수의 범위는 함수나 블록으로 제한되는 반면, 전역 변수의 범위는 소스파일 전체이다. 즉 전역 변수는 **모든 함수에서 접근**이 가능하고 사용이 가능한 변수이다.

[형식] 전역 변수 선언

```
전처리기 지시자
사용자 정의 함수의 원형 선언;
자료형 전역 변수1 ;
int main()
{
……
}
int function1(…)
{
……
}

자료형 전역 변수2 ;
int function2(…)
{
……
}
```

㉠ 전역 변수는 자동으로 0으로 초기화되고, 필요한 경우 다른 값으로 직접 초기화한다.

㉡ 전역 변수1의 참조영역은 변수 선언 이후로 어디서나 참조할 수 있다.

㉢ 전역 변수2의 참조영역도 선언할 수 있지만 권장하지 않는다.

(1) 전역 변수의 초깃값과 생존기간

프로그래머가 전역 변수를 초기화하지 않으면 컴파일러에 의해 0으로 초기화된다. 전역 변수는 프로그램 시작과 동시에 생성되어 프로그램이 종료되기 전까지 메모리에 존재한다. 따라서 프로그램 시작과 동시에 접근이 가능하고 종료되기 전까지 전체 영역에서 접근이 가능하다.

예제 5-16

전역 변수의 초깃값과 생존기간을 알아보는 간단한 프로그램을 작성하시오.

```
1   #include <stdio.h>
2   int a;
3   int b;
4
5   int main(void)
6   {
7       int answer;
8       answer = add();
9       printf(“%d + %d = %d\n”, a, b, answer);
10      return 0;
11  }
12
13  int add()
14  {
15      return a + b;
16  }
```

| 결과 |

```
C:\WINDOWS\system32\cmd.exe
0 + 0 = 0
계속하려면 아무 키나 누르십시오 . . .
```

[그림 5-18]

㉠ 2～3행: 함수의 외부에서 선언된 변수이기 때문에 전역 변수이고, 0으로 초기화된다.

㉡ 7행: 정수형 answer는 지역 변수로 선언된다.

㉢ 8행: 사용자 정의 add() 함수를 호출한다. 13행으로 이동한다.

㉣ 13～16행: 인수와 매개변수는 선언되지 않았지만 add() 함수 내의 변수 a, b는 전역 변수이므로 a + b를 실행하여 그 결과 값을 main()로 반환한다. 이때 a와 b의 값은 0으로 초기화된 값으로 연산한다.

(2) 전역 변수의 사용

전역 변수는 상당히 편리할 것처럼 생각되지만 전문가들은 사용을 권하지 않는다. 그 이유는 어디서나 접근이 가능하다는 장점이 단점이 될 수 있기 때문이다. 프로그램이 복잡해지다 보면 전역 변수를 도대체 어떤 부분에서 변경하고 있는지를 잘 모르는 경우가 많다. 또한, 하나의 전역 변수를 사용하여 데이터 교환을 하다보면 함수와 함수들이 서로 뒤엉켜지게 된다. 따라서 하나의 함수 또는 하나의 전역 변수를 변경하려면, 다른 많은 부분들도 같이 변경해야 하는 경우가 빈번하게 발생한다. 결국 전역 변수로 데이터 교환을 하는 것보다는 알맞게 잘 정의된 인터페이스를 통해 데이터 교환을 하는 편이 더 수월하다. 이처럼 전역 변수들로 인해 코드가 꼬이는 현상을 마치 스파게티처럼 복잡하게 꼬여있다고 해서 스파게티 코드(spaghetti code)라고 한다.

프로그램을 작성할 때는 모듈화 프로그래밍하여, 프로그램을 특정작업을 수행하는 독립된 모듈로 분리하는 것이 좋고, 각각의 모듈들은 독립적이어야 한다. 여기서 독립적이란 모듈, 즉 함수는 자신의 작업에 필요한 데이터와 코드를 모두 포함해야 한다는 것이다. 그러나 전역 변수를 사용하게 되면 모듈 밖의 데이터를 사용하는 것이므로 각 모듈의 독립성을 위반하게 된다. 따라서 프로그래밍의 취지를 살리려면 전역 변수는 사용하지 않는 편이 좋다.

그러나 상황에 따라서는 약간의 전역 변수를 두는 편이 효율성을 위해 좋을 수도 있다. 일반적으로 사용하는 기준은 거의 모든 함수에서 사용하는 공통적인 데이터는 전역 변수로 할 수 있다. 또 일부의 함수들만 사용하는 데이터는 전역 변수로 하지 말고 함수의 인수로 전달한다.

```
1   #include <stdio.h>
2   int a;
3   void func();
4
5   int main(void)
6   {
7      for (a = 0; a < 10; a++)
8         func();
9   }
10
11  void func()
12  {
13     for (a = 0; a < 10; a++)
14        printf("*");
15  }
```

| 결과 |

```
C:WWINDOWSWsystem32Wcmd.exe
**********계속하려면 아무 키나 누르십시오
```

[그림 5-19] 스파게티 코드의 예

㉠ 2행 : 전역 변수를 선언한다.
㉡ 7, 13행 : 전역 변수로 선언된 변수를 사용하고 있다.

① 인수로 전달할 필요가 없는 전역 변수

예제 5-17

[예제 5-4]에서 입력받은 두 정수 중 큰 수를 구하는 프로그램의 모든 지역 변수를 전역 변수로 선언하여 수정한 프로그램을 작성하시오.

```
#include 〈stdio.h〉

int func_large();
int n1, n2, max;

int main()
{
    printf(“첫째 정수?”); scanf(“%d”, &n1);
    printf(“둘째 정수?”); scanf(“%d”, &n2);

    max = func_large();
        printf(“n1=%d, n2=%d 중 큰 값은 %d \n”, n1, n2, max);
    return 0;
}

int func_large()
{
    if (n1 〉 n2)
        return n1;
    else
        return n2;
}
```

| 결과 |

```
C:WWINDOWSWsystem32Wcmd.exe
첫째 정수? 10
둘째 정수? 11
n1=10, n2=11 중 큰 값은 11
계속하려면 아무 키나 누르십시오 . . .
```

[그림 5-20]

㉠ 3행 : 함수의 원형을 선언한다.
㉡ 4행 : 전역 변수를 선언한다. [예제 5-4]에서 main() 함수의 지역 변수로 선언된 n1, n2, max를 전역 변수로 선언하기 위해 함수 밖에서 main() 함수 정의 이전에 선언하였다.
㉢ 11, 16행 : main() 함수에서 func_large()를 호출할 때 인수가 명시되지 않았다. n1과 n2는 전역 변수이므로 main() 함수와 func_large() 함수 모두 곧바로 참조할 수 있어 인수 전달이 필요 없다.

② **만능 해결사가 아닌 전역 변수**

전역 변수를 사용하다 보면 함수의 인수전달이 귀찮게 느껴져 모든 변수를 전역 변수로 선언하려는 경향이 생기기도 한다. 이때 스파게티 코드와 같이 코드가 꼬이고 문제가 발생할 수도 있다.

예제 5-18

[예제 5-17]을 수정하여 사용자 정의 함수가 범용 함수가 될 수 없는 예를 살펴보자.

분석

main() 함수 내에 지역 변수 width, height를 추가로 선언하고, 두 변수의 값을 지정한 값들 중 큰 값을 구하지만 실행 결과가 잘못된 결과 값을 보여준다.

해설

```
#include <stdio.h>

int func_large();
int n1, n2, max;

int main()
{
    int width, height;

    printf("첫째 정수?"); scanf("%d", &n1);
    printf("둘째 정수?"); scanf("%d", &n2);

    max = func_large();
    printf("n1=%d, n2=%d 중 큰 값은 %d \n", n1, n2, max);

    width = n1 * 4;
    height = n2;
    max = func_large();
    printf("width=%d, height=%d 중 큰 값은 %d \n", width, height, max);
    return 0;
}
```

```
22
23    int func_large()
24    {
25        if (n1 > n2)
26            return n1;
27        else
28            return n2;
29    }
```

| 결과 |

```
C:\WINDOWS\system32\cmd.exe
첫째 정수? 10
둘째 정수? 11
n1=10, n2=11 중 큰 값은 11
width=40, height=11 중 큰 값은 11
계속하려면 아무 키나 누르십시오 . . .
```

[그림 5-21]

㉠ 3행 : 함수 원형을 선언한다.
㉡ 4행 : 전역 변수를 선언한다.
㉢ 8행 : main() 함수 내에 정수형 width, height 지역 변수를 선언한다.
㉣ 13행 : func_large() 함수를 호출하여 23행으로 이동한다. 반환된 값을 max에 저장한다.
㉤ 23행 : func_large() 함수는 키보드로부터 입력받은 n1과 n2의 값의 크기를 비교하여 반환할 값을 main() 함수 14행으로 전달한다.
㉥ 14행 : func_large() 함수로부터 반환된 값을 출력한다.
㉦ 16 ~ 17행 : 수식을 실행하여 width=40, height=11이 저장된다.
㉧ 18행 : 다시 func_large() 함수를 호출하여 23행으로 이동하지만, 이때 전달되는 변수는 전역 변수로 선언되어 저장되어 있는 n1 = 10, n2 = 11을 전달한다.
㉨ 23행 : 함수를 실행하지만 값 11을 반환한다.
㉩ 18행 : func_large() 함수로부터 반환된 값을 max에 저장한다.
㉪ 19행 : 출력결과 의도와는 다르게 잘못된 결과 값이 출력된다.

예제 5-19

인수 전달을 통한 [예제 5-17]와 [예제 5-18]의 문제점을 해결한 프로그램을 작성하시오.

분석

func_large() 함수가 큰 값을 구할 두 개의 인수를 직접 전달받도록 수정한 것으로 전역 변수 n1과 n2에도, main() 함수의 지역 변수 width와 height에도 이용할 수 있음을 보여준다.

해설

```
#include <stdio.h>
int func_large(int x, int y);
int n1, n2, max;

int main()
{
   int width, height;

   printf("첫째 정수?"); scanf("%d", &n1);
   printf("둘째 정수?"); scanf("%d", &n2);

   max = func_large(n1, n2);
   printf("n1=%d, n2=%d 중 큰 값은 %d \n", n1, n2, max);

   width = n1 * 4;
   height = n2;
   max = func_large(width, height);
   printf("width=%d, height=%d 중 큰 값은 %d \n", width, height, max);
   return 0;
}

int func_large(int x, int y)
{
   if(x > y)
      return x;
   else
      return y;
}
```

| 결과 |

```
C:\WINDOWS\system32\cmd.exe
첫째 정수? 10
둘째 정수? 11
n1=10, n2=11 중 큰 값은 11
width=40, height=11 중 큰 값은 40
```

[그림 5-22]

인수 전달의 번거로움을 줄이려면 전역 변수를 사용하는 것이 좋지만 전역 변수의 잘못된 수정이 다른 함수에 미치는 부작용을 고려하면 함수 간의 독립성을 보장하는 지역 변수가 더 좋다. 제한된 기억장소를 효율적으로 사용하려면 자신이 선언된 블록 안에서만 기억장소를 차지하는 지역 변수가 좋을 것이다.

(3) 같은 이름의 전역 변수와 지역 변수

만약 전역 변수와 이름이 같은 지역 변수를 선언하면 지역 변수가 전역 변수보다 우선시된다. 이것을 '지역 변수가 전역 변수를 가린다'고 한다.

예제 5-20

지역 변수가 전역 변수를 가리는 것을 알아보기 위한 간단한 프로그램을 작성하시오.

```
1  #include <stdio.h>
2  int sum = 1;
3
4  int main(void)
5  {
6      int sum = 0;
7      printf("sum=%d\n", sum);
8      return 0;
9  }
```

| 결과 |

```
C:WWINDOWSWsystem32Wcmd.exe
sum=0
계속하려면 아무 키나 누르십시오 . . .
```

[그림 5-23]

㉠ 2, 6행 : 동일한 이름으로 sum이 전역 변수와 지역 변수로 선언되었다.
㉡ 7행 : main() 함수에서 sum을 출력한다. 여기서 지역 변수가 전역 변수에 비해 우선권을 가지기 때문에 지역 변수 sum의 값이 출력된다.

3 자동 변수 중요

변수란 주기억장치의 기억장소 일부분으로 프로그램에서 필요한 자료를 저장하는 데 사용하지만, 변수의 기억장소는 프로그램 시작부터 끝까지 존재하는 것이 아니라 변수 선언 방법에 따라 존재 기간이 달라진다. 변수에 할당된 기억장소가 존재하는 기간을 지속 기간(duration) 또는 수명(lifetime)이라 하는데, 변수의 수명이 끝났다는 것은 변수의 기억장소가 존재하지 않는다는 의미로 해당 변수를 사용할 수 없다는 뜻이다. 자동 변수는 변수의 지속기간이 함수(블록)의 실행 시작부터 끝까지로 한정되어 있다.

(1) 자동 변수의 선언과 지속기간

자동 변수는 함수가 호출되면 변수에 기억장소가 할당되고, 함수 실행이 끝나면 변수의 기억장소가 해제되어 더 이상 참조할 수 없다. '함수가 호출되면'과 '함수 실행이 끝나면'은 '변수가 선언된 블록이 실행되면'과 '변수가 선언된 블록이 끝나면'을 의미한다.

[형식] 자동 변수 선언

```
반환 값의 자료형 함수 (매개변수 선언 목록)
{
  auto 자료형 자동 변수명 ;
  : 나머지 함수 본체
}
```

{ }는 자동 변수의 지속기간이고 함수의 실행 기간이다.
auto는 생략할 수 있으며 지역 변수는 모두 자동 변수에 해당한다.

자동 변수의 목적은 컴퓨터 시스템에서 용량이 한정되어 있는 주기억장치를 보다 효율적으로 사용하는 것과 관련이 있다. 기억장소 차지 기간을 프로그램 실행 기간이 아니라 함수 블록의 실행 기간으로, 더 나아가서는 함수 안의 작은 블록의 실행 기간으로 줄이는 것이다.

(2) 변수의 기억장소 할당과 자동 초기화

프로그래머가 작성한 프로그램을 컴파일하면, 중앙처리장치가 실행할 명령코드만 모은 코드 부분과, 프로그램에서 처리할 자료를 저장하는 변수만 모은 자료 부분으로 분리된다. 그리고 실행을 위해 주기억장치에 저장할 때에도 코드 부분은 코드 영역에, 자료 부분은 자료 영역에 저장된다.

전역 변수는 프로그램이 실행될 때부터 기억장소를 할당받을 뿐만 아니라 자동으로 0으로 초기화된다. 그러나 자동(지역) 변수는 기억장소를 할당받더라도 자동으로 초기화되지 않는다. 자동 변수가 기억장소를 할당받았을 때, 기억장소에는 쓰레기 값(garbage value)이 저장되어 있다. 그 이유는 자동 변수가 기억장소를 할당받자마자 저장되어 있는 값은 이전에 다른 자동 변수가 저장한 값이므로 새로운 자동 변수와는 아무 관계가 없기 때문이며, 원하는 값으로 수정하지 않은 채 사용하면 잘못된 결과를 얻게 된다.

예제 5-21

전역 변수의 자동 초기화와 지역 변수의 초기화의 필요성을 보여주는 프로그램을 작성하시오.

```
#include <stdio.h>
void sum_to_10();
int global_sum;

int main()
{
   auto int i;
   for (i = 1; i <= 10; i++)
      global_sum += i;
   printf("1~10의 합 global_sum: %d\n", global_sum);
   sum_to_10();
   return 0;
```

```
13  }
14
15  void sum_to_10()
16  {
17      auto int i, local_sum;
18      for (i = 1; i <= 10; i++)
19          local_sum += i;
20      printf("1~10의 합 local_sum : %d\n", local_sum);
21  }
```

| 결과 |

```
C:\WINDOWS\system32\cmd.exe
1~10의 합 global_sum: 55
계속하려면 아무 키나 누르십시오 . . .
```

[그림 5-24]

㉠ 3행 : 전역 변수를 선언한다. 전역 변수는 프로그램 실행이 시작될 때 자동으로 0으로 초기화된다.

㉡ 7행 : 자동(지역) 변수를 선언한다.

㉢ 8 ~ 9행 : 1 ~ 10까지의 합을 global_sum에 저장한다. global_sum은 전역 변수이므로 이 행이 처음으로 실행될 때의 값은 0이다. 그러므로 for문을 통해 global_sum = 0 + 1 + 2 + … + 10이 된다.

㉣ 15 ~ 21행 : 1 ~ 10까지의 합을 구하여 출력하는 함수의 원형이다. for문을 시작하기 전에 local_sum은 0으로 초기화하지 않으므로 for문을 통해 local_sum = 쓰레기 값 + 1 + 2 + … + 10이 된다.

C:\WINDOWS\system32\cmd.exe
1~10의 합 global_sum: 55
계속하려면 아무 키나 누르십시오
Microsoft Visual C ++ Runtime Library
Debug Error!
Program: E:\exam_C\함수2\Debug\함수2.exe
Module: E:\exam_C\함수2\Debug\함수2.exe
File:
Run-Time Check Failure #3 - T
(Press Retry to debug the application)
중단(A)
다시 시도(R)
무시(I)

실행결과에 전역 변수에 의한 결과는 출력되지만 사용자 함수 내의 지역 변수는 초기화되지 않았기 때문에 디버그 오류 메시지가 발생한다.

이 결과 디버그 모드에서 중단을 클릭하면 local_sum은 실행하지 않고 실행이 중단된다. 또한 디버그 모드를 무시하면 local_sum에 쓰레기 값과 함께 다음과 같이 결과가 실행된다.

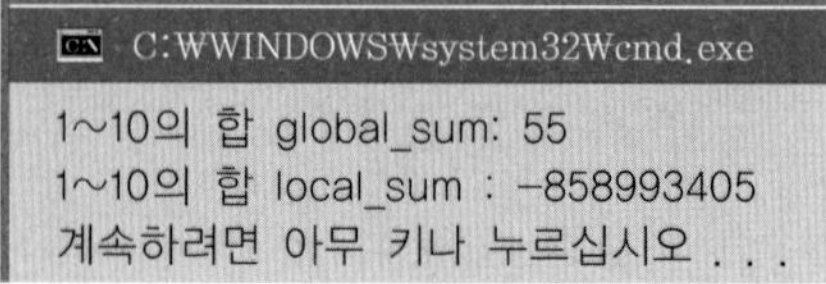
C:\WINDOWS\system32\cmd.exe
1~10의 합 global_sum: 55
1~10의 합 local_sum : -858993405
계속하려면 아무 키나 누르십시오 . . .

[그림 5-25] 디버그 오류

4 정적 변수 중요

컴퓨터 관련 용어에서 '동적(dynamic)'과 '정적(static)'이라는 수식어가 종종 붙는다. 동적은 무언가 실제로 필요할 때마다 처리되는 것을, 정적은 필요한 것을 미리 처리해두고 처음부터 끝까지 **고정적**으로 유지하는 것을 의미한다. 자동 변수는 기억장소의 동적 할당과 관련이 있으며, **전역 변수는 정적 할당**과 관련이 있다. 함수 안에서 선언된 변수는 함수 실행이 끝나면 기억장소가 사라지므로 함수를 다시 호출했을 때 이전에 구한 값을 다시 참조할 수 없다. 만약 그 값이 반드시 필요하다면 전역 변수를 추가로 선언하고 함수 실행이 끝나기 전에 원하는 지역 변수의 값을 전역 변수에 복사해 두는 것은 가능하며, 이 방법을 이용하면 전역 변수를 다른 함수에서도 참조할 수 있다. 그러나 예상치 못한 수정으로 결과 값에 오류가 생길 수 있다. 이런 문제를 해결하기 위해 정적 변수를 사용한다. 함수 안에서 정적 변수로 선언한 변수는 함수 실행과 상관없이 프로그램 실행 시작부터 끝까지 기억장소를 차지하므로 마지막 함수 호출에서 저장된 값을 유지할 수 있다.
정적 변수란 프로그램이 실행될 때부터 기억장소를 정적으로 할당받아 실행이 끝날 때까지 유지되는 변수이다. 정적 변수는 다시 정적 전역 변수와 정적 지역 변수로 나눌 수 있다. 정적 전역 변수는 참조영역이 프로그램 전체이므로 인수 전달이 필요하지 않지만, 잘못된 참조로 인한 오류가 발생할 수 있다. 이를 해결하기 위해 함수 간의 독립성을 보장하도록 함수 안에서만 참조할 수 있게 한 것이 정적 지역 변수이다.

(1) 정적 지역 변수

정적 지역 변수는 'static'을 변수 앞에 붙여 함수 안에서 선언한 변수이다.

[형식] 정적 지역 변수 선언

```
반환 값의 자료형 함수 (매개변수 선언 목록)
{
  static 자료형 정적변수1 = 초깃값 ;
  static 자료형 정적변수2 ;
        ⋮
  ⋮ 나머지 함수 본체
}
```

초깃값을 주지 않아도 자동으로 0으로 초기화된다.

정적 지역 변수는 함수 안에서만 참조할 수 있지만 프로그램의 실행 시작부터 끝까지 기억장소를 차지하므로 이전 함수 실행에서 저장된 값이 사라지지 않는다. 즉, 변수 값이 소멸되지 않고 계속 보존되기 때문에 지역 변수 영역에서 쓰면서 프로그램이 종료될 때까지 값을 보존하고 싶은 경우에 사용한다.

예제 5-22

정적 지역 변수를 이용하여 함수의 호출 횟수를 기록하는 프로그램을 작성하시오.

분석

함수를 얼마나 호출했는지 기록하고 싶을 때 함수 내부에 정적 지역 변수 수를 선언하면 함수를 호출할 때마다 값을 증가시켜 함수가 호출된 횟수를 알아낼 수 있다.

해설

```
1   #include <stdio.h>
2   void call_num();
3
4   int main(void)
5   {
6       int i;
7       for (i = 0; i < 5; i++)
8           call_num();
9       return 0;
10  }
11
12  void call_num()
13  {
14      static int count ;
15      int number =1;
16      printf("%d번째 호출되었다.\n", count+=1);
17      printf("Number값은 %d이다.\n\n", number++);
18  }
```

| 결과 |

```
C:\WINDOWS\system32\cmd.exe
1번째 호출되었다.
Number값은 1이다.

2번째 호출되었다.
Number값은 1이다.

3번째 호출되었다.
Number값은 1이다.

4번째 호출되었다.
Number값은 1이다.

5번째 호출되었다.
Number값은 1이다.
```

[그림 5-26]

㉠ 2행 : 함수의 원형을 선언한다.
㉡ 7 ~ 8행 : 함수를 5번 호출하기 위한 for문이다. call_num() 함수를 호출한다.
㉢ 14행 : 보기에는 정적 변수이고, 함수 내에 선언되었으므로 정적 지역 변수이다. 초깃값이 없으므로 0으로 초기화되고, 5번 호출되어도 한 번 초기화되면 다시 초기화되지 않는다.
㉣ 15행 : 지역 변수를 선언한다.
㉤ 16 ~ 17행 : 문장을 실행한 후 값을 main() 함수로 반환한다.
㉥ 8행 : 함수 내 지역 변수 number는 함수를 탈출하면 증가 값이 사라지고, 정적 변수 count는 사라지지 않고 계속 남아 있으므로, 함수가 몇 번 호출되었는지 확인할 수 있다.

(2) 정적 전역 변수

정적 전역 변수란 함수 외부에서 선언한 정적 변수로, 선언한 이후로 프로그램 어디서나 참조할 수 있다.

[형식] 정적 전역 변수 선언

```
static 자료형 정적 전역 변수1 = 초깃값 ;
static 자료형 정적 전역 변수2 ;
      ⋮
함수의 정의1
함수의 정의2
```

이 선언문 이후로 어디서나 정적 전역 변수1을 참조할 수 있다. 초깃값을 주지 않으면 자동으로 0으로 초기화된다.

전역 변수와 정적 전역 변수 둘 다 지속 기간이 프로그램의 실행 기간 전체이므로, 프로그램의 어디서나 참조할 수 있다. 이 두 변수는 프로그램이 한 개의 파일로 작성되어 있을 때는 차이가 없으나, 프로그램을 여러 개의 소스(source) 파일로 나누어서 작성한 경우에 차이가 발생할 수 있다. 정적 전역 변수로 선언한 변수는 변수를 선언한 소스 파일에서만 전역으로 참조할 수 있고, 다른 소스 파일에서는 참조할 수 없다. 그러나 전역 변수는 다른 소스 파일에서도 동일한 전역 변수로 참조할 수 있으며 이를 위해서는 사용하고 싶은 전역 변수를 외부 변수로 지정해야 한다.

예제 5-23

[예제 5-22]의 정적 지역 변수와 함수 내 지역 변수를 정적 전역 변수로 수정한 후의 프로그램의 변화를 알아보시오.

```c
#include <stdio.h>
static int count;
static int number=2;
void call_num();

int main(void)
{
    int i;
    for (i = 0; i < 5; i++)
        call_num();
    return 0;
}

void call_num()
{
```

| 결과 |

```
C:\WINDOWS\system32\cmd.exe
1번째 호출되었다.
Number값은 10이다.

2번째 호출되었다.
Number값은 10이다.

3번째 호출되었다.
Number값은 10이다.

4번째 호출되었다.
Number값은 10이다.

5번째 호출되었다.
Number값은 10이다.
```

```
16        int number = 1;
17        printf("%d번째 호출되었다.\n", count+=1);
18        printf("Number값은 %d이다.\n\n", number++);
19    }
```

[그림 5-27]

㉠ 2행 : 정적 전역 변수를 선언하고, 초기화를 하지 않았으므로, 0으로 초기화된다.
㉡ 3행 : call_num() 함수 내의 지역 변수를 정적 전역 변수로 선언하고, 초깃값을 주었다.
㉢ 17행 : 정적 전역 변수 값을 참조할 수 있으므로 함수 호출 횟수를 확인할 수 있다.
㉣ 18행 : number변수를 정적 전역 변수로 선언하였지만, 함수 내 지역 변수가 우선시되므로 1로 초기화된다. 그러나 함수를 탈출하면 변수의 증가 값도 사라지므로 number값은 1로 고정된다.

5 레지스터 변수 기출

일반 변수는 주기억장치의 일부분을 할당받는다. 그런데 컴퓨터 시스템에서 주기억장치보다 훨씬 빠른 기억장치가 있는데 바로 중앙연산처리장치(CPU) 안의 레지스터(register)이다. 이러한 레지스터를 할당받는 변수를 레지스터 변수라고 한다. 레지스터 변수는 **지역 변수만 가능**하다.
레지스터 변수의 목적은 프로그램이 실행되는 동안 빈번히 발생하는 변수의 참조 속도를 증가시켜 프로그램 실행 속도를 증가시키는 것이다. 그러나 CPU의 레지스터 개수는 한정되어 있으므로 프로그램에서 레지스터 변수로 선언해도 실행 시점에 CPU에 사용가능한 레지스터가 없으면 일반 변수와 마찬가지로 주기억장치를 사용한다.
주의할 점은 레지스터 변수는 CPU의 자원을 잠깐 빌리는 것으로, 프로그램을 실행하는 동안 계속 저장 공간을 확보해야 하는 전역 변수는 레지스터에 할당할 수 없다. 또한 저장 공간이 메모리에 있는 것이 아니므로 주소 연산자를 써서 포인터를 구할 수 없다. 뿐만 아니라 레지스터 변수의 선언이 레지스터의 사용을 보장하는 것은 아니다.

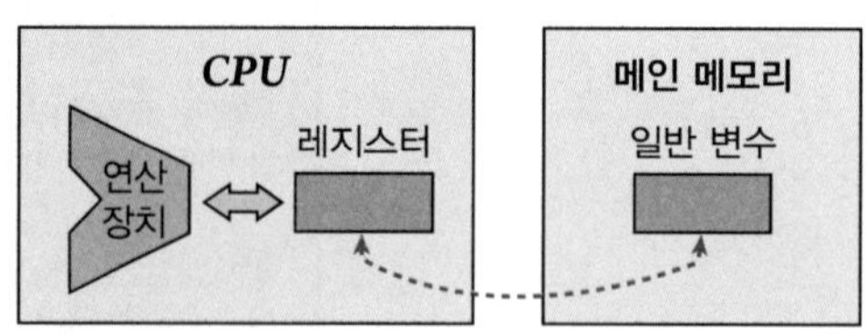

[그림 5-28] 메모리에 있는 값은 레지스터를 거쳐 연산장치에 사용

[형식] 레지스터 변수 선언

register 자료형 레지스터 변수명;　　　register int sum;

예제 5-24

레지스터 변수를 사용한 프로그램의 예

분석

반복문에서 쓰는 변수와 같이 사용 횟수가 많은 경우 레지스터에 할당하면 실행시간을 줄일 수 있다.

해설

```
1   #include <stdio.h>
2
3   int main(void)
4   {
5       register int i;
6       int sum = 0;
7
8       for (i = 0; i < 10000; i++)
9       {
10          sum += i;
11      }
12      printf("%d\n", sum);
13      return 0;
14  }
```

| 결과 |

```
C:\WINDOWS\system32\cmd.exe
49995000
계속하려면 아무 키나 누르십시오 . . .
```

[그림 5-29]

㉠ 5행 : 레지스터 변수를 선언한다.
㉡ 8 ~ 11행 : for문으로 반복과정을 실행한다.

6 외부 변수

지금까지는 프로그램을 파일 하나에 저장하였지만, 대규모의 프로젝트라면 기능별로 프로그램을 개발하여 하나로 합치는 과정을 거친다. 또한 한 사람이 모든 문제를 혼자 해결할 수 있더라도, 프로그램 관리와 컴파일 시간 등을 이유로 프로그램 하나를 여러 파일에 나누어 개발하기도 한다. 이렇게 프로젝트 하나를 여러 파일로 나누어 개발하는 경우 모든 파일에 공통으로 동일하게 사용하고 싶은 전역 변수가 있다면 [그림 5-30]과 같이 main() 함수 이전에 전역 변수를 선언하고 다른 프로그램 파일에서는 이 변수를 외부 변수로 선언하면 된다. [그림 5-30]에서 main() 함수를 포함하는 "source1.c"파일은 전역 변수 선언 이전에 #include "source2.c"와 #include "source3.c"를 명시해야하며, 세 파일에서 정의한 함수의 원형 선언도 명시해야 한다.

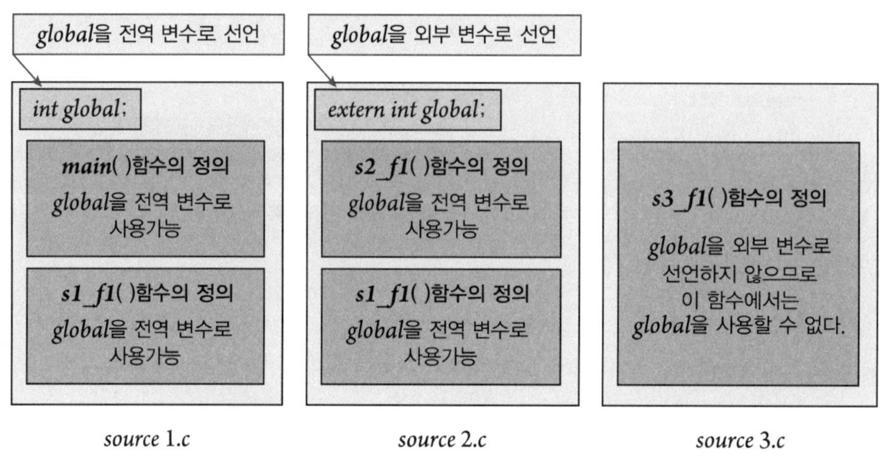

[그림 5-30] 외부 변수의 선언 및 참조 영역

OX로 점검하자 | 제5장

※ 다음 지문의 내용이 맞으면 O, 틀리면 ×를 체크하시오. [1 ~ 13]

01 C프로그램에서 반드시 있어야 하는 함수는 임의의 사용자 정의 함수이다. (   )

>>> 함수는 특정한 일을 실행하는 코드 블록으로, C언어로 작성된 프로그램을 구성하는 가장 큰 단위이며, C프로그램에 반드시 있어야 하는 함수는 main() 함수이다.

02 함수의 종류에는 main() 함수와 같이 사용자가 목적에 맞게 직접 정의하는 라이브러리 함수와 미리 만들어져 제공하는 사용자 정의 함수가 있다. (   )

>>> 함수의 종류에는 컴파일러에서 지원하는 함수들인 라이브러리 함수(library function)와 사용자가 목적에 맞게 직접 정의하는 사용자 정의 함수가 있다.

03 수학과 관련된 라이브러리 함수들이 정의되어 있는 헤더파일은 math.h이다. (   )

>>> 라이브러리 함수를 사용하려면 해당 함수의 원형을 포함하고 있는 헤더파일을 프로그램에 포함하도록 #include 지시자를 명시해야한다. 문자와 관련된 헤더파일은 〈ctype.h〉이고, 문자열과 관련된 헤더파일은 〈string.h〉이다.

04 사용자 정의 함수에서 함수 호출이 실행되면 인수 목록 순서대로 인수의 값이 함수의 매개변수에 전달되어 저장된다. (   )

>>> '매개변수 = 인수'와 같은 대입문 효과가 있다.

05 사용자 정의 함수에서 호출된 함수의 본체를 실행하다가 return문을 만나면 함수를 호출한 곳으로 반환 값이 전달된다. (   )

>>> '함수 호출문 = 반환 값'과 같은 대입문 효과가 있다. 반환 값이 없을 수도 있다.

06 기본적으로 함수의 정의는 함수 호출 뒤에 위치해야 컴파일러가 오류를 발생시키지 않는다. (   )

>>> 함수의 정의는 함수 호출 전에 위치해야 컴파일러가 오류를 발생시키지 않는다. 만약 함수 호출 뒤에 정의하려면 함수의 원형 선언이 필요하다.

정답 1 × 2 × 3 ○ 4 ○ 5 ○ 6 ×

07 함수의 인수 전달 방법 중 값에 의한 호출은 함수를 호출하면, 호출할 때 명시한 인수의 값이 전달되고, 호출된 함수의 매개변수에 저장되어, 인수의 값을 함수로 전달하는 방법이다. (　　)

>>> 값에 의한 호출방식의 인수와 매개변수는 다른 기억 장소를 사용하므로 매개변수 값을 수정해도 인수 값이 변경되지 않아 함수 간의 독립성이 보장된다.

08 변수의 참조영역에 따른 분류에는 자동 변수와 정적 변수가 있다. (　　)

>>> 변수의 참조영역에 따른 분류는 전역 변수와 지역 변수로 구분된다.

09 변수의 지속 기간에 따른 변수의 분류는 자동 변수와 정적 변수로 구분된다. (　　)

>>> 자동 변수는 함수/블록이 실행되면 기억장소가 할당되고, 끝나면 기억장소가 해제된다. 정적 변수는 프로그램 실행 시작부터 실행 끝까지 기억장소를 차지한다.

10 전역 변수는 함수(블록) 내부에서 선언한다. (　　)

>>> 전역 변수는 함수 외부에서 선언하며, 변수를 선언한 이후로 프로그램 어디서나 모든 함수가 참조할 수 있다.

11 지역 변수는 함수(블록) 안에서 선언한다. (　　)

>>> 지역 변수는 함수(블록) 안에서 선언하며, 변수를 선언한 함수(블록) 안에서만 참조할 수 있다.

12 모든 지역 변수는 자동 변수이며, 매개변수도 지역 변수이므로 자동 변수에 해당한다. (　　)

>>> 자동 변수는 지역 변수이므로, 함수(블록)이 실행되면 기억장소가 할당되며, 함수(블록)의 실행이 끝나면 기억장소가 해제된다.

13 변수의 지속 기간이 프로그램 실행 기간 전체인 변수는 전역 변수뿐이다. (　　)

>>> 전역 변수, 정적 전역 변수, 정적 지역 변수는 프로그램 실행 기간 전체에서 변수의 지속기간이 유지된다.

정답 **7** ○ **8** × **9** ○ **10** × **11** ○ **12** ○ **13** ×

제 5 장 실전예상문제

01 다음 중 괄호 안에 들어갈 말로 올바른 것은?

> 새로 작성하는 함수는 main() 함수보다 먼저 작성해야 한다. 하지만 main() 함수보다 나중에 정의하려면 (㉠) 을(를) main() 함수 앞에 쓰면 된다.

① 함수의 정의
② 함수의 선언
③ 함수의 원형 선언
④ 함수의 호출

01 함수 원형 선언(prototype declarations)은 사용자 정의 함수를 함수 호출문 뒤에 정의하려할 때 필요하며, 컴파일러에게 함수 호출문을 번역할 때 해당 함수의 헤더 부분이 이러하니 일단 원형만 보고 함수 호출을 제대로 번역하라고 주문하는 것이다.

02 다음 중 함수를 사용하는 목적으로 옳지 않은 것은?

① 반복적으로 사용되는 코드의 일부분의 중복을 막을 수 있다.
② 정의되어 있는 함수를 재사용할 수 있다.
③ 모듈화된 함수는 서로 주종관계로 구성되므로 정의된 함수에 오류가 있으면 전체 함수를 재수정해야 한다.
④ 정의된 함수를 모듈화해서 프로그램을 단순화시킬 수 있다.

02 모듈화된 함수들은 특성화된 동작을 정의한 것으로 서로 유기적인 관계로 구성되어 있지만, 모듈화된 함수에 오류가 발생하면 전체 함수를 재수정할 필요는 없고, 오류가 발생된 모듈만 재수정해서 컴파일하면 된다.

정답 01 ③ 02 ③

※ 다음 내용을 참고하여 물음에 답하시오. [3 ~ 5]

㉠ func(100, 200);	ⓐ int func()
㉡ func('A', 3.14);	ⓑ int func(char, float)
㉢ func();	ⓒ int func(int, long)

03 ㉠함수의 호출 내용에 맞는 함수의 프로토타입으로 올바른 것은?

① 올바른 것이 없다.
② ⓐ
③ ⓒ
④ ⓑ

03 매개변수와 데이터형이 일치하는지 확인한다. ⓒ함수 원형의 선언이 "int func(int, long);"이고 매개변수가 int형과 long형으로 ㉠함수 호출내용 100, 200이 적당하다.

04 ㉡함수의 호출 내용에 맞는 함수의 프로토타입으로 올바른 것은?

① ⓑ
② ⓐ
③ ⓒ
④ 올바른 것이 없다.

04 매개변수와 데이터형이 일치하는지 확인한다. ⓑ함수 원형의 선언이 "int func(char, float);"이고 매개변수가 char형과 float형으로 ㉡함수 호출내용 'A', 3.14가 적당하다.

05 ㉢함수의 호출 내용에 맞는 함수의 프로토타입으로 올바른 것은?

① ⓑ
② ⓐ
③ ⓒ
④ 올바른 것이 없다.

05 매개변수와 데이터형이 일치하는지 확인한다. ⓐ함수 원형의 선언이 "int func();"이고 매개변수로 전달받는 값이 없는 void형으로 ㉢함수도 호출내용이 없다.

정답 03 ③ 04 ① 05 ②

※ 다음 내용을 참고하여 물음에 답하시오. [6 ~ 8]

㉠	float func();	ⓐ	return 100;
㉡	long func(char, char);	ⓑ	return 100.123;
㉢	char func(int, int);	ⓒ	return 'A';

06 ㉠함수의 프로토타입에 맞는 return문으로 올바른 것은?

① ⓒ
② ⓑ
③ ⓐ
④ 올바른 것이 없다.

06 return값, 함수의 데이터형이 일치하는지를 확인한다. ㉠함수 원형의 선언이 "float func();"이고 전달할 데이터형이 float이므로 return값이 float형이어야 한다.

07 ㉡함수의 프로토타입에 맞는 return문으로 올바른 것은?

① ⓒ
② ⓑ
③ ⓐ
④ 올바른 것이 없다.

07 return값, 함수의 데이터형이 일치하는지를 확인한다. ㉡함수 원형의 선언이 "long func(char, char);"이고 전달할 데이터형이 long이므로 return값이 long형이어야 한다.

08 ㉢함수의 프로토타입에 맞는 return문으로 올바른 것은?

① ⓑ
② 올바른 것이 없다.
③ ⓐ
④ ⓒ

08 return값, 함수의 데이터형이 일치하는지를 확인한다. ㉢함수 원형의 선언이 "char func(int, int);"이고 전달할 데이터형이 char이므로 return 값이 char형이어야 한다.

09 다음 중 'void func(void);' 함수 선언에 대한 설명으로 옳지 않은 것은?

① 함수가 값을 반환하지 않는다.
② 함수가 값을 전달받을 것이 없다.
③ 함수 원형 선언이 올바르지 않다
④ void func()과 같다.

09 void는 값이 없음을 의미하고, 'void func(void);'가 함수 뒤에 붙으면 다른 함수로부터 전달받을 값이 없으며, 함수 앞에 붙으면 다른 함수로 반환할 값도 없다.

정답 06 ② 07 ③ 08 ④ 09 ③

10 함수 호출이 실행되면 인수 목록 순서대로 인수의 값이 외부 함수의 매개변수에 전달되어 저장된다. 즉, '매개변수 = 인수'와 같은 대입문 효과가 있다.

10 다음 중 함수가 작업을 수행하는 데 필요한 데이터로서 외부에서 주어진 것을 의미하는 것으로 옳은 것은?

① 매개변수
② 인수
③ 함수
④ 변수

11 함수는 서로 구별되는 이름으로 독립성을 보장한다.

11 다음 중 함수에 대한 설명으로 옳지 않은 것은?

① 함수는 입력받을 수 있고 결과를 반환할 수 있다.
② 함수를 사용하는 가장 큰 이유는 소스코드의 중복을 막을 수 있기 때문이다.
③ 라이브러리 함수는 컴파일러에서 지원하는 함수들이다.
④ 함수는 서로 공통성을 유지하기 위해 같은 이름을 가진다.

12 [문제 하단의 표 참고]

12 다음 중 함수의 몸체 안에서 정의되는 변수로 올바른 것은?

① 외부 변수 ② 지역 변수
③ 정적 변수 ④ 전역 변수

»»Q

지역 변수	함수(블록) 안에서 선언하며, 변수를 선언한 함수(블록) 안에서만 참조할 수 있다. 또한 모든 지역 변수는 자동 변수이다.
정적 변수와 전역 변수	함수 외부에서 선언한 변수이다.
외부 변수	정적 전역 변수는 변수의 선언문을 포함한 프로그램 파일에서만 참조할 수 있다.

정답 10 ② 11 ④ 12 ②

13 다음 중 인수와 매개변수의 관계를 올바르게 설명한 것은?

① 인수는 내부에서 주어지는 데이터이고, 매개변수는 이 데이터를 받기 위한 변수이다.
② 인수는 데이터를 받기 위한 변수이고, 매개변수는 내부에서 주어지는 데이터 변수이다.
③ 인수는 내부에서 주어지는 데이터이고, 매개변수는 이 데이터를 전달을 위한 변수이다.
④ 인수는 외부에서 주어지는 데이터이고, 매개변수는 이 데이터를 받기 위한 변수이다.

13 사용자 정의 함수를 호출하면 인수의 값이 외부 함수에 주어지며, 사용자 정의 함수의 매개변수는 이 인수 값을 전달받아 저장하는 변수이다. 즉, '매개변수 = 인수'와 같은 대입문 효과가 있다.

14 다음 중 사용자 정의 함수 정의의 첫 번째 줄에 포함되는 정보들을 올바르게 나열한 것은?

① 함수의 헤더이고, 함수의 이름, 매개변수만 포함된다.
② 함수의 헤더이고, 반환형, 함수의 이름, 매개변수가 포함된다.
③ 함수의 헤더이고, 반환형, 매개변수만 포함된다.
④ 함수의 헤더이고, 매개변수만 포함된다.

»»

반환 값의 자료형 함수명(매개변수 선언 목록)	함수의 헤더(header)

{
함수에서 사용할 변수의 선언부
함수에서 처리할 명령의 선언부
return 반환 값;
}
	함수의 본체(body)

14 사용자 정의 함수의 정의 형식은 다음과 같다.
[문제 하단의 표 참고]

정답 13 ④ 14 ②

15 함수가 값을 반환하지 않는다면 반환형은 어떻게 정의해야 하는가?

① void
② int
③ float
④ char

15 함수의 이름 앞에 붙여서 반환형을 선언한다. void 반환형은 함수의 실행 결과 값을 호출한 함수로, 반환할 것이 없는 의미이다. int 반환형은 함수의 실행 결과 값을 호출한 함수로, int형으로 반환한다는 의미이다.

16 함수의 정의와 함수 원형의 차이를 올바르게 설명한 것은?

① 함수 원형은 컴파일러에게 정보를 주기 위해 함수 헤더만을 표시하고, 함수의 정의는 반드시 함수 본체가 있어야 한다.
② 함수 원형은 반드시 함수 본체가 있어야 하고, 함수의 정의는 컴파일러에게 정보를 주기 위해 함수 헤더만을 표시한다.
③ 함수 원형은 컴파일러에게 정보를 주기 위해 함수 헤더만을 표시하고, 헤더 시작과 끝부분에 { }로 정의한다.
④ 함수의 정의는 반드시 함수 본체가 있어야 하고, return문이 반드시 있어야 한다.

16 함수의 정의에서 함수의 헤더는 "반환 값의 자료형 함수명(매개변수선언 목록)"이고, 함수의 본체는 "함수에서 사용할 변수의 선언부"와 "반환 값"이 있다. 반환 값은 없을 수도 있다. 함수 원형의 형식은 "반환 값의 자료형, 함수명(매개변수의 자료형 목록);"이다.

17 다음 중 함수를 호출하면 명시한 인수의 값이 전달되어 호출된 함수의 매개변수에 저장되는 방식으로 올바른 것은?

① 주소에 의한 호출
② 값에 의한 전달
③ 값에 의한 호출
④ 주소에 의한 전달

17 값에 의한 호출방식은 인수의 값이 전달되어 함수의 매개변수에 저장되고, 인수와 매개변수는 다른 기억장소를 사용하므로 매개변수 값을 수정해도 인수 값이 변경되지 않아 함수 간의 독립성이 보장된다. 주소에 의한 호출방식은 인수의 주소가 전달되어 함수의 매개변수에 저장되며, 그 결과 포인터인 매개변수는 자신을 호출한 함수의 인수를 가리키게 된다.

정답 15 ① 16 ① 17 ③

18 다음 중 올바른 함수 원형 정의가 아닌 것은?

① int func(char x, char y);
② double func(char x);
③ void func()
④ char x();

18 함수 원형을 선언할 때에는 맨 마지막에 반드시 ;을 붙여야 한다.

19 다음 중 올바른 함수 호출은?

① func x, y;　　② func;
③ int func();　　④ func();

19 정의된 함수의 호출은 "함수명(인수값1, 인수값2, …, 인수값n)"이다. 인수값은 없을 수도 있다.

20 다음 중 함수 전체를 올바르게 구현한 것은?

① int func();
② int func(int x) { return x=x+1; }
③ void func() { printf("C언어") }
④ void func(x) { printf("C언어") }

»»

반환 값의 자료형 함수명(매개변수 선언 목록) {	함수의 헤더(header)
함수에서 사용할 변수의 선언부 함수에서 처리할 명령의 선언부 return 반환 값; }	함수의 본체(body)

20 함수의 정의 형식은 다음과 같다. [문제 하단의 표 참고]

정답 18 ③ 19 ④ 20 ③

21 자기 자신의 함수를 정의한 후 이 함수를 반복적으로 스스로 호출, 사용하는 함수를 재귀함수라고 하며 이때, 자신 이름으로 정의된 함수를 호출하는 것을 재귀호출((Recursive Call)이라고 한다.

21 다음 내용에서 괄호 안을 올바르게 채운 것은?

> 함수를 정의할 때 현재 정의하고 있는 함수를 호출할 수 있는데 이를 (㉠)(이)라 하며, (㉠)을(를) 포함하는 함수를 (㉡)(이)라 한다.

	㉠	㉡
①	재귀함수	재귀호출
②	재귀호출	재귀함수
③	시스템호출	시스템함수
④	반복호출	반복함수

22 재귀함수로 해결할 수 있는 문제는 재귀호출이 정지(종료)조건을 가진 경우로 정의된다.
종료조건은 재귀호출의 종료여부를 판단할 수 있도록 해야 한다.

22 다음 중 재귀함수에 대한 설명으로 옳지 않은 것은?

① 재귀함수로 해결할 수 있는 문제는 재귀호출이 정지(종료) 조건을 가질 수도 있다.
② 재귀함수는 반복문에 비해 함수호출로 인한 비용이 더 많다.
③ 재귀함수는 반복문으로 해결하기 복잡한 문제를 간단하게 작성할 수 있다.
④ 재귀함수는 트리 및 연결리스트와 같은 컴퓨터 자료구조에 유용하다.

정답 21 ② 22 ①

23 다음 프로그램에서 peach 출력이 몇 번 되는가?

```
1   #include <stdio.h>
2   void peach(int n)
3
4   int main(void){
5       peach(1);
6       return 0;
7   }
8
9   void peach(int n){
10      printf("peach\n");
11      if(n == 5) return;
12      peach(n + 1);
13  }
```

① 2　　② 3

③ 4　　④ 5

23 5행에서 peach 함수를 최초 호출하면서 인수가 1을 전달하고, 함수가 몇 번 호출되는지를 기억하여 9행에서 호출 횟수를 매개변수로 전달받는다. 11행에서 재귀호출 전에 호출 횟수를 검사하여 5번째가 되면 곧바로 반환하도록 if문에 대입된다.
11행의 조건식이 참이면 함수가 종료 조건에 의해 반환되므로 재귀호출이 중단되고 거짓이면 12행을 수행하여 호출 횟수를 1 증가시켜 재호출하게 된다.

정답 23 ④

24 프로그램은 팩터리얼의 순환적 정의를 C프로그램으로 작성한 것이다. 키보드로부터 입력된 값이 5로 가정하였으므로, 프로그램에서 함수가 호출되는 순서는 다음과 같다. [문제 하단의 표 참고]

24 다음 프로그램의 결과로 옳은 것은? (단, 키보드로부터 입력되는 값은 5로 가정함)

```
#include <stdio.h>
long factorial(int n);

int main(void){
    int x = 0, result;

    printf(“정수를 입력하시오:”);
    scanf_s(“%d”, &x);

    result = factorial(x);
    printf(“%d!은 %d입니다. \n”, x, result);
    return 0;
}

int factorial(int n) {
    printf(“factorial(%d) \n”, n);

    if(n <= 1) return 1;
    else return n * factorial(n - 1);
}
```

① 100 ② 5050
③ 55 ④ 120

```
factorial(5) = 5 * factorial(4)
             = 5 * 4 * factorial(3)
             = 5 * 4 * 3 * factorial(2)
             = 5 * 4 * 3 * 2 * factorial(1)
             = 5 * 4 * 3 * 2 * 1
             = 120
```

정답 24 ④

25 주어진 코드에서 출력되는 값으로 옳은 것은?

```
int a = 100;
void main()
{
    int a = 200;
    printf("%d",a);
}
```

① 200
② 100
③ 값이 없다.
④ 0

25 코드의 첫 줄에 전역 변수 a=100이 저장되고, main() 함수 내에 지역 변수 a=200이 저장되어, 화면으로 출력된다. 즉, 지역 변수가 전역 변수보다 우선시된다.

26 주어진 코드의 출력 결과로 옳은 것은?

```
#include <stdio.h>
#include <math.h>
int main()
{
    printf("floor(3.14) = %.2f, ", floor(3.14));
    printf("ceil(3.14) = %.2f", ceil(3.14));
}
```

① floor(3.14) = 0.14, ceil(3.14) = 0.14
② floor(3.14) = 3.1, ceil(3.14) = 4.1
③ floor(3.14) = 3.00, ceil(3.14) = 4.00
④ floor(3.14) = 3, ceil(3.14) = 4

26 수학 관련 함수를 사용하기 위해 <math.h> 헤더파일을 추가하고, 변환명세는 소수점 2째 자리를 표현한다. floor(3.14)는 0.14를 버리고 3을 리턴하며, ceil(3.14)는 올림해서 4를 출력한다.

정답 25 ① 26 ③

27 함수 내부에서 변수를 선언하는 변수는 지역 변수, 정적 변수, 레지스터 변수이다. 함수 외부에서 변수를 선언하는 변수는 전역 변수이다.

28 변수를 0으로 초기화하는 변수는 전역 변수, 정적 변수이고, 변수의 소멸 시기가 프로그램이 종료할 때인 것은 전역 변수, 정적 변수이다.
또한 여러 개의 파일로 나누어서 작성된 프로그램에서 정적 전역 변수로 선언한 변수는 변수를 선언한 소스 파일에서만 전역으로 참조할 수 있고, 다른 소스 파일에서는 참조할 수 없다. 그러나 전역 변수는 다른 소스 파일에서도 동일한 전역 변수로 참조할 수 있다.

29 변수 a는 전역 변수로 초기화되지 않았지만 컴파일러가 0으로 초기화하고, 지역 변수 b는 초기화되지 않아 메모리에 남아 있는 쓰레깃 값이 출력된다.

정답 27 ③ 28 ② 29 ①

27 다음 중 변수가 선언되는 위치가 나머지와 <u>다른</u> 것은?

① 지역 변수 ② 정적 변수
③ 전역 변수 ④ 레지스터 변수

28 변수를 초기화하지 않아도 0으로 초기화되고, 변수의 소멸시기가 프로그램이 종료할 때이며, 여러 개의 파일로 나누어서 작성된 프로그램에서 다른 소스 파일에서도 동일한 변수로 참조할 수 있는 변수는?

① 지역 변수
② 전역 변수
③ 레지스터 변수
④ 정적 지역 변수

29 주어진 코딩의 결과 값으로 옳은 것은?

```
#include <stdio.h>
int a;
int main()
{ int b;
  printf("a = %d, b = %d", a, b);
}
```

① a = 0, b = 쓰레깃값
② a = 1, b = 0
③ a = 쓰레깃값, b = 0
④ a = 쓰레깃값, b = 쓰레깃값

30 주어진 코딩의 결과 값으로 옳은 것은?

```
#include <stdio.h>
int a = 1234;
void sub()
{ int a = 5678;
  printf("a in sub = %d\n", a);
}
int main()
{ printf("a in main = %d\n", a);
  sub();
}
```

① a in main = 5678
a in sub = 1234

② a in main = 1234
a in sub = 5678

③ a in main = 0
a in sub = 5678

④ a in main = 1234
a in sub = 0

30 전역 변수 a와 sub() 함수의 지역 변수 a가 같은 이름으로 선언되었지만 전역 변수 a는 어디에서나 읽을 수 있다. sub() 함수 내의 지역 변수 값은 전역 변수보다 우선시된다.

31 주어진 코딩의 결과 값으로 옳은 것은?

```
#include <stdio.h>
int main()
{ int a = 3;
  printf("a1 = %d, ", a);
  { int a = 4;
    printf("a2 = %d, ", a);
  }
  printf("a3 = %d", a);
}
```

① a1 = 4, a2 = 4, a3 = 3

② a1 = 4, a2 = 4, a3 = 4

③ a1 = 3, a2 = 3, a3 = 3

④ a1 = 3, a2 = 4, a3 = 3

31 main() 함수의 지역 변수 a를 선언하고 3으로 초기화한 후 출력한다. 그리고 블록({ })을 시작한 후 선언된 지역 변수 a값 4를 출력하고, 블록을 탈출한 후에는 블록 밖에서 변수 a를 읽으면 먼저 선언된 지역 변수 a를 출력한다.

정답 30 ② 31 ④

Self Check로 다지기 | 제5장

함수의 이해

① 함수는 서로 구별되는 이름을 가진다.
② 함수는 특정한 작업을 수행한다.
③ 함수는 입력을 받을 수 있고 결과를 반환할 수 있다.

함수를 사용하는 이유

① 소스코드의 중복을 막을 수 있다.
② 한 번 제작된 함수는 다른 프로그램을 제작할 때도 사용이 가능하다.
③ 복잡한 문제를 단순한 부분으로 분해할 수 있다.

함수의 종류

① 라이브러리 함수 : 컴파일러에서 지원하는 함수들
② 사용자 정의 함수 : 개발자가 필요한 함수를 직접 만들어서 사용하는 함수들

사용자 정의 함수의 정의

[형식] 함수의 원형 선언

반환 값의 자료형 함수명(매개변수의 자료형 목록)

- 매개변수의 자료형 목록은 다음과 같이 선언문 형태와 또는 자료형만 명시하는 것 두 가지로 모두 가능하다.

① (자료형1 매개변수1, 자료형2 매개변수2, …, 자료형n 매개변수n)

```
int func_large(int x, int y);
```

㉠ 함수 원형 선언문은 문장의 끝에 반드시 ;을 붙여야 한다.
㉡ 함수의 최초 호출문보다 앞에 선언해야 한다.

② (자료형1, 자료형2, …, 자료형n)

```
int func_large(int, int);
```

- 매개변수의 이름은 생략할 수 있으나 매개변수의 자료형은 반드시 명시해야 하며, 이 자료형은 함수의 정의에 나타나는 자료형과 같아야 한다.

함수의 인수 전달 : 값에 의한 호출(call-by-value)

함수를 호출하면 호출할 때 명시한 인수의 값이 전달되어 호출된 함수의 매개변수에 저장

⇥ 변수의 참조 영역의 규칙

① 변수마다 사용할 수 있는 영역이 정해져 있다.
② 변수 참조 영역은 변수의 선언 위치에 의해 결정된다.
③ 변수는 참조 영역을 벗어난 곳에서 참조될 수 없다.

⇥ 변수의 참조영역에 따른 분류 : 전역 변수

① 함수 외부에서 선언하며, 변수를 선언한 이후로 프로그램(전역 변수 선언문 이후) 어디서나 모든 함수가 참조할 수 있다.
② 모든 함수가 참조할 수 있으므로 함수를 호출할 때 인수로 전달할 필요가 없다. 그러나 어디선가 전역 변수를 잘못 수정하면 프로그램 전체에 영향을 줄 수 있으므로 주의해야 한다.
③ 변수의 지속기간이 프로그램 실행 처음부터 끝까지이며, 변수를 선언할 때 직접 초기화하지 않으면 0으로 자동 초기화된다.

⇥ 변수의 참조영역에 따른 분류 : 지역 변수

① 함수(블록) 안에서 선언하며, 변수를 선언한 함수(블록) 안에서만 참조할 수 있다.
② 변수가 선언된 함수를 벗어나면 참조할 수 없으므로 다른 함수에서 참조하려면 함수를 호출할 때 인수로 전달해야 한다. 인수 전달은 불편하지만 함수 간의 독립성을 보장해준다.
③ 프로그램 실행이 시작될 때부터 기억장소를 할당받는 게 아니라 함수가 실제로 호출되거나 블록이 실행되어야 기억장소를 할당받는다. 선언할 때 초기화하지 않으면 자동으로 초기화되지 않고 쓰레기 값이 그대로 유지된다.

⇥ 변수의 지속 기간에 따른 변수의 분류 : 자동 변수

① auto를 붙여 함수(블록)에서 선언한다.
② 선언할 때 auto는 생략할 수 있고, 모든 지역 변수는 자동 변수이며, 매개변수도 지역 변수이므로 자동 변수에 해당한다.
③ 함수(블록)이 실행되면 기억장소가 할당되며 함수(블록)의 실행이 끝나면 기억장소가 해제된다.

변수의 지속 기간에 따른 변수의 분류 : 정적 변수

① static을 붙여 선언한다.

② 프로그램 실행 시작부터 실행 끝까지 기억장소를 차지한다.

③ 정적 전역 변수 : 함수 외부에서 선언한 정적 변수로, 프로그램 전체(정적 변수 선언문 이후)에서 참조할 수 있다.

④ 정적 지역 변수 : 함수(블록) 안에서 선언한 정적 변수로 함수(블록) 안에서만 참조할 수 있으므로 정적 전역 변수에서 발생할 수 있는 잘못된 참조로 인한 부작용을 막을 수 있다. 변수 지속 기간이 프로그램 실행 기간 전체이므로 함수(블록)의 실행이 끝나도 변수에 저장된 값이 사라지지 않아 다음 함수(블록) 실행에서 이전 값을 사용할 수 있다.

외부 변수 : 정적 전역 변수는 변수의 선언문을 포함한 프로그램 파일에서만 참조할 수 있다. 반면 전역 변수는 다른 프로그램 파일에서 'extern 전역 변수명;'처럼 전역 변수를 외부 변수로 선언하면 두 프로그램 파일에서 같은 전역 변수로 사용할 수 있다.

변수의 참조 영역과 지속 기간에 따른 변수의 분류 및 특징

변수의 종류	선언 위치	변수의 지속 기간	변수의 참조 영역
전역 변수	함수 외부	프로그램 실행 기간 전체	프로그램 전체
지역 변수(자동 변수)	함수(블록) 내부	변수가 선언된 함수(블록)의 실행 기간	함수(블록)
정적 전역 변수	함수 외부	프로그램 실행 기간 전체	프로그램 전체
정적 지역 변수	함수(블록) 내부	프로그램 실행 기간 전체	함수(블록)

제 6 장

배열과 포인터

이성으로 비관해도 의지로써 낙관하라!

– 안토니오 그람시 –

제 6 장 배열과 포인터

제1절 배열

프로그램의 효율성을 위해서는 처리할 자료에 따라 적합한 자료구조를 찾는 것이 중요하다. 자료 구조란 응용 프로그램에서 처리할 자료를 효율적으로 유지하고 관리하기 위해 자료를 조직화하고 저장하는 방법을 말한다. 많이 사용하는 자료구조에는 배열(array), 연결 리스트(linked list), 트리(tree), 스택(stack) 등이 있는데, 이 중에서 가장 많이 사용하는 것이 배열이다. 배열은 동일한 구조의 많은 자료를 다룰 때 사용한다.
변수는 한 개의 자료만 저장할 수 있지만, 배열은 많은 자료를 저장할 수 있으므로 자료 개수만큼의 변수를 모아 둔 것으로 볼 수 있다. 즉 변수와 배열은 같은 크기의 상품을 각각의 상자에 넣어 포장한 경우와 칸막이가 있는 1개의 상자에 넣어 포장한 경우에 해당한다. 변수를 따로 저장하는 것이 효율적일 수도 있고, 배열에 한꺼번에 저장하는 것이 효율적일 수도 있다. 대체로 종류가 같은 많은 자료를 처리해야 할 때 배열을 사용하면 변수를 자료 개수만큼 선언하는 번거로움이 없어질 뿐 아니라 코드를 작성할 때도 일반 변수를 여러 개 선언하는 것보다 훨씬 간단하게 작성할 수 있다.

1 1차원 배열 중요

배열은 **자료형이 같은** 값 여러 개를 **연속된 기억공간**에 **같은 이름(배열명)**으로 저장한다. 배열은 여러 변수 중 자료형이 같은 것만 저장할 수 있으며, 배열의 크기에 맞게 주기억장치의 연속된 기억장소에 저장된다.
배열에 포함된 값 한 개를 **배열의 원소**(element)라고 하고, 배열에 포함된 많은 원소 중 한 개를 구분할 때는 배열의 첫째 원소, 둘째 원소와 같이 원소가 저장된 순서와 관련된 정수를 사용하는데 이것을 **첨자**(index)라고 한다.
배열은 물리적으로 원소들이 하나씩 연속으로 주기억장치에 저장되지만, 논리적으로는 배열에 저장할 자료의 구조에 따라 1차원, 2차원, 3차원 등의 다차원 배열로 구분한다. 배열의 차원은 배열의 논리적 구조와 관련이 있을 뿐만 아니라 특정 배열 원소를 명시하기 위해 사용하는 첨자의 개수와도 같다. 1차원 배열은 일렬로 연속된 구조로 자료를 저장하고, 특정 원소 한 개를 명시하기 위해 원소가 배열에 저장된 순서에 따라 1개씩 증가하는 첨자 한 개를 사용한다.

(1) 1차원 배열의 선언과 배열 원소

① 1차원 배열의 선언 기출

1차원 배열을 선언할 때는 배열 원소의 자료형, 배열명, 배열 원소의 수를 명시해야 한다.

[형식] 1차원 배열의 선언

자료형 배열명 [배열 원소 수];

int age[1000]; //1000개의 정수형 크기로 정의된 age배열
int a[5]; //5개의 정수형 크기로 정의된 a배열
double average[10]; //10개의 double형 크기로 정의된 average배열
char name[5]; //5개의 char형 크기로 정의된 name배열

배열 선언 시 주의사항은 배열 원소 수와 상관없이 배열에 저장되는 모든 값의 자료형은 같아야 하고, 배열 원소 수는 배열의 크기를 의미하므로 정수형 상수만 가능하다.

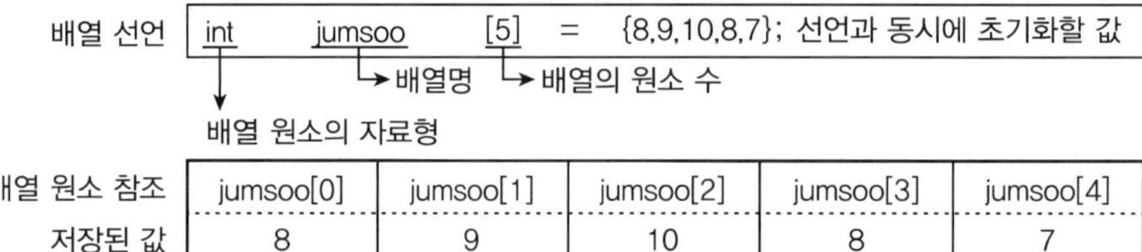

[그림 6-1] 1차원 배열의 선언과 원소 참조

예제 6-1

다섯 명의 나이를 저장하는 배열에 대한 프로그램을 작성하시오.

해설

```
#include <stdio.h>

int main(void)
{
    int ary[5];                          //int형 요소 5개의 배열 선언

    ary[0] = 10;                         //첫 번째 배열 요소에 10 대입
    ary[1] = 20;                         //두 번째 배열 요소에 20 대입
    ary[2] = ary[0] + ary[1];         //첫 번째와 두 번째 배열 요소를 더해 세 번째 요소에 저장
    scanf("%d", &ary[3]);              //키보드로 네 번째 배열 요소에 입력

    printf("%d\n", ary[2]);            //세 번째 배열 요소 출력
    printf("%d\n", ary[3]);
```

```
14        printf("%d\n", ary[4]);                //마지막 배열 요소는 쓰레기 값
15
16        return 0;
17    }
```

| 결과 |

```
C:WWINDOWSWsystem32Wcmd.exe
1
30
1
-858993460
```

[그림 6-2]

㉠ 5행 : 정수형 요소 5개의 배열을 선언한다. 요소의 개수와 전체 저장 공간의 크기는 같고, 메모리에 공간이 연속적으로 할당되며 이름은 하나 선언된다.
㉡ 7 ~ 9행 : 배열 요소에 값을 대입하고 연산할 때 마치 하나의 변수처럼 사용한다.
㉢ 10행 : 키보드로 값을 입력받으므로 ary[3]앞에 &를 붙인다.
㉣ 14행 : ary[4]에는 값을 저장하지 않았으므로 쓰레기 값이 출력된다.

② 1차원 배열의 초기화

배열은 선언만 한 후 대입문이나 입력문을 통해 배열 원소 값을 저장할 수 있지만, 배열을 선언하면서 원소 값을 초기화할 수 있다.

[형식] 1차원 배열의 선언과 동시에 초기화하기

자료형 배열명[배열 원소 수] = {초깃값 목록}; { }안에 나열한 값이 순서대로 배열 원소 값으로 저장된다.

int b[5] = {1,2,3,4,5};	{ }안의 값이 배열원소에 순서대로 저장되어 b[0]에는 1, b[4]에는 5가 저장된다.
int sum[10] = {0};	{ }안에 초깃값 개수가 배열 원소수보다 적으면 나머지 원소는 0으로 초기화된다. 많은 배열 원소를 한번에 0으로 초기화할 때 유용하다.
int error[] = {1,2,3,1,0,1};	배열 원소 수를 명시하지 않으면 { }안의 값 개수가 배열 원소 수로 결정된다. int error[6] = {1,2,3,1,0,1}과 같다.

배열의 초기화 시 주의사항은 int a[ ];와 같이 초깃값을 명시하지 않으면서 [ ]안의 배열 원소수를 생략하면 오류가 발생한다. 또한 { }안의 초깃값이 배열 원소 수보다 많으면 오류가 발생한다.

예제 6-2

배열의 초기화 방법에 대한 프로그램을 작성하시오.

해설

```
1   #include <stdio.h>
2
3   int main(void)
4   {
5       int ary1[5] = { 1, 2, 3, 4, 5 };          //int형 배열 초기화
6       int ary2[5] = { 1, 2, 3 };               //초깃값이 적은 경우
7       int ary3[ ] = { 1, 2, 3 };               //배열 요소 개수가 생략된 경우
8       double ary4[5] = { 1.0, 2.1, 3.2, 4.3, 5.4 };   //double형 배열 초기화
9       char ary5[5] = { 'a', 'p', 'p', 'l', 'e' }; //char형 배열 초기화
10
11      ary1[0] = 10;
12      ary1[1] = 20;
13      ary1[2] = 30;
14      ary1[3] = 40;
15      ary1[4] = 50;
16
17      return 0;
18  }
```

[그림 6-3]

㉠ 5행: 가장 기본적인 초기화하는 방법이다.
㉡ 6행: 초깃값은 첫 번째 요소부터 차례로 초기화된다. 그러므로 ary2[3], ary2[4]는 0으로 채워진다.
㉢ 7행: 컴파일러는 초깃값 개수만큼 배열 요소 수를 정하고 저장 공간을 할당한다.
㉣ 8~9행: double배열과 char배열을 선언하고 초기화하는데 각각의 자료형에 맞게 실수 값과 문자로 초기화한다.

③ 1차원 배열의 원소 참조 중요

[형식] 1차원 배열의 원소 참조

배열명[첨자]
㉠ 첨자: 0~(배열 원소 수－1) 범위의 정수
㉡ 배열에 저장된 첫 번째 원소는 첨자로 0, 마지막 원소는 첨자로 (배열 원소 수－1)을 사용

b[5] = 1;	배열 b의 여섯 번째 원소에 1을 저장한다.
printf("%d", a[1]);	배열 a의 두 번째 원소에 저장되어 있는 값을 출력한다.
c[2]++;	배열 c의 세 번째 원소에 저장된 값을 1 증가시킨다.

원소 참조 시 주의사항은 배열의 첨자는 0부터 시작된다는 것이다.

jumsoo[0]	jumsoo[1]	jumsoo[2]	jumsoo[3]	jumsoo[4]
8	9	10	8	7

int jumsoo[5]={8,9,10,8,7}
jumsoo배열의 첨자 5에 해당하는 원소는 7이 아니라 없다는 것이다. 배열 참조 시 오류가 발생한다.

[그림 6-4] 1차원 배열의 원소 참조

(2) 1차원 배열의 입·출력

배열은 배열명만으로는 모든 배열 원소를 한 번에 입·출력하거나 저장할 수 없으며, 배열 원소 단위로 입·출력하거나 저장해야 한다. 선언과 동시에 초기화하는 경우를 제외하고는 배열명에 배열 원소를 바로 입력하거나 저장하는 것이 불가능하다. 배열의 장점을 활용하여 배열 원소수와 상관없이 반복문을 이용해서 편리하게 배열에 자료의 입력과 출력을 쉽게 할 수 있다.

예제 6-3

학생 5명의 퀴즈 점수를 입력받은 후, 전체 평균과 퀴즈 점수가 평균보다 낮은 학생 수를 구하고, 각 학생마다 자신의 점수와 평균 점수와의 차이를 구하여 출력하는 프로그램을 작성하시오.

해설과정

① 퀴즈 점수 4개를 1차원 배열 jumsoo에 입력한다(for문).
② 배열 jumsoo의 평균을 avg에 구한다.
③ 평균값과 학생의 점수를 비교하여 학생의 점수가 더 낮을 때마다 count를 1 증가한다.
④ 각 학생마다 평균과의 차이 점수를 출력한다.

해설

```
#include <stdio.h>
#define SIZE 4

int main()
{
    int jumsoo[SIZE];
    int i, count, sum;
    double avg;

```

```
    printf(“%d명의 점수를 순서대로 입력하세요.\n\n”, SIZE);
    for (i = 0; i < SIZE; i++)
    {
        printf(“%d번의 퀴즈 점수는?”, i + 1);
        scanf(“%d”, &jumsoo[i]);
    }

    sum = 0;
    for (i = 0; i < SIZE; i++)
        sum = sum + jumsoo[i];
        avg = (double)sum / SIZE;

    count = 0;
    for (i = 0; i < SIZE; i++)
        if (jumsoo[i] < avg)
            count++;

    printf(“============================\n”);
    printf(“ 번호 점수  평균과의 차이 \n”);
    printf(“============================\n”);
    for (i = 0; i < SIZE; i++)
        printf(“  %2d  %2d    %5.1lf\n”, i + 1, jumsoo[i], jumsoo[i] - avg);
    printf(“============================\n”);
    printf(“평균 : %.1lf점 \n”, avg);
    printf(“============================\n”);
    printf(“평균미만 : %d명 \n”, count);

    return 0;
}
```

| 결과 |

```
C:\WINDOWS\system32\cmd.exe
4명의 점수를 순서대로 입력하세요.

1번의 퀴즈 점수는? 95
2번의 퀴즈 점수는? 90
3번의 퀴즈 점수는? 80
4번의 퀴즈 점수는? 70
============================
  번호  점수  평균과의 차이
============================
   1     95         11.3
   2     90          6.3
   3     80         -3.8
   4     70        -13.8
============================
평균  :  83.8점
============================
평균미만  :  2명
```

[그림 6-5]

㉠ 2행 : 배열 원소 수 4를 매크로 상수로 정의한다. 프로그램의 6행, 10행, 11행, 18행, 20행, 23행, 30행과 같이 배열 원소 수를 나타낼 곳에 상수 대신 매크로 상수를 사용하기 위해 매크로 상수 SIZE를 선언한다. 이 프로그램을 적용할 학생 수가 바뀌면 2행의 값을 수정하면 된다.

㉡ 6행 : 정수형 배열 jumsoo를 선언한다.

㉢ 10 ~ 15행 : 배열 jumsoo에 점수 4개를 입력한다.

㉣ 13행 : "n번의 퀴즈점수는?"형식으로 출력하기 위해 배열의 일련번호를 0 ~ 3이 아니라 1 ~ 4로 나타내기 위해 1을 더한다.

㉤ 17 ~ 20행 : 퀴즈 점수의 평균은 '((jumsoo[0]+jumsoo[1]+jumsoo[2]+jumsoo[3])/4)'로 4개의 퀴즈 점수의 합은 다음 코드와 같이 sum에 각 학생의 퀴즈 점수를 누적해서 구할 수 있다. 그러나 각 배열의 첨자가 0 ~ 3까지 바뀌므로 배열 원소의 첨자를 for문의 제어변수로 활용해 간단히 표현할 수 있다.

```
sum = 0;
sum = sum + jumsoo[0];                    sum = 0;
sum = sum + jumsoo[1];                    for(i = 0; i < SIZE; i++)
sum = sum + jumsoo[2];        ==>             sum = sum + jumsoo[i];
sum = sum + jumsoo[3];                    avg = (double)sum / SIZE;
avg = (double)sum/SIZE;
```

㉥ 20행 : (double)은 정수 간의 나눗셈 결과는 정수가 되므로 둘 중 하나를 double형으로 캐스팅한다.

㉦ 22 ~ 25행 : 평균 미만자 수 count를 0으로 초기화한 후 학생마다 퀴즈 점수와 avg를 비교한다. 학생의 퀴즈 점수가 avg보다 낮을 때만 count를 1씩 증가시킨다. 이 과정을 학생 수만큼 반복하여 총 평균 미만자 수를 구하도록 for문으로 표현한다.

㉧ 30 ~ 31행 : 각 학생의 퀴즈 점수와 평균과의 차이 점수는 '학생의 퀴즈 점수 – avg'이며 4명에 대해 반복해야 하므로 for문으로 표현한다. for문의 제어변수 i는 0부터 시작하지만 일련의 번호는 1부터 시작하므로 31행에서 번호를 출력하기 위해 i + 1을 사용한다.

㉨ 18 ~ 25행 : 평균을 먼저 구해야 평균 미만자 수와 각 학생의 평균과의 차이점수를 구할 수 있다. 그러므로 for문 안에서 평균, 평균 미만자 수, 평균과의 차이 점수를 모두 구하려고 해서는 안 된다.

㉩ 22 ~ 31행 : 다음과 같이 하나의 for문으로 작성할 수 있다.

```
22      printf("============================\n");
23      printf("번호 점수 평균과의 차이 \n");
24      printf("============================\n");
25
26      count = 0;
27      for (i = 0; i < SIZE; i++)
28      {
29          printf(" %2d  %2d     %5.1lf\n", i + 1, jumsoo[i], jumsoo[i] - avg);
30          if (jumsoo[i] < avg)
31              count++;
32      }
```

[그림 6-6] 22 ~ 31행 수정

㉠ 17～20행 : for문은 반드시 먼저 실행이 되어야, 구한 평균을 이용하여 22행부터 나머지 처리를 할 수 있다. 그러므로 프로그램을 작성할 때 프로그램 길이를 줄이려고 무조건 하나의 for문을 사용하려고 하는 것보다는, 여러 개의 for문을 처리 과정 순서대로 따로 사용하는 것이 프로그램 작성과 가독성에 더 좋다.

예제 6-4

다섯 가지의 수를 입력하여 배열의 최솟값을 구하는 프로그램을 작성하시오.

분석

배열에 저장된 값 중에서 최솟값은 다음과 같이 ①～⑤과정을 통해 저장된 min변수의 값을 구할 수 있다.

최솟값을 min변수에 구하기		
f[0]	3	① f[0]을 min의 최솟값으로 지정한다.
f[1]	0	② f[1]이 현재 min보다 작다면 min을 f[1]로 변경한다.
f[2]	−30	③ f[2]가 현재 min보다 작다면 min을 f[2]로 변경한다.
f[3]	−20	④ f[3]이 현재 min보다 작다면 min을 f[3]으로 변경한다.
f[4]	−1	⑤ f[4]가 현재 min보다 작다면 min을 f[4]로 변경한다.

min		
	3	①의 결과
	0	②의 결과
	−30	③의 결과 ④,⑤의 결과 f[3], f[4] 모두 현재의 min에 저장된 값 −30보다 적지 않으므로 min이 바뀌지 않는다.

① 최솟값은 배열 원소 중 하나이므로 min을 배열의 첫 원소로 초기화한다.
②～⑤ min이 배열 첫 원소로 초기화되어 있으므로 두 번째 원소부터 마지막 원소까지 차례로 다음 확인 과정을 반복해 최종적으로 min에 최솟값이 저장되게 한다. 현재 min에 저장된 값과 배열 원소의 값을 비교해 min보다 더 작다면 min을 이 배열 원소의 값으로 수정한다. 이와 같은 과정을 통해 현재까지 구한 min보다 작은 배열 원소 값이 나타날 때마다 min값이 새로 수정되고, 마지막 원소까지 비교하면 min에는 배열 원소 중 최소의 값이 저장된다.

해설과정

① min = 배열의 첫 원소;
② 나머지 원소에 대해 min과 비교해 작은 값으로 min을 변경하기(for문)

```
if(min > 배열 원소)
    min = 배열 원소;
```

해설

```
1   #include <stdio.h>
2   #define N 5
3
4   int main()
5   {
6       int f[N] = { 3, 0, -30, -20, -1 };
7       int i, min;
8
9       min = f[0];
10      for (i = 1; i < N; i++)
11      {
12          if (f[i] < min)
13              min = f[i];
14      }
15
16      printf("입력된 값 목록:");
17      for (i = 0; i < N; i++)
18          printf("%4d", f[i]);
19
20      printf("\n가장 작은 값은:: %d \n", min);
21
22      return 0;
23  }
```

| 결과 |

```
C:\WINDOWS\system32\cmd.exe
입력된 값 목록:   3   0  -30  -20  -1
가장 작은 값은:: -30
```

[그림 6-7]

㉠ 2행 : 배열 원소 수를 5개로 정의한다.
㉡ 6행 : 배열을 선언과 동시에 초기화한다.
㉢ 9 ~ 14행 : 최솟값을 구하는 반복문이다.
㉣ 9행 : 분석 ① 배열의 첫 원소를 min으로 초기화한다.
㉤ 10 ~ 13행 : 분석 ② ~ ⑤ 현재의 min과 배열 원소를 하나씩 비교하면서 더 작은 값을 발견할 때마다 min을 변경한다.
㉥ 16 ~ 18행 : 배열 내용을 출력한다.
㉦ 20행 : 최솟값을 출력한다.

2 2차원 배열

2차원 배열은 1차원 배열이 여러 개 모인 배열로 [그림 6-8]과 [그림 6-9]처럼 표 형태의 구조로 표현되는 자료들을 저장하는 데 사용된다. 2차원 배열도 컴퓨터 주기억장치에서는 물리적으로 1차원의 연속된 기억장소에 저장된다. 그러나 프로그래머는 논리적으로 표 형태의 기억장소에 저장된다고 생각하고 프로그램을 작성하면 된다.

배열 선언 int matrix [2][3] = {{1,2,3},{4,5,6}}; 선언과 동시에 초기화할 값

- int → 배열 원소의 자료형
- matrix → 배열명
- [2][3] → [행 개수][열 개수] 배열의 원소 수

배열 원소 참조

배열의 구조와 저장된 값

matrix[0][0]	1	matrix[0][1]	2	matrix[0][2]	3
matrix[1][0]	4	matrix[1][1]	5	matrix[1][2]	6

[그림 6-8] 2행 3열의 행렬을 저장하기 위한 2차원 배열 matrix

int test[3][4] = {{9,8,9,10},{10,9,10,9},{9,7,9,8}};

	1차시험		2차시험		3차시험		4차시험	
학생 1	test[0][0]	9	test[0][1]	8	test[0][2]	9	test[0][3]	10
학생 2	test[1][0]	10	test[1][1]	9	test[1][2]	10	test[1][3]	9
학생 3	test[2][0]	9	test[2][1]	7	test[2][2]	9	test[2][3]	8

학생의 퀴즈 점수 4개가 저장된 1차원 배열을 세 개 모아둔 것과 같다.

[그림 6-9] 학생 3명의 1～4차 시험 점수를 저장하는 2차원 배열 test

(1) 2차원 배열의 선언과 배열 원소

① 2차원 배열의 선언

2차원 배열을 선언할 때는 전체 행의 개수를 먼저 명시하고 그 다음에 각 행에 들어 있는 열의 개수를 명시한다. 2차원 배열도 1차원 배열과 마찬가지로 배열에 저장되는 모든 값의 자료형이 같아야 한다.

[형식] 2차원 배열의 선언

자료형 배열명[행 개수][열 개수];

㉠ 2행3열의 행렬을 저장하기 위한 배열
int matrix[2][3];

㉡ 3명의 1～4차 시험 점수를 저장하기 위한 배열
int test[3][4];

㉢ 1, 2, 3학년의 각 반별 평균 점수 8개를 저장하기 위한 배열
double average[3][8];

② 2차원 배열의 초기화 중요

2차원 배열의 한 행은 1차원 배열로 간주할 수 있고, 배열의 초깃값은 { }안에 명시하므로, 2차원 배열의 초깃값은 { }안에 다시 { }를 이용해 한 행씩 나열한다.

[형식] 2차원 배열을 선언과 동시에 초기화하기

자료형 배열명[행수][열수] = {{1행 초깃값 목록}, {2행 초깃값 목록}, …, {마지막행 초깃값 목록}};

int matrix[2][3] = {{1,2,3},{4,5,6}};	바깥{ }안에 명시한 { }순서대로 한 행씩 초기화한다. 결과는 [그림 6-8]이 된다.
int matrix[ ][3] = {{1,2,3},{4,5,6}};	1차원 배열에서 초깃값 목록이 있으면 원소 수를 생략할 수 있는 것처럼 2차원 배열에서도 초깃값 목록이 있으면 행의 개수를 생략할 수 있다. 그러나 열의 개수는 반드시 명시해야 한다.
int matrix[ ][3] = {1,2,3,4,5,6};	초깃값을 한 개의 { }안에 모두 명시하더라도 열의 개수가 3으로 명시되어 있어 int matrix[2][3]과 같이 행의 수를 2로 간주한다.

초기화시 주의사항은 int matrix[ ][ ] = {{1,2,3},{4,5,6}};과 같이 초깃값 목록에서 행의 수가 2이고, 열의 수가 3임을 알 수 있더라도 matrix[ ][3]처럼 최소한 열의 수는 명시해야 한다. [ ][ ]와 같이 행과 열의 수를 둘 다 명시하지 않으면 오류가 발생한다.

③ 2차원 배열 원소의 참조 중요

2차원 배열의 원소를 참조할 때는 행 첨자와 열 첨자가 필요하다. 먼저 행 첨자를 명시하고 그 다음에 열 첨자를 명시한다.

[형식] 2차원 배열 원소의 참조

배열명[행 첨자][열 첨자]　　행 첨자 : 0 ~ (행 개수 − 1) 범위의 정수
　　　　　　　　　　　　　　열 첨자 : 0 ~ (열 개수 − 1) 범위의 정수

matrix[0][0]	실제 행렬의 1행 1열의 값을 저장하는 배열 원소	[그림 6-8] 참조
matrix[1][2]	실제 행렬의 2행 3열의 값을 저장하는 배열 원소	

예제 6-5

2차원 배열의 선언과 초기화에 대한 프로그램을 작성하시오.

해설

```
1   #include <stdio.h>
2
3   int main(void)
4   {
5      int score[3][4] = { {92,99,100,89},
6                          {88.90,91,99,100},
7                          {67,68,91,82} };
8      for (int c = 0; c < 3; c++)
9      {
10     int sum = 0;
11     for(int s = 0; s < 4; s++)
12        sum += score[c][s];
13     printf("%d반 : 총점 = %d 점, 평균 = %.2f 점\n", c + 1, sum, sum / 4.0);
14     }
15     return 0;
16  }
```

| 결과 |

```
C:\WINDOWS\system32\cmd.exe
1반 : 총점 = 380 점, 평균 = 95.00 점
2반 : 총점 = 368 점, 평균 = 92.00 점
3반 : 총점 = 308 점, 평균 = 77.00 점
```

[그림 6-10]

㉠ 5~7행: 2차원 배열을 초기화한다.
㉡ 8행: 2차원 배열 원소 값 전체를 읽어 들여 필요한 값의 출력과 연산을 하려면 이중 루프를 사용하여야 한다. c루프가 1~3반을 반복하면서, s루프를 돌면 전교 학생의 성적을 모두 열람할 수 있다.
㉢ 12~13행: 각 반의 학생의 성적을 누적하여 총점을 구하고 학생 수로 나눠 학급의 평균을 구한다.

(2) 2차원 배열의 입·출력 중요

2차원 배열도 입·출력이나 대입문에서 배열 원소 단위로 처리해야 한다. 2차원 배열은 1차원 배열들의 배열이므로 일반적으로 이중으로 중첩된 반복문으로 표현한다.

[그림 6-8]의 행렬의 내용을 다음과 같이 출력할 때,

1	2	3
4	5	6

① 반복문을 사용하지 않고 배열 원소를 각각 출력하는 코드는 다음 그림과 같다.

```
4     int matrix[2][3] = { 1,2,3,4,5,6 };
5     printf("%3d", matrix[0][0]);
6     printf("%3d", matrix[0][1]);
7     printf("%3d", matrix[0][2]);
8     printf("\n");
9     printf("%3d", matrix[1][0]);
10    printf("%3d", matrix[1][1]);
11    printf("%3d", matrix[1][2]);
12    printf("\n");
```

[그림 6-11] 반복문을 이용하지 않고 배열의 각 원소를 한 개씩 출력하기

② [그림 6-11]의 5～12행 : printf() 함수는 배열 원소 수만큼 반복되며, 출력하는 배열 원소의 첨자만 다르므로 각 행의 출력을 for문으로 표현하면 다음 그림과 같다.

```
5     int col;
6     for(col = 0; col 〈 3; col++)
7        printf("%3d", matrix[0][col]);
8     printf("\n");
9
10    for (col = 0; col 〈 3; col++)
11       printf("%3d", matrix[1][col]);
12    printf("\n");
```

[그림 6-12] 각 행의 배열 원소를 for문을 이용해 출력하기

③ [그림 6-12]의 6～12행 : 이중 중첩 for문을 사용하여 표현하면 다음 그림과 같다.

```
5   int row,col;
6   for (row = 0; row 〈 2; row++)
7   {
8      for (col = 0; col 〈 3; col++)
9         printf("%3d", matrix[row][col]);
10        printf("\n");
11  }
```

[그림 6-13] 이중 중첩 for문을 이용해 2차원 배열 출력하기

(3) 2차원 배열의 입력 : 행 단위 입력과 열 단위 입력

학생들의 여러 과목 점수를 과목별로 입력하거나 학생별로 입력해 성적 처리를 하는 것처럼, 2차원 배열은 [그림 6-14]의 (a)처럼 한 행씩 차례로 입력하거나 (b)처럼 한 열씩 차례로 입력한다. scanf() 함수를 사용해 입력 값을 저장할 배열 원소의 주소를 명시할 때는 '&matrix[0][0]'과 같이 배열명 앞에 &를 붙인다.

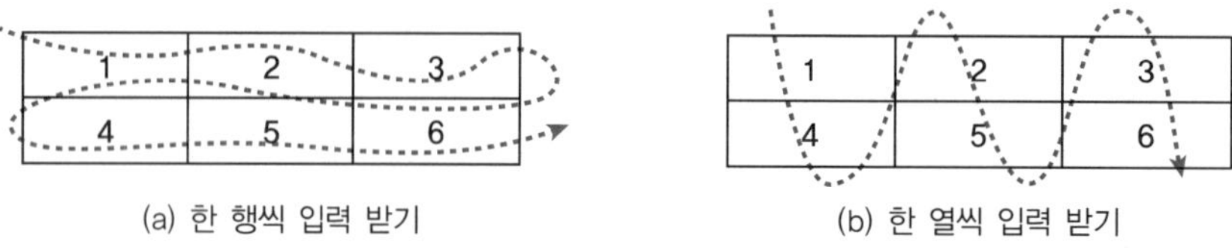

[그림 6-14] 2차원 배열의 입력

① 행 단위 입력

행 단위로 입력을 받는다면 [그림 6-15]와 같은 순서로 배열 원소를 입력할 것이다. 같은 행의 배열 원소를 입력받을 때 배열 원소의 행 첨자는 같고 열 첨자만 변한다. 그러므로 열 첨자를 중첩된 안쪽 for문의 제어변수로 사용하고, 행 첨자는 바깥 for문의 제어변수로 사용해 다음과 같이 중첩 for문으로 표현할 수 있다.

```
int matrix[2][3];
int row, col;
for (row = 0; row < 2; row++)
{
    for (col = 0; col < 3; col++)
    {
        printf("%d행 %d열?", row, col);
        scanf("%d", &matrix[row][col]);
    }
}
```

| 결과 |

```
C:\WINDOWS\system32\cmd.exe
0행 0열?1
0행 1열?2
0행 2열?3
1행 0열?4
1행 1열?5
1행 2열?6
```

[그림 6-15] 2차원 배열의 행 단위 입력

② 열 단위 입력

열 단위로 입력을 받는다면 [그림 6-16]과 같은 순서로 배열 원소를 입력할 것이다. 같은 열의 배열 원소를 입력받을 때 원소의 열 첨자는 같고 행 첨자만 변한다. 그러므로 행 첨자를 중첩된 안쪽 for문의 제어변수로 사용하고, 열 첨자는 바깥 for문의 제어변수로 사용해 다음과 같이 중첩 for문으로 표현할 수 있다.

```
4   int matrix[2][3];
5   int row, col;
6   for (col = 0; col < 3; col++)
7   {
8       for (row = 0; row < 2; row++)
9       {
10          printf("%d열 %d행?", col, row);
11          scanf("%d", &matrix[row][col]);
12      }
13  }
```

| 결과 |

```
C:\WINDOWS\system32\cmd.exe
0열 0행?1
0열 1행?2
1열 0행?3
1열 1행?4
2열 0행?5
2열 1행?6
```

[그림 6-16] 2차원 배열의 열 단위 입력

행 단위 입력 예와 열 단위 입력 예를 보면 두 for문에서 6행과 8행의 헤더 위치가 서로 바뀌어 있다는 것을 알 수 있다.

3 char형 배열을 이용한 문자열 처리

프로그램을 이용하여 해결하는 이공계열의 문제는 대부분이 수치 자료를 다루는 것이라고 해도 과언이 아니다. 그러나 일반적인 문제를 해결하는 프로그램에서는 책에 관련된 도서명, 저자명, 출판사명, 사람에 관련된 이름, 주소, 출신학교, 생산물품에 관련된 물품명, 생산지역, 판매대리점명 등 문자들 즉 문자열(string)도 많이 다룬다. C언어에서 문자열을 처리하는 방법은 **char형 배열**을 이용하는 방법과 **char형 포인터**를 이용하는 방법 두 가지가 있다.

(1) char형 1차원 배열을 이용한 문자열 처리 중요

C언어에서 문자열 상수는 " "로 묶어놓은 연속된 문자들이다. 한 가지 특이사항은 이 문자열의 끝에는 자동으로 널(Null)이라는 '\0'으로 표현하는 문자가 포함된다. 그러므로 문자열 상수는 기억장치에서 " "안의 **문자 수 + 1 바이트**로 표현된다.

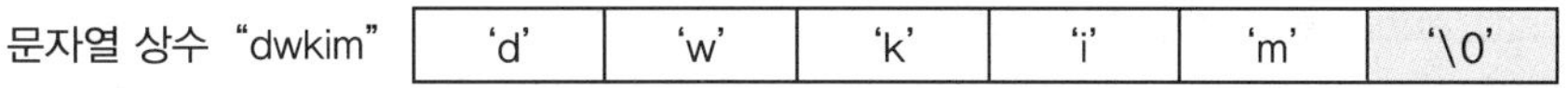

문자열 상수 "dwkim"	'd'	'w'	'k'	'i'	'm'	'\0'

문자열의 끝에 널문자가 자동으로 포함되므로 실제로는 6byte가 된다.

[그림 6-17] 문자열과 널문자

char형 변수는 문자 상수 즉 한 개의 문자만 저장할 수 있으므로, 여러 개의 문자를 한꺼번에 저장하려면 char형 1차원 배열을 이용해야 한다.

배열 선언 char s [6] = "dwkim";
char → 배열 원소의 자료형
s → 배열명
[6] → 배열의 원소 수

배열 원소 참조	s[0]	s[1]	s[2]	s[3]	s[4]	s[5]
문자열 참조	'd'	'w'	'k'	'i'	'm'	'\0'

1차원 배열명 s는 문자열을 의미하며 실제로는 배열의 시작 주소에 해당된다.

[그림 6-18] 문자열을 저장하기 위한 char형 1차원 배열

① 문자열을 저장할 배열 선언

문자열을 저장할 배열을 선언할 때 주의할 점은 배열의 크기를 정할 때 문자열에 포함된 문자의 수보다 최소한 한 개 이상 더 많게 지정해야 한다.

char s[6];	널문자를 제외한 최대 5개의 문자를 저장할 수 있는 배열
char s[6]={'d','w','k','i','m'};	선언과 동시에 초기화할 때 배열 원소가 char형이므로 초깃값 목록{ } 안에 문자 상수를 명시한다.
char s[6]="dwkim";	{ }안에 문자 상수를 명시하는 것이 번거롭기 때문에 문자열일 경우에는 초깃값을 문자열 상수 그대로 표현할 수 있다.

char s[7] = "dwkim";

s[0]	s[1]	s[2]	s[3]	s[4]	s[5]	s[6]
'd'	'w'	'k'	'i'	'm'	'\0'	'\0'

[그림 6-19] 문자열의 끝에 저장된 널문자

문자열의 끝을 의미하는 널문자 이전까지의 문자의 개수를 문자열의 길이라고 한다. 선언된 배열의 크기가 초기화할 문자열의 길이보다 더 크면 배열 끝에 '\0'이 자동으로 저장되므로 오류가 발생하지 않는다.

그러나 char s[5] = "dwkim"과 같이 배열의 원소 수를 명시할 때 널문자를 고려하지 않고 지정한다면 문자열을 출력할 때 문제가 발생할 수 있으므로 문자열을 저장할 배열의 크기를 결정할 때는 이 배열에 저장할 문자열의 최대 길이보다 1이 더 크게 지정해야 한다.

② scanf()/printf()를 이용한 문자열의 입 · 출력

char형 1차원 배열에 저장된 문자열을 출력하거나 배열로 문자열을 입력받을 때는 배열명만 명시해야 한다. **배열명 자체가 배열의 시작 주소**이므로 입력을 받을 때 문자열이 저장될 기억장소의 주소를 구하기 위해 배열명 앞에 **&를 사용할 필요는 없다.** 단순히 문자열일 때는 &를 사용할 필요가 없다고 이해하면 된다.

[형식] scanf()/printf() 함수를 이용한 문자열의 입·출력

scanf("%s", char형 1차원 배열명);	공백키, 탭키, 엔터키와 같은 공백문자를 입력하기 전까지의 문자열을 배열에 저장한다.
printf("%s", char형 1차원 배열명);	배열에 저장된 문자열을 출력한다.

char name[10] = "dwkim";	널문자를 제외한 최대 9개의 문자를 저장할 수 있다.
printf("name : %s",name);	'name : dwkim'이 출력된다.
scanf("%s", name);	키보드로부터 입력받는 문자열을 name에 저장한다.

문자열 입·출력 시 주의할 점은 배열명 자체가 배열의 시작 주소이므로 scanf() 함수를 이용해 문자열을 입력받을 때는 배열명 앞에 주소를 구하는 연산자 &를 사용하면 안 된다. 그러나 scanf("%s",&name)은 컴파일할 때 오류가 발생하지 않으므로 주의해야 한다.

예제 6-6

문자열을 저장하는 char형 배열의 간단한 프로그램을 작성하시오.

해설

```
#include 〈stdio.h〉

int main(void)
{
    char str[80] = "applejam";            //문자열 초기화

    printf("최초 문자열 : %s\n", str);      //초기화 문자열 출력
    printf("문자열 입력 : ");
    scanf("%s", str);                                     //새로운 문자열 입력
    printf("입력 후 문자열 : %s\n", str);   //입력된 문자열 출력

    return 0;
}
```

| 결과 |

```
C:\WINDOWS\system32\cmd.exe
최초 문자열 : applejam
문자열 입력 : dwkim
입력 후 문자열 : dwkim
```

[그림 6-20]

㉠ 5행: char배열을 선언하고 초기화하고, 남는 배열 요소에는 자동으로 0이 채워진다. 저장된 \0을 널문자라고 한다.
㉡ 7행: printf() 함수가 배열의 크기와 관계없이 초기화된 문자열만을 정확히 출력하는 이유는 널문자가 있기 때문이다.
㉢ 9행: scanf() 함수가 문자열을 입력할 때도 어김없이 널문자가 사용된다. scanf() 함수는 입력한 문자열 다음에 널문자를 추가하여 문자열의 끝을 표시한다. 입력되는 문자열에 공백이 있으면 공백을 문자열의 끝으로 간주한다.

③ 문자열 전용 입력 함수: gets()

scanf() 함수는 문자열을 입력받을 때 C언어의 공백 문자에 해당하는 공백키, 탭키, 엔터키와 같은 공백 문자를 입력하면 이전까지의 문자들만 배열에 저장한다. 즉 실행할 때 'Kim Dong Wook'을 입력하고 엔터키를 입력하면 name에는 "Kim"만 저장된다. 그러므로 **공백을 포함하는 문자열을 입력받고 싶으면** C언어에서 제공하는 문자열 전용 입력 함수인 gets() 함수를 사용해야 한다. gets() 함수는 엔터키를 입력할 때까지의 모든 문자를 배열에 저장할 수 있다. gets() 함수는 문자열만 입력받으므로 %s가 필요 없으며, 인수로 문자열을 저장할 char형 1차원 배열명만 명시하면 된다.

[형식] gets() 함수를 이용한 문자열 입력

gets(char형 1차원 배열명);	엔터키를 입력하기 전까지의 문자열을 배열에 저장한다.

char name[12];	널문자를 제외한 11개의 문자를 저장할 수 있는 배열을 선언한다.
gets(name);	실행할 때 입력되는 문자열이 name에 저장된다.

gets() 함수 사용 시 주의할 점은 배열명 앞에 주소를 구하는 연산자 &를 사용해 gets(&name)으로 사용하면 오류가 발생한다는 것이다.

④ 문자열 전용 출력 함수: puts()

C언어는 puts()라는 문자열 전용 출력 함수를 제공한다. printf() 함수와 달리 **문자열을 출력한 후 언제나 행을 바꾼다.** 그러므로 문자열 출력 후 행을 바꾸고 싶지 않다면 printf() 함수를 사용해야 한다. scanf() 함수에서 문자열을 입력할 때 공백 문자를 포함한 문자열은 입력받을 수 없지만 printf() 함수에서 %s를 이용해서 문자열을 출력할 때는 문자열에 포함된 공백 문자들을 출력할 수 있다.

[형식] puts() 함수를 이용한 문자열 출력

puts(char형 1차원 배열명);	배열에 저장된 문자열을 출력한 후 행을 바꾼다.

```
char name[12] = "Kim D.W.";
puts(name);                    'Kim D.W.'를 출력하고 자동으로 줄 바꿈을 한다.
```

예제 6-7

빈칸을 포함한 문자열의 입력과 출력에 대한 프로그램을 작성하시오.

해설

```
1   #include <stdio.h>
2
3   int main(void)
4   {
5       char str[80];
6
7       printf("문자열 입력 : ");     //입력 안내 메시지 출력
8       gets(str);                    //빈칸을 포함한 문자열 입력
9       puts("입력된 문자열 : ");     //문자열 상수 출력
10      puts(str);                    //배열에 저장된 문자열 출력
11
12      return 0;
13  }
```

| 결과 |

```
C:\WINDOWS\system32\cmd.exe
문자열 입력 : Dongwook, Kim
입력된 문자열 :
Dongwook, Kim
```

[그림 6-21]

㉠ 8행: 인수로 char형 배열명을 건네준다. 빈칸을 포함한 문자열을 입력한다. gets() 함수는 배열의 크기를 검사하지 않으므로 입력할 때 배열의 크기보다 긴 문자열을 입력하면 배열을 벗어난 메모리 영역을 침범할 가능성이 있다.

㉡ 9～10행: 문자열 상수나 char형 배열의 배열명을 건네주면 화면으로 출력한다.

⑤ 문자열에 포함된 문자의 처리

char형 1차원 배열명을 이용하면 문자열 단위의 입·출력을 할 수 있다. 그러나 문자열 단위의 처리가 아니라 문자열 안에 포함된 문자 단위의 처리가 필요할 수도 있다. 문자는 char형 배열에 저장된 원소에 해당하므로 배열명과 첨자를 이용하면 다음과 같이 처리한다.

```
char ID[14] = "8811111234567";
printf("%c%c년도에 태어난 ", ID[0], ID[1]);

if (ID[6] == '1') printf("남자\n");
else printf("여자\n");
```

| 결과 |

```
C:WWINDOWSWsystem32Wcmd.exe
88년도에 태어난 남자
```

[그림 6-22] 문자열에 포함된 문자의 처리

문자열 단위로 입력받을 때는 scanf() 함수에서 배열명만 사용하지만 char형 **배열의 특정원소의 값을 직접 입력받을 때는** scanf("%c",&ID[6]); 과 같이 배열 원소의 해당 주소를 구하기 위해 반드시 주소 연산자를 사용해야 한다.

⑥ 문자열의 끝을 의미하는 널문자의 중요성

문자열을 저장하는 배열의 크기를 정할 때 저장할 문자의 개수보다 하나 더 많게 정해야 하는 이유는 문자열의 끝을 나타내는 특수문자인 널문자를 저장하기 위해서이다. 만약 배열에 널문자를 포함하지 않으면 출력에 문제는 발생하지 않지만 결과를 예측할 수 없게 된다.

```
4    char ch[5] = {'D','W','K','I','M'};
5    int i;
6
7      printf("문자 단위로 출력한다. ");
8      for (i = 0; i < 5; i++)
9        printf("%c", ch[i]);
10       printf("\n");
11
12     printf("문자열 단위로 출력한다. ");
13     printf("%s\n", ch);
```

| 결과 |

```
C:WWINDOWSWsystem32Wcmd.exe
문자 단위로 출력한다. DWKIM
문자열 단위로 출력한다. DWKIM儆儆儆庚?z♀彪
```

[그림 6-23] 문자열의 끝을 의미하는 널문자의 중요성

㉠ 4행: ch배열의 크기를 6이 아닌 5로 지정한다.
㉡ 8～9행: 배열의 마지막 원소인 ch[4]까지 정확히 문자 단위로는 출력된다.
㉢ 12행: 문자열 단위로 출력할 때는 출력 결과를 예측할 수 없게 된다.

문자열 단위로 출력할 때는 문자열이 저장되어 있는 첫 기억장소부터 차례대로 저장된 문자를 출력하되 문자열의 끝을 의미하는 널문자를 만날 때까지 출력한다. 그러므로 배열 안에 널문자가 포함되지 않았다면 배열의 영역을 벗어나 계속 출력하므로 현재 기억장소의 상태에 따라 출력 결과가 달라진다. 그러므로 문자열을 처리할 때는 문자열의 끝에 널문자를 포함하도록 처리해야 한다.

(2) char형 2차원 배열을 이용한 여러 개의 문자열 처리 중요

char형 1차원 배열에는 문자열을 1개만 저장할 수 있다. 여러 개의 문자열을 한 번에 저장하려면 char형 2차원 배열을 이용해야 한다.

배열 선언 char city [4][6] = {"SEOUL", "ICHON", "BUSAN", "DAEGU"};

- char → 배열 원소의 자료형
- city → 배열명
- [4][6] → [행 개수][열 개수] 배열의 원소수

배열 원소 참조

문자열 참조	city[0][0]	city[0][1]	city[0][2]	city[0][3]	city[0][4]	city[0][5]
city[0]	'S'	'E'	'O'	'U'	'L'	'\0'
city[1]	'I'	'C'	'H'	'O'	'N'	'\0'
city[2]	'B'	'U'	'S'	'A'	'N'	'\0'
city[3]	'D'	'A'	'E'	'G'	'U'	'\0'

→ 배열명 뒤에 행 첨자만 명시하면 해당 행에 저장된 문자열을 의미하며, 실제로는 해당 행의 시작 주소에 해당된다.

[그림 6-24] 여러 개의 문자열을 저장하기 위한 char형 2차원 배열

[형식] char형 2차원 배열에 저장된 문자열의 입·출력

scanf("%s",배열명[행 첨자]);	(행 첨자 + 1)째 행에 문자열을 입력한다.
printf("%s",배열명[행 첨자]);	(행 첨자 + 1)째 행의 문자열을 출력한다.
gets(배열명[행 첨자]);	엔터키 이전까지의 문자열을 (행 첨자 + 1)째 행에 입력한다.
puts(배열명[행 첨자]);	(행 첨자 + 1)째 행의 문자열을 출력 후 행을 바꾼다.

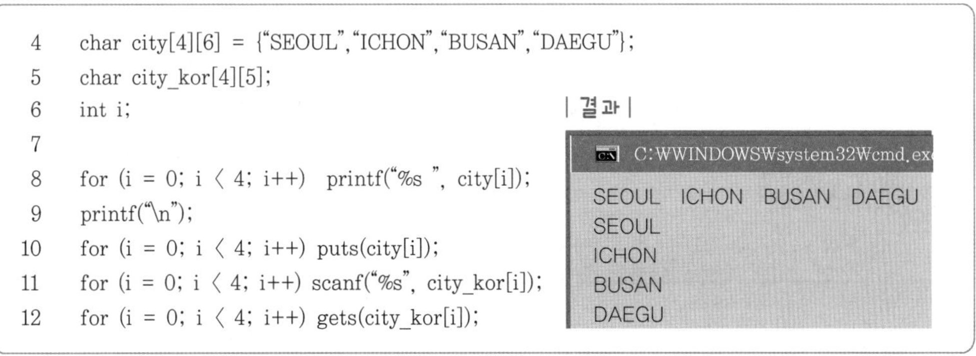

```
char city[4][6] = {"SEOUL","ICHON","BUSAN","DAEGU"};
char city_kor[4][5];
int i;

for (i = 0; i < 4; i++)  printf("%s ", city[i]);
printf("\n");
for (i = 0; i < 4; i++) puts(city[i]);
for (i = 0; i < 4; i++) scanf("%s", city_kor[i]);
for (i = 0; i < 4; i++) gets(city_kor[i]);
```


[그림 6-25] char형 2차원 배열에 저장된 문자열의 입·출력

입・출력 시 주의사항은 char형 1차원 배열명이 문자열의 시작 주소라면 char형 2차원 배열명은 전체 배열의 시작 주소를, '2차원 배열명[행첨자]'는 (행 첨자 + 1)째 행의 시작 주소를 의미한다는 것이다. 즉, 열에 대한 첨자를 생략함으로써 같은 행에 있는 문자열을 의미하여 실제로는 그 행의 시작 주소가 되는 것이다. 또한 배열의 원소를 scanf() 함수에서 %c를 사용하여 입력받을 때는 &city_kor[i][j]와 같이 &를 붙여야 한다.

4 3차원 배열

프로그램에서 처리할 자료는 논리적 구조에 따라 3차원, 4차원 등의 다차원 배열에 저장할 수 있으나 배열의 차원이 높아질수록 첨자로 인해 번거로워지므로 가능하다면 차원을 낮춰서 단순화하는 것이 좋다.
3차원 배열은 2차원 배열에 저장할 수 있는 표 형태의 자료가 여러 개 있을 때 사용할 수 있다. 3차원 배열을 선언할 때는 면, 행, 열의 개수로 명시해야 한다.

배열 선언 int n [2][3][4] = {{{0,1,2,3},{10,11,12,13},{20,21,22,23}},
{{100,101,102,103},{110,111,112,113},
{120,121,122,123}}};

→[면 개수][행 개수][열 개수] 배열의 원소 수

배열 원소 참조

배열 참조								
첫째 면	n[0][0][0]	0	n[0][0][1]	1	n[0][0][2]	2	n[0][0][3]	3
	n[0][1][0]	10	n[0][1][1]	11	n[0][1][2]	12	n[0][1][3]	13
	n[0][2][0]	20	n[0][2][1]	21	n[0][2][2]	22	n[0][2][3]	23
둘째 면	n[1][0][0]	100	n[1][0][1]	101	n[1][0][2]	102	n[1][0][3]	103
	n[1][1][0]	110	n[1][1][1]	111	n[1][1][2]	112	n[1][1][3]	113
	n[1][2][0]	120	n[1][2][1]	121	n[1][2][2]	122	n[1][2][3]	123

[그림 6-26] 3차원 배열의 선언 초기화, 배열 원소 참조

예제 6-8

선언한 3차원 배열의 내용을 출력하는 프로그램을 작성하시오.

해설

```
#include <stdio.h>
#define L 2
#define M 3
#define N 4

```

```
int main()
{
    int n[L][M][N] = { { { 0,1,2,3 },{ 10,11,12,13 },{ 20,21,22,23 } },
    { { 100,101,102,103 },{ 110,111,112,113 },{ 120, 121, 122, 123 } } };
    int i, j, k;

    for (i = 0; i < L; i++)
    {
        printf("\n %d면 \n\n", i + 1);
        for (j = 0; j < M; j++)
        {
            for (k = 0; k < N; k++)
                    printf("%3d ", n[i][j][k]);
            printf("\n");
        }
    }

    return 0;
}
```

| 결과 |

```
C:WWINDOWSWsystem32Wcmd.exe
1면

  0   1   2   3
 10  11  12  13
 20  21  22  23

2면

100 101 102 103
110 111 112 113
120 121 122 123
```

[그림 6-27]

5 배열 원소를 함수로 전달하기 중요

배열 원소를 함수로 전달할 때는 값에 의한 호출과 주소에 의한 호출 둘 다 사용할 수 있지만 배열 전체를 전달할 때는 주소에 의한 호출방식만 사용할 수 있다. 이는 값에 의한 호출방식에서 발생할 수 있는 기억장소의 낭비와 값 복사 과정으로 인한 시간 낭비를 줄여줄 수 있다.

배열의 원소를 함수로 전달할 때는 인수가 배열의 원소임을 명시해야하므로 배열명 뒤에 첨자를 표시한다. 그러나 호출된 함수의 입장에서는 값을 하나 전달받는 것이므로 전달되는 인수의 자료형과 동일하게 매개변수를 선언한다.

[형식] 함수 간에 배열 원소를 전달하기

① 함수의 호출
함수명(배열명[첨자])

② 함수의 정의
반환 값의 자료형 함수명(자료형 매개변수)
{
    : 함수의 본체
}

배열명[첨자]와 자료형 매개변수는 인수가 1차원 배열 원소이든 2차원 배열 원소이던 간에 값이 하나만 전달되므로, 매개변수는 전달되는 값의 자료형으로 선언한다.

함수의 호출	함수의 정의

positive(score[3])
int score[5];으로 선언한 배열의 네 번째 원소를 함수로 전달한다.
	int positive(int n)
	{
	    …
	}

positive(matrix[1][2])
int matrix[2][3];으로 선언한 배열의 2째 행 3째 열의 원소를 전달한다.
	int positive(int n)
	{
	    …
	}

주의사항은 배열 원소를 전달받기 위해 다음과 같이 함수에서 int positive n[3]으로 작성하면, positive() 함수는 원소가 3개인 n배열을 선언하는 결과가 된다. 그리고 컴파일러는 전달되는 값은 int형 하나인데 함수에서는 원소가 3개인 배열에 저장하려는 것으로 해석하여 오류가 발생한다.

함수의 호출	함수의 정의

positive(score[3])
int score[5];으로 선언한 배열의 네 번째 원소를 함수로 전달한다.
	int positive(int n[3])
	{
	    …
	}

예제 6-9

배열 원소 두 개 중 큰 값을 함수를 이용하여 구하시오.

해설

```
#include 〈stdio.h〉

int find_larger(int first, int second); //함수의 원형 선언

int main()
{
    int max, score[5] = { 10, 8, 9, 7, 8 };

    max = find_larger(score[3], score[4]); //4째, 5째 원소를 전달

    printf(" score[3]=%d과 score[4]=%d 중 큰 값은 %d \n", score[3], score[4], max);

    return 0;
}

//두 정수 중 큰 값을 반환하는 함수
int find_larger(int first, int second)
```

```
18    {
19        if(first > second)
20            return first;
21        else
22            return second;
23    }
```

| 결과 |

```
C:WWINDOWSWsystem32Wcmd.exe
score[3]=7과 score[4]=8 중 큰 값은 8
```

[그림 6-28]

㉠ 3행 : 함수의 원형을 선언한다.
㉡ 9행 : score배열의 4번째, 5번째 원소를 사용자 정의 함수에 전달한다. 즉, 배열의 원소를 전달할 때는 배열의 첨자를 정확히 명시해야 한다.
㉢ 17행 : 함수를 전달받을 매개변수의 자료형은 배열의 값에 맞는 자료형을 선언해야 한다.

제2절 포인터 중요

C언어가 다른 많은 프로그래밍 언어와 차별화되는 특징 중 하나가 포인터(pointer)이다. 지금까지 사용한 변수와 포인터 변수의 중요한 차이는 저장하는 값의 종류가 다르다는 것이다. 점수, 키, 요금 등과 같이 프로그램에서 사용하는 데이터를 직접 저장하는 것이 일반 변수라면 포인터 변수는 **데이터가 저장된 주기억장치의 주소만 저장**할 수 있다.

데이터가 저장된 주기억장치의 주소를 저장하는 것은 예를 들어 건물의 방향과 이름을 표시한 이정표와 같은 개념이다. 본관을 찾아갈 때 참고하는 이정표는 이곳이 실제 본관건물이 있는 곳이 아니고 이 이정표 방향대로 가면 본관이 있다는 정보를 알려주는 역할을 한다. 포인터 변수 역시 프로그램에서 처리할 데이터를 저장하는 것이 아니라 처리할 데이터가 있는 곳의 정보인 주소를 저장하는 데 사용한다.

1 포인터

(1) 주기억장치의 주소

주기억장치(main memory)는 CPU가 실행할 명령어 코드와 처리할 데이터를 저장하기 위한 기억장치이다. 컴퓨터에게 C프로그램의 실행을 요청하면 프로그램의 코드와 데이터가 주기억장치에 저장된 후 CPU가 프로그램의 코드를 실행하여 데이터를 처리함으로써 실행결과를 얻게 된다. 프로그래머들은 변수를 선언했을 때 메모리에 어떻게 존재하는지를 정확하게 파악할 필요가 있고 또한 배열을 선언할 때는 변수와 달리 어떻게 메모리에 자리잡는지를 알아야 한다.

① 정수형 변수의 메모리 할당

프로그램에서 두 정수를 선언하면 이 두 정수는 메모리에 다음과 같이 자리잡는다.

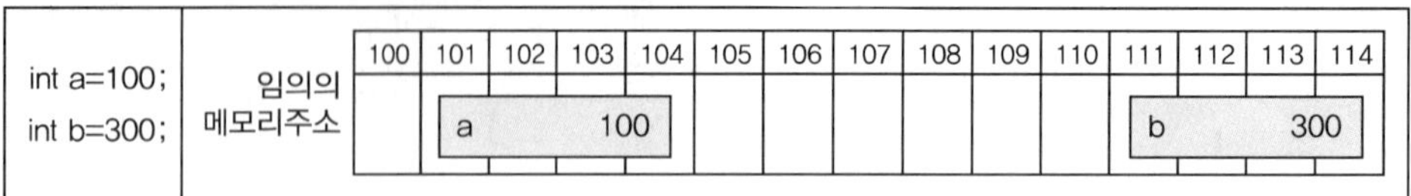

[그림 6-29] 정수형 변수의 메모리 할당

메모리는 바이트 단위로 나뉘고, 각 바이트에는 주소가 지정되어 있다. 그리고 메모리 주소는 100 ~ 114번지까지 15바이트의 크기를 가진 메모리라고 가정한다. 정수형 변수의 크기는 4바이트이므로 이 메모리에 정수형 변수 a를 선언하면 임의의 위치에 4바이트가 부여된다. 이 경우에는 변수 a가 101 ~ 104번지에 부여된다. 또한 변수 b는 111 ~ 114번지까지 4바이트를 차지한다(부여되는 번지는 컴퓨터 상황에 따라 달라진다). 이렇게 변수가 위치하는 곳을 주소(address)라고 하며, 변수의 주소를 알려면 변수 앞에 '&'를 붙여주면 된다. 즉, a의 주소(&a)는 101이고, b의 주소(&b)는 111이 된다.

예제 6-10

변수의 주소를 출력하는 방법에 대한 프로그램을 작성하시오.

해설

```
#include <stdio.h>

int main()
{
    int a = 100;
    int b = 200;
    printf("변수 a의 주소는 %d 이고 16진수로는 %p다.\n", &a, &a);
    printf("변수 b의 주소는 %d 이고 16진수로는 %p다.\n", &b, &b);
}
```

| 결과 |

```
C:WWINDOWSWsystem32Wcmd.exe
변수 a의 주소는 10353896 이고 16진수로는 009DFCE8다.
변수 b의 주소는 10353884 이고 16진수로는 009DFCDC다.
```

[그림 6-30]

㉠ 5～6행 : 정수형 변수를 선언한다.
㉡ 7～8행 : 변수 a, b가 메모리에 위치한 주소 값을 알 수 있고, 변환명세 %p는 일반적으로 주소 값을 나타낼 때 사용하며, 16진수로 표현한다.
㉢ 변수 a와 b는 메모리에서 연속적인 주소에 위치하지는 않는다.

② 정수형 배열의 메모리 할당

프로그램에서 두 정수를 1차원 배열로 선언하면 메모리에 다음과 같이 자리를 잡는다.

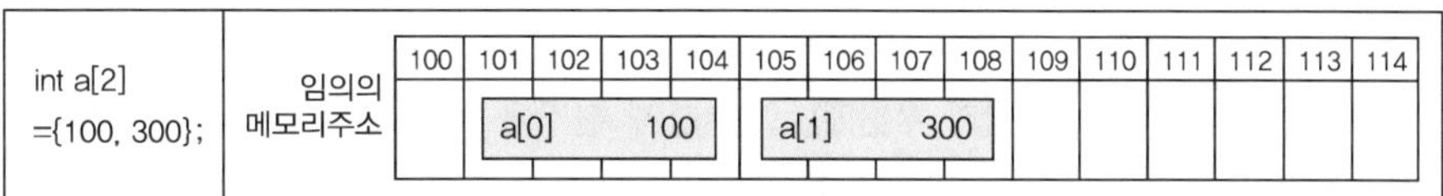

[그림 6-31] 정수형 배열의 메모리 할당

배열 a[0]의 주소인 &a[0]는 101, 배열 a[1]의 주소인 &a[1]은 105가 된다. 변수는 주소에 연속해서 할당된다. **배열의 이름** a는 전체 **배열의 주소**를 의미하고, 즉, 배열의 첫 번째 주소가 된다. a[0]주소는 '&a[0]'으로 표현하지만 배열이름 a자체가 주소를 의미하기 때문에 a배열의 주소를 구할 때는 '&a'와 같이 표현하지 않는다.

예제 6-11

변수의 주소를 출력하는 방법에 대한 프로그램을 작성하시오.

해설

```
#include <stdio.h>

int main()
{
    int a[2] = { 100, 300 };
    printf("변수 a[0]의 값은 %d이고, 주소는 %d 이고 16진수로는 %p다.\n", a[0],&a[0],&a[0]);
    printf("변수 a[1]의 값은 %d이고, 주소는 %d 이고 16진수로는 %p다.\n", a[1],&a[1],&a[1]);
    printf("배열 이름 a의 값은 %d 은 이고, 주소값 %d (%p)과 동일하다.\n", a, &a[0], &a[0]);
}
```

| 결과 |

```
C:WWINDOWSWsystem32Wcmd.exe
변수 a[0]의 값은 100이고, 주소는 5896976 이고 16진수로는 0059FB10다.
변수 a[1]의 값은 300이고, 주소는 5896980 이고 16진수로는 0059FB14다.
배열 이름 a의 값은 5896976 은 이고, 주소값 5896976 (0059FB10)과 동일하다.
```

[그림 6-32]

㉠ 6행: 배열 a[0]의 값과 주소 값을 확인할 수 있다.
㉡ 8행: a를 출력하면 a[0]주소 값인 &a[0]과 동일하다. 배열 이름 a는 변수가 아니라 주소 자체인 것을 알 수 있다.

(2) 포인터의 개념

① 포인터 변수의 필요성
포인터를 이용하면 참조 불가능한 **변수를 간접적으로 참조**할 수 있으며, 프로그램의 성능을 개선하고 기억공간을 효율적으로 사용할 수 있다. 예를 들면 멀리 있는 지인에게 편지를 보낼 때 직접 전달을 할 수도 있지만, 우체국과 우편배달원을 통해 편지에 표기되어 있는 곳으로 편지를 보낼 수도 있다. 이와 마찬가지로 포인터를 활용할 수 있다.

② 호출된 함수에서는 자신을 호출한 함수의 지역 변수를 직접 참조할 수 없다. 이를 간접적으로 참조할 수 있게 하는 것이 포인터이다. 크기가 큰 배열이나 구조체를 함수에 인수로 전달할 때 값에 의한 전달 방식은 기억공간의 낭비와 값 복사에 의한 시간 낭비를 초래하므로 프로그램의 성능을 떨어뜨린다. **배열이나 구조체의 시작 주소만 인수로 전달**하고 함수에서는 포인터를 이용해 배열과 구조체를 참조하는 방법을 사용하면 이런 문제를 해결할 수 있다.

③ 프로그램에서 선언하는 배열의 크기는 고정되어 있으므로 배열의 크기를 정할 때는 가능한 데이터를 모두 저장할 수 있도록 최대로 잡는다. 그런데 실제로 프로그램을 실행하는 동안에 예상과 달리 저장할 데이터가 적다면 배열에 할당된 기억공간 중 사용하지 않은 부분이 낭비가 된다. 반대로 데이터가 더 많을 때는 저장하지 못하는 데이터가 생긴다. 이러한 문제는 프로그램을 실행하면서 필요한 만큼의 기억공간을 할당받아 사용하고 나중에 필요가 없어진 것은 해제함으로써 해결할 수 있다. 이를 **동적 할당 방법**이라 하는데 이때 필요한 것이 포인터이다. 특히 이러한 동적 할당과 포인터는 트리(tree)나 연결 리스트(linked list)같은 자료구조를 구현할 때 유용하게 사용된다.

(3) 포인터를 사용하기 위한 세 가지 과정 중요

① **포인터 변수**도 일반 변수처럼 **선언**해야 사용할 수 있다.
② 포인터 변수가 특정 기억장소를 가리키게 하려면 가리키고 싶은 기억장소의 **주소**를 **대입**해야 한다.
③ 포인터 변수에 저장된 주소를 이용해 다른 기억장소를 참조하려면 특별한 연산자인 **간접 연산자 '*'**를 이용해야 한다.

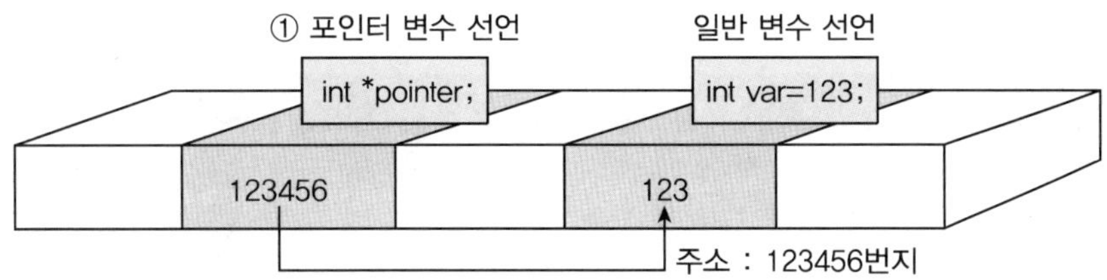

② 포인터 변수에 주소를 지정 : pointer = &var;

③ pointer가 가리키는 곳을 참조하기 : printf("%d", *pointer);

[그림 6-33] 포인터 사용 3단계

예제 6-12

변수 var의 주소가 저장된 포인터 변수 ptr을 이용해 var을 참조하는 프로그램을 작성하시오.

해설

```
#include <stdio.h>

int main()
{
   int var = 100; //int형 변수 var을 선언하면서 값을 100으로 초기화
   int *ptr;  //int형 자료를 저장하는 기억 장소의 주소를 저장할 포인터 변수 ptr 선언

   ptr = &var;  //ptr이 변수 var을 가리키게 함
                 //변수명 var을 이용하지 않고 ptr에 저장된 var의 주소를 이용해 변수 var을 참조
                 //변수 var에 저장된 값을 직접 참조하여 출력하기
   printf("변수 var의 값: %d \n", var);

   //ptr을 이용해 var에 저장된 값을 간접적으로 참조하여 출력하기
   printf("var의 간접 참조 (*ptr) 결과값: %d \n\n", *ptr);

   //변수 var의 주기억장치 주소와 포인터 변수 ptr에 저장된 주소 출력하기
   printf("변수 var의 주소:%u(%p) \n", &var, &var);
   printf("변수 ptr에 저장된 주소:%u(%p) \n", ptr, ptr);
   printf("변수 ptr의 주소:%u*(%p) \n", &ptr, &ptr);
   return 0;
}
```

| 결과 |

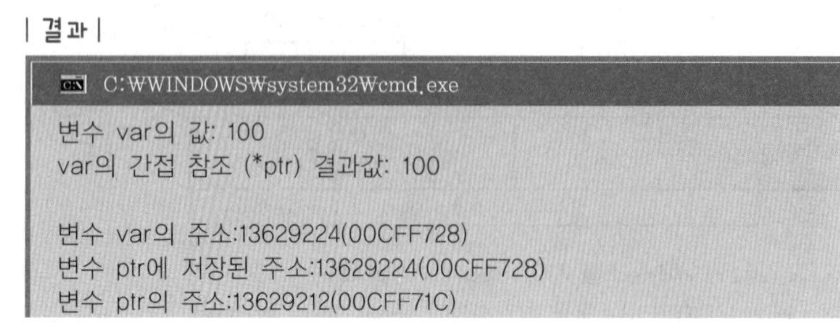

```
C:\WINDOWS\system32\cmd.exe
변수 var의 값: 100
var의 간접 참조 (*ptr) 결과값: 100

변수 var의 주소:13629224(00CFF728)
변수 ptr에 저장된 주소:13629224(00CFF728)
변수 ptr의 주소:13629212(00CFF71C)
```

[그림 6-34]

㉠ 5행: 정수형 변수 var을 선언하면서 동시에 100으로 초기화한다.

㉡ 6행: int형 값을 저장하는 기억장소의 주소를 저장할 포인터 변수 ptr을 선언한다.
6행까지 실행한 후 주기억장치의 상태는 다음과 같다.

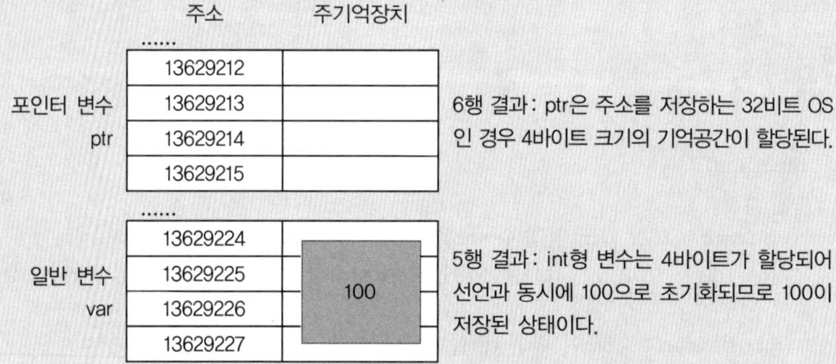

[그림 6-35] 6행까지 실행했을 때 변수 var과 포인터 변수 ptr의 상태

㉢ 8행: 포인터 변수 ptr에 변수 var의 주소를 저장한다. 13629224을 ptr에 저장한다. 그 결과 주기억장치의 상태는 다음과 같다. 데이터가 아닌 주기억장치의 주소를 저장하는 변수가 포인터 변수이다. var변수의 주소는 13629224 ~ 13629227까지인데, 변수가 차지하는 기억장소의 크기와는 상관없이 시작하는 주소를 사용하므로 ptr에 var주소를 저장하면 ptr에는 13629224만 저장된다.

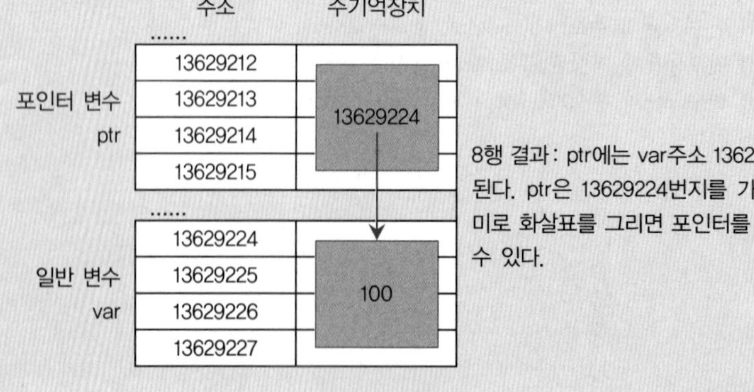

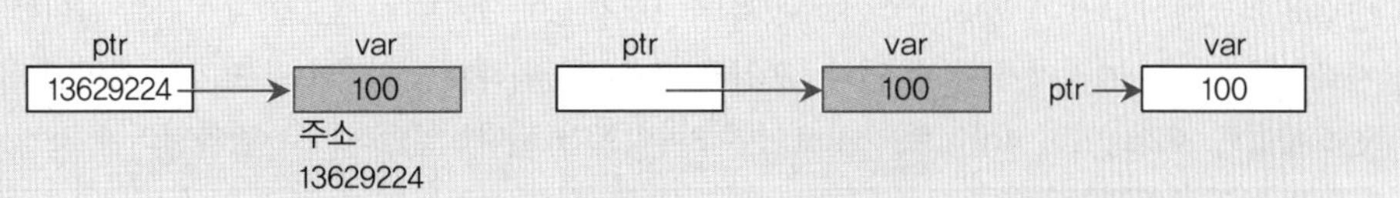

[그림 6-36] 8행까지 실행했을 때 변수 var와 포인터 변수 ptr의 상태

㉣ 11～18행 : 11행은 var에 저장된 값으로 100이 출력된다. 18행은 ptr을 참조하여 ptr에 저장된 값을 출력한다. ptr에 저장된 값은 데이터가 아니라 주소이므로 변환명세 %u(%p)를 사용하였고, 그 결과가 출력된다.

㉤ 14행 : ptr앞에 붙은 *는 간접참조(역참조) 연산자로서 ptr을 직접 참조하는 것이 아니라 ptr에 저장된 주소에 해당하는 기억장소를 간접적으로 참조한다. *ptr은 ptr에 저장된 13629224번지에 해당하는 기억장소를 참조하는 것이므로 100이 출력된다. 즉, var에 저장된 값 100을 출력하고 싶을 때 변수명 var을 직접 이용할 수도 있지만, 변수명과 상관없이 var의 주소를 저장한 포인터 변수를 사용해야 하는 주소에 의한 호출(call-by-address)시 유용하다. 이와 같이 포인터 변수는 변수명이 아닌 변수의 주소를 이용함으로써 다른 함수의 지역 변수를 얼마든지 참조하여 수정할 수 있는 기능을 제공한다.

㉥ 18～19행 : ptr을 직접 참조하여 13629224를 참조하고, ptr의 주소는 13629212가 된다.

2 포인터의 사용

일반 변수와 마찬가지로 포인터 변수도 사용하기 전에 선언해야 하고, 선언 후에는 어딘가를 가리키기 위해 포인터 변수에 가리킬 곳의 주소를 대입해야 하며, 그 다음에 간접 연산자를 이용해 포인터가 가리키는 기억장소를 참조한다.

(1) 포인터 변수 선언 기출

[형식] 포인터 변수 선언

자료형 *포인터 변수명; (가장 많이 사용하는 방법)	자료형* 포인터 변수명; , 자료형 * 포인터 변수명; int* ptr1, ptr2; (ptr1만 포인터 변수로 선언된다.) int *ptr1, *ptr2 (ptr1과 ptr2 둘 다 포인터 변수로 선언된다.)

'*'은 간접 참조 연산자이지만 여기서는 선언하는 변수가 일반 변수가 아닌 단순히 포인터 변수임을 표시하는 기호이다.

자료형은 **포인터 변수가 가리키는 기억장소에 저장될 자료의 형**이다. 자료형(int형, char형)의 일반 변수와 달리 포인터 변수는 언제나 주기억장치 주소만 저장하므로 포인터 변수에 저장하는 내용에 대한 자료형은 의미가 없다. 그러므로 포인터 변수를 선언할 때는 이 포인터가 어떤 형의 변수를 가리키는 데 사용할지를 명시한다.

변수의 자료형이 다르면 해당 변수가 차지하는 기억장소의 크기도 다르므로 포인터를 선언할 때와 다른 자료형의 변수는 가리키게 할 수 없다. 포인터 변수가 차지하는 기억장소의 크기는 컴파일러가 16bit이면 2바이트, 32bit이면 **4바이트**, 64bit이면 8바이트가 된다. 일반적으로 컴파일러는 32bit이다.

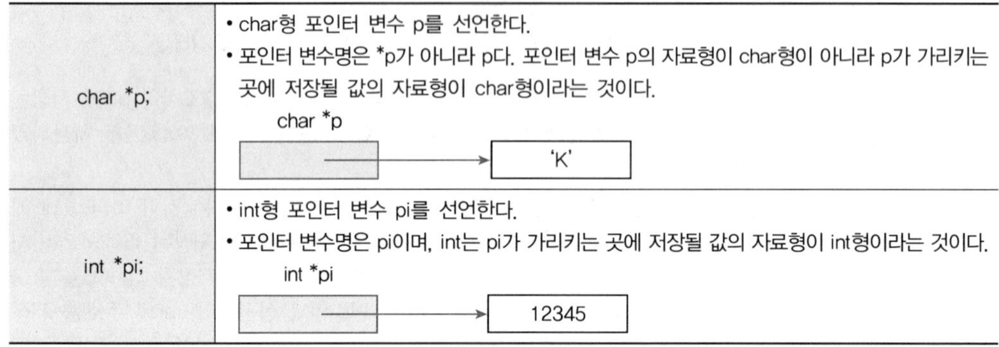

char *p;	• char형 포인터 변수 p를 선언한다. • 포인터 변수명은 *p가 아니라 p다. 포인터 변수 p의 자료형이 char형이 아니라 p가 가리키는 곳에 저장될 값의 자료형이 char형이라는 것이다. char *p → 'K'
int *pi;	• int형 포인터 변수 pi를 선언한다. • 포인터 변수명은 pi이며, int는 pi가 가리키는 곳에 저장될 값의 자료형이 int형이라는 것이다. int *pi → 12345

> **주의사항**
> 포인터 변수명도 식별자이므로 C언어의 식별자 명명규칙을 따른다. 단, 포인터 변수를 선언할 때 변수명 앞에 붙이는 *는 곱셈 연산자가 아니라 간접참조 연산자이다. int *ptr로 선언할 경우 ptr이 가리키는 것에는 int형 자료만 저장할 수 있다.

(2) 주소 연산자 &와 주소 대입

포인터 변수는 특정 기억장소를 가리키는 데 사용하며, 포인터 변수에 가리키고 싶은 기억장소의 주소를 대입하면 된다. 즉, 특정 변수의 기억장소를 가리키게 하려면 포인터 변수에 가리킬 변수가 위치한 기억장소의 주소를 저장해야 한다.

> **[형식] 변수의 주소 구하기**
>
> | | |
> |---|---|
> | &변수명; | &는 변수가 실제로 주기억장치의 몇 번지에 해당하는 기억장소를 차지하는지 즉, 변수의 주소를 구한다. |

> **[형식] 주소의 대입**
>
> | | |
> |---|---|
> | 포인터 변수명 = &변수명; | 포인터 변수에 변수의 주소를 대입함으로써 결과적으로 포인터 변수가 해당 변수를 가리키게 된다. |

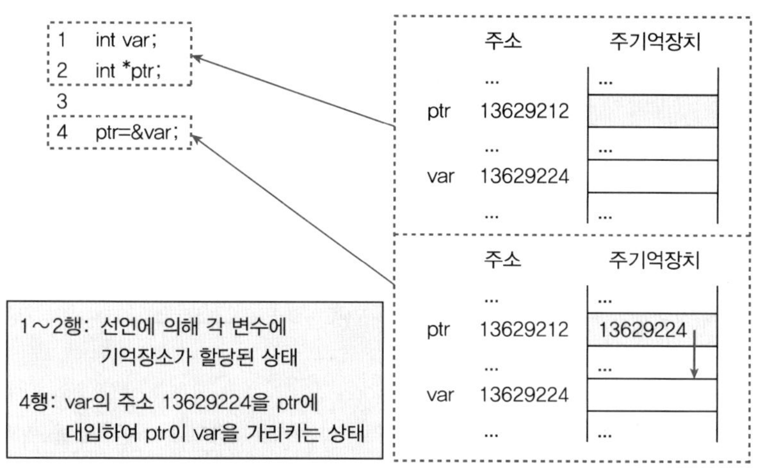

[그림 6-37] 주소의 대입

주의사항

주소 연산자 &는 기억장소 주소를 구하는 것으로 int변수 또는 char변수와 같은 일반 변수뿐만 아니라 포인터 변수에도 사용할 수 있으나 상수에는 사용할 수 없다. 포인터 변수 선언문을 int *ptr = &var로 줄여서도 표현할 수 있다.

(3) 간접 연산자 *

포인터 변수를 선언할 때 변수명 앞에 *를 사용하나, 이것은 **간접(indirection) 참조 연산자** 또는 **역참조(dereference) 연산자**이다.

① 일반 변수의 직접 참조

일반 변수에 값을 저장하거나 변수에 저장된 값을 읽어오려면 변수명을 사용하여 변수를 직접 참조한다.

```
1    var = 100;
2    printf("변수 var 저장된 값: %d", var);
```


㉠ 1행: (변수 var 참조) 대입연산자로 var에 저장한다.
㉡ 2행: (변수 var 참조) var에 저장된 값을 읽어 변환명세에 따라 100을 출력한다.

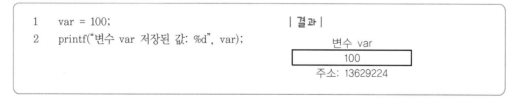

② 포인터 변수의 직접 참조

포인터 변수에 저장된 주소를 읽어오거나 포인터 변수에 새로운 주소를 저장할 수는 있으나 포인터가 가리키는 곳의 내용을 참조할 수는 없다.

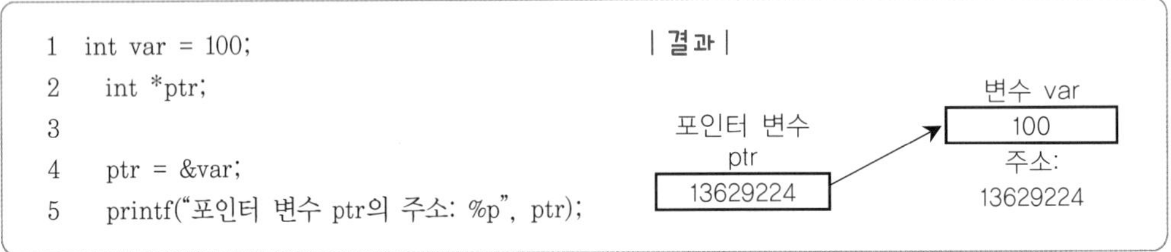

```
1  int var = 100;
2    int *ptr;
3
4    ptr = &var;
5    printf("포인터 변수 ptr의 주소: %p", ptr);
```


㉠ 4행 : (포인터 변수 ptr 참조) 변수 var의 주소가 ptr에 저장되고 ptr은 var을 가리킨다.
㉡ 5행 : (포인터 변수 ptr 참조) ptr에 저장된 값을 읽어 들여 13629224를 출력한다.

③ 포인터 변수의 간접 참조

*는 피연산자의 값을 직접 사용하는 것이 아니라 피연산자인 주소 값을 이용해 주소로 찾아가 참조하기 때문에 간접적인 방법으로 참조한다고 하여 간접 연산자라고 한다.

[형식] 포인터를 통한 간접 참조

*포인터 변수명	포인터 변수에 저장된 주소에 해당하는 기억장소를 참조한다. 포인터 변수가 가리키는 곳으로 해석할 수 있다. int *ptr;의 정확한 의미는 ptr이 가리키는 곳(*ptr)에는 int형 자료가 저장된다는 것이다.

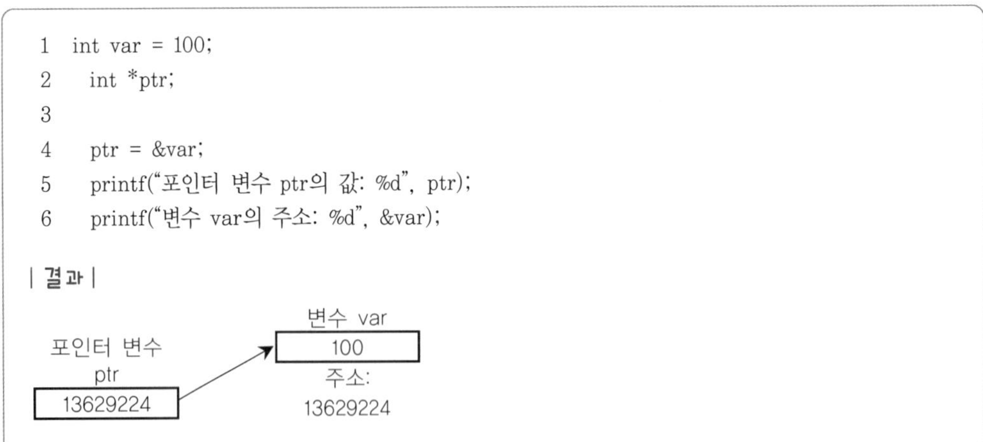

```
1  int var = 100;
2    int *ptr;
3
4    ptr = &var;
5    printf("포인터 변수 ptr의 값: %d", ptr);
6    printf("변수 var의 주소: %d", &var);
```


5행 : ptr을 참조하면 13629224를 읽어 들여 이 주소에 해당하는 기억장소를 참조하면 100이 출력된다.

(4) 포인터 변수와 일반 변수의 비교

① 변수의 두 가지 의미 : 저장된 값

㉠ 현재 변수 var의 상태

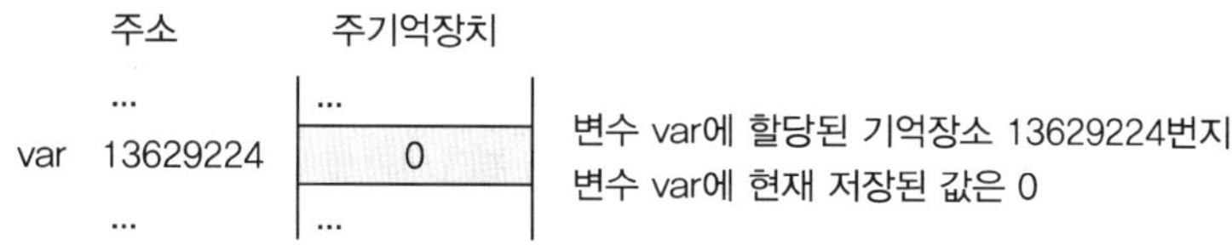

[그림 6-38] 현재 변수 var의 상태

㉡ 대입문에서 변수의 의미

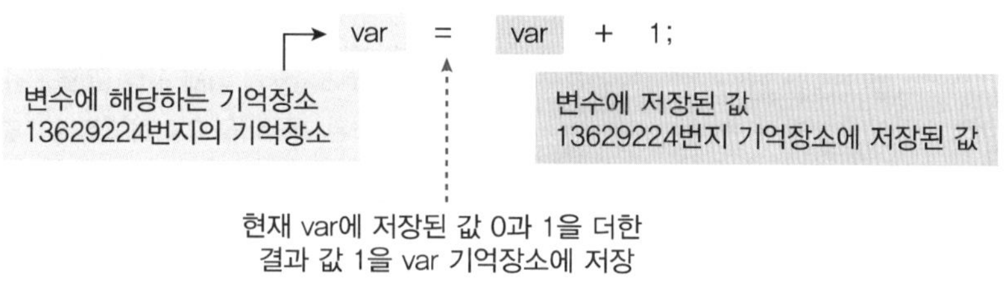

[그림 6-39] 대입문에서 변수의 의미

㉢ var = var + 1의 실행 결과와 출력

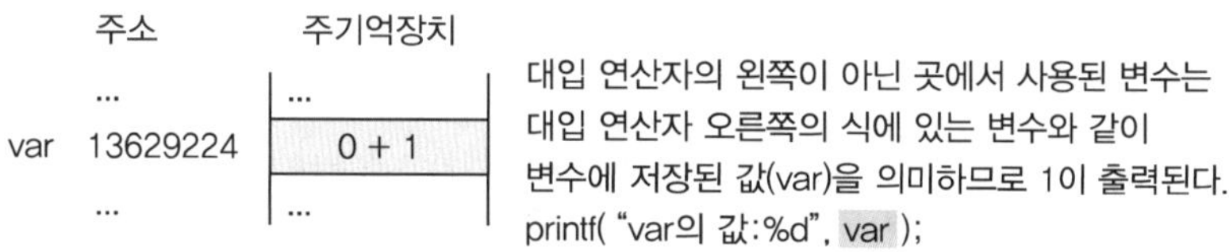

[그림 6-40] var = var + 1의 실행 결과와 출력

② 변수의 두 가지 의미 : 기억장소

㉠ ptr이 변수 var을 가리키는 상태

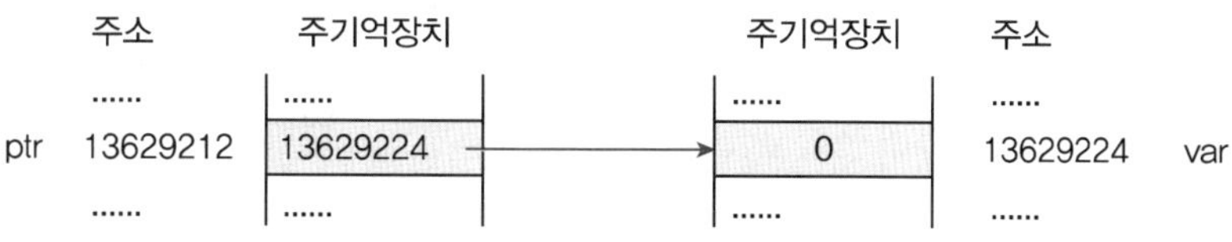

[그림 6-41] ptr이 변수 var을 가리키는 상태

㉡ 대입문에서 간접 참조의 의미

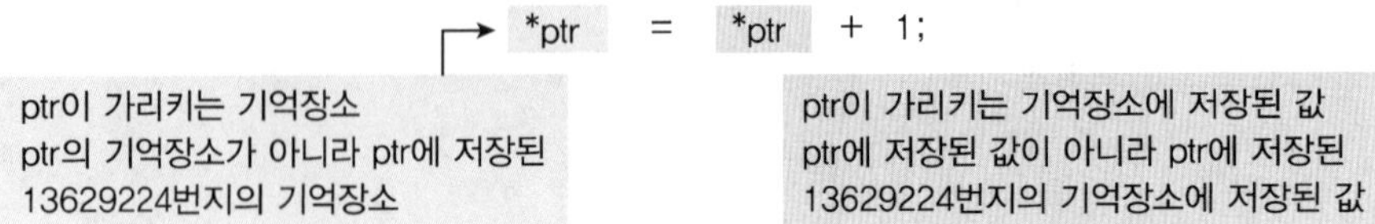

결과적으로 ptr이 가리키는 곳(*ptr)의 값을 1증가시킨다.

[그림 6-42] 대입문에서 간접 참조의 의미

㉢ *ptr = *ptr + 1을 실행한 결과와 출력

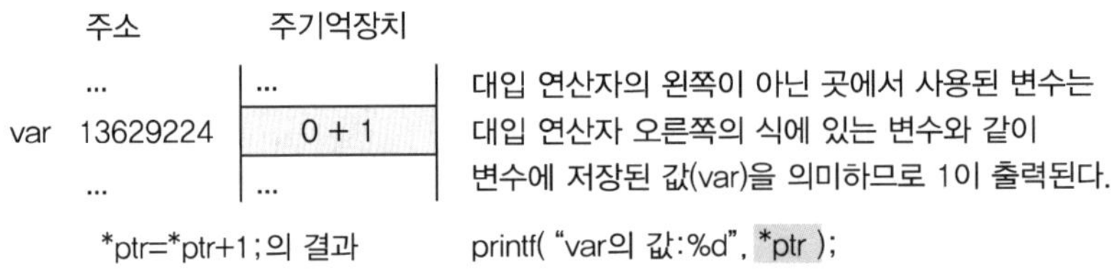

[그림 6-43] *ptr = *ptr + 1을 실행한 결과와 출력

③ 포인터 변수와 일반 변수의 차이를 요약

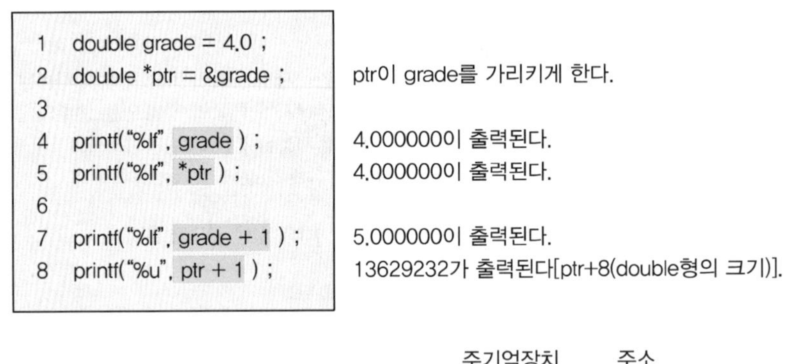

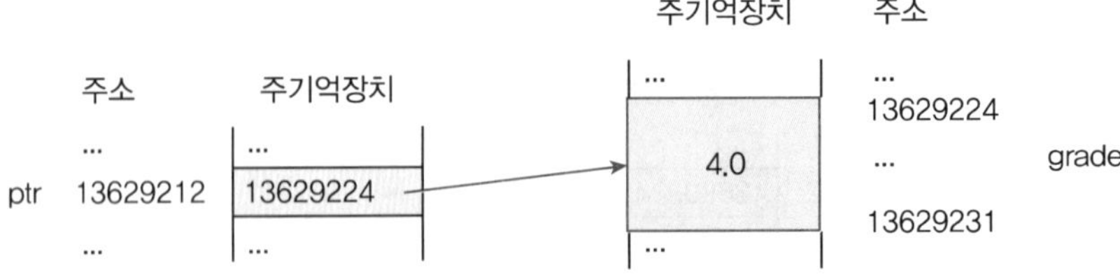

[그림 6-44] 일반 변수와 포인터 변수의 비교 정리

㉠ 4행 : 변수명을 직접 사용해 변수에 저장된 값을 참조한다.
㉡ 5행 : 포인터 변수가 가리키는 곳의 자료는 간접 연산자를 사용해야만 참조가 가능하다.
㉢ 7행 : 실제로 1을 더한 4.0+1, 즉 5.0이 결과 값이다.
㉣ 8행 : ptr이 double형 포인터이므로 실제는 ptr+8, 즉 136292320이 결과 값이다.

예제 6-13

두 포인터 변수가 가리키는 곳의 값을 교환하도록 하는 프로그램을 작성하시오.

해설

```
#include <stdio.h>

int main()
{
    int a = 100, b = 200, temp;
    int *p1, *p2, *p_temp;
    p1 = &a;                        //p1은 a를 가리키게 함
    p2 = &b;                        //p2는 b를 가리키게 함
    printf(" a = %d,  b= %d\n", a, b);
    printf(" a의 주소 = %p, b의 주소 = %p\n", &a, &b);
    printf("*p1 = %d, *p2 = %d\n", *p1, *p2);
    printf("\n>>p1과 p2가 가리키는 곳에 저장된 값을 직접 바꾸기 \n");
    temp = *p1;
    *p1 = *p2;
    *p2 = temp;
    printf("  a = %d,  b = %d\n", a, b);
    printf("*p1 = %d, *p2 = %d\n", *p1, *p2);
    printf("\n>> 포인터 p1과 p2에 저장된 주소를 바꾸기 \n");
    a = 100, b = 200;   //원래 a와 b의 값으로 초기화
    p_temp = p1;
    p1 = p2;
    p2 = p_temp;
    printf("  a = %d,  b = %d\n", a, b);
    printf("*p1 = %d, *p2 = %d\n", *p1, *p2);
    return 0;
}
```

| 결과 |

```
C:\WINDOWS\system32\cmd.exe
  a = 100,      b = 200
  a의 주소 = 19920876,   b의 주소 = 19920864
*p1 = 100, *p2 = 200

>> p1과 p2가 가리키는 곳에 저장된 값을 직접 바꾸기
  a = 200,      b = 100
*p1 = 200, *p2 = 100

>> 포인터 p1과 p2에 저장된 주소를 바꾸기
  a = 100,      b = 200
*p1 = 200, *p2 = 100
```

[그림 6-45]

㉠ 7행 : p1에 a의 주소(19920876번지)를 대입함으로써 p1은 a를 가리키게 된다.
㉡ 8행 : p2에 b의 주소(19920864번지)를 대입함으로써 p2는 b를 가리키게 된다.
㉢ 13～15행 : p1과 p2를 이용하여 a와 b의 값을 직접 교환한다.
- p1이 가리키는 곳(*p1, 즉 a)에 저장된 값 100을 temp에 임시 저장한다.
- p2가 가리키는 곳(*p2, 즉 b)에 저장된 값 200을 p1이 가리키는 곳(*p1, 즉 a)에 대입한다. 결국 a가 200으로 변경된다.
- temp에 저장된 값을 p2가 가리키는 곳(*p2, 즉 b)에 대입한다. 결국 b가 100으로 변경된다.

㉣ 19행 : 13～15행에 의해 변경된 a와 b의 값을 원래의 값으로 다시 변경한다.
㉤ 20～22행 : a와 b의 값을 교환하는 것이 아니라 p1과 p2의 값을 교환한다. 결과적으로 p1이 b를, p2가 a를 가리키게 된다. a와 b의 값은 변경되지 않았지만 포인터가 가리키는 것을 교환함으로써 p1이 가리키는 곳에는 200이, p2가 가리키는 곳에는 100이 저장된 결과를 얻을 수 있다.
㉥ 20행 : 일반 변수 두 개를 교환할 때 한 변수의 값을 임시로 저장할 저장소가 필요한 것처럼 p1과 p2를 교환할 때도 임시 저장소가 필요하다. p1과 p2는 int형 자료가 저장된 기억장소의 주소를 저장하는 포인터이므로 p1값을 임시 저장할 p_temp 역시 int형 포인터이어야 한다.

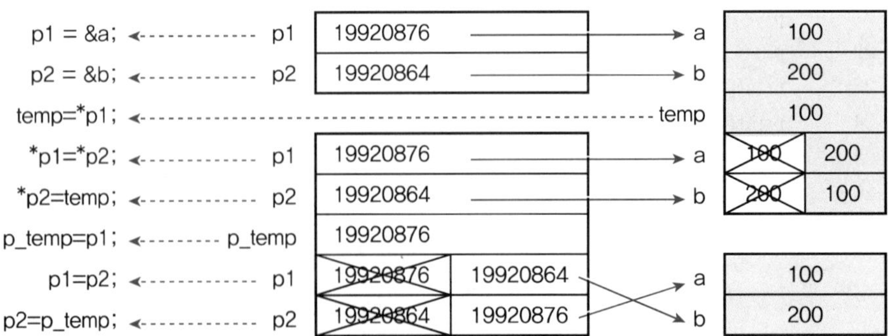

[그림 6-46] [예제 6-13]의 주소와 변수의 변환상태

예제 6-14

'포인터 변수 + 1'과 '포인터 변수 - 1'의 결과를 비교하는 프로그램을 작성하시오.

해설

```
1   #include <stdio.h>
2
3   int main()
4   {
5       char vc = 'A', *pc;
6       int vi = 123, *pi;
7       double vd = 12.345, *pd;
8
9       pc = &vc;                        //pc는 vc를 가리키게 함
10
11      pi = &vi;                        //pi는 vi를 가리키게 함
12      pd = &vd;                        //pd는 vd를 가리키게 함
13
14      printf("\n pc-1 = %u, pc = %u, pc+1 = %u", pc-1, pc, pc+1);
15      printf("\n pi-1 = %u, pi = %u, pi+1 = %u", pi-1, pi, pi+1);
16      printf("\n pd-1 = %u, pd = %u, pd+1 = %u", pd-1, pd, pd+1);
17
18      return 0;
19  }
```

| 결과 |

```
C:\WINDOWS\system32\cmd.exe
pc-1 = 10025118, pc = 10025119, pc+1 = 10025120
pi-1 = 10025088, pi = 10025092, pi+1 = 10025096
pd-1 = 10025056, pd = 10025064, pd+1 = 10025072
```

[그림 6-47]

㉠ 14행 : pc는 vc를 가리키는 char형 포인터 변수이다. 그러므로 pc-1과 pc+1은 pc를 기준으로 1바이트 전후의 메모리 주소가 된다.
㉡ 15행 : pi는 vi를 가리키는 int형 포인터 변수이다. 그러므로 pi-1과 pi+1은 pi를 기준으로 4바이트 전후의 메모리 주소가 된다.
㉢ 16행 : pd는 vd를 가리키는 double형 포인터 변수이다. 그러므로 pd-1과 pd+1은 pd를 기준으로 8바이트 전후의 메모리 주소가 된다.

	pc − 1	pc	pc + 1
	10025118	10025119	10025120
char형 포인터 변수	1바이트	1바이트	1바이트

	pi − 1	pi	pi + 1
	10025088 ~ 10025091	10025092 ~ 10025095	10025096 ~ 10025099
int형 포인터 변수	4바이트	4바이트	4바이트

	pd − 1	pd	pd + 1
	10025056 ~ 10025063	10025064 ~ 10025071	10025072 ~ 10025079
double형 포인터 변수	8바이트	8바이트	8바이트

[그림 6-48] [예제 6-14]의 메모리주소의 범위

예제 6-15

포인터 개념을 확인하기 위한 프로그램을 작성하시오.

해설

```
#include <stdio.h>

int main()
{
    int a = 100, b = 200;
    int *p1, *p2;       //int형 포인터 변수 선언

    p1 = &a;            //p1이 a를 가리키게 함
    printf("p1 = &a 후: a = %d, *p1 = %d \n", a, *p1);

    *p1 = *p1 + 1;      //p1이 가리키는 곳의 값을 1 증가
    printf("(*p1)++ 후: a = %d, *p1 = %d \n", a, *p1);

    p2 = p1;            //p2도 p1이 가리키는 곳을 가리키게 함
    printf("p2 = p1 후: a = %d, *p1 = %d, *p2 = %d \n", a, *p1, *p2);

    (*p2)++;            //*p2 = *p2 + 1; p2가 가리키는 곳의 값을 1 증가
    printf("(*p2)++ 후: a = %d, *p1 = %d \n\n", a, *p1);

    printf("&a = %u, &b = %u, b = %d \n", &a, &b, b);
    printf("p1 = %u, p1-1 = %u, *(p1-3) = %d \n", p1, p1-1, *(p1-3));

    return 0;
}
```

| 결과 |

```
C:\WINDOWS\system32\cmd.exe
p1 = &a 후: a = 100, *p1 = 100
(*p1)++  후: a = 101, *p1 = 101
p2 = p1 후: a = 101, *p1 = 101, *p2 = 101
(*p2)++  후: a = 102, *p1 = 102

&a = 15989420, &b = 15989408, b = 200
p1 = 15989420, p1-1 = 15989416, *(p1-3) = 200
```

[그림 6-49]

㉠ 6행 : int형 포인터 변수를 선언한다.
㉡ 8행 : p1에 a의 주소를 대입하여 p1은 a를 가리키게 된다.
㉢ 9행 : 변수 a의 값과 p1이 가리키는 곳(*p1)에 저장된 값은 100이다.
㉣ 11～12행 : p1이 가리키는 곳(*p1)에 저장된 100과 1을 더해 다시 p1이 가리키는 곳(*p1)에 대입하므로 a의 값이 101로 수정된다. 그리고 출력된다.
㉤ 14행 : 현재 p1에 저장된 값 15989420을 p2에 대입한다. 결국 p2도 15989420번지의 기억장소를 가리키게 된다. 이와 같이 포인터 변수에 다른 포인터 변수를 대입하여 두 포인터 변수가 모두 같은 기억장소를 가리키게 할 수 있다. 이 방법은 고급 프로그래밍 과정에서 연결 리스트를 처리할 때 많이 사용된다.
㉥ 17행 : p2가 가리키는 곳의 값을 1 증가시키는 식이다. 간접 연산자 *보다 ++이 우선순위가 높으므로 반드시 ()를 넣어야 한다.
㉦ 18행 : p1과 p2가 같은 곳을 가리키는 상황이므로 p2가 가리키는 곳을 수정한 후 나중에 a나 *p1을 출력하면 값이 둘 다 바뀐 것을 확인할 수 있다. 그러므로 복잡한 포인터 구조를 이용하는 프로그램에서는 포인터의 간접 참조를 통해 다른 기억장소의 값을 수정할 때 유의해야 한다.
㉧ 20행 : 변수 a와 b의 메모리에서의 주소를 출력한다.
㉨ 21행 : *p1-3은 p1이 가리키는 곳의 값에서 3을 뺀다. 그러므로 연산자 우선순위를 바꾸려면 *(p1-3)과 같이 원하는 결과를 얻을 수 있도록 ()를 사용해야 한다.

더 알아두기

간접 연산자, 가감 연산자, 증감 연산자의 우선순위

- ++, -- 〉 간접 연산자(*) 〉 +, -

① *p1 + 1: *p1과 1을 더하므로 p1이 가리키는 곳의 값과 숫자 1을 더한다.
② *(p1 + 1) : (p1 + 1)을 먼저 수행한 후 *를 적용한다. 즉 p1이 가리키는 곳보다 하나 뒤의 기억장소를 참조한다.
③ *p1++ : p1++을 수행한 후 *를 적용한다. 결국 *(p1 + 1)이 되어 현재 p1이 가리키는 곳보다 하나 뒤의 기억장소를 참조한다.
④ (*p1)++ : *를 먼저 적용하여 p1이 가리키는 곳의 값을 1 증가시킨다.

3 포인터와 배열 기출

포인터에 대한 가감 연산은 배열을 참조할 때 사용된다. 배열명은 배열의 시작 주소이다. 배열의 원소를 참조하는 방법은 배열명 즉 배열의 시작 주소에 대한 덧셈 연산과 간접 연산자를 이용하는 것이다. array배열의 두 번째 원소를 참조하려고 array[1]과 같이 배열명과 첨자를 사용하였지만, 포인터를 이용하면 *(array+1)이 된다.

(1) 배열명은 배열의 시작 주소 중요

배열은 동일한 자료형의 많은 자료를 주기억장치의 연속된 기억장소에 저장한다. array라는 배열명은 이 배열의 첫 원소 array[0]의 주기억장치 **주소인 상수 값으로** 배열의 시작 위치를 가리키는 **포인터 상수**라는 것이다.

배열명 array == 배열의 시작 주소 == 첫 원소의 시작 주소 (&array[0])

배열명은 배열의 시작 주소인 포인터 상수이기 때문에 포인터에 대한 가감 연산이 가능하다.

*(array + 0) or *array : 배열의 시작 주소에 해당하는 기억장소이므로 array[0]이다.
*(array + 1) : 배열의 시작 주소에서 int형 자료 한 개 크기만큼 더한 곳이므로 array[1]이다.
*(array + 2) : 배열의 시작 주소에서 int형 자료 두 개 크기만큼 더한 곳이므로 array[2]이다.
즉, *(array + i) == array[i] 이다.

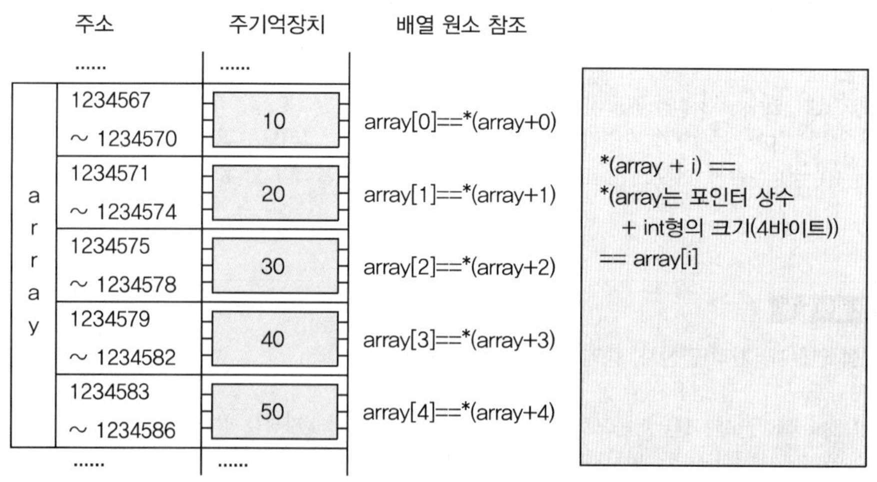

[그림 6-50] int array[5] = {10,20,30,40,50};으로 선언한 배열 원소의 두 가지 참조 방법

예제 6-16

[예제 6-3]의 배열 원소를 포인터를 이용해 참조하도록 수정하는 프로그램을 작성하시오.

해설

```
#include <stdio.h>
#include <conio.h>
//getch 함수를 위한 헤더 파일
#define SIZE 5

int main()
{
    int jumsoo[SIZE];
    int i, count, sum;
    double ave;
    printf("%d명의 점수를 순서대로 입력하세요.\n\n", SIZE);
    for (i = 0; i < SIZE; i++)
    {
        printf("%d번의 퀴즈 점수는? ", i + 1);
        scanf("%d",(jumsoo + i)); //scanf("%d", &jumsoo[i]);
    }
    sum = 0;
    for (i = 0; i < SIZE; i++)
        sum = sum + *(jumsoo + i); //sum = sum + jumsoo[i];
    ave = (double)sum / SIZE;
    count = 0;
    for (i = 0; i < SIZE; i++)
        if (*(jumsoo + i) < ave) //if (jumsoo[i] < ave)
            count++;
    printf("\n결과를 보려면 아무키나 누르세요. \n");
    getch(); //키보드로부터 문자 한 개를 입력받는다. 일시 정지하는 효과를 가진다.
    printf("\n===============\n");
    printf("평균:%.1lf점 \n", ave);
    printf("평균 미만: %d명 \n", count);
    printf("===============\n");
    return 0;
}
```

| 결 과 |

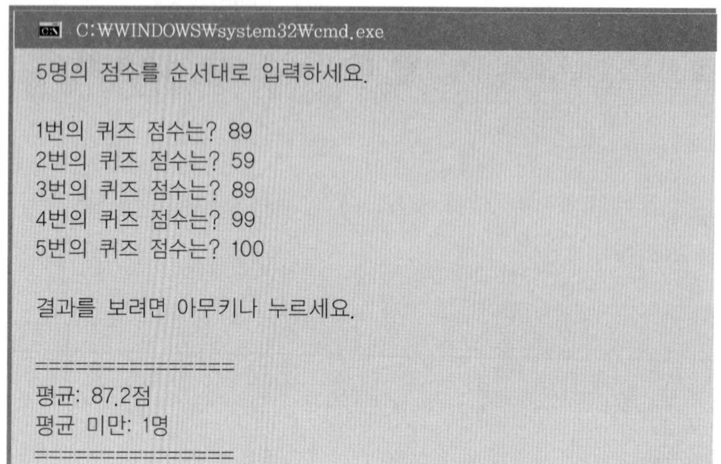

C:WWINDOWSWsystem32Wcmd.exe
5명의 점수를 순서대로 입력하세요.
1번의 퀴즈 점수는? 89
2번의 퀴즈 점수는? 59
3번의 퀴즈 점수는? 89
4번의 퀴즈 점수는? 99
5번의 퀴즈 점수는? 100
결과를 보려면 아무키나 누르세요.
===============
평균: 87.2점
평균 미만: 1명
===============

[그림 6-51]

㉠ 2행 : getch() 함수를 위한 헤더 파일이다.

㉡ 15행 : [예제 6-3]에서는 키보드로부터 입력된 정수를 저장할 배열 원소 jumsoo[i]의 실제 기억장소 주소를 구하려고 &jumsoo[i]를 사용했다. 그러나 포인터를 직접 이용할 때는 jumsoo 자체가 배열의 첫 원소의 주소이면 jumsoo+는 배열의 (i + 1)번째 원소의 실제 주소이므로 &(jumsoo + i)처럼 &를 붙이면 안 된다. 주소 연산자 &는 피연산자가 변수나 배열 원소와 같이 특정 값을 저장하는 기억장소일 때만 이 기억장소의 실제 주소를 구하기 위해 사용할 수 있다.(jumsoo + 1)는 주소 상수 값이므로 앞에 &를 붙이면 오류가 발생한다.

㉢ 26행 : getch() 함수는 키보드로부터 문자 한 개를 입력받는 입력함수로 사용되므로 프로그램 작성 시 일시 정지 효과를 줄 때 종종 사용된다.

(2) 포인터 변수를 이용한 배열 원소 참조 중요

'배열명[첨자]'가 내부적으로는 '*(배열명 + 첨자)'로 처리되는 것은 배열명이 배열의 시작 위치인 포인터 상수이기 때문이다. 그렇다면 반대로 특정 포인터 변수가 배열 시작 위치를 가리키는 상태라면 '포인터 변수명[첨자]'로 배열 원소를 참조할 수 있다. 또 '포인터 변수명[첨자]'는 내부적으로 '*(포인터 변수명 + 첨자)'로 처리될 수 있고, **포인터 변수를 마치 배열명처럼 사용할 수 있다.**

[형식] 포인터 변수가 배열을 가리키기

포인터 변수명 = 배열명; 　　　포인터 변수의 자료형이 배열 원소와 같아야 한다.

```
1   #include <stdio.h>
2
3   int main()
4   {
5       int array[5], *p;
6       p = array;
7       p[1] = 10; //array[1] = 10;과 동일
8       printf("array시작주소 %u이다\n", array);
9       printf("array[1]의 주소는 %u이고 값은 array[1]==p[1]==*(p + 1) : %d[%d, %d]이다.\n"
10              , &array[1], array[1],p[1], *(p + 1));
11      return 0;
12  }
```

| 결과 |

```
C:WWINDOWSWsystem32Wcmd.exe
array시작주소 15727396이다
array[1]의 주소는 15727400이고 값은 array[1]==p[1]== *(p + 1) : 10[10, 10]이다.
```

[그림 6-52] 포인터 변수를 이용한 배열 원소 참조

㉠ 6행 : 포인터 변수에 배열명이 상수이기 때문에 배열명을 대입할 수 있다.
'int *p=array;'로 고쳐서 쓸 수 있다. 포인터 변수 p에 배열의 시작 주소 대입이 가능하다.
~~'array=p'~~는 배열명은 상수이므로 다른 값을 대입하여 변경할 수 없다.

㉡ 9행 : 'array[1]==p[1]==*(p+1)' 모두 동일한 결과를 출력한다.

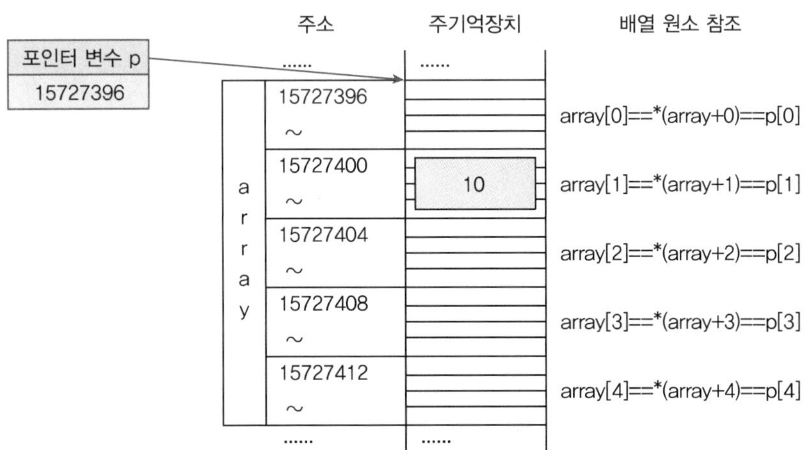

[그림 6-53] 포인터 변수를 이용한 배열 원소 참조 상태

예제 6-17

다양한 배열 원소 참조 방법을 보여주는 프로그램을 작성하시오.

해설

```
#include 〈stdio.h〉
#define SIZE 5

int main()
{
    int i, array[SIZE] = { 1, 2, 3, 4, 5 }; //배열 선언
    int *ptr; //포인터 선언
    ptr = array; //ptr에 배열 array의 시작 주소를 대입하여 array 배열을 가리키게 하기
    //배열명[첨자]를 사용해 배열 원소에 저장된 값 출력하기
    for (i = 0; i 〈 SIZE; i++)
        printf(“array[%d] = %d \n”, i, array[i]);
    printf(“\n”);
    printf(“array 배열의 시작 주소(%u) = ptr에 저장된 주소(%u) \n\n”, array, ptr);
    //배열명에 대한 연산을 통해 배열 원소에 저장된 값을 출력하기
    for (i = 0; i 〈 SIZE; i++)
        printf(“*(array+%d) = *(%u) = %d \n”, i, array + i, *(array + i));
    printf(“\n”);
    //포인터 연산을 통해 배열 원소에 저장된 값을 출력하기(포인터와 배열의 성질은 동일)
    for (i = 0; i 〈 SIZE; i++)
        printf(“*(ptr+%d) = *(%d) = %d \n”, i, ptr + i, *(ptr + i));
    printf(“\n”);
        //포인터 변수 ptr을 배열명처럼 사용하여 원소를 출력하기
        for (i = 0; i 〈 SIZE; i++)
        printf(“ptr[%d] = %d \n”, i, ptr[i]);
    printf(“\n”);
    return 0;
}
```

| 결과 |

```
C:₩WINDOWS₩system32₩cmd.exe
array[0] = 1
array[1] = 2
array[2] = 3
array[3] = 4
array[4] = 5

array 배열의 시작 주소(15727332) = ptr에 저장된 주소(15727332)

*(array+0) = *(15727332) = 1
*(array+1) = *(15727336) = 2
*(array+2) = *(15727340) = 3
*(array+3) = *(15727344) = 4
*(array+4) = *(15727348) = 5

*(ptr+0) = *(15727332) = 1
*(ptr+1) = *(15727336) = 2
*(ptr+2) = *(15727340) = 3
*(ptr+3) = *(15727344) = 4
*(ptr+4) = *(15727348) = 5

ptr[0] = 1
ptr[1] = 2
ptr[2] = 3
ptr[3] = 4
ptr[4] = 5
```

[그림 6-54]

㉠ 7～8행 : 포인터 선언과 ptr에 배열 array의 시작 주소를 대입하여 array배열을 가리키게 한다. 그러므로 ptr에는 배열의 시작주소 15727332가 저장된다. 그리고 int *ptr=array;로 줄일 수 있다.
㉡ 10～11행 : 배열명[첨자]를 사용하여 배열 원소에 저장된 값을 출력한다.
㉢ 13행 : 포인터 변수 ptr과 배열 array의 시작 주소가 같으므로 주소 값은 같게 출력된다.
㉣ 16, 20행 : 배열과 포인터는 동일한 성질이 같으므로 배열명 연산과 포인터 연산을 통해 배열 원소에 저장된 값을 출력할 수 있다.
㉤ 24행 : 16, 20행과 동일한 결과가 출력된다. 포인터 변수 ptr을 배열처럼 사용하여 원소를 출력할 수 있다.

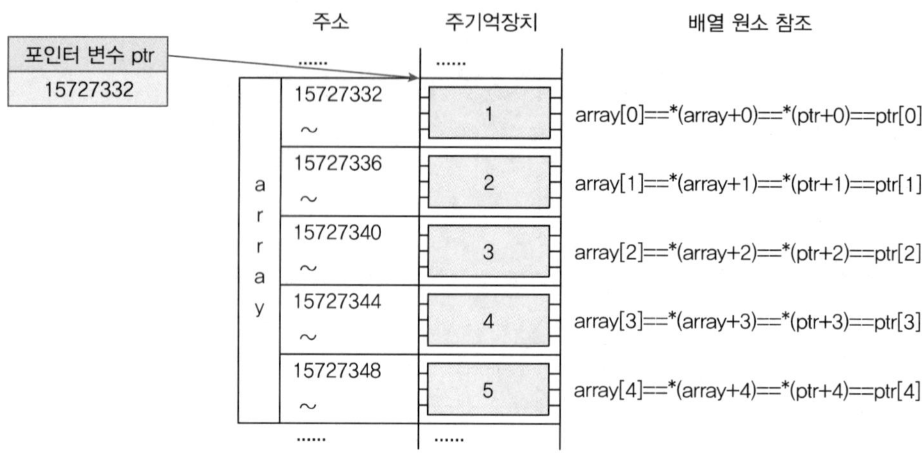

[그림 6-55] 포인터 변수를 이용한 배열 원소 참조 상태

4 포인터와 함수

포인터는 주소를 다루며, 간접 연산을 통해서만 포인터가 가리키는 기억장소를 참조할 수 있다. 그러므로 포인터를 사용하지 않는 코드보다 가독성이 떨어지고 처리과정도 복잡할 수 있으며 실행 시간 오류도 많이 발생할 수 있다. 그럼에도 불구하고 포인터를 사용하는 것은 그만큼 장점이 많기 때문이다.

(1) 포인터를 이용한 주소에 의한 호출 기출

C언어에서 함수를 호출할 때 사용하는 인수 전달 방식에는 값에 의한 호출과 주소에 의한 초출 두 가지가 있다. 주소에 의한 호출방식은 함수를 호출할 때 인수의 주소를 전달하고 호출된 함수는 전달된 주소를 포인터 매개변수에 저장한다. 결국 포인터 매개변수가 인수를 가리키게 되며 호출된 함수에서는 포인터 매개변수의 간접 참조를 이용하여 인수를 참조할 수 있게 된다.

① 주소에 의한 호출방식

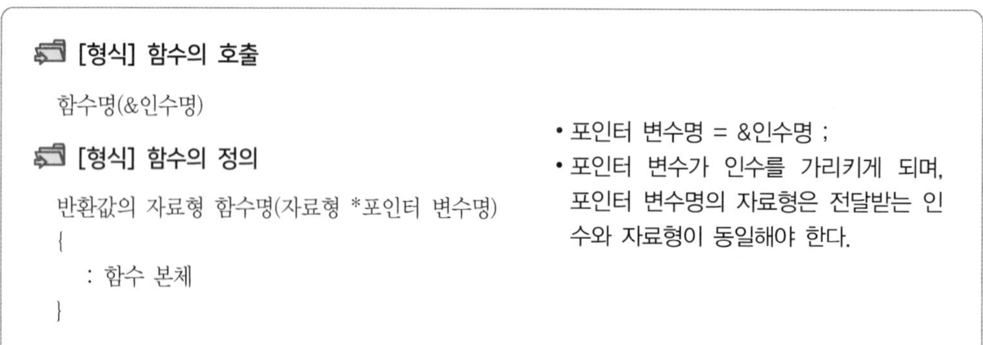

[형식] 함수의 호출

함수명(&인수명)

[형식] 함수의 정의

```
반환값의 자료형 함수명(자료형 *포인터 변수명)
{
    : 함수 본체
}
```

- 포인터 변수명 = &인수명 ;
- 포인터 변수가 인수를 가리키게 되며, 포인터 변수명의 자료형은 전달받는 인수와 자료형이 동일해야 한다.

함수의 호출	함수의 정의

swap(&a, &b);
 	
//int a, b; 로 선언된 인수의 주소를 전달
	void swap(int *x, int *y)
	{
	  *x = 0; //간접 참조를 통해 인수 a를 수정할 수 있다.
	}

예제 6-18

값에 의한 호출과 주소에 의한 호출을 비교하기 위하여 두 변수의 값을 교환하는 프로그램을 작성하시오.

해설

```
#include <stdio.h>
void swap_value(int x, int y);      //값에 의한 호출 방식
void swap_address(int *x, int *y);   //주소에 의한 호출 방식

int main()
{
   int x = 100, y = 200;
   printf("main함수 내에서 : x=%d, y=%d \n\n", x, y);
   swap_value(x, y);          //값에 의한 호출: x와 y의 값을 전달
   printf("main함수 내에서 : x=%d, y=%d (swap_value(x, y) 호출 후)\n\n", x, y);
   swap_address(&x, &y);   //주소에 의한 호출: x와 y의 주소를 전달
   printf("main함수 내에서 : x=%d, y=%d (swap_address(&x, &y) 호출 후)\n\n", x, y);
   return 0;
}
//매개변수 x와 y의 값을 교환하지만 자신을 호출한 함수의 두 인수는 교환하지 못하는 함수
void swap_value(int x, int y)
{
   int temp;                          //임시 대피 장소
   temp = x;
   x = y;
   y = temp;
   printf("swap함수 내의 값은 : x=%d, y=%d \n", x, y);
}
//포인터 매개 변수 x와 y를 이용해 자신을 호출한 함수의 두 인수의 값을 교환하는 함수
void swap_address(int *x, int *y)  //x, y는 주소를 저장하는 포인터 변수로 선언
{
   int temp;                          //임시 대피 장소
   temp = *x;                         //x가 가리키는 곳의 값을 temp에 대입
   *x = *y;                           //y가 가리키는 곳의 값을 x가 가리키는 곳에 대입
```

```
30        *y = temp;                              //temp의 값을 y가 가리키는 곳에 대입
31        printf("swap함수의 주소 : *x=%d, *y=%d \n", *x, *y);
32    }
```

| 결과 |

```
C:\WINDOWS\system32\cmd.exe
main함수 내에서 : x=100, y=200

swap함수 내의 값은 : x=200, y=100
main함수 내에서 : x=100, y=200 (swap_value(x, y) 호출 후)

swap함수의 주소 : *x=200, *y=100
main함수 내에서 : x=200, y=100 (swap_address(&x, &y) 호출 후)
```

[그림 6-56]

㉠ 2행: swap_value() 함수의 값에 의한 호출방식이다.

㉡ 3행: swap_address() 함수의 주소에 의한 호출방식으로 함수의 원형을 선언할 때 매개변수명을 생략하고 싶다면 (int *, int *)로 작성해야 한다. 만약 *를 생략하면 일반 변수가 되어 값에 의한 호출방식이 되므로 주의해야한다.

㉢ 9, 16행: 값에 의한 호출로 x와 y의 값을 전달한다. 변수명은 x와 y로 동일하지만 실제 기억장소는 다르다.

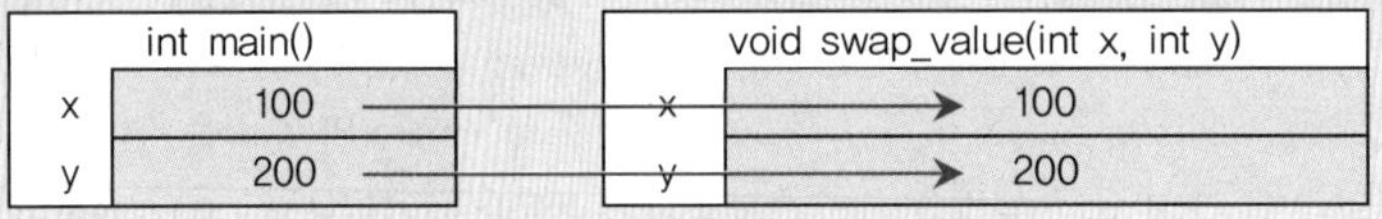

인수의 값이 전달된다.

[그림 6-57] 값에 의한 호출방식

㉣ 16~23행: 매개변수 x와 y의 값을 교환하지만 자신을 호출한 함수의 두 인수는 교환하지 못한 함수의 정의 선언이다.

㉤ 18행: 매개변수로 전달받은 값을 임시로 저장하기 위한 변수를 선언한다.

㉥ 19~21행: swap_value에서 x, y의 값을 변경하지만 main()의 x, y값은 변경되지 않는다.

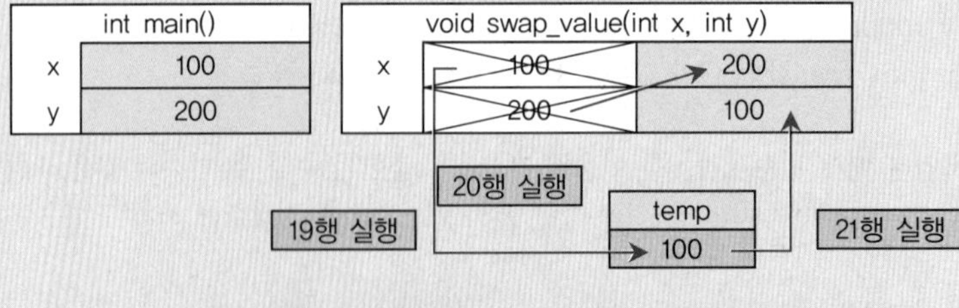

[그림 6-58] swap_value() 함수 안에서 값의 변환과정

ⓢ 22, 10행 : [그림 6-58]에서 볼 수 있듯이 swap_value() 함수에서 출력한 x, y는 200, 100으로 값이 서로 변경되었지만 main()내의 x, y는 그래도 유지됨을 알 수 있다. 그러므로 main()로 복귀하여 main() 함수의 x, y를 출력하면 100, 200으로 값의 변경없이 그대로 출력한다.

ⓞ 11, 25행 : main() 함수에서 swap_address() 함수를 호출할 때 인수로 x의 주소(&x)와 y의 주소(&y)를 전달한다. 호출된 swap_address() 함수에서는 전달받은 주소를 저장해야 하는데 주소를 저장할 수 있는 것은 포인터 변수뿐이다. 인수인 main() 함수의 x, y가 int형 변수이므로 swap_address() 함수에서 선언하는 포인터 변수 x, y도 int형 포인터 변수로 선언해야 한다. 결국 [그림 6-59]와 같이 swap_address() 함수의 포인터 변수 x, y는 main() 함수의 일반 변수 x, y를 가리키게 된다.

ⓩ 25 ~ 32행 : 포인터 매개변수 x와 y를 이용해 자신을 호출한 함수의 두 인수의 값을 교환하는 함수이다.

ⓒ 27행 : main() 함수로부터 전달받은 값을 임시로 저장하기 위한 변수를 선언한다.

ⓚ 28행 : main() 함수의 x값을 temp에 저장한다. temp 또한 포인터 변수로 선언되어 *temp = *x로 작성할 필요는 없다. 이유는 temp에 저장할 값은 단순히 정수 값이므로 굳이 포인터를 사용하여 간접 참조할 필요는 없기 때문이다.

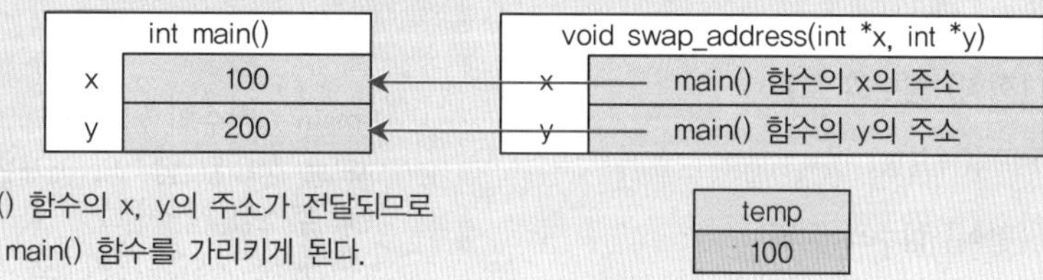

[그림 6-59] 주소에 의한 호출방식

ⓣ 29행 : *y(main() 함수의 y)에 저장된 값을 *x(main() 함수의 x)에 대입한다.

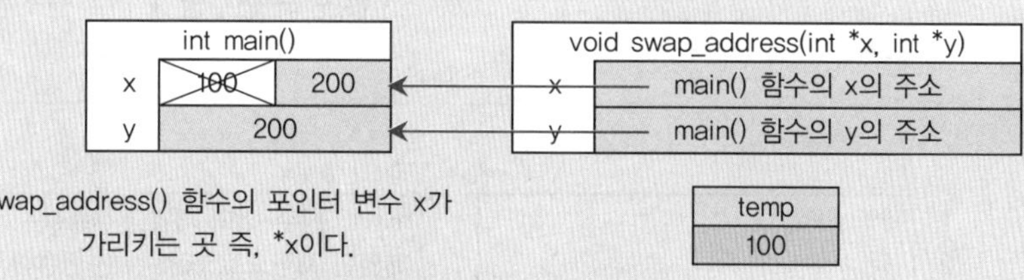

[그림 6-60] *x = *y의 과정

ⓟ 30행 : temp에 저장되어 있는 값을 *y(main() 함수의 y)에 대입하여 두 값을 교환한다.

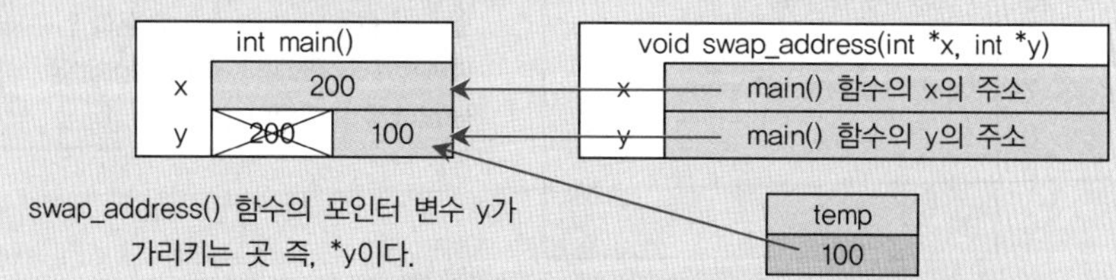

[그림 6-61] *y = temp의 과정

ⓗ 31, 12행 : swap_address() 함수의 실행을 끝내고 main() 함수로 복귀하여 x, y를 출력하면 호출 전의 두 값이 서로 바뀐 것을 확인할 수 있다.

값에 의한 호출은 인수와 매개변수가 서로 다른 기억장소를 차지하므로 이름이 같더라도 서로 다른 변수이다. 그러므로 호출된 swap_value() 함수에서 매개변수 x와 y의 값을 서로 교환하더라도 인수인 main() 함수의 x와 y는 변하지 않는다.

주소에 의한 호출은 매개변수가 인수를 가리키는 포인터 변수이므로 포인터의 간접 참조를 통해 인수의 기억장소를 참조할 수 있다. 그러므로 호출된 swap_address() 함수에서는 자신이 가진 포인터 변수를 이용하여 *x, *y를 통해 main() 함수의 x, y를 간접 참조하여 서로 값을 교환할 수 있게 된다. 이렇게 주소를 저장하는 포인터 변수를 사용해 다른 함수의 변수를 참조하여 변경까지 할 수 있다는 것이 포인터를 사용하는 매우 중요한 이유이다.

(2) 배열을 함수의 매개변수로 사용하는 경우

함수를 호출하면서 인수의 값을 전달하면 이는 함수의 정의 헤더 부분에서 선언한 매개변수에 저장된다. 따라서 함수를 호출하면서 배열을 통째로 전달하는 것은 불가능하며, 주소에 의한 호출방식으로 전달해야 한다. 그러므로 직접 포인터를 이용하여 함수 간에 배열을 전달하는 형식을 사용해야 한다.

[형식] 함수의 호출

함수명(배열명)

[형식] 함수의 정의

```
반환 값의 자료형 함수명(자료형 *포인터 변수명)
{
… 함수 본체
}
```

- main() 함수의 인수가 배열의 시작 주소이므로 정의된 함수의 매개변수로 배열의 시작 주소를 전달한다.
- 전달받은 배열의 원소와 동일한 자료형을 사용한다.
- 정의된 함수 내에서 포인터 변수 [i] 또는 *(포인터 변수명 + i)로 원소를 참조한다.

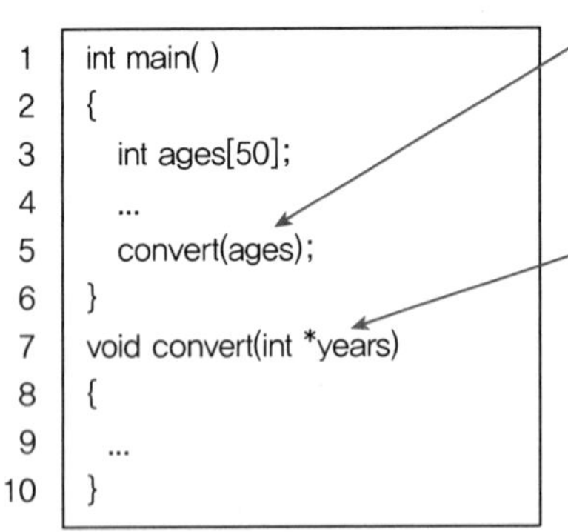

int main( )
{
int ages[50];
...
convert(ages);
}
void convert(int *years)
{
...
}

> main() 함수 내의 배열명 ages는 배열의 시작으로 convert() 함수를 호출한다.

> 함수가 호출되면 main() 함수의 인수와 매개변수의 관계가 years=ages;와 동일하게 실행된다.

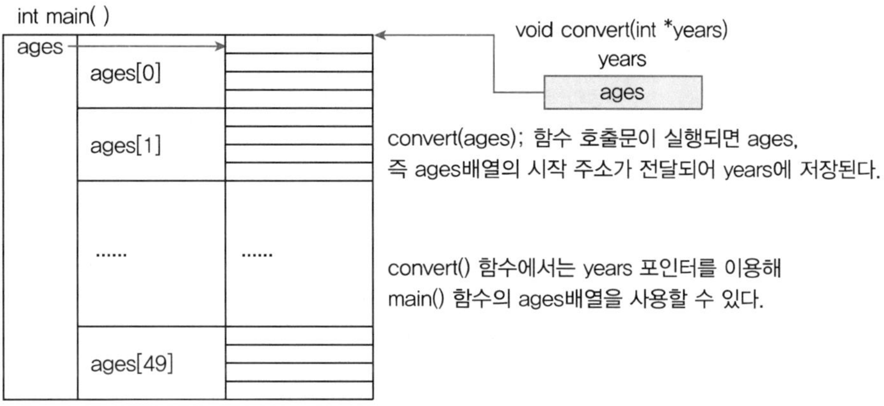

[그림 6-62] 함수 간의 배열 전달 결과

convert() 함수는 자신이 가진 포인터를 이용한 간접 참조를 통해 main() 함수의 배열을 직접 수정할 수 있다. 배열을 통째로 전달한다면 ages배열 크기만큼의 기억공간을 더 사용해야 하며 ages배열의 각 원소 값을 복사해야 하므로 컴퓨터 자원 사용과 실행 시간에 있어서 비효율적이다. 배열의 시작 주소만 전달하면 배열 주소를 저장할 포인터 변수를 위한 저장 공간은 4바이트만 더 필요하다. 그러므로 주소값만 포인터 변수로 복사하면 되므로 훨씬 효율적이다. 일반적으로 배열은 수천, 수만 개의 원소를 가진 많은 자료를 처리하므로 주소에 의한 호출만 지원한다.

5 포인터와 문자열

C언어에서는 문자 하나를 표현하기 위해 char라는 자료형을 지원하지만 여러 문자로 구성된 문자열을 표현하기 위한 자료형은 지원하지 않는다. 따라서 문자열을 처리할 때는 char형 배열이나 char형 포인터를 이용해야 한다.

(1) char형 배열과 char형 포인터를 이용한 문자열 저장

[그림 6-63]은 char형 배열 str1과 포인터 str2를 이용한 문자열 "language"를 저장하고 있는 기억장소의 상태를 보여준다. C언어에서는 **문자열형 포인터를 선언할 수 없다**. 그러므로 str2는 자신이 가리키는 곳에 문자 한 개가 저장되는 **char형 포인터로 선언**해야 한다. 그 대신 C언어에서는 str2가 가리키는 곳에서부터 널문자('\n')를 만날 때까지의 내용을 하나의 문자열로 취급할 수 있도록 다양한 방법을 지원한다.

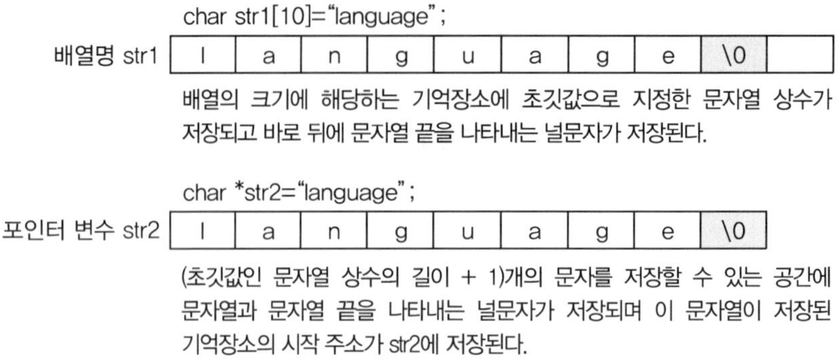

char str1[10]="language";

배열명 str1

l	a	n	g	u	a	g	e	\0	

배열의 크기에 해당하는 기억장소에 초깃값으로 지정한 문자열 상수가 저장되고 바로 뒤에 문자열 끝을 나타내는 널문자가 저장된다.

char *str2="language";

포인터 변수 str2

l	a	n	g	u	a	g	e	\0

(초깃값인 문자열 상수의 길이 + 1)개의 문자를 저장할 수 있는 공간에 문자열과 문자열 끝을 나타내는 널문자가 저장되며 이 문자열이 저장된 기억장소의 시작 주소가 str2에 저장된다.

[그림 6-63] char형 배열과 char형 포인터를 이용한 문자열 저장의 예

① char형 배열과 포인터를 이용한 문자열 처리의 비교

char형 배열은 문자열의 끝을 의미하는 널문자가 포함되도록 배열 원소 수를 저장할 최대 문자 수보다 1이 많게 선언해야 한다. char형 포인터 역시 문자열 복사, 수정 등을 처리할 때 문자열의 끝에 언제나 널문자가 포함되도록 해야 한다. 그러나 선언하면서 초기화를 한다면 언제나 문자열 끝에 자동으로 널문자가 들어가므로 char형 배열과 같이 원소 수에 신경 쓸 필요는 없다.

[표 6-1] char형 배열과 포인터를 이용한 문자열 처리의 비교

처리내용	char형 배열 이용		char형 포인터 이용	
문자열 선언 및 초기화	char str1[10]="language";		char *str2 = "language";	
문자열 출력	printf("%s", str1);		printf("%s", str2);	
둘째 문자 출력	printf("%c", str1[1]); printf("%c", *(str1+1));		printf("%c", str2[1]); printf("%c", *(str2+1));	
문자열 입력	scanf("%s", str1);		scanf("%s", str2);	
둘째 문자 입력	scanf("%c", &str1[1]); scanf("%c", str1+1);		scanf("%c", &str2[1]); scanf("%c", str2+1);	
문자열의 주소 대입	~~str1 = "C언어";~~ ~~str1 = str2;~~	str1은 상수	str2 = "C"; str2 = str1;	str2는 포인터 변수
문자열 수정(복사)	strcpy(str1,"C언어");		strcpy(str2,"C언어");	

char형 포인터 이용 시 문자열 입력, 둘째 문자 입력, 문자열 복사를 처리할 때 str2에 동적으로 할당된 기억장소가 있을 때만 가능하다.

② char형 배열과 포인터를 이용한 문자열 처리할 때 주의사항

㉠ str2를 char형 포인터로 선언하면서 문자열로 초기화한 상태에서 str2에 문자열을 입력받거나 str2가 가리키는 문자열의 특정 위치에 문자 한 개를 입력받으면 프로그램 실행이 중단된다. 중단되는 이유는 str2 포인터에 문자열을 저장할 기억공간을 동적으로 할당받지 않은 상태이기 때문이다. 동적 할당에 대해서는 추후 배우기로 한다.

㉡ str1은 배열의 시작 주소인 포인터 상수이므로 str1 = "C언어"과 같이 대입문을 이용해 내용을 수정할 수 없지만 str2는 포인터 변수이므로 주소인 str1을 저장할 수 있기 때문에 문자열 상수 "C언어"도 대입할 수 있다.

ⓒ 문자열 내용을 새로운 문자열로 변경하고 싶다면 #include 〈string.h〉를 프로그램에 추가하고 strcpy() 함수를 이용해야 한다. 그래서 현재 str1이 가리키는 문자열 "language"를 "C언어"로 변경하고 싶다면 함수 호출 strcpy(str1,"C언어")를 이용해야 한다.

(2) 문자열과 관련된 대표적인 함수의 사용 기출

```
[예] char s1[10] = "start";
     char s2[10] = "end";
```

문자열 처리 함수			함수사용
strlen(s);			문자열의 길이(널문자는 제외)를 반환
strlen(s1);	결과	5	
strlen(s2);	결과	3	
strcmp(s1,s2);	결과	양수	s1과 s2를 사전적 순서에 의해 대소관계를 비교한 결과를 양수(s1 〉 s2), 음수(s1 〈 s2), 0(s1 = s2) 값을 반환
strcmp(s2,s1);	결과	음수	
strcmp(s2,"end");	결과	0	
strcmp("135","15");	결과	음수	
strcpy(s1,s2);	결과	s1에 "end"저장	s1의 문자열이 s2의 문자열로 변경된 후 s1 시작 주소를 반환
strcpy(s2,s1);	결과	s2에 "start"저장	
strcpy(s1,"C");	결과	s1에 "C"저장	
strcat(s1,s2);	결과	s1에 "startend"저장	s1문자열 뒤에 s2문자열을 붙인 후 s1의 시작주소를 반환
strcat(s1,"!");	결과	s1에 "start!"저장	

예제 6-19

포인터 변수의 교환으로 두 문자열을 교환하는 프로그램을 작성하시오.

분석

char형 포인터의 교환으로 두 문자열을 교환한다. [예제 6-20]과 같이 char형 배열로 직접 교환하는 것보다(두 문자열의 길이가 길수록 문자열의 복사로 인한 낭비와 문자열을 임시로 저장한 후 필요한 저장소에 인한 낭비가 생기므로) 포인터를 변경하는 방법이 효율적이다.

해설

```
1   #include <stdio.h>
2
3   int main()
4   {
5       //이름과 성
6       char *first = "Dongwook", *last = "Kim";
7       //문자열 주소를 임시로 저장할 포인터 변수
8       char *temp;
9       printf("Name: %s %s\n", first, last);
10      printf("Name의 주소 : %u %u\n", &first, &last);
11      printf("temp의 주소 : %u \n", &temp);
12
13      /* 포인터 변수에 저장된 두 주소를 교환해
14      두 포인터가 가리키는 문자열 교환하기 */
15      temp = first;
16      first = last;
17      last = temp;
18      printf("Name: %s %s\n", first, last);
19
20      return 0;
21  }
```

| 결과 |

```
C:\WINDOWS\system32\cmd.exe
Name: Dongwook Kim
Name의 주소 : 20379460 20379448
temp의 주소 : 20379436
Name : Kim Dongwook
```

[그림 6-64]

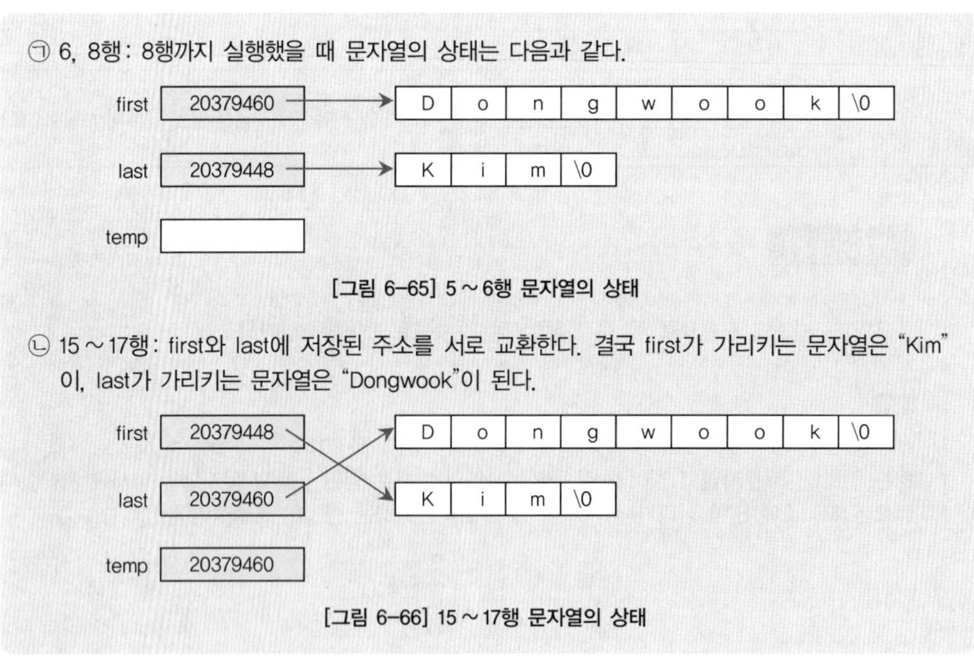

㉠ 6, 8행: 8행까지 실행했을 때 문자열의 상태는 다음과 같다.

[그림 6-65] 5～6행 문자열의 상태

㉡ 15～17행: first와 last에 저장된 주소를 서로 교환한다. 결국 first가 가리키는 문자열은 "Kim"이, last가 가리키는 문자열은 "Dongwook"이 된다.

[그림 6-66] 15～17행 문자열의 상태

예제 6-20

char형 배열을 이용하여 두 문자열을 교환하는 프로그램을 작성하시오.

해설

```
1   #include <stdio.h>
2   #include <string.h>     //strcpy 함수를 위한 헤더 파일
3
4   int main()
5   {
6       char first[10] = "Dongwook", last[10] = "Kim";  //이름과 성
7       char temp[10];      //문자열을 임시로 저장할 배열
8
9       printf("Name: %s %s\n", first, last);
10
11      //배열의 내용을 직접 교환하여 두 문자열을 교환하기
12      strcpy(temp, first); //first 배열의 문자열을 temp 배열에 복사하기
13      strcpy(first, last);  //last 배열의 문자열을 first 배열에 복사하기
14      strcpy(last, temp); //temp 배열의 문자열을 last 배열에 복사하기
15
16      printf("Name: %s %s\n", first, last);
17
18      return 0;
19  }
```

| 결과 |

```
C:\WINDOWS\system32\cmd.exe
Name: Dongwook Kim
Name: Kim Dongwook
계속하려면 아무 키나 누르십시오 . . .
```

[그림 6-67]

㉠ 2행: 배열의 내용을 직접 교환해야 하므로 #include 〈string.h〉를 추가해야 한다.

㉡ 7, 12행: first배열에 저장된 문자열을 임시로 저장하려면 temp배열의 크기는 first와 동일하거나 더 커야 하므로, 항상 배열의 크기에 주의해야한다. [예제 6-19]에서 temp는 first 포인터 변수에 저장된 주소를 저장하기만 하면 되므로 언제나 4바이트이면 충분하다(컴파일러의 종류에 따라 포인터 변수의 크기는 다르지만 일반적으로 32bit컴파일러에서는 4바이트이다).

OX로 점검하자 | 제6장

※ 다음 지문의 내용이 맞으면 O, 틀리면 ×를 체크하시오. [1 ~ 10]

01 응용 프로그램에서 처리할 자료를 효율적으로 유지하고 관리하기 위해 자료를 조직화하고 저장하는 방법에는 배열만이 있다. ( )

>>> 응용 프로그램에서 처리할 자료를 효율적으로 유지하고 관리하기 위해 자료를 조직화하고 저장하는 방법을 자료구조라고 한다. 많이 사용하는 자료구조에는 배열(array), 연결 리스트(linked list), 트리(tree), 스택(stack) 등이 있는데 이 중에서 가장 많이 사용하는 것이 배열이다. 배열은 동일한 구조의 많은 자료를 다룰 때 사용한다.

02 배열의 초기화 시 int a[ ];와 같이 초깃값을 명시하지 않아도 자동으로 된다. ( )

>>> int a[ ];와 같이 초깃값을 명시하지 않으면서 [ ]안의 배열 원소수를 생략하면 오류가 발생한다. { }안의 초깃값이 배열 원소 수보다 많으면 오류가 발생한다.

03 2차원 배열에서 초깃값 목록이 있으면 행의 개수를 생략할 수 있다. 그러나 열의 개수는 반드시 명시해야 한다. ( )

>>> 2차원 배열의 행은 1차원 배열로 간주할 수 있기 때문에 열의 개수를 명시해야만 2차원 배열의 행 구분이 가능하다.

04 문자열을 저장할 배열의 크기가 초기화할 문자열의 길이보다 더 크면 배열 끝에 '\0'이 자동으로 저장되지 않으므로 오류가 발생하지 않는다. ( )

>>> 선언된 배열의 크기가 초기화할 문자열의 길이보다 더 크면 배열 끝에 '\0'이 자동으로 저장되므로 오류가 발생하지 않는다.

05 배열명 자체가 배열의 시작 주소이므로 scanf() 함수를 이용해 문자열을 입력받을 때는 배열명 앞에 주소를 구하는 연산자 &를 사용하면 안 된다. ( )

>>> scanf() 함수는 메모리 주소를 받아들여 처리하기 때문에 배열로 선언된 값들을 입력할 때는 반드시 '&'를 제외해야 한다.

정답 1 × 2 × 3 ○ 4 × 5 ○

06 gets() 함수는 배열명 앞에 주소를 구하는 연산자 &를 사용해 gets(&name)으로 사용한다. ( )

>>> gets() 함수 사용 시 주의할 점은 배열명 앞에 주소를 구하는 연산자 &를 사용해 gets(&name)으로 표현할 경우 오류가 발생하는 것이다.

07 포인터 변수를 선언할 때는 이 포인터가 어떤 형의 변수를 가리키는 데 사용할지를 명시해야 한다. ( )

>>> 변수의 자료형이 다르면 해당 변수가 차지하는 기억장소의 크기가 다르므로 포인터를 선언할 때와 다른 자료형의 변수는 가리키게 할 수 없다.

08 int *ptr로 선언할 경우 ptr이 가리키는 것에는 int형 자료만 저장할 수 있는 것이 아니라 변동될 수 있다. ( )

>>> int형 포인터 변수 ptr을 선언한 것으로 포인터 변수명은 ptr이며, int는 이후에 포인터 변수 ptr이 가리키는 곳에 저장할 값의 자료형이 int형임을 의미한다.

09 주소연산자 &는 기억장소 주소를 구하는 것으로 int변수 또는 char변수와 같은 일반 변수뿐만 아니라 포인터 변수에도 사용할 수 있으나 상수에는 사용할 수 없다. ( )

>>> 상수는 프로그램 코드에 포함된 값이지 값을 별도로 저장할 수 있는 기억장소가 아니다.

10 포인터 변수의 크기는 정수, 실수, 문자형에 따라 크기가 다르다. ( )

>>> 포인터 변수의 크기는 자료형에 관계없이 무조건 4바이트이다.

정답 6 × 7 ○ 8 × 9 ○ 10 ×

제 6 장 실전예상문제

01 배열명[첨자]
- 첨자 : 0 ~ (배열 원소 수 – 1)범위의 정수
- 배열에 저장된 첫 번째 원소는 첨자로 0, 마지막 원소는 첨자로 (배열 원소 수 – 1)을 사용

02 1차원 배열을 선언할 때는 배열 원소의 자료형, 배열명, 배열 원소의 수를 명시해야 한다. 배열 원소 수와 상관없이 배열에 저장되는 모든 값의 자료형은 같아야 하고, 배열 원소 수는 배열의 크기를 의미하므로 정수형 상수만이 가능하다.

03 int a[ ];와 같이 초깃값을 명시하지 않으면서 [ ]안의 배열 원소 수를 생략하면 오류가 발생한다.

정답 01 ② 02 ④ 03 ①

01 다음 중 1차원 배열이 10개의 원소를 가진다면 첫 번째 원소의 배열 번호로 옳은 것은?

① −1 ② 0
③ 1 ④ 0 또는 1

02 다음 중 1차원 배열을 선언한 것으로 옳지 않은 것은?

① int ch[100];
② char ch[10];
③ double a[100];
④ char[10];

03 다음 중 1차원 배열을 초기화한 것으로서 오류가 발생하는 것은?

① int a[ ];
② int sum[10] = {0};
③ int b[5] = {1, 2, 3, 4, 5};
④ int error[ ] = {1, 2, 3, 1, 0, 1}

04 다음 중 코딩에 대한 설명으로 옳지 않은 것은?

① int a[3] = {1,2,3,4};
//정수형 배열 a에 연속적으로 1, 2, 3, 4로 초기화한다.

② b[5] = 1;
//배열 b의 여섯 번째 원소에 1을 저장한다.

③ printf("%d", a[1]);
//배열 a의 두 번째 원소에 저장되어 있는 값을 출력한다.

④ c[2]++;
//배열 c의 세 번째 원소에 저장된 값을 1 증가시킨다.

04 배열의 초기화 시 { }안의 초깃값이 배열 원소 수보다 많으면 오류가 발생한다.

05 다음 중 배열을 초기화하는 방법으로 오류가 생기는 것은?

① int array[5] = {1,2,3};

② char array[3] = {'a','b','c'};

③ int array[ ] = {1,2,3,4};

④ int array[2] = {1,2,3};

05 배열의 초기화 시 { }안의 초깃값이 배열 원소 수보다 많으면 오류가 발생한다.

06 주어진 2차원 배열의 선언으로 할 수 있는 가장 적합한 프로그램은 무엇인가?

```
int array[3][4];
```

① 4행 3열의 행렬을 저장하기 위한 배열

② 학생 3명의 1차～4차까지의 시험 점수를 저장하기 위한 배열

③ 3과목의 점수를 상, 중, 하로 구분하여 평균값을 저장하기 위한 배열

④ 1～3학년의 각 반별 평균 점수 8개를 저장하기 위한 배열

06 int형 배열에 행 3개, 열 4개로 나타낼 수 있는 12가지의 원소 수로 프로그래밍할 수 있는 가장 적합한 코딩은 행에 학생의 수, 열에 1～4차 시험을 지정하면 학생 1의 1～4차 시험점수, 학생 2의 1～4차 시험점수, 학생 3의 1～4차 시험점수를 저장할 수 있다.

정답 04 ① 05 ④ 06 ②

07 초깃값 목록에서 행의 수가 2이고, 열의 수가 3임을 알 수 있더라도 matrix[ ][3]처럼 최소한 열의 수는 명시해야 한다. [ ][ ]와 같이 행과 열의 수를 둘 다 명시하지 않으면 오류가 발생한다. 또한 열의 수를 명시하지 않으면 행을 구분할 수 없으므로 오류가 생긴다.

08 char형 1차원 배열의 선언 시 원소 수보다 저장된 문자가 적은 경우 남는 부분은 '\0'으로 채워진다. [문제 하단의 도표 참고]

09 char name[10] = "dwkim";은 널문자를 제외한 최대 9개의 문자를 저장할 수 있다. 5문자만 저장되고, 나머지는 '\0'으로 채워진다.

정답 07 ① 08 ④ 09 ②

07 다음 중 2차원 배열을 초기화하는 방법으로 오류가 생기는 것은?

① int matrix[3][ ] = {1,2,3,4,5,6};

② int matrix[2][3] = {{1,2,3},{4,5,6}};

③ int matrix[ ][3] = {{1,2,3},{4,5,6}};

④ int matrix[ ][3] = {1,2,3,4,5,6};

08 주어진 char형 1차원 배열의 선언으로 기억장치에 표현되는 바이트로 옳은 것은?

```
char a[10] = "SEOUL";
```

① 5바이트　　② 6바이트

③ 7바이트　　④ 10바이트

배열 원소 참조	a[0]	a[1]	a[2]	a[3]	a[4]	a[5]	a[6]	a[7]	a[8]	a[9]
문자열 참조	'S'	'E'	'O'	'U'	'L'	'\0'	'\0'	'\0'	'\0'	'\0'

09 문자열의 입 · 출력에 관한 설명으로 옳지 않은 것은?

① scanf("%s", char형 1차원 배열명);은 공백키, 탭키, 엔터키와 같은 공백문자를 입력하기 전까지의 문자열을 배열에 저장한다.

② char name[10]="dwkim";은 널문자를 제외한 최대 10개의 문자를 저장할 수 있다.

③ scanf("%s", name);은 선언된 char name[10]; 배열에 키보드로부터 입력받는 문자열을 저장한다.

④ printf("%s", char형 1차원 배열명);은 배열에 저장된 문자열을 출력한다.

10 다음 중 엔터키를 입력할 때까지의 모든 문자를 배열에 저장할 수 있는 문자열 전용 입력 함수로 옳은 것은?

① scanf() ② puts()
③ gets() ④ getch()

»»

scanf() 함수	문자열을 입력받을 때 C언어의 공백 문자에 해당하는 공백키, 탭키, 엔터키와 같은 공백 문자를 입력하면 이전까지의 문자들만 배열에 저장한다.
puts() 함수	배열에 저장된 문자열을 출력한 후 행을 바꾼다.
gets() 함수	엔터키를 입력하기 전까지의 문자열을 배열에 저장한다.
getch() 함수	키보드로부터 문자 한 개를 입력받는 입력함수로 사용되므로, 프로그램 작성 시 일시정지 효과를 줄 때 종종 사용된다.

10 [문제 하단의 표 참고]

11 다음 중 char형 배열이 옳게 초기화된 것은?

① char str[2] = {"SUN","MOON"};
② char str[80] = {"P","O","G"};
③ char str[5] = "apple";
④ char str[ ] = "dwkim";

11 • char str[2] = {"SUN","MOON"}; ==〉 char str[2][5] = {"SUN","MOON"};
• char str[80] = {"P","O","G"}; ==〉 char str[80] = {'P','O','G'}; 또는 char str[80] = "POG";
• char str[5] = "apple"; ==〉 char str[ ] = "apple"; 또는 char str[6] = "apple";

12 빈칸이 포함된 문자열 "Be happy!"를 저장할 가장 작은 char형 배열을 선언하고 키보드로부터 입력하는 코드로 가장 올바른 것은?

① int str[11];
getch(str);

② char str[10];
gets(str);

③ chat str[9];
scanf("%s", &str);

④ char str[9];
gets(str);

12 Be happy!는 널문자를 포함해서 10개의 문자이고, 입력받는 문자열은 중간에 빈 칸이 있으므로 gets() 함수를 사용하여 입력한다.

정답 10 ③ 11 ④ 12 ②

13 다음 중 널문자의 상수 표현법으로 옳은 것은?

① '\0' ② NULL
③ /0 ④ '0'

13 '\0'은 아스키 코드 값 0인 널문자이다. '0'은 아라비아 숫자 0을 문자로 표현한 것으로 아스키 코드 값 48인 문자이다.

14 다음 중 정수 5개를 저장할 배열을 올바르게 선언한 것은?

① int array[4];
② array[5];
③ int array[5];
④ int array[ ];

14 자료형이 정수인 형은 int이고, 저장할 배열이 5개이므로 배열의 원소 수가 5가 된다.

15 다음 중 실수 10개를 저장할 배열을 올바르게 선언한 것은?

① double array[10];
② double array[10.0];
③ float array[9];
④ double array[ ];

15 자료형이 실수인 형은 double, float이고, 저장할 배열이 10개이므로 배열의 원소 수가 10이 된다.

16 다음 중 배열 요소 수가 3개인 int형 배열을 올바르게 선언한 것은?

① int array[ ];
② short array[ ];
③ array[3];
④ int array[3];

16 자료형이 정수인 형은 int형이고, 배열 요소 수가 3개가 된다.

정답 13 ① 14 ③ 15 ① 16 ④

17 다음 중 첨자의 최댓값이 4인 char형 배열을 올바르게 선언한 것은?

① string array[5];

② double array[4];

③ char array[4];

④ char array[5];

17 배열의 첨자는 0 ~ (배열원소수 − 1) 범위의 정수이므로, 원소수는 5가 된다.

18 다음 중 각 변수의 주소를 저장할 포인터를 선언한 것으로 옳지 않은 것은? (단, 포인터 변수명은 p로 함)

① char ch;
char p;

② char ch;
char *p;

③ int a;
int *p;

④ double db;
double *p;

18 포인터 변수 p의 자료형은 p가 가리키는 곳에 저장할 값의 자료형이다.

19 주어진 코드를 참고하여 상수와 변수를 구분한 것으로 옳은 것은?

```
int a = 10;
int *p = &a;
```

① 상수: 10　　변수: a, p

② 상수: 10, &a　　변수: *p

③ 상수: 10, &a　　변수: a, p, *p

④ 상수: 10　　변수: a, p, *p

19 &a : 변수 a의 시작 주소 값이므로 주소 상수이고, p는 포인터, *p는 p가 가리키는 변수 a

정답 17 ④ 18 ① 19 ③

※ 다음과 같이 배열과 포인터가 초기화되고 그림처럼 메모리에 할당되었다고 가정할 경우, 물음에 대해 답하시오. [20 ~ 25]

```
double array[5] = {1.2, 3.5, 7.4, 0.5, 10.0};
double *pa = array;
double *pb = array + 2;
```

주소참조	100	108	116	124	132
array	1.2	3.5	7.4	0.5	10.0

20 다음 중 array의 값으로 올바른 것은?

① 100　　② 1.2

③ 1.0　　④ 108

20 배열명은 첫 번째 배열요소 array[0]의 주소이다.

21 다음 중 *(array + 1)의 값으로 올바른 것은?

① 108　　② 3.5

③ 2.2　　④ 101

21 포인터 연산식 *(array + 1)은 배열요소 표현식 array[1]과 같다.

22 다음 중 pa + 2의 값으로 올바른 것은?

① 102　　② 3.2

③ 116　　④ 7.4

22 pa가 100이고 가리키는 자료형이 double이므로 100+(2*sizeof(double))이 된다. double형의 크기는 8바이트이다.

23 다음 중 pa[3]의 값으로 올바른 것은?

① 124　　② 100

③ 132　　④ 0.5

23 pa[3]은 *(pa + 3)과 같으므로 배열원소 3의 값이 된다.

정답 20 ① 21 ② 22 ③ 23 ④

24 다음 중 *pb의 값으로 올바른 것은?

① 8.2 ② 7.4
③ 102 ④ 0.5

24 pb는 array+2로 초기화되었으므로 *pb는 세 번째 배열요소가 된다.

25 다음 중 pb - pa의 값으로 올바른 것은?

① 3 ② 7.4
③ 102 ④ 2

25 (116-100)/sizeof(double)이 된다. 즉, pb의 주소는 116, pa의 주소는 100이므로, 8바이트 2개의 블록 차이를 나타낸다.

26 다음 중 코드에 대한 설명으로 올바르지 않은 것은?

① array[4]; //배열요소의 수가 5개이므로 첨자는 0 ~ 4까지만 사용한다.
② array++; //array는 배열명이며 주소 상수 100이므로 증가 연산자를 사용할 수 있다.
③ ++(*array); //*array는 첫 번째 배열요소이므로 ++(*array)는 그 값을 증가시킨다.
④ *(++pa); //++pa는 전위형이므로 먼저 pa가 두 번째 배열요소를 가리키도록 하고 이어서 간접참조 연산으로 두 번째 배열요소를 사용한다.

26 array++; //array는 배열명이며 주소 상수 100이므로 증가 연산자를 사용할 수 없다.

정답 24 ② 25 ④ 26 ②

27 다음과 같이 선언된 함수가 있을 때, 함수의 호출이 올바르지 <u>않은</u> 것은?

```
void func(int *p);
```

① int array[5];
func(array);

② double array[5];
func(array);

③ int array[ ] = {1,2,3};
func(array);

④ int array[5];
func(array + 2);

27 매개변수가 포인터이므로 주소를 인수로 주는 호출이면 모두 가능하다. ①, ③에서 배열명 array는 주소이므로 호출이 가능하고, ④에서 array + 2는 세 번째 배열 요소의 주소를 주고 호출한다. 이는 배열의 중간부터 데이터를 처리할 때 사용된다. ②의 array는 double형 배열이므로 (int *)형 포인터에 대입하면 안 된다.

28 다음 중 포인터를 선언할 때 포인터가 가리키는 변수(대상체)의 타입을 밝혀야 하는 이유로 옳지 <u>않은</u> 것은?

① 대상체의 크기를 알아야 한다.
② 대상체의 비트 해석 방법을 알아야 한다.
③ 대상체가 저장된 주소를 알아야 한다.
④ 포인터를 연산할 때 이동 거리를 알아야 한다.

28 모든 포인터는 대상체의 타입과는 상관없이 주소를 저장한다. 포인터로부터 대상체를 읽을 때 길이와 비트 구조를 알아야 하기 때문에 선언할 때 대상체의 타입을 명시한다.

29 다음 중 void형 포인터에 대한 설명으로 옳지 <u>않은</u> 것은?

① 변수를 가리킬 수 없는 포인터이다.
② 대상체가 따로 정해져 있지 않다.
③ 임의의 대상체를 모두 가리킬 수 있다.
④ 대상체를 읽을 때는 반드시 캐스트 연산자를 사용해야 한다.

29 대상체의 타입이 정해져 있지 않을 뿐 임의의 대상체를 가리킬 수 있다.

정답 27 ② 28 ③ 29 ①

30 주어진 연산식의 결과를 바르게 설명한 것은?

```
*ptr++;  printf("%d", *ptr);
```

① ptr번지에 저장된 값을 1 증가시킨다.
② ptr을 먼저 1 증가시키고 ptr번지의 값을 읽는다.
③ ptr번지를 읽고 ptr을 1 증가시킨 후, ptr번지의 값을 읽는다.
④ ptr번지에 저장된 값을 1 증가시키고 ptr을 증가시킨다.

30 ++연산자가 *연산자보다 우선순위가 높으므로 주소를 먼저 찾아가서 주소를 포인터 변수만큼 증가시킨 후에 증가된 포인터 변수가 가리키는 곳의 값을 읽는다. 즉, *ptr++; 만 단독으로 실행되면 ptr의 주소의 증가는 없이 ptr번지의 값만 읽는다. 그러나 제시문과 같이 실행하면 ptr의 주소가 포인터 변수의 자료형만큼 증가된 후 주소의 값을 읽어온다.

31 다음 중 동적 할당을 하는 이유가 아닌 것은?

① 메모리 필요량을 미리 알 수 없기 때문에
② 변수의 타입을 미리 결정할 수 없을 때
③ 임시적인 메모리가 필요할 때
④ 비어있는 메모리 중 일부에 대한 독점권을 얻을 때

31 동적 할당을 하더라도 필요한 변수의 타입은 미리 결정해야 한다. 동적 할당에 대해서는 다음 장에서 더 자세히 배워보기로 한다.

32 다음 중 첨자 연산을 포인터 연산으로 수행할 수 있는 이유로 옳지 않은 것은?

① 배열명은 시작번지를 가리키는 포인터 상수이다.
② 포인터 +n 연산식은 n번째 떨어진 요소를 가리킨다.
③ 배열 요소가 내부적으로 이름을 가지기 때문이다.
④ *연산자로 대상체를 읽을 수 있다.

32 배열요소는 순서 값인 첨자로 정의될 뿐 이름을 가지지 않는다.

정답 30 ③ 31 ② 32 ③

33 4바이트 크기의 포인터 변수 5개의 집합이다. 포인터는 항상 4바이트이다.

33 다음 중 double *array[5];의 총 크기로 올바른 것은?

① 10바이트
② 20바이트
③ 40바이트
④ 4바이트

34 array[0] 부분 배열은 정수형 3개의 집합이므로 12바이트이며, array[1]은 맨 처음으로부터 array[0]의 크기만큼 떨어져 있으므로 1012번지에 배치된다.

34 다음 중 1000번지에 할당된 int array[5][3] 배열에 array[1]의 번지 값으로 옳은 것은?

① 1000
② 1003
③ 1004
④ 1012

35 char *타입의 변수 다섯 개를 모아 놓은 포인터 배열이므로 문자열 5개를 저장한다.

35 다음 중 char *array[5]로 저장할 수 있는 정보로 올바른 것은?

① 5개의 문자
② 5개의 문자열
③ 5개의 짧은 정수
④ 5개의 문자 배열에 대한 번지

정답 33 ② 34 ④ 35 ②

36 다음 중 포인터와 배열의 차이점으로 옳지 않은 것은?

① 포인터는 변수인데 비해 배열은 상수이다.
② 배열의 크기는 정적으로 결정되지만 포인터의 길이는 동적으로 결정된다.
③ 배열은 인수로 전달할 수 있지만 포인터는 인수로 전달할 수 없다.
④ 배열은 항상 선두 기준이지만 포인터는 직접 이동하며 요소를 읽는다.

36 배열은 인수로 전달할 수 없고, 포인터는 인수로 전달할 수 있다.

37 다음 중 〈보기〉와 같이 프로그래밍한 것으로 올바른 것은?

보기

int count[10] = {0};과 같이 배열을 선언하면서 초기화하였더라도 나중에 값이 변경된 후 필요하다면 배열에 저장된 내용을 다시 0으로 초기화해야하는 경우가 생길 수 있다. count 배열을 다시 0으로 초기화해야 한다.

① int count[5] = {1, 2, 3, 4, 5};
count[i] = 0;

② count[i] = 0;

③ int count[10] = {0};
count[i] = 0;

④ for(i = 0;i<5;i++)
count[i] = 0;

37 대입문으로 직접 초기화해야 하므로 for문으로 간단히 표현할 수 있다.

정답 36 ③ 37 ④

38 배열 a를 배열 b에 복사하는 프로그램으로 배열의 원소 수가 4이므로 MAX_SIZE는 4가 되어야 한다. 그리고 배열 b에 배열 a를 복사해야 되므로 같은 크기가 되어야 한다. for문의 조건식에서도 배열의 크기가 4이므로 i 〈 4로 4번 반복되도록 작성되어야 한다.

정답 38 ②

38 프로그램의 오류 부분을 올바르게 수정한 것으로 옳은 것은?

```
#define MAX_SIZE 3
int main(void)
{
    int a[MAX_SIZE]={0,1,2,3};
    int b[3.0];
    for(i = 0; i <= MAX_SIZE; i++)
            b[i]=a[i];
    return 0;
}
```

①
```
#define MAX_SIZE 3
int main(void)
{
  int a[MAX_SIZE] = {0,1,2,3};
  int b[3];
  for(i = 0; i <= MAX_SIZE; i++)
     b[i] = a[i];
  return 0;
}
```

②
```
#define MAX_SIZE 4
int main(void)
{
  int a[MAX_SIZE] = {0,1,2,3};
  int b[4];
  for(i = 0; i < MAX_SIZE; i++)
     b[i] = a[i];
  return 0;
}
```

③
```
#define MAX_SIZE 5
int main(void)
{
  int a[MAX_SIZE] = {0,1,2,3};
  int b[ ];
  for(i = 0; i < MAX_SIZE; i++)
     b[i] = *a[i];
  return 0;
}
```

④
```
#define MAX_SIZE 4
int main(void)
{
  int a[MAX_SIZE] = {0,1,2,3};
  int b[3];
  for(i = 0; i <= MAX_SIZE; i++)
     b[i] = a[i];
  return 0;
}
```

39 다음 중 주어진 코딩의 결과로 올바른 것은?

```
1   #include <stdio.h>
2   int main()
3   {
4      char ch[8] = "Hello-C";
5      int i;
6      ch[5] = '#';
7      for(i = 0; i < 8; i++)
8      {
9         printf("ch[%d] ==> %c \n", i, ch[i]);
10     }
11     printf("문자열 배열 ch ==> %s \n", ch);
12  }
```

①
```
ch[0] ==> H
ch[1] ==> e
ch[2] ==> l
ch[3] ==> l
ch[4] ==> o
ch[5] ==> -
ch[6] ==> C
ch[7] ==> \0
문자열 배열 ch ==> Hello#C
```

②
```
ch[0] ==> H
ch[1] ==> e
ch[2] ==> l
ch[3] ==> l
ch[4] ==> o
ch[5] ==> -
ch[6] ==> C
ch[7] ==>
문자열 배열 ch ==> Hello-C
```

39
- 4행: 7글자를 넣기 위해 널문자까지 포함해서 8자리의 재배열을 정의한다.
- 6행: 문자열에 있는 특정 위치의 문자만 바꾼다.
- 7 ~ 10행: for문을 8번 반복하며 ch[0] ~ ch[7]까지 각 자리의 문자를 출력한다.
- 11행: 문자형 배열 ch에 저장된 문자열을 출력하기 위해 '%s'를 사용한다.

③
```
ch[0] ==〉 H
ch[1] ==〉 e
ch[2] ==〉 l
ch[3] ==〉 l
ch[4] ==〉 o
ch[5] ==〉 #
ch[6] ==〉 C
ch[7] ==〉
문자열 배열 ch ==〉 Hello#C
```

④
```
ch[0] ==〉 H
ch[1] ==〉 e
ch[2] ==〉 l
ch[3] ==〉 l
ch[4] ==〉 o
ch[5] ==〉 #
ch[6] ==〉 C
ch[7] ==〉
ch[8] ==〉
문자열 배열 ch ==〉 Hello#C
```

40 주어진 코딩의 결과로 올바른 것은?

```
1   #include 〈stdio.h〉
2   #include 〈string.h〉
3   int main()
4   {
5      char ss[] = "XYZ";
6      int len;
7      len = strlen(ss);
8      printf("문자열 \"%s\"의 길이 ==〉 %d \n", ss, len);
9   }
```

① 문자열 "XYZ"의 길이 ==〉 3

② 문자열 "XYZ"의 길이 ==〉 4

③ 문자열 "XYZ"의 길이 ==〉 5

④ 문자열 "XYZ"의 길이 ==〉 6

40
- 5행 : 배열 ss의 크기는 널문자를 포함해서 4로 설정된다.
- 7행 : strlen() 함수를 사용하여 ss의 길이를 구한다. 길이는 널문자를 제외한 값을 반환한다.

정답 39 ③ 40 ①

41 주어진 코딩의 결과로 올바른 것은?

```
1   #include <stdio.h>
2   int main()
3   {
4       char ch;
5       char *p;
6       char *q;
7       ch = 'A';
8       p = &ch;
9       q = p;
10      *q = 'Z';
11          printf("ch가 가지고 있는 값: ch ==> %c \n\n", ch);
12  }
```

① ch가 가지고 있는 값 : ch ==> z

② ch가 가지고 있는 값 : ch ==> A

③ ch가 가지고 있는 값 : ch ==> Z

④ ch가 가지고 있는 값 : ch ==> a

41
- 4 ~ 6행 : 문자형 변수 ch를 선언하고, 문자형 포인터 변수 p와 q를 선언한다.
- 7 ~ 8행 : 'A'를 ch변수에 저장하고 ch의 주소 값을 포인터 변수 p에 대입한다.
- 9행 : p의 값을 q에 대입한다.
- 10행 : q가 가리키는 곳의 값을 'Z'로 변경한다.

정답 41 ③

Self Check로 다지기 | 제6장

배열은 자료형이 같은 여러 값들을 연속된 기억장소에 같은 이름(배열명)으로 저장한 것으로 같은 자료형의 여러 변수들을 연속적으로 모아둔 것과 같다.

1차원 배열의 선언과 원소 참조

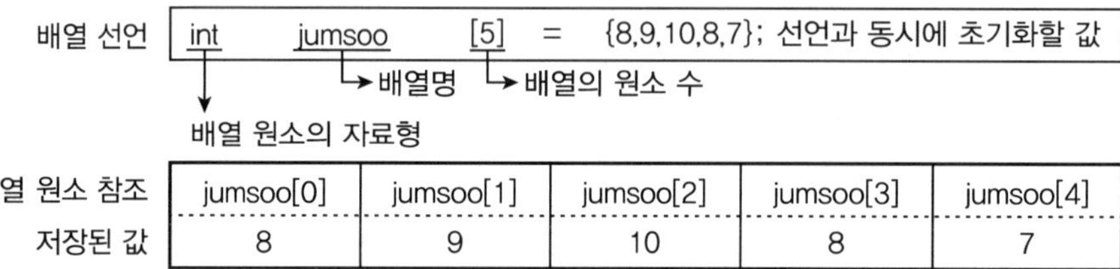

배열 원소 참조	jumsoo[0]	jumsoo[1]	jumsoo[2]	jumsoo[3]	jumsoo[4]
저장된 값	8	9	10	8	7

배열에서 주의할 점

① 배열 원소의 첨자 범위는 0 ~ (원소 수 – 1)

② int jumsoo[5]로 선언된 배열을 사용할 때 jumsoo[5]와 같이 잘못된 첨자를 사용하면 오류는 발생하지 않더라도 원하지 않은 결과를 얻을 수 있으므로 첨자는 범위에 주의해야 한다.

③ 배열 원소 수와 상관없이 배열에 저장되는 모든 자료의 형은 동일해야 한다.

④ 배열을 선언할 때 배열 원소 수는 정수형 상수만 가능하다. 그러므로 매크로 상수는 가능하지만 변수를 사용할 수는 없다.

2차원 배열의 선언과 원소 참조

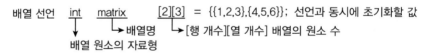

배열 선언 int matrix [2][3] = {{1,2,3},{4,5,6}}; 선언과 동시에 초기화할 값

- int → 배열 원소의 자료형
- matrix → 배열명
- [2][3] → [행 개수][열 개수] 배열의 원소 수

배열 원소 참조

배열의 구조와 저장된 값						
	matrix[0][0]	1	matrix[0][1]	2	matrix[0][2]	3
	matrix[1][0]	4	matrix[1][1]	5	matrix[1][2]	6

배열과 반복문

배열은 원소 수와 상관없이 반복문을 이용하여 편리하게 코드화할 수 있다. 1차원 배열은 기본적으로 하나의 반복문으로, 2차원 배열은 중첩된 반복문으로 처리한다.

① 1차원 배열

```
int jumsoo[5] = {8,9,10,8,7};
for(int i = 0; i < 5; i++)
  printf("%d ", jumsoo[i]);
```

| 실행결과 |

```
C:WWINDOWSWsystem32Wcmd.exe
8 9 10 8 7
```

② 2차원 배열

```
int matrix[2][3] = {{1,2,3},{4,5,6}};
for(int row = 0; row < 2; row++)
{
    for(int col = 0; col < 3; col++)
  printf("%d ", matrix[row][col]);
    printf("\n");
}
```

| 실행결과 |

```
C:WWINDOWSWsystem32Wcmd.exe
1 2 3
4 5 6
```

배열 원소의 입력과 '&'

표준 입력 함수에 배열 원소의 구조를 구하려면 배열명 앞에 '&'를 붙인다.

```
scanf("%d", &jumsoo[0]);          scanf("%d", &matrix[1][2]);
```

char형 1차원 배열을 이용한 문자열 처리

문자열이란 " "로 묶어 놓은 문자들로 문자열의 끝은 널문자이다.

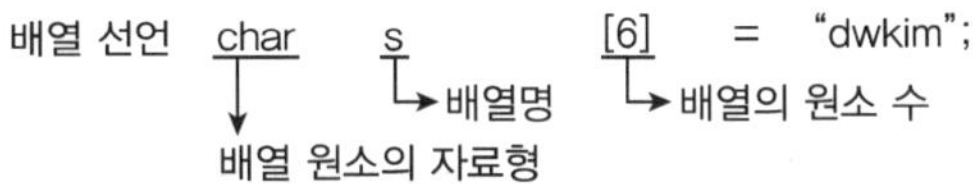

배열 원소 참조	s[0]	s[1]	s[2]	s[3]	s[4]	s[5]
문자열 참조	'd'	'w'	'k'	'i'	'm'	'\0'

1차원 배열명 s는 문자열을 의미하며 실제로는 배열의 시작주소에 해당된다.

char형 1차원 배열을 이용한 문자열의 입·출력

scanf("%s", 배열명);	공백키, 탭키, 엔터키와 같은 공백문자를 입력하기 전까지의 문자열을 배열에 저장한다.
printf("%s",배열명);	배열에 저장된 문자열을 출력한다.
gets(배열명);	엔터키를 입력하기 전까지의 문자열을 배열에 저장한다.
puts(배열명);	배열에 저장된 문자열을 출력한 후 행을 바꾼다.

char형 2차원 배열을 이용한 여러 개의 문자열 처리

배열 선언 char city [4][6] = {"SEOUL", "ICHON", "BUSAN", "DAEGU"};

- char → 배열 원소의 자료형
- city → 배열명
- [4][6] → [행 개수][열 개수] 배열의 원소수

배열 원소 참조		city[0][0]	city[0][1]	city[0][2]	city[0][3]	city[0][4]	city[0][5]
문자열 참조	city[0]	'S'	'E'	'O'	'U'	'L'	'\0'
	city[1]	'I'	'C'	'H'	'O'	'N'	'\0'
	city[2]	'B'	'U'	'S'	'A'	'N'	'\0'
	city[3]	'D'	'A'	'E'	'G'	'U'	'\0'

→ 배열명 뒤에 행 첨자만 명시하면 해당 행에 저장된 문자열을 의미하며, 실제로는 해당 행의 시작주소에 해당된다.

char형 2차원 배열을 이용한 문자열의 입·출력

char형 2차원 배열명 뒤에 행 첨자만 명시하면 해당 행의 시작 주소가 되며 이 행에 저장된 문자열을 의미한다.

scanf("%s",배열명[행 첨자]);	(행 첨자+1)째 행에 문자열을 입력한다.
printff("%s",배열명[행 첨자]);	(행 첨자+1)째 행의 문자열을 출력한다.
gets(배열명[행 첨자]);	엔터키 이전까지의 문자열을 (행첨자+1)째 행에 입력한다.
puts(배열명[행 첨자]);	(행 첨자+1)째 행의 문자열을 출력 후 행을 바꾼다.

포인터는 주기억장치의 주소를 의미하고, 포인터 변수는 주기억장치의 주소만 저장하는 변수이다. 그리고 포인터 변수의 크기는 주소만 저장하므로 언제나 4바이트이다.

포인터 변수의 선언

자료형 *포인터 변수명; (가장 많이 사용하는 방법)	자료형* 포인터 변수명;, 자료형 * 포인터 변수명;
	int* ptr1, ptr2; (ptr1만 포인터 변수로 선언된다.) int *ptr1, *ptr2 (ptr1과 ptr2 둘 다 포인터 변수로 선언된다.)

포인터 변수가 특정 변수를 가리키게 하기

포인터 변수명=&변수명;	포인터 변수에 변수의 주소를 대입함으로써 결과적으로 포인터 변수가 해당 변수를 가리키게 된다. ptr = &var;

간접 참조 연산자(*)

*포인터 변수명	포인터 변수에 저장된 주소에 해당하는 기억장소를 참조한다. 포인터 변수가 가리키는 곳으로 해석할 수 있다. int *ptr;의 정확한 의미는 ptr이 가리키는 곳(*ptr)에는 int형 자료가 저장된다는 것이다.

포인터의 가감산

포인터에 대한 가감산은 다음 표와 같이 실제 피연산자의 값만큼 가감하는 것이 아니라(포인터의 자료형*피연산자)만큼 가감한다.

포인터 선언	ptr + 1의 실제 연산	ptr - 2의 실제 연산
char *ptr;	ptr + 1 (char의 크기)	ptr -2 * 1
int *ptr;	ptr + 4 (int의 크기)	ptr -2 * 4
double *ptr;	ptr + 8 (double의 크기)	ptr -2 * 8

연산자 우선 순위는 ++,-- 〉 간접연산자(*) 〉 +, - 이므로 *p++은 *(p++)로 처리된다. 간접 참조를 먼저 하고 싶으면 (*p)++로 사용해야 한다.

배열과 포인터

배열명 array == 배열의 시작 주소 == 첫 원소의 시작 주소 (&array[0])

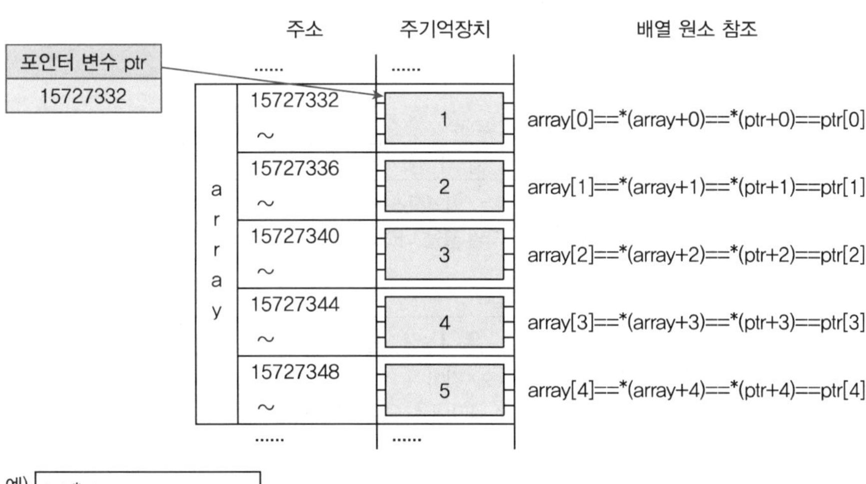

예)

```
int *ptr;
int array[5]={1,2,3,4,5};
ptr=array;
```

주소에 의한 호출 방식을 사용한 함수 간 인수 전달

함수 간 독립성을 위해 함수는 다른 함수에서 선언한 변수를 참조하지 못한다. 그러나 포인터를 이용하면 다음 swap() 함수와 같이 포인터를 이용한 간접 참조를 통해 다른 함수의 변수(인수)를 참조하여 수정할 수 있다.

[형식] 함수의 호출

함수명(&인수명)

[형식] 함수의 정의

```
반환값 자료형 함수명(자료형 *포인터 변수명)
{
   : 함수 본체
}
```

- 포인터 변수명 = &인수명 ;
- 포인터 변수가 인수를 가리키게 되며, 포인터 변수명의 자료형은 전달받는 인수와 자료형이 동일해야 한다.

함수의 호출	함수의 정의

swap(&a, &b);
 	
//int a, b; 로 선언된 인수의 주소를 전달
	void swap(int *x, int *y)
	{
	  *x = 0; //간접 참조를 통해 인수 a를 수정할 수 있다.
	}

char형 배열과 char형 포인터를 이용한 문자열

char str1[10]="language" ;

배열명 str1	l	a	n	g	u	a	g	e	\0	

배열의 크기에 해당하는 기억장소에 초깃값으로 지정한 문자열 상수가 저장되고 바로 뒤에 문자열 끝을 나타내는 널문자가 저장된다.

char *str2="language" ;

포인터 변수 str2	l	a	n	g	u	a	g	e	\0

(초깃값인 문자열 상수의 길이 + 1)개의 문자를 저장할 수 있는 공간에 문자열과 문자열 끝을 나타내는 널문자가 저장되며 이 문자열이 저장된 기억장소의 시작 주소가 str2에 저장된다.

char형 배열과 포인터를 이용한 문자열 처리의 비교

처리내용	char형 배열 이용	char형 포인터 이용
문자열 선언 및 초기화	char str1[10] = "language";	char *str2 = "language";
문자열 출력	printf("%s", str1);	printf("%s", str2);
둘째 문자 출력	printf("%c", str1[1]); printf("%c", *(str1+1));	printf("%c", str2[1]); printf("%c", *(str2+1));
문자열 입력	scanf("%s", str1);	scanf("%s", str2);
둘째 문자 입력	scanf("%c", &str1[1]); scanf("%c", str1+1);	scanf("%c", &str2[1]); scanf("%c", str2+1);
문자열의 주소 대입	~~str1 = "C언어"; str1 = str2;~~ str1은 상수	str2 = "C"; str2 = str1; str2는 포인터 변수
문자열 수정(복사)	strcpy(str1,"C언어");	strcpy(str2,"C언어");

문자열과 관련된 대표적인 함수

```
[예] char s1[10] = "start";
     char s2[10] = "end";
```

문자열 처리 함수	함수사용
strlen(s); strlen(s1); 결과 5 strlen(s2); 결과 3	문자열의 길이(널문자는 제외)를 반환
strcmp(s1,s2); 결과 양수 strcmp(s2,s1); 결과 음수 strcmp(s2,"end"); 결과 0 strcmp("135","15"); 결과 음수	s1과 s2를 사전적 순서에 의해 대소관계를 비교한 결과를 양수(s1>s2), 음수(s1<s2), 0(s1 = s2) 값을 반환
strcpy(s1,s2); 결과 s1에 "end"저장 strcpy(s2,s1); 결과 s2에 "start"저장 strcpy(s1,"C"); 결과 s1에 "C"저장	s1의 문자열이 s2의 문자열로 변경된 후 s1 시작주소를 반환
strcat(s1,s2); 결과 s1에 "startend"저장 strcat(s1,"!"); 결과 s1에 "start!"저장	s1문자열 뒤에 s2문자열을 붙인 후 s1의 시작주소를 반환

S D E D U

합 격 의
공 식
시대에듀

할 수 있다고 믿는 사람은 그렇게 되고, 할 수 없다고 믿는 사람도 역시 그렇게 된다.

– 샤를 드골 –

제 7 장

구조체와 공용체

비관론자는 어떤 기회가 찾아와도 어려움만을 보고,
낙관론자는 어떤 난관이 찾아와도 기회를 바라본다.

– 윈스턴 처칠 –

제 7 장 구조체와 공용체

제1절 구조체

1 구조체

프로그램을 개발할 때는 프로그램에서 처리할 자료를 가장 효율적으로 조직화하고 저장하는 방법을 선택해야 한다. C언어는 프로그래머가 직접 자료구조에 맞게 자료형을 정의할 수 있도록 구조체(structure)를 지원한다. 구조체는 일반적으로 int형, double형, char형 등과 같이 C언어에서 제공하는 기본 자료형이 아니라 프로그래머가 직접 정의하는 **사용자 정의 자료형**(user defined data type)으로, 다양한 자료형의 여러 값을 하나의 단위로 묶어 편리하게 관리하고 사용하게 하는 것이다. 예를 들면 여행용 가방은 여행에 필요한 여러 가지 물품을 넣을 수 있고, 휴대하기 편리하므로 한 번에 이동하기에 좋다. 이와 같이 구조체는 여러 가지 다른 관련된 데이터들을 하나로 묶어 정의한 것이다.

이름	회사	나이	평가점수
"Dongwook"	"SGS"	20	4.5

[그림 7-1] 문자열, 정수, 실수형을 함께 저장한 구조체의 예

2 구조체의 개념

우리 실생활에서 얻을 수 있는 정보들 중 전화번호부를 검색하면 나타나는 정보들은 사람이름과 전화번호 또는 위치, 홈페이지 주소들이 같이 표시될 수 있다. 이처럼 서로 밀접하게 관련된 여러 값이 모여서 동일 대상의 정보가 될 때는, 분리하여 각각의 변수에 저장하는 것보다 관련된 값들을 하나의 단위로 묶어서 관리하는 것이 더 편리할 수 있다.

동일한 자료형의 여러 값들을 하나의 단위로 묶는 방법은 배열로서 정의할 수 있다. int형 변수는 int형 값 1개만 저장되고, int형 배열은 자료형이 모두 int형으로 같은 값들만 저장할 수 있다. 하지만 구조체는 int형, double형, char형 등 **자료형이 다른 값들도** 저장할 수 있다.

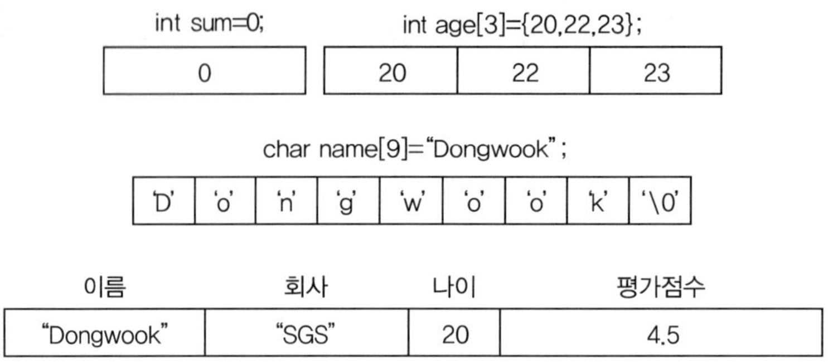

[그림 7-2] 변수와 배열, 구조체의 예

구조체를 사용하는 이유는 [그림 7-2]에서 'Dongwook'에 관련된 정보 네 가지를 별도의 변수에 저장해서 처리할 수도 있고, 이 네 가지 정보는 한 사원에게만 관련된 정보이므로 하나의 단위로 묶어준다면 프로그램에서도 네 가지 정보가 한 사원에 관련된 것임을 쉽게 파악할 수 있을 것이다. 특히 구조체는 대입문에서 매우 편리하게 사용할 수 있다.

사원의 정보를 함수에 전달하거나 정렬 과정에서 다른 변수에 임시로 저장하는 과정이 필요할 때가 있다고 하면, 네 개의 변수를 사용하는 경우 네 개의 인수와 네 개의 대입문이 필요하다. 그러나 구조체로 정의할 경우에는 구조체를 통째로 하나의 인수로 전달하거나 한 개의 대입문으로 구조체 안의 모든 정보를 대입할 수 있다. 즉, 구조체를 사용하면 구조체 변수 간의 대입으로 구조체 안의 정보 개수와 상관없이 한 개의 대입문으로 해결할 수 있다.

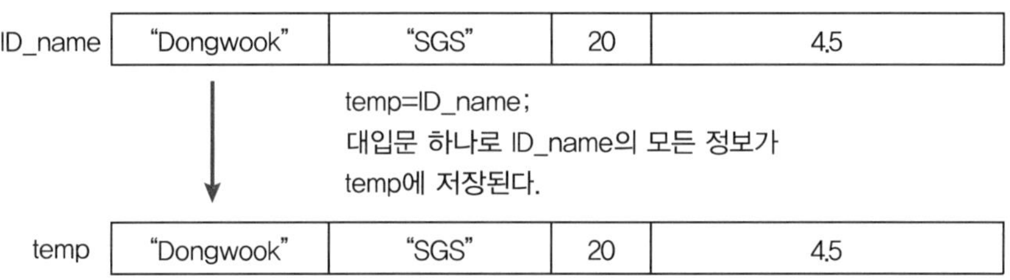

[그림 7-3] 구조체 변수 간의 대입의 예

3 구조체의 정의와 변수의 선언

구조체의 자료형은 C언어에서 제공하는 기본 자료형이 아니므로 int, char, double과 같이 자료형을 이름으로 사용할 수 있는 예약어는 없다. 그러므로 구조체형 변수에 선언하려면 사용하기 전에 미리 사용할 구조체의 형태인 템플릿을 먼저 정의하고, 구조체 변수를 선언한다.

(1) 구조체의 정의 중요

구조체를 구성하는 원소를 **구조체 멤버(member)** 또는 필드(field)라고 한다. 구조체 멤버는 배열의 기본 구성단위인 배열 원소에 해당하지만 배열 원소와 달리 자료형이 서로 달라도 된다.

배열

배열원소1	배열원소2	배열원소3	배열원소4	배열원소5	배열원소6

모든 원소가 같은 자료형이므로 크기가 같다.

구조체

멤버1	멤버2	멤버3	멤버4

구조체를 구성하는 멤버는 자료형이 서로 달라도 되므로 멤버마다 기억장소를 차지하는 크기가 다르다.

[그림 7-4] 배열과 구조체의 구성단의 비교

구조체를 사용하려면 구조체에 어떤 자료형, 어떤 멤버, 어떤 순서로 포함될지 구조체의 구조를 컴파일러에게 알려줘야 하는데, 이를 구조체의 정의라고 한다. 구조체의 구조를 구조체 템플릿(template, 형틀)이라고 한다. 구조체의 정의는 구조체 템플릿을 컴파일러에게 알리는 것이고, 구조체를 의미하는 예약어 struct를 명시한 후 구조체 태그명을 명시한다. 구조체 태그는 int, char, double과 같은 자료형이 해당되며, 태그명은 식별자 생성규칙을 따른다.

[형식] 구조체의 정의

```
struct  구조체 태그명
{
    자료형 멤버명1;
    ...
    자료형 멤버명n;
};
```

struct : 구조체임을 표시하는 예약어
구조체 태그명 : 사용자가 직접 정하는 구조체 자료형 이름
자료형 멤버 : 멤버는 선언문 형태로 순서대로 명시한다.
멤버 : 변수, 배열, 이미 정의된 다른 구조체 등

끝에는 반드시 ;을 붙여야 한다.

사용자 정의할 수 있는 구조체 정의의 예

```
//학생의 정보를 저장할 구조체
struct student_info
{
    char id_no[10]; //학번
    char name[10]; //이름
    int grade; //학년
};
```

```
//도서 정보를 저장할 구조체
struct book_info
{
    char ISBN_no[20]; //도서번호
    char author[20]; //저자
    int year; //출판연도
};
```

```
//전자제품 정보를 저장할 구조체
struct product_info
{
    char SN[10]; //제품코드
    int price; //가격
    int sales[4]; //판매수
};
```

```
//3차원 공간의 한 점을 저장할 구조체
struct coordinate
{
    int x; //x좌표
    int y; //y좌표
    int z; //z좌표
};
```

구조체를 정의할 때 주의할 사항은 구조체 정의 마지막에 ;를 반드시 붙여야하고, 구조체 태그명과 멤버명은 같을 수 없다는 점이다. 구조체를 정의하는 위치에 따라 구조체를 자료형으로 사용할 수 있는 범위가 결정된다. 그리고 구조체 정의는 템플릿을 정의하는 것이고 실제 구조체를 위한 기억장소를 할당받는 것은 아니므로, 실제 구조체에 데이터를 저장하려면 반드시 구조체 변수 선언이 필요하다.

(2) 구조체 변수 선언 중요

구조체 템플릿 정의는 프로그래머가 사용할 자료형의 구조와 자료형 이름을 컴파일러에게 미리 알려주는 역할을 한다. 즉 구조체 템플릿을 정의하는 것은 int나 double처럼 사용할 새로운 사용자 정의 자료형을 만드는 것이지, 구조체를 위한 기억장소를 할당받는 것은 아니다. 그러므로 구조체에 실제 데이터를 저장하려면 기억장소를 할당받기 위해 구조체 변수를 선언해야 한다.

[형식] 구조체 변수 선언

struct 구조체 태그명 구조체 변수명;

태그명 : 구조체 정의에서 struct뒤에 지정한 식별자이다.

예약어	구조체 태그명	구조체 변수명	
struct	student_info	stud;	//학생의 정보를 저장할 구조체 변수
	book_info	c_language;	//도서 정보를 저장할 구조체 변수
	product_info	TV;	//전자제품의 정보를 저장할 구조체 변수
	coordinate	point;	//3차원 공간의 한 점을 저장할 구조체 변수

선언할 때 주의사항은 구조체 태그명 앞에 struct를 붙이지 않으면 오류가 발생한다. 구조체 변수 역시 선언 위치에 따라 함수 안에서 선언하면 지역 변수, 함수 밖에서 선언하면 전역 변수가 되며, struct 앞에 static을 붙이면 정적 변수가 된다.

① 구조체 변수에 할당된 기억장소

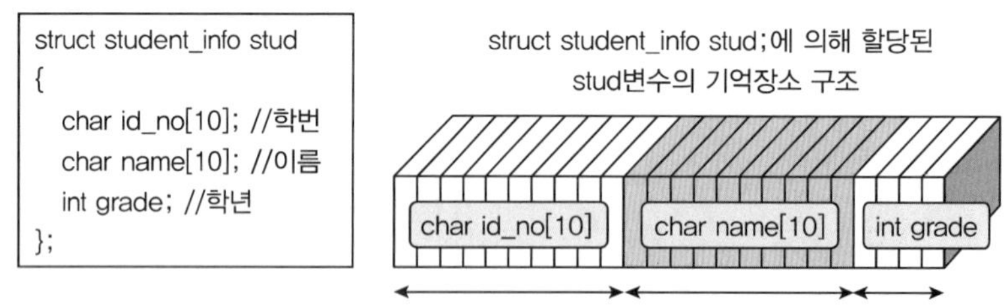
struct student_info stud
{
char id_no[10]; //학번
char name[10]; //이름
int grade; //학년
};
struct student_info stud;에 의해 할당된
stud변수의 기억장소 구조
char id_no[10]
char name[10]
int grade

[그림 7-5] 구조체 변수에 할당된 기억장소 확인

② **구조체 변수의 선언 위치**

구조체 변수를 선언하는 위치는 구조체 템플릿을 정의하면서 곧바로 선언하기도 하지만 일반적으로 **구조체 템플릿을 정의한 후 선언한다.**

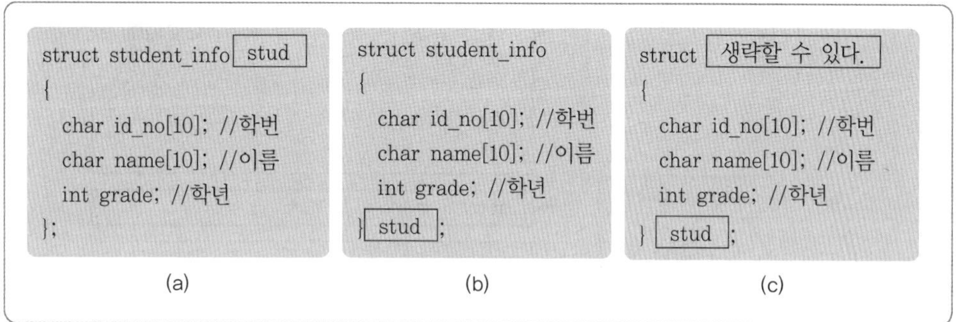
struct student_info stud
{
char id_no[10]; //학번
char name[10]; //이름
int grade; //학년
};
(a)
struct student_info
{
char id_no[10]; //학번
char name[10]; //이름
int grade; //학년
} stud ;
(b)
struct 생략할 수 있다.
{
char id_no[10]; //학번
char name[10]; //이름
int grade; //학년
} stud ;
(c)

[그림 7-6] 구조체 템플릿을 정의하면서 구조체 변수를 선언하는 예

(c)와 같이 구조체 태그명을 생략하면 자료형의 이름이 없는 결과가 되므로, 호출된 함수에서 구조체 변수를 전달받거나 함수에서 구조체 변수를 반환할 때 자료형을 명시할 수 없어서 인수나 반환 값으로 사용할 수도 없다.

(3) 구조체 멤버 참조 중요

배열에서는 첨자를 사용해 배열의 특정 원소를 구분해 참조한다. 구조체 안의 특정 멤버들도 참조하려면 반드시 소속을 밝혀야 하는데 이때 사용하는 것이 **멤버 연산자 .(dot)**이다.

[형식] 구조체 멤버 참조

구조체 변수명.멤버명	• '구조체 변수명.멤버명' 전체가 한 개의 변수명처럼 사용된다. • scanf() 함수에서 입력 값을 저장할 주소를 구하는 &는 '&구조체 변수명.멤버명'과 같이 맨 앞에 붙여야 한다.

stud.grade = 1;	학생 정보 중에 stud(구조체 변수)의 학년(멤버)에 1을 대입한다.
c_language.year = 2019;	도서 정보 중에 c_language(구조체 변수)의 제작연도(멤버)에 2019를 대입한다.
TV.price = 120000;	제품 정보 중에 TV(구조체 변수)의 가격(멤버)에 120000을 대입한다.
point.x = 10;	3차원 공간의 한 점에 point(구조체 변수)의 x좌표(멤버)에 10을 대입한다.
scanf("%d",&point.x);	키보드로부터 point(구조체 변수)의 x좌표(멤버)값을 입력받는다.

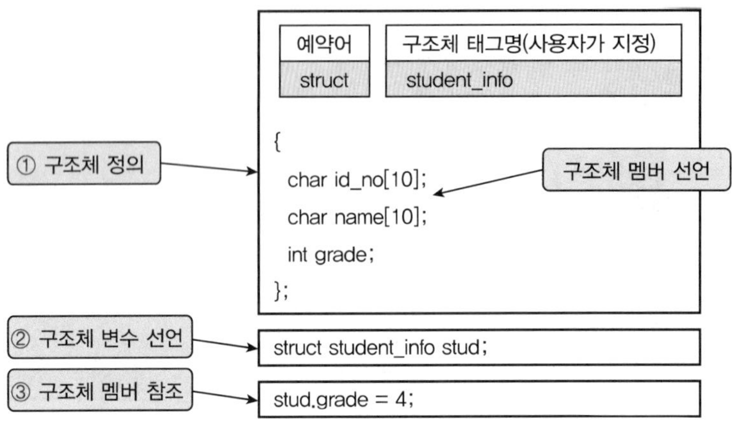
예약어
struct
구조체 태그명(사용자가 지정)
student_info
① 구조체 정의
{
char id_no[10];
char name[10];
int grade;
};
구조체 멤버 선언
② 구조체 변수 선언
struct student_info stud;
③ 구조체 멤버 참조
stud.grade = 4;

[그림 7-7] 구조체 사용 과정과 방법

예제 7-1

게임의 1 ~ 3라운드까지 성적의 평균을 구하시오.

해설

```
#include <stdio.h>

//새로운 자료형 구조체 game 정의
struct game
{
    char name[7]; //선수 이름을 저장할 배열
    int R1, R2, R3; //각 라운드의 점수
};

int main()
{
    struct game player; //구조체 변수 선언
    double avg;

    //선수의 경기 정보 입력
    printf("선수의 이름은? ");
    scanf("%s", player.name);
    printf("1, 2, 3라운드 점수는? ");
    scanf("%d %d %d", &player.R1, &player.R2, &player.R3);

    //1, 2, 3라운드의 평균 점수 구하기
    avg = (double)(player.R1 + player.R2 + player.R3) / 3;
```

```
23
24      //게임 결과 출력하기
25      printf("%s선수의 게임 결과 평균 %.1lf점 \n", player.name, avg);
26
27      return 0;
28  }
```

| 결과 |

```
C:\WINDOWS\system32\cmd.exe
선수의 이름은? 동욱
1, 2, 3라운드 점수는? 99 98 100
동욱선수의 게임 결과 평균 99.0점
계속하려면 아무 키나 누르십시오 . . .
```

[그림 7-8]

㉠ 4~8행 : 자료형 구조체 game을 정의하는데 main() 함수 안에서 정의한다면 main() 아닌 다른 함수에서는 game이란 자료형을 사용할 수 없게 된다.
㉡ 12행 : 구조체 변수를 선언한다.
㉢ 17행 : scanf() 함수로 불러들인 자료는 게임의 구조체에 선수(구조체 변수)의 이름(멤버)으로 선언한다. name멤버는 char형 배열이므로 문자열을 입력받으려면 &를 사용하지 않아야 한다.
㉣ 19행 : 선수(구조체 변수)들의 각각의 라운드 점수(멤버)를 입력받는다.

(4) 구조체 변수의 초기화 중요

구조체 변수도 변수이므로 선언하면서 초기화할 수 있다. 그러나 구조체 템플릿 정의 안에서 멤버를 선언하면서 초기화하는 것은 불가능하다. 템플릿 안에서 멤버를 선언하는 것은 실제로 기억장소가 할당되는 것이 아니라 단지 구조체의 구조를 알려주는 것이다.

구조체 변수를 선언함과 동시에 초기화하는 것은 배열을 선언하면서 초기화하는 것과 형식이 같다. { }안에 구조체 멤버의 초깃값을 ,(쉼표)로 구분하여 나열하되 구조체를 정의할 때 명시한 멤버 순서와 같아야 한다.

① 구조체 변수를 선언하면서 동시에 초기화하기

[형식] 구조체 변수를 선언하면서 동시에 초기화하기

struct 구조체 태그명 구조체 변수명 = {멤버 초깃값1, ..., 멤버 초깃값n};	멤버의 초기화될 초깃값은 구조체 정의에서 나타난 멤버 순서대로 초깃값이 멤버에 저장된다.

struct student_info **stud** = {"20191111", "김철수", 4};
⇨ 구조체 내의 멤버의 순서대로 멤버 초기화한다.

struct book_info **c_language** = {"20180001", "김철순", 2019};
⇨ 구조체 내의 멤버의 순서대로 멤버 초기화한다.

struct product_info **TV** = {"LCD50-15", 120000, {100, 200, 300, 400}};
⇨ 세 번째 멤버 판매수가 배열이므로 { } 안에 초깃값을 나열한다.

struct coordinate **point** = {10, 20, 30};
⇨ x, y, z 좌표를 초기화한다.

초기화할 때 주의사항은 일단 선언문이 끝난 후에는 구조체 변수에 { }를 이용하여 초기화할 수 없으며 멤버별로 각각 초기화해야 한다.

```
struct student_info stud ;
stud = {"20191111","김철수",4};   (X)
```

```
stud.id_no[10] = {"20191111"};
stud.name[10] = {"김철수"};
stud.grade = 4;
```

② **구조체 정의, 선언, 초기화를 한 번에 하기**

[형식] 구조체 정의, 선언, 초기화를 한 번에 하기

```
struct 구조체 태그명
{
    자료형 멤버;
    ...
    자료형 멤버n;
} 구조체 변수명 = {멤버 초깃값1, ..., 멤버 초깃값n};
```

구조체 변수명 앞에 static을 붙이면 정적 변수가 되고, 멤버의 초깃값은 멤버를 명시한 순서대로 초깃값이 멤버에 저장된다.

```
struct person
{
    char name[7];
    char gender[3];
    int age;
} user = {"김철수", "남", 20};
```

(5) 구조체 간의 대입

여행지에서 누군가에게 여행 가방을 맡길 때 가방 안의 물건을 하나씩 꺼내서 맡기지는 않는다. 가방을 통째로 맡기는 것처럼 구조체 변수는 같은 구조체형일 경우 하나의 대입문으로 모든 멤버 간에 대입이 처리된다. 즉 같은 구조체형 변수끼리는 **구조체 단위로 대입문을 사용**할 수 있다. 멤버별로 대입문을 사용할 필요 없이 하나의 대입문으로 해결할 수 있다는 것은 구조체의 **큰 장점**이다.

① 같은 구조체형 변수 간의 대입

[형식] 구조체 변수 간의 대입

구조체 변수명1 = 구조체 변수명2;

```
struct coordinate point1 = {10,20,30}, point2;
point2 = point1;
```

다음 세 개의 대입문과 같다.

```
point2.x = point1.x;
point2.y = point1.y;
point2.z = point1.z;
```

② 동일한 구조체의 템플릿에서 구조체 태그명이 다른 경우의 대입

구조체 간의 대입 시 주의사항은 반드시 같은 자료형끼리만 가능하므로 구조체의 템플릿은 같더라도 구조체 태그명이 다르면 대입문을 사용할 수 없다. 그러나 각각 멤버를 대입문으로 사용하면 멤버 변수간의 대입문은 가능하다.

```
struct coordinate
{
    int x,y,z;
};
struct position
{
    int x,y,z;
};
struct coordinate point = {1,2,3};
struct position car;
car = point;   (X)
```

car와 point의 멤버구성은 같지만 구조체 태그명이 coordinate와 position으로 다르면 대입문을 사용할 수 없다. 그러나 각각 멤버를 대입문으로 사용하는 것은 가능하다.

```
car.x = point.x;
car.y = point.y;
car.z = point.z;
```

③ 또 다른 구조체 간의 대입

```
struct person
{
    char name[7], char gender[3];
    int age;
};
struct person user1, user2 = {"김철수", "남", 33};
user1 = user2;
```

user1 = user2;	↔	strcpy(user1.name, user2.name);
		strcpy(user1.gender, user2.gender);
		user1.age = user2.age;

user1 = user2;를 사용할 수 없다면 strcpy() 함수를 사용하며, 멤버가 n개라면 n개의 문장이 필요하다.

[그림 7-9] 구조체 변수 간 대입과 구조체 멤버 간 대입

(6) 자료형 이름 재정의 : typedef

C언어에서는 변수를 선언하거나 캐스팅할 때 사용하는 자료형의 이름을 프로그래머가 원하는 대로 새로 정의하여 사용할 수 있다. 즉 C언어에서 미리 정해둔 int라는 자료형 이름 대신에 INTEGER라는 새 이름을 추가로 정의하여 int age; 대신 INTEGER age;로 선언하는 것이 가능하다.

자료형의 재정의는 프로그램의 **이식성을 높이기** 위해 사용된다. 'int salary = 2000000'은 정수형을 4바이트로 처리하는 컴파일러에서는 오류없이 처리되지만 정수형을 2바이트로 처리하는 컴파일러에서는 오버플로가 발생되어 모든 int를 4바이트 정수 long으로 수정해야하는 불편함이 있다. 이를 해결하는 방법으로 'typedef int long'으로 int형을 long형으로 재정의하는 방법이 이용된다. 또한 자료형의 재정의는 **자료형 이름을 짧게** 재정의하거나 **읽기 쉽게** 하기 위해서도 사용된다.

① **자료형 이름의 재정의 형식**

구조체형 변수를 선언할 때 구조체 태그명 앞에 struct예약어를 붙여야 하는 것이 귀찮다면 다음 형식처럼 짧게 자료형 이름을 새롭게 정의할 수 있다. 일반적으로 새로 정의한 자료형 이름은 기존의 자료형 이름과 구분하기 위해 대문자를 이용한다.

[형식] 자료형 이름의 재정의 : typedef

typedef 기존의 자료형 이름 새로운 자료형 이름;

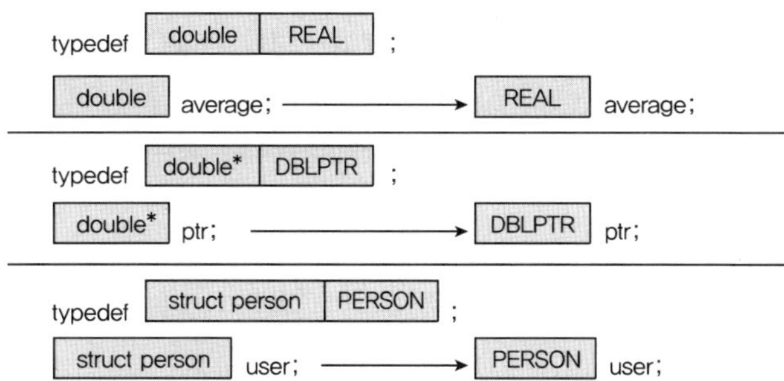

② **주의사항**

㉠ typedef는 새로운 자료형을 만드는 것이 아니라 기존의 자료형 이름 외에 편하게 사용할 수 있는 이름을 추가로 더 사용할 수 있게 하는 것이다.

㉡ typedef는 C언어에서 제공하는 기본 자료형(int, char, double 등)과 사용자 정의 자료형 또는 이전 typedef에서 재정의한 자료형 이름에만 적용할 수 있다. 즉, typedef average AVG와 같이 일반 변수명 average를 AVG로 새로 정의하는 것은 불가능하다.

㉢ #define과 비슷하게 보이지만 #define 전처리기 지시자는 컴파일을 하기 전에 전처리기에 의해 처리되고 typedef는 컴파일러에 의해 처리된다.

㉣ 다음과 같이 구조체를 정의하면서 곧바로 typedef를 이용하여 자료형을 재정의할 수 있다.

```
typedef struct point
{
    int x, y, z;
} POINT;
POINT start, end = {1,2,3}; //struct point start, end = {1,2,3};과 같은 표현
```

예제 7-2

물품을 구입한 세 명의 사용자 정보(이름, 성별, 나이)를 이용해 나이가 가장 많은 사용자의 정보를 출력하시오.

분석

① 사용자 한 명에 관련된 정보(이름, 성별, 나이)를 관리할 수 있도록 person이란 새로운 구조체를 정의하여 저장한다.

```
struct person
{
    char name[7];    //최대 6개의 문자로 된 이름을 저장할 배열 선언
    char gender[3];  //"남" 또는 "여" 문자열을 저장할 배열 선언
    int age;         //나이를 저장할 변수 선언
};
```

② 프로그램을 단순화하기 위해 사용자 세 명의 정보를 저장할 구조체 변수 세 개를 선언하면서 초기화한다.

```
struct person u1 = {초깃값 목록}, u2 = {초깃값 목록}, u3 = {초깃값 목록};
```

③ 최고령 사용자의 정보를 출력할 때 나이뿐만 아니라 이름과 성별도 출력하기 위해 최고령 사용자의 정보를 저장할 구조체 변수를 추가로 선언한다.

```
struct person oldest;
```

④ 나이가 많은 사람을 찾기 위해 비교할 값은 구조체 변수의 age멤버이다. 이 멤버를 단위로 비교하려면 if(u1.age 〉 u2.age)와 같이 해야 한다. 그러나 사용자 정보는 모두 세 가지로 구조체 변수에 한 번에 저장되어 있으므로 u2의 모든 정보를 oldest에 저장할 때는 oldest = u2;와 같이 대입문으로 해결할 수 있다.

해설

```
#include <stdio.h>
struct person //구조체 정의
{
    char name[9]; //이름
    char gender[3]; //성별
    int age; //나이
};
int main()
{   //세 명의 사용자 정보를 구조체 변수에 저장하기
    struct person u1 = {"김유정", "여", 20}, u2 = {"김명직", "남", 29},
        u3 = {"김윤정", "여", 18};
    struct person oldest; //최고령자의 정보를 저장할 구조체 변수
    if (u1.age > u2.age)
    {
        if (u1.age > u3.age)  //u1과 u3 중 고령자 찾기
            oldest = u1; //u1의 모든 멤버를 oldest 구조체 변수에 한 번에 저장한다.
        else
            oldest = u3;
    }
    else
    {
        if (u2.age > u3.age) //u2와 u3 중 고령자 찾기
            oldest = u2;
        else
            oldest = u3;
    }
    printf("이름\t 성별\t 나이 \n");
    printf("======================\n");
```

```
29        printf("%s\t %s\t %2d\n", u1.name, u1.gender, u1.age);
30        printf("%s\t %s\t %2d\n", u2.name, u2.gender, u2.age);
31        printf("%s\t %s\t %2d\n", u3.name, u3.gender, u3.age);
32        printf("=====================\n\n");
33        printf(" << 최고령 사용자 >>\n\n");
34        printf(" %s\t %s\t %d\n\n", oldest.name, oldest.gender, oldest.age);
35        return 0;
36    }
```

| 결과 |

```
C:WWINDOWSWsystem32Wcmd.exe
 이름     성별   나이
===================
김유정     여     20
김명직     남     29
김윤정     여     18
===================

 << 최고령 사용자 >>

김명직     남     29
```

[그림 7-10]

㉠ 2~7행: 구조체를 정의한다.

㉡ 10~11행: 세 명의 사용자 정보를 구조체 변수에 저장한다. 구조체에 멤버 순서대로 저장한다.

u1	"김유정"	"여"	20	u2	"김명직"	"남"	29	u3	"김윤정"	"여"	18

㉢ 12행: 최고령의 정보를 저장할 구조체 변수를 정의한다.

㉣ 13행: 만약 if(u1 > u2)로 하면 비교할 기준이 어떤 것인지 명확하지 않다. 그러므로 구조체 멤버를 지정하여 비교할 대상이 구조체 변수의 나이임을 명확히 해야 한다.

㉤ 16행: oldest 또한 u1, u2, u3와 같은 구조체형으로 선언함으로써 oldest=u1;을 사용할 수 있다. 또한 구조체를 사용함으로써 최고령자의 모든 정보를 oldest에 한 번에 저장할 수 있다. 그리고 34행에서 최고령자의 모든 정보를 출력할 수 있다.

㉥ 29~31행: printf() 함수의 출력도 구조체 변수의 멤버를 지정해서 출력한다.

4 구조체 배열

[예제 7-2]처럼 세 명의 사용자 정보를 저장하기 위해서는 같은 구조체형의 변수 세 개를 선언하여 사용해야 한다. 만약 실제 개발 프로그램과 같이 사용자가 1000명이라면 1000개의 구조체 변수를 선언해야 한다. 이럴 때 우리는 많은 값을 배열을 사용하여 한 번에 저장하여 처리하는 것을 알고 있다. 그러면 1000명의 사용자 정보를 즉, 3000개의 정보를 하나의 배열에 저장하려면 원소수가 3000개인 배열을 사용하면 되겠지만 사용자 정보는 서로 다른 종류이므로 불가능하다. 그러나 구조체 단위의 데이터를 1000개 처리해야 한다면 1000개의 정보를 모두 같은 구조체형으로 배열에 저장할 수 있다.

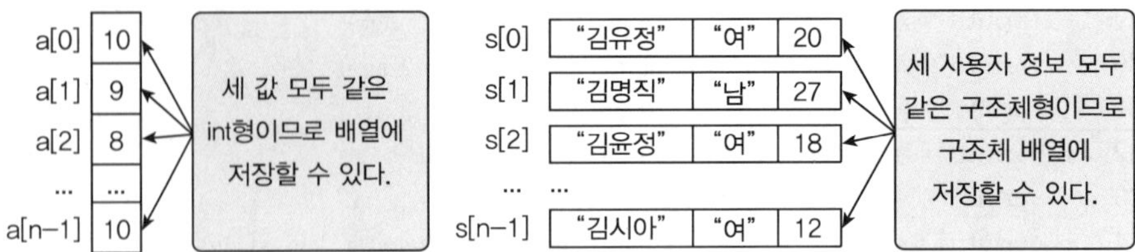

[그림 7-11] int형 배열과 구조체 배열의 예

(1) 구조체 배열 선언 중요 기출

구조체도 일반 자료형처럼 배열의 자료형으로 사용할 수 있다. 즉 구조체형 배열을 선언하여 사용할 수 있으며 이때 배열의 각 원소는 하나의 구조체가 된다. int age[5];는 int형 값 5개를 저장하는 배열을 선언하는 것처럼, 구조체형 배열을 선언할 때는 자료형을 명시하는 int 자리에 struct와 함께 구조체 태그명을 사용한다.

① 구조체 배열 선언

[형식] 구조체 배열 선언

struct 구조체 태그명 구조체 배열명[원소의 개수];

• 구조체 템플릿을 정의할 때는 사용한 이름으로 배열 원소의 자료형을 의미한다.

struct person user[100];	사용자 100명에 대한 person형 구조체 정보를 저장할 배열
struct student_info stud[200];	학생 200명에 대한 student_info형 구조체 배열
struct product smart[10];	스마트 기능을 가진 제품 10개에 대한 product형 구조체 정보를 저장할 배열

② 구조체 배열의 선언과 동시에 초기화

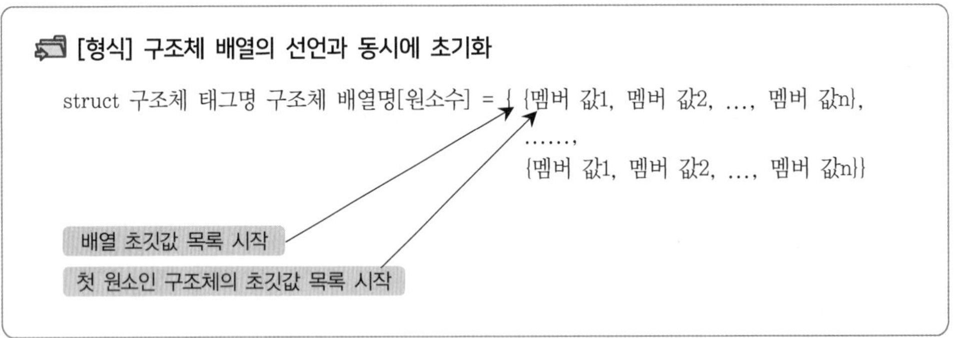

```
struct person user[100] = {{"김유정","여",20},{"김명직","남",24},...., {"김윤정","여",18}};
struct product smart[10] = {{"TV10",200000,{20,250,300,1000},
                           {"LED90",320000,{21,29,100,1100},
                           .......,
                           {"LCD40",310000,{21,150,400,7000}};
```

product 구조체형의 세 번째 멤버는 배열이다.

③ **초기화할 때 주의사항**

구조체 원소 멤버 중 마지막 멤버들에 대해서는 초깃값이 없다면 생략할 수 있지만, 중간 멤버들에 대해서는 생략할 수 없다.

```
struct person user[100] = {{"김유정"},{"김명직","남"}, {"김윤정",,18} };
```

쓸 수 없음

(2) 구조체 배열 원소와 멤버 참조

1차원 배열의 특정 원소를 참조할 때 '배열명[첨자]'를 사용하는 것과 같이 구조체 배열에 저장된 구조체 원소를 참조할 때도 배열명과 첨자를 사용한다. 구조체 원소의 멤버를 참조할 때는 '구조체 배열명[첨자]'가 배열 원소로서 구조체이므로 **첨자 뒤에 .(dot)연산자와 멤버명**을 사용해야 한다.

[형식] 구조체 배열의 원소 참조

구조체 배열명[첨자]　　　　첨자는 0 ~ (원소 수 - 1)까지의 원소 저장 순서에 따른 정수

[형식] 구조체 배열 원소의 멤버 참조

구조체 배열명[첨자].멤버명　　　　.(dot)은 멤버 연산자이다.

```
user[0].age = 20 ;            //첫 번째 사용자의 나이에 20을 대입한다.
user[99].age = 32 ;           //백 번째 사용자의 나이에 32를 대입한다.
smart[0].price = 70000;       //첫 번째 제품의 가격에 70000을 대입한다.
smart[0].sale[2] = 300;       //첫 번째 제품의 3사분기 판매량에 300을 대입한다.
```

product 구조체형의 세 번째 멤버인 sale배열의 세 번째 원소

smart배열의 첫 번째 원소로 product 구조체형

예제 7-3

구조체 배열을 이용하여 사용자들의 정보를 분석하시오.

분석

① 사용자 10명에 대한 사용자 정보로부터 사용자 성향(남녀 평균연령)을 분석한다.
② 사용자의 이름, 성별, 나이 정보를 저장하기 위한 구조체 템플릿의 구조를 구상한다.

이름	성별	나이

③ 구조체 템플릿을 정의한다.

```
struct person
{
    char name[7];   //최대 6개의 문자로 된 이름을 저장할 배열 선언
    char gender[3]; //"남" 또는 "여" 문자열을 저장할 배열 선언
    int age;        //나이를 저장할 변수 선언
};
```

④ 구조체 배열 선언과 초기화

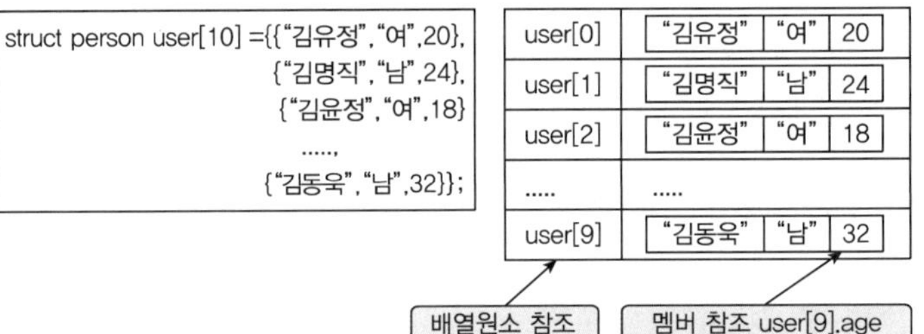

해설

```
#include <stdio.h>
#include <string.h>                 //strcmp 함수를 위한 헤더 파일
#define N 10                        //사용자 수를 매크로 상수로 정의
struct person                       //구조체 정의
  {
    char name[7];                   //이름
    char gender[3];                 //성별
    int age; //나이
  };
int main()
{
    //N개의 구조체형 원소를 갖는 배열의 선언과 초기화
    struct person user[N] = { { "김유정", "여", 20 },{ "김명직", "남", 24 },
    { "김윤정", "여", 18 },{ "김병직", "남", 26 },{ "김민정", "여", 29 },
    { "김미정", "여", 27 },{ "김수정", "여", 27 },{ "김다정", "여", 25 },
```

```
    { "김시아", "여", 14 },{ "김동욱", "남", 32 } };
    int male = 0, female = 0, sum = 0, i; //남자수, 여자수
    for (i = 0; i < N; i++) //남녀 수와 전체 나이의 합 구하기
    {
    //user[i]의 gender 멤버에 저장된 성별에 따라 남자수 또는 여자수를 1 증가하기
        if (strcmp(user[i].gender, "남") == 0)    //두 문자열이 같다면 0이 반환된다.
          male++;
        else
          female++;

        sum += user[i].age; //사용자의 나이를 sum에 누적
    }

    //결과 출력하기
    printf("이름\t 성별\t 나이 \n");
    printf("=====================\n");
    for (i = 0; i < N; i++)
       printf("%s\t %s\t %d\n", user[i].name, user[i].gender, user[i].age);
    printf("=====================\n\n");
    printf(">> 남자: %d명\n", male);
    printf(">> 여자: %d명\n", female);
    printf(">> 평균 연령: %d살\n", sum / N);

    return 0;
}
```

| 결과 |

```
C:\WINDOWS\system32\cmd.exe
 이름   성별   나이
=====================
김유정   여    20
김명직   남    24
김윤정   여    18
김병직   남    26
김민정   여    29
김미정   여    27
김수정   여    27
김다정   여    25
김시아   여    14
김동욱   남    32
=====================

>> 남자: 3명
>> 여자: 7명
>> 평균 연령: 24살
```

[그림 7-12]

㉠ 18 ~ 27행 : 구조체 배열에 저장되어 반복문을 사용하여 코드를 간단하게 작성하여, 남녀 수와 전체 나이의 합을 구할 수 있다.
㉡ 21 ~ 24행 : strcmp함수는 두 문자열을 비교하여 같다면 0을 반환하며, string.h 헤더파일이 필요하다. 사용자 user[i]의 gender멤버가 "남"과 같다면 strcmp(user[i].gender,"남")호출의 반환값이 0이므로 이 결과에 따라 남자수(male)를 1증가시키거나 여자수(female)를 1증가시킨다.
㉢ 33행 : 배열 user[i]의 각 멤버를 출력한다.

5 구조체 포인터

포인터는 데이터를 저장하는 것이 아니라 기억장소의 주소를 저장하는 것으로 다른 기억장소에 저장된 값을 **간접적으로 참조**할 수 있어서 다른 함수의 지역 변수도 간접적으로 참조할 수 있는 유용한 도구이다. 특히 구조체로 저장된 데이터를 가리키는 구조체 포인터는 연결 리스트(linked list), 트리(tree)와 같은 중요한 자료구조를 구현하는 데 사용되는 도구이다.

(1) 구조체 포인터 선언 중요

① 구조체 포인터 선언하기

구조체 포인터를 선언하는 형식은 일반 포인터를 선언하는 것과 같다. 포인터가 가리키는 곳에 int형 데이터가 있을 때 'int *포인터 변수명'으로 선언하는 것처럼 구조체 포인터가 가리키는 곳에 구조체가 있다면 int 자리에 구조체 태그명을 명시한다.

[형식] 구조체 포인터 변수 선언

struct 구조체 태그명 *구조체 포인터 변수명;
*는 간접 참조 연산자로 포인터 변수가 가리키는 곳을 의미한다. 즉, 이 선언문은 **구조체 포인터가 가리키는 곳에 구조체 태그명의 구조체가 있다는 것을 의미한다.**

```
struct person *ptr;
```

- ptr은 person형의 구조체 데이터를 가리키는 포인터임을 선언한다. 그러므로 ptr에 저장되는 것은 person형 구조체가 저장된 곳의 시작주소이다.
- 주소를 저장하므로 일반 포인터 변수와 마찬가지로 4바이트가 할당된다.

ptr [| | |] ←―― person형 구조체의 시작주소만 저장됨.

② 포인터가 구조체를 가리키게 하기

일반 포인터 변수 p가 변수 a를 가리키게 하면 'p = &a'와 같이 변수 a의 주소를 대입한다. 구조체 포인터에서도 마찬가지로 구조체형 포인터가 특정 구조체를 가리키게 하려면 **구조체의 시작 주소를 구조체 포인터 변수에 대입한다.**

[형식] 포인터가 구조체를 가리키게 하기

구조체 포인터 변수명 = &구조체 변수명;

- 포인터 변수에 구조체 변수의 시작주소를 대입하므로 포인터 변수는 구조체 변수에 해당하는 기억장소를 가리키게 한다.
- 구조체 포인터 변수를 선언할 때 명시한 자료형과 구조체 변수명의 자료형은 같은 구조체이어야 한다.

```
ptr = &shopper;
```

shopper변수가 struct person shopper; 로 선언되었다면 ptr포인터 변수도 struct person *ptr;로 선언된 경우에만 가능하다.

ptr [&shopper] ⟶ shopper ["김유정" | "여" | 20]

(2) 구조체 포인터를 사용한 간접참조 중요

구조체 포인터가 가리키는 곳에 저장된 구조체의 멤버를 참조하는 형식은 두 가지가 있다.

① ***(간접참조연산자)와 .(멤버연산자)를 이용한 포인터를 통해 구조체 멤버 참조하기**

[형식] 포인터를 통한 구조체 멤버 참조 : *(간접참조연산자)와 .(멤버연산자) 사용하기

(*구조체 포인터 변수명).멤버명	*는 간접참조 연산자이므로 구조체 포인터 변수를 직접 참조하는 것이 아니라 포인터 변수에 저장된 주소에 해당하는 기억장소를 참조한다. 그러므로 '*구조체 포인터 변수명'은 구조체가 되고, 구조체 멤버를 참조하려면 이 뒤에 '.'와 멤버명을 명시해야 한다. 간단히 **'구조체 포인터 변수가 가리키는 구조체의 멤버'**로 해석하는 것이 편리하다.

```
(*ptr).age = 20;
```

- ptr이 가리키는 구조체의 age멤버에 20을 저장한다. 'shopper.age = 20;'과 같은 표현
  printf("%d",(*ptr).age); //결과는 '20'이다.
- ptr이 가리키는 구조체의 age멤버를 참조하여 저장된 값을 출력한다.
- '*ptr'은 ptr에 저장된 주소에 해당하는 기억장소를 의미한다. 이 기억장치에는 person형 구조체가 저장되어 있으므로 '*ptr'에 저장된 age멤버를 참조하려면 (*ptr).age로 표현해야 한다.

주의할 점은 (*ptr).age에서 ()를 **생략하면 오류가 발생**한다는 것이다. 간접참조연산자 '*'보다 멤버연산자 '.'이 우선순위가 높으므로 *ptr.age는 *(ptr.age)로 해석되어 ptr의 age멤버가 가리키는 곳이 된다. ptr은 구조체가 아니라 구조체의 주소를 저장하는 포인터 변수이므로 age멤버가 없어 오류가 발생한다.

② '->' 이용한 포인터를 통해 구조체 멤버 참조하기

구조체 포인터가 가리키는 구조체의 멤버를 참조할 때 '*'와 '.'를 이용하면 ()를 사용해야 하므로 오류가 발생할 수 있다. 이를 해결하기 위한 것으로 '->'를 결합한 멤버연산자를 이용하는 방법이 있다. 어딘가를 가리키거나 찾아갈 방향을 나타낼 때 사용하는 화살표 모양(→)과 동일하여 '포인터가 가리키는 곳의'라는 의미로 쉽게 이해되고 사용할 수 있으므로, '->'(멤버연산자)를 많이 사용한다.

[형식] 포인터를 통한 구조체 멤버 참조 : -> (멤버연산자) 사용하기

구조체 포인터 변수명 -> 멤버명

'포인터 변수가 가리키는 구조체의'를 의미하므로 뒤에 '.'를 사용하지 않고 곧바로 멤버명을 사용한다.

printf("%s", ptr -> age);
ptr이 가리키는 구조체의 age멤버에 저장된 값을 출력한다.

ptr -> age = 30;
- ptr이 가리키는 구조체의 age멤버에 30을 저장한다.
- (*ptr).age와 의미는 같지만 '*', '.'로 표시하는 것보다 편리하게 사용할 수 있다.

예제 7-4

구조체 포인터를 이용하여 구조체 배열 내용을 출력하시오.

분석

① 5명의 사용자에 대해 나이를 입력받은 후 모든 정보를 출력한다.
② 5명의 사용자 정보 중 나이를 제외한 이름과 성별만 초기화한 user배열을 구조체 포인터 ptr이 가리키게 한다.
③ ptr++;를 통해 ptr 포인터가 배열의 다음 원소를 가리키게 하면서 배열 원소의 나이를 입력받는다.

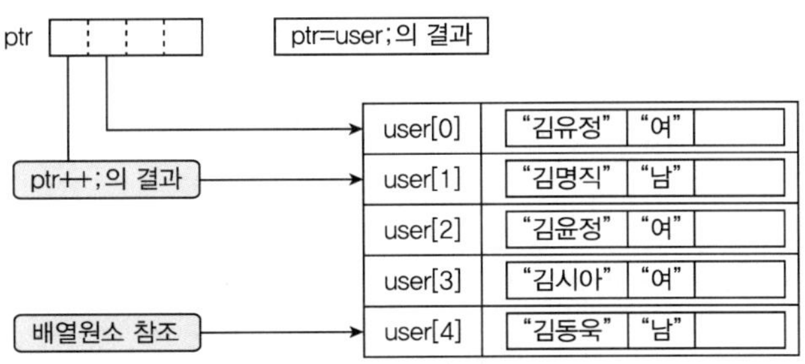

[그림 7-13] 구조체형 포인터 ptr을 이용하여 배열원소를 사용하기

해설

```
#include <stdio.h>
#define N 5
struct person            //구조체 정의
{
   char name[7], gender[3]; //이름, 성별
   int age;              //나이
};
int main()
{
   int i;
   struct person *ptr; //ptr을 person형 구조체를 가리키는 포인터로 선언
   //N개를 구조체 원소를 갖는 배열 선언과 초기화
   struct person user[N] = { { "김유정", "여" },{ "김영직", "남" },
   { "김윤정", "여" },{ "김시아", "여" },{ "김동욱", "남" } };
   //ptr 포인터가 차례대로 다음 원소를 가리키게 한 후 사용자의 나이를 입력받기
   ptr = user;  //ptr이 user 배열을 가리키게 하기
   for (i = 0; i < N; i++)
   {
      //user[i]의 age 멤버의 값을 입력받기
      printf("%s의 나이는? ", (*ptr).name);
      scanf("%d", &(*ptr).age);
      ptr++;  //ptr이 user 배열의 다음 원소를 가리키게 함 즉 user[i+1]을 가리킴
   }
   //ptr 포인터가 차례대로 다음 원소를 가리키게 한 후 구조체의 정보를 출력하기
   printf("이름\t 성별\t 나이 \n");
   printf("======================\n");
   ptr = user;          //현재 마지막 원소를 가리키는 ptr을 다시 첫 원소를 가리키게 하기
   for (i = 0; i < N; i++)
   {
      //현재 ptr은 user[i]를 가리키므로 ptr을 이용하여 배열 원소의 멤버를 출력할 수 있다.
      printf("%s\t %s\t %d\n", ptr -> name, ptr -> gender, ptr -> age);
      ptr++;               //ptr이 user 배열의 다음 원소를 가리키게 함
```

```
33        }
34        printf("=====================\n\n");
35        return 0;
36    }
```

| 결과 |

```
C:\WINDOWS\system32\cmd.exe
김유정의 나이는? 20
김영직의 나이는? 24
김윤정의 나이는? 18
김시아의 나이는? 18
김동욱의 나이는? 32

 이름   성별   나이
=====================
김유정   여     20
김영직   남     24
김윤정   여     18
김시아   여     18
김동욱   남     32
=====================
```

[그림 7-14]

㉠ 13～14행: 나이를 직접 입력받기 위해 나이 멤버는 초기화하지 않는다.

㉡ 16행 : 배열명은 배열의 시작주소이므로 ptr에 배열명 user를 대입하면 ptr이 user배열을 가리키게 된다. 이때 ptr을 선언할 때 user와 동일한 구조체형의 포인터로 선언해야 한다.

㉢ 21행 : age멤버는 정수형이므로 입력값이 저장될 주소를 구하기 위해 (*ptr).age 앞에 &를 붙여야 한다. 또는 &ptr -> age로 표현할 수도 있다.

㉣ 27행 : 현재 ptr은 user배열의 마지막 원소를 가리키고 있으므로 다시 첫 원소를 가리키도록 ptr = user;가 필요하다.

㉤ 28～33행 : 다음과 같이 배열명을 직접 이용할 수도 있다.
ptr은 user배열의 첫 번째 주소를 가리키므로 'user가 가리키는 구조체보다 i개 뒤의 구조체의'로 편하게 해석할 수 있다. 'ptr++;'를 '(user+i)'로 수정할 수 있다.

```
29    for (i = 0; i < N; i++)
30    {
31        //현재 ptr은 user[i]를 가리키므로 ptr을 이용하여 배열 원소의 멤버를 출력할 수 있다.
32        /*printf("%s\t %s\t %d\n", ptr -> name, ptr -> gender, ptr -> age);
33        ptr++;              //ptr이 user 배열의 다음 원소를 가리키게 함 */
34        printf("%s\t %s\t %d\n", (user+i) -> name, (user+i) -> gender, (user+i) -> age);
35    }
```

6 함수 간의 구조체 전달

구조체도 다른 자료형처럼 함수의 인수 자료형으로 사용할 수 있으며 함수의 반환값형으로도 사용할 수 있다. 함수에서 구조체를 인수로 전달하는 방법은 기본 자료형의 인수 전달 방식과 같이 값에 의한 호출과 주소에 의한 호출 두 가지가 있다.

(1) 값에 의한 호출

값에 의한 호출 방식은 일반 변수에서와 마찬가지로 함수가 호출되면 매개변수는 구조체에 해당하는 기억공간을 할당받으며, 인수의 각 멤버의 값이 매개변수의 멤버의 값으로 복사된다. 구조체를 값에 의한 호출방식으로 함수에 전달하면 매개변수를 위한 기억공간이 필요하다. 또한 값을 복사하는 과정이 실행되어야 하므로 구조체의 크기가 클수록 주기억장치의 낭비와 그에 따른 실행 시간도 늘어난다.

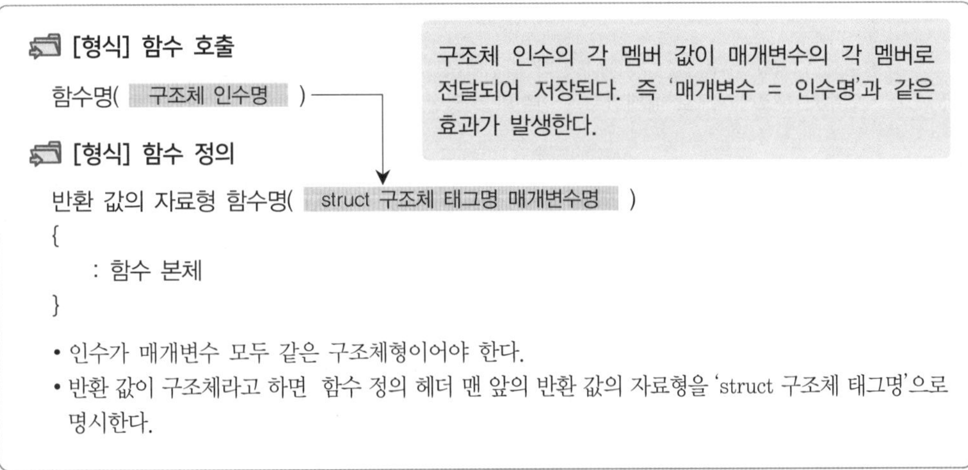
[형식] 함수 호출
함수명(구조체 인수명)
구조체 인수의 각 멤버 값이 매개변수의 각 멤버로 전달되어 저장된다. 즉 '매개변수 = 인수명'과 같은 효과가 발생한다.
[형식] 함수 정의
반환 값의 자료형 함수명(struct 구조체 태그명 매개변수명)
{
: 함수 본체
}

• 인수가 매개변수 모두 같은 구조체형이어야 한다.
• 반환 값이 구조체라고 하면 함수 정의 헤더 맨 앞의 반환 값의 자료형을 'struct 구조체 태그명'으로 명시한다.

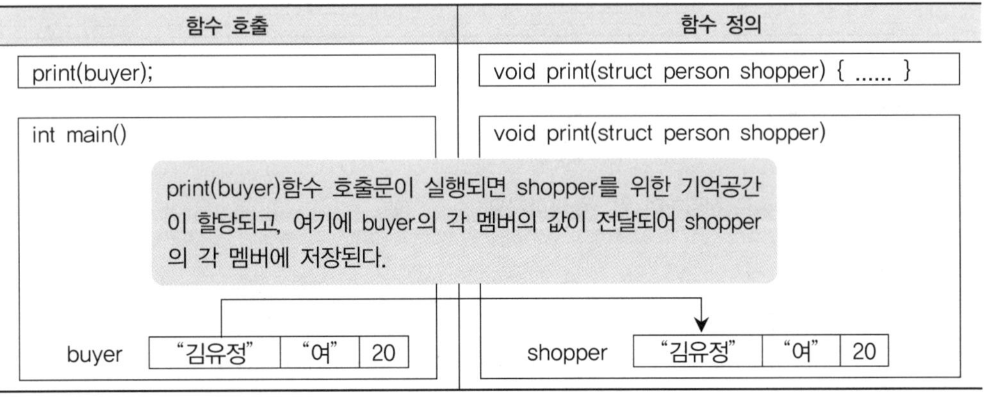
함수 호출
함수 정의
print(buyer);
void print(struct person shopper) { ...... }
int main()
void print(struct person shopper)
print(buyer)함수 호출문이 실행되면 shopper를 위한 기억공간이 할당되고, 여기에 buyer의 각 멤버의 값이 전달되어 shopper의 각 멤버에 저장된다.
buyer
"김유정"
"여"
20
shopper
"김유정"
"여"
20

(2) 주소에 의한 호출

구조체의 시작 주소를 전달하면 값에 의한 호출방식에서 발생하는 주기억장치와 실행시간의 낭비를 해결할 수 있다. 호출된 함수에서는 전달된 주소를 포인터에 저장함으로써 포인터를 이용하여 구조체를 간접적으로 참조할 수 있다.

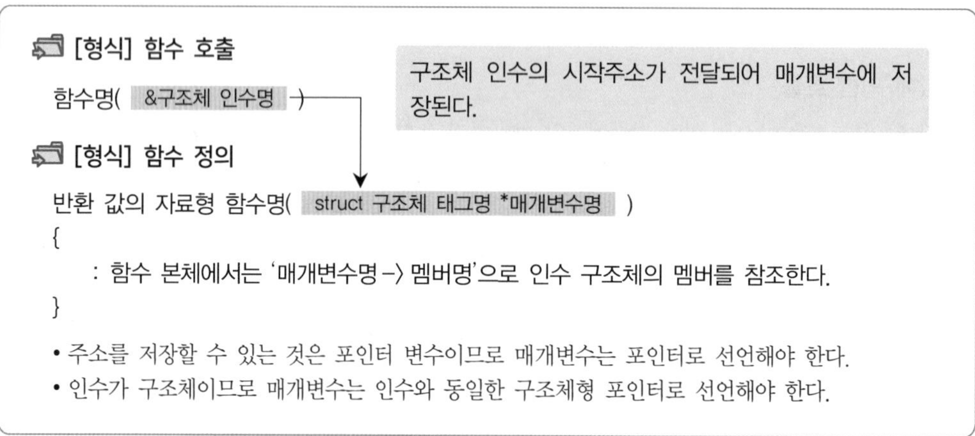

[형식] 함수 호출
함수명(&구조체 인수명)
구조체 인수의 시작주소가 전달되어 매개변수에 저장된다.
[형식] 함수 정의
반환 값의 자료형 함수명(struct 구조체 태그명 *매개변수명)
{
: 함수 본체에서는 '매개변수명 -> 멤버명'으로 인수 구조체의 멤버를 참조한다.
}
• 주소를 저장할 수 있는 것은 포인터 변수이므로 매개변수는 포인터로 선언해야 한다.
• 인수가 구조체이므로 매개변수는 인수와 동일한 구조체형 포인터로 선언해야 한다.

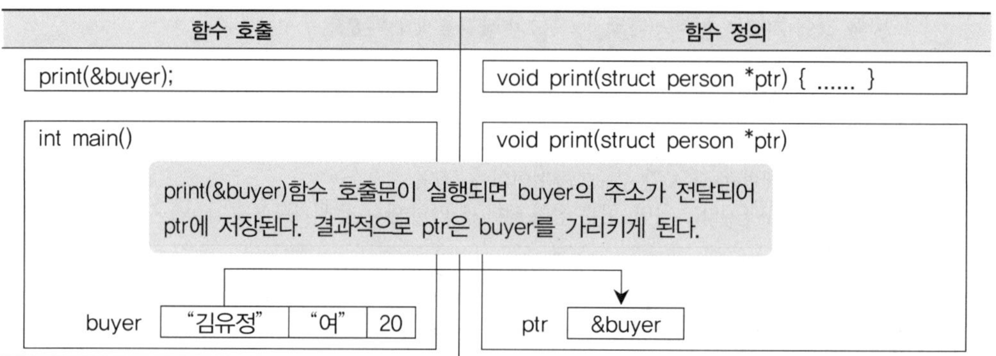

예제 7-5

구조체를 함수로 전달하여 입・출력하시오.

분석

구조체를 함수로 전달하는 두 가지 방식을 잘 비교할 수 있도록 구조체의 입력은 주소에 의한 호출을, 구조체의 출력은 값에 의한 호출을 이용하여 두 개의 함수를 정의하고 구조체의 자료를 입・출력한다.

해설

```c
#include <stdio.h>
#define N 5
struct person                          //구조체 정의
{
   char name[7], gender[3];    //이름, 성별
   int age;                            //나이
};
//함수의 원형 선언
void input_by_address(struct person *ptr);        //주소에 의한 호출
void output_by_value(struct person shopper);   //값에 의한 호출
int main()
{
   struct person buyer;
   input_by_address(&buyer);   //주소에 의한 호출 방식
   printf("\n>> 구매자 정보 : ");
   output_by_value(buyer);   //값에 의한 호출 방식
   return 0;
}
//ptr이 가리키는 곳의 구조체에 자료를 입력하는 함수
void input_by_address(struct person *ptr)
{
   printf("이름은? "); scanf("%s", ptr->name);
   printf("성별은(남 또는 여)? "); scanf("%s", ptr->gender);
   printf("나이는? "); scanf("%d", &ptr->age);
}
//전달된 구조체의 멤버를 출력하는 함수
void output_by_value(struct person shopper)
{
   printf("%s(%s) %d세\n", shopper.name, shopper.gender, shopper.age);
}
```

| 결과 |

```
C:\WINDOWS\system32\cmd.exe
이름은? 김유정
성별은(남 또는 여)? 여
나이는? 20

>> 구매자 정보 : 김유정(여) 20세
```

[그림 7-15]

㉠ 14, 20행 : 주소에 의한 호출방식으로 함수를 호출한다. ptr = &buyer; 효과와 같다.
㉡ 22 ~ 23행 : buyer의 내용은 다음의 그림과 같다. buyer의 name이나 gender멤버는 배열명이므로 scanf() 함수에서 주소를 구할 필요가 없지만, age멤버는 int형 변수이므로 주소를 구해야 한다.

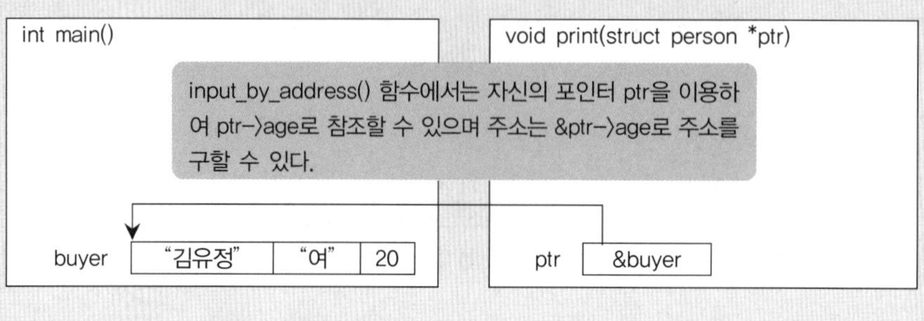

(3) 구조체 배열 전달

구조체 배열을 함수에 전달하는 것은 무조건 주소에 의한 호출 방식으로 처리된다. 그러나 함수를 정의할 때는 배열 선언 또는 포인터 선언 형식으로 작성할 수 있다.

① **배열 선언 방식**

함수를 정의할 때 매개변수를 배열로 선언하였더라도 실제로 새로운 배열이 만들어지는 것이 아니라 배열명이 포인터 변수로써 사용되는 것뿐이다.

[형식] 함수 호출

함수명(구조체 배열명)	구조체 배열명은 배열명만 쓴다.

[형식] 함수 정의

반환 값의 자료형 함수명 (struct 구조체 태그명 배열명 [원소수])
{
: 함수 본체
}
	() 배열을 선언한다.

② 포인터 선언 방식

[형식] 함수 호출

함수명(구조체 배열명)	구조체 배열명은 배열명만 쓴다.

[형식] 함수 정의

반환 값의 자료형 함수명 (struct 구조체 태그명 *포인터 변수명)
{
: 함수 본체
}
	전달받는 구조체 배열의 자료형과 동일해야 한다.

제2절 공용체와 열거형

1 공용체 중요 기출

C언어에서는 같은 메모리 영역을 여러 개의 변수들이 공유할 수 있게 하는 기능이 있다. 이것을 공용체(union)라고 한다. 같은 메모리 영역을 여러 개의 변수가 공유하도록 하는 것은 메모리를 절약하기 위해서이다. 공용체를 선언하고 사용하는 방법은 구조체와 비슷하며 구조체와 똑같은 방법으로 태그를 붙여서 사용한다. 다만 공용체는 멤버들이 같은 공간을 공유하기 때문에 동시에 멤버 변수들의 값을 저장할 수 없으면 어떤 순간에는 하나의 멤버만 존재할 수 있다. 구조체에서 각 멤버는 독립된 공간을 할당받고, 공용체에서는 가장 큰 멤버의 크기만큼의 메모리를 할당받는다.

(1) 공용체의 선언

공용체 변수의 크기는 멤버 중에서 크기가 가장 큰 멤버로 결정된다.

[형식] 공용체의 선언

```
union 공용체형 태그명                    구조체의 struct 대신 union을 쓴다.
{
    자료형 멤버명1;
    자료형 멤버명2;
    ...
};
union  공용체형 태그명 공용체 변수명;
```

예제 7-6

공용체를 사용한 프로그램을 작성하시오.

해설

```
1   #include <stdio.h>
2
3   int main()
4   {
5       union student {
6           int tot;
7           char grade;
8       };
9
10      union student u;
11
12      u.tot = 300;
13      u.grade = 'A';
14
15      printf("\n--- 공용체 활용 ---\n");
16      printf("총점 ==> %d\n", u.tot);
17      printf("등급 ==> %c\n", u.grade);
18  }
```

| 결과 |

```
C:\WINDOWS\system32\cmd.exe
--- 공용체 활용 ---
총점 ==> 321
등급 ==> A
```

[그림 7-16]

㉠ 5행 : union 예약어를 사용해서 공용체를 선언하고, 공용체 태그명 student를 선언한다.
㉡ 10행 : 공용체 변수 u를 선언한다.
㉢ 12행 : u.tot에 300을 저장한다.
㉣ 13행 : u.grade에 'A'를 저장한다. 이때 기존의 300이 들어갔던 4바이트 중 첫 번째 바이트에 'A'(ascii code 65)를 저장한다.
㉤ 16 ~ 17행 : u.tot의 값은 예기치 않은 다른 값이 출력되고, u.grade의 값은 나중에 저장하였기 때문에 'A'가 출력된다. 이처럼 공용체는 한 공간을 두 개 이상의 변수가 공유하므로 예기지 않은 결과가 나올 수 있다.
[그림 7-17]의 값의 변화를 나타낸 그림은 이해를 돕기 위한 것으로 300이라는 값에는 의미를 부여하지 말고 단지 u.grade에 값을 대입하면 u.tot값이 엉뚱하게 변경된다는 것을 이해하기 바란다.

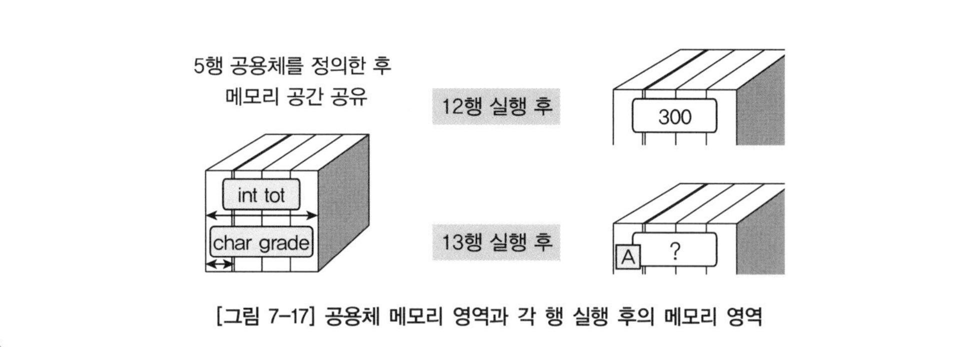

[그림 7-17] 공용체 메모리 영역과 각 행 실행 후의 메모리 영역

(2) 공용체 변수의 초기화

공용체 변수를 초기화할 때는 중괄호를 사용하여 첫 번째 멤버만 초기화한다. 만약 첫 번째 멤버가 아닌 멤버를 초기화할 때는 .(멤버연산자)를 직접 지정해야 한다.

[형식] 공용체 변수 초기화

union 공용체형 태그명 공용체 변수명 = { 123 };

- 공용체 변수의 선언과 초기화

union 공용체형 태그명 공용체 변수명 = { .멤버명 = 123 };

- 첫 번째 멤버가 아닌 멤버를 초기화할 때 .(멤버연산자)를 직접 지정한다.

예제 7-7

공용체를 사용하여 학번과 학점 데이터를 처리하시오.

해설

```
#include <stdio.h>
union student
{
    int num;
    double grade;
};

int main(void)
{
    union student s1 = { 315 };
    printf("학번 : %d\n", s1.num);

```

| 결과 |

```
C:\WINDOWS\system32\cmd.exe
학번 : 315
평점 : 4.4
학번 : -1717986918
```

```
13        s1.grade = 4.4;
14        printf("평점 : %.1lf\n", s1.grade);
15        printf("학번 : %d\n", s1.num);
16
17        return 0;
18    }
```

[그림 7-18]

㉠ 2행 : 공용체를 선언한다.
㉡ 10행 : union student의 변수를 선언하면 double형 멤버의 크기인 8바이트의 저장 공간이 할당되고 num과 grade멤버가 하나의 공간을 공유한다. 공용체 변수는 첫 번째 멤버인 num만 초기화한다.
㉢ 13행 : grade멤버에 값을 저장한다.
㉣ 14행 : 처음에 초기화되었던 num값이 다음에 입력된 grade멤버에 의해 바뀐다.
㉤ 15행 : 다시 num값을 출력하면 엉뚱한 값이 출력된다. 이처럼 공용체 멤버는 언제든지 다른 멤버에 의해 값이 변할 수 있으므로 항상 각 멤버의 값을 확인해야 하는 단점이 있다.

2 열거형 중요 기출

열거형이란 변수가 가질 수 있는 값들을 나열해 놓은 자료형이다. 즉 변수가 가질 수 있는 값들을 나타내는 상수들을 모아 놓은 자료형이다. 열거형으로 선언된 변수는 열거형에 정의된 상수들만을 가질 수 있다.
열거형이 필요한 이유는 예를 들면 요일을 나타내는 변수를 선언하다고 했을 때 일요일은 0, 월요일은 1, 화요일은 2와 같은 식으로 각 요일에 정수를 할당할 수 있기 때문이다.

```
int today;
  today = 0 ; //일요일
  today = 1 ; //월요일
  …
```

위와 같이 프로그램을 작성할 수도 있지만 프로그래밍에서는 되도록 오류를 줄이고 가독성을 높여야 하므로 0보다는 SUN이라는 상수가 더 바람직하다. 이렇게 프로그램에서 가질 수 있는 값을 제한하는 것이 프로그래밍 오류를 줄일 수 있기 때문에 열거형을 사용한다.

(1) 열거형의 정의와 선언

① 열거형의 정의

예약어 enum를 사용하고, 구조체처럼 사용자가 새로운 자료형을 정의한다.

[형식] 열거형의 정의

enum 열거형 태그 {열거형 변수에 저장할 수 있는 기호화된 정수 값들};

```
enum days{SUN, MON, TUE, WED, THU, FRI, SAT};
```

• 열거형 days을 저장하기 위한 문장
• SUN, MON, TUE, WED, THU, FRI, SAT와 같은 기호상수들이 모여 있는 자료형

② 열거형의 선언

[형식] 열거형의 선언

enum 열거형 태그 열거형 변수;
열거형 변수 = 기호상수;

enum days today; today = SUN;	today는 열거형 변수로 열거형 태그 days에 정의된 값들을 가질 수 있다. 즉 SUN, MON, TUE, WED, THU, FRI, SAT중에서 하나만을 가질 수 있다.
today = MY_Day;	정의되지 않은 값을 대입하면 오류가 발생한다.

③ 열거형의 예

```
enum colors { white, red, blue, green, black };
enum boolen { false, true };
enum levels { low, medium, high };
enum car_types { sedan, suv, sports_car, van_pickup, convertible };
```

(2) 기호상수들의 값

열거형 days안에 들어 있는 상수들은 0에서 시작하여 1씩 증가하는 정수 값으로 자동으로 설정된다. 즉 SUN은 0이고 MON은 1이다.

```
enum days{SUN, MON, TUE, WED, THU, FRI, SAT};
```

• SUN = 0, MON = 1, …

이러한 값들의 배정은 사용자가 변경할 수 있고, 만약 1부터 시작하려면 첫 번째 식별자 뒤에 =1을 붙여준다.

```
enum days{SUN=1, MON, TUE, WED, THU, FRI, SAT};
```

• SUN = 1, MON = 2, …

필요한 경우에 사용자가 모든 식별자들의 값을 지정할 수도 있다.

```
enum days{SUN=7, MON=1, TUE, WED, THU, FRI, SAT=6};
```

• SUN = 7, MON = 1, TUE = 2, SAT = 6, …

예제 7-8

열거형을 사용하여 요일을 출력하시오.

해설

```
#include <stdio.h>
enum days { MON, TUE, WED, THU, FRI, SAT, SUN };

char *days_name[] = {
    "monday", "tuesday", "wednesday", "thursday", "friday",
    "saturday", "sunday" };
int main(void)
{
    enum days d;

    for (d = MON; d <= SUN; d++)
    {
        printf("%d번째 요일의 이름은 %s입니다\n", d+1, days_name[d]);
    }
}
```

| 결과 |

```
C:WWINDOWSWsystem32Wcmd.exe
1번째 요일의 이름은 monday입니다
2번째 요일의 이름은 tuesday입니다
3번째 요일의 이름은 wednesday입니다
4번째 요일의 이름은 thursday입니다
5번째 요일의 이름은 friday입니다
6번째 요일의 이름은 saturday입니다
7번째 요일의 이름은 sunday입니다
```

[그림 7-19]

㉠ 2행: days라는 열거형을 정의한다. 첫 번째 식별자의 값은 0이다. 다음 식별자는 이후 1씩 증가하면서 설정된다.
㉡ 4~6행: 문자형 포인터 배열을 이용하여 문자열 배열을 선언한다. 이런 방식으로 문자열이 포함된 배열을 만들면 메모리의 낭비는 없다. 여기서 문자열 상수는 메모리에 저장된 후에 시작주소를 반환하고 이 시작주소로 문자형 포인터들이 설정된다.
㉢ 9행: main() 함수 안에서는 days 열거형으로 d라는 변수를 정의한다. d가 열거형이므로 d는 미리 열거된 값들 중 하나만 가질 수 있다. 즉 SUN에서부터 SAT까지의 값들만 가질 수 있다.

(3) 다른 방법과의 비교 중요

기본적으로 열거형은 정수 형태의 기호 상수를 정의하는 경우에 사용되고, 열거형을 사용하면 특정한 숫자 대신에 기호를 사용함으로써 프로그램의 이해도를 향상시킬 수 있고, 변수가 열거된 값 이외의 값을 취하는 것을 막아서 오류를 줄여준다.

정수사용	기호상수	열거형

switch(code){
case 1:
printf("LCDTV\n");break;
case 2:
printf("OLEDTV\n");break;
}
	#define LCD 1
	#define OLED 2
	...
	switch(code){
	case LCD:
	printf("LCDTV\n");break;
	case OLED:
	printf("OLEDTV\n");break;
	}
		enum tvtype{LED,OLED};
		enum tvtype code;
		...
		switch(code){
		case LCD:
		printf("LCDTV\n");break;
		case OLED:
		printf("OLEDTV\n");break;
		}

컴퓨터는 알기 쉬우나 사람은 기억하기 쉽지 않다.	기호 상수를 작성할 때 오류를 예방할 수 있다.	컴파일러에 중복이 일어나지 않도록 가독성과 이해도를 높일 수 있다.

예제 7-9

열거형을 사용하여 계절별 레저활동을 출력하시오.

해설

```
#include <stdio.h>
enum season { SPRING, SUMMER, FALL, WINTER }; //열거형 선언
int main(void)
{
    enum season ss;                   //열거형 변수 선언
    char *pc;                             //문자열을 저장할 포인터

    ss = SPRING;                  //열거형 멤버의 값 대입
    switch (ss)                           //열거형 멤버 판단
```

```
10        {
11        case SPRING:                    //봄이면
12            pc = "inline"; break;       //인라인 문자열 선택
13        case SUMMER:                    //여름이면
14            pc = "swimming"; break;     //수영 문자열 선택
15        case FALL:                      //가을이면
16            pc = "trip"; break;         //여행 문자열 선택
17        case WINTER:                    //겨울이면
18            pc = "skiing"; break;       //스키 문자열 선택
19        }
20        printf("나의 레저 활동 => %s\n", pc);    //선택된 문자열 출력
21        return 0;
22    }
```

| 결과 |

```
C:\WINDOWS\system32\cmd.exe
나의 레저 활동 => inline
```

[그림 7-20]

㉠ 2행 : 열거형을 선언하고, { }안에 멤버를 ,로 구분하고, 멤버들은 0부터 차례로 하나씩 큰 정수로 바뀐다. 초깃값을 원하는 값으로 다음과 같이 다시 설정할 수 있다.

```
enum season { SPRING = 5, SUMMER, FALL = 10, WINTER };
```

• SUMMER는 6, WINTER은 11이 된다.

㉡ 5행 : 선언된 열거형 변수는 int형과 같은 크기로 정수를 저장할 수 있는 공간이 할당된다.
㉢ 8행 : 열거형 멤버를 저장한다. 즉, 열거형 멤버는 정수로 바뀐다.

제3절 동적 기억장소 할당

1 정적 할당과 동적 할당

프로그램에서 처리할 데이터를 저장할 기억장소는 정적(static) 할당과 동적(dynamic) 할당 두 가지 방법을 이용하여 확보된다. 지금까지 사용한 변수, 배열, 구조체는 모두 정적으로 기억장소를 할당받는다. 이런 정적 할당은 기억장소를 낭비할 수 있으므로 C언어에서는 동적 할당을 지원한다.

2 정적 할당

정적 기억장소 할당이란 프로그램을 컴파일할 때 할당받을 기억장소의 크기를 결정하고 프로그램 실행 시작 전에 이미 **정적**으로(statically), 즉 **고정된 크기**로 프로그램 실행이 끝날 때까지 기억장소를 할당받는다. 그리고 프로그램 실행이 끝나면 할당된 기억장소가 해제된다. **전역 변수**와 **정적 변수**가 정적 할당에 해당된다. 지역 변수는 프로그램을 실행하는 동안 함수가 호출되면 스택 영역의 기억장소를 할당받지만 그 크기는 컴파일 시점에 이미 결정된 것으로 정적 할당에 해당한다.

```
int array[100] ;              //4바이트(int형) * 100(원소수) = 400바이트
double average;               //8바이트(double형)
double jumsoo[4][50];         //8바이트(double형) * 4(행수) * 50(열수) = 1600바이트
```

(1) 정적 할당의 문제점

```
int array[100];
```

array배열은 int형 값을 100개 저장할 만큼의 기억공간을 정적으로 할당받으며 그 크기는 실행하는 동안 변하지 않는다. 이때 100개 이상의 공간을 사용하려 한다면 쓸 수 없다. 'int array[100];'을 int array[i];로 선언하면 더 좋겠지만 C언어에서는 정적 할당을 위해 배열을 선언할 때 원소의 수(또는 행과 열의 수)를 반드시 상수로 사용하도록 하므로, 변수를 사용하면 오류가 발생한다. 또 이런 오류를 해결하기 위해 배열의 원소수를 100개 이상으로 지정하는 방법도 있지만 사용하지 않는 기억공간을 낭비하는 문제가 발생할 수 있으므로, 정적 할당의 문제점을 해결하기 위해서는 프로그램을 실행하면서 배열의 크기를 결정하고 그 크기만큼의 기억공간을 할당받는 것이다.

(2) 정적 할당의 기억장소 할당 예

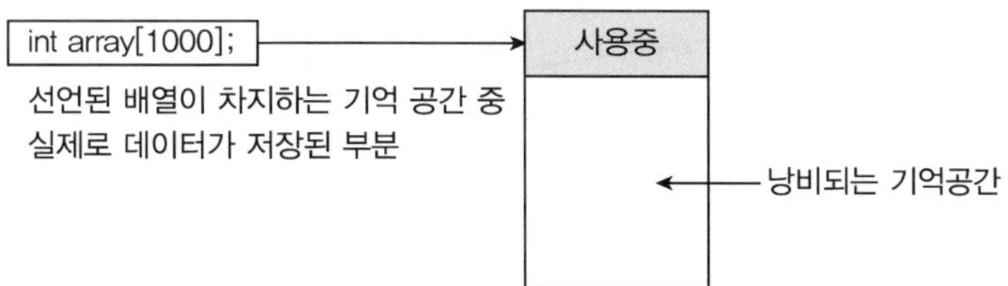

[그림 7-21] 1000개의 배열 원소 중 200개만 사용되고 나머지는 낭비되는 기억공간

3 동적 할당 중요

C언어에서는 정적 할당의 문제를 해결하기 위해 동적 기억장소 할당을 지원한다. 동적 할당이란 프로그램을 실행하는 동안 기억장소가 필요한 시점에서 **필요한 만큼만 요청**하여 할당받는 것이다. 프로그램에서 동적 할당을 요청했을 때 시스템에서 제공하는 기억장소가 바로 **힙 영역**의 일부이다.

더 알아두기 중요

주기억장치의 네 가지 영역

① 코드 영역	← CPU에게 내리는 명령어 코드
② 데이터 영역	← 전역 변수와 정적 변수
③ 힙 영역	← 동적으로 할당할 기억 장소
④ 스택 영역	← 함수의 매개변수와 지역 변수

① **코드 영역**: C프로그램을 컴파일하면 CPU에게 내리는 명령어 코드를 모아둔 영역이다.
② **데이터 영역**: 코드에서 처리할 데이터만 모아둔 영역으로, 저장되는 변수는 프로그램의 전역 변수와 정적 변수뿐이다.
③ **힙 영역**: 프로그램이 실행되는 동안 요청한 기억장소가 할당되는 곳으로 동적 배열과 같이 프로그램 실행 동안 크기가 결정되는 동적 자료가 저장되는 곳이다.
④ **스택 영역**: 지역 변수는 프로그램이 실행되면서 함수가 실제로 호출되면 기억공간을 할당받으므로, 함수가 호출되었을 때 매개변수와 함수의 지역 변수를 위해 할당하는 기억장소이다.

(1) 동적 할당 함수: malloc() 함수

동적으로 기억장소를 할당받아 사용하려면 포인터 변수와 malloc() 함수를 이용해야 하다. 포인터 변수는 동적으로 할당받은 기억장소의 시작주소를 저장하는 데 사용된다. 일단 포인터가 할당받은 기억장소를 가리키게 되면 그 다음부터는 포인터 변수를 일반 배열명처럼 또는 실제 포인터 변수로서 활용하여 할당받는 기억장소를 참조할 수 있다.

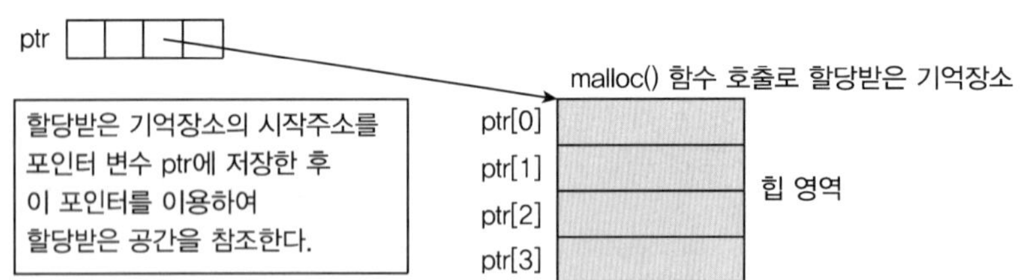

[그림 7-22] 힙 영역, 동적 할당 기억장소, 포인터 관계

[형식] malloc() 함수 호출

자료형 *포인터 변수명;
포인터 변수명 = (자료형*) malloc(기억장소 크기 : 바이트 단위)

- malloc(기억장소 크기 : 바이트 단위) ← 지정한 크기의 기억장소를 할당받아 시작주소를 반환한다.
- (자료형*) ← 동적 할당 기억장소의 시작주소를 저장한 자료형의 포인터로 캐스팅한다.
- = ← 캐스팅 동적 할당 기억장소의 시작주소를 포인터 변수에 저장한다. 즉 포인터 변수는 할당받은 기억장소를 가리키게 한다.

- malloc() 함수 : #include <stdlib.h>를 추가한다.
- (자료형*) : malloc() 함수는 할당받은 기억장소의 시작 주소를 void형 포인터로 반환하므로 할당된 기억장소를 용도에 맞게 여러 개의 int형, double형 값을 저장할 공간으로 사용하려면 원하는 자료형으로 캐스팅해야 한다. 즉 주소를 저장할 포인터 변수의 자료형과 동일한 자료형으로 캐스팅해야 한다.
- 힙 영역에 할당가능한 기억장소가 없다면 malloc() 함수는 NULL 매크로 상수를 반환하므로 동적 할당을 요청한 후에는 반드시 할당 여부를 확인하는 것을 권장한다.

```
int *ptr;
ptr = (int*)malloc(sizeof(int));   //sizeof 뒤의 ()안에 자료형의 크기를 구한다.
```

- 정수 한 개를 저장할 수 있는 공간이 할당되고 ptr이 이를 가리킨다.

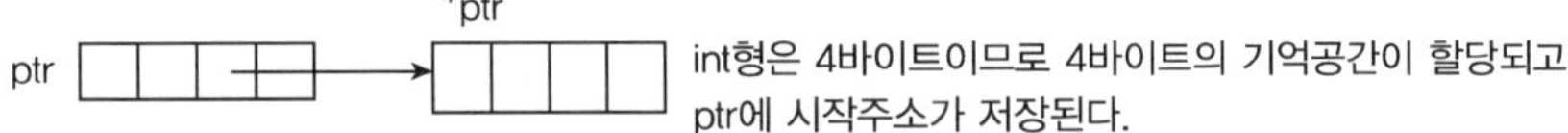


```
char *ch;
ch = (char*)malloc(sizeof(char)*10);
```

- 문자 열 개를 저장할 수 있는 공간이 할당되고 ch가 이를 가리킨다.

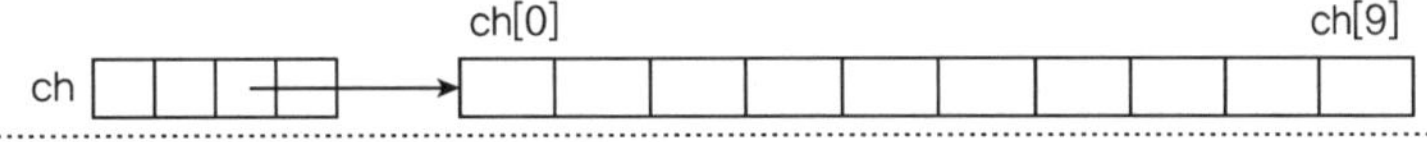


```
int *score = (int*)malloc(sizeof(int)*5);
```

- 정수 다섯 개를 저장할 수 있는 공간이 할당되고 score가 이를 가리킨다.

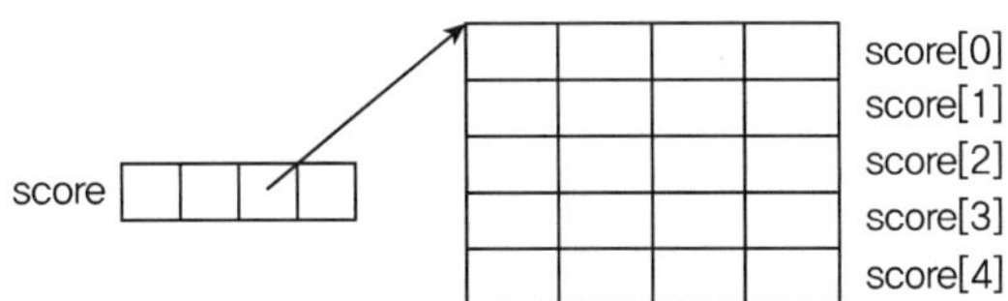

함수 호출 시 주의사항은 int형 데이터의 크기가 4바이트이므로 정수 5개를 저장할 수 있는 기억장소를 할당받고 싶으면 malloc(20)으로 호출해도 된다. 그러나 컴퓨터 시스템마다 각 자료형이 차지하는 크기가 다를 수도 있으므로 이식성을 위해서는 int형의 크기를 구하여 사용하도록 malloc (sizeof(int)*5)로 호출하는 것이 좋다.

(2) 동적 할당 기억장소 해제함수 : free() 함수

함수의 지역 변수는 함수 실행이 끝나면 자동으로 사용하던 기억장소가 해제된다. 즉 해제된 기억장소는 다른 지역 변수의 기억장소로 사용될 수 있는 자유(free) 상태가 된다. 그러나 동적으로 할당받은 기억장소는 함수 실행이 끝나도 자동으로 해제되지 않으므로 프로그램 실행이 끝나지 않았더라도 함수에서 더 이상 동적 할당 기억장소를 사용하지 않아도 된다면 자유상태가 되도록 **직접 해제해야** 한다.

> **[형식] free() 함수**
>
> free(포인터 변수명); //() 안에는 해제할 동적 할당 기억장소를 가리키는 포인터 변수

free(ptr);	ptr = (int*)malloc(sizeof(int));로 할당받은 기억장소를 해제한다.
free(ch);	ch = (char*)malloc(sizeof(char)*10);로 할당받은 기억장소를 해제한다.
free(score);	int *score = (int*)malloc(sizeof(int)*5);로 할당받은 기억장소를 해제한다.

(3) 동적 할당 관련 함수

함수	구분	내용
malloc	원형	void *malloc(unsigned int size);
	기능	size바이트 수만큼 할당하고 시작 위치 반환
	예	int *p = (int*)malloc(sizeof(int));
calloc	원형	void *calloc(unsigned int ab, unsigned int size);
	기능	(ab*size)바이트 수만큼 할당하고 0으로 초기화한 후 시작 위치 반환
	예	double *p = (double*)calloc(5,sizeof(double));
realloc	원형	void *realloc(void *p, unsigned int size);
	기능	p가 연결한 영역의 크기를 size바이트의 크기로 조정하고 시작 위치 반환
	예	char *p = (char*)realloc(p,2*strlen(str));
free	원형	void free(void *p);
	기능	p가 연결한 영역 반환

OX로 점검하자 | 제7장

※ 다음 지문의 내용이 맞으면 O, 틀리면 ×를 체크하시오. [1～9]

01 구조체형을 선언한 후에는 구조체 변수를 한 개만 선언할 수 있다. (　　)

>>> 예를 들어 학생들의 정보(이름, 나이, 성별 등)를 저장할 수 있는 구조체형을 선언한 후, 세 명의 사용자 정보를 구조체 변수에 저장할 수 있는 것처럼, 구조체 변수는 여러 개로 선언할 수 있다. [예제 7-2] 참조

02 구조체를 사용하기 위해서는 구조체 변수와 멤버 변수를 ,(콤마)로 분리한다. (　　)

>>> 구조체 안의 구조체 변수와 멤버 변수들을 분리하고, 특정 멤버들도 참조하려면 반드시 소속을 밝혀야 하는데 이때 사용하는 것이 멤버 연산자 .(dot)이다.

```
stud.grade = 1;
point.x = 200;
```

03 구조체는 이미 배열과 비슷한 모양이므로, 배열로 선언할 수 없다. (　　)

>>> 구조체도 일반 자료형처럼 배열의 자료형으로 사용할 수 있다. 즉 구조체형 배열을 선언하여 사용할 수 있으며 이때 배열의 각 원소는 하나의 구조체가 된다.

```
struct person user[100];
```

04 구조체는 복잡한 구조이므로 구조체 변수를 선언하면서 초깃값을 대입할 수 없다. (　　)

>>> 구조체는 하나의 인수로 전달하거나 한 개의 대입문으로 구조체 안의 모든 정보를 대입할 수 있고, 구조체 변수 간의 대입으로 구조체 안의 정보 개수와 상관없이 한 개의 대입문으로 해결할 수 있어 가독성과 이식성을 높일 수 있다. 또 구조체 변수를 선언하면서 동시에 초기화할 수 있으며, 구조체 정의에서 나타난 멤버 순서대로 초깃값이 멤버에 저장된다.

05 자료형의 이름 재정의(typedef)는 새로운 자료형을 만드는 것이다. (　　)

>>> 자료형의 이름 재정의(typedef)는 새로운 자료형을 만드는 것이 아니다. C언어에서 미리 정해둔 int란 자료형 이름 대신에 INTEGER라는 새 이름을 추가로 정의하여 int age; 대신 INTEGER age;로 선언하는 것이 가능하다.

정답 1 × 2 × 3 × 4 × 5 ×

06 구조체 배열을 초기화할 때 구조체 원소 멤버 중 마지막 멤버들에 대해서는 초깃값이 없다면 생략할 수 있지만 중간 멤버들에 대해서는 생략할 수 없다. (　　　)

```
struct person user[100] = {{"김유정"},{"김명직","남"}, {"김윤정",,18}};
                                                      ↖ 쓸 수 없음
```

07 구조체 포인터 변수 ptr을 사용한 멤버 변수를 간접참조하는 방법에서 (*ptr).age;와 ptr -> age;는 같은 의미를 갖는다. (　　　)

'ptr ->'은 '구조체 포인터 변수가 가리키는 구조체의'를 의미한다.

08 공용체는 멤버들이 같은 공간을 공유하기 때문에 동시에 멤버 변수들의 값을 저장할 수 없으며, 어떤 순간에는 하나의 멤버만 존재할 수 있다. (　　　)

구조체에서 각 멤버는 독립된 공간을 할당받고, 공용체에서는 가장 큰 멤버의 크기만큼의 메모리가 할당된다.

09 주기억장치의 힙 영역은 C프로그램을 컴파일하면 CPU에게 내리는 명령어 코드를 모아둔 영역이다. (　　　)

힙 영역은 프로그램이 실행되는 동안 요청한 기억장소가 할당되는 곳으로 동적 배열과 같이 프로그램 실행 동안 크기가 결정되는 동적 자료가 저장되는 곳이다.

정답 6 ○ 7 ○ 8 ○ 9 ×

제 7 장 실전예상문제

01 다음 중 설명이 옳지 않은 것은?

① 구조체에서 구조체의 태그명과 멤버명은 같게 정의해야 한다.
② 구조체는 서로 다른 형태의 변수들을 하나로 묶어 놓은 것이다.
③ 공용체는 하나의 장소를 두 개 이상의 변수가 공유하는 것이다.
④ 열거형은 변수에 저장될 숫자를 기호로 표시한 것이다.

01 구조체 정의 시 마지막에 ;를 반드시 붙여야 하고, 구조체 태그명과 멤버명은 같을 수 없다.

02 다음 중 구조체와 배열의 차이를 올바르게 설명한 것은?

① 구조체는 서로 타입이 다른 변수를 묶는 것이고, 배열은 타입이 같은 변수들을 하나의 장소에서 변수로 공유하기 위한 것이다.
② 구조체는 타입이 같은 변수를 묶는 것이고, 배열은 타입이 서로 다른 변수들을 묶는 것이다.
③ 구조체는 서로 타입이 다른 변수를 묶는 것이고, 배열은 타입이 같은 변수들을 묶는 것이다.
④ 구조체는 서로 타입이 같은 변수를 묶는 것이고, 배열은 변수에 저장될 숫자를 묶어서 표시한 것이다.

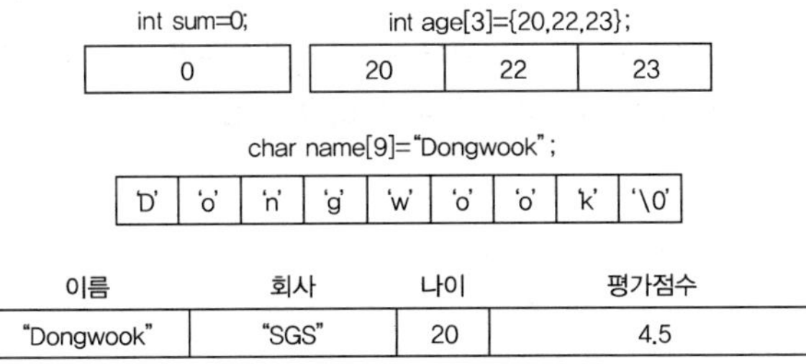

02 다음 그림은 변수와 배열, 구조체의 예를 보여준다. 배열은 타입이 같은 변수들만 묶어 정의할 수 있다. [문제 하단의 그림 참고]

정답 01 ① 02 ③

03 구조체 안의 특정 멤버들을 참조하려면 반드시 소속을 밝혀야 하므로 멤버 연산자를 사용해야한다. '.'(dot)연산자는 구조체의 멤버를 참조하는 연산자이고, * 연산자는 간접지정 연산자이다.

04 [문제 하단의 표 참고]
- 구조체 태그명 : student
- 구조체 변수명 : s
- 멤버명 : name, jumsoo

05 scanf() 함수에서 입력 값을 저장할 주소를 구하는 &는 '&구조체 변수명.멤버명'과 같이 맨 앞에 붙여야 하지만 name은 배열의 시작주소이므로 주소를 구하는 &연산자를 제외한다.

정답 03 ④ 04 ④ 05 ①

03 다음 중 구조체에 대한 설명으로 옳지 않은 것은?

① 구조체 안에 선언된 각각의 변수들을 멤버라고 한다.

② 구조체 선언에 사용되는 키워드는 struct이다.

③ 구조체 태그를 사용하면 태그를 이용하여 구조체 변수를 필요할 때마다 정의할 수 있다.

④ 구조체의 멤버를 참조하는 연산자는 *연산자이다.

※ 주어진 코드를 참고하여 물음에 답하시오. [4 ~ 5]

```
struct student {
    char name[10];
    int jumsoo;
};
struct student s[5];
```

04 다음 중 구조체 배열을 선언했을 때 두 번째 학생의 점수를 표현하기 위한 올바른 방법은?

① student(s[1], jumsoo);

② jumsoo2;

③ student(s[1] -> jumsoo);

④ s[1].jumsoo;

[형식] 구조체 멤버 참조	
구조체 변수명.멤버명	'구조체 변수명.멤버명' 전체가 한 개의 변수명처럼 사용한다.

05 주어진 구조체 정의에서 scanf() 함수를 통해 name[ ] 배열에 이름값을 입력하기 위한 올바른 방법은?

① scanf("%s",s.name);

② scanf("%s",&s.name);

③ scanf("%s",*s->name);

④ scanf("%s",&s->name);

06 구조체를 정의할 때에 대한 설명으로 옳지 않은 것은?

① 구조체는 struct 예약어를 사용하여 구조체임을 표시한다.

② 구조체 태그명은 사용자가 직접 정하는 구조체 자료형의 이름이다.

③ 구조체 정의는 {으로 시작해서 }로 끝난다.

④ 자료형 멤버는 선언문 형태로 순서대로 명시한다.

»🔍

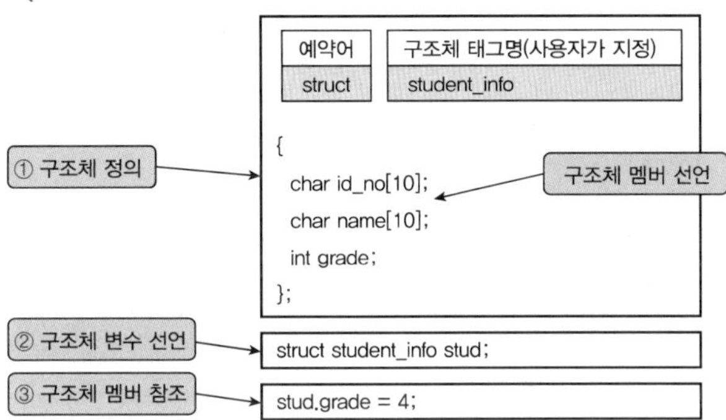

예약어
struct
구조체 태그명(사용자가 지정)
student_info
① 구조체 정의
{
char id_no[10];
char name[10];
int grade;
};
구조체 멤버 선언
② 구조체 변수 선언
struct student_info stud;
③ 구조체 멤버 참조
stud.grade = 4;

06 구조체의 정의는 {로 시작하여 }로 끝나고 끝에 ;를 반드시 붙여야 한다. [문제 하단의 그림 참고]

정답 06 ③

07 [문제 하단의 해설 내용 참고]

07 다음 중 구조체 변수의 선언 위치에 대한 설명으로 옳은 것은?

① 구조체 변수는 구조체 정의 내의 멤버 변수들과 같은 위치에서 선언한다.
② 구조체 변수는 구조체 템플릿을 정의하면서 곧바로 선언하기도 하지만, 일반적으로 구조체 템플릿을 정의한 후 선언한다.
③ 구조체 변수는 구조체 템플릿을 정의하면서 동시에 선언하지 못한다.
④ 구조체 변수는 반드시 구조체 템플릿을 정의하면서 선언해야만 한다.

»

구조체 변수의 선언 위치는 다음 그림과 같다.
구조체 변수명 : stud

struct student_info stud
{
char id_no[10]; //학번
char name[10]; //이름
int grade; //학년
};
	struct student_info
	{
	char id_no[10]; //학번
	char name[10]; //이름
	int grade; //학년
	}stud;

08 구조체 변수를 초기화할 때는, 구조체 정의 시 { } 안에 구조체 멤버의 초깃값을 ,(쉼표)로 구분하여 나열하되, 구조체를 정의할 때 명시한 멤버 순서와 같게 해야 한다.

08 구조체 변수의 초기화에 대한 설명으로 옳지 않은 것은?

① 구조체 변수도 변수이므로 선언하면서 초기화할 수 있다.
② 구조체 템플릿 정의 안에서 멤버를 선언하면서 초기화하는 것은 불가능하다.
③ 구조체 멤버의 초깃값을 ','로 구분하여 나열하되, 구조체를 정의할 때 명시한 멤버 순서와는 상관없이 정의할 수 있다.
④ 구조체 변수를 동시에 초기화하는 것은 배열을 선언하면서 초기화하는 것과 형식이 같다.

정답 07 ② 08 ③

09 다음과 같이 구조체를 정의한 후 구조체 변수(user)를 초기화하는 방법으로 옳은 것은?

```
struct person
{
    char name[7];     //학생의 이름을 선언
    char gender[3];   //학생의 성별을 선언
    int age;          //학생의 나이를 선언
} user;
```

① user.name = "김철수";
user.gender = "남";
user.age = 4;

② user.name = {"김철수"};
user.gender = {"남"};
user.age = 4;

③ user = {"남","김철수",20};

④ user = {"김철수","남",20};

»»

```
struct person
{
  char name[7];     //학생의 이름을 선언
  char gender[3];   //학생의 성별을 선언
  int age;          //학생의 나이를 선언
} user;
user.name = {"김철수"};
user.gender = {"남"};
user.age = 4;
```

09 멤버를 초기화할 때 구조체 정의에서 나타난 멤버 순서대로 초깃값들을 나열하여 저장한다. 그리고 선언문이 끝난 후에는 구조체 변수에 { }를 이용하여 초기화할 수 없으며, 다음과 같이 멤버별로 각각 초기화해야 한다. [문제 하단의 그림 참고]

정답 09 ②

10 다음 중 구조체 간의 대입에 대한 설명으로 옳지 않은 것은?

① 구조체 변수는 같은 구조체형일 경우 하나의 대입문으로 모든 멤버 간에 대입이 처리될 수 있다.

② 같은 구조체형 변수끼리는 구조체 단위로 대입문을 사용할 수 있다.

③ 구조체의 템플릿은 같고 구조체 태그명이 달라도 대입문을 사용할 수 있다.

④ 멤버별로 대입문을 사용할 필요 없이 하나의 대입문으로 해결할 수 있다는 것은 구조체의 큰 장점이다.

10 반드시 같은 자료형끼리만 가능하므로 구조체의 템플릿은 같더라도 구조체 태그명이 다르면 대입문을 사용할 수 없다. 그러나 각각의 멤버를 대입문으로 사용하면 멤버들간의 대입문은 가능하다.

11 자료형의 이름 재정의에 대한 설명으로 옳지 않은 것은?

① 자료형의 이름을 짧게 하고, 읽기 쉽게 하여 가독성을 좋게 한다.

② typedef는 새로운 자료형을 만드는 것으로, 기존의 자료형 이름 외에 편하게 사용할 수 있는 이름을 추가로 더 사용할 수 있게 하는 것이다.

③ 새로 정의한 자료형의 이름은 기존의 자료형 이름과 구분하기 위해 대문자를 이용한다.

④ 재정의 형식은 'typedef 기존의 자료형 이름 새로운 자료형 이름;'이다.

11 자료형의 이름 재정의란 C언어에서 변수를 선언하거나 캐스팅할 때 사용하는 자료형의 이름을 프로그래머가 원하는 대로 새로 정의하는 것이고, C언어에서 미리 정해둔 자료형 이름 대신에 새 이름을 추가로 정의하는 것으로 새로운 자료형을 만드는 것이 아니다.

정답 10 ③ 11 ②

12 다음 중 자료형의 이름을 재정의한 것으로 올바르지 않은 것은?

①
```
typedef struct person PERSON;
struct person user;
```
이름 재정의
```
struct PERSON user;
```

②
```
typedef double REAL;
double average;
```
이름 재정의
```
REAL average;
```

③
```
typedef double* DB;
double* ptr
```
이름 재정의
```
DB ptr;
```

④
```
typedef struct person PERSON;
struct person user;
```
이름 재정의
```
PERSON user;
```

12 구조체 태그명 앞에 struct 예약어까지 포함해서 이름을 재정의할 수 있다.

13 다음 중 구조체 배열에서 멤버를 참조하는 예와 주석으로 올바르지 않은 것은?

① user[0].age = 20; //첫 번째 user의 age(멤버)에 20을 대입한다.

② user[99].age = 20; //99번째 user의 age(멤버)에 20을 대입한다.

③ smart[0].price = 3000; //첫 번째 제품(smart)에 price(가격)를 대입한다.

④ smart[0].sale[3] = 200; //첫 번째 제품(smart)의 sale(4사분기 판매량)에 200을 대입한다.

13 구조체의 배열명[첨자]의 첨자는 0 ~(원소 수 − 1)까지의 원소로, 저장 순서에 따른 정수 값이고, 멤버참조는 .(dot)연산자를 사용하여 참조한다. 그리고 smart[0].sale[3] = 200;의 smart는 smart 배열의 첫 번째 원소로 product 구조체형이고, sale은 product 구조체형의 멤버인 sale 배열의 네 번째 원소이다.

정답 12 ① 13 ②

14 주어진 구조체 포인터 변수 선언에 대한 설명으로 올바르지 않은 것은?

```
struct person *ptr;
```

① *는 간접 참조 연산자로 포인터 변수가 가리키는 곳의 멤버의 값을 뜻한다.
② ptr은 person형의 구조체 데이터를 가리키는 포인터임을 선언한다.
③ ptr에 저장되는 것은 person형 구조체가 저장된 곳의 시작주소이다.
④ ptr은 주소를 저장하므로 일반 포인터 변수와 마찬가지로 4바이트가 할당된다.

14 struct person *ptr;
- '*'는 간접 참조 연산자로 포인터 변수가 가리키는 곳을 의미한다.
- ptr은 person형의 구조체 데이터를 가리키는 포인터임을 선언한다. 그러므로 ptr에 저장되는 것은 person형 구조체가 저장된 곳의 시작주소이다.
- ptr은 주소를 저장하므로 일반 포인터 변수와 마찬가지로 4바이트가 할당된다.

[문제 하단의 그림 참고]

※ 다음 내용을 참고하여 물음에 답하시오. [15 ~ 16]

(*ptr).age = 20;
단, ptr에는 구조체 shopper의 주소가 저장되어 있다.
shopper의 구조체 구조: shopper | "김유정" | "여" | 20 |

15 주어진 구조체 포인터를 사용한 간접참조에 대한 설명으로 올바르지 않은 것은?

① ptr이 가리키는 구조체의 age멤버에 20을 저장한다.
② 'shopper.age = 20;'과 같은 표현이다.
③ '*ptr'은 ptr에 저장된 주소에 해당하는 기억장소를 의미한다.
④ (*ptr).age = 20;은 *ptr.age = 20;과 같은 표현이다.

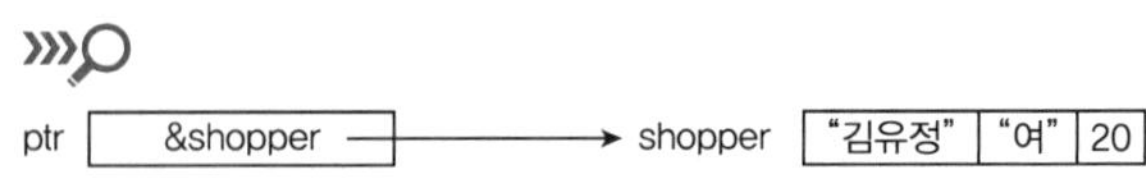

15 *(간접참조연산자)와 .(멤버연산자) 사용한 포인터를 통해 구조체 멤버를 참조하는 방법으로 (*ptr).age에서 ()를 생략하면 오류가 발생한다. 간접 연산자 '*'보다 '.'멤버연산자가 우선순위가 높으므로 *ptr.age는 *(ptr.age)로 해석되어 ptr의 age멤버가 가리키는 곳이 된다. ptr은 구조체가 아니라 구조체의 주소를 저장하는 포인터 변수이므로 age멤버가 없어 오류가 발생한다.
[문제 하단의 그림 참고]

정답 14 ① 15 ④

16 **주어진 [(*ptr).age = 20;] 와 동일한 멤버참조연산자로 옳게 표현한 것은?**

① *ptr.age = 20;　　② ptr->age = 20;
③ *ptr->age = 20;　　④ ptr.->age = 20;

16 구조체 포인터가 가리키는 구조체의 멤버를 참조할 때 *와 .를 이용하는 경우 ()를 사용하려면 불편하기 때문에 또 다른 표현 방법인 포인터 멤버연산자 ->를 사용할 수 있다.

17 **다음 중 공용체에 대한 설명으로 올바르지 않은 것은?**

① 하나의 공간을 서로 다른 두 변수가 같이 사용하는 것을 말한다.
② 공용체는 멤버들이 같은 공간을 공유하기 때문에 동시에 멤버 변수들의 값을 저장할 수 없더라도 동시에 여러 변수를 멤버에 따라 저장한다.
③ 공용체 변수의 크기는 멤버 중에서 크기가 가장 큰 멤버로 결정된다.
④ 공용체를 선언하고 사용하는 방법은 구조체와 비슷하며 구조체와 똑같은 방법으로 태그를 붙여서 사용하고, 구조체의 예약어 struct를 union으로 변경해서 사용한다.

17 공용체는 멤버들이 같은 공간을 공유하기 때문에 동시에 멤버 변수들의 값을 저장할 수 없으면 어떤 순간에는 하나의 멤버만 존재할 수 있다.

18 **다음 중 동적 할당 함수인 malloc() 함수 호출에 대한 설명으로 올바르지 않은 것은?**

```
자료형 *포인터 변수명;
포인터 변수명 = (자료형*)malloc(기억장소 크기);
```

① malloc() 함수는 지정한 크기의 기억장소를 할당받아 시작 주소를 반환한다.
② (자료형*)은 간접 참조 연산자로 쓰인다.
③ 포인터 변수는 동적으로 할당받은 기억장소의 시작 주소를 저장하는 데 사용된다.
④ malloc() 함수 호출로 할당받은 기억장소는 힙 영역이다.

18 (자료형*)은 동적 할당 기억장소의 시작 주소를 저장한 자료형의 포인터로 캐스팅한다.

정답 16 ② 17 ② 18 ②

19 [문제 하단의 해설 내용 참고]

19 동적 할당된 메모리 중 가장 많은 기억장소를 할당받는 것은?

① int *ptr ;
ptr = (int*) malloc(sizeof(int));

② char *ch;
ch = (char*)malloc(sizeof(char)*10);

③ int *score = (int*)malloc(sizeof(int)*5);

④ int *ptr ;
ptr = (int*) malloc(sizeof(int)*4);

»»

①

int *ptr ;
ptr = (int*)malloc(sizeof(int));

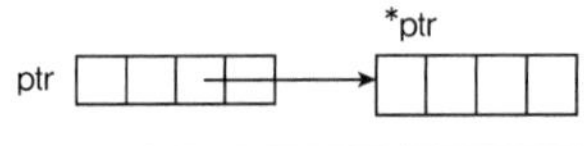

int형은 4바이트이므로 4바이트의 기억공간이 할당되고 ptr에 시작 주소가 저장된다.

②

char *ch;
ch = (char*)malloc(sizeof(char)*10); //10바이트의 기억공간이 할당된다.

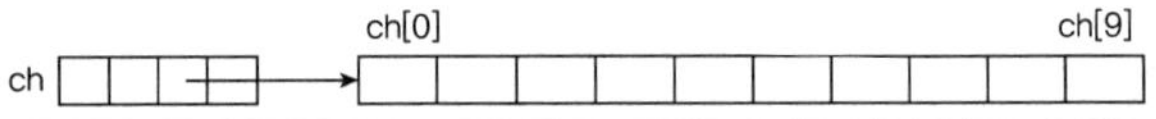

③

int *score;
score = (int*)malloc(sizeof(int)*5);와 같은 표현이다.
int *score = (int*)malloc(sizeof(int)*5); //20바이트의 기억공간이 할당된다.

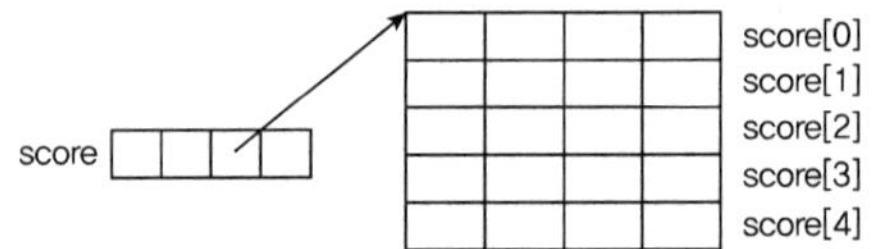

④

int *ptr ;
ptr = (int*)malloc(sizeof(int)*4); //16바이트의 기억공간이 할당된다.

정답 19 ③

20 **주기억장치의 네 가지 영역에 대한 설명으로 옳지 않은 것은?**

① 코드 영역은 CPU에게 내리는 명령어 코드를 모아둔 영역이다.

② 데이터 영역은 코드에서 처리할 데이터만 모아둔 영역으로 저장되는 변수는 전역 변수와 정적 변수뿐이다.

③ 힙 영역은 동적으로 할당된 기억장소이다.

④ 스택 영역은 함수의 프로그램을 실행하는 동안 크기가 결정되는 동적자료가 저장되는 곳이다.

20 스택 영역은 함수의 매개변수와 지역 변수가 저장되는 기억장소이다. 지역 변수는 프로그램이 실행되면서 함수가 실제로 호출되면 기억공간을 할당받으므로, 함수가 호출되었을 때 매개변수와 함수의 지역 변수를 위해 할당하는 기억장소이다.

※ 다음과 같이 직원의 사원번호, 이름, 자녀수, 기본급을 저장하기 위한 user_info 구조체를 정의할 때, 물음에 답하시오. [21 ~ 22]

	no	name	children	pay
user_info	사원번호 (7자리 숫자와 문자조합)	이름 (최대 한글 4자)	자녀수	급여

struct user_info user;　　　//구조체 변수 선언한다.

21 **구조체 user_info를 정의한 것으로 가장 올바른 것은?**

①
```
struct user_info {
  char no[8];
  char name[10];
  int children;
  double pay;
};
```

②
```
struct user_info {
  char no[7];
  char name;
  int children;
  double pay;
}
```

③
```
struct user_info {
  char no[8];
  char name[10];
  int children;
};double pay;
```

④
```
struct user_info {
  char no[7];
  char name[10];
  int children;
  double pay;
};
```

»»

	no	name	children	pay
user_info	사원번호 (7자리 숫자와 문자조합)	이름 (최대 한글 4자)	자녀수	급여
	배열[8] = 7숫자 + 1문자	한글 한 문자 2바이트로 8문자 이상	int형	실수형

21 [문제 하단의 해설 내용 참고]

정답 20 ④ 21 ①

22 no와 name 멤버가 char형 배열로 선언되었으므로 배열명이 각 배열의 시작 주소를 반환된다. 그러므로 scanf() 함수에서 &연산자를 사용하지 않는다.

23 특별히 지정된 값이 없으면 시작 값부터 +1씩 증가한다. sat = 10은 값을 지정하였으므로 이전 열거형 값의 증가와 무관하다.

24 공용체의 크기는 가장 큰 멤버 변수의 크기로 지정된다.
char : 1바이트,
int형 : 4바이트,
double형 : 8바이트

정답 22 ① 23 ④ 24 ④

22 정의한 user_info형 구조체 변수 user에 직원의 정보를 입력하는 코드로 잘못 표현된 것은?

① printf("(1) 사원번호? "); scanf("%s", &user.no);
② printf("(2) 이름? "); scanf("%s", user.name);
③ printf("(3) 자녀수? "); scanf("%d", &user.children);
④ printf("(4) 기본급? "); scanf("%d", &user.pay);

23 주어진 열거형에서 각 데이터의 실제값으로 올바르지 않은 것은?

```
enum week{sun = -5, mon, tue, wed, thu, fri, sat = 10};
```

① sun : −5　　② mon : −4
③ tue : −3　　④ sat : 0

24 주어진 코드의 출력 결과로 옳은 것은?

```
#include <stdio.h>
int main(void)
{
union example{
char a;
int b;
double d;
};
printf("공용체의 크기 : %d", sizeof(union example));
```

① 공용체의 크기 : 2　　② 공용체의 크기 : 3
③ 공용체의 크기 : 6　　④ 공용체의 크기 : 8

25 주어진 코딩에 구조체 포인터를 사용해서 국어점수 90점을 입력할 수 있도록 빈칸을 채운 것으로 옳은 것은?

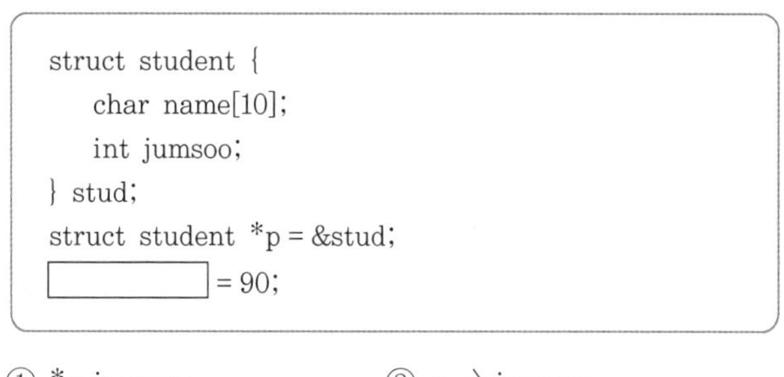

```
struct student {
    char name[10];
    int jumsoo;
} stud;
struct student *p = &stud;
[        ] = 90;
```

① *p.jumsoo　　② p -> jumsoo

③ stud -> jumsoo　　④ p.jumsoo

p　&stud → stud　name　jumsoo

25 구조체 포인터를 사용한 구조체 멤버 참조 방법에는 '*'와 '.' 방법과 '->' 방법이 있다.
p -> jumsoo = 90;과 stud.jumsoo = 90이 같은 표현이다.
[문제 하단의 그림 참고]

26 person 구조체에서 정의된 구조체 변수 user의 pay라는 멤버가 있다. 이 멤버를 올바르게 참조한 것은?

① user.pay　　② user -> pay

③ (*user).pay　　④ user-pay

26 '구조체 변수명.멤버명' 전체를 한 개의 변수명처럼 사용할 수 있다.

27 포인터 변수 p는 person 구조체로 정의된 구조체 변수 user를 가리킨다. person 구조체는 pay라는 멤버를 가진다. 포인터 변수 p를 이용하여 pay를 올바르게 참조한 것은?

① p -> pay　　② p.pay

③ *p.pay　　④ user -> pay

27 ② . 연산자는 구조체 변수에서 멤버를 참조할 때 사용되며, 포인터에서는 사용할 수 없다.
③ *p는 포인터가 가리키는 구조체를 의미하며, . 연산자와 조합하여 (*p).pay로 사용해야 한다.
④ -> 연산자는 구조체 포인터에서만 사용 가능하다.

정답 25 ②　26 ①　27 ①

Self Check로 다지기 | 제7장

구조체는 프로그래머가 직접 정의해서 사용할 수 있는 사용자 정의 자료형(user-defined data type)으로, 서로 관련된 다양한 자료형의 여러 값을 하나의 단위로 묶어서 편리하게 관리하고 사용할 수 있게 한다.

이름	회사	나이	평가점수
"Dongwook"	"SGS"	20	4.5

구조체를 이용하여 저장한 Dongwook에 관련된 4개의 정보

구조체 사용 단계

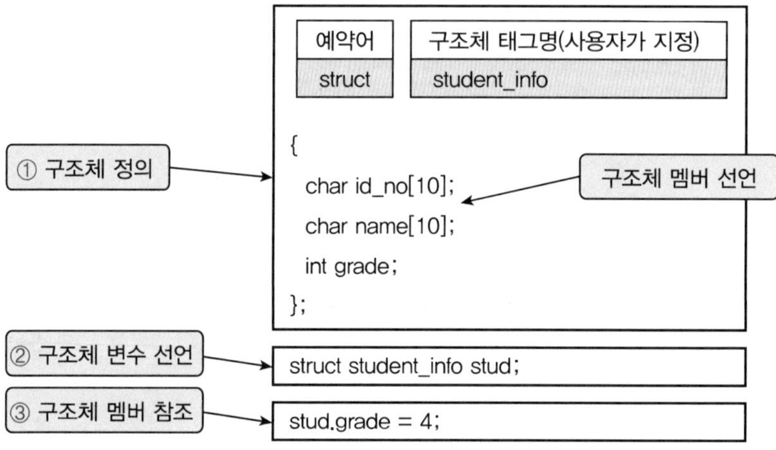

예약어
struct
구조체 태그명(사용자가 지정)
student_info
① 구조체 정의
{
char id_no[10];
char name[10];
int grade;
};
구조체 멤버 선언
② 구조체 변수 선언
struct student_info stud;
③ 구조체 멤버 참조
stud.grade = 4;

구조체 배열

배열은 자료형이 같은 여러 값을 저장할 수 있으므로 구조체형 배열도 가능하다.

① 구조체 템플릿을 정의

```
struct person
{
   char name[7];   //최대 6개의 문자로 된 이름을 저장할 배열 선언
   char gender[3]; //"남" 또는 "여" 문자열을 저장할 배열 선언
   int age;        //나이를 저장할 변수 선언
};
```

② 구조체 배열 선언과 초기화 및 배열 원소 참조

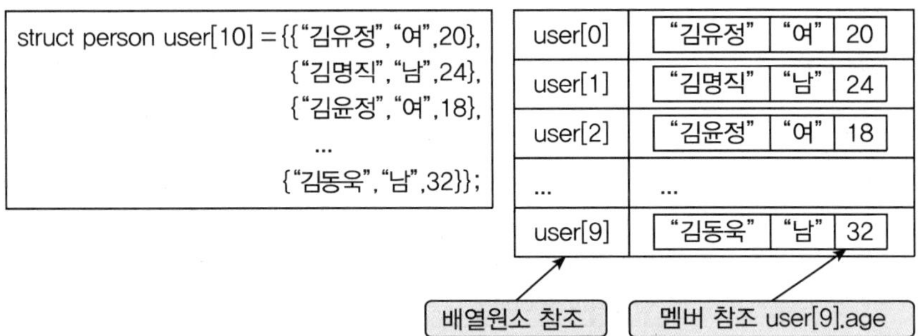

구조체 포인터

구조체의 시작 주소값을 저장하는 구조체 포인터에 대해 *(간접 연산자)와 .(멤버 연산자)를 조합하거나 ->(멤버 연산자)를 사용하여 구조체를 참조할 수 있다.

① 포인터 변수의 선언

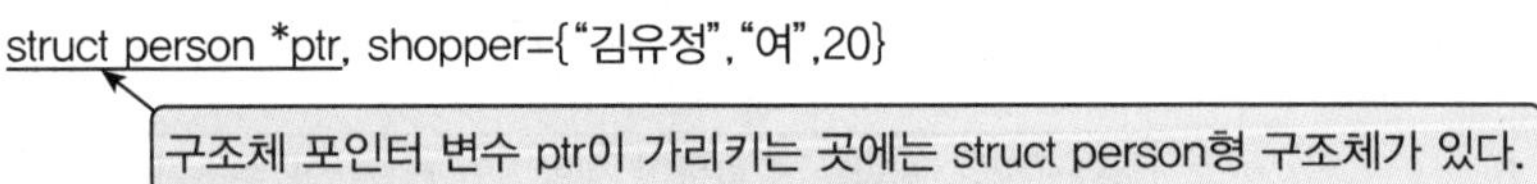

② 포인터가 특정 구조체를 가리키게 하기

```
ptr = &shopper;
```

ptr | &shopper | → shopper | "김유정" | "여" | 20 |

③ 포인터를 통한 구조체 멤버 참조

*(간접 참조 연산자)와 .(멤버 연산자) 사용하기: (*ptr).age = 20;
->(멤버 연산자) 사용하기 : ptr -> age = 20;

함수 간에 구조체 전달

① 값에 의한 호출 방식

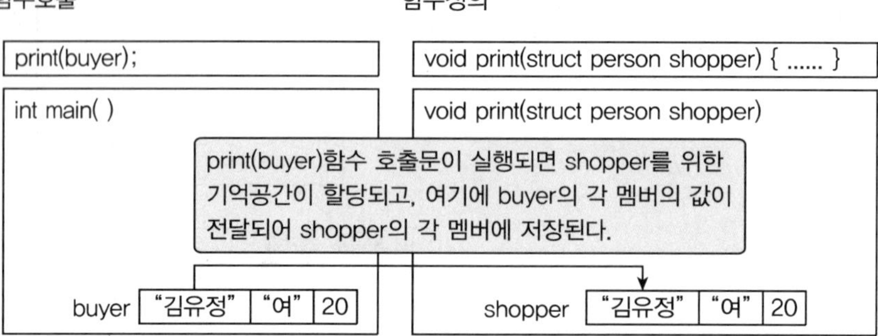
함수호출
함수정의
print(buyer);
void print(struct person shopper) { ...... }
int main( )
void print(struct person shopper)
print(buyer)함수 호출문이 실행되면 shopper를 위한 기억공간이 할당되고, 여기에 buyer의 각 멤버의 값이 전달되어 shopper의 각 멤버에 저장된다.
buyer "김유정" "여" 20
shopper "김유정" "여" 20

② 주소에 의한 호출 방식

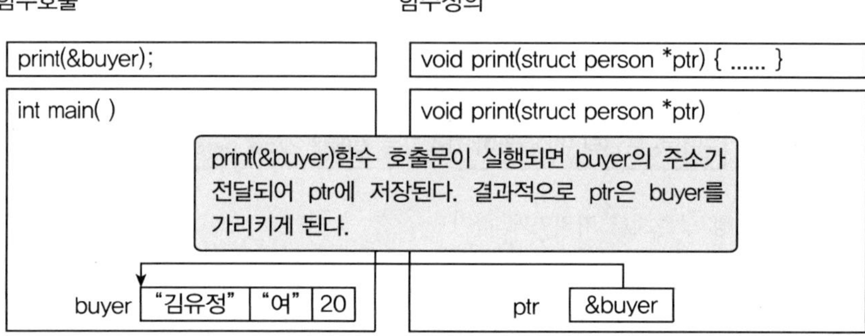
함수호출
함수정의
print(&buyer);
void print(struct person *ptr) { ...... }
int main( )
void print(struct person *ptr)
print(&buyer)함수 호출문이 실행되면 buyer의 주소가 전달되어 ptr에 저장된다. 결과적으로 ptr은 buyer를 가리키게 된다.
buyer "김유정" "여" 20
ptr &buyer

공용체(union)

같은 메모리 영역을 여러 개의 변수들이 공유할 수 있게 하는 기능으로 메모리를 절약하기 위해 사용한다. 공용체는 멤버들이 같은 공간을 공유하기 때문에 동시에 멤버 변수들의 값을 저장할 수 없으면 어떤 순간에는 하나의 멤버만 존재할 수 있다. 구조체에서 각 멤버는 독립된 공간을 할당받고, 공용체에서는 가장 큰 멤버의 크기만큼의 메모리가 할당된다.

공용체의 구조

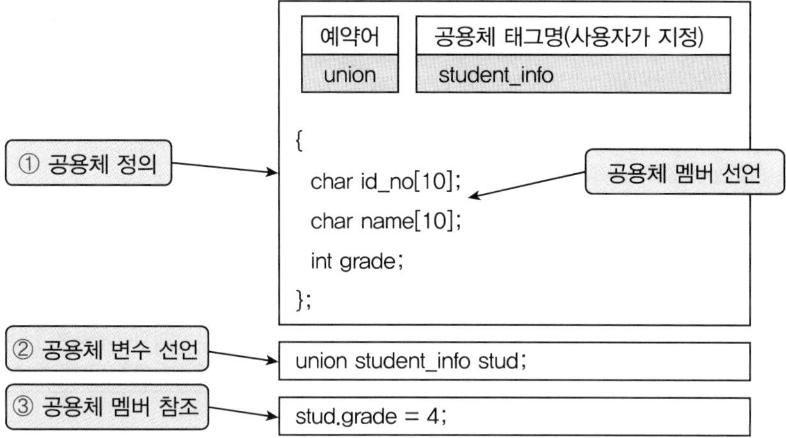
예약어
union
공용체 태그명(사용자가 지정)
student_info
① 공용체 정의
{
char id_no[10];
char name[10];
int grade;
};
공용체 멤버 선언
② 공용체 변수 선언
union student_info stud;
③ 공용체 멤버 참조
stud.grade = 4;

열거형 : 열거형이란 변수가 가질 수 있는 값들을 나열해 놓은 자료형이다. 즉 변수가 가질 수 있는 값들을 나타내는 상수들을 모아 놓은 자료형이다. 열거형으로 선언된 변수는 열거형에 정의된 상수들만을 가질 수 있다.

① 열거형의 예

```
enum days{SUN, MON, TUE, WED, THU, FRI, SAT};
enum colors { white, red, blue, green, black };
enum boolen { false, true };
enum levels { low, medium, high };
enum car_types { sedan, suv, sports_car, van_pickup, convertible };
```

② 열거형 기호 상수들의 값

```
enum days{SUN, MON, TUE, WED, THU, FRI, SAT};
• SUN = 0, MON = 1, …
enum days{SUN = 1, MON, TUE, WED, THU, FRI, SAT};
• SUN = 0, MON = 1, …
enum days{SUN = 7, MON = 1, TUE, WED, THU, FRI, SAT = 6};
• SUN = 7, MON = 1, TUE = 2, SAT = 6, …
```

③ 다른 방법과의 비교

정수사용	기호상수	열거형

switch(code){
case 1:
printf("LCDTV\n");break;
case 2:
printf("OLEDTV\n");break;
}
	#define LCD 1
	#define OLED 2
	…
	switch(code){
	case LCD:
	printf("LCDTV\n");break;
	case OLED:
	printf("OLEDTV\n");break;
	}
		enum tvtype{LED,OLED};
		enum tvtype code;
		…
		switch(code){
		case LCD:
		printf("LCDTV\n");break;
		case OLED:
		printf("OLEDTV\n");break;
		}

컴퓨터는 알기 쉬우나 사람은 기억하기 쉽지 않다.	기호 상수를 작성할 때 오류를 예방할 수 있다.	컴파일러에 중복이 일어나지 않도록 가독성과 이해도를 높일 수 있다.

동적 기억 할당

정적 할당은 실행 전 컴파일 시점에 변수나 배열에 필요한 기억장소의 크기가 결정된다. 반면 동적 할당은 프로그램을 실행하면서 실제로 필요한 만큼의 기억장소를 힙 영역에서 할당받아 사용하고 더 이상 필요하지 않는다면 다음 동적 할당이나 다른 프로그램에서 사용할 수 있도록 해제한다. 그러므로 동적 메모리 할당을 이용하면 기억장소를 낭비하지 않고 효율적으로 사용할 수 있다.

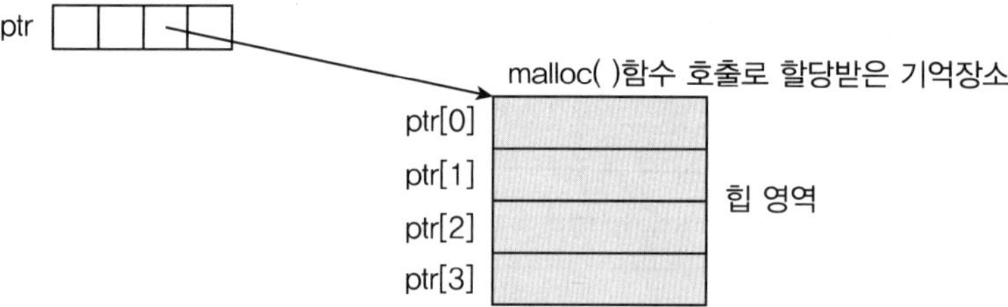

① int *ptr;
동적 할당을 받은 기억장소를 가리킬 포인터 선언

② ptr = (int*) malloc(sizeof(int)*4);
malloc() 함수를 호출하여 4만큼의 int형 값을 저장할 수 있는 기억장소를 할당받은 후 ptr을 가리킨다.

③ ptr을 일반 int형 배열명으로 사용하여 할당받은 기억장소를 참조할 수 있다.

④ free(ptr);
할당받은 기억장소가 더 이상 필요 없다면, 해제하여 다른 동적 할당에 사용되게 한다.

제 8 장

파일처리함수

당신이 저지를 수 있는 가장 큰 실수는 실수를 할까 두려워하는 것이다.

– 앨버트 하버드 –

제 8 장 파일처리함수

제1절 파일 입・출력

지금까지는 프로그램에서 필요한 데이터를 입력받을 때 사용자가 직접 키보드로 입력하거나, 데이터를 프로그램의 변수에 직접 초기화해서 결과를 출력하여 모니터로 표시하였다. 그런데 키보드 입력은 프로그램을 실행할 때마다 매번 똑같은 데이터를 사용자가 직접 입력해야 하는 번거로움이 있고, 모니터 출력은 프로그램의 실행결과 창을 닫으면 출력 내용이 모두 사라지며 화면을 스크롤업하면서 결과를 확인해야 하는 불편함이 있었다. 특히 입력할 데이터나 출력할 결과가 많을 때는 시간이 더 들고 번거롭다. 이 같은 불편함을 해결하는 방법이 데이터를 미리 저장한 파일로부터 입력을 받고 결과를 파일로 저장하는 것이다.

C언어는 프로그램에서 데이터나 결과를 보조기억장치에 파일로 저장하거나 파일에 저장된 데이터를 프로그램으로 읽어오도록 파일 입・출력에 필요한 함수를 제공한다.

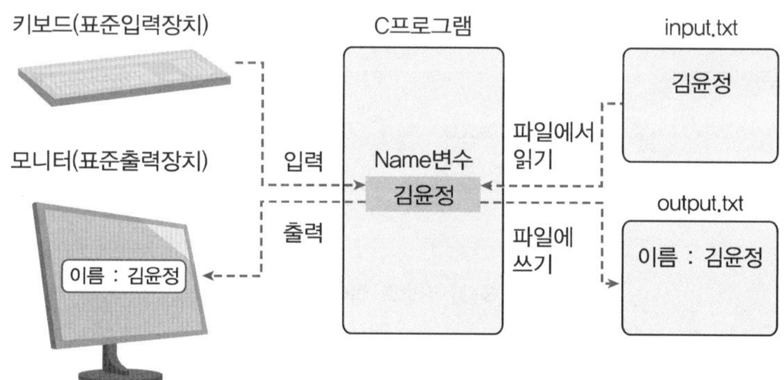

[그림 8-1] 표준 입・출력과 파일 입・출력

1 파일

파일(file)은 디스크나 자기 테이프 등과 같은 보조기억장치에 파일명으로 저장된 물리적인 데이터 집합체이다. 파일은 저장된 내용의 용도에 따라 프로그램 파일과 데이터 파일로 나눌 수 있다.

(1) 프로그램과 데이터

① **프로그램** : 특정 문제를 해결하기 위해 CPU가 실행할 명령을 모아둔 파일로, 한글프로그램, 파워포인트 프로그램, 엑셀 프로그램, 포토샵 프로그램, C프로그램 등이 이에 해당된다.

② **데이터** : 프로그램 파일이 실행되면서 처리할 데이터 또는 프로그램 실행 동안 처리한 결과를 모아 둔 파일이다.

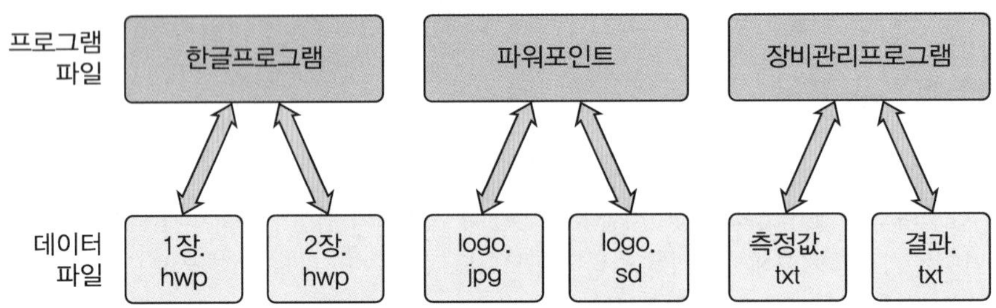

[그림 8-2] 프로그램 파일과 데이터 파일

(2) 파일을 통한 입·출력

[그림 8-3]은 표준 입·출력을 통한 입·출력에서는 키보드에서 입력(input)을 받고 모니터로 출력(output)을 하고, [그림 8-4]는 파일을 이용한 입·출력에서 파일로부터 읽고(read) 파일에 쓴다(write).

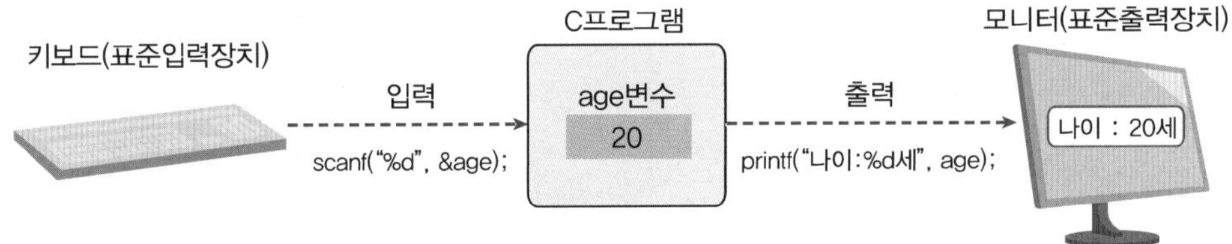

[그림 8-3] 키보드 입력과 모니터 출력

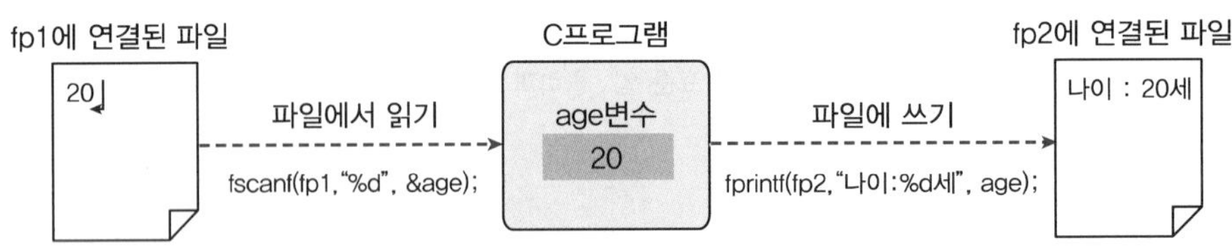

[그림 8-4] 파일 읽기와 쓰기

[그림 8-4]는 age의 값을 파일에서 입력받으므로 사용자가 키보드에 입력할 필요가 없다. 그러므로 프로그램이 실행되는 동안 사용자에게 상황에 맞는 선택을 입력받거나 사용자마다 다른 데이터를 입력받아야 할 때는 표준입력장치를 사용하는 것이 편리하다. 반대로 미리 정해진 많은 데이터를 입력할 때는 디스크에 저장된 파일에서 프로그램 변수나 배열로 일괄 입력받는 것이 편리하다. 여기서 입력용으로 사용되는 파일은 프로그램 실행결과로 만들어진 파일과 메모장이나 비주얼 C++에서 텍스트 파일로 만든 것 모두 가능하다.

(3) 파일에 저장된 데이터 형식에 따른 분류 중요 기출

① **텍스트(text) 파일** : 파일 내용을 화면이나 프린터로 출력해서 볼 때 사람이 알고 있는 문자로 표시되고, 지금까지 사용자가 키보드로 직접 입력해서 만든 프로그램 소스 파일이나 메모장에서 작성한 파일들이다.

② **이진(binary) 파일** : 사람에게는 의미가 없는 이상한 문자로 표시되어 컴퓨터의 특정 프로그램에 의해서만 읽을 수 있는 파일이다.

예 프로그램 실행 파일, 음악 파일, 이미지 파일 등

(4) 파일의 접근 방식에 따른 분류 중요

① **순차(sequential) 파일** : 데이터를 처음부터 순차적으로 읽거나 쓰기 때문에 이미 읽은 데이터를 다시 읽으려면 파일을 닫은 다음 다시 열고, 파일의 맨 처음부터 읽어서 원하는 위치까지 이동하여 데이터를 읽어야 하는 파일이다.

② **랜덤(random) 파일** : 파일의 어느 위치든지 곧바로 이동하여 읽고 쓰는 것이 가능한 파일로 어떤 파일이든지 순차적으로 접근할 수도 있고 임의적으로 접근할 수도 있다.

2 파일 처리 과정 중요

scanf() 함수는 입력장치를 무조건 표준입력장치인 키보드로 간주하지만, 파일로부터 읽을 때는 수많은 파일 중 어떤 파일에서 입력을 할지 명시해야 한다. 따라서 파일 입・출력을 할 때는 다음과 같은 네 단계를 거친다.

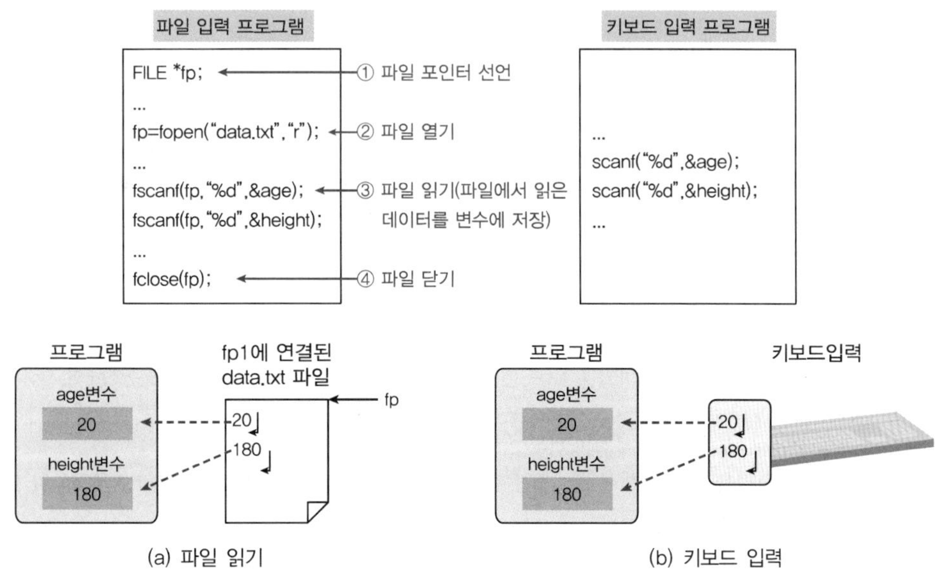

[그림 8-5] 파일 처리 과정

① 파일 포인터 선언: 수많은 파일 중 하나를 지정하고, 이 파일에서 읽기/쓰기를 하는 데 필요한 정보를 가리키는 FILE형 포인터를 선언해야 한다.
② 파일 열기: 입·출력을 원하는 파일을 사용할 수 있도록 open한 후에 FILE형 포인터와 연결한다.
③ 파일 읽기: 파일 입·출력 함수를 이용하여 이 포인터에 연결된 파일로부터 데이터 읽기/쓰기를 한다.
④ 파일 닫기: 파일의 모든 입·출력이 끝나면 열린 파일과 FILE형 포인터와의 연결을 해제하여 파일을 닫는다.

(1) 파일 포인터 선언

파일을 사용하기 위해서는 FILE형 **포인터**가 필요하다. FILE은 헤더파일 stdio.h에 정의된 구조체 자료형으로 파일에서 읽고 쓰기를 하는 데 필요한 복잡한 정보를 저장하는 여러 멤버로 구성된다. FILE형 포인터는 파일과 관련된 정보가 들어있는 FILE 구조체를 가리키는 데 사용되므로 정확히는 'FILE 구조체형 포인터 변수'라고 해야 하지만 간단히 줄여 파일 포인터라고도 한다. 이 파일 포인터는 파일 읽기/쓰기 함수를 호출할 때 작업 대상인 파일의 정보를 전달하는 인수로 사용되므로 **파일 포인터가 할당되어 있는 파일에 대해서만 읽기/쓰기를 할 수 있다.**

[형식] 파일 포인터 선언

FILE *파일 포인터 변수명

```
FILE *fp, *fw; //fp와 fw를 파일 포인터로 선언한다.
```

(2) 파일 열기: fopen() 함수 기출

파일에서 읽기/쓰기를 하기 위해서는 **파일을 open하는** 작업을 먼저 해야 한다. 파일 열기는 운영체제에게 이 파일을 사용하겠다고 요청하는 것이다. 파일을 열지 않고는 파일을 참조할 수 없다. C언어에서 단순히 파일을 열었다고 해서 파일을 참조할 수 있는 것이 아니고 방금 연 파일의 읽기/쓰기에 필요한 정보가 든 FILE 구조체를 파일 포인터와 연결시켜야 한다.

[형식] 파일 열기: fopen() 함수

파일 포인터 변수명 = fopen("파일명", "모드");

- fopen 함수가 "파일명"의 파일을 "모드"에 맞게 open한 후 파일의 정보가 든 FILE 구조체의 시작주소를 반환하면 그 주소가 파일 포인터 변수에 저장됨으로써 파일 포인터가 방금 열린 파일에 연결된다.
- 파일 열기에 실패하면 0에 해당하는 NULL이란 상수를 반환한다.
- "모드"는 파일을 읽기 위해서 "r", 쓰기 위해서 "w" 등을 지정하는 것으로 파일의 참조모드와 형태모드를 조합해서 사용한다.

① 파일 참조 모드

[표 8-1] 파일 참조 모드

모드	용도	모드	용도	주의사항
r	읽기 전용	r+	읽기/쓰기	"파일명"의 파일이 없다면 오류로 NULL을 반환한다.
w	쓰기 전용	w+	읽기/쓰기	파일의 원래 내용을 모두 지운 후 처음부터 쓴다. "파일명"의 파일이 없다면 새로 만든다.
a	추가 전용	a+	읽기/쓰기	파일의 내용 끝에 데이터를 추가(append)한다. "파일명"의 파일이 없다면 새로 만든다.

② 파일 형태 모드

[표 8-2] 파일 형태 모드

모드	파일 형태	사용 예
t	텍스트 파일	"wt": 텍스트 파일로서 쓰기 전용으로 open한다. "wb": 이진 파일로서 쓰기 전용으로 open한다. "w": 파일 형태 모드가 없으면 텍스트 모드로 지정된다.
b	이진 파일	

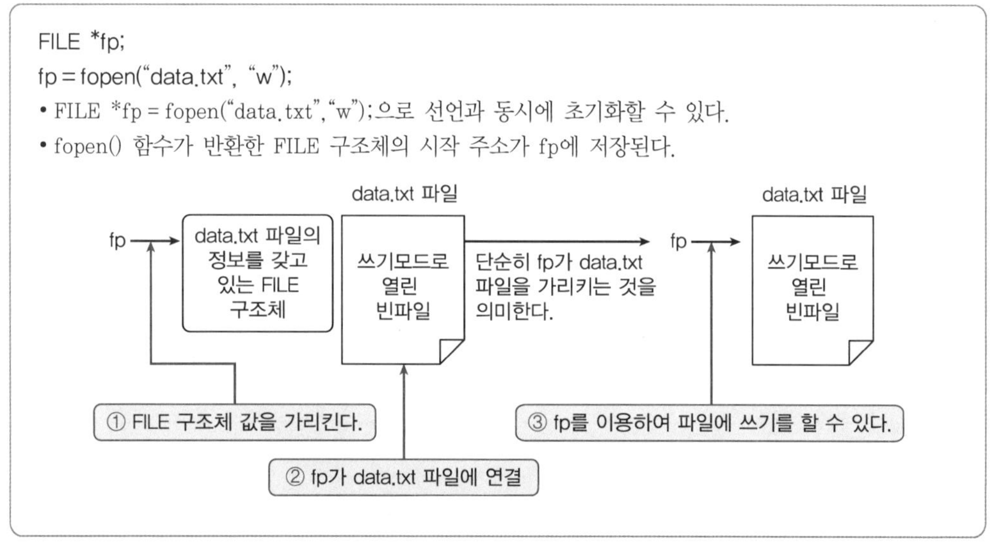

[그림 8-6] 쓰기 모드로 open된 파일에 연결된 파일 포인터 fp의 예

파일명을 지정할 때 "data.txt"와 같이 파일명만 명시하면 현재 작업 중인 C++ visual studio 프로젝트 폴더 안에서 파일을 찾으며, 파일명을 드라이브 명부터 절대 경로로 "C:\\C언어실습\\data.txt"로 명시하면 프로젝트 폴더와 상관없이 절대경로에서 파일을 찾는다. 절대경로에 포함된 '\\'는 실제로 '\'를 의미하는 이스케이프 문자이다.

③ NULL문자의 반환

fopen() 함수가 실패하여 NULL을 반환한 경우에는 파일과 관련된 어떠한 작업도 더 이상 처리 할 수 없다. 그러므로 이 경우에는 보통 프로그램을 강제로 종료하도록 exit(1);을 실행한다.

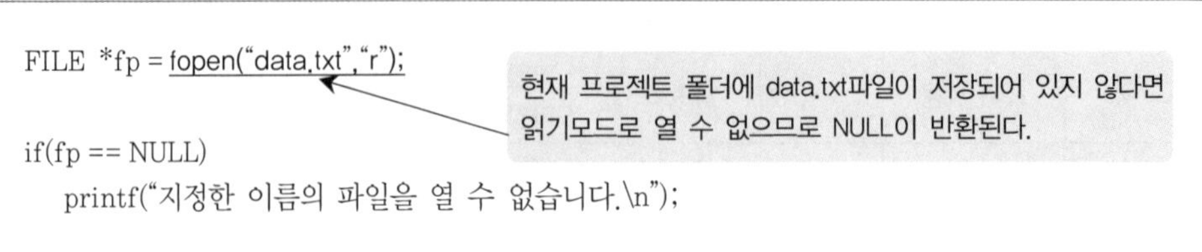

```
FILE *fp = fopen("data.txt","r");

if(fp == NULL)
    printf("지정한 이름의 파일을 열 수 없습니다.\n");
```

현재 프로젝트 폴더에 data.txt파일이 저장되어 있지 않다면 읽기모드로 열 수 없으므로 NULL이 반환된다.

(3) 파일 입·출력 함수

파일 입·출력을 위해 C언어에서 제공하는 라이브러리 함수는 [표 8-3]과 같다. 이진 파일도 문자나 문자열 단위로 입·출력을 할 수는 있지만 매우 까다롭기 때문에 생략한다.

[표 8-3] 파일 입·출력 함수와 표준 입·출력 함수

처리대상	처리단위	파일입력	표준입력	파일출력	표준출력
텍스트 파일	지정형식 단위	fscanf()	scanf()	fprintf()	printf()
	문자 단위	fgetc()	getchar(), getch()	fputc()	putchar(), putch()
	문자열 단위	fgets()	gets()	fputs()	puts()
이진 파일	블록	fread()		fwrite()	

(4) 파일 닫기 : fclose() 함수 기출

파일 읽기나 파일 쓰기가 끝나면 프로그램 종료 전에 **열린 파일들을 반드시 닫아주어야** 한다. 파일을 닫기 위해서는 fclose() 함수를 이용하여 현재 열린 파일과 파일 포인터의 연결을 해제해야 한다.

[형식] 파일 닫기 : fclose() 함수

fclose(파일 포인터 변수명);	• 파일 포인터명과 연결된 파일이 닫히며 파일 포인터와의 연결이 해제된다. • 연결이 해제된 파일 포인터는 다음 파일에서 다시 연결하여 사용할 수 있다. • 파일 닫기에 성공하면 0을, 실패하면 -1에 해당하는 EOF(End Of File)라는 상수를 반환한다.

fclose(fp);	fp = fopen("data.txt","w";로 fp에 연결된 data.txt 파일을 닫고 fp와의 연결을 해제한다.

예제 8-1

파일 열기와 닫기의 예

분석

파일을 읽기모드로 열어 성공적으로 열렸는지를 검사하고, 마지막에 파일을 닫는다. 읽기용 파일의 이름은 사용자에게서 직접 입력받으며 파일 열기에 실패하면 프로그램을 강제로 종료한다.

해설

```
1   #include 〈stdio.h〉  //fopen, fclose 함수를 위한 헤더 파일
2   #include 〈stdlib.h〉  //exit 함수를 위한 헤더 파일
3
4   int main()
5   {
6      FILE *fp;              //파일 포인터 선언
7      char filename[80];     //사용자가 입력한 파일명을 저장할 배열
8
9      printf(“열고 싶은 파일명을 입력하세요.”);
10     gets(filename);        //파일명을 직접 입력받기, scanf(“%s”, filename);
11
12     fp = fopen(filename, “r”);   //파일을 읽기용으로 열어 fp와 연결하기
13     if (fp == NULL)        //파일 열기에 실패한 경우
14     {
15        printf(“\n열기 에러: %s 파일이 있는지 확인해보세요.\n”, filename);
16        exit(1);            //프로그램 강제 종료
17     }
18     printf(“\n파일을 읽기 모드로 성공적으로 열었습니다.”);
19     fclose(fp);         //파일 닫기
20     printf(“\n파일을 닫고 프로그램을 종료합니다.\n”);
21
22     return 0;
23  }
```

[그림 8-7]

㉠ 1행 : fopen(), fclose() 함수는 〈stdio.h〉 헤더 파일에 포함되어 있다.

㉡ 2행 : exit() 함수를 사용하기 위해 〈stdlib.h〉 헤더 파일을 포함해야 한다.

㉢ 6행 : fp 파일 포인터를 선언한다.

㉣ 7행 : 사용자가 입력한 파일명을 저장하기 위한 배열을 선언한다.

㉤ 10행 : 파일명을 직접 입력받는다. 'scanf(“%s”, filename);'과 동일하다.

ⓗ 12행 : 입력된 파일을 읽기용으로 open해서 fp와 연결한다. 단, open할 파일의 위치를 다음과 같이 고려해야 한다.

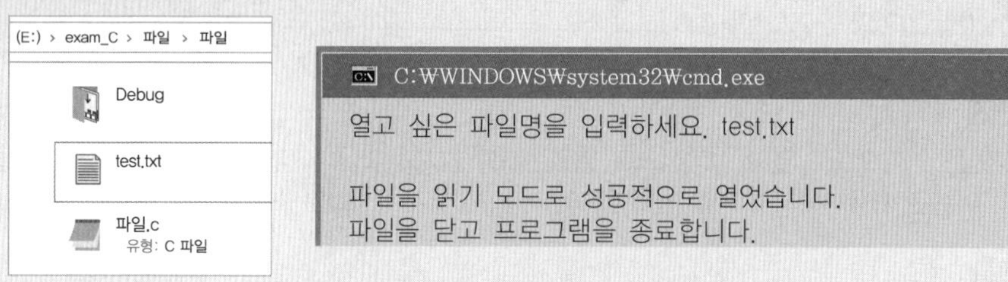

(a) C++프로젝트 폴더 내에 open할 파일이 있는 경우

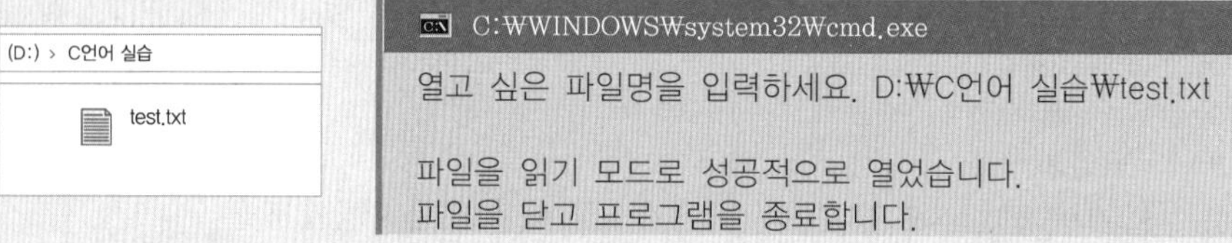

(b) 사용자가 지정한 절대주소 'D:\C언어 실습' 폴더 내에 open할 파일이 있는 경우

[그림 8-8] 입력할 파일의 위치와 파일 열기

[그림 8-8]의 (a)는 C++프로젝트 폴더이름(파일), 코드이름(파일.c)이다.

ⓢ 13 ~ 17행 : 파일 열기가 실패한 경우 data.txt파일이 저장되어 있지 않다면 읽기모드로 열 수 없으므로 NULL을 반환하고, 프로그램을 종료한다.

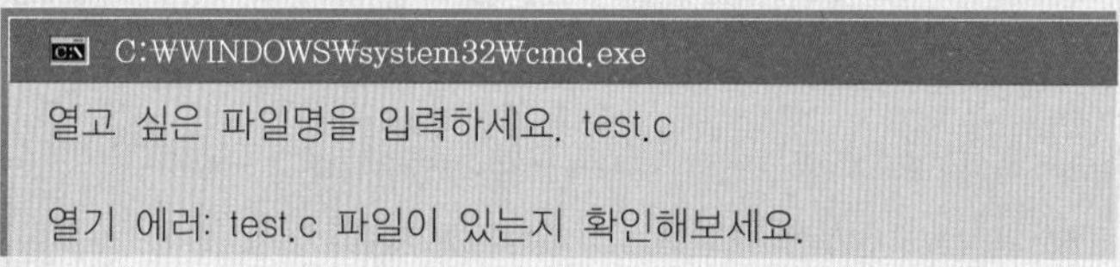

C:\WINDOWS\system32\cmd.exe
열고 싶은 파일명을 입력하세요. test.c
열기 에러: test.c 파일이 있는지 확인해보세요.

[그림 8-9] 입력한 이름의 파일이 없는 경우

입력한 이름의 파일이 없거나, [그림 8-8]의 위치에 있는 파일과 파일이름이 동일하지 않은 경우 프로그램이 종료된다.

ⓞ 19행 : 파일의 모든 입・출력이 끝나면 열린 파일과 FILE형 포인터와의 연결을 해제하여 파일을 닫는다.

3 형식을 지정한 파일 입・출력

키보드에서 데이터를 입력할 때나 모니터로 결과를 출력할 때 정수, 실수, 문자 등 특정 형식에 맞게 입력하거나 출력하는 scanf()와 printf() 함수가 있다. 이처럼 파일에 데이터를 쓰거나 파일에서 읽어올 때도 scanf()와 printf() 함수와 같이 형식에 맞추어 읽고 쓰는 fscanf()와 fprintf() 함수가 있다. fgetc()와 fputc() 함수는 파일에서 문자 단위로 읽기와 쓰기를, fgets()와 fputs() 함수는 문자열 단위로만 읽기와 쓰기를 한다.

fscanf()와 fprintf() 함수는 정수, 실수, 문자열, 문자 단위로 원하는 형식에 맞게 읽기와 쓰기를 할 수 있다. scanf()/printf() 함수는 입・출력 대상이 키보드/모니터로 정해져 있는 반면에 fscanf()/fprintf() 함수는 일반 파일뿐만 아니라 장치 파일까지도 입・출력할 수 있으며, scanf()/printf() 함수와 같이 키보드/모니터로 입・출력하는 것과 똑같은 방식으로 파일에서 입・출력이 진행되므로 이해하기 쉽다. 대신 기존 파일의 내용을 프로그램에서 읽으려면 파일에 저장된 데이터의 형식과 순서를 정확히 알고 그에 맞게 읽어야 한다. 예를 들면 나이(int형), 평균점수(double형), 석차(int형) 순으로 데이터를 저장했다면 파일에서 읽을 때도 int형, double형, int형에 맞게 %d, %lf, %d형식으로 읽어야 한다.

(1) 형식을 지정한 파일 출력 : fprintf() 함수 중요

printf() 함수를 사용한 모니터 출력 결과를 그대로 파일에 쓰게 해주는 함수는 fprintf() 함수이다.

[형식] 지정한 형식으로 파일 쓰기 : fprintf() 함수

fprintf(파일 포인터 변수, "변환 명세를 포함한 형식 문자열", 변수명);

- 변수에 저장된 값을 "형식 문자열"에 맞게 변환하여 파일 포인터에 연결된 파일에 기록한다. 변수명 대신 상수 또는 수식을 사용해도 된다.
- 파일 포인터 변수 외 나머지 인수는 printf() 함수와 똑같은 역할을 한다. 그러므로 **파일 포인터 변수명을 stdout으로 지정하면 모니터로 출력된다.**

age = 20; fprintf(fp, "나이:%d세", age);	age변수에 저장된 값 20을 정수 형태로(%d)로 변환하여 fp에 연결된 파일에 쓴다. 즉, 모니터에 '나이:20세'라고 출력하는 것이 아니라 파일에 출력한다.

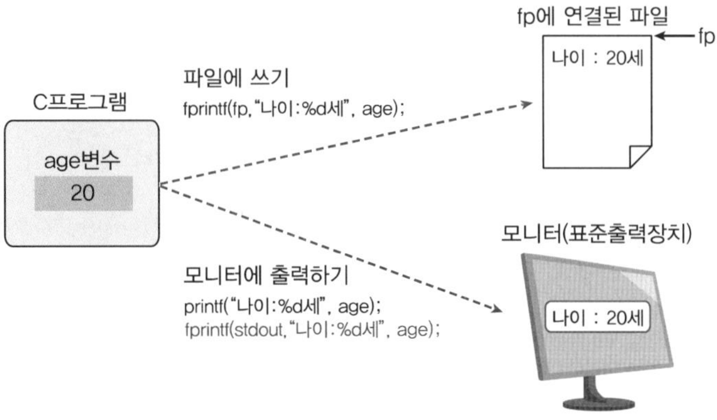

[그림 8-10] 파일과 모니터로의 출력 비교

여러 변수의 값을 한꺼번에 파일에 쓸 때 공백문자(빈칸, 탭키, 엔터키)를 넣지 않을 경우, 다음에 fscanf() 함수로 파일을 읽을 때 다음과 같은 문제가 발생하므로 수치 데이터를 쓸 때는 주의해야 한다.

```
age = 20; height = 170;
fprintf(fp, "%d%d\n", age, height); //%d%d는 두 정수 사이에 빈칸을 출력하지 않는다.
```

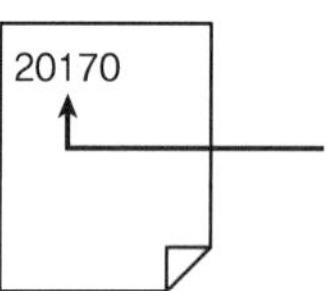

이후 이 파일에서 나이와 키를 읽기 위해서 파일을 open한 후 fscanf(fp,"%d %d",&age,&height);를 사용했을 때 20170이 하나의 정수로 변환되어 age에 저장되고 height에는 데이터가 입력되지 않는다. 그러므로 파일에 출력할 때 한 개 이상의 빈칸이나 엔터키를 입력하여 데이터 간 구분을 해야 한다.

예제 8-2

회원 5명의 나이 정보를 파일에 저장하는 예

분석

① 회원 5명의 나이를 키보드에서 받아들여 age.txt 파일에 저장하는 프로그램이다.
② 회원의 나이를 키보드에서 입력받아 프로그램의 변수 age에 저장한 후 이 age에 저장된 나이를 age.txt 파일에 저장한다.

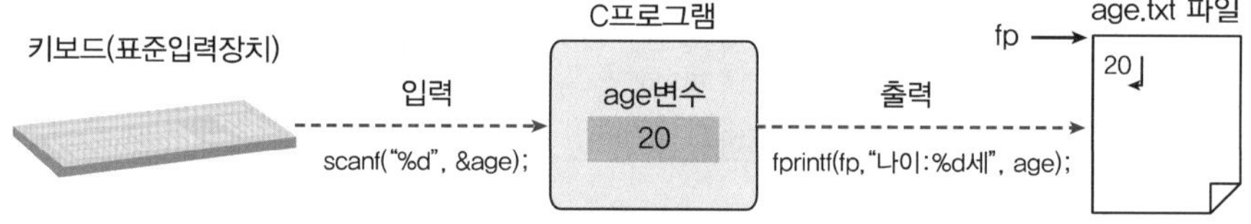

[그림 8-11] 키보드 입력으로 파일에 쓰기 하는 과정

해설

```
#include <stdio.h>          //fopen, fprintf, fclose 함수를 위한 헤더 파일
#include <stdlib.h>         //exit 함수를 위한 헤더 파일
#define SIZE 5              //회원 수

int main()
{
   FILE *fp;          //파일 포인터 선언
   char *f_name = "age.txt";  //파일명, char f_name[20] = "age.txt";도 가능
   int age, i;

   fp = fopen(f_name, "w");          //f_name 이름의 파일을 쓰기용으로 열기

   if (fp == NULL)        //파일 열기 에러 처리
   {
      printf(" %s 파일 열기 에러! \n", f_name);
```

```
16            exit(1);
17        }
18
19        printf("회원 %d명의 나이를 입력하면 파일로 저장합니다.\n", SIZE);
20
21        for (i = 0; i < SIZE; i++)  //SIZE명의 나이를 키보드에서 입력받아 파일에 쓰기
22        {
23            printf("%2d번 회원의 나이는? ", i + 1);
24            scanf("%d", &age);  //키보드에서 회원의 나이를 입력받기
25
26            fprintf(fp, "%d\n", age);  //age의 값을 fp에 연결된 파일에 쓰기
27        }
28
29        fclose(fp);          //fp에 연결된 age.txt 파일을 닫고 연결을 끊기
30        printf("회원 %d명의 나이를 %s 파일에 저장했습니다.\n", SIZE, f_name);
31
32        return 0;
33    }
```

[그림 8-12]

㉠ 1행 : fopen(), fprintf(), fclose() 함수를 위한 기본 입·출력 헤더파일을 추가한다.
㉡ 2행 : exit() 함수를 사용하기 위한 헤더파일을 추가한다.
㉢ 3행 : 5명의 회원 수를 정의한다.
㉣ 7행 : 파일 입·출력을 위한 파일 포인터를 선언한다.
㉤ 8행 : 파일명을 'char f_name[20] = "age.txt";'으로 하는 것과 동일하다.
㉥ 11행 : f_name 이름의 파일을 쓰기용으로 open한다.

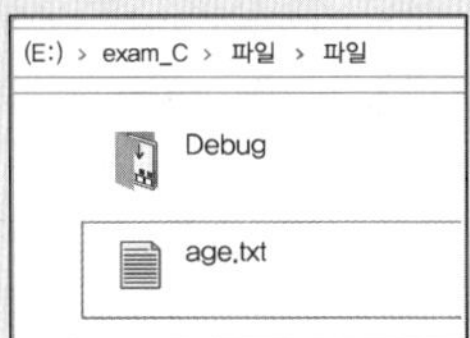

[그림 8-13] 파일을 open하면서 생성된 age.txt 파일

㉦ 21행 : SIZE명의 나이를 키보드에서 입력받아 파일에 쓰기를 한다.
㉧ 24행 : 키보드에서 회원의 나이를 입력받는다.
㉨ 26행 : age의 값을 fp에 연결된 파일에 쓰기를 한다.

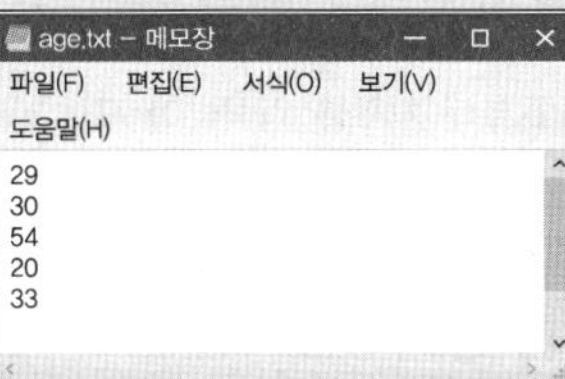

[그림 8-14] fp에 연결된 파일에 age의 값을 쓴 결과를 메모장으로 확인

㉧ 29행 : fp에 연결된 age.txt 파일을 닫고 연결을 끊는다.
㉨ 30행 : 키보드로부터 입력받은 회원의 나이와 파일이름을 출력한다.

```
C:₩WINDOWS₩system32₩cmd.exe
회원 5명의 나이를 입력하면 파일로 저장합니다.
 1번 회원의 나이는? 29
 2번 회원의 나이는? 30
 3번 회원의 나이는? 54
 4번 회원의 나이는? 20
 5번 회원의 나이는? 33
회원 5명의 나이를 age.txt 파일에 저장했습니다.
```

[그림 8-15] 저장할 파일과 입력받은 회원의 나이를 출력

(2) 형식을 지정한 파일 입력 : fscanf() 함수 중요

fscanf() 함수는 파일의 데이터를 변환명세로 지정한 형식에 맞게 정수, 실수, 문자열 단위로 읽어올 수 있다.

[형식] 지정한 형식으로 파일 읽기 : fscanf() 함수

fscanf(파일 포인터 변수, "변환명세", &변수명)
- 파일 포인터에 연결된 파일에서 변환명세에 맞게 데이터를 한 개 읽어서 변수명에 저장한다.
- 파일 포인터 변수명 외 나머지 인수는 scanf() 함수와 똑같은 역할을 한다. 그러므로 파일 포인터 변수명을 stdin으로 지정하면 키보드에서 입력받는다.
- 읽기에 실패하거나 파일의 끝에 도달했다면 EOF를 반환한다.

FILE *fp = fopen("read.txt"); fscanf(fp, "%d", &age);	fp에 연결된 파일에서 정수 데이터(%d)를 한 개 읽어서 age변수에 저장한다. 즉, 키보드에서 age의 값을 입력받는 것이 아니라 파일에서 age의 값을 입력받는다.
fscanf(fp, "%d", &height);	fp에 연결된 파일에서 정수 데이터(%d)를 한 개 읽어서 height 변수에 저장한다.

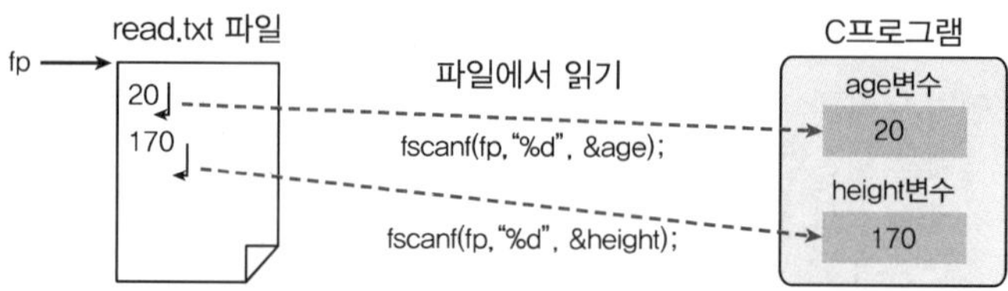

[그림 8-16] 파일로부터 자료를 입력받아 프로그램 내의 변수에 저장

scanf()와 마찬가지로 "변환명세"를 주의해서 사용하고, printf() 함수처럼 일반 문자를 포함하는 것은 안 되며 "변환명세" 끝에 빈칸이나 '\n'을 넣지 않도록 주의한다. 이것은 파일 처리에 대한 완벽한 이해와 처리 능력이 없을 때 오히려 잘못된 결과를 초래할 수 있으므로 사용하지 않도록 한다.

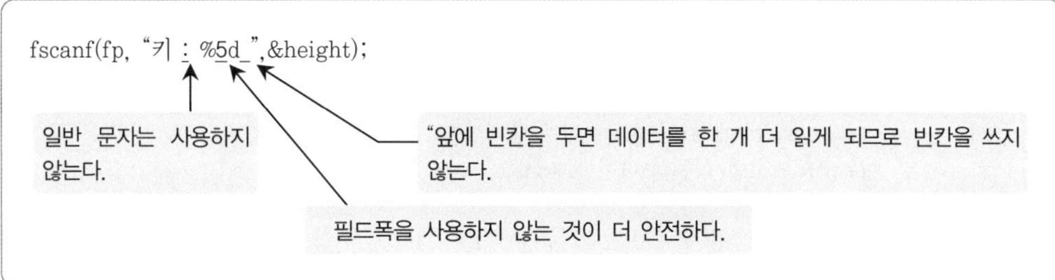
fscanf(fp, “키 : %5d ”,&height);
일반 문자는 사용하지 않는다.
“앞에 빈칸을 두면 데이터를 한 개 더 읽게 되므로 빈칸을 쓰지 않는다.
필드폭을 사용하지 않는 것이 더 안전하다.

예제 8-3

age.txt 파일에 저장된 회원의 나이 정보를 화면에 출력하는 예

분석

① [예제 8-2]를 실행해서 만든 age.txt 파일을 사용해도 된다.
② 메모장을 이용해서 나이를 입력하고 엔터키를 입력하여 5명의 나이를 모두 입력한 후 age.txt 파일명으로 프로젝트 폴더에 저장해도 된다.
③ 파일의 끝을 확인할 필요가 있을 때 마지막 엔터키의 유무에 따라 잘못된 결과를 얻을 수 있기 때문에, 직접 데이터 파일을 만들 경우 행이 끝날 때마다 엔터키를 입력한다면 마지막 행에도 꼭 엔터키를 입력하는 습관을 들이도록 한다.

해설

```
#include 〈stdio.h〉          //fopen, fscanf, fclose 함수를 위한 헤더 파일
#include 〈stdlib.h〉         //exit 함수를 위한 헤더 파일
#define SIZE 5               //회원 수

int main()
{
   FILE *fp;          //파일 포인터 선언
   char *f_name = “age.txt”;  //파일명, char f_name[20] = “age.txt”;도 가능
   int age, i;

   fp = fopen(f_name, “r”);            //f_name 이름의 파일을 읽기용으로 열기

   if (fp == NULL)  //파일 열기 에러 처리
   {
      printf(“ %s 파일을 열 수 없습니다. \n”, f_name);
      exit(1);
   }

   for (i = 0; i 〈 SIZE; i++)  //파일의 나이를 SIZE개 읽어 모니터에 출력하기
   {
```

```
21          //fp에 연결된 파일에서 정수 한 개를 읽어 age에 저장하기
22          fscanf(fp, "%d", &age);
23
24          //age에 저장된 나이를 모니터에 출력하기
25          printf("%2d번 회원의 나이는 %d세\n", i + 1, age);
26       }
27
28       fclose(fp);              //fp에 연결된 age.txt 파일을 닫고 연결을 끊기
29
30       return 0;
31   }
```

[그림 8-17]

㉠ 8행 : 파일명이 선언되고, 이는 'char f_name[20] = "age.txt";'와 동일하다.
㉡ 11행 : f_name이름의 파일을 읽기용으로 열기 한다.
㉢ 13행 : 프로젝트 폴더 내에 파일이 없으면 파일 열기 오류가 처리되어 프로그램이 종료된다.

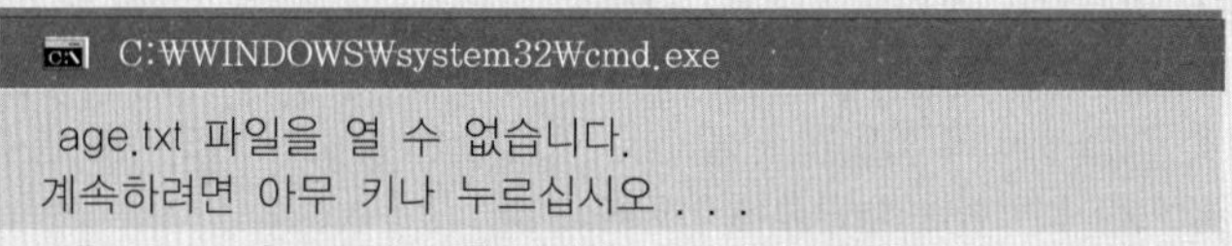

[그림 8-18] 프로젝트 폴더 내에 open파일이 없을 때 오류처리

㉣ 22행 : fp에 연결된 파일에서 정수 한 개를 읽어 들여 age에 저장한다.
㉤ 25행 : age.txt에 저장된 나이를 모니터에 출력한다.

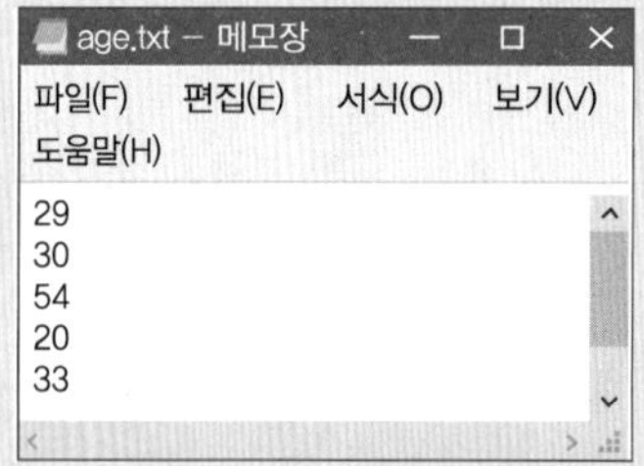

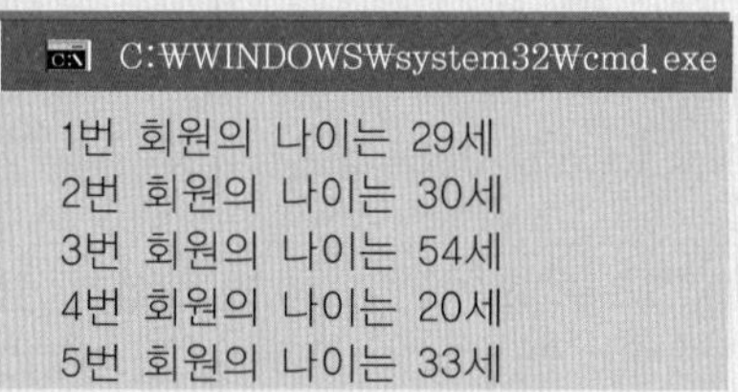

[그림 8-19] 파일의 내용을 모니터에 출력

㉥ 28행 : fp에 연결된 age.txt 파일을 닫고 연결을 끊는다.

(3) 파일 추가

파일 참조에 추가모드로 파일을 열어 **파일의 끝에 자료를 추가**한다. 쓰기 모드는 기본 파일 내용을 모두 지우고 새로 쓰기를 하므로 기본의 파일 내용은 모두 지워진다. 그래서 이전 실행결과와 같은 파일에 새 실행결과를 저장하고 싶을 때는 추가 모드로 열어야 한다. 추가 모드는 기본 파일 내용을 삭제하지 않으므로 안정적으로 파일에 저장한 후 편집기에서 파일을 열어 필요 없는 데이터를 직접 제거하거나 편집하는 목적으로도 사용된다. 만약 프로젝트 폴더 내에 open할 파일이 없다면 파일 열기 오류는 처리되지 않고 지정한 파일이름으로 파일을 새로 생성하면서 프로그램을 실행한다.

예제 8-4

age.txt 파일에 n명의 나이를 추가하는 예

해설

```
#include <stdio.h>          //fopen, fprintf, fclose 함수를 위한 헤더 파일
#include <stdlib.h>         //exit 함수를 위한 헤더 파일

int main()
{
   FILE *fp;           //파일 포인터 선언
   char *f_name = “age.txt”;  //파일명, char f_name[20] = “age.txt”;도 가능
   int age, i, n;

   fp = fopen(f_name, “a”);            //f_name 이름의 파일을 추가용으로 열기

   if (fp == NULL)       //파일 열기 에러 처리
   {
      printf(“ %s 파일 열기 에러! \n”, f_name); exit(1);
   }

   printf(“회원의 나이를 입력하면 %s 파일에 추가합니다.₩n”, f_name);
   printf(“추가할 회원의 수는? ”);
   scanf(“%d”, &n);        //파일에 추가할 회원의 나이 개수를 입력받기

                           //n명의 나이를 키보드에서 입력받아 파일에 추가하기
   for (i = 0; i < n; i++)
   {
      printf(“회원의 나이는? ”);
      scanf(“%d”, &age);  //키보드에서 회원의 나이를 입력받기

```

```
27          fprintf(fp, "%d\n", age);  //age의 저장된 나이를 fp에 연결된 파일에 쓰기
28        }
29        fclose(fp);                  //fp에 연결된 age.txt 파일을 닫고 연결을 끊기
30        printf("회원 %d명의 나이를 %s 파일에 추가했습니다.\n", n, f_name);
31
32        return 0;
33    }
```

[그림 8-20]

㉠ 10행 : f_name 이름의 파일을 추가용으로 open한다. 만약 같은 이름의 파일이 없어도 오류는 발생하지 않고 선언한 파일과 동일한 파일을 새로 생성해서 프로그램이 실행되므로 파일 열기 오류는 발생하지 않는다.

㉡ 19행 : 파일에 추가할 회원의 나이 개수를 입력받는다.

```
C:\WINDOWS\system32\cmd.exe
회원의 나이를 입력하면 age.txt 파일에 추가합니다.
추가할 회원의 수는? 5
회원의 나이는?
```

[그림 8-21] 파일에 추가할 회원의 나이 개수를 입력받음

㉢ 27행 : age에 저장된 나이를 fp에 연결된 파일에 쓴다.

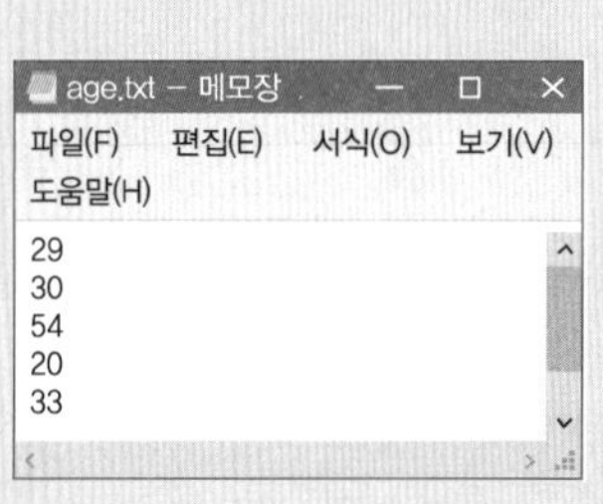

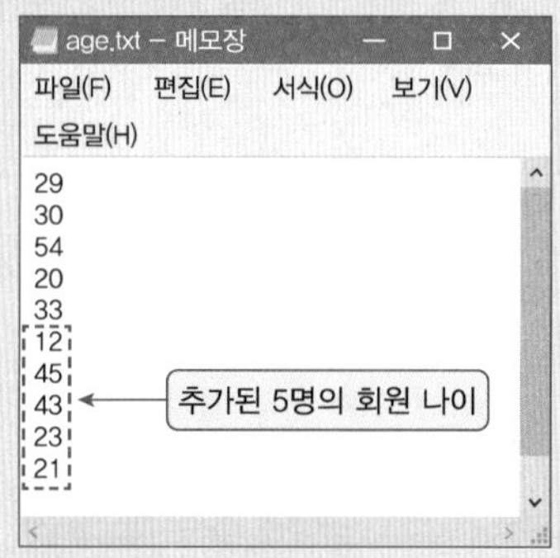

[그림 8-22] 기존 파일 내용에 추가된 파일 내용

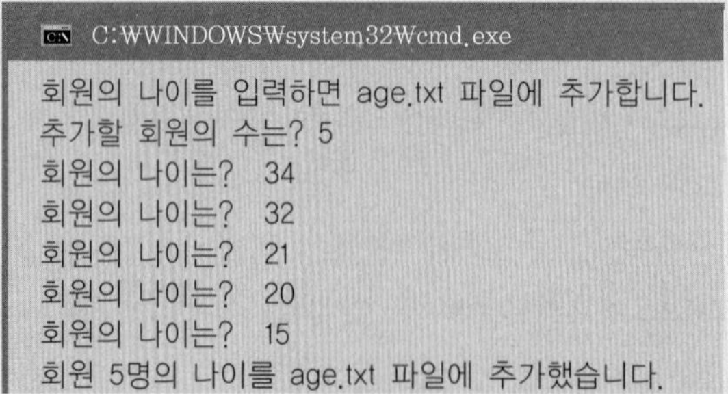

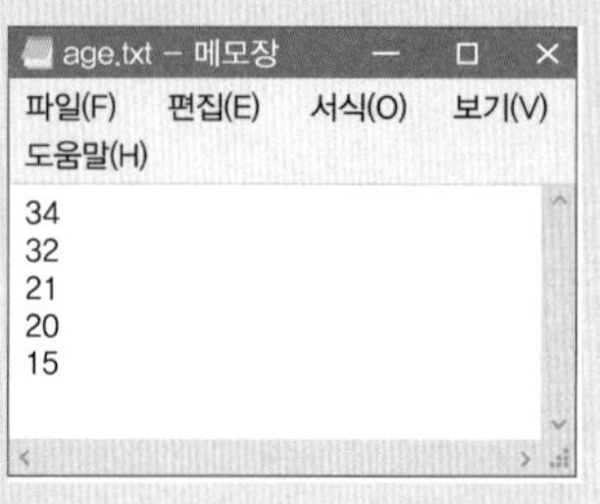

[그림 8-23] open할 파일이 없는 경우의 파일 내용

(4) 파일의 끝 확인 중요

[예제 8-3]은 age.txt 파일에서 SIZE개의 나이를 읽은 후 모니터에 출력한다. 만약 age.txt 파일에 저장된 나이 개수가 SIZE개가 아니라면 어떻게 될까? 이 예제는 이미 파일에 저장된 나이 개수가 SIZE 개임을 미리 알고 있는 경우에만 정확한 결과를 얻는 프로그램이다. 만약 파일의 나이 개수가 8개인 경우 프로그램을 실행하면 SIZE 개수만큼 즉 5개의 나이만 출력된다. 그러므로 파일에 저장된 데이터 수를 정확히 모를 때 파일의 끝을 확인하여 파일 읽기를 중단하는 방법 중 가장 단순하고 많이 사용되는 방법을 알아보자.

① feof() 함수 활용하기

FILE 구조체에는 파일에서 읽기/쓰기를 시작할 위치를 가리키는 파일 위치 지시자(file position indicator)라 부르는 포인터 멤버가 포함되어 있다. 이 지시자는 책을 읽다가 덮을 때 다음에 읽을 곳을 쉽게 찾을 수 있도록 끼우는 책갈피 역할을 한다. 그래서 fscanf() 함수나 fprintf() 함수와 같은 파일 입·출력 함수를 호출하면 인수로 지정한 파일 포인터가 가리키는 FILE 구조체의 파일 위치 지시자가 가리키는 곳부터 읽기/쓰기가 진행되는 것이다.

파일을 닫으면 파일의 마지막 데이터 다음에는 시스템에 의해 파일의 끝을 표시하는 시스템만 인식할 수 있는 특별한 문자가 자동으로 저장된다(일반적으로 프로그래머들은 '^Z'(ctrl + Z)로 표현한다). 파일 위치 지시자가 이 파일의 끝을 표시하는 특별한 문자를 가리킬 때 읽기를 시도하면 더 이상 읽을 데이터가 없으므로 파일 위치 지시자는 파일의 처음 위치로 수정된다. 그리고 FILE 구조체의 특정 플래그가 파일의 끝을 지났음을 표시하는 1로 세팅된다. 그러므로 이 플래그가 1로 세팅된 경우라면 파일에서 더 읽을 자료가 없음을 의미하므로 읽기를 그만둔다. 이를 알려주는 함수가 feof() 함수이다.

[형식] 파일의 끝을 지났는지 확인하기 : feof() 함수

feof(파일 포인터 변수명)	• 파일 포인터에 연결된 파일의 끝을 지나갔다면 0이 아닌 값(참)을, 아직 파일의 끝을 지나지 않았다면 0(거짓)을 반환한다. • feof() 함수는 파일 포인터 변수가 가리키는 FILE구조체에서 파일의 끝을 지났음을 알려주는 플래그를 참조하여 반환 값을 반환한다.

if(feof(fp)) fclose(fp);	fp에 연결된 파일의 끝을 지났다면 파일을 닫는다.

주의사항은 feof() 함수는 파일의 끝(문자)에 도달했을 때가 아니라 지나갔을 때 0이 아닌 값(참)을 반환한다. 프로그램 실행을 통해 만들어지는 파일은 상황에 따라 빈 파일이 만들어지기도 한다. 예를 들어 90점 이상인 학생의 명단을 파일에 작성하려고 했는데 90점 이상인 학생이 한명도 없다면 빈 파일이 만들어 진다. 이때 데이터가 전혀 없는 빈 파일은 파일의 끝을 나타내는 특수 문자만 포함하고 있다. 빈 파일을 열자마자 feof() 함수를 호출하면 반환되는 값은 0(거짓)이다. 그 이유는 파일을 열자마자 파일 위치 지시자는 파일의 끝 문자를 가리키는데, 아직 이 끝 문자를 지나지 않았기 때문이다.

예제 8-5

feof() 함수의 잘못된 사용 예

분석

① feof() 함수를 사용하여 [예제 8-4] 프로그램을 실행하면 fscanf() 함수와 파일에 저장된 엔터 키 때문에 실행결과의 마지막 값이 두 번 출력된다.
② 파일에 저장된 데이터 수를 모르고 파일의 데이터를 읽는 데 있어서 가장 중요한 문제가 발생될 수 있다.

해설

```
#include 〈stdio.h〉        //fopen, fscanf, fclose, feof 함수를 위한 헤더 파일
#include 〈stdlib.h〉       //exit 함수를 위한 헤더 파일

int main()
{
    FILE *fp;              //파일 포인터 선언
    int age;

    fp = fopen(“age.txt”, “r”);        //파일을 읽기 모드로 열기
    if (fp == NULL)                    //파일 열기 에러 처리
    {
        printf(“파일 열기 에러!\n”); exit(1);
    }

    //파일에 저장된 모든 나이를 읽어서 모니터에 출력하기
    while (!feof(fp))      //파일의 끝을 지나지 않았다면 반복 수행
    {
        fscanf(fp, “%d”, &age);  //파일에서 정수를 읽어 age에 저장하기
        printf(“%2d세 \n”, age); //파일에서 읽은 age를 모니터로 출력하기
    }
    fclose(fp);            //fp에 연결된 파일 닫기

    return 0;
}
```

[그림 8-24]

① age.txt 파일에 아무런 데이터가 없는 경우

㉠ 16～20행: 빈 파일인 경우의 실행은 처음 16행을 실행할 때 파일 위치 지시자는 파일의 끝을 나타내는 특수 문자를 가리키고 있으므로 feof() 함수 호출은 반환 값으로 0(거짓)이 전달된다. age.txt 파일이 빈 파일이므로 파일을 열자마자 파일 위치 지시자가 가리키는 곳이 파일의 끝 문자이고 아직 파일 끝 특수문자를 지나가지 않았기 때문이다.

㉡ 18행: 조건이 참이므로 실행된다. 그러나 파일에는 읽을 정수가 없으므로 데이터 읽기가 실패하여 age에는 값이 저장되지 않는다.

㉢ 19행: 프로그램 시작 시 age.txt에 들어 있던 쓰레기 값이 출력된다. feof() 함수는 파일의 끝 문자를 지나가야 0이 아닌 값(참)을 반환한다.

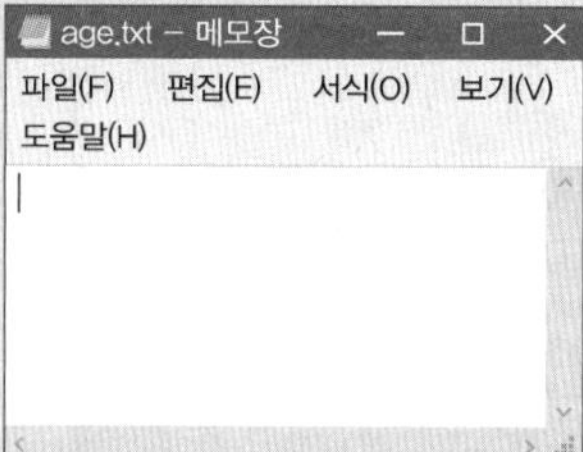

[그림 8-25] age.txt 파일내용이 없는 경우

② age.txt 파일에 3명의 나이가 저장되어 있을 때

㉠ 16～20행: 처음 16행을 실행할 때 파일 위치 지시자는 파일의 처음을 가리키고 while문의 실행순서는 다음과 같다.

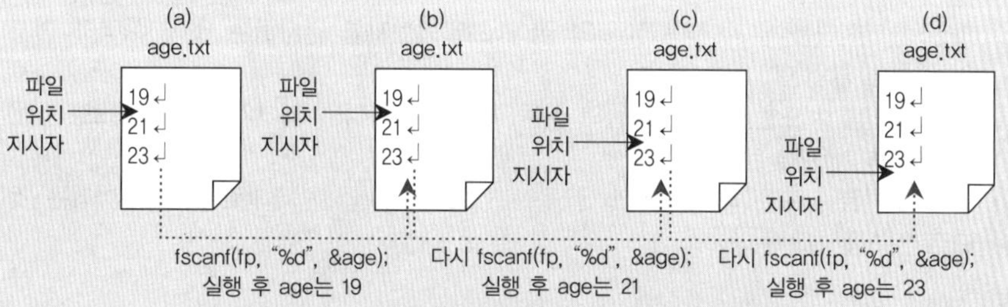

[그림 8-26] 파일 읽기와 파일 위치 지시자

그림(a)에서 fscanf(fp, "%d", &age);를 실행하면 현재 파일 위치 지시자는 가리키는 곳에서 정수 19를 읽어서 age에 저장하고, 그림(b)의 파일 위치 지시자는 19 뒤의 개행 문자를 가리킨다. 그림(c)에서 다시 fscanf(fp, "%d", &age);를 실행하면 변환명세가 %d이므로 현재 파일 위치 지시자가 가리키는 곳에서 정수를 한 개 읽어야 한다. 그런데 현재 파일 위치 지시자는 개행 문자를 가리키고 있으므로 이 개행 문자는 읽은 후 무시하고 정수 21을 읽어서 age에 저장하며 파일 위치 지시자는 21 뒤의 개행 문자를 가리킨다.

그림(d)에서 다시 fscanf(fp, "%d", &age);를 실행하면 age에는 23이 저장되고 파일 위치 지시자는 마지막 개행 문자를 가리킨다. 이때 while문의 조건에 포함된 feof(fp)는 현재 파일 위치 지시자가 가리키는 곳이 파일의 끝이 아니라 개행 문자이므로 0이 되고 !feof(fp)는 참이 되어 다시 while문 본체를 실행하기 위해 18행으로 이동한다.

ⓛ 18행: 파일 위치 지시자가 가리키는 개행 문자는 읽은 후 무시하고 다시 정수를 읽으려 하지만 결국은 파일의 끝 문자를 지나게 되고 더 읽을 데이터가 없으므로 fscanf() 함수는 읽기에 실패하고 EOF를 반환한다.

ⓒ 19행: 이전에 age에 저장되어 있던 마지막 나이 23을 출력한다. 이제 16행의 feof(fp)의 파일의 끝을 지났으므로 이전에 age에 저장된 값이 한 번 더 출력되어 마지막 나이가 두 번 출력되는 것이다.

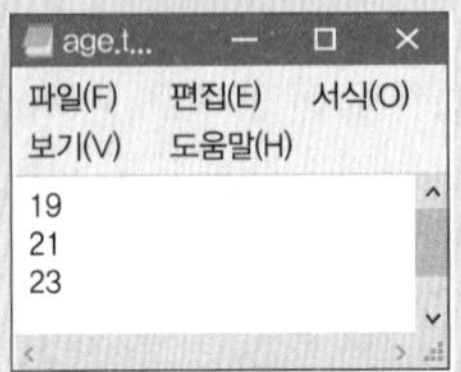

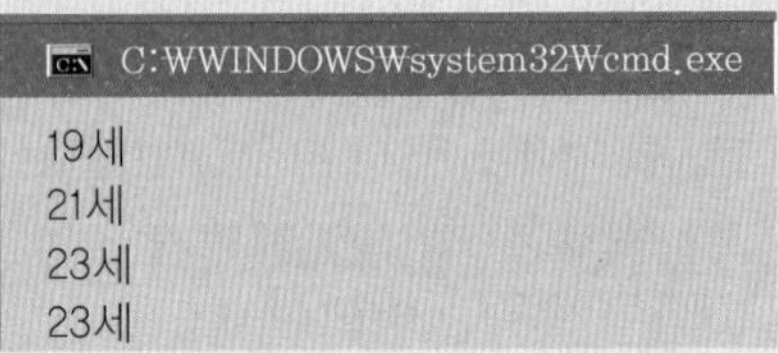

[그림 8-27] age.txt 파일내용에 3명의 나이가 저장되어 있을 때의 출력

예제 8-6

[예제 8-5]의 문제를 해결하기 위한 feof() 함수의 정확한 사용 예

분석

① 파일의 데이터를 읽기 전에 파일의 끝에 도달했는지를 검사하는 것이 아니라 먼저 데이터를 읽은 후에 확인한다.

② 파일 읽기를 시도한 후에도 파일의 끝을 지나지 않았다면 읽기가 성공했으므로 읽은 데이터를 처리한 후 계속 읽는다.

③ 파일 읽기를 시도한 후에 파일의 끝을 지났으면 데이터를 제대로 읽지 못했다는 것을 의미하므로 읽기를 그만둔다.

해설

```
#include <stdio.h>        //fopen, fscanf, fclose, feof 함수를 위한 헤더 파일
#include <stdlib.h>       //exit 함수를 위한 헤더 파일

int main()
{
   FILE *fp;              //파일 포인터 선언
   int age;

   fp = fopen("age.txt", "r");          //파일을 읽기 모드로 열기
   if (fp == NULL)                      //파일 열기 에러 처리
   {
      printf("파일 열기 에러!\n"); exit(1);
   }
```

```
14
15        //파일에 저장된 모든 나이를 읽어서 모니터에 출력하기
16        fscanf(fp, "%d", &age);       //일단 파일에서 정수(나이) 읽기를 시도
17        while (!feof(fp))             //아직 파일의 끝을 지나지 않았다면 반복하기
18        {
19           printf("%2d\n", age);      //파일에서 읽은 정수(나이)를 모니터로 출력하기
20           fscanf(fp, "%d", &age);  //파일에서 다음 정수(나이) 읽기를 시도
21        }
22
23        fclose(fp);           //fp에 연결된 파일 닫기
24
25        return 0;
26    }
```

[그림 8-28]

㉠ 16행 : 파일에서 정수(나이) 읽기를 시도한다.
㉡ 17행 : 아직 파일의 끝을 지나지 않았다면 반복한다.
㉢ 20행 : 파일에서 다음 정수(나이) 읽기를 시도한다. 파일에서 읽고 파일의 끝이어서 제대로 읽지 못했다면 그만두고, 그렇지 않다면 읽은 자료를 출력한다.

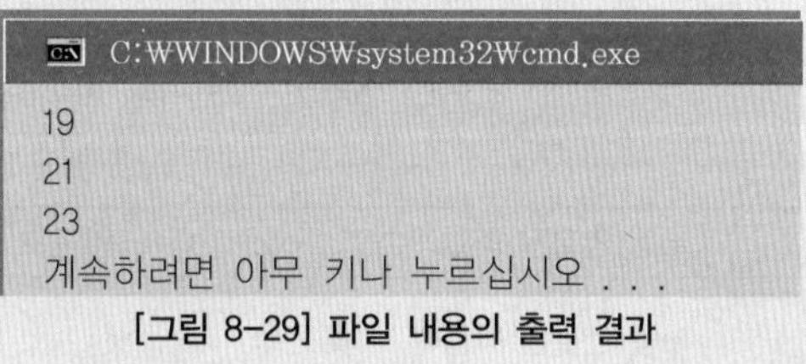

[그림 8-29] 파일 내용의 출력 결과

② fscanf() 함수의 반환 값을 활용하기 중요

fscanf() 함수는 파일의 끝에 도달하거나 오류가 나면 EOF를 반환한다. 그러므로 일단 파일에 읽기를 시도한 후 fscanf() 함수의 반환 값을 확인하여 읽기의 성공 여부를 확인할 수 있다. [예제 8-6]의 16 ~ 21행을 다음과 같이 간단하게 표현할 수 있고, 이는 아주 단순하여 프로그래머들이 선호하는 방법이다.

```
15        //파일에 저장된 모든 나이를 읽어서 모니터에 출력하기
16        //일단 파일에서 정수를 한 개 읽어온 후 성공했다면 출력하기를 반복한다.
17        while(fscanf(fp, "%d", &age) ! = EOF)
18           printf("%2d \n", age);  //파일에서 읽은 정수(나이)를 모니터로 출력하기
19
20        fclose(fp);           //fp에 연결된 파일 닫기
21
```

[그림 8-30] fscanf() 함수의 반환 값을 활용한 예

㉠ 17행 : 일단 파일에서 정수를 한 개 읽어온 후 성공했다면 출력하고, while문이 참이 되므로 다시 반복하여 파일의 정수 값을 읽어온다. 읽어 들인 파일의 마지막까지 출력한 후 while문이 거짓이 되면 20행으로 이동한다.
㉡ 20행 : 읽어 들인 파일의 마지막까지 출력 후 fp에 연결된 파일을 닫고 프로그램을 종료한다.

4 문자 단위 파일 입·출력

파일에 저장된 모든 데이터는 연속된 바이트로 구성되어 어떠한 파일도 바이트 단위로 읽거나 쓰기를 할 수 있다.

(1) 문자 단위로 파일에 쓰기 : fputc() 함수 중요

파일의 내용을 한 바이트씩 읽고, 쓰는 것은 문자 단위로 읽고 쓴다.

[형식] 문자를 파일에 쓰기 : fputc() 함수

fputc(문자, 파일 포인터 변수명); //문자를 파일 포인터 변수가 가리키는 파일에 쓴다.
fputc(정수, 파일 포인터 변수명); //ASCII 코드 값이 정수에 해당하는 문자 한 개를 파일 포인터 변수가 가리키는 파일에 쓴다.

fputc(67,fp);	fp에 연결된 파일에 ASCII code값이 67인 문자 'C'를 쓴다.
ch = 'A'; fputc(ch,fp);	fp에 연결된 파일에 'A'를 쓴다.

예제 8-7

키보드에서 입력한 문자들을 파일에 저장하는 예

분석

① 사용자가 '&'를 입력할 때까지 키보드에서 입력한 문자를 파일에 기록한다.
② 기록한 파일의 내용을 화면에 출력한다.

[그림 8-31] 키보드에서 입력한 문자들을 파일에 저장

해설

```
1   #include <stdio.h>          //fputc, fopen, fclose 함수를 위한 헤더 파일
2   #include <stdlib.h>         //exit 함수를 위한 헤더 파일
3
4   int main()
5   {
6      FILE *fp2;                  //파일 포인터
7      char f_name2[30], ch;    //쓰기를 할 파일명
8
9      printf(“만들 파일명: ”); gets(f_name2); //파일명 입력
10
11     fp2 = fopen(f_name2, “w”);          //파일을 쓰기용으로 열기
12     if (fp2 == NULL)                     //파일 열기 에러 처리
13     {
14        printf(“%s 파일 만들기 에러 \n”, f_name2); exit(1);
15     }
16
17     scanf(“%c”, &ch);        //키보드에서 문자 한 개 입력받기
18     while (ch != ‘&’)        //입력 끝을 알리는 &가 아니라면 계속 입력하기
19     {
20        fputc(ch, fp2);       //방금 입력받은 ch에 저장된 문자를 파일에 기록하기
21        scanf(“%c”, &ch);    //ch = fgetc(stdin);와 동일
22     }
23     fclose(fp2);              //파일 닫기
24
25     return 0;
26  }
```

[그림 8-32]

㉠ 11행 : 파일을 쓰기용으로 open한다.
㉡ 17행 : 키보드에서 문자 한 개씩 입력받는다. 문자열로 입력하여도 각 문자씩 입력받아 기록되므로 문자열 입력과 같은 효과가 있다.
㉢ 18행 : 입력을 종료하고, 프로그램을 종료하려면 입력 끝에 ‘&’를 넣는다. 즉, 입력 끝을 알리는 문자 ‘&’가 아니라면 계속 입력한다.
㉣ 20행 : 입력받은 ‘ch’에 저장된 문자를 파일에 기록한다.
㉤ 21행 : ‘ch = fgetc(stdin);’과 동일하다.

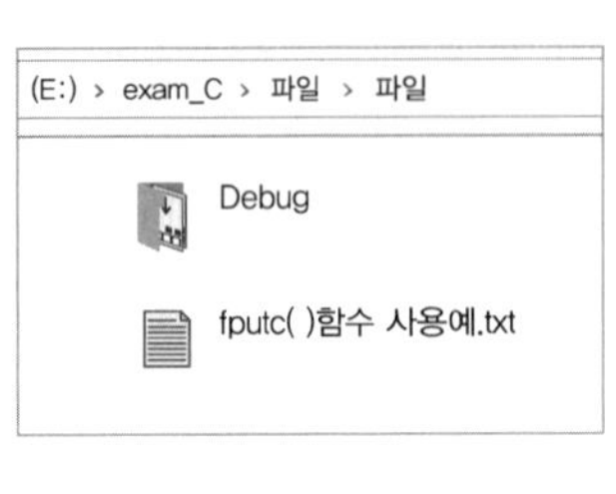

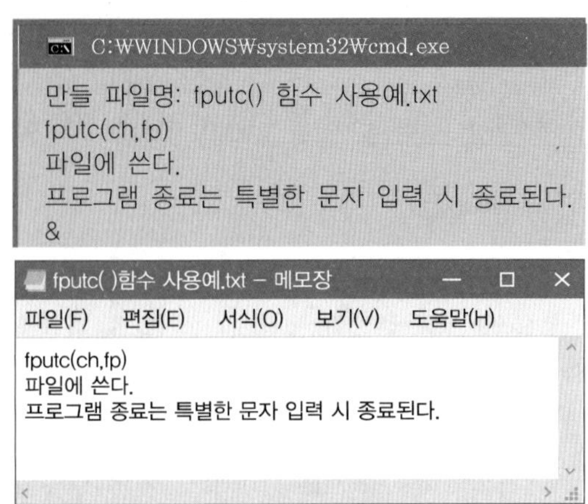

[그림 8-33] 쓰기용 파일 열기와 파일 내용 쓰기와 종료

(2) 문자 단위로 파일 읽기 : fgetc() 함수 중요

fgetc() 함수는 파일에서 문자 한 개를 읽어 반환한다.

[형식] 파일에서 문자 한 개 읽기 : fgetc() 함수

fgetc(파일 포인터 변수명);	• 파일 포인터 변수명에 연결된 파일에서 문자 한 개를 읽어서 반환한다. • 반환형은 읽은 문자의 ASCII code값이 반환되기 때문에 int 형으로 한다. • 읽기 오류가 발생하거나 파일의 끝에 도달하면 −1에 해당하는 매크로 상수 EOF를 반환한다.

char ch; FILE *fp = fopen("data.txt","r"); ch = fgetc(fp);	fp에 연결된 data.txt 파일에서 문자 한 개를 읽은 후 ch에 저장한다.

예제 8-8

파일을 문자 단위로 읽어서 모니터에 출력하는 예

분석

① [예제 8-7]의 결과 파일인 'fputc() 함수 사용예.txt'의 내용을 문자 단위 파일 입력 함수를 이용하여 읽어와 모니터에 출력한다.
② 다른 임의의 파일의 내용을 메모장에서 직접 입력하고 파일명을 지정한 후, 이 파일을 프로젝트 폴더에 저장한 후 프로그램을 실행한다.

해설

```
1   #include 〈stdio.h〉        //fgetc, fopen, fclose 함수를 위한 헤더 파일
2   #include 〈stdlib.h〉       //exit 함수를 위한 헤더 파일
3
4   int main()
5   {
6      FILE *fp;                //파일 포인터
7      char f_name[30], ch;  //읽을 파일명
8
9      printf("읽을 파일명: "); gets(f_name); //파일명 입력하기
10
11     fp = fopen(f_name, "r");
12     if (fp == NULL)          //파일 열기 에러 처리
13     {
14        printf(" %s란 파일이 없습니다. \n", f_name); exit(1);
15     }
16
17     //일단 문자를 읽은 후 성공했다면 화면에 출력하기를 반복
18     while ((ch = fgetc(fp)) != EOF)
19        printf("%c", ch);      //fputc(ch, stdout);와 동일
20
21     fclose(fp)               //파일 닫기
22
23     return 0;
24  }
```

| 결과 |

```
C:\WINDOWS\system32\cmd.exe
읽을 파일명: fputc() 함수 사용예.txt
fputc(ch,fp) ;
파일을 쓴다.
프로그램 종료는 특별한 문자 입력 시 종료된다.
```

[그림 8-34]

㉠ 9행 : 파일명을 입력한다.
㉡ 12행 : 입력한 파일이 없으면 파일열기 오류로 처리되어 프로그램이 종료된다.
㉢ 18행 : fgetc() 함수는 파일에서 문자를 한 개 읽어서 반환한다. 만일 파일의 끝에 도달해서 fgetc() 함수가 문자를 읽지 못했다면 EOF를 반환한다. 그러므로 'ch = fgetc(fp)'를 실행했을 때 ch에 저장된 값이 EOF라면 더 이상 읽을 자료가 없으므로 읽기를 중단한다.
㉣ 18 ~ 19행은 [예제 8-6]의 16 ~ 21행의 내용과 유사하다.

```
ch = fgetc(fp);
while (!feof(fp))
{
    printf(“%c”, ch);
    ch = fgetc(fp);
}
```

[그림 8-35] feof() 함수를 사용하여 파일의 끝을 확인

예제 8-9

파일 복사 프로그램의 예

분석

① 원본 파일에서 한 문자씩 읽은 후 읽은 문자들을 복사본 파일에 쓰기를 한다.
② 원본 파일 읽기와 다른 복사본 파일에 파일 포인터를 연결해야 하므로 파일 포인터 변수가 두 개 필요하다.

해설

```
#include 〈stdio.h〉        //fgetc, fputc, fopen, fclose 함수를 위한 헤더 파일
#include 〈stdlib.h〉       //exit 함수를 위한 헤더 파일

int main()
{
    FILE *fp1, *fp2;        //원본 파일과 복사본 파일에 대한 파일 포인터
    char f_name1[30], f_name2[30], ch;  //원본 파일명, 복사본 파일명

    printf(“파일을 복사합니다.\n”);

    //원본 파일을 읽기 모드로 열기
    printf(“원본 파일명: ”); gets(f_name1);
    fp1 = fopen(f_name1, “r”);
    if (fp1 == NULL)  //파일 열기 에러 처리
    {
        printf(“ %s란 파일이 없습니다. \n”, f_name1); exit(1);
    }

    //복사본 파일을 쓰기 모드로 열기
    printf(“복사본 파일명: ”); gets(f_name2);
    fp2 = fopen(f_name2, “w”); //복사본은 쓰기 모드로 연다.
    if (fp2 == NULL)   //파일 열기 에러 처리
```

```
23      {
24         printf(" %s란 파일이 없습니다. \n", f_name2); exit(1);
25      }
26
27      //파일의 끝에 도달하지 않아서 ch에 저장된 값이 EOF가 아니라면 복사본에 쓰기를 반복
28      while ((ch = fgetc(fp1)) != EOF)
29         fputc(ch, fp2);       //복사본 파일에 읽은 문자 쓰기
30
31      fclose(fp1); fclose(fp2);            //파일 닫기
32      printf("원본 %s를 복사한 복사본 %s가 저장되었습니다. \n", f_name1, f_name2);
33
34      return 0;
35   }
```

[그림 8-36]

㉠ 6행 : 원본파일과 복사본 파일을 둘 다 open한 상태에서 원본 파일의 문자 한 개를 읽어서 복사본 파일에 써야 하므로 두 개의 파일 포인터가 필요하다.
㉡ 13행 : 원본은 읽기 모드로 파일을 open한다.
㉢ 21행 : 복사본은 쓰기 모드로 파일을 open한다.
㉣ 28행 : 파일의 끝에 도달하지 않아서 ch에 저장된 값이 EOF가 아니라면 복사본에 쓰기를 반복한다.
㉤ 31행 : 열려져 있는 파일 포인터 fp1과 fp2를 모두 닫는다.

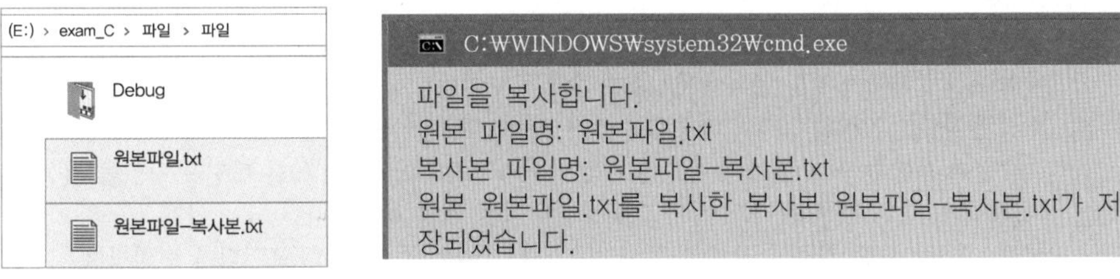

[그림 8-37] 원본과 복사본 파일 출력과 화면 출력

5 문자열 단위 파일 입·출력

텍스트 파일에 저장된 내용을 문자열 단위로 입·출력하는 fgets()와 fputs() 함수가 있다. 표준 입·출력 함수인 gets(), puts() 함수와 비슷하지만 개행 문자를 다루는 데 있어서 차이가 있으므로 주의해야 한다.

(1) 문자열 단위 출력 : fputs() 함수 중요

fputs() 함수는 문자열 단위로 파일 쓰기를 하여 텍스트 파일을 만들게 해준다. puts() 함수와 비슷하지만 파일에 쓸 때 자동으로 개행 문자를 넣지 않는다는 것에 주의한다.

[형식] 파일에 문자열 쓰기 : fputs() 함수

fputs(문자열 시작 주소, 파일 포인터 변수명)

- 문자열 시작 주소에 저장된 문자열을 파일 포인터에 연결된 파일에 쓴다. 이때 문자열의 끝을 나타내는 널문자는 파일에 쓰지 않으며 그 뒤에 개행 문자도 자동으로 들어가지 않는다.
- 출력이 성공하면 출력한 바이트 수를 반환하고, 실패하면 EOF를 반환한다.

fputs("문자열 단위 출력",fp);	• 문자열 "문자열 단위 출력"을 fp에 연결된 파일에 쓴다. 문자열 내용 뒤에 추가로 개행 문자를 출력하지 않는다.

주의사항은 puts()와 같이 문자열을 출력한 후 자동으로 개행 문자를 출력하지 않지만 fputs("문자열 단위 출력\n",fp);와 같이 출력할 문자열에 포함된 **개행 문자는 출력**한다.

(2) 문자열 단위 입력 : fgets() 함수 중요

텍스트 파일에 저장된 내용을 문자열 단위로 읽는 함수이다. gets() 함수는 언제나 엔터키를 입력하기 전까지의 문자열을 저장하지만 fgets()는 파일에 쓰여진 **개행 문자까지 문자열에 포함**시킨다. 그리고 fgets()는 무조건 행 단위로 읽는 것이 아니라 한 번에 읽을 수 있는 문자열 길이가 정해져 있으므로 **행이 길면 행 전체를 읽지 못할 수 있다.**

[형식] 파일의 문자열 읽기 : fgets() 함수

fgets(문자열 저장 주소, 최대 입력 문자수, 파일 포인터 변수명)

- 파일 포인터에 연결된 파일에서 (최대 입력 문자수 – 1)개의 문자를 읽은 후 뒤에 널문자(\0)를 합친 문자열을 지정한 문자열 저장 주소부터 저장한다. 만일 최대 입력 문자 개수만큼 읽지 않았는데 중간에 개행 문자(\n)를 읽었다면 읽기를 중단하고 뒤에 널문자(\0)를 합친 문자열을 저장한다. 즉 gets()와 달리 개행 문자도 문자열에 포함한다는 것에 주의한다.
- 파일을 읽는 중 파일의 끝에 도달하거나 오류가 발생하면 NULL포인터를 반환한다.

char string1[20], string2[20], string3[20];
FILE *fp = fopen("address.txt","r");
fgets(string1,20,fp);

- 파일에서 20개의 문자를 읽기 전에 개행 문자를 읽으므로 뒤에 널문자를 합친 "DWKIM, Incheon.\n"을 string1(배열명은 배열의 시작 주소)배열에 저장한다.

fgets(string2,20,fp);

- 파일에서 (20–1)개의 문자를 읽은 후 뒤에 널문자를 합친 "Dongwook-Kim, Inche"을 string2에 저장한다.

gets(string3,20,fp);

- 이전에 읽은 곳 다음부터 읽다가 20개의 문자를 읽기 전에 개행 문자를 읽게 된다. 따라서 그 뒤에 널문자를 합친 "on-Seoul.\n"을 string3에 저장한다.

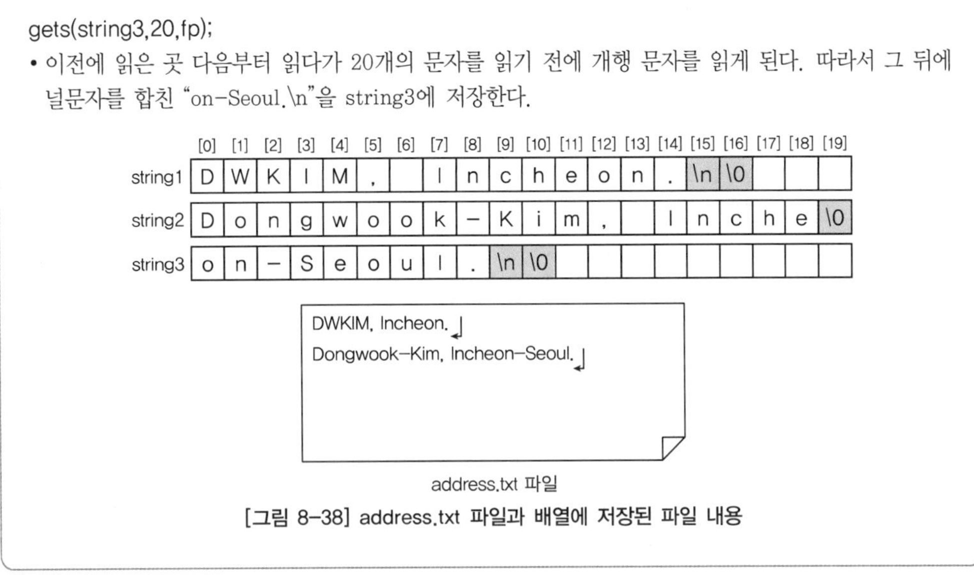

[그림 8-38] address.txt 파일과 배열에 저장된 파일 내용

주의사항으로 fgets() 함수는 gets() 함수와 달리 무조건 한 행을 읽는 것이 아니다. 개행 문자를 읽지 않은 한 (최대 입력 문자수 - 1)개의 문자만 읽으므로 행이 너무 길면 한 번에 읽지 못하고 여러 번에 걸쳐 읽어야 한다. 그러므로 한 행 단위로 읽고 싶다면 **최대 입력 문자수를 충분히 크게** 지정해야 한다.

제2절 이진 파일 입 · 출력

텍스트 파일은 모든 데이터가 문자열로 변환되어 기록된다. 즉 정수도 fprintf() 함수를 통해 문자열로 변환된 후 파일에 기록된다. 그래서 정수 123456은 6개의 문자 '1', '2', '3', '4', '5', '6'으로 변환되어 파일에 기록되며 이러한 변환은 fprintf() 함수가 담당한다. 반대로 파일에서 숫자를 읽을 때도 6개의 문자를 읽어 123456 정수로 변환하여 변수에 저장하는데 이것은 fscanf() 함수가 담당한다.

반면에 이진 파일은 수치 데이터가 문자로 변환되지 않고 곧바로 수치로 저장된다. 예를 들면 정수 123456은 한 개의 정수로 주기억장치의 4바이트에 이진 형식으로 표현되어 저장되며 파일에 저장될 때도 이 4바이트 내용이 그래도 파일에 저장된다. 그래서 이진 파일은 수치를 읽을 때 한 개의 수치로서 바로 읽기 때문에 텍스트 파일의 수치와 문자열 간의 변환 과정이 없다. 따라서 **읽고 쓰기가 빠르며** 정수의 경우 언제나 4바이트로 저장하므로 텍스트 파일보다 **저장 공간을 적게 차지**하는 장점이 있다. 그러나 문자 데이터가 아니므로 모니터나 프린터로 확인하면 이해할 수 없는 이상한 문자들이 나타나며, 수치를 표현하는 방식이 컴퓨터마다 다를 수 있어 컴퓨터의 기종이 다를 경우 파일 내용도 달라질 수 있다.

이진 파일은 텍스트 파일과 달리 행으로 분리되지 않으므로 행의 끝을 표시할 필요가 없으며 널문자나 개행 문자 같은 글자들도 특별한 의미를 가지지 않고 데이터로 취급된다. [그림 8-39]의 (a)는 이진 파일을 16진수로 출력한 화면이고, (b)는 이진파일을 메모장에서 열었을 때 나타난 화면이다. 메모장 화면에서 일부 문자열은 그대로 알아볼 수 있지만 대부분은 이상한 글자로 나타난 것을 알 수 있다. 이처럼 이진 파일은 눈으로 내용을 확인하기 어려우므로 특정 프로그램을 사용해야 한다.

(a) 16진수를 출력한 화면

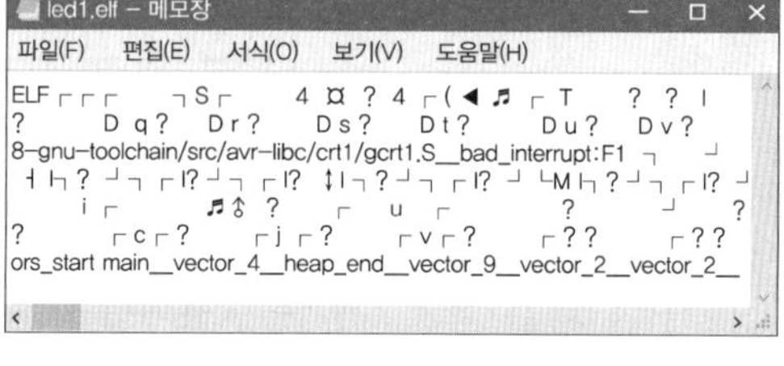

(b) 메모장에서 불러온 화면

[그림 8-39] 이진 파일 출력 화면

이진 파일에 데이터를 기록할 때는 fwrite() 함수를, 이진 파일의 데이터를 읽어올 때는 fread() 함수를 사용해야 하며, 이진 파일을 쓰기 전용으로 열 때는 파일 모드를 "wb"로, 읽기 전용으로 열 때는 "rb"로 지정해야 한다. 그리고 파일의 끝에 추가하기 위한 추가모드를 "ab"로 지정해야 한다.

(1) 이진 파일에 쓰기 : fwrite() 함수 중요

이진 파일에 데이터를 쓸 때 fwrite() 함수는 바이트 단위의 연속된 데이터 집합인 **블록(block)** 단위로 파일에 쓰기를 한다. 그러므로 구조체와 같이 일정한 크기의 데이터를 통째로 읽거나 쓸 수 있어서 매우 편리하다. 그 대신 fwrite() 함수를 이용해 만들어진 파일에서 데이터를 읽어올 때는 이 블록의 크기에 주의해서 정확한 크기의 블록 단위로 읽어와야 한다. 이진 파일을 쓰기 모드로 열고 fwrite() 함수를 이용하여 이진 파일에 데이터를 기록한다.

[형식] 이진 파일에 쓰기 : fwrite() 함수

FILE *fp = fopen("파일명", "wb");

- 이진 파일 열기 (w : 쓰기, b : 이진파일)

fwrite(데이터 시작 주소, 블록 크기, 블록 개수, 파일 포인터 변수명);

- 데이터 시작 주소부터 저장된 (블록 크기 * 블록 개수)바이트의 데이터를 파일 포인터 변수에 연결된 이진 파일에 쓴 후 파일에 쓴 블록의 개수를 반환한다.
- 블록 크기는 **바이트 단위**로, 블록 개수는 **정수**로 지정한다.
- 이진 파일에 쓰는 데이터의 형은 달라도 되지만, 이런 경우 이진 파일에서 읽어올 때 데이터를 기록한 순서와 정확히 일치하도록 읽어와야 한다.

```
int height = 170;
int age[10] = {21,22,23,24,25,26,27,28,29,30};
FILE *fp = fopen("data.bin","wb");
fwrite(age,sizeof(int),10,fp);
```

• age(배열의 시작 주소)배열에서 int형 크기의 블록 10개를 참조하여 fp에 연결된 이진 파일에 쓴다. 즉, age배열의 int형 값 10개를 파일에 쓴다.

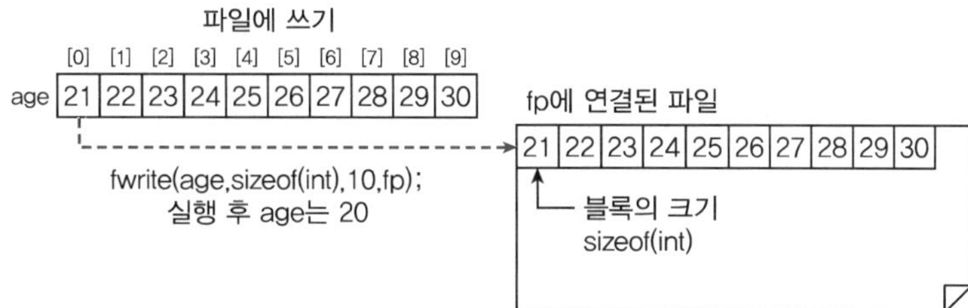


```
fwrite(&height,sizeof(int),1,fp);
```

• 변수 height의 기억장소에서 int형 크기의 블록 1개를 참조하여 fp에 연결된 이진 파일에 쓴다. 즉, height 변수에 저장된 int형 값 1개를 파일에 쓴다.

예제 8-10

구조체 멤버를 입력받아 이진 파일로 출력하기

분석

① 표준입력장치인 키보드에서 구조체 멤버들을 입력받은 후 구조체를 이진 파일 user.bin에 출력한다.

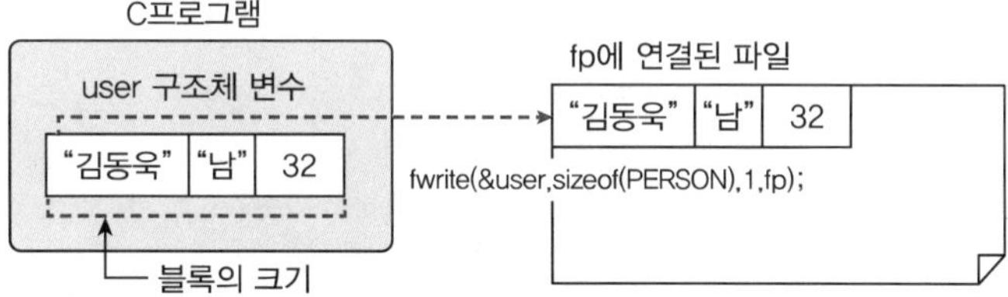

② 이진 파일 user.bin이 현재 프로젝트 폴더에 생성되나 이진 파일이므로 메모장에서 열면 화면상으로 이해할 수 없는 문자들이 출력된다.

해설

```
#include <stdio.h>        //fwrite 함수를 위한 헤더 파일
#include <stdlib.h>       //exit 함수를 위한 헤더 파일

struct person             //구조체 정의
{
```

```
6       char name[7], gender[3];          //이름, 성별
7       int age;                          //나이
8    };
9    typedef struct person PERSON;         //자료형 재정의
10
11   int main()
12   {
13      int i;
14      PERSON user;                              //사용자 정보를 저장할 구조체 변수 선언
15      FILE *fp = fopen(“user.bin”, “wb”);       //쓰기 모드로 이진 파일 열기
16
17      if (fp == NULL)       //파일 열기 에러 처리
18      {
19         printf(“파일 열기 에러! \n”); exit(1);
20      }
21
22      //사용자 정보를 키보드에서 입력받아 이진 파일에 출력하기
23      printf(“>> 사용자 정보를 입력 입력하세요. ”);
24      printf(“\n이름 : ”); gets(user.name);
25      printf(“  성별 : ”); gets(user.gender);
26      printf(“  나이 : ”); scanf(“%d”, &user.age);
27
28         //user에 저장된 사용자 정보 즉 PERSON형 구조체 한 개를 파일에 쓰기
29      fwrite(&user, sizeof(PERSON), 1, fp);
30         fclose(fp);
31      printf(“\n== 파일 출력 완료 ==\n”);
32
33      return 0;
34   }
```

[그림 8-40]

㉠ 4~9행 : 구조체 정의, 9행은 자료형 재정의를 한다.
㉡ 14행 : 사용자 정보를 저장할 구조체 변수를 선언한다.
㉢ 15행 : 참조모드가 쓰기모드이고, 형태가 이진 파일로 open한다.
㉣ 23~26행 : 입력받은 멤버들이 user에 저장된 후 파일에 쓸 데이터가 저장된 주소(&user)부터 sizeof(PERSON) 크기의 블록을 1개 읽어서 fp가 가리키는 파일에 쓴다. sizeof(PERSON)대신 sizeof(user) 또는 sizeof(struct person)을 사용해도 된다.
㉤ 29행 : user에 저장된 사용자 정보, 즉 PERSON형 구조체 한 개를 파일에 쓴다. PERSON 구조체형의 블록의 크기는 14바이트가 된다.

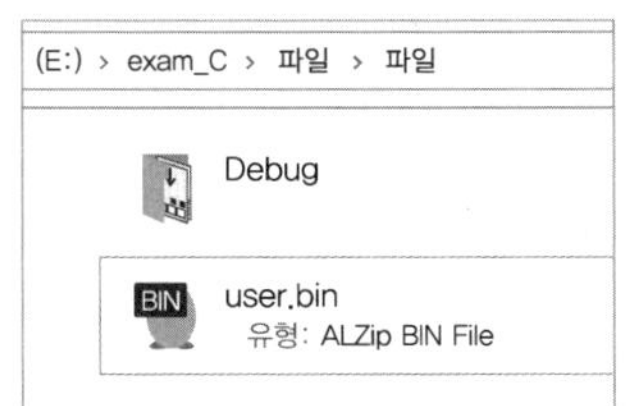

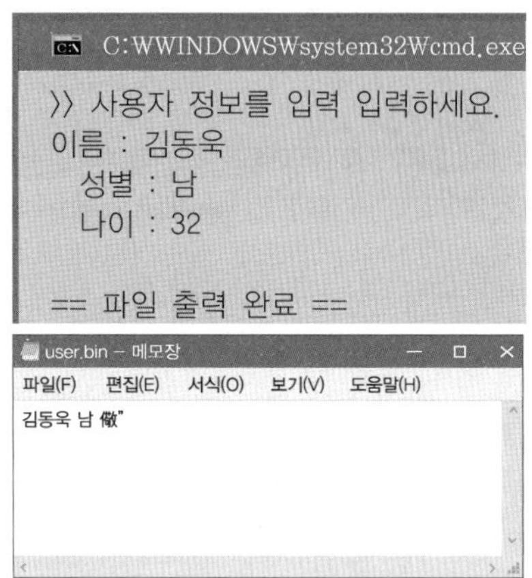

[그림 8-41] 이진파일의 생성과 출력결과, 메모장으로 불러 온 화면

(2) 이진 파일에 읽기 : fread() 함수 중요

fread() 함수는 이진 파일에서 데이터 블록을 읽기 위한 함수로 fwrite() 함수와 사용 형식이 동일하다.

[형식] 이진 파일 읽기 : fread() 함수

FILE *fp = fopen("파일명", "rb");

- 이진 파일 열기 (r : 읽기, b : 이진파일)

fread(데이터 저장 시작 주소, 블록 크기, 블록 개수, 파일 포인터 변수명);

- 파일 포인터 변수에 연결된 파일에서 (블록 크기 * 블록 개수)바이트의 데이터를 읽어서 시작 주소에 저장한 후 읽은 블록 개수를 반환한다.
- 블록 크기는 **바이트** 단위로, 블록 개수는 **정수**로 지정한다.
- 첫 인수인 데이터 저장 시작 주소에 해당하는 기억장소는 (블록 크기 * 블록 개수)바이트의 데이터를 저장하기에 충분한 기억장소여야 한다.

int height, age[10]; FILE *fp = fopen("data.bin","rb"); fread(&height,sizeof(int),1,fp);	fp에 연결된 이진 파일에서 int형 크기의 블록 1개를 읽어서 변수 height의 기억장소에 쓴다. 즉, 파일에서 1개의 정수를 읽어서 height 변수에 저장한다.
fread(age,sizeof(int),10,fp);	fp에 연결된 이진 파일에서 int형 크기의 블록 10개를 읽어서 age(배열의 시작 주소)번지의 기억 장소에 저장한다. 즉, 파일에서 10개의 정수를 읽어서 age배열에 저장한다.

예제 8-11

이진 파일의 데이터를 읽어서 모니터로 출력하는 예

분석

① [예제 8-10]의 결과로 생성된 user.bin 이진 파일의 내용을 읽어서 모니터로 출력한다.
② 읽기 모드로 open할 이진 파일이 프로젝트 폴더 내에 있어야 한다.

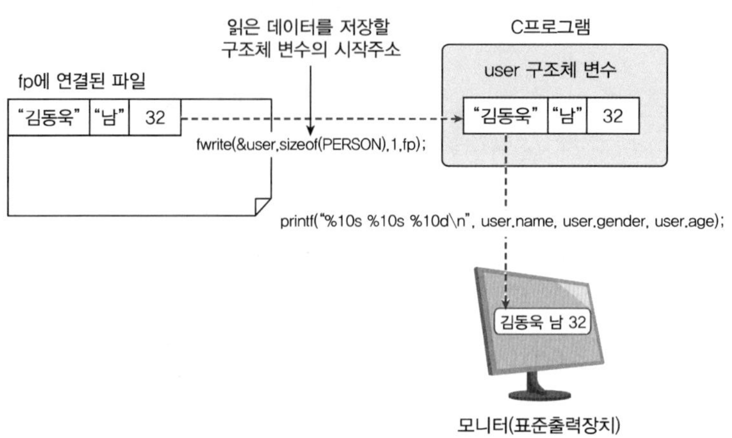

해설

```
#include <stdio.h>        //fread, fopen, fclose 함수를 위한 헤더 파일
#include <stdlib.h>       //exit 함수를 위한 헤더 파일

struct person //구조체 정의
{
   char name[7], gender[3];          //이름, 성별
   int age;                          //나이
};
typedef struct person PERSON;        //자료형 재정의

int main()
{
   PERSON user;                      //사용자 정보를 저장할 구조체 변수 선언
   FILE *fp;

   fp = fopen("user.bin", "rb");                  //읽기 모드로 이진 파일 열기
   if (fp == NULL)
   {
      printf("파일 열기 에러!\n"); exit(1);
   }

   puts("----------------------------------------");
   puts("       이름         성별          나이        ");
   puts("----------------------------------------");

   //파일에서 블록 1개를 제대로 읽었다면 계속 반복하기
   while (fread(&user, sizeof(PERSON), 1, fp) == 1)
      printf("%10s %10s %10d\n", user.name, user.gender, user.age);
```

```
29
30        puts("---------------------------------------");
31        fclose(fp);              //파일 닫기
32
33        return 0;
34    }
```

| 결과 |

```
C:\WINDOWS\system32\cmd.exe
------------------------------------------
   이름        성별        나이
------------------------------------------
   김동욱       남          32
------------------------------------------
```

[그림 8-42]

㉠ 16행 : 참조모드가 읽기모드이고, 형태가 이진 파일로 open한다.
㉡ 27행 : 파일의 끝을 처리하기 위해 fread() 함수가 반환하는 블록 개수를 활용한다. fread(&user, sizeof(PERSON),1,fp)가 성공한다면 읽은 블록 수 1이 반환된다. 즉, 현재 읽기가 성공했으므로 아직 파일의 끝을 지나지 않았고 따라서 현재 읽은 데이터를 모니터에 출력하고 다시 파일 읽기를 시도한다. 만일 파일의 끝을 읽어서 fread() 함수가 1이 아닌 값을 반환한다면 파일의 끝까지 읽었으므로 읽기를 종료한다.

제3절 파일의 임의 접근

지금까지의 파일 입・출력은 파일의 처음부터 순차적으로 데이터를 읽거나 기록하는 순차 접근 방식이었다. 이와 달리 파일 읽기/쓰기를 순서대로 하지 않고 파일의 임의의 위치에서 바로 읽기/쓰기를 할 수 있는 접근 방식을 **임의 접근(random access)**이라 한다. 파일을 임의 접근 방식으로 읽기/쓰기 위해서는 파일 읽기/쓰기를 시작할 위치를 가리키는 포인터인 파일 위치 지시자를 조작하는 함수를 사용해야 한다. 이 파일 위치 지시자는 문서를 편집할 때 키보드의 키를 누르면 글자가 나타나는 위치를 알려주는 커서와 같은 기능을 한다. 지금까지 사용한 '파일 포인터'란 용어는 사용할 파일의 FILE 구조체를 가리키는 포인터 변수이며, 파일 위치 지시자는 이 파일 포인터가 가리키는 FILE 구조체의 멤버로서 다음에 읽기/쓰기를 할 위치를 가리키는 포인터임을 구분해야 한다. C언어는 파일의 임의 접근을 위해 fseek(), ftell(), rewind() 함수를 제공한다. 이 함수들을 이용하면 fread() 함수와 같이 블록 단위 쓰기로 만들어진 파일에 대해 임의의 블록을 곧바로 찾아가서 읽거나 블록을 수정하는 작업이 가능하다. 파일에서 다음에 읽거나 쓸 데이터의 위치를 변경하려면 파일 위치 지시자를 변경하는 fseek() 함수를 사용한다.

1 파일 위치 지시자 이동하기 : fseek() 함수 중요 기출

[형식] 파일 위치 지시자 이동하기 : fseek() 함수

fseek(파일 포인터 변수명, 오프셋, 기준점)

- 파일 포인터 변수에 연결된 파일의 파일 위치 지시자가 기준점으로부터 오프셋만큼 떨어진 곳을 가리키게 한다. 즉 읽기/쓰기를 시작할 위치를 (기준점 + 오프셋)바이트 위치로 변경한다.
- 기준점(whence) : 오프셋을 적용할 기준점으로 다음 세 매크로 상수 중 한 개를 사용한다.
  - SEEK_SET : 0이며 파일의 시작 지점을 의미한다.
  - SEEK_CUR : 1이며 파일의 현재 지점을 의미한다.
  - SEEK_END : 2이며 파일의 끝 지점을 의미한다.
- 오프셋(offset) : 기준점에서 몇 바이트 이동할지를 나타내는 long형 정수로 기준점 이전이라면 음수를, 이후라면 양수를 사용한다.
- 이동에 성공하면 0을 반환하고, 실패하면 0이 아닌 값을 반환한다.

fseek(fp, 100, SEEK_SET);
- 다음 읽기/쓰기 위치를 파일 시작 지점에서 100바이트 이후로 이동한다.

fseek(fp, 200, SEEK_CUR);
- 다음 읽기/쓰기 위치를 현재 위치에서 200바이트 이후로 이동한다.

fseek(fp, –100, SEEK_END);
- 다음 읽기/쓰기 위치를 파일의 끝 지점에서 100바이트 이전으로 이동한다.

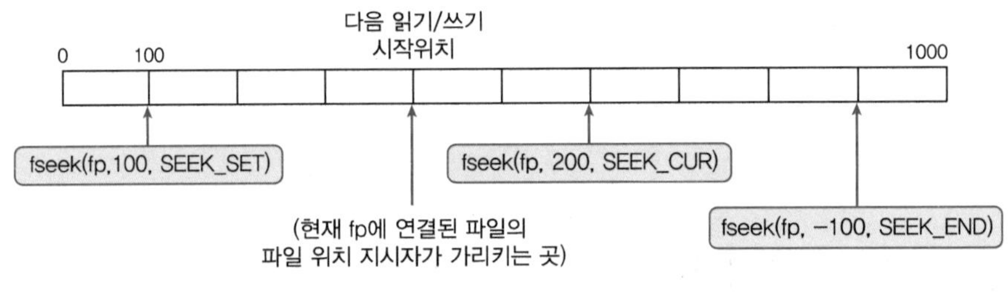

2 rewind() 함수

파일의 위치 지시자가 파일의 시작 지점을 가리키도록 fseek(fp, 0, SEEK_SET)와 fseek() 함수를 이용해도 되지만 간단히 rewind() 함수를 사용할 수도 있다.

[형식] rewind() 함수

rewind(파일 포인터 변수명)	파일 포인터에 연결된 파일의 다음 읽기/쓰기 위치를 파일의 시작 지점으로 이동한다.

3 ftell() 함수

임의 접근 방식에서 사용되는 함수로 fseek() 함수, rewind() 함수 외에 현재 파일의 읽기/쓰기 위치, 즉 파일 위치 지시자가 가리키는 곳을 알려주는 함수가 ftell() 함수이다. ftell() 함수는 파일의 시작 위치를 상대적 위치 0으로 간주하고 현재 파일 위치 지시자가 가리키는 곳이 파일의 시작 위치로부터 몇 바이트 떨어져 있는지 알려준다.

[형식] ftell() 함수

ftell(파일 포인터 변수명);	파일 포인터 변수에 연결된 파일에서 다음 읽기/쓰기를 시작할 위치를 반환한다.

rewind(fp); position = ftell(fp);	rewind() 함수에 의해 파일 위치 지시자가 파일의 시작 위치로 변경된 직후 ftell() 함수를 호출했으므로 position에는 0이 저장된다.

예제 8-12

텍스트 파일에 "ABCDEFGHIJKLMNOPQRSTUVWXYZ"를 기록한 후에 이 파일을 다시 읽기 모드로 open한 후 fseek() 함수에 적절한 값을 넣어서 호출한 후에 fgetc() 함수를 호출하여 반환값을 화면에 출력하는 예

해설

```
#include <stdio.h>

int main(void)
{
   FILE *fp;

   char buffer[100];

   fp = fopen(“sample.txt”, “wt”);
   fputs(“ABCDEFGHIJKLMNOPQRSTUVWXYZ”, fp);
   fclose(fp);

   fp = fopen(“sample.txt”, “rt”);


   fseek(fp, 3, SEEK_SET);
   printf(“fseek(fp, 3, SEEK_SET) = %c \n”, fgetc(fp));

```

```
19        fseek(fp, -1, SEEK_END);
20        printf("fseek(fp, -1, SEEK_END) = %c \n", fgetc(fp));
21
22        fclose(fp);
23        return 0;
24    }
```

[그림 8-43]

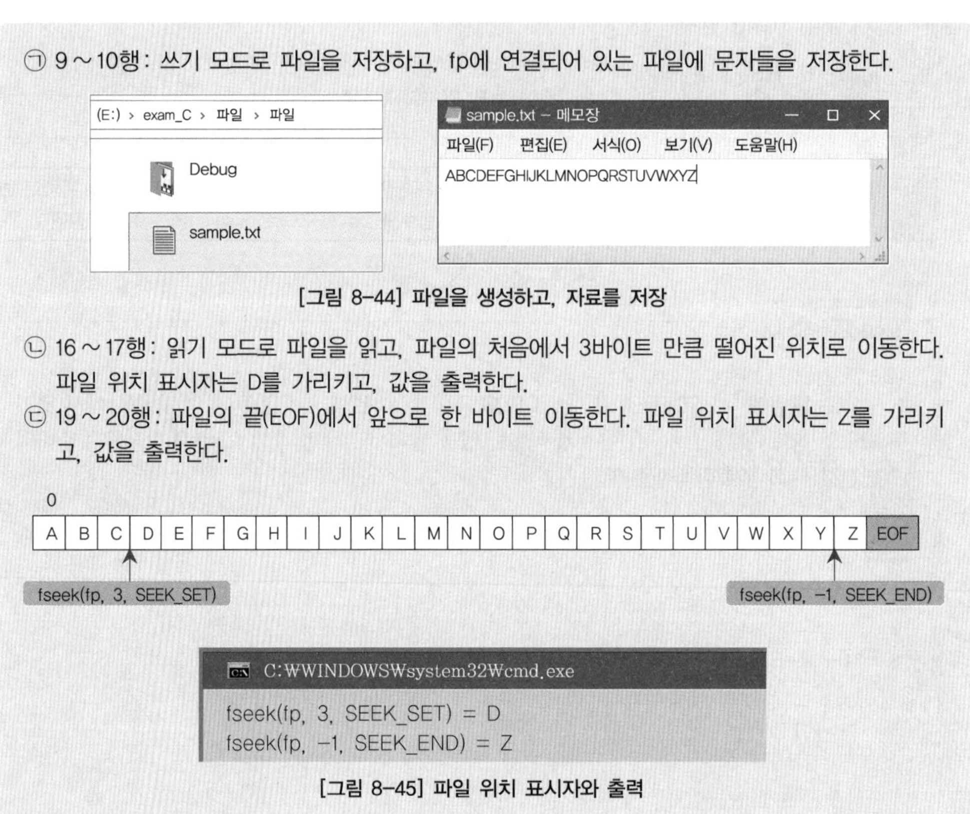

㉠ 9～10행: 쓰기 모드로 파일을 저장하고, fp에 연결되어 있는 파일에 문자들을 저장한다.

[그림 8-44] 파일을 생성하고, 자료를 저장

㉡ 16～17행: 읽기 모드로 파일을 읽고, 파일의 처음에서 3바이트 만큼 떨어진 위치로 이동한다. 파일 위치 표시자는 D를 가리키고, 값을 출력한다.

㉢ 19～20행: 파일의 끝(EOF)에서 앞으로 한 바이트 이동한다. 파일 위치 표시자는 Z를 가리키고, 값을 출력한다.

[그림 8-45] 파일 위치 표시자와 출력

OX로 점검하자 | 제8장

※ 다음 지문의 내용이 맞으면 O, 틀리면 ×를 체크하시오. [1 ~ 12]

01 파일에는 사람이 읽을 수 있는 텍스트가 들어 있는 텍스트 파일과 사람은 읽을 수 없으나 컴퓨터는 읽을 수 있는 이진 파일이 있다. (　　)

››› 텍스트(text) 파일은 파일 내용을 화면이나 프린터로 출력해서 볼 때 사람이 알고 있는 문자로 표시되고, 이진(binary) 파일은 사람에게는 의미가 없는 이상한 문자로 표시되어 컴퓨터의 특정 프로그램에 의해서만 읽을 수 있는 파일이다.

02 순차 파일은 파일의 어느 위치든지 곧바로 이동하여 읽고 쓰는 것이 가능한 파일로 어떤 파일이든지 순차적으로 접근할 수도 있고 임의적으로 접근할 수도 있다. (　　)

››› 순차(sequential) 파일은 데이터를 처음부터 순차적으로 읽거나 쓰기 때문에 이미 읽은 데이터를 다시 읽으려면 파일을 닫은 다음 다시 열고, 파일의 맨 처음부터 읽어서 원하는 위치까지 이동하여 데이터를 읽어야 하는 파일이다.

03 파일 열기는 입·출력을 원하는 파일을 사용할 수 있도록 open한 후에 FILE형 포인터와 연결한다. (　　)

››› C언어에서는 단순히 파일을 열었다고 해서 파일을 참조할 수 있는 것이 아니라 방금 연 파일의 읽기/쓰기에 필요한 정보가 든 FILE 구조체를 파일포인터와 연결시켜야 한다.

04 파일 열기는 C언어에서 단순히 파일을 열어 파일을 참조할 수 있다. (　　)

››› 파일 열기는 C언어에서 단순히 파일을 열었다고 해서 파일을 참조할 수 있는 것이 아니고 방금 연 파일의 읽기/쓰기에 필요한 정보가 든 FILE 구조체를 파일 포인터와 연결시켜야 한다.

05 이진 파일의 참조모드와 형태모드에서 파일의 형태 모드가 없으면 텍스트 모드로 지정된다. (　　)

››› 이진 파일을 읽기/쓰기 전용으로 하고자 하면 "rb", "wb"로 지정해야 한다. 그렇지 않으면 일반 텍스트 파일로 처리되므로 파일의 내용을 잘못 읽기/쓰기 할 수 있다.

06 파일의 처리과정은 파일 포인터 선언 → 파일 열기 → 파일 읽기 → 파일 닫기이다. (　　)

›››

파일의 처리과정	
① 파일 포인터 선언	수많은 파일 중 하나를 지정하고, 이 파일에서 읽기/쓰기를 하는 데 필요한 정보를 가리키는 FILE형 포인터를 선언해야 한다.
② 파일 열기	입·출력을 원하는 파일을 사용할 수 있도록 open한 후에 FILE형 포인터와 연결한다.
③ 파일 읽기	파일 입·출력 함수를 이용하여 이 포인터에 연결된 파일로부터 데이터 읽기/쓰기를 한다.
④ 파일 닫기	파일의 모든 입·출력이 끝나면 열린 파일과 FILE형 포인터와의 연결을 해제하여 파일을 닫는다.

정답 1 O 2 × 3 O 4 × 5 O 6 O

07 텍스트 파일과 이진 파일의 입·출력의 처리단위는 지정형식 단위, 문자 단위, 문자열 단위로 처리된다. (   )

»»🔍 텍스트 파일의 처리단위는 지정형식 단위, 문자 단위, 문자열 단위이며, 이진 파일은 블록 단위로 처리된다.

08 파일 읽기나 파일 쓰기가 끝나면 자동으로 열린 파일들이 닫힌다. (   )

»»🔍 파일 읽기나 파일 쓰기가 끝나면 프로그램 종료 전에 열린 파일들을 반드시 닫아주어야 한다. 파일을 닫기 위해서는 fclose() 함수를 이용하여 현재 열린 파일과 파일 포인터의 연결을 해제해야 한다.

09 파일의 끝을 확인하는 방법으로 파일을 닫으면 파일의 마지막 데이터 다음에 파일의 끝을 표시하는 특별한 문자를 프로그래머가 넣어주어야 한다. (   )

»»🔍 파일을 닫으면 파일의 마지막 데이터 다음에는 시스템에 의해 파일의 끝을 표시하는 시스템만 인식할 수 있는 특별한 문자가 자동으로 저장된다.

10 이진 파일 관리 함수인 fread(데이터 저장 시작 주소, 블록 크기, 블록 개수, 파일 포인터 변수명); 형식에서 블록 크기는 비트 단위로, 블록 개수는 정수로 지정한다. (   )

»»🔍 블록의 크기는 바이트 단위로 지정한다. fread()는 파일 포인터 변수에 연결된 파일에서 (블록 크기*블록 개수)바이트의 데이터를 읽어서 시작 주소에 저장한 후 읽은 블록 개수를 반환한다.

11 파일의 끝을 확인하는 편리한 방법 중 feof()를 이용한 것과 fscanf() 함수의 반환값을 활용한 방법이 있다. (   )

»»🔍 파일에 입력된 값을 불러올 때 파일에서 불러올 자료의 개수를 알아야 정확한 결과를 알 수 있다. 그러나 파일의 끝을 표시하는 feof()함수와 파일의 내용을 불러오면서 파일의 끝을 지났는지 지나지 않았는지 구분할 수 있는 fscanf() 함수를 사용하면 파일의 끝을 확인할 수 있다.

12 fputs() 함수는 문자열을 파일로 출력하는 함수로 문자열의 끝을 나타내는 널문자는 파일에 쓰지 않으며 그 뒤에 개행 문자도 자동으로 들어가지 않는다. (   )

»»🔍 fputs(문자열 시작 주소, 파일 포인터 변수명)는 문자열 시작 주소에 저장된 문자열을 파일 포인터에 연결된 파일에 쓴다. 이때 문자열의 끝을 나타내는 널문자는 파일에 쓰지 않으며 그 뒤에 개행 문자도 자동으로 들어가지 않는다.

정답 7 × 8 × 9 × 10 × 11 ○ 12 ○

제 8 장 실전예상문제

01 다음 중 파일의 저장된 데이터형식에 따른 분류에 속하는 것은?

① 이진 파일　　② 순차 파일
③ 랜덤 파일　　④ 간접 파일

01 파일을 저장된 데이터형식에 따른 분류에는 텍스트 파일과 이진 파일이 있고, 파일의 접근 방식에 따른 분류에는 순차 파일과 랜덤 파일이 있다.

02 다음의 설명에 해당하는 것은?

> 데이터를 처음부터 순차적으로 읽거나 쓰기 때문에 이미 읽은 데이터를 다시 읽으려면 파일을 닫은 다음 다시 열고, 파일의 맨 처음부터 읽어서 원하는 위치까지 이동하여 데이터를 읽어야 하는 파일이다.

① text file　　② binary file
③ random file　　④ sequential file

02 파일의 접근 방식에 따른 분류에는 순차파일과 랜덤파일이 있다. 랜덤파일은 파일의 어느 위치든지 곧바로 이동하여 읽고 쓰는 것이 가능한 파일로 어떤 파일이든지 순차적으로 접근할 수도 있고 임의적으로 접근할 수 있는 파일이다.

03 다음 중 파일의 처리과정을 올바르게 나열한 것은?

① 파일 열기 → 파일 포인터 선언 → 파일 읽기 → 파일 닫기
② 파일 포인터 선언 → 파일 열기 → 파일 읽기 → 파일 닫기
③ 파일 열기 → 파일 읽기 → 파일 닫기 → 파일 포인터 선언
④ 파일 열기 → 파일 읽기 → 파일 포인터 선언 → 파일 닫기

»»

파일 입력 프로그램

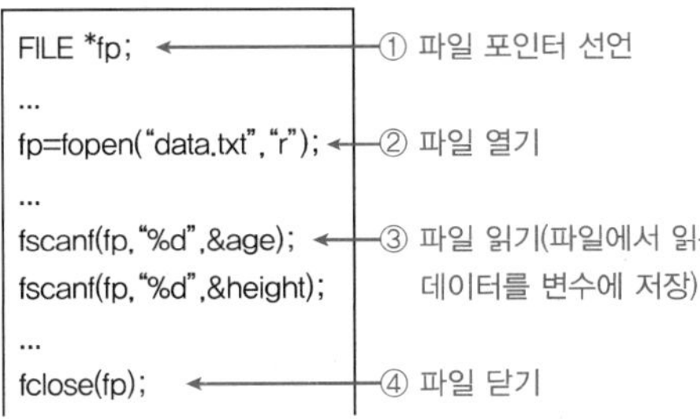

03 [문제 하단의 도표 참고]

정답 01 ① 02 ④ 03 ②

04 다음 중 파일 포인터 선언에 대한 설명으로 옳은 것은?

① 파일의 모든 입·출력이 끝나면 열린 파일과 FILE형 포인터와의 연결을 해제하여 파일을 닫는다.
② 파일을 사용하기 위해서는 FILE형 포인터가 필요하며, stdio.h에 정의된 구조체 자료형으로 파일에서 읽고 쓰기를 하는 데 필요한 복잡한 정보를 저장하는 여러 멤버로 구성된다.
③ 파일 입·출력 함수를 이용하여 이 포인터에 연결된 파일로부터 데이터 읽기/쓰기를 한다.
④ 파일의 정보를 전달하는 인수로 사용되므로 모든 파일에 대해서 읽기/쓰기를 할 수 있다.

04 FILE형 포인터는 파일과 관련된 정보가 들어있는 FILE 구조체를 가리키는 데 사용되고, 파일 읽기/쓰기 함수를 호출할 때 작업 대상인 파일의 정보를 전달하는 인수로 사용되므로, 파일 포인터가 할당되어 있는 파일에 대해서만 읽기/쓰기를 할 수 있다.

05 다음 중 파일을 여는 라이브러리 함수에 대한 설명으로 옳지 않은 것은?

① C언어에서 파일을 열면 파일을 참조할 수 있다.
② 파일에서 읽기/쓰기를 하기 위해서는 파일을 open하는 작업을 먼저 해야 한다.
③ 파일 열기는 운영체제에게 이 파일을 사용하겠다고 요청하는 것이다.
④ 파일을 열지 않고는 파일을 참조할 수 없다.

05 C언어에서 단순히 파일을 열었다고 해서 파일을 참조할 수 있는 것이 아니고 방금 연 파일의 읽기/쓰기에 필요한 정보가 든 FILE 구조체를 파일 포인터와 연결시켜야 한다.

06 다음 설명에 적합한 코딩으로 옳은 것은? (단, FILE *aaa; 선언되었다고 가정함)

> 파일 "paran.txt"을 읽기와 쓰기가 모두 가능한 모드로 열고 반환값을 aaa에 대입한다.

① aaa = fopen("paran.txt", "a");
② aaa = fopen("paran.txt", "rb");
③ aaa = fopen("paran.txt", "w+");
④ *aaa = fopen("paran.txt", "w+");

06 파일의 참조 모드는 읽기/쓰기가 모두 가능한 r+, w+ 또는 a+로 열고, 반환값은 파일 포인터 변수로 FILE *aaa;로 선언되어야 한다.

정답 04 ② 05 ① 06 ③

07 다음 중 파일 참조 모드에 대한 설명으로 옳지 않은 것은?

① 파일 읽기 모드에서 참조할 파일이 없다면 오류로 NULL을 반환한다.

② 파일 쓰기 모드에서 참조할 파일이 없다면 새로 파일을 만들며 참조한다.

③ 파일 쓰기 모드에서 참조할 때 원래 내용을 모두 지운 후 처음부터 쓴다.

④ 파일 추가 모드에서 참조할 때 파일이 없다면 오류로 NULL을 반환한다.

모드	용도	모드	용도	주의사항
r	읽기 전용	r+	읽기/쓰기	"파일명"의 파일이 없다면 오류로 NULL을 반환한다.
w	쓰기 전용	w+	읽기/쓰기	파일의 원래 내용을 모두 지운 후 처음부터 쓴다. "파일명"의 파일이 없다면 새로 만든다.
a	추가 전용	a+	읽기/쓰기	파일의 내용 끝에 데이터를 추가(append)한다. "파일명"의 파일이 없다면 새로 만든다.

07 [문제 하단의 표 참고]

08 다음 중 파일 형태 모드에 대한 설명으로 옳지 않은 것은?

① "wt"는 텍스트 파일로서 쓰기 전용으로 open한다.

② "w"는 파일 형태가 모드가 없으면 오류가 발생하고 프로그램이 종료된다.

③ "wb"는 이진 파일로서 쓰기 전용으로 open한다.

④ "w"는 파일 형태 모드가 없으면 기본적으로 텍스트 모드로 지정된다.

모드	파일 형태	사용 예
t	텍스트 파일	• "wt" : 텍스트 파일로서 쓰기 전용으로 open한다. • "wb" : 이진 파일로서 쓰기 전용으로 open한다. • "w" : 파일 형태 모드가 없으면 텍스트 모드로 지정된다.
b	이진 파일	

08 [문제 하단의 표 참고]

정답 07 ④ 08 ②

09 주어진 프로그램에 대한 설명으로 옳지 않은 것은?

```
FILE *fp;
fp = fopen("data.txt", "w");
```

① FILE *fp = fopen("data.txt", "w");으로 선언과 동시에 초기화할 수 있다.
② fopen() 함수가 반환한 FILE 구조체의 시작 주소가 fp에 저장된다.
③ 오픈할 파일의 위치는 시스템 폴더 안에서 파일을 참조한다.
④ 쓰기 모드로 열린 빈 파일에 fp가 연결되고 fp를 이용해서 파일에 쓰기를 할 수 있다.

09 파일의 위치는 현재 작업 중인 C++ visual studio 프로젝트 폴더 안에 있어 파일을 참조할 수 있으며, 또는 사용자 임의대로 절대경로에서 파일을 찾을 수 있다.

10 다음 중 문자 단위의 파일 입·출력 함수로 옳은 것은?

① fgetc()　② getchar()
③ fgets()　④ fread()

10 fgetc() 함수는 파일 포인터 변수명에 연결된 파일에서 문자 한 개를 읽어서 반환한다. 그리고 반환형은 읽은 문자의 ASCII code값이 반환되기 때문에 int형으로 한다. 다음 표는 파일의 입·출력 함수와 표준 입·출력함수를 비교한다.
[문제 하단의 표 참고]

처리대상	처리단위	파일입력	표준입력	파일출력	표준출력
텍스트 파일	지정형식 단위	fscanf()	scanf()	fprintf()	printf()
	문자 단위	fgetc()	getchar(), getch()	fputc()	putchar(), putch()
	문자열 단위	fgets()	gets()	fputs()	puts()
이진 파일	블록	fread()		fwrite()	

11 텍스트 파일의 문자열 단위의 입·출력 함수로 옳은 것은?

① fputc()　② fprintf()
③ fwrite()　④ fputs()

11 fputs() 함수는 문자열 시작 주소에 저장된 문자열을 파일 포인터에 연결된 파일에 저장하고, 이때 문자열의 끝을 나타내는 널문자는 파일에 쓰지 않으며 그 뒤에 개행 문자도 자동으로 들어가지 않는다.

정답 09 ③ 10 ① 11 ④

12 **파일 닫기 라이브러리 함수에 대한 설명으로 옳지 않은 것은?**

① 파일 읽기나 파일 쓰기가 끝나면 자동으로 열린 파일들이 닫힌다.
② 파일 포인터명과 연결된 파일이 닫히며 파일 포인터와의 연결이 해제된다.
③ 연결이 해제된 파일 포인터는 다음 파일에서 다시 연결하여 사용할 수 있다.
④ 파일 닫기에 성공하면 0을, 실패하면 −1에 해당하는 EOF (End Of File)라는 상수를 반환한다.

12 파일 읽기나 파일 쓰기가 끝나면 프로그램 종료 전에 열린 파일들을 반드시 닫아주어야 한다. 파일을 닫기 위해서는 fclose() 함수를 이용하여 현재 열린 파일과 파일 포인터의 연결을 해제해야 한다.

13 **주어진 문장의 밑줄 친 부분에 대한 주의사항으로 올바르지 않은 것은?**

```
fscanf(fp, "키 : %5d_", &height);
           ㉠ ㉡㉢     ㉣
```

① ㉠: 일반 문자는 사용하지 않는다.
② ㉡: 필드폭을 사용하지 않아야 프로그램이 더 안정적이다.
③ ㉢: 빈칸을 두어도 파일을 읽어 들일 때는 데이터를 한 개로 처리한다.
④ ㉣: 값이 저장된 곳의 주소를 불러들이는 것으로 반드시 '&'를 붙여야 한다.

13 scanf() 함수와 마찬가지로 "변환명세"를 주의해서 사용하고, printf() 함수처럼 일반 문자를 포함하는 것은 안 되며 "변환명세" 끝에 빈칸이나 '\n'을 넣지 않도록 주의한다. 이것은 파일 처리에 대한 완벽한 이해와 처리 능력이 없을 때 오히려 잘못된 결과를 초래할 수 있으므로 사용하지 않도록 한다. '&변수명'은 주소를 불러들이는 것으로, 배열에 저장된 값을 사용할 때는 배열의 첫 주소를 사용하므로 &를 제외하고 사용한다. ㉢처럼 빈칸을 두면 데이터를 한 개 더 읽게 되므로 빈칸을 쓰지 않는다.

14 **파일의 추가 참조 모드에 대한 설명으로 옳지 않은 것은?**

① 파일을 열어 파일의 끝에 자료를 추가할 때 사용한다.
② 프로젝트 폴더 내에 open할 파일이 없다면 파일열기 오류가 처리되어 프로그램을 종료한다.
③ 이전 실행결과에 새 실행결과를 같은 파일에 저장하고 싶을 때 사용한다.
④ 기본 파일 내용을 삭제하지 않고 안정적으로 파일에 저장한 후 편집기에서 파일을 열어 필요 없는 데이터를 직접 제거하거나 편집하는 목적으로도 사용한다.

14 프로젝트 폴더 내에 open할 파일이 없다면 파일열기 오류는 처리되지 않고 지정한 파일이름으로 파일을 새로 생성하면서 프로그램을 실행한다.

정답 12 ① 13 ③ 14 ②

15 파일을 닫으면 파일의 마지막 데이터 다음에는 시스템에 의해 파일의 끝을 표시하는 시스템만 인식할 수 있는 특별한 문자가 자동으로 저장된다.

15 파일의 끝을 확인하는 방법에 대한 설명으로 옳지 않은 것은?

① FILE 구조체에는 파일에서 읽기/쓰기를 시작할 위치를 가리키는 파일 위치 지시자(file position indicator)라 부르는 포인터 멤버가 포함되어 있다.

② 파일을 닫을 때 파일의 마지막 데이터 다음에 파일의 끝을 표시하는 특별한 문자를 프로그래머가 넣어주어야 한다.

③ 파일 입·출력 함수를 호출하면 인수로 지정한 파일 포인터가 가리키는 FILE 구조체의 파일 위치 지시자가 가리키는 곳부터 읽기/쓰기가 진행되는 것이다.

④ 파일 위치 지시자가 파일의 끝을 가리킬 때 파일의 끝을 지났음을 표시하는 1로 세팅되고, 이는 파일에서 더 읽을 자료가 없음을 의미하므로 읽기를 그만두게 한다.

16 'while(fscanf(fp,"%d",&변수명)! = EOF);'는 파일에서 값을 한 개 읽어온 후 성공(참)하면 다음 실행문을 반복하고, while문이 거짓(파일의 끝)이 될 때까지 실행한다.

16 파일의 끝을 확인하는 라이브러리 함수에 대한 설명으로 옳지 않은 것은?

① feof() 함수는 파일 포인터에 연결된 파일의 끝을 지나갔다면 0이 아닌 값(참)을, 아직 파일의 끝을 지나지 않았다면 0(거짓)을 반환한다.

② feof() 함수는 파일 포인터 변수가 가리키는 FILE 구조체에서 파일의 끝을 지났음을 알려주는 플래그를 참조하여 반환값을 반환한다.

③ 'if(feof(fp)) fclose(fp);'는 fp에 연결된 파일의 끝을 지났다면 파일을 닫는다.

④ 'while(fscanf(fp,"%d",&변수명) == EOF);'는 파일의 끝의 여부를 확인하여 출력을 반복한다.

정답 15 ② 16 ④

17 다음 코드에 대한 설명으로 옳지 않은 것은?

①

코드	fputs("문자열 단위 출력",fp);
설명	문자열 내용 뒤에 추가로 개행 문자를 출력한다.

②

코드	fputc(67,fp);
설명	fp에 연결된 파일에 ASCII code값이 67인 문자 'C'를 쓴다.

③

코드	ch = 'A'; fputc(ch,fp);
설명	fp에 연결된 파일에 'A'를 쓴다.

④

코드	char ch; FILE *fp = fopen("data.txt","r"); ch = fgetc(fp);
설명	fp에 연결된 data.txt 파일에서 문자 한 개를 읽은 후 ch에 저장한다.

17 fputs("문자열 단위 출력",fp);은 "문자열 단위 출력"을 fp에 연결된 파일에 쓴다. 문자열 내용 뒤에 추가로 개행 문자를 출력하지 않는다. 그러나 출력할 문자열에 포함된 개행문자는 출력된다.

정답 17 ①

※ 다음 코드를 참조하여 물음에 답하시오. [18 ~ 19]

```
1행: char string1[20], string2[20], string3[20];
2행: FILE *fp = fopen("address.txt","r");
3행: fgets(string1,20,fp);
4행: fgets(string2,20,fp);
5행: fgets(string3,20,fp);
```

address.txt 파일

```
Na Won Bin, Seoul.↵
Hong Gil Dong, Daegu.↵
```

18~19

• 4행 : 파일에서 (20-1)개의 문자를 읽은 후 뒤에 널문자까지 string2에 저장한다. [19번 문제 하단의 도표 참고]

정답 18 ② 19 ②

18 다음 중 코딩의 결과로 예상되는 것으로 옳은 것은?

①

	[0]	[1]	[2]	[3]	[4]	[5]	[6]	[7]	[8]	[9]	[10]	[11]	[12]	[13]	[14]	[15]	[16]	[17]	[18]	[19]
string1	N	a	W	o	n	B	i	n	,	S	e	o	u	l	.					
string2	H	o	n	g	G	i	l	D	o	n	g	,	D	a	e	g	u	.		
string3																				

②

	[0]	[1]	[2]	[3]	[4]	[5]	[6]	[7]	[8]	[9]	[10]	[11]	[12]	[13]	[14]	[15]	[16]	[17]	[18]	[19]
string1	N	a		W	o	n		B	i	n	,		S	e	o	u	l	.		
string2	H	o	n	g		G	i	l		D	o	n	g	,		D	a	e	g	
string3	u	.																		

③

	[0]	[1]	[2]	[3]	[4]	[5]	[6]	[7]	[8]	[9]	[10]	[11]	[12]	[13]	[14]	[15]	[16]	[17]	[18]	[19]
string1	N	a		W	o	n		B	i	n	,		S	e	o	u	l	.		
string2	H	o	n	g		G	i	l		D	o	n	g	,		D	a	e	g	u
string3																				

④

	[0]	[1]	[2]	[3]	[4]	[5]	[6]	[7]	[8]	[9]	[10]	[11]	[12]	[13]	[14]	[15]	[16]	[17]	[18]	[19]
string1	N	a		W	o	n		B	i	n	,		S	e	o	u	l	.		
string2	H	o	n	g		G	i	l		D	o	n	g	,		D	a	e	g	u
string3	.																			

19 다음 중 코딩에 대한 설명으로 옳지 않은 것은?

① 3행 : 파일에서 20개의 문자를 읽기 전에 개행 문자를 읽으므로 뒤에 널문자까지 string1배열에 저장한다.

② 4행 : 파일에서 (20-1)개의 문자를 읽은 후 뒤에 널문자까지 올 수 없으므로 널문자를 제외하고 string2에 저장한다.

③ 5행 : 이전에 읽은 곳 다음부터 읽다가 20개의 문자를 읽기 전에 개행 문자를 읽게 된다. 따라서 그 뒤에 널문자까지 string3에 저장한다.

④ 2행 : 파일의 읽기 모드로 참조하여 "address.txt"의 내용을 불러온다.

	[0]	[1]	[2]	[3]	[4]	[5]	[6]	[7]	[8]	[9]	[10]	[11]	[12]	[13]	[14]	[15]	[16]	[17]	[18]	[19]
string1	N	a		W	o	n		B	i	n	,		S	e	o	u	l	.	\n	\0
string2	H	o	n	g		G	i	l		D	o	n	g	,		D	a	e	g	\0
string3	u	.	\n	\0																

20 이진 파일의 입·출력에 대한 설명으로 옳지 않은 것은?

① 이진 파일은 텍스트 파일과 달리 행으로 분리되지 않으므로 행의 끝을 표시할 필요가 없다.

② 이진 파일은 널문자나 개행 문자 같은 글자들도 특별한 의미를 가지지 않고 데이터로 취급된다.

③ 이진 파일에 데이터를 기록할 때는 fwrite() 함수를, 이진 파일의 데이터를 읽어올 때는 fread() 함수를 사용한다.

④ 이진 파일을 쓰기 전용으로 열 때는 파일 모드를 "w"로, 읽기 전용 때는 "r"로 지정해야 한다. 그리고 파일의 끝에 추가하기 위한 추가모드를 "a"로 지정해야 한다.

20 이진 파일을 쓰기 전용으로 열 때는 파일 모드를 "wb"로, 읽기 전용으로 열 때는 "rb"로 지정해야 한다. 그리고 파일의 끝에 추가하기 위한 추가모드를 "ab"로 지정해야 한다.

21 이진 파일에서 데이터를 읽어 들이는 라이브러리 함수에 대한 설명으로 옳지 않은 것은?

① 이진 파일에서 데이터의 블록을 읽기 위한 함수는 fread() 함수이다.

② 파일 포인터 변수에 연결된 파일에서 (블록 크기 * 블록 개수)바이트의 데이터를 읽어서 시작 주소에 저장한 후 읽은 블록 개수를 반환한다.

③ 첫 인수인 데이터 저장 시작 주소에 해당하는 기억장소는 (블록 크기 * 블록 개수)바이트의 데이터를 저장하기에 충분한 기억장소여야 한다.

④ 블록 크기는 니블 단위로, 블록 개수는 n정수배로 지정한다.

21 fread(데이터 저장 시작 주소, 블록 크기, 블록 개수, 파일 포인터 변수명); 형식으로, 블록 크기는 바이트 단위로, 블록 개수는 정수로 지정한다.

정답 20 ④ 21 ④

22 다음에서 설명하는 라이브러리 함수로 옳지 않은 것은?

> 파일을 임의 접근 방식으로 읽기/쓰기 위해 파일 읽기/쓰기를 시작할 위치를 가리키는 포인터인 파일 위치 지시자를 조작하는 함수로, 이 파일 위치 지시자는 문서를 편집할 때 키보드의 키를 누르면 글자가 나타나는 위치를 알려주는 커서와 같은 기능을 한다.

① fread() 함수
② rewind() 함수
③ fseek() 함수
④ ftell() 함수

22 파일의 임의 접근은 파일 읽기/쓰기를 순서대로 하지 않고 파일의 임의의 위치에서 바로 읽기/쓰기를 할 수 있는 접근 방식을 말한다. C언어는 파일의 임의 접근을 위해 fseek(), ftell(), rewind() 함수를 제공한다. fseek() 함수는 파일 위치 지시자를 이동시키고, rewind() 함수는 파일의 위치 지시자가 파일의 시작 지점을 가리키게 하고, ftell() 함수는 현재 파일의 읽기/쓰기 위치, 즉 파일 위치 지시자가 가리키는 곳을 알려주는 함수이다.

23 다음 중 fseek() 함수에 대한 설명으로 옳지 않은 것은?

① fseek(fp, 100, SEEK_SET);는 다음 읽기/쓰기 위치를 파일 시작 지점에서 100바이트 이후로 이동한다.
② fseek(fp, 200, SEEK_CUR);는 다음 읽기/쓰기 위치를 파일의 끝 지점에서 200바이트 이후로 이동한다.
③ fseek(fp, −100, SEEK_END); 는 다음 읽기/쓰기 위치를 파일의 끝 지점에서 100바이트 이전으로 이동한다.
④ fseek(파일 포인터 변수명, 오프셋, 기준점)의 오프셋(offset)은 기준점에서 몇 바이트 이동할지를 나타내는 long형 정수로 기준점 이전이라면 음수를, 이후라면 양수를 사용한다.

23 fseek(fp,200,SEEK_CUR);는 다음 읽기/쓰기 위치를 현재 위치에서 200바이트 이후로 이동한다.

정답 22 ① 23 ②

24 다음은 sample.txt 파일에서 데이터를 읽기 위한 코드이다. 빈칸을 올바르게 채운 것은?

```
[  ㉠  ] *fp = fopen("sample.txt","[  ㉡  ]");
if(fp ==[  ㉢  ]) printf("파일을 열기 오류가 발생했습니다.");
fclose([  ㉣  ])
```

	㉠	㉡	㉢	㉣
①	FILE	w	*fp	*fp
②	fwrite	ab	0	fopen
③	FILE	r	NULL	fp
④	FILE	rb	0	fp

24 ㉠ 파일에서 읽기/쓰기를 하는 데 필요한 정보를 가리키는 FILE형 포인터를 선언해야 한다.
㉡ 파일을 참조하기 위한 모드로 'r' 모드를 사용한다.
㉢ 조건문이 참이면 파일열기 오류 메시지가 출력이 되어야 하므로 fp가 open할 파일의 유무를 확인할 수 있다.
㉣ 파일의 모든 입・출력이 끝나면 열린 파일과 FILE형 포인터와의 연결을 해제해야 한다.

25 다음 중 이진 파일에서 올바른 형식으로 읽은 것은?

```
int age[10];
FILE *fp = fopen("test.bin","rb");
```

① fread(age, sizeof(int), 10, fp);
② fread(fp, 100, 10, 1);
③ fread(age, sizeof(int), 10, *fp);
④ fread(age[10], sizeof(int), 10, fp);

25 fread() 함수의 형식은 fread(데이터 저장 시작 주소, 블록 크기, 블록 개수, 파일 포인터 변수명);로 fp에 연결된 이진 파일에서 int형 크기의 블록 10개를 읽어서 age(배열의 시작 주소)번지의 기억 장소에 저장한다. 즉, 파일에서 10개의 정수를 읽어서 age배열에 저장한다.

정답 24 ③ 25 ①

Self Check로 다지기 | 제8장

파일(file) : 디스크나 자기 테이프 등과 같은 보조기억장치에 저장된 데이터 집합체

파일의 분류

① 실행 명령을 모은 프로그램 파일과 프로그램 파일이 처리할 데이터 또는 처리한 결과를 모아둔 데이터 파일

② 모든 자료가 문자(바이트)로 변환되어 저장된 텍스트 파일과 주기억장치에 표현된 그대로 이진 형태로 저장된 이진 파일

③ 파일에 저장된 순서대로 처음부터 끝까지 데이터를 읽거나 쓰는 순차적 접근 파일과 임의의 위치로 곧바로 이동하여 데이터를 읽고 쓰는 것이 가능한 임의 접근 파일

파일 처리 과정

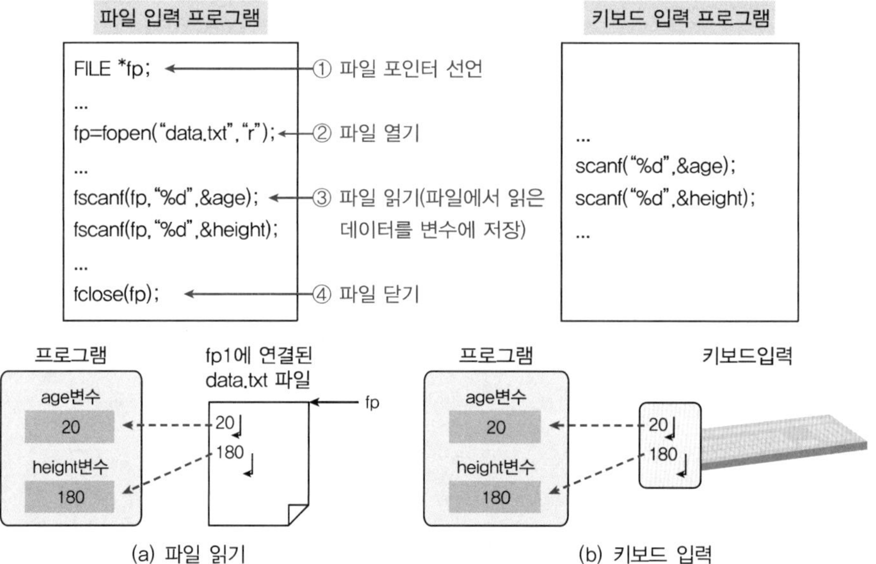

(a) 파일 읽기　　(b) 키보드 입력

① **파일 포인터 선언** : 수많은 파일 중 하나를 지정하고, 이 파일에서 읽기/쓰기를 하는 데 필요한 정보를 가리키는 FILE형 포인터를 선언해야 한다.

② **파일 열기** : 입·출력을 원하는 파일을 사용할 수 있도록 open한 후에 FILE형 포인터와 연결한다.

③ **파일 읽기** : 파일 입·출력 함수를 이용하여 이 포인터에 연결된 파일로부터 데이터 읽기/쓰기를 한다.

④ **파일 닫기** : 파일의 모든 입·출력이 끝나면 열린 파일과 FILE형 포인터와의 연결을 해제하여 파일을 닫는다.

텍스트 파일 입·출력 함수

① fprintf(파일 포인터 변수, "변환 명세를 포함한 형식 문자열", 변수명);
변수에 저장된 값을 "형식 문자열"에 맞게 변환하여 파일 포인터에 연결된 파일에 기록한다. 변수명 대신 상수 또는 수식을 사용해도 된다.

② fscanf(파일 포인터 변수, "변환명세", &변수명)
파일 포인터에 연결된 파일에서 변환명세에 맞게 데이터를 한 개 읽어서 변수명에 저장한다.

③ fputc(문자, 파일 포인터 변수명);
문자를 파일 포인터 변수가 가리키는 파일에 쓴다.
fputc(정수, 파일 포인터 변수명);
ASCII 코드 값이 정수에 해당하는 문자 한 개를 문자 포인터 변수가 가리키는 파일에 쓴다.

④ fgetc(파일 포인터 변수명);
파일 포인터 변수명에 연결된 파일에서 문자 한 개를 읽어서 반환한다.

⑤ fputs(문자열 시작 주소, 파일 포인터 변수명)
문자열 시작 주소에 저장된 문자열을 파일 포인터에 연결된 파일에 쓴다. 이때 문자열의 끝을 나타내는 널문자는 파일에 쓰지 않으며 그 뒤에 개행 문자도 자동으로 들어가지 않는다.

⑥ fgets(문자열 저장 주소, 최대 입력 문자수, 파일 포인터 변수명)
파일 포인터에 연결된 파일에서 (최대 입력 문자수 - 1)개의 문자를 읽은 후 뒤에 널문자(\0)를 합친 문자열을 지정한 문자열 저장 주소부터 저장한다. 만일 최대 입력 문자 개수만큼 읽지 않았는데 중간에 개행 문자(\n)를 읽었다면 읽기를 중단하고 뒤에 널문자(\0)를 합친 문자열을 저장한다. 즉 gets()와 달리 개행 문자도 문자열에 포함한다는 것에 주의한다.

이진 파일 입·출력 함수

① 이진 파일에 쓰기

FILE *fp = fopen("파일명", "wb");
이진 파일 열기 (w : 쓰기, b : 이진파일)
fwrite(데이터 시작 주소, 블록 크기, 블록 개수, 파일 포인터 변수명);
데이터 시작 주소부터 저장된 (블록 크기 * 블록 개수)바이트의 데이터를 파일 포인터 변수에 연결된 이진 파일에 쓴 후 파일에 쓴 블록의 개수를 반환한다.

② 이진 파일을 읽기

FILE *fp = fopen("파일명", "rb");
이진 파일 열기 (r : 읽기, b : 이진파일)
fread(데이터 저장 시작 주소, 블록 크기, 블록 개수, 파일 포인터 변수명);
파일 포인터 변수에 연결된 파일에서 (블록 크기 * 블록 개수)바이트의 데이터를 읽어서 시작 주소에 저장한 후 읽은 블록 개수를 반환한다.

임의 접근을 위한 파일 위치 지시자 관련 함수

① fseek(파일 포인터 변수명, 오프셋, 기준점)

- 파일 포인터 변수에 연결된 파일의 파일 위치 지시자가 기준점으로부터 오프셋만큼 떨어진 곳을 가리키게 한다. 즉 읽기/쓰기를 시작할 위치를 (기준점 + 오프셋)바이트 위치로 변경한다.
- 기준점은 SEEK_SET(파일의 시작), SEEK_CUR(파일의 현재 지점), SEEK_END(파일의 끝) 중 한 개의 매크로 상수가 된다.
- 오프셋(offset) : 기준점에서 몇 바이트 이동할지를 나타내는 long형 정수로 기준점 이전이라면 음수를, 이후라면 양수를 사용한다.

② rewind(파일 포인터 변수명)

파일 포인터에 연결된 파일의 다음 읽기/쓰기 위치를 파일의 시작 지점으로 이동한다.

③ ftell(파일 포인터 변수명);

파일 포인터 변수에 연결된 파일에서 다음 읽기/쓰기를 시작할 위치를 반환한다.

파일의 끝 확인

① feof(파일 포인터 변수명)

- 파일 포인터에 연결된 파일의 끝을 지나갔다면 0이 아닌 값(참)을, 아직 파일의 끝을 지나지 않았다면 0(거짓)을 반환한다.
- feof() 함수는 파일 포인터 변수가 가리키는 FILE 구조체에서 파일의 끝을 지났음을 알려주는 플래그를 참조하여 반환 값을 반환한다.

② 파일의 끝을 확인할 때 많이 사용하는 코딩 예

㉠ feof() 함수를 사용한 방법

```
//파일에 저장된 모든 나이를 읽어서 모니터에 출력하기
fscanf(fp, "%d", &age);  //일단 파일에서 정수(나이) 읽기를 시도
while (!feof(fp))  //아직 파일의 끝을 지나지 않았다면 반복하기
{
    printf("%2d\n", age); //파일에서 읽은 정수(나이)를 모니터로 출력하기
    fscanf(fp, "%d", &age);  //파일에서 다음 정수(나이) 읽기를 시도
}

fclose(fp);                //fp에 연결된 파일 닫기
```

㉡ fscanf() 함수의 반환값을 활용한 방법

```
//파일에 저장된 모든 나이를 읽어서 모니터에 출력하기
//일단 파일에서 정수를 한 개 읽어온 후 성공했다면 출력하기를 반복한다.
while(fscanf(fp, "%d", &age) ! = EOF)
    printf("%2d \n", age);  //파일에서 읽은 정수(나이)를 모니터로 출력하기

fclose(fp);                //fp에 연결된 파일 닫기
```

부록

최종모의고사

나는 내가 더 노력할수록 운이 더 좋아진다는 걸 발견했다.

– 토마스 제퍼슨 –

제1회 최종모의고사 | C프로그래밍

제한시간 : 50분 | 시작 ___시 ___분 - 종료 ___시 ___분

정답 및 해설 515p

01 다음 중 C프로그래밍에서 빌드과정으로 생성되는 파일들로 옳은 것은?

① 오브젝트파일, 실행파일
② 소스파일, 오브젝트파일, 실행파일
③ 오브젝트파일
④ 실행파일

02 다음 중 C언어의 모듈화 특징에 대한 설명으로 거리가 먼 것은?

① 모듈화란 프로그램을 기능별로 구분하여 독립된 작은 함수로 작성하는 것이다.
② 표준함수와 사용자 정의 함수로 프로그램을 모듈화하여 프로그램의 이식성을 향상시킬 수 있다.
③ C언어는 다른 프로그램에 비해 많은 연산자를 지원하므로 프로그래머가 원하는 표현식(산술식, 논리식, 연산식)을 구체적으로 표현할 수 있다.
④ 디버깅이 쉬워지고, 프로그램의 유지보수가 간단해진다.

03 함수 내의 구성 요소로 옳지 않은 것은?

① 전처리기
② 함수의 본체
③ 변수의 선언
④ 자료의 입·출력문

04 다음 중 char형 문자 자료형에서 표현할 수 없는 수는?

① 0
② 128
③ 127
④ −128

05 소수점 표기가 가능한 실수형 상수 0.34와 0.34f에 대한 설명으로 가장 적절한 것은?

① 두 수는 소수점 표현이 다르므로 0.34와 0.340000(==0.34f)을 의미한다.
② 0.34는 double형의 크기(8byte)를 갖으며, 0.34f는 float형의 크기(4byte)를 갖는다.
③ 실수형 상수 표현은 반드시 상수 값 뒤에 f를 추가해야 한다.
④ 두 수와 같은 표현은 일반적으로 C언어에서 혼용해서 사용한다.

06 다음 중 리터럴 상수 표현방법에 해당되지 않는 것은?

① "100"
② 100
③ "ABC"
④ const float PI = 3.141592;

07 다음의 코드를 실행하고 난 후 변수 a와 b에 들어가는 값을 순서대로 표시한 것은?

```
#include <stdio.h>
int main(void)
{
  int a, b;
  a = (21 / 4) * 3;
  b = (a * a) / a;
}
```

① 15, 15
② 16, 15
③ 16, 16
④ 15, 16

08 C나 C++ 언어로 작성된 프로그램에서 변수에 저장된 값을 비교할 때 사용하는 연산자가 아닌 것은?

① <
② <=
③ =
④ ==

09 다음 중 scanf 함수에서 정수 값을 입력 받기 위해 사용하는 입력 형식은?

① "%d"
② "\r"
③ "%f"
④ "\n"

10 다음 중 변수의 이름으로 사용할 수 없는 것은?

① thisway
② int_char
③ star*star
④ that_way

11 다음 중 정수형 변수의 type에 해당되는 것은 어느 것인가?

① class
② long
③ double
④ float

12 다음 프로그램의 출력 결과는 무엇인가?

```
int a = 100;
int b = 200;
printf("%d", a < b);
printf("%d", a > b);
printf("%d", a == b);
printf("%d", a != b);
```

① 1101
② 1001
③ 1110
④ 1010

13 주어진 두 가지 프로그램에서 for문의 반복 횟수와 출력 결과는 무엇인가?

```
(a)
int i;
for (i = 0; i <= 5; i++)
printf(“%d ”, i);

(b)
int i;
for (i = 0; i <= 5; i++);
printf(“%d ”, i);
```

	반복 횟수 (a)	반복 횟수 (b)	출력 결과 (a)	출력 결과 (b)
①	6	6	0 1 2 3 4 5	6
②	5	5	0 1 2 3 4	5
③	6	5	0 1 2 3 4 5	5
④	5	6	0 1 2 3 4	6

14 다음 프로그램의 출력 결과는 무엇인가?

```
int i = 0;
do {
    i++;
    } while (i == 1);
printf(“%d”, i);
```

① 1
② 2
③ 3
④ 4

15 다음 프로그램의 출력 결과는 무엇인가?

```
int i, sum = 0;
int arry[5] = {50,100,150,50,100};
int length = sizeof(arry) / sizeof(arry[0]);
for (i = 0; i < length - 1; i++) {
    sum += arry[i] < arry[i + 1];
}
printf(“%d”, sum);
```

① 1
② 2
③ 3
④ 4

16 다음 프로그램의 출력 결과는 무엇인가?

```
int i, j;
int result = 0;
for (i = 1; i < 3; i++) {
  for (j = 1; j < i + 1; j++) {
      result += i * j;
  }
}  printf(“%d”, result);
```

① 3
② 4
③ 6
④ 7

17 주어진 프로그램과 동일한 결과를 출력하는 for문으로 가장 적절하게 변환된 것은?

```
int i = 100;
while (i >= 0) {
    printf("%d ", i);
    i -= 5;
}
```

① for(i = 100; i >= 0; i + 5)
printf("%d ", i);

② for(i = 100; i > = 0; i -= 5)
printf("%d ", i);

③ for(i = 100; i > 0; i -= 5)
printf("%d ", i);

④ for(i = 100; i => 0; i -= 5)
printf("%d ", i);

18 다음 프로그램의 출력 결과는 무엇인가?

```
#include <stdio.h>
void func1(void) {
    printf("반환할 필요없고, 인수를 받지 않는 void함수이다.\n");
}
void func2(int num) {
    printf("받은 인수는 %d 이다.\n", num);
}
float func3(int num) {
    printf("인수의 형과 반환형을 맞춰줄 필요는 없다.\n");
    return 3.14 *num;
}
int main(void) {
    float result;
    func1();
    func2(2);
    result = func3(2);
    printf("result: %f\n", result);
    return 0;
}
```

① result: 6.280000

② 받은 인수는 2이다.
result: 6.280000

③ 반환할 필요없고, 인수를 받지 않는 void 함수이다.
받은 인수는 2 이다.
인수의 형과 반환형을 맞춰줄 필요는 없다.
result: 6.280000

④ 반환할 필요없고, 인수를 받지 않는 void 함수이다.
받은 인수는 2.000000 이다.
인수의 형과 반환형을 맞춰줄 필요는 없다.
result: 6.280000

19 다음 중 main() 함수에서 사용할 사용자 정의 함수의 원형을 잘못 호출한 것은?

	main() 함수의 호출	사용자 정의 함수 원형
①	func1()	void func1()
②	func2(float, int)	float func2(float, int)
③	func3(1,2,3)	float func3(int a, int b, int c)
④	func4(10.5)	float func4(double)

20 **다음 중 변수의 참조영역과 지속기간에 대한 설명으로 옳지 않은 것은?**

① 지역 변수는 함수 또는 선언된 블록{ }내에서 참조되며, 함수나 블록을 벗어나더라도 다른 함수에서 같은 변수를 참조할 수 있다.
② 전역 변수는 프로그램 전체 범위에서 참조되며, 프로그램 종료 시 사라진다.
③ 자동 변수는 지역 변수와 동일하게 사용된다.
④ 정적 전역변수는 여러 개의 파일로 나누어 작성된 프로그램에서 변수를 선언한 소스파일에서만 전역 변수로 참조되며, 프로그램 종료 시 사라진다.

21 **배열에 대한 코드로 옳지 않은 것은?**

① array[10] = 10;
② array[i]++;
③ int array[ ][2] = {1,2,3,4};
④ int array[ ][ ] = {{1,2,3},{4,5,6}};

22 **다음 중 정수형 값 4개를 배열을 사용하여 초기화하는 방법으로 옳지 않은 것은?**

① int array[4] = {1,2,3,4};
② int array[4] = {1, ,3,4};
③ int array[2][2] = {1,2,3,4};
④ int array[2][2] = {{1,2},{3,4}}

23 **다음 중 문자열 입・출력 함수에 대한 설명으로 옳지 않은 것은?**

① 문자열 출력함수 puts()는 출력하고자 하는 문자열을 출력하고 자동으로 개행을 실행한다.
② 문자열 입력함수 gets()는 공백을 포함하는 문자열을 입력받아 저장할 수 있다.
③ gets()로 문자열을 입력받으면 %s가 필요 없다.
④ scanf()로 문자열에 포함된 문자를 처리하기 위해서는 배열 원소의 해당 주소를 구하는 주소연산자 &를 사용하지 않는다.

24 **주어진 배열에 대한 문자열 처리 결과로 옳지 않은 것은?**

```
char array[2][3] = {{'1','2','3'},{'4','5','6'}};
```

	문자열 처리문	처리 결과
①	printf("%s\n", array[0]);	123
②	printf("%c\n", array[1][1]);	456
③	puts(array[0]);	123
④	puts(array[1]);	456

25 **다음 중 포인터 변수에 대한 설명으로 옳지 않은 것은?**

① 포인터 변수에 저장된 주소를 이용해서 다른 기억장소를 참조하는 간접연산자 * 를 사용한다.

② 포인터 변수의 자료형은 포인터가 가리키는 곳의 값의 자료형과 동일한 자료형을 사용한다.

③ char *ptr[4];에서 전체 포인터 변수의 크기는 4byte이다.

④ 포인터 변수가 차지하는 기억장소의 크기는 컴파일러에 따라 다르지만 일반적으로 4byte가 된다.

26 **주어진 프로그램의 결과로 옳은 것은? (단, 포인터 변수의 주소와 num 주소는 다음과 같이 가정함)**

```
int *p = NULL;
int num = 15;
p = &num;
printf("int 변수 num의 주소 : %p\n", &num);
printf("포인터 p의 주소 : %d\n", p);
printf("포인터 p가 가리키는 값 : %d\n", *p);
```

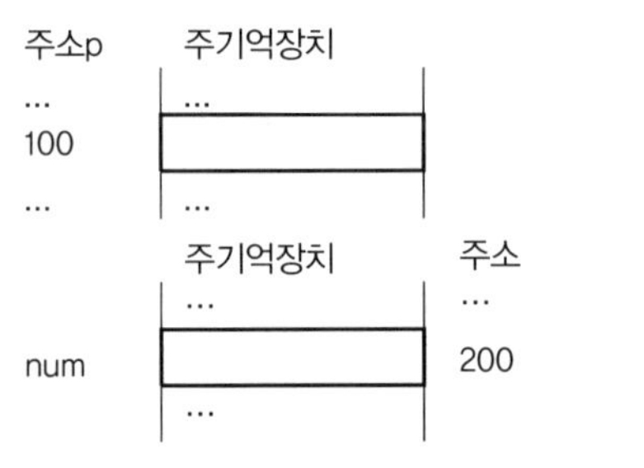

① int 변수 num의 주소 : 100
포인터 p의 주소 : 100
포인터 p가 가리키는 값 : 100

② int 변수 num의 주소 : 200
포인터 p의 주소 : 100
포인터 p가 가리키는 값 : 15

③ int 변수 num의 주소 : 200
포인터 p의 주소 : 200
포인터 p가 가리키는 값 : 200

④ int 변수 num의 주소 : 200
포인터 p의 주소 : 200
포인터 p가 가리키는 값 : 15

※ 주어진 프로그램을 참고하여 물음에 답하시오. (단, 포인터 변수의 주소와 num 주소는 다음과 같이 가정함) [27 ~ 28]

```
1 int num = 15;
2 int *p = &num;
3 printf("포인터p가 가리키는값 : %d\n", *p);
4 printf("num의값 : %d\n\n", num);
5 *p += 5;
6 printf("포인터p가 가리키는값 : %d\n", *p);
7 printf("num의값 : %d\n\n", num);
8 (*p)++;
9 printf("포인터p가 가리키는값 : %d\n", *p);
10 printf("num의값 : %d\n\n", num);
11 *p++;
12 printf("포인터p가 가리키는값 : %d\n", *p);
13 printf("num의값 : %d\n\n", num);
```

주소p　주기억장치
…　…
100　[ ]
…　…

주기억장치　주소
…　…
num　[ ]　200
…

27 **제시된 프로그램의 출력 결과로 옳은 것은?**

	3행	4행	6행	7행	9행	10행
①	15	15	105	20	106	21
②	15	15	20	20	21	21
③	15	15	105	21	106	21
④	15	15	105	20	105	21

28 **다음 중 12 ~ 13행의 예상되는 결과로 가장 적절한 것은?**

① 8행과 동일하게 연산되어 9 ~ 10행의 결과와 같다.

② 컴파일 오류가 발생하여 실행이 되지 않는다.

③ 증가 연산자가 참조 연산자보다 우선순위가 높으므로, 포인터 변수의 주소를 먼저 찾아가서 주소 값을 증가시켜 포인터 변수의 주소가 101이 된다. 증가된 주소에는 아무것도 선언되지 않아 쓰레기 값이 출력된다. num은 21이 출력된다.

④ 증가 연산사가 참소 연산자보다 우선순위가 높으므로, 포인터 변수의 주소가 증가되어 포인터 변수의 주소가 104가 된다. 증가된 주소에는 아무것도 선언되지 않아 쓰레기 값이 출력된다. num은 21이 출력된다.

29 주어진 프로그램의 결과로 옳은 것은?

```
#include <stdio.h>
void pPlus(int *num) {
    *num += 5;
}
void nPlus(int num) {
  num += 5;
}
int main(void) {
    int num = 15;
    printf("num의값 : %d\n", num);
    nPlus(num);
    printf("numPlus 호출후값 : %d\n", num);
    pPlus(&num);
    printf("pointPlus 호출후값 : %d\n", num);
    return 0;
}
```

① num의값 : 15
numPlus 호출후값 : 15
pointPlus 호출후값 : 20

② num의값 : 15
numPlus 호출후값 : 15
pointPlus 호출후값 : 15

③ num의값 : 15
numPlus 호출후값 : 20
pointPlus 호출후값 : 20

④ num의값 : 20
numPlus 호출후값 : 20
pointPlus 호출후값 : 20

30 주어진 프로그램의 결과로 옳은 것은? (단, 포인터 변수의 주소와 array 주소는 다음과 같이 가정함)

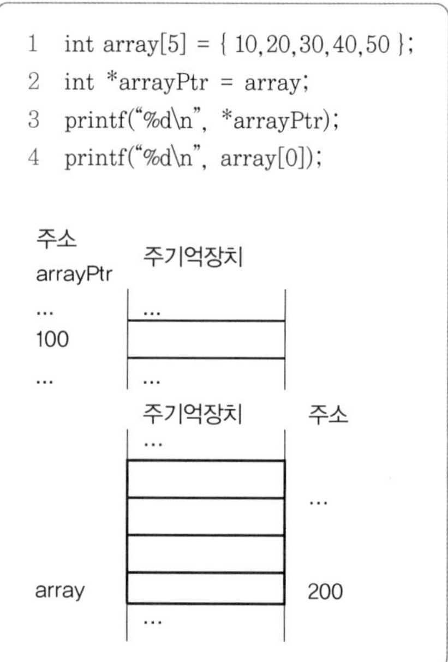

```
int array[5] = { 10,20,30,40,50 };
int *arrayPtr = array;
printf("%d\n", *arrayPtr);
printf("%d\n", array[0]);
```


① 10 10

② 100 200

③ 100 10

④ 100 100

31 주어진 프로그램의 결과로 옳은 것은?

```
#include <stdio.h>
struct student {
    int age;
    char phone_num[14];
    int s_id;
};
int main(void) {
    struct student st1 = { 20, "010-1234-5678" };
    struct student st2 = {.age=21, .s_id = 101, .phone_num = "011-1234-5678"};
    printf("나이 : %d 전화번호 : %s 학번 : %d\n", st1.age, st1.phone_num,st1.s_id);
    printf("나이 : %d 전화번호 : %s 학번 : %d\n", st2.age, st2.phone_num, st2.s_id);
    return 0;
}
```

① 나이 : 20 전화번호 : 010-1234-5678
학번 : 0
나이 : 21 전화번호 : 011-1234-5678
학번 : 101

② 나이 : 20 전화번호 : 010-1234-5678
학번 : 쓰레기값 출력
나이 : 21 전화번호 : 011-1234-5678
학번 : 101

③ 컴파일 문법오류 발생

④ 나이 : 20 전화번호 : 010-1234-5678
학번 : 0
나이 : 21 전화번호 : 101 학번 : 011-1234-5678

32 주어진 프로그램 내의 주석문을 보고 빈칸을 올바르게 채운 것은?

```
#include <stdio.h>
[   ㉠   ] { //typedef을 이용한 구조체 선언
    int s_id;
    int age;
} student;
int main(void) {
    student st1;
    student *ptr;
    [   ㉡   ] //구조체 변수에 st1의 주소를 대입한다.
    [   ㉢   ] = 1001; //멤버 s_id에 1001를 저장한다.
    [   ㉣   ] = 20; //멤버 age에 20을 저장한다.
printf("st1의학번 : %d, 나이 : %d\n", [   ㉤   ]); //학번과 나이를 출력한다.
return 0;
}
```

① ㉠ typedef ㉡ *ptr = &st1;
㉢ *ptr.s_id ㉣ *ptr.age
㉤ st1[s_id], st1[age]

② ㉠ typedef struct ㉡ ptr = &st1;
㉢ (*ptr).s_id ㉣ (*ptr).age
㉤ st1.s_id, st1.age

③ ㉠ struct typedef ㉡ ptr = st1;
㉢ (*ptr).[s_id] ㉣ (*ptr).[age]
㉤ st1.[s_id], st1.[age]

④ ㉠ struct ㉡ *ptr = *st1;
㉢ (*ptr).s_id ㉣ (*ptr).age
㉤ st1.s_id, st1.age

33 **다음 중 구조체와 공용체의 차이를 설명한 것으로 옳지 않은 것은?**

① 구조체는 다양한 자료형의 여러 값들을 한 단위로 묶어서 정의되므로 서로 다른 메모리 영역이 유지된다.
② 구조체와 공용체 모두 독립된 공간을 할당받지만 공용체는 변수를 참조할 때 같은 메모리 영역에 변수들을 저장하여 공유해서 사용한다.
③ 공용체는 같은 메모리 영역을 여러 개의 변수들이 공유하여 사용하므로 가장 큰 멤버의 크기만큼 메모리가 할당된다.
④ 구조체와 공용체 선언 시 키워드는 각각 struct와 union을 사용한다.

34 **다음 중 메모리의 정적 할당에 대한 설명으로 옳지 않은 것은?**

① 프로그램을 컴파일할 때 할당받은 기억장소의 크기를 미리 결정하여, 고정된 크기로 프로그램 종료 시까지 기억장소를 할당받는다.
② 전역 변수와 정적 변수가 메모리의 정적 할당에 해당된다.
③ 프로그램을 실행하는 동안 기억장소가 필요한 시점에서 필요한 만큼만 요청하여 할당받으며, 메모리 할당을 요청할 때 시스템에서 제공하는 기억장소가 코드영역의 일부이다.
④ 코드에서 처리한 데이터만 모아둔 메모리 영역에 저장되는 변수는 정적 할당에 해당된다.

35 **다음 중 동적 할당 관련 함수에 대한 설명으로 옳지 않은 것은?**

① malloc() 함수는 포인터 변수와 함께 사용하여 동적으로 기억장소를 할당받을 수 있다.
② 동적으로 할당받은 기억장소는 프로그램이 종료되어도 메모리에서 삭제되지 않으므로 기억장소 해제함수 free()를 사용하여 해제해야 한다.
③ int *ptr = (int*)malloc(20);은 정수형 데이터 5개를 저장할 수 있는 기억장소를 할당한다.
④ free(ptr); ptr = (int*)malloc(sizeof(int));는 포인터 변수명으로 할당받은 기억장소를 해제한다.

36 **다음 중 파일에 대한 설명으로 올바르지 않은 것은?**

① 파일은 저장장치의 물리적인 데이터의 집합체 특성을 추상화시킨 논리적 저장단위이다.
② 파일은 파일의 유형에 따라 텍스트 파일, 소스 파일, 오브젝트 파일, 실행 가능 파일(이진파일)로 구분할 수 있다.
③ 파일의 접근 방식에 따라 일반적으로 순차파일과 랜덤파일로 구분하고, 데이터의 저장 밀도는 랜덤파일이 높아 기억공간 효율이 좋다.
④ 파일은 저장된 내용의 용도에 따라 프로그램 파일과 데이터 파일이 있다.

37 주어진 프로그램의 화면실행 결과와 출력파일(파일내용)로 옳은 것은?

```
FILE *fp = NULL;
fp = fopen("sample.txt", "w");
if (fp == NULL)
   printf("파일 열기 실패\n");
else
   printf("파일 열기 성공\n");
fclose(fp);
```

	화면 실행 결과	출력파일	파일내용
①	파일 열기 성공	sample.txt	없음
②	파일 열기 실패	없음	없음
③	아무결과 없음	sample.txt	sample.txt
④	컴파일 오류	없음	없음

38 주어진 프로그램의 화면실행 결과와 출력파일(파일내용)로 옳은 것은?

```
FILE *fp = NULL;
fp = fopen("test.txt", "w");
if (fp == NULL)
   printf("파일 열기 실패\n");
else
   printf("파일 열기 성공\n");
fputc('a', fp);
fputc('b', fp);
fputc('c', fp);
fclose(fp);
```

	화면 실행 결과	출력파일	파일내용
①	파일 열기 성공	test.txt	abc
②	파일 열기 실패	없음	없음
③	아무결과 없음	test.txt	abc
④	컴파일 오류	없음	없음

※ 주어진 프로그램을 참고하여 물음에 답하시오. [39 ~ 40]

```
#include <stdio.h>
int main(void) {
    [ ㉠ ]; //FILE 구조체를 가리키는 포인터
  int i = 1234567890;
    fpt = fopen("test.txt", "w"); //fopen()을 호출하여 연다.
    fpb = fopen("test.dat", "wb");

//fopen()의 반환값이 NULL이면 파일이 제대로 열리지 않는다.
 if (fpt == NULL [ ㉡ ] fpb == NULL){
 printf("파일을 오픈할 수 없습니다.\n");
     return 1;
  }
fprintf([ ㉢ ], "%d", i);     //형식을 지정하여 파일에 데이터를 기록한다.
//이진 데이터 형식으로 파일에 데이터를 기록
fwrite(&i, sizeof(int), 1, [ ㉣ ]);
  fclose(fpt);     //파일을 닫는다.
  fclose(fpb);
  return 0;
}
```

39 주어진 프로그램의 주석문을 보고 빈칸을 올바르게 채운 것은?

	㉠	㉡	㉢	㉣
①	FILE *fpb, *fpt	||	fpb	fpb
②	FILE *fpt, fpb	&	fpt	fpt
③	FILE *fpt, *fpb	&&	fpb	fpt
④	FILE *fpt, *fpb	||	fpt	fpb

40 주어진 프로그램의 화면실행 결과와 출력파일(파일내용)로 옳은 것은?

	화면 실행 결과	출력 파일	파일 내용	이진 파일의 크기 (byte)
①	파일을 오픈할 수 없습니다.	test.txt, test.dat	12345 67890	4
②	파일 열림	test.txt, test.dat	없음	10
③	파일을 오픈할 수 없습니다.	없음	없음	없음
④	화면 출력 내용 없음	test.txt, test.dat	12345 67890	4

제2회 최종모의고사 | C프로그래밍

제한시간 : 50분 | 시작 ___시 ___분 - 종료 ___시 ___분

정답 및 해설 522p

01 다음 내용과 관련하여 C언어에서 실행파일을 생성하는 과정으로 옳은 것은?

> 컴파일러에 의해 생성된 오브젝트 파일은 운영체제와의 인터페이스를 담당하는 시동코드를 가지고 있지 않으며, C 프로그램에서 사용하는 C 표준 라이브러리 파일도 포함되어 있지 않다. 이때 하나 이상의 오브젝트 파일, 시동코드들을 합쳐서 하나의 파일로 만드는 작업을 말한다.

① 컴파일
② 실행파일의 생성
③ 선행처리기에 의한 선행처리
④ 링커에 의한 링크

02 다음 내용과 관련하여 C프로그램의 특징으로 옳은 것은?

> 프로그램의 어느 한 부분을 잘못 만들었거나 내용을 새롭게 수정해야 할 때 해당 부분만 수정하면 되므로 빠르고 효율적이다.

① C를 익히면 다른 프로그래밍 언어도 쉽게 이해할 수 있다.
② 개발된 프로그램을 수정하여 다른 종류의 운영체제에서 사용할 수 있어 이식성이 우수하다.
③ C언어는 이전에 나온 어떤 언어보다 프로그램이 효율적이고, 실행속도가 빠르다.
④ C언어는 구조화된 프로그래밍이 가능하다.

03 변수를 선언하면서 값을 초기화시키고 이를 상수화시켜 사용하는 것으로, 프로그램이 종료될 때까지 값이 유지되는 상수의 예로 옳은 것은?

① auto PI = 3.141592
② 3.141592;
③ const PI = 3.141592;
④ #define PI = 3.141592;

04 다음 중 정수형 상수 10진수 10의 표현을 올바르게 표현한 것은?

	8진수	16진수	부호 없는 상수	큰 길이의 정수
①	12	XA	10, 12, XA	L10, L12, LXA
②	012	0XA	10U, 012U, 0XAU	10L, 012L, 0XAL
③	10	10	10U, 10U, 10U	10L, 10L, 10L
④	0X12	0A	10U, 0X12U, 0AU	L10, L0X12, L0A

05 다음 중 매크로 상수 표현의 예로 옳지 <u>않은</u> 것은?

① #define True 1

② #define TEST1(x) ((x) * (x))

③ #define MAX 200

④ #define "user_M.h"

06 다음 프로그램 결과로 예상되는 출력화면으로 가장 적절한 것은?

```
int a = 456;
printf("a=|%d  |<<=%%d \n", a);
printf("a=|%5d|<<=%%5d\n", a);
printf("a=|%+5d|<<=%%+5d\n", a);
printf("a=|%-5d|<<=%%-5d\n", a);
printf("a=|%-+5d|<<=%%-+5d
\n", a);
printf("a=|%05d|<<=%%05d\n", a);
```

① a=| 456|<<=%d
a=|456 |<<=%5d
a=| +456|<<=%+5d
a=|456 |<<=%-5d
a=|+456 |<<=%-+5d
a=|00456|<<=%05d

② a=|456 |<<=%d
a=|456 |<<=%5d
a=| +456|<<=%+5d
a=|456 |<<=%-5d
a=|+456 |<<=%-+5d
a=|00456|<<=%05d

③ a=|456 |<<=%d
a=| 456|<<=%5d
a=|+456 |<<=%+5d
a=| 456|<<=%-5d
a=|+456 |<<=%-+5d
a=|00456|<<=%05d

④ a=|456 |<<=%d
a=| 456|<<=%5d
a=| +456|<<=%+5d
a=|456 |<<=%-5d
a=|+456 |<<=%-+5d
a=|00456|<<=%05d

07 주어진 프로그램의 출력으로 올바른 것은?

```
int x, y = 0, z = 1;
x = -3 * 5 % 5 + 1;
y = x && y || z;
z += x << 1 + y++;
printf(“(1)%d\n”, ++x * 2);
printf(“(2)%d\n”, y-- % 5);
printf(“(3)%d\n”, x & y);
printf(“(4)%d\n”, x | y);
printf(“(5)%d\n”, x ^ y);
printf(“(6)x = %d\n”, x);
printf(“(7)y = %d\n”, y);
printf(“(8)z = %d\n”, z);
```

	(1)	(2)	(3)	(4)	(5)	(6)	(7)	(8)
①	2	2	0	1	0	x = 1	y = 1	z = 2
②	4	2	0	1	3	x = 2	y = 1	z = 5
③	4	2	0	3	3	x = 2	y = 1	z = 5
④	2	1	1	3	0	x = 2	y = 2	z = 3

08 주어진 코드의 출력 결과로 옳은 것은?

```
int x = 15, n = 1;
printf(“(1)%d\n”, x >> n);
printf(“(2)%d\n”, x >> (n + 1));
printf(“(3)%d\n”, x << n);
printf(“(4)%d\n”, x << (n + 1));
```

	(1)	(2)	(3)	(4)
①	15	7	15	30
②	30	60	7	3
③	7	3	30	60
④	15	30	15	60

09 주어진 코드의 결과 값으로 옳은 것은?

```
int x = 2, y = 5;
float z = 10.11;
auto int a = x * y * z;
printf(“a = %d이고, 메모리 크기는 %d ”, a, sizeof(a));
```

① a = 101.1이고, 메모리 크기는 8
② a = 101이고, 메모리 크기는 4
③ a = 101이고, 메모리 크기는 8
④ 컴파일 오류 발생

10 반복문에 대한 설명으로 옳지 않은 것은?

① 수행할 문장을 지정하여 횟수만큼 반복 실행할 수 있으며, 특히 for문은 반복횟수가 분명할 때 사용한다.
② while문은 반복횟수는 정확히 모르지만, 특정 조건을 만족하는 한 반복 실행할 때 사용된다.
③ 조건식 값에 따라 여러 종류 중 한 가지만 선택해 실행할 때 많이 사용되므로 다중 분기문이라고 부른다.
④ do ~ while문은 while문과 마찬가지로 반복횟수는 정확히 모르지만 무조건 한번은 반복한 후 특정 조건을 만족하는 한 반복 실행할 때 사용된다.

11 다음과 같은 결과가 되도록 가장 적절하게 코딩한 것은? (단, for문을 사용하며, 여러 개의 for문을 사용해도 상관없음)

```
C:WWINDOWSWsystem32Wcmd.exe
*
**
***
****
*****
계속하려면 아무 키나 누르십시오 . . .
```

①
```
int x , star;
for (x = 1; x <= 5; x++) {
for (star = 1; star <= 5; star++)
printf("*");
printf("\n");
}
```

②
```
int x , star;
for (x = 1; x <= 5; x++) {
for (star = 5; star >= x; star++)
printf("*");
printf("\n");
}
```

③
```
int x , star;
for (x = 1; x <= 5; x++) {
for (star = 1; star <= x; star++)
printf("*");
printf("\n");
}
```

④
```
int x , star;
for (x = 1; x <= 5; x++) {
for (star = 1; star >= x; star++)
printf("*");
printf("\n");
}
```

12 주어진 코드의 출력 결과로 올바른 것은?

```
int a = 0x32;
printf("%d\n", a>>2);
printf("%d\n", a<<2);
```

① 12, 200
② 200, 12
③ 13, 200
④ 200, 13

※ 주어진 프로그램을 참고하여 물음에 답하시오. [13 ~ 15]

```
int i = 1, sum = 0;
while(i <= 10){
   printf("%d ", i);
   sum += i;
  if [   ㉠   ];
  [   ㉡   ]
}
printf("의 합 = %d\n", sum);
```

13 합의 결과가 5를 초과할 때까지 구하는 프로그램이 되도록 빈칸을 올바르게 채운 것은?

	㉠	㉡
①	(sum > 5) break	i++;
②	(sum < 5) break	i;
③	(sum >= 5) break	i++;
④	(sum => 5) break	i++;

14 주어진 코딩의 결과와 흐름도로 옳은 것은?

①

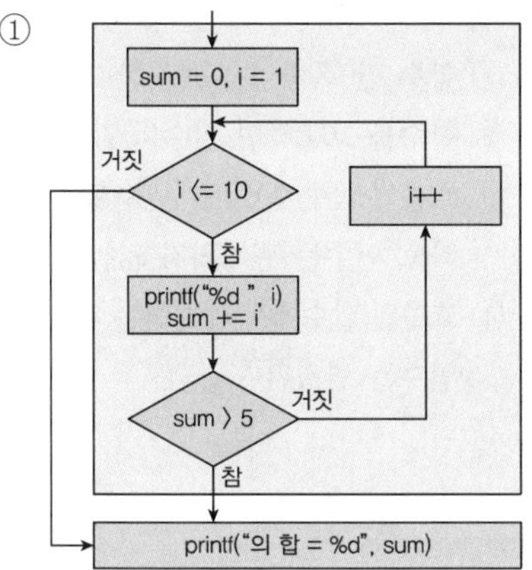

1 2 3 의 합 = 6

②

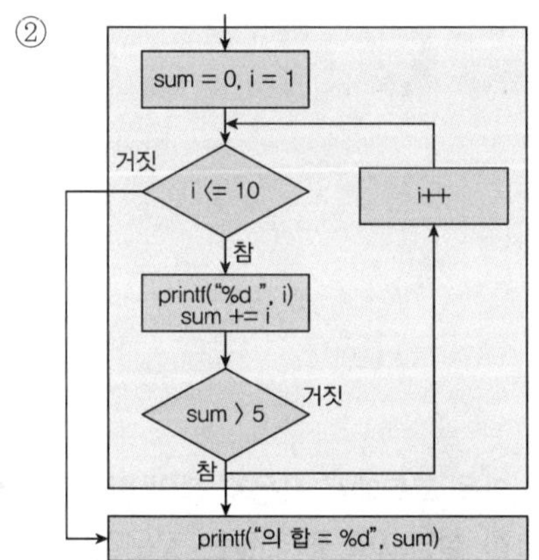

1 2 3 4 의 합 = 6

③

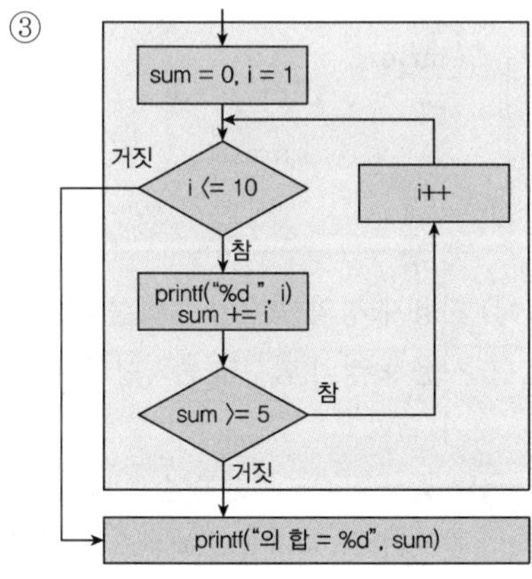

1 2 3 의 합 = 6

④

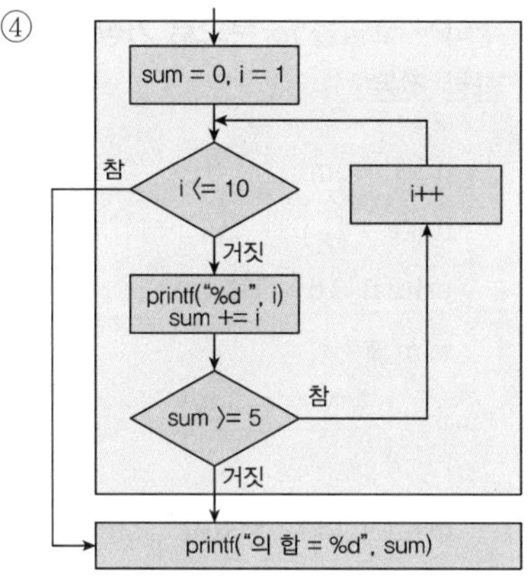

1 2 3 의 합 = 6

15 **주어진 코딩을 for문으로 가장 적절하게 변환한 것은?**

①
```
int i, sum;
for(i = 1; i <= 10; i++){
printf("%d ", i);
sum += i;
if (sum > 5) break;
}
printf("의 합 = %d\n", sum);
```

②
```
int i, sum = 0;
for(i = 1; i >= 10; i++){
printf("%d ", i);
sum += i;
if (sum > 5) break;
}
printf("의 합 = %d\n", sum);
```

③
```
int i, sum = 0;
for(i = 1; i <= 10; i++){
printf("%d ", i);
sum += i;
if (sum > 5) break;
}
printf("의 합 = %d\n", sum);
```

④
```
int i, sum = 0;
for(i = 1; i <= 10; i++){
printf("%d ", i);
sum += i;
if (sum < 5) break;
}
printf("의 합 = %d\n", sum);
```

16 **사용자 정의 함수에서 값에 의한 호출(call by value)에 대한 설명으로 옳지 않은 것은?**

① 함수 간 독립성을 보장한다.
② 함수를 호출하면 인수의 값이 전달된다.
③ 호출된 함수에서 매개변수 값을 변경하더라도 인수는 변경되지 않는다.
④ 호출된 함수에서 매개변수 값을 변경하면 인수는 변경된다.

17 **다음 코드에서 사용자 정의 함수 형태에 대한 설명으로 옳지 않은 것은?**

```
int sum(int x, int y) {
  int exe = 0;
  exe = x + y;
      return exe;
}
```

① 사용자 정의 함수의 출력형태는 int이다.
② 사용자 정의 함수의 출력형태와 입력형태가 없다.
③ 호출한 함수로부터 인수를 매개변수 x, y로 전달받아 덧셈의 기능을 처리하고 int형으로 출력한다.
④ 출력형태가 있어서 함수 내에서 반드시 return문을 사용해야 한다.

18 **할당된 변수를 초기화하지 않으면 쓰레기 값으로 초기화되는 변수들로 옳은 것은?**

① 지역 변수, 매개 변수, 자동 변수, 레지스터 변수
② 전역 변수, 정적 변수
③ 전역 변수, 정적 변수
④ 외부 변수

19 **주어진 프로그램에서 오류가 발생되는 것은?**

	프로그램	결과

①	int i = 1;
	auto int j = 2; {
	  int i = 10; {
	    int i = 100;
	    printf("i = %d ", i);
	    printf("j = %d\n", j);
	  } printf("i = %d\n", i);
	} printf("i = %d\n", i);
		i = 100
		j = 2
		i = 10
		i = 1

②	int i = 1;
	static int j = 2; {
	  int i = 10;
	  printf("i = %d, j = %d
	\n", i, j);
	} printf("i = %d, j = %d
	\n", i, j);
		i = 10,
		j = 2
		i = 1,
		j = 2

③	int a = 1;
	int b = 2;
	int main() {
	  extern int a;
	  extern int b;
	  int b = 30;
	  printf("a = %d, b = %d,
	  c = %d\n", a, b);
	}
		a = 1,
		b = 30

④	register int i;
	int sum = 0;
	for (i = 0; i <= 10000; i++)
	  sum += i;
	printf("i = %d, sum = %d
	\n", i, sum);
		i = 10001,
		sum =
		50005000

20 **변수에 대한 설명으로 옳지 않은 것은?**

① 지역 변수는 선언된 블록을 벗어나면 메모리 공간에서 사라진다.
② 전역 변수는 모든 함수에서 접근 가능하고 사용이 가능한 변수이다.
③ 지역 변수는 다른 블록{ } 안에 동일한 이름의 변수가 있으면 컴파일 오류가 발생한다.
④ 자동 변수는 함수 내부에서 정의되고, 함수, 블록{ }을 벗어나면 참조할 수 없다.

21 **메모리 동적 할당 함수에 대한 설명으로 잘못된 것은?**

① free()는 정적으로 할당된 기억공간을 해제할 때 사용한다.

② malloc()은 동적으로 메모리공간을 할당받는 함수로, 할당받고자 하는 기억공간의 크기를 인자로 전달하여 힙에 크기만큼 기억공간을 할당받고 기억공간의 시작주소를 반환한다.

③ calloc()은 주어진 형의 기억공간을 n개만큼 할당받는다.

④ realloc()은 포인터 p가 가리키는 기억공간의 크기를 size에 주어진 크기로 변경하고, 이미 할당받은 기억공간의 크기를 변경해야 할 경우 사용한다.

22 **다음 중 배열의 특징으로 옳지 않은 것은?**

① 배열의 각 요소는 첨자를 이용해서 구분하며 첨자는 반드시 0부터 시작한다.

② 배열의 각 요소를 하나의 변수처럼 사용할 수 있다.

③ 배열은 동일하지 않은 데이터형의 데이터를 저장할 수 있는 연속적인 기억공간으로 사용한다.

④ 배열의 각 요소는 자료형과 함께 기억클래스도 가질 수 있다.

23 **주어진 프로그램의 결과 값으로 옳은 것은? (단, array 배열의 시작주소는 104로 가정함)**

```
int array[3] = {10,20,30};
printf("%p %p %p\n", array + 0,
array + 1, array + 2);
printf("%p %p %p\n",
&array[0], &array[1], &array[2]);
```

① 10 20 30
104 108 10c

② 쓰레기값
104 104 10c

③ 10 20 30
10 20 30

④ 104 108 10c
104 108 10c

24 주어진 프로그램의 결과 값으로 옳은 것은? (단, array 배열의 시작주소는 104로 가정함)

```
int array[3] = {10, 20, 30};
printf("%d %d %d\n", array[0],
array[1], array[2]);
printf("%d %d %d\n",
*&array[0], *&array[1],
*&array[2]);
printf("%d %d %d\n", *array + 0,
*array + 1, *array + 2);
printf("%d %d %d\n", *(array + 0),
*(array + 1), *(array + 2));
printf("%d %d %d\n",
*&*&array[0], *&*&array[1],
*&*&array[2]);
```

① 10 20 30
10 20 30
104 109 10d
104 109 10d
10 20 30

② 10 20 30
10 20 30
10 11 12
10 20 30
10 20 30

③ 10 20 30
104 109 10c
10 11 12
10 20 30
10 20 30

④ 10 20 30
10 20 30
10 11 12
10 20 30
쓰레기값

25 다음 중 1차원 배열의 주소와 값을 참조하는 연산으로 옳은 것은?

① 주소 참조
(array + i) == array[i] == *(array[i])

② 값의 참조
*(array + i) == array[i] == *&array[i]

③ 값의 참조
*(array + i) == &array[i] == *&array[i]

④ 주소 참조
array + i == array[i] == &array[i]

26 **2차원 배열의 주소 참조와 값 참조에 대한 프로그램에서 출력 결과로 옳은 것은? (단, array 배열의 시작주소는 104로 가정함)**

```
1 int array[2][2] = {11, 12, 21, 22};
2 printf("%d[%p] %d[%p]\n",
  array[0][0], &array[0][0],
  array[0][1], &array[0][1]);
3 printf("%d[%p] %d[%p]\n",
  *array[0] + 0, array[0] + 0,
  *(array[0] + 1), array [0] + 1);
4 printf("%d[%p] %d[%p]\n",
  *array[1] + 0, array[1] + 0,
  *(array[1] + 1), array [1] + 1);
5 printf("%d[%p] %d[%p]\n",
  *array[1] + 0, *(array + 1) + 0,
  *(array[1] + 1), *(array + 1) + 1);
```

① 11[104] 12[108]
11[11] 12[12]
21[21] 22[22]
21[21] 22[22]

② 11[104] 12[108]
104[104] 108[108]
104[104] 108[108]
21[104] 22[110]

③ 11[104] 12[108]
11[104] 12[108]
21[10c] 22[110]
21[10c] 22[110]

④ 11[104] 21[10c]
11[104] 21[10c]
12[108] 22[110]
12[108] 22[110]

27 **다음 중 C프로그램에서 포인터에 대한 설명으로 옳지 않은 것은?**

① 포인터 변수는 데이터가 저장된 주기억장치의 주소만 저장하는 개념을 말한다.
② 직접 참조할 수 없는 변수를 포인터를 이용하여 간접적으로 참조가 가능하다.
③ 포인터 변수는 프로그램에서 사용하는 데이터를 저장한다.
④ 포인터는 기억공간의 효율적 사용 및 프로그램의 성능 개선을 가능하게 한다.

28 포인터 변수를 사용한 주소 저장과 주소 변경에 대한 프로그램에서 출력 결과로 옳은 것은? (단, 변수 x의 주소 1004, y의 주소 2004, z의 주소 3004, ptr 주소 4004로 가정함)

```
int x = 0, y = 0, z = 0;
int *ptr = NULL;
  ptr = &x;
  *ptr = 100;
  printf("%4d %4d %4d %4d[%p]
  \n", x, y, z,*ptr, ptr);
  ptr = &y;
  *ptr = 200;
  printf("%4d %4d %4d %4d[%p]
  \n", x, y, z, *ptr, ptr);
  ptr = &z;
  *ptr = 300;
  printf("%4d %4d %4d %4d[%p]
  \n", x, y, z, *ptr, ptr);
```

① 100 0 0 1004[1004]
100 200 0 2004[2004]
100 200 10c 3004[3004]

② 100 0 0 100[100]
100 200 0 200[200]
100 200 300 300[300]

③ 100 0 0 100[1004]
100 200 0 200[2004]
100 200 300 300[3004]

④ 100 200 300 100[1004]
100 200 300 200[2004]
100 200 300 300[3004]

29 다음 코딩을 참고할 때 나타내는 의미가 나머지와 다른 것은?

```
int array[50];
int *ptr;
ptr = array;
```

① *(array+i)

② *&ptr[i]

③ ptr[i]

④ ptr+i

30 **주어진 코드의 라인별 동작되는 값으로 옳은 것은?**

```
1  int array[2][3] = {11, 12, 13, 21, 22, 23};
2  int *p;
3  p = array[1];
4  printf("*p + 10==>%d\n", *p + 10);
5  printf("*(p - 2)==>%d\n", *(p - 2));
6  p = array[0];
7  printf("*p==*&p[0]==p[0]==>%d\n", *p, *&p[0], p[0]);
8  printf("*(p + 1)==*&p[1]==p[1]==>%d\n", *(p + 1), *&p[1], p[1]);
9  printf("*(p + 3)==*&p[3]==p[3]==>%d\n", *(p + 3), *&p[3], p[3]);
10 *p++;
11 printf("*p==>%d\n", *p);
```

① 4 *p + 10==>31
5 *(p - 2)==>12
7 *p==*&p[0]==p[0]==>21
8 *(p+1)==*&p[1]==p[1]==>22
9 *(p+3)==*&p[3]==p[3]==>23
10 13
11 *p==>13

② 4 *p + 10==>31
5 *(p - 2)==>12
7 *p==*&p[0]==p[0]==>11
8 *(p+1)==*&p[1]==p[1]==>12
9 *(p+3)==*&p[3]==p[3]==>21
10 11
11 *p==>12

③ 4 *p + 10==>31
5 *(p - 2)==>12
7 *p==*&p[0]==p[0]==>11
8 *(p+1)==*&p[1]==p[1]==>12
9 *(p+3)==*&p[3]==p[3]==>21
10 12
11 *p==>12

④ 4 *p + 10==>31
5 *(p - 2)==>12
7 *p==*&p[0]==p[0]==>21
8 *(p+1)==*&p[1]==p[1]==>22
9 *(p+3)==*&p[3]==p[3]==>23
10 12
11 *p==>12

31 **구조체에 대한 설명으로 옳지 <u>않은</u> 것은?**

① 구조체는 서로 다른 자료형의 모임을 하나의 자료형으로 정의하여 사용한다.

② 구조체 멤버를 참조할 때 *(간접참조 연산자)를 사용한다.

③ 구조체는 struct 예약어를 사용하고, 재정의하려면 typedef를 사용한다.

④ 구조체를 정의하는 위치에 따라 자료형으로 사용할 수 있는 범위가 결정된다.

32 주어진 프로그램의 결과 값으로 옳은 것은? (단, SHAREDATA 공용체의 시작주소는 1004로 가정함)

```
typedef union {
    unsigned char a;
    unsigned short b;
    unsigned int c;
} SHAREDATA;
int main(void){
    SHAREDATA var;
    var.c = 0x12345678;
    var.b = 0x8765;
    var.a = 0x16;
    printf("%x==>sizeof(%d)==>주소[%p]\n", var.c, sizeof(var.c), &var.c);
    printf("%x==>sizeof(%d)==>주소[%p]\n", var.b, sizeof(var.b), &var.b);
    printf("%x==>sizeof(%d)==>주소[%p]\n", var.a, sizeof(var.a), &var.a);
}
```

① 12348716==>sizeof(4)==>주소[1007]
8716==>sizeof(2)==>주소[1005]
16==>sizeof(1)==>주소[1004]

② 12345678==>sizeof(4)==>주소[1007]
8765==>sizeof(2)==>주소[1005]
16==>sizeof(1)==>주소[1004]

③ 12348716==>sizeof(4)==>주소[1004]
8765==>sizeof(4)==>주소[1004]
16==>sizeof(4)==>주소[1004]

④ 12348716==>sizeof(4)==>주소[1004]
8716==>sizeof(2)==>주소[1004]
16==>sizeof(1)==>주소[1004]

33 컴퓨터의 하드디스크 "d:\exe\"디렉터리에 exe.txt라는 파일이 있다. 이 파일에 처음부터 쓰기만 가능하도록 open하고자 한다. fopen 문을 작성한 것으로 가장 적절한 것은?

① FILE sample.txt fp = fopen("d:\exe\exe.txt", "r");
② FILE *fp; fp = fopen("d:\exe\exe.txt", "w");
③ File fp; *fp = fopen("d:\exe\exe.txt", "a+");
④ FILE *fopen; fp = fopen("d:\exe\exe.txt", "w+");

34 다음 중 순차파일의 출력 함수들로만 이루어진 것으로 옳은 것은?

① ftell(), fputc(), fread()
② fgetc(), fputc(), fputs()
③ fprintf(), fputc(), fwrite()
④ fseek(), fwrite(), fputs()

35 다음 중 stdio.h에 정의되어 있는 fseek() 함수의 기준점을 파일 포인터에 연결된 파일의 시작 지점에서 100byte 이후로 이동한다는 의미로 옳은 것은?

① fseek(fp, 100, SEEK_SET);
② fseek(fp, 100, SEEK_CUR);
③ fseek(fp, −100, SEEK_END);
④ fseek(fp, 100, SEEK_END);

36 **다음 중 이진 파일에서 파일 내 문장을 읽어 오는 코딩으로 옳은 것은?**

```
FILE *fp = fopen("sample.dat","rb");
char buffer[200];
```

① fread(fp, buffer, 100, 1)

② fread(buffer, 100, 1, fp)

③ fread(buffer, 1, 300, fp)

④ fread(fp, buffer, 1, 100)

37 **다음 중 주기억장치의 메모리 영역에서 동적 자료가 저장되는 영역으로 옳은 것은?**

① 코드 영역

② 힙 영역

③ 데이터 영역

④ 스택 영역

38 **함수는 기능에 따라 여러 함수의 유형이 있다. 매개변수와 반환형이 모두 없는 함수의 선언의 예로 옳은 것은?**

① int user_Func(void);

② void user_Func(int a, int b, int c);

③ int user_Func(int a, int b, int c);

④ void PR_print(void);

39 **다음 중 문자열 처리 함수의 예로 옳지 않은 것은? (단, s1, s2는 모두 문자열 배열로 선언되고, 초기화되어 있다고 가정함)**

① strlen(s1);

② putc(s1);

③ strcpy(s1, s2);

④ strcmp(s1, s2);

40 **주어진 코드의 결과로 옳은 것은?**

```
#include <stdio.h>
#define test1(a)  a * a
#define test2(a)  ((a) * (a))
int main() {
int x, y;
x = test1(1 + 2 + 3);
y = test2(1 + 2 + 3);
printf("%d = test1(1 + 2 + 3)\n",x);
printf("%d = test2(1 + 2 + 3)\n",y);
}
```

① 17 = test1(1 + 2 + 3)
17 = test2(1 + 2 + 3)

② 11 = test1(1 + 2 + 3)
36 = test2(1 + 2 + 3)

③ 11 = test1(1 + 2 + 3)
11 = test2(1 + 2 + 3)

④ 36 = test1(1 + 2 + 3)
36 = test2(1 + 2 + 3)

제1회 정답 및 해설 | C프로그래밍

01	02	03	04	05	06	07	08	09	10	11	12	13	14	15	16	17	18	19	20
①	③	①	②	②	④	①	③	①	③	②	②	①	②	③	④	②	③	②	①
21	22	23	24	25	26	27	28	29	30	31	32	33	34	35	36	37	38	39	40
④	②	④	②	③	④	②	④	①	①	①	②	②	③	②	③	①	①	④	④

01 정답 ①

C프로그램 개발단계 및 코딩 작성 순서와 실행 순서는 다음 그림과 같다.

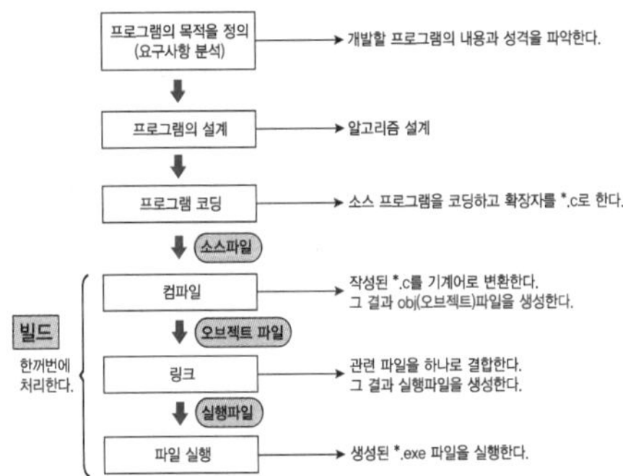

02 정답 ③

C언어의 많은 연산자 지원은 언어의 표현력과 관련된 특징이며, 모듈화의 특징과는 거리가 멀다.

03 정답 ①

함수 내의 구성요소로는 { }로 묶은 함수의 본체, 변수의 선언, 자료의 입·출력문, 자료의 처리, 함수 결과값의 반환 등이 있다. 컴파일러는 컴파일이 실행되기 전에 전처리기를 먼저 처리하므로, 전처리기는 함수의 외부에 존재한다.

04 정답 ②

char형은 문자 자료형으로 메모리에서 1바이트 크기를 가지며, 유효표현범위는 $-(2^{8-1})$ ~ $(2^{8-1}-1)$까지 표현 가능하다. 즉, -128 ~ 127까지 표현가능하다. unsigned char형는 부호가 없는 유효표현범위이므로 0 ~ 255까지 표현 가능하다.

05 정답 ②

소수점 표기는 0.34와 0.34f와 같이 할 수 있지만, 0.34는 메모리에서 double형 상수로 취급되어 8byte로 표현되고, 0.34f는 float형 상수로 4byte로 표현된다.

06 정답 ④

리터럴 상수는 프로그램에서 자료의 값을 나타내는 데 사용하는 숫자나 문자로, 프로그램이 실행되는 도중에 값이 변경될 수 없으며, 문자 상수, 정수 상수, 실수 상수, 문자열 상수 등이 있다. (예 100, '1', "100", "KIM" 등)

심볼릭 상수는 변수와 마찬가지로 이름을 가지고 있는 상수이고, 반드시 선언과 동시에 초기화되어야 한다. (예 const float PI = 3.14;, #define PI = 3.14;)

07 정답 ①

연산 우선순위와 형변환에 대한 문제로 (21/4)를 먼저 수행하며, 모두 정수형이고 결과값도 정수이므로 소수점 값은 가질 수 없다. 연산의 우선순위에서 ()를 먼저 수행한다.

08 정답 ③

대입 연산자와 관계 연산자의 차이를 알아보기 위한 문제이다. VB(비주얼베이직)의 경우에는 '='도 비교 연산자로 사용되지만, C언어에서는 대입 연산자로만 사용된다. 그러므로 '=='과 '='를 정확히 구분해서 사용한다.

09 정답 ①

표준 입력함수로부터 형식을 지정해서 읽는 scanf() 함수의 기본 형식은 다음과 같다.

입력값	변환명세	입력변수의 자료형	설명(%d, %lf, %c는 기본 자료형 변환명세)
정수	%d	int	10진수 정수를 입력받아 지정한 변수에 저장한다.
	%u	unsigned int	입력값을 부호 없는 정수형 변수에 저장한다.
	%o	int	입력값을 8진수로 받아들여 10진수로 변환하여 정수형 변수에 저장한다.
	%x	int	입력값을 16진수로 받아들여 10진수로 변환하여 정수형 변수에 저장한다.
실수	%f	float	입력값을 float형 변수에 저장한다.
	%lf	double	입력값을 double형 변수에 저장한다.
	%e	float	'가수e지수'형식으로 또는 실숫값으로 입력받아 실숫값을 float형 변수에 저장한다.
	%le	double	'가수e지수'형식으로 또는 실숫값으로 입력받아 실숫값을 double형 변수에 저장한다.
문자	%c	char	입력된 문자 한 개를 문자형 변수에 저장한다.
문자열	%s	문자열	입력된 문자열을 저장하기 위해 변수나 배열에 저장한다.

10 정답 ③

변수명 작성 규칙은 다음과 같다.

- 변수명으로 사용할 수 있는 문자는 영문 대문자(A ~ Z), 소문자(a ~ z), 숫자(0 ~ 9), 그리고 언더스코어(_)이다.
- 사용 가능한 문자 이외의 어떠한 문자도 사용할 수 없다(공백 등의 특수문자도 안 됨). star*star는 허용되지 않는 문자가 있으므로 사용할 수 없다.
- 변수명의 첫 문자로 숫자는 올 수 없다. 첫 문자로 영문자나 언더스코어를 반드시 사용해야 한다.
- 예약어(Reserved word)는 변수명으로 사용할 수 없다.

11 정답 ②

정수형으로 가장 많이 사용하는 int와 short, long, signed, unsigned를 단독으로 또는 복합으로 변수 선언에 사용할 수 있다. 다음 표는 자료형으로, () 부분은 생략가능하며, 음영부분은 기본자료형이다.

정수	문자	char	signed char	unsigned char
	정수	(signed) short (int)	(signed) int	(signed) long (int)
		unsigned short (int)	unsigned (int)	unsigned long (int)
실수		float	double	long double

12 정답 ②

관계 연산자에 대한 실행 결과로, 연산의 결과값은 참(1)과 거짓(0)으로 나타낸다.
3행 : 참(1), 4행 : 거짓(0),
5행 : 거짓(0), 6행 : 참(1)

13 정답 ①

for문을 이용한 반복문으로, 반복 횟수를 정확히 알고 있을 때 사용하는 것을 권장한다. 반복문 헤더에서 초깃값, 조건식, 증감식으로 구성된다. 문제 (b)와 같이 for헤더 뒤에 ;을 추가하면 for문의 조건식이 참일 때 실행하는 명령문이 없음을 의미하므로, 최종 실행결과만 출력된다.

14 정답 ②

do ~ while문은 while문의 조건에 상관없이 무조건 한 번은 실행한 후 다음 조건에 따라 동작한다.

- 첫 번째 3 ~ 4행 : i++ 연산한 후 조건이 참이 되어 2행으로 이동
- 두 번째 3 ~ 5행 : i++ 연산, 조건식 거짓, 5행 출력

15 정답 ③

정수형 배열의 원소 크기와 전체 배열의 크기를 알아볼 수 있는 코딩이다.

- 2행 : 정수형 배열을 초기화한다. 정수형 원소 자료의 크기는 4byte이고, 5개의 원소가 있으므로 메모리에 정수형 배열 arry의 크기는 20byte가 확보된다.
- 3행 : 20byte / 4byte = 5가 된다.
- 4행 : 조건식은 i < 4와 같으므로 반복은 4번 된다.
- 5행 : sum = sum + (관계 연산자의 결과 : 1 또는 0)을 실행한다.
- 7행 : sum 값은 반복되면서 1, 2, 2, 3 순으로 연산된 후 프로그램은 종료된다.

16 정답 ④

for을 이용한 이중 반복문으로, result를 루프 내에서 실행한 후 최종 결과만 출력하는 프로그램이다.
3 ~ 6행 : 첫 번째 i행에서 j행은 1번 반복되고, 두 번째 i행에서 j행은 2번 반복된다. 그러므로 첫 번째 i = 1에서의 결과는 1, 두 번째 i = 2에서의 결과는 7이 된다.

17 정답 ②

while문과 for문은 동일한 순서로 표현할 수 있다.

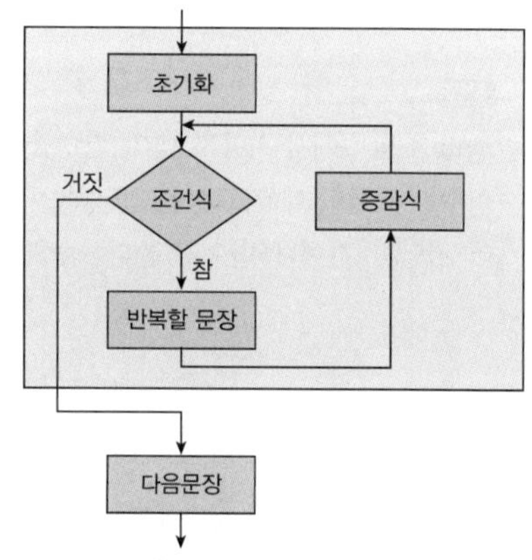

| 결과 |

```
C:\WINDOWS\system32\cmd.exe
100 95 90 85 80 75 70 65 60 55 50 45 40 35
30 25 20 15 10 5 0
계속하려면 아무 키나 누르십시오 . . .
```

18 정답 ③
사용자 정의 함수의 선언과 사용에 대한 프로그램이다. 사용자 함수의 정의 영역이 main() 함수보다 먼저 나온다. void func1(void)는 main() 함수로부터 인수를 전달받지도 않고, 반환하지도 않는 함수이다. void func2(void)는 main() 함수로부터 정수형 인수를 전달받고, 반환하지 않는 함수이다. float func3(int num)는 main() 함수로부터 정수형 인수를 전달받고, 실수형 값을 반환한다.

| 결과 |

```
C:WWINDOWSWsystem32Wcmd.exe
반환할 필요없고, 인수를 받지 않는 void함수이다.
받은 인수는 2 이다.
인수의 형과 반환형을 맞춰줄 필요는 없다.
result: 6.280000
계속하려면 아무 키나 누르십시오 . . .
```

19 정답 ②
main() 함수에서 사용자 정의 함수를 호출하여 인수를 전달할 때 자료형을 전달하는 것이 아니라 전달할 값이나 변수를 쓴다.

20 정답 ①
지역 변수는 함수나 블록을 벗어나면 메모리에서 사라지므로, 다른 함수에서 동일한 변수를 선언해도 별개의 변수로 처리된다.

21 정답 ④
① 배열 array[10]에 10을 저장한다.
② 배열 array[i]의 값들을 참조하여 1 증가시킨다.
③ 배열을 정의할 때 행의 개수는 명시하지 않아도 되어 2행 2열 배열로 인식된다.
④ 배열의 원소들을 { }으로 구체화해서 초기화할 때 행의 개수를 명시하지 않아도 되지만, 열의 개수는 명시해야 한다.

22 정답 ②
배열은 연속된 메모리에 정의한 값들을 순서대로 초기화하고, 참조할 수 있다. 그러므로 1차원 배열은 2차원 배열로도 선언을 할 수 있다. 초기화할 때는 배열의 크기만큼 원소의 값을 나열해도 되고, 배열의 크기보다 초기화하는 원소수가 적으면 나머지는 0으로 초기화된다. 초기화되는 원소는 공백을 넣어서는 안 된다. 공백은 0으로 초기화되지 않는다.

23 정답 ④
scanf() 함수로 배열에 저장된 문자열 중 특정 문자를 처리하기 위해서는 배열 원소의 해당 주소를 구하기 위해 반드시 주소연산자 &를 사용해야 한다.

24 정답 ②
배열 array의 첫 번째 행의 문자열을 출력 : printf("%s\n", array[0]); , puts(array[0]);
배열 array의 두 번째 행의 문자열을 출력 : printf("%s\n", array[1]); , puts(array[1]);
문자열 배열에 저장된 특정 문자를 출력 : printf("%c\n", array[1][1]);로 출력은 5가 된다.

25 정답 ③
char *ptr[4];의 메모리의 크기는 포인터 변수의 크기 4byte * 4개 있으므로 16byte가 된다.

26 정답 ④

- 1행 : 포인터 변수를 초기화한다.
- 3행 : 변수의 주소를 p에 저장한다.
- 4행 : num의 주소를 출력한다.
- 5행 : 포인터 변수의 값을 출력한다.
- 6행 : 포인터 변수가 가리키는 곳에 들어있는 값을 출력한다.

27 정답 ②

- 3 ~ 4행 : 포인터 p가 가리키는 값과 변수 num의 값을 출력한다.
- 5행 : *p += 5;는 *p = *p + 5와 같으며, 포인터 변수 p가 가리키는 곳의 값을 5만큼 증가시키고, 그 증가된 값을 포인터 변수가 가리키는 곳에 저장한다.
- 6 ~ 7행 : 변경된 포인터 변수 p가 가리키는 값과 변수 num의 값을 출력한다.
- 8행 : (*p)++;은 연산 순서에 따라 5행의 동작과 마찬가지로 포인터가 가리키는 곳의 값을 1만큼 증가시킨다.
- 9 ~ 10행 : 변경된 포인터 변수 p가 가리키는 값과 변수 num의 값을 출력한다.

28 정답 ④

(*p)++과 *p++은 연산자의 우선순위가 다르므로 전혀 다른 연산을 한다. 증감연산자(++, --)는 참조연산자(*)보다 우선순위가 높으므로 *p++;의 경우 주소를 먼저 찾아가서 주소를 포인터 변수의 크기(4byte)만큼 증가시키게 된다. 증가된 주소에는 아무것도 선언되지 않으므로 쓰레기 값이 지정하는 곳을 가리키게 되고 이상한 값이 출력되는 것이다.

29 정답 ①

변수를 넘겨받은 nPlus() 함수의 경우 실행하고 난 후에도 값이 바뀌지 않는다. 값이 복사될 뿐 직접적으로 num에 접근할 수 없기 때문에 call by value라는 개념으로 참조한다. 그러나 pPlus() 함수를 실행한 후에는 정상적으로 num값이 증가된다. 포인터를 이용해서 직접적으로 메모리에 접근해서 값을 변경하였기 때문에 call by reference라는 개념으로 참조한다.

30 정답 ①

배열의 주소를 표현할 때는 &연산자를 쓰지 않아도 배열 array 이름 자체가 주소 값이기 때문에 바로 포인터에 대입이 가능하다. 배열명 array는 배열의 첫 번째 원소의 주소 값이므로 arrayPtr이 가리키고 있는 값을 출력하면 첫 번째 원소 값인 10이 출력된다.

31 정답 ①

구조체를 초기화할 때는 {.멤버명=값}과 같은 형태로 초기화할 수 있다. 멤버이름을 명시하지 않고도 초기화할 수 있으며, 단, 구조체를 정의했던 순서대로 값이 들어가야 한다. 또한 값을 초기화하지 않은 멤버는 0으로 초기화된다.

32 정답 ②

- 2행 : typedef 키워드는 C언어에서 자료형에 새롭게 이름을 붙일 때 쓰는 키워드로, 구조체의 이름도 재정의하여 사용할 수 있다.
- 9행 : 구조체 포인터 변수 ptr에 st1의 주소를 대입한다.
- 10 ~ 11행 : 구조체 포인터를 이용해서 값을 대입할 수 있다. *ptr.age처럼 사용하면 구조체가 아닌 포인터 변수를 구조체처럼 참조하려고 하기 때문에 오류가 발생한다.

• 12행 : 구조체 변수의 각각의 멤버들을 참조하여 출력한다.

33 정답 ②

공용체는 다양한 자료형의 여러 값들을 한 단위로 묶어서 정의하지만, 공용체 정의 시 메모리의 같은 공간을 공유해서 사용하므로 멤버들 중 가장 큰 자료형의 크기로 메모리가 할당된다.

34 정답 ③

기억공간을 정적으로 할당받으면 프로그램을 실행하는 동안 메모리 크기가 변하지 않으므로, 메모리 공간을 초과해서 사용하고자 하거나 사용하지 않은 공간이 많은 경우 기억공간의 낭비로 효율성이 떨어질 수도 있다. 이런 정적 할당의 문제를 해결하기 위해 동적 기억장소 할당을 지원한다. 필요한 시점에서 필요한 만큼만 요청하여 할당하고, 이때 시스템에서 제공하는 기억장소가 힙 영역이다.

35 정답 ②

동적으로 할당받은 기억장소는 함수 실행이 끝나도 자동으로 해제되지 않으므로 프로그램 실행이 끝나지 않았더라도 함수에서 더 이상 동적 할당 기억장소를 사용하지 않는다면 해제해야 한다. 그러나 프로그램이 종료되면 메모리에서 사라진다.

36 정답 ③

순차파일은 물리적 연속 공간에 순차적으로 기록하는 방식으로, 기록 밀도가 높아 기억 공간을 효율적으로 사용할 수 있다. 랜덤파일은 불규칙한 순서대로 자료를 꺼내거나 갱신하므로 기록 밀도는 높지 않지만 파일에 레코드를 삽입, 삭제하는 경우에는 짧은 시간이 소요된다.

37 정답 ①

• 1행 : FILE을 가리키는 포인터 fp를 선언한다.
• 2행 : fopen() 함수를 호출하여 "sample.txt" 이름을 가지는 파일을 연다. 만약 파일이 없다면 새로 만들고, 파일이 있다면 기존의 내용이 지워진다.
• 3 ~ 6행 : fopen() 함수에서 파일을 여는 경우에는 여러 가지 이유들로 인하여 파일이 열리지 않는 경우도 매우 흔하기 때문에 반환되는 값이 반드시 NULL이 아닌지를 검사하여야 한다.
• 7행 : fopen() 함수를 호출하였으면 반드시 fclose() 함수를 호출하여 파일을 닫아야 한다.

38 정답 ①

• 7 ~ 9행 : fputc() 함수를 이용하여 하나의 문자를 fp가 가리키는 파일에 쓴다. test.txt를 텍스트 에디터로 열어보면 abc가 써져 있는 것을 확인할 수 있다.

39 정답 ④

- 3행 : 파일 포인터를 선언한다.
- 5 ~ 6행 : 텍스트 파일과 이진 파일을 호출하여 쓰기 모드로 open한다.
- 9 ~ 12행 : 두 개의 파일열기 때문에 논리합(||) 연산자를 사용하여 파일의 존재여부를 확인하지만, 쓰기 모드이기 때문에 오류는 발생하지 않는다.
- 13행 : fprintf() 함수는 텍스트 파일에서 사용하는 파일 출력함수이다.
- 14행 : fwrite() 함수는 이진 파일에서 사용하는 파일 출력함수이며, 변수 i의 메모리주소를 시작주소로 하고, int형 크기의 블록 1개를 참조하여 파일 포인터(pfb)에 연결된 이진 파일에 쓴다.

40 정답 ④

- 9 ~ 12행 : 두 개의 파일열기 때문에 논리합(||) 연산자를 사용하여 파일의 존재여부를 확인하지만, 쓰기 모드이기 때문에 오류는 발생하지 않는다. 전체 프로그램에서 화면 출력 결과는 나타나지 않는다.
- 5 ~ 6행 : 텍스트 파일과 이진 파일을 호출하여 쓰기 모드로 open하므로, 프로젝트 폴더 내에 파일이 생성된다.
- 13, 15행 : 텍스트 파일과 이진 파일에 정수형 변수 i의 값을 쓴다.
- 15행 : 변수 i의 메모리주소를 시작주소로 하고, int형 크기의 블록 1개를 참조하므로 4byte 크기의 파일이 생성된다.

제2회 정답 및 해설 | C프로그래밍

01	02	03	04	05	06	07	08	09	10	11	12	13	14	15	16	17	18	19	20
④	④	③	②	④	④	③	③	②	③	③	①	①	①	③	④	②	①	③	③
21	22	23	24	25	26	27	28	29	30	31	32	33	34	35	36	37	38	39	40
①	③	④	②	④	③	③	③	④	②	②	④	②	③	①	③	②	④	②	②

01 정답 ④

링크는 링커(linker)에 의해 수행되며, 링크가 끝나면 하나의 새로운 실행 파일이나 라이브러리 파일이 생성된다.

C언어에서 실행파일을 생성하는 순서
① 소스 파일(source file)의 작성 ② 선행처리기(preprocessor)에 의한 선행처리 ③ 컴파일러(compiler)에 의한 컴파일 ④ 링커(linker)에 의한 링크 ⑤ 실행 파일(executable file)의 생성

02 정답 ④

C언어의 특징은 다음과 같다.

- 한 시스템에서 개발된 소프트웨어를 약간만 수정하면 다른 컴퓨터 시스템에서도 동일하게 실행할 수 있어 이식성이 우수하다.
- 다양한 연산자, 함수를 이용한 인터페이스 제공, 풍부한 라이브러리 함수 제공, 포인터를 이용한 메모리 제어 등의 기능을 갖추고 있어 범용 프로그래밍 언어이다.
- C프로그램은 함수를 사용해 간결하게 프로그램을 작성할 수 있고, 구조화가 되어 구문이 간결하고 명확하다.

03 정답 ③

const 상수는 심볼릭 상수의 일종으로, 상수를 기호화하여 변수처럼 이름이 있는 상수로 정의한다.

04 정답 ②

정수형 상수의 표현 방법은 다음과 같다.

[형식] 정수형 상수의 표현 방법
숫자(10진수), 0숫자(8진수), 0x숫자(16진수)
[형식] 부호 없는 정수형 상수의 표현 방법 (숫자 뒤에 u 또는 U를 접미사로 사용)
숫자(10진수)U, 0숫자U(8진수), 0x숫자U(16진수)
[형식] 큰 길이 정수형 상수의 표현 방법 (숫자 뒤에 l 또는 L를 접미사로 사용)
숫자(10진수)L, 0숫자L(8진수), 0x숫자L(16진수)

05 정답 ④

#define 뒤에는 반드시 매크로 이름이 와야 하며, "user_M.h"는 헤더 파일을 포함하는 지시문인 #include에서 사용하는 표현이다.

- 인수가 없는 매크로 상수 표현의 예

```
#define MAX 200 //MAX를 200으로 정의한다.
#define TRUE  1   //TRUE를 1로 정의한다.
#define PI  3.141592 //PI를  3.141592로 정의한다.
#define HELLO  "Hello, C Programming"
//HELLO를 정의할 문자열로 정의한다.
#define IINT  int  //IINT를 C프로그램에서의 예약어 int로 정의한다.
```

- 인수가 있는 매크로 상수 표현의 예

```
#define ADD(x, y) ((x) + (y))
#define SQUARE(x) ((x) * (y))
```

06 정답 ④

%d를 사용한 정수의 출력은 다음과 같은 변환명세 형식이 있다.

[형식] %d 변환명세

- %필드폭d: %5d(5 : 자료를 출력하는 데 사용하는 전체 확보된 칸수)
- %+필드폭d: %+5d(+ : 양수 부호 출력)
- %-필드폭d: %-5d(- : 왼쪽을 기준으로 정렬하여 확보된 칸에 출력)

예 ("%-+5d",10) : '+10' 왼쪽을 기준으로 정렬하고 '+'부호 출력

07 정답 ③

- 2행 : 연산의 우선순위가 * → % → +가 된다. x = 1
- 3행 : 연산의 우선순위가 && → ||가 되고, 논리연산자이므로 참(1), 거짓(0)으로 판단된다. y = 1
- 4행 : z += x << 1 + y++;은 z = z + (x << (1 + y++))이므로 1 << 2는 4가 된다. z = 5
- 5행 : 연산의 우선순위가 ++ → *이므로, 결과값 4
- 6행 : 결과값 2
- 7행 : &(논리곱) 비트 연산자를 수행하므로 7행 전까지의 x = $2(10_2)$, y = $1(01_2)$이 저장되어 있는 것으로부터 연산을 하면 0이 출력된다.
- 8행 : 7행과 마찬가지로 |(논리합) 비트 연산을 수행하므로 3이 출력된다.
- 9행 : ^(배타적 논리합) 비트 연산을 수행하므로 3이 출력된다.
- 10 ~ 12행 : 최종적으로 변수 x = 2, y = 1, z = 5가 저장된다.

08 정답 ③

우측 비트 연산자는 나눗셈 효과로 오른쪽으로 n비트 이동 → 피연산자 $\div 2^n$

좌측 비트 연산자는 곱셈 효과로 왼쪽으로 n비트 이동 → 피연산자 $\times 2^n$

- 2행 : $15 \div 2^1 = 7$
- 3행 : $15 \div 2^2 = 3$
- 4행 : $15 \times 2^1 = 30$
- 5행 : $15 \times 2^2 = 60$

모든 결과는 정수형으로 표시된다.

09 정답 ②

- 1행 : 정수형 변수로 선언되었고, 메모리에서 4byte 할당된다.
- 2행 : 실수형 변수로 선언되었고, 메모리에서 8byte 할당된다.
- 3행 : 자동 변수는 일반적인 지역 변수와 동일하고, 정수형 변수로 선언된다.
- 4행 : 자료형의 좁힘 변환으로 101.11로 연산된 결과를 좌측으로 대입하면서 정수형 변수의 자료형으로 형이 변환된다. 그러므로 메모리는 4byte 할당됨을 알 수 있다.

10 정답 ③

반복문은 for문, while문, do ~ while문이 있으며, 일정 코드를 조건에 따라 횟수만큼 반복 실행할 때 사용된다. switch문은 복잡한 중첩된 if문보다 단순 명료하게 작성할 수 있어서, 조건에 따른 문장제어를 보다 쉽게 처리할 수 있다. 그리고 조건식 값에 따라 여러 종류 중 한 가지만 선택해 실행할 때 많이 사용되므로 다중 분기문이라고 부르며, 1개 이상의 case문과 default문으로 구성된다.

11 정답 ③

중첩된 for문과 제어변수를 활용하여 x행에 *를 x만큼 출력하는 프로그램이다.

2 ~ 5행 : x는 *가 출력되는 행수에 해당되고, 5행으로 출력하며 x행에 *를 x만큼 반복하여 출력한다.

12 정답 ①

비트 이동 연산자를 수행하면 16진수 32를 나눗셈 연산(비트 우측 이동)과 곱셈 연산(비트 왼쪽 이동)을 하여 각각 12와 200의 결과를 얻는다. 16진수 32는 10진수로 50이므로 $a \gg 2 : 50 \div 4 = 12.5$ 이지만 정수형으로 출력되므로 12이고, $a \ll 2 : 50 \times 4 = 200$ 이 된다.

13 정답 ①

- 1행 : 변수를 선언하고 초기화한다.
- 2행 : 1 + 2 + ... + i = 합을 구하는 것으로 몇 번 반복할지는 정확히 알 수 없다. i <= 10이라는 조건으로 10까지 반복되는 것은 아니다.
- 3행 : while문의 조건이 참이면 그때의 i값을 출력한다.
- 4행 : 합을 구한다.
- 5행 : 합이 5를 초과할 때까지의 조건을 만족시키기 위해 if문을 사용하고, 합이 5를 초과하면 while문을 탈출하도록 break문을 사용한다.
- 6행 : while문의 조건을 변화시키기 위한 증감식이다. 4행과 5행 사이에 있어도 상관없다.
- 8행 : 5행의 결과가 5를 초과하면 8행으로 이동하여 그때까지의 합을 출력한다.

14 정답 ①

흐름도는 while문, for문 또는 여러 다른 코딩으로 완성할 수 있다. 초기화한 후 1 + 2 + 3...을 위한 반복 조건을 비교하고, 실행문을 수행한 후 합의 결과를 조건식으로 검색하고 조건에 따라 프로그램을 종료할 수 있고, 다시 반복할 수도 있다.

15 정답 ③

- 1행 : 정수형 변수를 선언한다. sum = 0으로 반드시 초기화해야 한다.
- 2행 : for문의 헤더는 i를 초기화하고, 조건식, 증감식이 있다.
- 3 ~ 6행 : for문의 조건식이 참이면 그때의 i값을 출력하여 합을 구하고, 합의 결과가 5를 초과하는지 비교하고, 합이 5를 초과하면 for문을 탈출하여 7행으로 이동한다. 합이 5를 초과하지 않으면 2행의 증감식으로 이동하여 for문의 조건식을 검색하여 다시 반복 실행한다.
- 7행 : 합이 5를 초과할 때의 합을 출력한다.

16 정답 ④

매개변수 기억장소가 확보되고 전달된 값이 매개변수에 저장된다. 즉 인수와 매개변수는 서로 다른 기억장소를 사용한다.

17 정답 ②

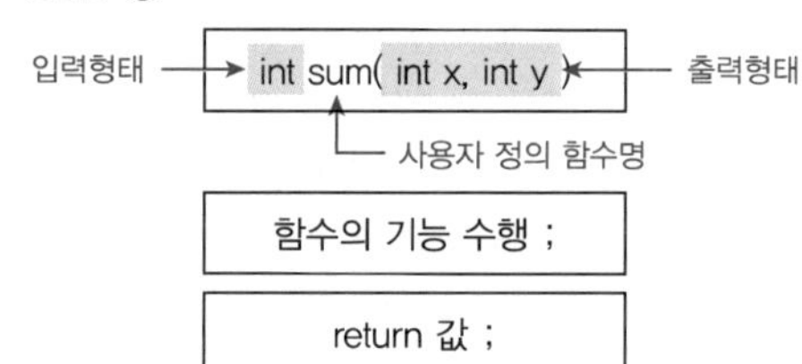

입・출력형태가 모두 존재하는 함수이고, x, y를 입력받아 sum() 함수의 기능을 처리하고 int형으로 출력한다. 출력형태가 있으므로 함수 내에서 반드시 return문을 사용해야 한다.

18 정답 ①

메모리 영역	유효범위 및 기간	초기화	할당 변수
스택	함수(블록)내부에서 사용, 범위를 벗어나면 제거된다.	쓰레기 값	지역 변수, 매개변수, 자동 변수
공유 데이터	프로그램 내부 어디서든지 접근가능하고, 프로그램 종료 시까지 유효하다.	0	전역 변수, 정적 변수, 외부 변수
힙	malloc(), free(), calloc(), realloc() 등을 통해 접근가능하고, 시스템 종료 시까지 유효하다.	0	메모리 동적 할당
CPU내 레지스터	자동변수와 같은 속성을 가지며, 프로그램 실행속도 증가를 목적으로 사용한다.	쓰레기 값	레지스터 변수

19 정답 ③

③ 외부 변수 int b가 정의되어 있는데, 지역 변수 int b가 재정의되면 컴파일 오류가 발생하여 결과 값을 알 수 없다. 외부 변수와 내부 변수명은 동일하게 할 수 없다.

① 지역 변수, 자동 변수는 함수 실행 시 만들어지고, 실행이 끝나면 메모리에서 제거된다. 초기화해야 한다.

② 정적 변수는 전역 변수에 해당되므로, 블록을 벗어나도 메모리에서 제거되지 않는다.

④ 레지스터 변수는 자동 변수와 동일한 속성을 가지고, 프로그램 실행속도 증가를 목적으로 사용한다.

20 정답 ③

지역 변수는 선언된 블록을 벗어나면 메모리 공간에서 사라지므로, 다른 함수나 블록{ }내에서 같은 이름의 변수를 선언해도 된다.

21 정답 ①

free() 함수는 동적으로 할당된 기억공간을 해제할 때 사용한다. 힙 영역에 할당된 공간은 프로그램이 종료될 때까지 유지되기 때문에 사용이 끝난 후 할당된 기억공간을 해제하지 않으면 기억공간 부족현상이 발생할 수 있다.

22 정답 ③

배열은 동일한 자료형의 데이터를 저장할 수 있는 연속적인 기억공간을 사용한다. 동일하지 않은 자료형의 데이터를 저장하려면 구조체 또는 공용체를 사용해야 한다.

23 정답 ④

배열에서 배열명을 참조하면 배열의 시작 주소값을 알려주므로 &(주소 연산자)를 사용하면 오류가 발생한다.

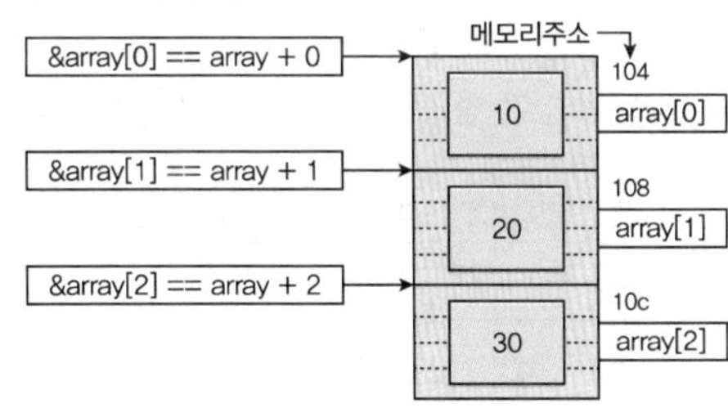

24 정답 ②

1차원 배열에서 *연산자는 메모리공간에 저장된 주소가 가리키는 곳의 값을 참조한다.

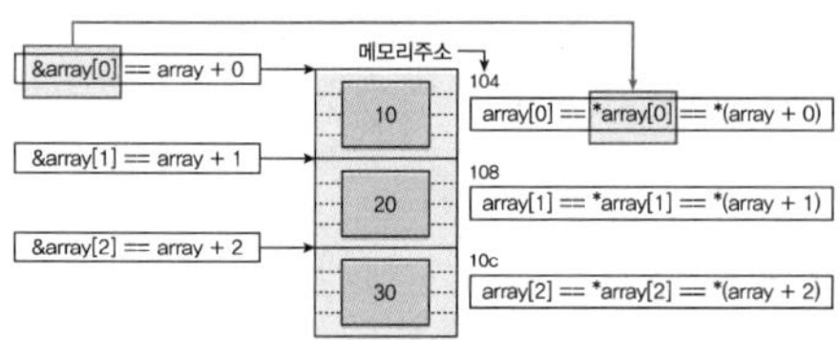

25 정답 ④

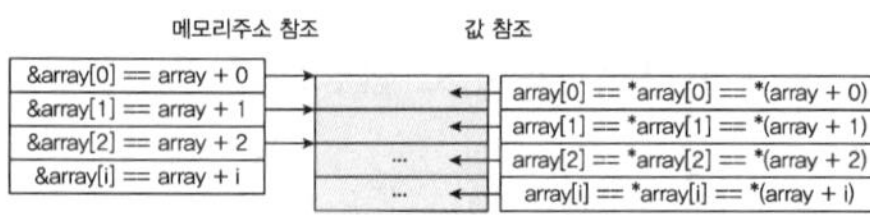

26 정답 ③

> **2차원 배열의 주소 참조하는 방법**
> &array[0][0] = array[0]+0 = *(array+0)+0

> **2차원 배열의 값 참조하는 방법으로**
> array[0][0] = *&array[0][0] = *array[0]+0
> = **(array+0)+0

**(array+0)+0는 주소를 참조하는 방법이며 주소를 참조하는 곳이 가리키는 값으로, 2차원 배열의 값 참조하는 방법으로 사용되기도 한다.

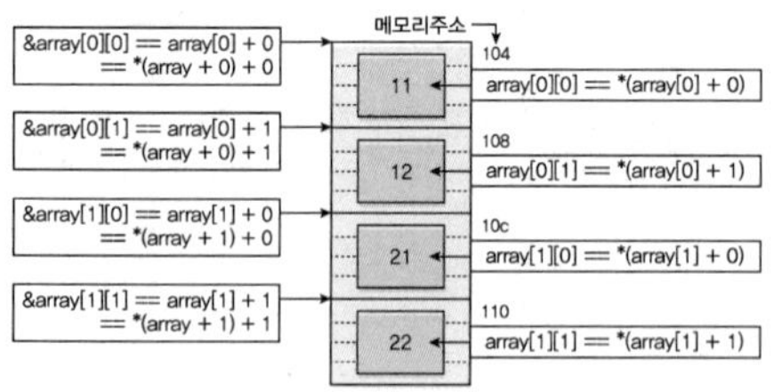

27 정답 ③

포인터 변수는 일반 변수의 주소값을 저장하여, 포인터 변수가 가리키는 곳을 간접 참조한다. 메모리주소를 참조하여 다양한 자료형 변수들에 접근과 조작이 용이하고, 동적 할당된 메모리영역(힙영역)에 접근과 조작이 용이하다. 그리고 메모리 주소를 참조하여 배열과 같은 연속된 데이터에 접근과 조작이 용이하다.

28 정답 ③

포인터 변수의 선언은 각 변수들의 주소를 저장할 곳으로 초깃값은 NULL로 한다. 모든 포인터 변수의 크기는 4byte이다. 각 변수들은 임의의 공간을 주소로 한다.

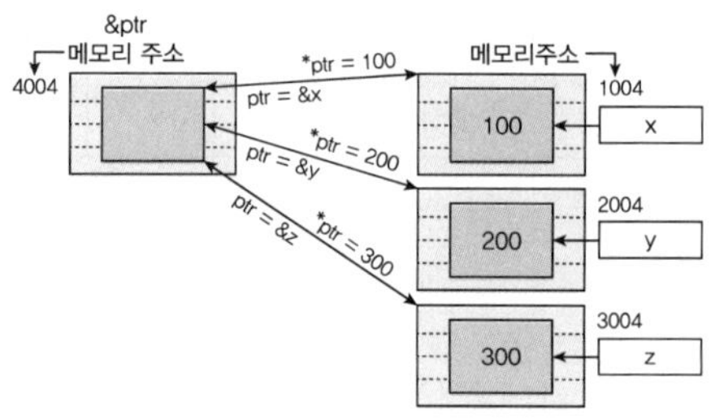

29 정답 ④

*(array+i), *&ptr[i], ptr[i]는 메모리 안에 있는 값을 의미한다. ptr + i는 포인터 ptr이 가리키는 위치로부터 i번째 떨어져 있는 주소를 의미한다.

30 정답 ②

- 3행 : 배열의 1행 0열의 값을 참조한다. 즉, 배열의 1행의 첫 주소가 가리키는 곳의 값
- 6행 : 배열의 0행 0열의 값을 참조한다. 즉, 배열의 0행의 첫 주소가 가리키는 곳의 값
- 10행 : 연산자의 우선순위가 ++이 *연산자보다 먼저이지만 값의 출력문이 없으므로, 10행의 실행결과는 11이다.
- 11행 : 10행의 결과에서 후위 증가형 연산자 후에 *p가 나타나므로 메모리번지가 증가된 후 값을 참조한다.

포인터 변수에 배열의 주소가 저장된다.

포인터 변수를 통한 2차원 배열의 참조방법은 다음과 같다.

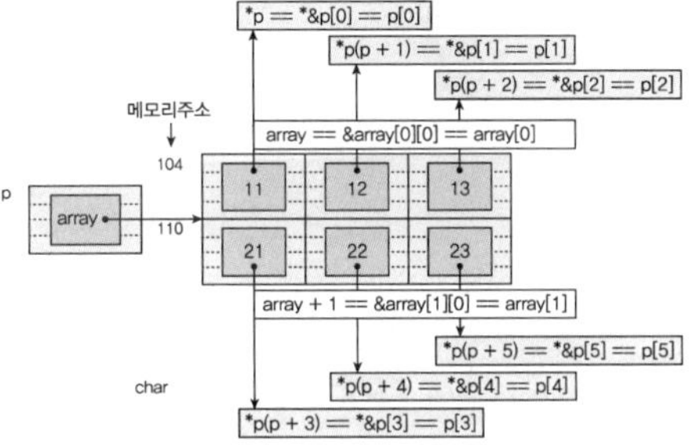

- 10행 : 9행을 실행 후 공용체 메모리 영역에 char형 16진수 0x16을 저장한다.
  공용체 메모리 영역에 데이터들이 저장된 그림을 보여준다. 다음 그림 (a) 참고
- 11행 ~ 13행 : 다음 그림 (b) 참고

공용체는 순서가 규칙적이지 않고 미리 알 수 없는 다양한 타입의 데이터를 저장할 수 있도록 설계된 타입으로, 이러한 공용체는 크기가 가장 큰 멤버 변수의 크기로 메모리를 할당받는다.

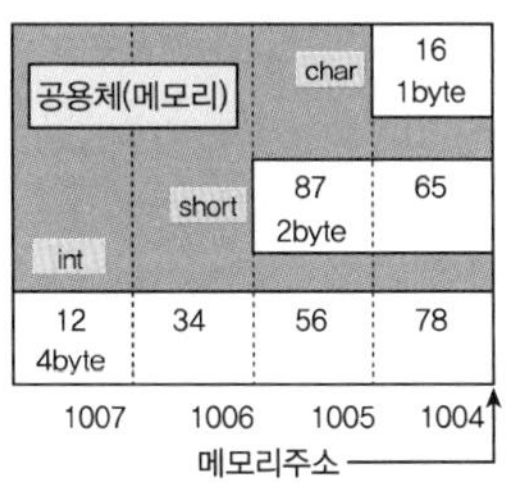

(a) 공용체 메모리 영역

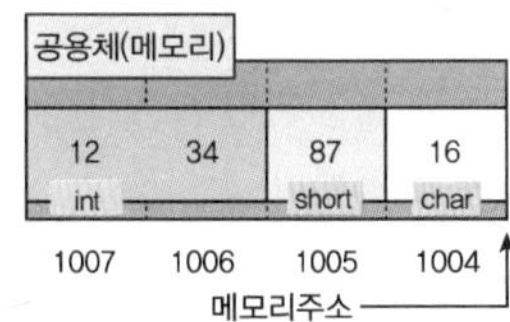

(b) 10행 실행 후 공용체 메모리 영역

31 정답 ②

구조체의 멤버를 참조할 때는 .(dot 멤버연산자) 또는 ->(멤버연산자)를 사용한다. 그리고 ->는 포인터를 통한 구조체 멤버를 참조할 때 사용된다.

32 정답 ④

- 1 ~ 5행 : 공용체를 선언하고, 맴버 변수들을 정의한다.
- 8행 : 공용체 메모리 영역에 정수형 16진수 0x12345678을 저장한다.
- 9행 : 8행을 실행 후 공용체 메모리 영역에 short형 16진수 0x8765를 저장한다.

33 정답 ②

파일을 참조 모드에 따라 open하려면 FILE 구조체 포인터를 선언하고, 파일을 열어야 한다. 파일참조모드는 읽기(r), 쓰기(w), 추가(a), 읽기/쓰기(r+, w+, a+)모드를 지정할 수 있다. 파일을 open할 위치는 C프로그램 프로젝트 디렉터리이지만, 사용자가 위치를 지정할 수 있다.

34 정답 ③

파일에 데이터를 읽거나 쓸 때 파일의 데이터에 접근하는 방식에 따라 순차파일과 랜덤파일로 나눈다. 사용자가 파일을 어떻게 접근하느냐의 문제이지 파일 자체가 구분되어 있는 것은 아니다.

- 텍스트 파일의 입력함수 : fscanf(), fgetc(), fgets()
- 텍스트 파일의 출력함수 : fprintf(), fputc(), fputs()
- 이진 파일의 입/출력함수 : fread(), fwrite()
- 임의 접근을 위한 파일 위치 지시자 함수 : fseek(), rewind(), ftell()
- 파일의 끝을 확인하는 함수 : feof()

35 정답 ①

① fseek(fp, 100, SEEK_SET); //다음 읽기/쓰기 위치를 파일 시작 지점에서 100byte 이후로 이동한다.

② fseek(fp, 100, SEEK_CUR); //다음 읽기/쓰기 위치를 현재 위치에서 100byte 이후로 이동한다.

③ fseek(fp, -100, SEEK_END); //다음 읽기/쓰기 위치를 파일의 끝 지점에서 100byte 이전으로 이동한다.

④ fseek(fp, 100, SEEK_END); //다음 읽기/쓰기 위치를 파일의 끝 지점에서 100byte 이후로 이동하는 것으로, 연결된 파일이 없으므로 아무것도 나타나지 않는다.

36 정답 ③

fread() 함수의 형식은 fread(데이터 저장 시작 주소, 블록 크기, 블록 개수, 파일포인터 변수명);이므로 주어진 보기를 형식에 맞게 파일 내용을 읽어오기 위한 가장 적절한 코딩은 fread(buffer, 1, 300, fp); 이다. 즉, buffer는 배열의 시작을 알려주고, 1은 sizeof(char)와 같이 블록의 크기이다. 300은 블록의 개수이므로 300byte가 된다.

fp에 연결된 이진 파일에서 문자 자료형의 1byte 크기의 블록 300개를 읽어서 선언된 변수의 기억장소에 쓴다. 그러므로 파일에서 300byte의 문자 데이터를 읽어서 선언된 변수에 저장한다.

37 정답 ②

힙 영역은 동적 메모리 할당영역으로, 일반적으로 애플리케이션이 운영체제로부터 미리 할당받은 메모리 영역이며, 애플리케이션이 사용할 수 있는 일정한 메모리공간이다. 프로그램 실행 중에 동적 할당되는 메모리영역이며, C언어에서는 malloc(), calloc(), free() 함수에 의해 수행된다.

38 정답 ④

① int user_Func(void); //호출한 함수로부터 전달받을 것은 없지만 return은 정수형 값을 돌려줘야 한다.

② void user_Func(int a, int b, int c); //호출한 함수로부터 전달받은 정수형 매개변수 a, b, c를 user_Func() 함수 내에서 처리하고 return할 값은 없다.

③ int user_Func(int a, int b, int c); //호출한 함수로부터 전달받은 정수형 매개변수 a, b, c를 user_Func() 함수 내에서 처리하고 return은 정수형 값을 돌려준다.

④ void PR_print(void); //호출한 함수로부터 전달받을 것은 없고, return할 값도 없다. 예로 단순 사용자 정의 화면 출력 프로그램을 작성할 수 있다.

39 **정답** ②

① strlen(s1); //널 문자를 제외한 문자열의 길이를 반환한다.

② putc(s1); //문자형 출력함수이므로, 컴파일 오류가 발생한다.

③ strcpy(s1, s2); //s2의 문자열을 s1에 저장한다.

④ strcmp(s1, s2); //문자열 배열에 저장된 자료를 사전적 순서에 의해 대소관계를 비교한 결과를 출력한다.

40 **정답** ②

치환 문자열에서 매개변수 내용의 전체 및 각 요소 자체를 괄호 안에 삽입해야 원하는 연산을 얻을 수 있다.

- 2행 : x = 1 + 2 + 3 * 1 + 2 + 3으로 치환되어 11이 저장된다.
- 3행 : y = (1 + 2 + 3) * (1 + 2 + 3)으로 치환되어 36이 저장된다.

무언가를 시작하는 방법은 말하는 것을 멈추고 행동을 하는 것이다.

– 월트 디즈니 –

컴퓨터용 사인펜만 사용

독학학위제 2단계 전공기초과정인정시험 답안지(객관식)

★ 수험생은 수험번호와 응시과목 코드번호를 표기(마킹)한 후 일치여부를 반드시 확인할 것.

전공분야	
성 명	

수 험 번 호														
(1)	2	–			–			–						
(2)	① ● ③ ④	–	①②③④⑤⑥⑦⑧⑨⓪	①②③④⑤⑥⑦⑧⑨⓪	–	①②③④⑤⑥⑦⑧⑨⓪	①②③④⑤⑥⑦⑧⑨⓪	–	①②③④⑤⑥⑦⑧⑨⓪	①②③④⑤⑥⑦⑧⑨⓪	①②③④⑤⑥⑦⑧⑨⓪	①②③④⑤⑥⑦⑧⑨⓪	①②③④⑤⑥⑦⑧⑨⓪	

과목코드				
①②③④⑤⑥⑦⑧⑨⓪	①②③④⑤⑥⑦⑧⑨⓪	①②③④⑤⑥⑦⑧⑨⓪	①②③④⑤⑥⑦⑧⑨⓪	①②③④⑤⑥⑦⑧⑨⓪

교시코드
① ② ③ ④

응시과목	
1 ① ② ③ ④	21 ① ② ③ ④
2 ① ② ③ ④	22 ① ② ③ ④
3 ① ② ③ ④	23 ① ② ③ ④
4 ① ② ③ ④	24 ① ② ③ ④
5 ① ② ③ ④	25 ① ② ③ ④
6 ① ② ③ ④	26 ① ② ③ ④
7 ① ② ③ ④	27 ① ② ③ ④
8 ① ② ③ ④	28 ① ② ③ ④
9 ① ② ③ ④	29 ① ② ③ ④
10 ① ② ③ ④	30 ① ② ③ ④
11 ① ② ③ ④	31 ① ② ③ ④
12 ① ② ③ ④	32 ① ② ③ ④
13 ① ② ③ ④	33 ① ② ③ ④
14 ① ② ③ ④	34 ① ② ③ ④
15 ① ② ③ ④	35 ① ② ③ ④
16 ① ② ③ ④	36 ① ② ③ ④
17 ① ② ③ ④	37 ① ② ③ ④
18 ① ② ③ ④	38 ① ② ③ ④
19 ① ② ③ ④	39 ① ② ③ ④
20 ① ② ③ ④	40 ① ② ③ ④

과목코드				
①②③④⑤⑥⑦⑧⑨⓪	①②③④⑤⑥⑦⑧⑨⓪	①②③④⑤⑥⑦⑧⑨⓪	①②③④⑤⑥⑦⑧⑨⓪	①②③④⑤⑥⑦⑧⑨⓪

교시코드
① ② ③ ④

응시과목	
1 ① ② ③ ④	21 ① ② ③ ④
2 ① ② ③ ④	22 ① ② ③ ④
3 ① ② ③ ④	23 ① ② ③ ④
4 ① ② ③ ④	24 ① ② ③ ④
5 ① ② ③ ④	25 ① ② ③ ④
6 ① ② ③ ④	26 ① ② ③ ④
7 ① ② ③ ④	27 ① ② ③ ④
8 ① ② ③ ④	28 ① ② ③ ④
9 ① ② ③ ④	29 ① ② ③ ④
10 ① ② ③ ④	30 ① ② ③ ④
11 ① ② ③ ④	31 ① ② ③ ④
12 ① ② ③ ④	32 ① ② ③ ④
13 ① ② ③ ④	33 ① ② ③ ④
14 ① ② ③ ④	34 ① ② ③ ④
15 ① ② ③ ④	35 ① ② ③ ④
16 ① ② ③ ④	36 ① ② ③ ④
17 ① ② ③ ④	37 ① ② ③ ④
18 ① ② ③ ④	38 ① ② ③ ④
19 ① ② ③ ④	39 ① ② ③ ④
20 ① ② ③ ④	40 ① ② ③ ④

※ 감독관 확인란
㉣

관 리 번 호
(연번) / (응시자수)

답안지 작성시 유의사항

1. 답안지는 반드시 **컴퓨터용 사인펜을 사용**하여 다음 [보기]와 같이 표기할 것.
   [보기] 잘 된 표기: ● 잘못된 표기: ✓ ⊗ ◑ ⊙ ◕ ○ ◙
2. 수험번호 (1)에는 아라비아 숫자로 쓰고, (2)에는 "●"와 같이 표기할 것.
3. 과목코드는 뒷면 "과목코드번호"를 보고 해당과목의 코드번호를 찾아 표기하고, 응시과목란에는 응시과목명을 한글로 기재할 것.
4. 교시코드는 문제지 전면의 교시를 해당란에 "●"와 같이 표기할 것.
5. 한번 표기한 답은 긁거나 수정액 및 스티커 등 어떠한 방법으로도 고쳐서는 아니되고, 고친 문항은 "0"점 처리함.

[이 답안지는 마킹연습용 모의답안지입니다.]

컴퓨터용 사인펜만 사용

독학학위제 2단계 전공기초과정인정시험 답안지(객관식)

★ 수험생은 수험번호와 응시과목 코드번호를 표기(마킹)한 후 일치여부를 반드시 확인할 것.

전공분야	
성 명	

수험번호													
(1)	2	–			–			–					
(2)	① ● ③ ④	–	①②③④⑤⑥⑦⑧⑨⓪	①②③④⑤⑥⑦⑧⑨⓪	–	①②③④⑤⑥⑦⑧⑨⓪	①②③④⑤⑥⑦⑧⑨⓪	–	①②③④⑤⑥⑦⑧⑨⓪	①②③④⑤⑥⑦⑧⑨⓪	①②③④⑤⑥⑦⑧⑨⓪	①②③④⑤⑥⑦⑧⑨⓪	①②③④⑤⑥⑦⑧⑨⓪

과목코드				
①②③④⑤⑥⑦⑧⑨⓪	①②③④⑤⑥⑦⑧⑨⓪	①②③④⑤⑥⑦⑧⑨⓪	①②③④⑤⑥⑦⑧⑨⓪	①②③④⑤⑥⑦⑧⑨⓪

교시코드
① ② ③ ④

응시과목			
1	① ② ③ ④	21	① ② ③ ④
2	① ② ③ ④	22	① ② ③ ④
3	① ② ③ ④	23	① ② ③ ④
4	① ② ③ ④	24	① ② ③ ④
5	① ② ③ ④	25	① ② ③ ④
6	① ② ③ ④	26	① ② ③ ④
7	① ② ③ ④	27	① ② ③ ④
8	① ② ③ ④	28	① ② ③ ④
9	① ② ③ ④	29	① ② ③ ④
10	① ② ③ ④	30	① ② ③ ④
11	① ② ③ ④	31	① ② ③ ④
12	① ② ③ ④	32	① ② ③ ④
13	① ② ③ ④	33	① ② ③ ④
14	① ② ③ ④	34	① ② ③ ④
15	① ② ③ ④	35	① ② ③ ④
16	① ② ③ ④	36	① ② ③ ④
17	① ② ③ ④	37	① ② ③ ④
18	① ② ③ ④	38	① ② ③ ④
19	① ② ③ ④	39	① ② ③ ④
20	① ② ③ ④	40	① ② ③ ④

과목코드				
①②③④⑤⑥⑦⑧⑨⓪	①②③④⑤⑥⑦⑧⑨⓪	①②③④⑤⑥⑦⑧⑨⓪	①②③④⑤⑥⑦⑧⑨⓪	①②③④⑤⑥⑦⑧⑨⓪

교시코드
① ② ③ ④

응시과목			
1	① ② ③ ④	21	① ② ③ ④
2	① ② ③ ④	22	① ② ③ ④
3	① ② ③ ④	23	① ② ③ ④
4	① ② ③ ④	24	① ② ③ ④
5	① ② ③ ④	25	① ② ③ ④
6	① ② ③ ④	26	① ② ③ ④
7	① ② ③ ④	27	① ② ③ ④
8	① ② ③ ④	28	① ② ③ ④
9	① ② ③ ④	29	① ② ③ ④
10	① ② ③ ④	30	① ② ③ ④
11	① ② ③ ④	31	① ② ③ ④
12	① ② ③ ④	32	① ② ③ ④
13	① ② ③ ④	33	① ② ③ ④
14	① ② ③ ④	34	① ② ③ ④
15	① ② ③ ④	35	① ② ③ ④
16	① ② ③ ④	36	① ② ③ ④
17	① ② ③ ④	37	① ② ③ ④
18	① ② ③ ④	38	① ② ③ ④
19	① ② ③ ④	39	① ② ③ ④
20	① ② ③ ④	40	① ② ③ ④

※ 감독관 확인란
㊞

관 리 번 호
(연번) (응시자수)

답안지 작성시 유의사항

1. 답안지는 반드시 **컴퓨터용 사인펜을 사용**하여 다음 보기와 같이 표기할 것.
   보기 잘 된 표기: ● 잘못된 표기: ✓ ⊗ ◑ ⊙ ◕ ○ ▩
2. 수험번호 (1)에는 아라비아 숫자로 쓰고, (2)에는 "●"와 같이 표기할 것.
3. 과목코드는 뒷면 "과목코드번호"를 보고 해당과목의 코드번호를 찾아 표기하고, 응시과목란에는 응시과목명을 한글로 기재할 것.
4. 교시코드는 문제지 전면의 교시를 해당란에 "●"와 같이 표기할 것.
5. 한번 표기한 답은 긁거나 수정액 및 스티커 등 어떠한 방법으로도 고쳐서는 아니되고, 고친 문항은 "0"점 처리함.

[이 답안지는 마킹연습용 모의답안지입니다.]

참고문헌

- 강동진 외 4인, 『C프로그래밍[새내기를 위한 첫 C언어 책]』, 한빛아카데미.
- 강형일 저, 『C언어를 이용한 SW코딩 입문서 C언어 기초』, 북두출판사.
- 박정민 저, 『열혈강의 C언어 본색』, 프리렉.
- 서현후 저, 『이것이 C언어이다[서현우의 C프로그래밍 정복]』, 한빛아카데미.
- 우재남 저, 『C언어 for Beginner[개정판]』, 한빛아카데미.
- 천인국 저, 『C언어 콘서트[누구나 쉽게 즐기는 개정판]』, 생능출판사.
- 천인국 저, 『쉽게 풀 C언어 EXPRESS』, 생능출판사.

미래가 어떻게 전개될지는 모르지만, 누가 그 미래를 결정하는지는 안다.

– 오프라 윈프리 –

시대에듀 독학사 컴퓨터공학과 2단계 C프로그래밍

개정3판1쇄 발행	2025년 03월 05일 (인쇄 2025년 01월 16일)
초 판 발 행	2019년 05월 03일 (인쇄 2019년 03월 29일)
발 행 인	박영일
책 임 편 집	이해욱
편 저	김동욱
편 집 진 행	송영진
표지디자인	박종우
편집디자인	차성미 · 고현준
발 행 처	(주)시대고시기획
출 판 등 록	제10-1521호
주 소	서울시 마포구 큰우물로 75 [도화동 538 성지 B/D] 9F
전 화	1600-3600
팩 스	02-701-8823
홈 페 이 지	www.sdedu.co.kr
I S B N	979-11-383-8536-7 (13000)
정 가	30,000원

시대에듀 독학사 컴퓨터공학과

why

왜? 독학사 컴퓨터공학과인가?

4년제 컴퓨터공학 학위를 최소 시간과 비용으로 단 1년 만에 초고속 취득 가능!

1. 독학사 학과 중 거의 유일한 공과 계열 학과
2. 컴퓨터 관련 취업에 가장 유용한 학과
3. 전산팀, 서버관리실, R&D, 프로그래머, 빅데이터 · 데이터베이스 전문가, 시스템 · 임베디드 엔지니어, 각종 IT 관련 연구소 등 다양한 분야로 취업 가능

컴퓨터공학과 과정별 시험과목(2~4과정)

1~2과정 교양 및 전공기초과정은 객관식 40문제 구성
3~4과정 전공심화 및 학위취득과정은 객관식 24문제+**주관식 4문제** 구성

2과정(전공기초)	3과정(전공심화)	4과정(학위취득)
논리회로	인공지능	알고리즘
C프로그래밍	컴퓨터네트워크	통합컴퓨터시스템
자료구조	임베디드시스템	통합프로그래밍
컴퓨터구조	소프트웨어공학	데이터베이스
운영체제	프로그래밍언어론	
이산수학	정보보호	
객체지향프로그래밍	컴파일러	
웹프로그래밍	컴퓨터그래픽스	

※ 시대에듀에서 개설된 과목은 굵은 글씨로 표시하였습니다.

시대에듀 컴퓨터공학과 학습 커리큘럼

기본이론부터 실전문제풀이 훈련까지!
시대에듀가 제시하는 각 과정별 최적화된 커리큘럼에 따라 학습해 보세요.

STEP 01 기본이론 — **핵심이론 분석**으로 확실한 개념 이해
STEP 02 문제풀이 — **실전예상문제**를 통해 문제 유형 파악
STEP 03 모의고사 — **최종모의고사**로 실전 감각 키우기
STEP 04 핵심요약 — **핵심요약집**으로 중요 포인트 체크

컴퓨터공학과 2단계 합격을 위한
최적의 교재!

김동욱 편저

★★ 시대에듀 ★★

독학사 2단계 컴퓨터공학과

C프로그래밍 핵심요약집

시대에듀

핵심요약집
120% 활용 방안

교수님 코칭!

독학사 시험은 매년 정해진 평가영역에서 개념 위주의 문항이 출제됩니다. 결코 어렵게 출제되는 것이 아니기에 기본적인 사항 위주로 개념을 잘 정리해 둔다면 충분히 합격 점수인 60점 이상을 획득할 수 있습니다.

정리되지 않은 학습으로는 기울인 노력 대비 좋은 결과를 얻지 못합니다. 본서에 있는 핵심요약집은 각 단원별로 중요한 내용을 한 번 더 정리한 것으로, 다음과 같이 활용한다면 효율적인 학습에 도움이 될 것입니다.

정리 노트로 활용!

핵심요약집은 기본서의 핵심 내용이 단원별로 정리·요약되어 있으므로 중요 부분을 확인하기 쉬우며, 나만의 정리 노트로 활용할 수 있습니다.

자투리 시간에 활용!

바쁜 일상에서 공부할 시간을 따로 내는 것은 어려운 일입니다. 자투리 시간을 활용하여 정리된 요약집으로 틈틈이 복습한다면, 효과적으로 학습 시간을 확보할 수 있을 것입니다.

복습에 활용!

새로운 내용을 파악할 때 예습보다는 복습의 효과가 비교적 더 큽니다. 기본서 학습 후 복습할 때 핵심요약집을 통해 중요 내용을 떠올려 본다면 보다 효과적으로 정리할 수 있습니다.

시험 직전에 활용!

시험 직전에 많은 내용을 짧은 시간 안에 확인하려면 평소 정리 및 준비를 잘 해 두어야 합니다. 핵심요약집을 활용하여 시험 직전에 중요 부분을 확인한다면 합격에 도움이 될 것입니다.

C프로그래밍

시험장에 가져가는 핵심요약집

시/ 험/ 전/ 에/ 보/ 는/ 핵/ 심/ 요/ 약/ 키/ 워/ 드/

당신이 할 수 있다고 생각하든, 할 수 없다고 생각하든 그렇게 될 것이다.

– 헨리 포드 –

C프로그래밍

시험장에 가져가는 핵심요약집

제1장 C언어의 개요

제1절 C언어의 역사 및 특징

1 컴퓨터 프로그램의 개념

프로그래밍을 하는 도구를 '개발자 도구' 또는 '개발환경(IDE : Integrated Development Environment)'이라고 부르고, 프로그래밍 언어는 프로그래밍을 하는 방식 또는 절차를 말하며, 프로그래밍을 하는 사람을 프로그래머라고 함

2 C언어의 탄생

C언어는 1972년 켄 톰슨과 데니스 리치가 벨 연구소에서 일할 당시 새로 개발된 유닉스 운영 체제에서 사용하기 위해 개발한 프로그래밍 언어임

ALGOL	1960년 국제위원회에서 제작
CPL	1963년 캠브리지와 런던대학에서 공동제작(Combined Programming Language)
BCPL	1967년 캠브리지대학의 리처드가 제작(Basic CPL)
B	1970년 벨 연구소의 켄 톰슨이 제작
C	1972년 벨 연구소의 데니스 리치가 개발
ANCI-C	1980년 미국표준협회(ANSI)에서 표준화
C++	1984년 객체지향 개념 추가

3 C언어의 특징

(1) **뛰어난 이식성** : 한 시스템에서 개발된 소프트웨어를 약간만 수정하면 다른 컴퓨터 시스템에서도 동일하게 실행할 수 있음

(2) **범용 프로그래밍 언어** : C언어는 운영체제와 같이 하드웨어와 밀접한 프로그램뿐만 아니라 운영체제 위에서 작동하는 워드프로세서, 게임, 개발도구와 같은 다양한 응용 프로그램을 작성할 수 있음

(3) **구문이 간결하고 명확함** : C프로그램은 함수를 사용해 간결하게 프로그램을 작성할 수 있음. 또한 포인터를 사용해 효율적으로 자료의 주소를 표현할 수 있으며, 동적으로 메모리를 관리할 수 있음. 그리고 전처리기를 이용해 파일 포함, 매크로, 조건 번역 등의 기능을 간단하게 수행할 수 있음

(4) C언어를 익히면 다른 프로그래밍 언어도 쉽게 이해할 수 있음

4 C언어의 사용분야

운영체제, 컴파일러, 게임, 유틸리티와 상용 소프트웨어, 산업용 소프트웨어

제2절 C프로그램의 작성 및 준비

[프로그램 작성과 실행 순서]

① 프로그램의 목적을 정의(요구사항 분석)	개발할 프로그램의 내용과 성격 파악
② 프로그램의 설계	알고리즘 설계
③ 프로그램 코딩(소스 파일 생성)	소스 프로그램을 코딩하고 확장자를 *.c로 함
④ 컴파일(오브젝트 파일 생성)	작성된 *.c를 기계어로 변환하고, 그 결과 obj(오브젝트) 파일을 생성
⑤ 링크(실행 파일 생성)	관련 파일을 하나로 결합하고, 그 결과로 실행 파일을 생성
⑥ 파일 실행	생성된 *.exe 파일을 실행
⑦ 테스트와 디버깅	

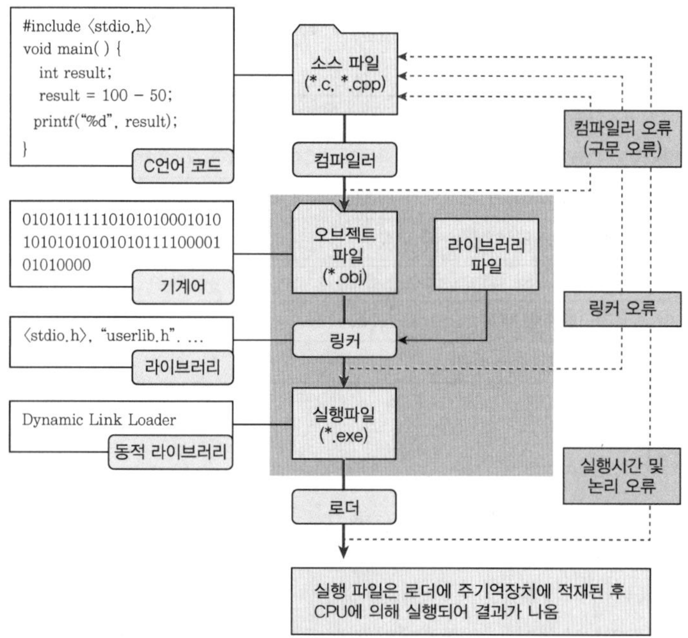

[C프로그램에서 소스파일 → 컴파일과정 → 링킹과정 → 실행 및 디버깅 과정]

제3절 C프로그램의 구성

1 C프로그램의 기본 구조

전처리기 지시영역, main함수, 추가적으로 호출된 함수 부분으로 구분할 수 있음

(1) 전처리기 지시영역

컴파일을 시도할 경우 컴파일이 실행되기 전에 전처리기 명령부터 처리됨

(2) main 함수

콘솔 응용 프로그램을 실행하면 처음으로 실행되는 함수로, 반드시 존재해야 하며 프로젝트에 하나만 존재해야 하는 함수임

(3) 사용자 정의 함수

사용자가 용도에 맞게 작성하여 사용하는 사용자 정의 함수(user defined function)

C프로그램 작성 시 규칙

① C프로그램은 반드시 하나 이상의 함수를 포함해야 함
② main() 함수가 반드시 존재해야 하며 한 번만 쓰여야 함
③ 중괄호 { }를 이용해서 함수의 시작과 끝을 알려야 하며, 중괄호 안에는 변수 선언문, 치환문, 연산문, 함수 등의 명령을 기입함
④ 문장의 끝에 세미콜론(;)을 사용하여 각 문장을 구분함. 단, 선행처리기(preprocessor) 끝에는 세미콜론(;)을 붙이지 않음
⑤ 주석(comment)은 프로그램 상의 어느 위치든 추가가 가능함

2 C프로그램의 구성요소

(1) 예약어(keyword)

C언어에서 명령어나 의미있게 사용되는 단어들을 말하며, 프로그램 코드를 작성하는 사람은 키워드를 다른 용도로 사용해서는 안 됨

(2) 식별자(identifier)

① 변수의 이름, 상수의 이름, 함수의 이름, 사용자 정의 타입의 이름 등 '이름'을 일반화해서 지칭하는 용어
② 식별자(명칭)를 만들 때 규칙은 다음과 같음

㉠ 영문 대소문자, 숫자, 밑줄(_)만 사용할 수 있음
㉡ 키워드를 식별자로 사용할 수 없음
㉢ C언어에서 밑줄은 특수문자로 보지 않음
㉣ 명칭의 첫 글자는 반드시 영문자나 밑줄(_)을 사용함

㉤ 문자 사이에 공백 및 예약어를 사용할 수 없음
㉥ 모든 변수는 사용하기 전에 반드시 정의함
㉦ 영문자의 경우 대문자와 소문자는 서로 구별됨
㉧ 명칭의 길이는 컴파일러에 따라 차이가 있으나 일반적으로 32자까지 지원함
㉨ Visual Studio 2010 이상 버전에서는 달러($)를 사용할 수 있음

(3) 상수

상수는 변환되지 않는 값을 말하며, 초기화가 되면 다시 재정의가 불가능함. 값이 불변인 자료로 문자형 상수, 숫자형 상수, 문자열 상수 등으로 구분함

(4) 연산자

선언된 변수에 값(상수)를 넣어 값을 계산하는데 사용되는 기호들로, 대입 연산자, 산술 연산자, 관계 연산자, 논리 연산자, 할당 연산자, 삼항 연산자, 비트 연산자 등이 있음

(5) 주석(설명문)

/* */, //는 C언어의 주석 기호로, 즉 코멘트/설명문임

제2장 자료형과 선행처리기

제1절 변수와 자료형

1 변수의 표현

변수는 프로그램 실행 중간에 새로운 값을 저장하고, 읽어오기 위해 기억 공간에 적절한 이름(식별자)으로 정의함

(1) 변수의 선언

```
[형식] 변수 선언
  자료형 변수명;
  자료형 변수명 = 초깃값;
  자료형 변수명1, 변수명2, 변수명3, ..., 변수명 n;
```

(2) 변수 선언의 의미

변수의 자료형(char, int형 등)에 맞게 주기억장치 공간에서 각 자료형의 크기만큼 기억공간을 확보하라는 의미임

2 자료형

문자, 정수, 실수를 표현하고, 자료의 표현 방법에 따라 char, int, double 세 가지 자료형의 변수만 있어도 되지만 기억공간의 낭비를 없애기 위해 다양한 크기의 자료형을 제공함

<table>
<tr><td rowspan="3">정수</td><td>문자</td><td>char</td><td>signed char</td><td>unsigned char</td></tr>
<tr><td rowspan="2">정수</td><td>(signed) short (int)</td><td>(signed) int</td><td>(signed) long (int)</td></tr>
<tr><td>unsigned short (int)</td><td>unsigned (int)</td><td>unsigned long (int)</td></tr>
<tr><td colspan="2">실수</td><td>float</td><td>double</td><td>long double</td></tr>
</table>

(1) 문자형

문자 1개를 표현하기 위한 자료형

문자 자료형	크기(size)	유효(표현)범위
char	1 byte	–128 ~ 127
signed char	1 byte	–128 ~ 127
unsigned char	1 byte	0 ~ 255

① **char, signed char, unsigned char**

문자 1개를 저장하기 위한 기본 문자 자료형으로, 한글은 2바이트로 표현됨

② **아스키 코드(Ascii Code)**

7비트 표현 방식으로 2^7 즉, 128개의 문자 조합을 갖는 0 ~ 9, a ~ z, A ~ Z, 특수문자 등 정보 표현용 문자들의 표현을 말함

(2) 정수형(고정 정수형)

정수형은 소수점을 포함하지 않는 수치를 위한 자료형으로, 크기(short, int, long)와 부호 비트의 사용 여부(signed, unsigned)에 따라 분류됨

정수 자료형	의미	크기(size)	유효(표현)범위
(signed) short (int)	작은 정수	2 byte	$-2^{15}(-32768) \sim 2^{15}-1(32767)$
unsigned short (int)	부호 없는	2 byte	$0 \sim 2^{16}-1(65535)$
(signed) int	정수	4 byte	-2^{31}(약 -21억) $\sim 2^{31}-1$(약 21억)
unsigned (int)	부호 없는	4 byte	$0 \sim 2^{32}-1$(약 42억)
(signed) long (int)	큰 정수	4 byte	$-2^{31} \sim 2^{31}-1$
unsigned long (int)	부호 없는 큰 정수	4 byte	$0 \sim 2^{32}-1$

정수의 표현범위는 n비트를 사용하면 $-(2^{n-1}) \sim (2^{n-1}-1)$까지 표현 가능함

(3) 실수형

실수형은 차지하는 기억공간의 크기에 따라 분류함

실수 자료형	크기(size)	유효자릿수	유효(표현)범위
float	4 byte	소수점 이하 6	약 $-3.4\times10^{38} \sim 3.4\times10^{38}$
double	8 byte	소수점 이하 15	약 $-1.79\times10^{308} \sim 1.79\times10^{308}$
long double	8 byte	소수점 이하 15	약 $-1.79\times10^{308} \sim 1.79\times10^{308}$

제2절 상수

1 리터럴 상수(Literal Constant)

리터럴 상수는 값 자체를 직접 사용하는 것을 의미하며, 종류로는 정수 상수, 실수 상수, 문자 상수, 문자열 상수 등이 있음

(1) 숫자 상수의 표현

① 정수 상수의 표현

10진수 : 2013, 2012u, 3333U, +213234, −234255
8진수 : 0223, −02342, 0234
16진수 : 0xfff, 0X44ab, 0xFA, −0xA34F

② 실수 상수의 표현

소수점 표기법	3.14는 double형 상수로 8byte, 0.876f는 float형 상수로 4byte로 표현
지수 표기법	지수 표기는 실수를 가수와 지수로 분리해서 표현(예 0.314e1, 0.314e+1)

(2) 문자, 문자열 상수의 표현

① 문자체계

문자는 고유 번호를 부여한 코드로 변환되어 표현되는데 ASCII(American Standard Code for Information Interchange)는 대표적인 문자 체계임

② 문자 상수의 표현

㉠ 문자 상수

문자 상수의 표현은 단일 인용부호로 한 개의 문자를 묶어서 표현하고, 문자열 상수는 이중 인용부호로 여러 문자를 묶어서 표현함(예 'A', "Hello World C")

㉡ escape문자

단일 인용부호 안에 나타내기 곤란한 문자를 표현할 수 있도록 하고, 특별 문자 표현에 사용함

escape 문자	Ascii 문자	의미	escape 문자	Ascii 문자	의미
\0	Null	널 문자	\r	CR	열 복귀
\a	BEL	beep음	\“	“	이중 인용부호
\b	BS	백스페이스	\‘	‘	단일 인용부호
\t	HT	탭	\\	\	백슬래시
\n	LF	개행			

③ **문자열 상수의 표현**

문자열은 한 문자가 여러 개 이어진 것으로, 이중 인용부호로 여러 문자를 묶어서 표현함

H	e	l	l	o		W	o	r	l	d	\0
char	char	char	char	char	char	char	char	char	char	char	char

2 심볼릭 상수(symbolic constant)

심볼릭 상수는 변수와 마찬가지로 이름을 가지고 있는 상수로 const 키워드를 사용하거나, 매크로를 이용하여 선언할 수 있음

(1) Const 상수

상수를 기호화하여 변수처럼 이름이 있는 상수를 말함

[형식] const 키워드 이용하기

- const 자료형 변수명 = 초깃값; //const float PI = 3.1415;
- 자료형 const 변수명 = 초깃값; //float const PI = 3.1415;
- const 변수명 = 초깃값; //const PI = 3.1415;

(2) 매크로 상수(#define문 이용하기)

지정한 기호 상수를 프로그래머가 정의한 문자열로 대체하여 인수없이 단순히 치환만 하는 매크로 상수와 함수처럼 인수를 가지는 매크로 함수를 사용함

제3절 선행처리기

선행처리기(전처리기 : preprocessor)는 소스(source) 프로그램을 오브젝트(object) 프로그램으로 컴파일하기 전에 수행되며, 소스 파일이 컴파일 될 수 있도록 준비하는 역할을 함

1 #define 지시자

#define 지시자는 특정 기호 상수(symbolic constant)를 프로그래머가 정의한 치환 문자열로 대체하는 역할을 함

(1) 매크로 상수(인수가 없는 매크로)

- define MAX 200 //MAX를 200으로 정의
- define NUM MAX–1 //NUM을 MAX–1로 정의
- define PI 3.141592 //PI를 3.141592로 정의
- define HELLO "Hello, C Porgramming" //HELLO를 정의할 문자열로 정의
- define IINT int //IINT를 C프로그램에서의 예약어 int로 정의
- define BEGIN { //BEGIN을 C프로그램 〈stdio.h〉에 정의된 '{'으로 정의

(2) 매크로 함수(인수가 있는 매크로의 정의)

매크로 함수는 함수처럼 상황에 따라 인수를 지정하여 원하는 결과를 얻을 수 있음

- define EXE1(x) x * x
- define EXE2(x) ((x) * (x))
- result1 = EXE1(2 + 3); //result1 = 2 + 3 * 2 + 3;으로 치환되어 11이 저장됨
- result2 = EXE2(2 + 3); //result2 = ((2 + 3) * (2 + 3));으로 치환되어 25가 저장됨

2 #include 지시자

```
#include 〈stdio.h〉             //라이브러리 헤더 파일
#include 〈stdlib.h〉            //라이브러리 헤더 파일
#include "C:\user\userlib.h"   //사용자 정의 파일
#include "user_test.c"         //사용자 정의 파일
```

3 조건부 컴파일을 위한 지시자

(1) #if

#if는 조건에 따라 선택적으로 컴파일되는 문장임. #else문에서 또 다른 조건문을 검사하려면 #else와 #if를 결합한 #elif문을 사용함

```
#if (NATION == 1)
    #include "korea.h"
#elif (NATION == 2)
    #include "usa.h"
#else
    #include "japan.h"
#endif
```

다른 조건문을 검사하려면 #else와 #if를 결합한 #elif문을 사용함

(2) #ifdef, #ifndef, #undef

① #ifdef

[형식] #ifdef를 이용한 조건부 컴파일

#ifdef 매크로명 문장 1; #else 문장 2; #endif	매크로명의 매크로가 정의되어 있다면 '문장 1'을 소스코드에 포함하고, 매크로가 정의되어 있지 않을 때는 '문장 2'를 소스코드에 포함함. #ifdef문에서는 #else문을 생략할 수 있으며 #elif는 사용할 수 없음

② #ifndef

[형식] #ifndef를 이용한 조건부 컴파일

#ifndef 매크로명 문장 1; #else 문장 2; #endif	#ifndef는 "if not defined"의 약어이며, 매크로가 정의되어 있지 않은 경우에만 #ifndef ~ #endif 사이의 문장을 소스 파일에 삽입하여 컴파일되게 함. 사용 방법은 #ifdef와 같음

③ #undef

[형식] #undef를 이용한 매크로 정의 해제

#undef 매크로명	매크로 정의를 해제함. 이전에 정의된 매크로 정의를 무효로 함. 새로 정의할 때 사용함

제3장 입 · 출력함수와 연산자

제1절 표준 입 · 출력함수

C언어에서 제공하는 라이브러리 입 · 출력함수 scanf() 함수, printf() 함수를 사용함

1 표준 입 · 출력함수

C언어에서 표준 입 · 출력이란 키보드를 통한 입력과 모니터를 이용한 출력을 의미하고, 입 · 출력 라이브러리로 <stdio.h>라는 헤더 파일에 정의되어 사용됨

(1) 표준 출력함수의 종류

① printf() : 화면에 형식화된 여러 종류의 자료를 출력함
② putchar() : 화면에 1개의 문자를 출력함
③ puts() : 화면에 문자열을 출력함

(2) 표준 입력함수의 종류

① scanf() : 키보드로부터 1개 이상의 형식화된 자료를 입력받음
② getchar() : 키보드로부터 1개의 문자를 입력받음
③ gets() : 키보드로부터 문자열을 입력받음

2 출력함수 printf()

[형식] printf 함수의 인수

printf("형식 문자열", 인수1, 인수2, …, 인수n);

(1) 변환명세를 포함하지 않은 printf() 함수

① 단순한 특정 문자열 출력

[형식] 인수가 한 개인 문자열 출력 printf() 함수

printf("문자열");

② 이스케이프 문자 출력

표기	이름	설명
\r	carriage return 문자	커서를 현재 행의 맨 앞으로 이동시킴
\n	line feed 문자	커서를 현재 행의 맨 앞으로 이동시킨 후 다음 행으로 옮김
\t	Tab 문자	커서를 다음 탭 위치로 옮김
\'	작은 따옴표	작은 따옴표
\"	큰 따옴표	큰 따옴표
\\	back slash	백슬래시 문자를 출력
\b	back space	출력 위치를 왼쪽으로 한 칸 이동
\a	alarm	삐 신호음을 냄

(2) 변환명세를 포함한 printf() 함수

출력값	변환명세	자료형	출력형식
정수	%d, %i	int형	정수를 10진 형태로 출력
	%u	unsigned int형	부호 없는 정수를 10진 형태로 출력
	%o	int형	정수를 8진 형태로 출력
	%x	int형	정수를 16진 형태로 출력
실수	%f	float형	실수를 소수점 아래 6자리까지 출력
	%lf	double형	실수를 소수점 아래 6자리까지 출력
	%e	float형	지수형식(과학적 표기)으로 출력
문자	%c	char형	문자 1개만 출력
문자열	%s		문자열 출력

[형식] 변환명세를 포함한 printf() 함수

printf("변환명세를 n개 포함한 형식 문자열", 인수1, 인수2, …, 인수n);
→ 형식 문자열에 포함된 변환명세가 n개이면 뒤에 인수도 n개이어야 함

(3) 변환명세의 필드폭, 플래그, 정밀도

필드폭을 명시하지 않는 %d, %lf, %c의 일반적인 출력은 다음과 같음

① %d를 사용한 정수 출력

정수형 인수를 출력하고자 할 때 '%d' 변환명세를 사용해 다음과 같은 형식으로 정의

[형식] %d 변환명세

- %필드폭d : %5d(5: 자료를 출력하는데 사용하는 전체 확보된 칸수)
- %+필드폭d : %+5d(+ : 양수 부호 출력)
- %−필드폭d : %−5d(− : 왼쪽을 기준으로 정렬하여 확보된 칸에 출력)
  예 ("%−+5d", 10) : '+10' 왼쪽을 기준으로 정렬하고 '+'부호 출력

② %lf를 사용한 실수 출력

[형식] %lf 변환명세

- %필드폭.정밀도lf : %7.3lf (7 : 전체 자릿수로 소수점 위, 아래 포함한 수, .3 : 소수점 이하 자릿수까지 출력)
- %.정밀도lf : %.3lf (.3 : 소수점 이하 자릿수까지 출력)
- %필드폭lf : 소수점 위, 아래 포함한 필드폭, 소수점 아래는 6자리까지 확보하여 출력
- %필드폭.lf : 소수점 아래 첫 자리에서 반올림하여 출력, 필드폭만큼 칸을 확보하여 출력 즉, %필드폭.0lf와 같음

③ %c을 사용한 문자 출력

[형식] %c 변환명세
- %필드폭c : %5c(5 : 전체 확보되는 칸의 수이고, c : 문자 형식으로 출력, 오른쪽 정렬)
- %–필드폭c : %–5c(5 : 전체 확보되는 칸의 수이고, 왼쪽 정렬하여 출력)

④ %s를 사용한 문자열 출력

[형식] %s 변환명세
- %필드폭s : %5s(5 : 전체 확보되는 칸의 수이고, s : 문자열형식으로 출력하고, 오른쪽 정렬)
- %–필드폭s : %–5s(5 : 전체 확보되는 칸의 수이고, 왼쪽 정렬하여 출력)

3 문자와 문자열 전용 출력함수

(1) 문자 전용 출력함수 : putchar() 함수

[형식] putchar() 함수

putchar('문자' 또는 문자형 변수);

(2) 문자형 자료의 ASCII code 값의 변환

기본적으로 문자형의 char자료형으로 선언하고 컴퓨터 메모리에서 1byte(8bit) 저장공간을 확보한 후 변수를 저장

(3) 문자열 전용 출력함수: puts() 함수

[형식] puts() 함수

puts("문자열" 또는 문자열을 저장한 변수);

4 입력함수 scanf()

입력값	변환 명세	입력변수의 자료형	설명(%d, %lf, %c는 기본 자료형 변환명세)
정수	%d	int	10진수 정수를 입력받아 지정한 변수에 저장
	%u	unsigned int	입력값을 부호 없는 정수형 변수에 저장
	%o	int	입력값을 8진수 받아들여 10진수로 변환하여 정수형 변수에 저장
	%x	int	입력값을 16진수 받아들여 10진수로 변환하여 정수형 변수에 저장

실수	%f	float	입력값을 float형 변수에 저장
	%lf	double	입력값을 double형 변수에 저장
	%e	float	'가수e지수'형식으로 또는 실숫값으로 입력받아 실숫값을 float형 변수에 저장
	%le	double	'가수e지수'형식으로 또는 실숫값으로 입력받아 실숫값을 double형 변수에 저장
문자	%c	char	입력된 문자 한 개를 문자형 변수에 저장
문자열	%s	문자열	입력된 문자열을 저장하기 위해 변수나 배열을 저장

(1) 한 개의 자료만 입력

[형식] scanf() 함수

scanf("변환명세", &변수명);

- scanf() 함수가 실행되면 모니터 화면에서 커서가 깜빡거리고, 키보드로 자료가 입력되기를 기다림. 선언된 자료형에 맞는 값을 키보드로 입력하고 엔터를 눌러 입력을 완료하면 입력된 자료는 변환명세에 맞게 변환된 후 변수에 해당하는 기억장소에 저장됨

① 한 개의 자료만 입력 시 주의사항

㉠ 변환명세 후에 공백이나 이스케이프 문자를 사용하지 않음

㉡ 변환명세에 필드폭은 꼭 필요할 때에만 사용

㉢ 자료형에 맞는 변환 지시자(%d, %lf, %c, %s)를 사용

② %s를 사용한 문자열 입력

[형식] scanf() 함수에서 문자열 입력

scanf("%s", 문자열을 저장할 변수명);

- 문자열을 저장할 변수의 자료형은 char형 포인터 또는 1차원 배열명이 됨. 포인터와 배열명 자체가 메모리의 시작 주소가 되므로 &을 붙이지 않음

(2) 여러 개의 자료를 한꺼번에 입력

키보드로부터 여러 개의 자료를 입력받을 수 있으나, 한 개의 자료를 입력받는 것보다 주의할 점이 많으므로 조심해야 함

[형식] scanf() 함수에서 여러 자료 입력

scanf("변환명세를 n개 포함한 형식 문자열", &변수명1, &변수명2, ..., &변수명n);

① scanf("%d%d%d", &변수명1, &변수명2, &변수명3);

입력방법	• 100 99 98 ↵[엔터] • 100[TAB]99[TAB]98↵[엔터] • 100↵[엔터] 99↵[엔터] 98↵[엔터]

② scanf("%d,%d,%d", &변수명1, &변수명2, &변수명3);

입력방법	• 100,99,98↵[엔터] • 100,↵[엔터] 99,98↵[엔터] • 100,↵[엔터] 99,↵[엔터] 98↵[엔터]

③ 여러 개의 자료 입력 시 주의사항

scanf() 함수의 "형식 문자열" 안의 변환명세 개수와 입력변수의 개수가 같아야 함

㉠ 변환명세의 개수 < 입력변수의 개수인 경우

㉡ 변환명세의 개수 > 입력변수의 개수인 경우

5 문자와 문자열 전용 입력함수

(1) 문자 전용 입력함수 getchar()

[형식] getchar() 함수

```
변수 = getchar();
```

(2) 문자열 전용 입력함수 gets()

[형식] gets() 함수

```
gets(문자열을 저장할 변수);
```

제2절 C언어의 연산자

1 연산자의 종류

(1) 피연산자의 개수에 따른 구분

종류	연산자
단항 연산자(unary operator)	+ − ++ −− ! & ~ sizeof
이항 연산자(binary operator)	+ − * / % = < >= <= == != && || & | ^ << >> += −= *= /= %= >>= <<= &= |= ^=
삼항 연산자(ternary operator)	?:

(2) 기능에 따른 연산자의 분류

<table>
<tr><th>구분</th><th>종류</th></tr>
<tr><td>대입 연산자</td><td>=</td></tr>
<tr><td>산술 연산자</td><td>+ − * / %</td></tr>
<tr><td>복합 대입 연산자</td><td>+= −= *= /= %= 〉〉= 〈〈= &= |= ^=</td></tr>
<tr><td>관계 연산자</td><td>〉 〈 〉= 〈= == !=</td></tr>
<tr><td>논리 연산자</td><td>&& || !</td></tr>
<tr><td>조건 연산자</td><td>?:</td></tr>
<tr><td>증감 연산자</td><td>++ −−</td></tr>
<tr><td>비트 연산자</td><td>& | ^ ~ 〈〈 〉〉</td></tr>
<tr><td>형 변환 연산자</td><td>(자료형)</td></tr>
<tr><td>콤마 연산자</td><td>,</td></tr>
<tr><td>주소 연산자</td><td>&</td></tr>
<tr><td>sizeof 연산자</td><td>sizeof(피연산자)</td></tr>
</table>

2 대입 연산자(assignment operator)

대입 연산자는 연산자 오른쪽에 있는 수식의 결과를 왼쪽의 변수에 저장하는 연산자이고, 치환 연산자라고도 함

> **[형식]**
>
> 변수명 = 값; 변수명 = 변수; 변수명 = 수식; 변수명1 = 변수명2 = 변수명3;

3 산술 연산자(arithmetic operator)

산술 연산자는 기본 사칙연산(+, −, *, /)을 할 수 있는 연산자임. 정수만 가능한 나머지를 구하는 연산자(%)도 있음

4 복합 대입 연산자(compound assignment operator)

복합 대입 연산자	같은 표현	의미
a += b	a = a + b	변수 a, b의 덧셈 결과를 a에 대입 저장
a −= b	a = a − b	변수 a, b의 뺄셈 결과를 a에 대입 저장
a *= b	a = a * b	변수 a, b의 곱셈 결과를 a에 대입 저장
a /= b	a = a / b	변수 a, b의 나눗셈 결과를 a에 대입 저장
a %= b	a = a % b	변수 a를 b로 나눈 나머지의 결과를 a에 대입 저장
a &= b	a = a & b	변수 a, b의 비트 논리곱 연산의 결과(참, 거짓)를 a에 대입 저장. 참(1), 거짓(0)

a |= b	a = a | b	변수 a, b의 비트 논리합 연산의 결과(참, 거짓)를 a에 대입 저장
a ^= b	a = a ^ b	변수 a, b의 배타적 논리합 연산의 결과(참, 거짓)를 a에 대입 저장
a 〈〈= b	a = a 〈〈 b	변수 a를 왼쪽으로 b비트 이동한 연산결과를 a에 대입 저장. 즉, 우변은 $a \times 2^b$의 결과임
a 〉〉= b	a = a 〉〉 b	변수 a를 오른쪽으로 b비트 이동한 연산결과를 a에 대입 저장. 즉, 우변은 $a \div 2^b$의 결과임

5 관계 연산자(relational operator)

관계 연산자	의미	연산결과(a = 1, b = 2인 경우)
a 〉 b	a가 b보다 큼	거짓, false, 0
a 〉= b	a가 b보다 크거나 같음	거짓, false, 0
a 〈 b	a가 b보다 작음	참, true, 1
a 〈= b	a가 b보다 작거나 같음	참, true, 1
a == b	a와 b가 같음	거짓, false, 0
a != b	a와 b가 같지 않음	참, true, 1

6 논리 연산자(logical operator)

변수		기능			
a	b	a && b	a || b	a !	b !
0	0	0	0	1	1
0	1	0	1	1	0
1	0	0	1	0	1
1	1	1	1	0	0

7 조건 연산자(conditional operator)

[형식] 조건 연산자

조건식 ? 수식1 : 수식2 ;	조건식이 참이면 수식1의 결과가 전체 연산의 결과이고, 거짓이면 수식2의 결과가 연산의 결과가 됨

조건 연산자는 C언어에서 유일한 삼항 연산자임

8 증감 연산자(increment/decrement operator)

종류	증감 연산자	연산결과
전위형	++a	a값이 1 증가한 후, 증가한 값으로 연산을 수행
	--a	a값이 1 감소한 후, 감소한 값으로 연산을 수행
후위형	a++	현재 a의 값이 연산에 사용된 후, a값이 1 증가
	a--	현재 a의 값이 연산에 사용된 후, a값이 1 감소

9 비트 연산자(bit operator)

(1) 비트 논리 연산자

비트 변수		a & b	a | b	a ^ b	~a	~b
a	b					
0	0	0	0	0	1	1
0	1	0	1	1	1	0
1	0	0	1	1	0	1
1	1	1	1	0	0	0

(2) 비트 이동 연산자(bit shift operator)

① 왼쪽 비트 이동 연산자

[형식] 왼쪽 비트 이동 연산자

피연산자 《 n ; (곱셈 효과)왼쪽으로 n비트 이동 → 피연산자 $\times 2^n$

② 오른쪽 비트 이동 연산자

[형식] 오른쪽 비트 이동 연산자

피연산자 》 n ; (나눗셈효과)오른쪽으로 n비트 이동 → 피연산자 $\div 2^n$

10 형 변환 연산자

(1) 자동(암시적) 형 변환

자동 형 변환은 프로그래머가 지정하지 않아도 컴파일러가 자동으로 형 변환을 하는 것으로, 자료형이 서로 다른 값을 같이 연산하는 경우에 발생

① 형 넓힘(promotion) 변환

두 피연산자의 자료형이 다를 때 작은 표현범위에서 큰 표현범위의 자료형으로 변환되는 것을 말함. 표현범위는 char 〈 short 〈 int, long 〈 float 〈 double

② 형 좁힘(demotion) 변환

변수에 값을 대입할 때 발생하고, 대입 연산자 오른쪽 값과 왼쪽 변수의 자료형이 다르면 왼쪽 변수의 자료형에 맞추어 형 변환이 발생함. 형 좁힘 변환은 의도적 사용(실숫값의 소수점 위의 값만 필요한 경우)이 아닌 경우엔 오차가 발생할 수 있으므로 주의해야 함

(2) 강제(명시적) 형 변환

[형식] 강제 형 변환

(자료형) 피연산자	• 피연산자의 값을 지정한 자료형 값으로 변환 • [주의] 변수 자체의 기억장소 크기가 변경되는 것이 아니므로 대입문 왼쪽의 변수는 사용 불가

11 콤마 연산자, 주소 연산자, sizeof 연산자

(1) 콤마 연산자(comma operator)

콤마 연산자는 수식을 분리하는 연산자로, C언어에서 제공하는 연산자 중 우선순위가 제일 낮음

(2) 주소 연산자(address operator)

앰퍼샌드(&)는 변수 앞에서 단항 연산자로, 변숫값을 키보드로 입력받았을 때 사용하는 scanf() 함수의 변수 앞에 사용하는 연산자임

(3) sizeof() 연산자

[형식]

sizeof(변수); sizeof(상수); sizeof(수식); sizeof(자료형);	변수, 상수, 수식, 자료형이 차지하는 기억 공간의 크기(byte)를 알 수 있음

12 연산자의 우선순위와 결합 방향

우선순위	분류	연산자	결합방향
0	단항	( )(함수 호출)	→
1	단항	(후위 증감 단항 연산자) ++ -- (배열 인덱스) [ ] (구조체 멤버) . (구조체 포인터) →	→
2	단항	(전위 증감 단항 연산자) ++ -- (부호) + - (논리 연산자) ! ~ (형변환) (type) (간접 참조 연산자) * (주소 추출 연산자) & (크기 계산 연산자) sizeof	←
3	산술	(산술 연산자) * / %	→
4	산술	(산술 연산자) + -	→
5	이동	(비트 연산자) 〈〈 〉〉	→
6	관계	(비교 연산자) 〈 〈= 〉 〉=	→
7	관계	(비교 연산자) == !=	→
8	비트	(비트 연산자 AND) &	→
9	비트	(비트 연산자 XOR) ^	→
10	비트	(비트 연산자 OR) |	→
11	논리	(논리 연산자 AND) &&	→
12	논리	(논리 연산자 OR) ||	→
13	조건	(삼항 연산자) ? :	→
14	대입	(대입 연산자) = (산술 대입 연산자) += -= *= /= %= (복합 대입 연산자) 〈〈= 〉〉= &= ^= |=	←
15	콤마	(콤마 연산자) ,	→

제4장 제어문

제1절 조건분기 제어문

1 if문

(1) 단순 if문

① 형식과 흐름도

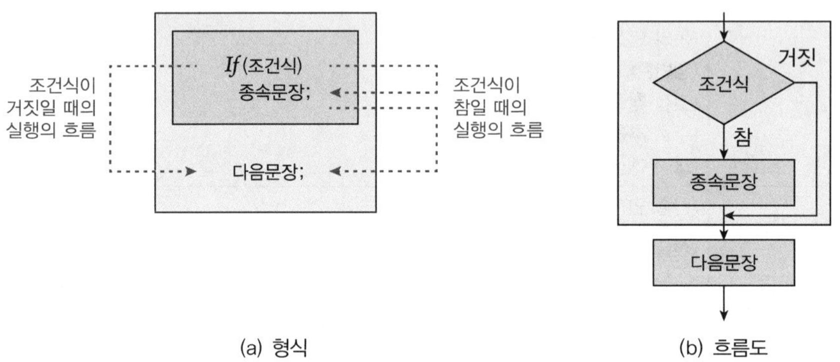

(a) 형식 (b) 흐름도

(2) if ~ else문

① 형식과 흐름도

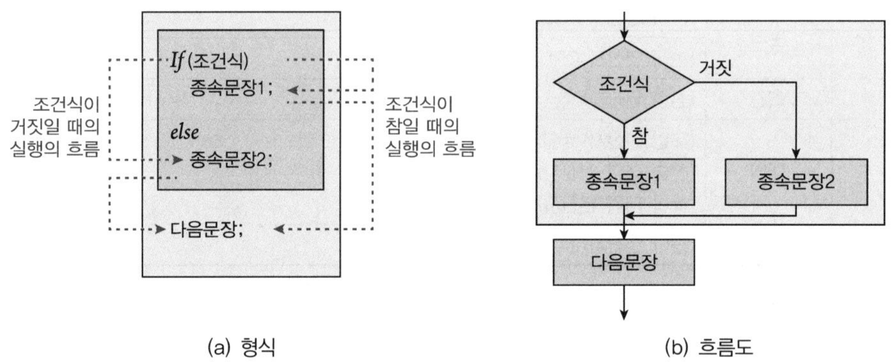

(a) 형식 (b) 흐름도

② 주의사항

㉠ 조건식 뒤에 ;을 붙이지 않아야 함

㉡ else 뒤에 조건식을 단독으로 사용할 수 없음

(3) 중첩된 if문

① **형식과 흐름도**

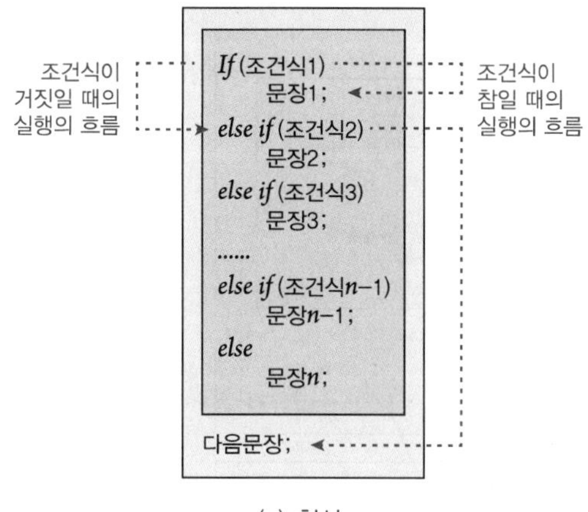

(a) 형식

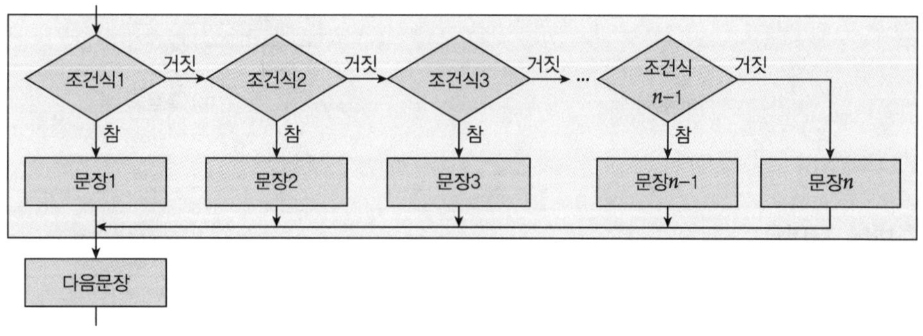

(b) 흐름도

② **주의사항** : 중첩된 if와 else의 매칭

㉠ 중첩된 if문이 else와 짝이 맞지 않을 때

㉡ 사용 범위를 명확하게 표시하기 위하여 { }로 표시함

2 switch문

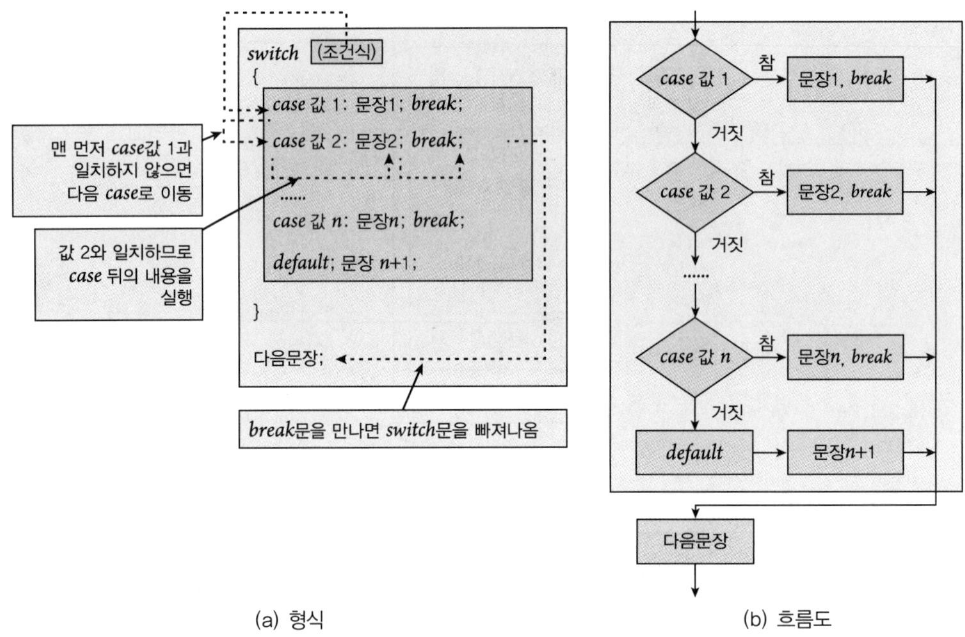

(a) 형식　　　　　(b) 흐름도

제2절 반복 제어문

1 for문

(1) for문의 형식과 실행 흐름

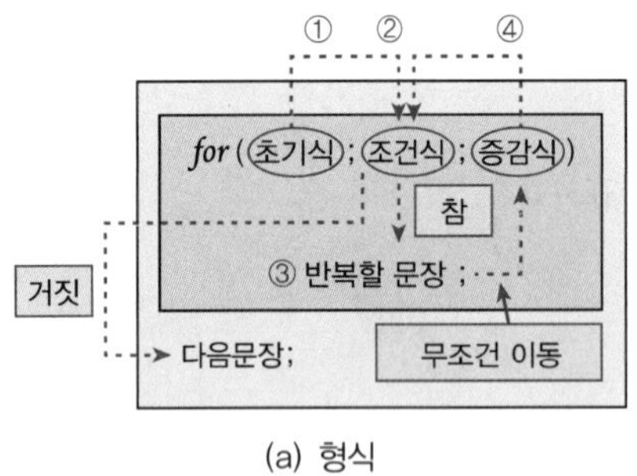

(a) 형식

① 초기식을 실행
② 조건식을 평가
③ 조건식이 참이면 반복할 문장을 실행하고, 거짓이면 for문을 빠져나옴
④ 반복할 문장을 실행한 후에는 증감식으로 돌아가서 실행한 후 다시 ②를 실행

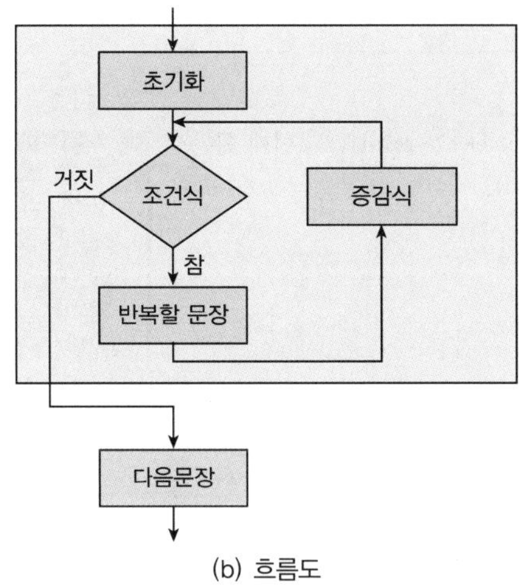

(b) 흐름도

주의사항

① for문 헤더 뒤에 처리문장 없이 ;으로만 구성된 문장(NULL문장)
② for문의 헤더에서 초기식, 조건식, 증감식을 구분하기 위해 ;를 써야 함

(2) for문의 실행 과정

① 단순히 5번 반복을 위해 실행

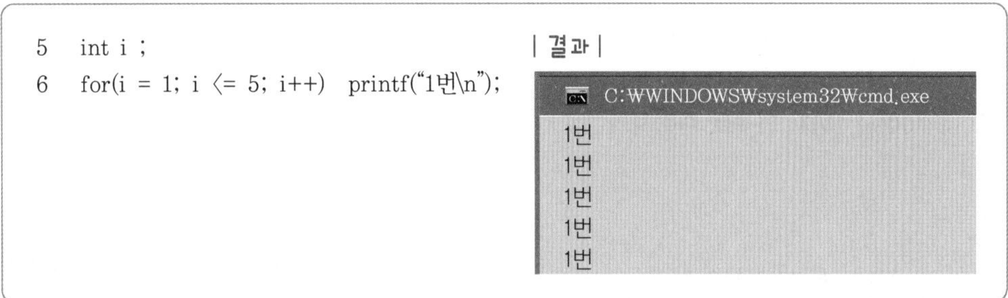

```
int i ;
for(i = 1; i <= 5; i++)  printf("1번\n");
```

| 결과 |

② 제어변수를 활용하여 1번에서 5번까지 차례로 출력을 실행

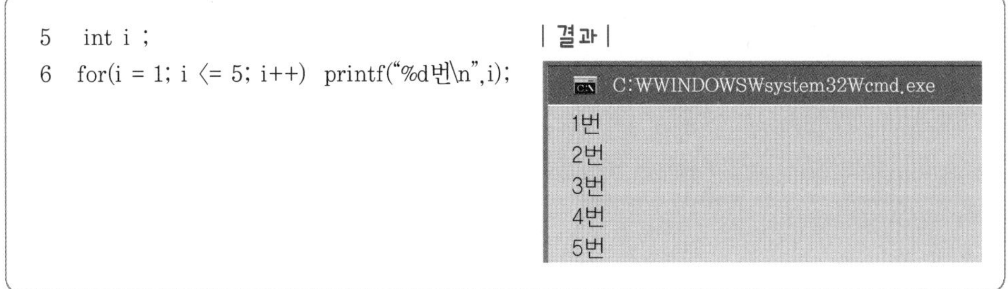

```
int i ;
for(i = 1; i <= 5; i++)  printf("%d번\n",i);
```

| 결과 |

③ 제어변수를 활용하여 1에서 5까지의 합을 구하는 과정을 실행

```
int i,sum = 0 ;
for(i = 1; i <= 5; i++) printf("%d번째 합은 %d\n",i,sum+=i);
```

| 결과 |

```
C:\WINDOWS\system32\cmd.exe
1번째 합은 1
2번째 합은 3
3번째 합은 6
4번째 합은 10
5번째 합은 15
```

(3) 다양한 for문의 헤더

① 1에서 10까지의 합을 구하기

```
int i,sum ;
for (sum = 0, i = 1; i <= 10; i++) sum += i;
printf("합 : %d\n",sum);
```

| 결과 |

```
C:\WINDOWS\system32\cmd.e
합 : 55
```

② 1과 20 사이의 4의 배수의 합 구하기

```
int i,sum ;
for (sum = 0, i = 0; i <= 20; i += 4) sum += i;
    printf("합 : %d\n", sum);
```

| 결과 |

```
C:\WINDOWS\system32\cmd.e
합 : 60
```

③ 10에서 1까지 거꾸로 출력하기

```
int i;
for (i = 10; i >= 1; i--)
printf("%2d ",i);
```

| 결과 |

```
C:\WINDOWS\system32\cmd.exe
10  9  8  7  6  5  4  3  2  1
```

(4) 중첩된 for문

[중첩된 for문의 형식과 실행 흐름]

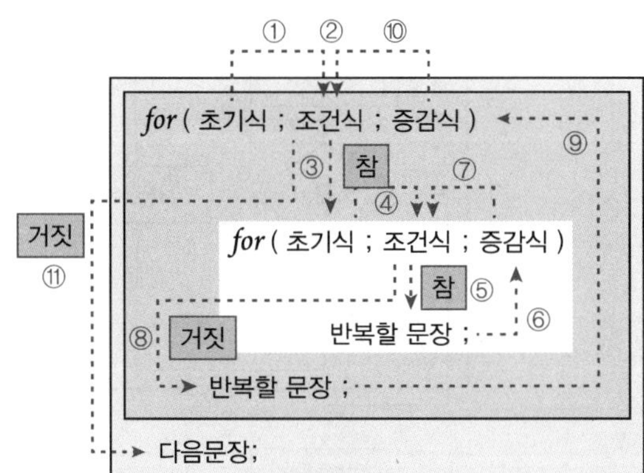

(a) 형식

① 외부 for문 초기식을 실행
② 외부 for문 조건식을 평가
③ 외부 for문의 조건식이 참이면 내부 for문을 실행
④ 내부 for문 초기식을 실행
⑤ 내부 for문 조건식을 평가
⑥ 내부 for문의 조건식이 참이면 반복할 문장을 실행하고, 증감식으로 이동
⑦ 증감식을 실행한 후 조건식을 평가
⑧ 내부 for문의 조건식이 거짓이면 내부 for문을 빠져나와 외부 for문의 반복할 문장을 실행
⑨ 외부 증감식으로 이동
⑩ 증감식을 실행한 후 조건식을 평가
⑪ 외부 for문의 조건이 거짓이면 외부 for문을 탈출하여, 다음 문장을 실행

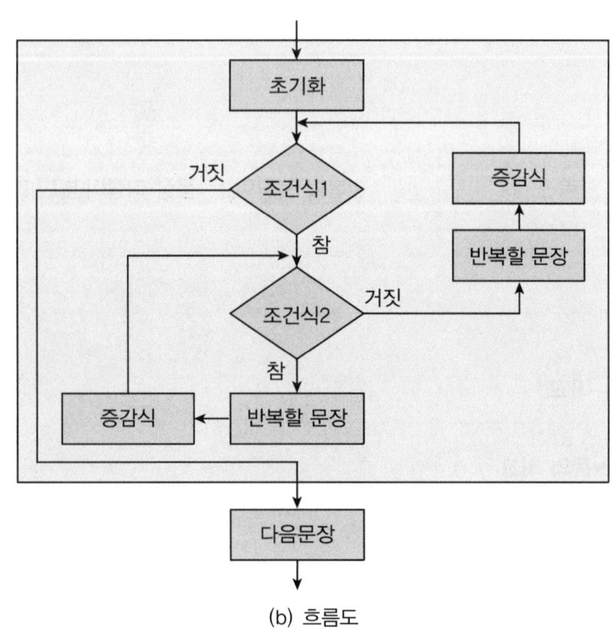

(b) 흐름도

2 while문

(1) while문의 형식과 실행 흐름

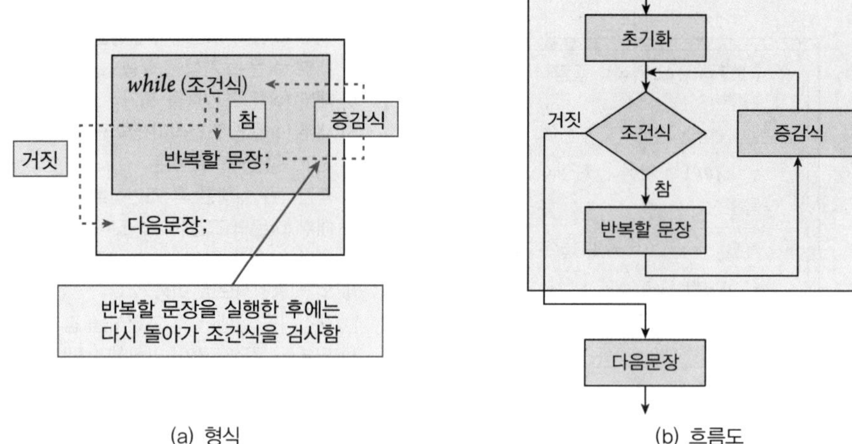

(a) 형식　　(b) 흐름도

[형식]

```
while(조건식)
{
	반복할 여러 문장 ;
}
다음 문장 ;
```

반복할 문장이 두 문장 이상이면 반드시 { }로 묶어야 함

(2) while문과 for문의 비교

while문과 for문의 비교

```
int i = 1, sum = 0;
while (i <= 10)
{
  i++;
  sum += i;
}
printf("1~%d까지의 합은 %d이다.\n", i, sum);
```

```
int i, sum;
for (sum = 0, i = 1; i <= 10; i++)
  sum += i;
printf("1~%d까지의 합은 %d이다.\n", i, sum);
```

(3) while문과 무한루프

while문에서 조건식을 항상 참이 되게 하면 되고, 반복을 끝내고 while문을 탈출할 수 있도록 break문을 이용함

3 do ~ while문의 형식과 실행 흐름

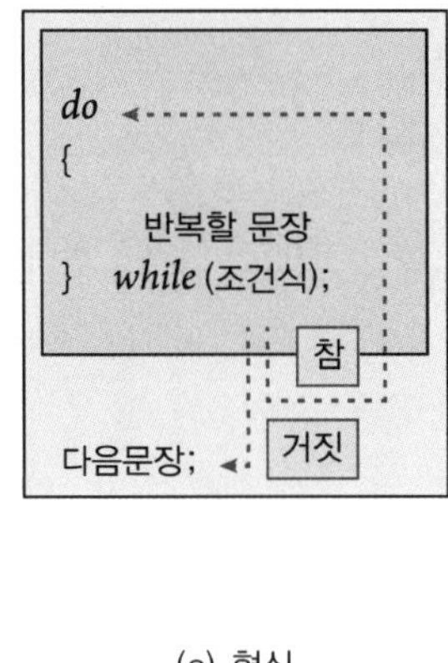

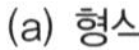

(a) 형식

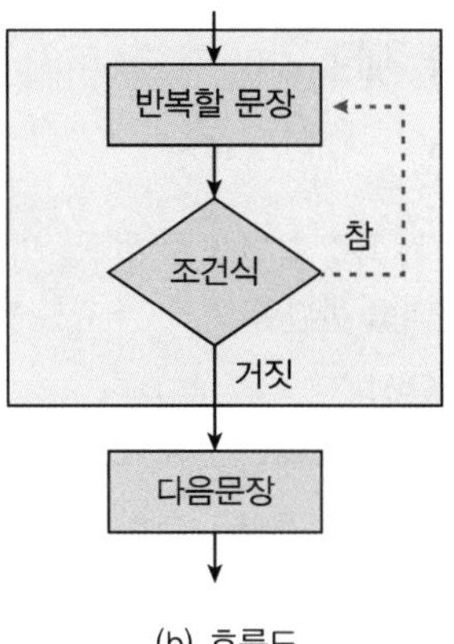

(b) 흐름도

제3절 기타 제어문

1 break문

break문은 switch문, for문, while문, do ~ while문을 실행하는 중간에 완전히 탈출할 때 사용하고, 특히 무한루프에서 특정 조건을 만족하면 루프를 끝내는데 매우 유용하게 사용됨

2 continue문

for문은 무조건 헤더의 증감식으로 이동하고, while문은 헤더의 조건식으로 이동하며, do ~ while문은 맨 끝 while 뒤의 조건식으로 이동함

3 goto문

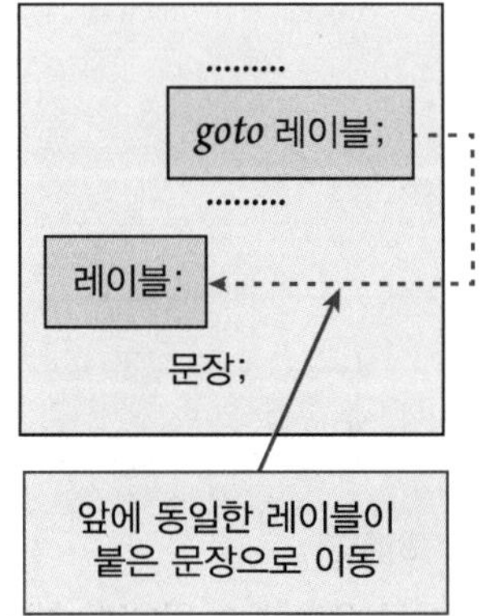

제5장 함수와 기억클래스

제1절 함수의 개념

1 함수란?

함수(function)는 특정 작업을 수행하는 명령어들의 모음에 이름을 붙인 것으로, 입력을 받아서 특정한 작업을 수행하고 결과를 반환함

(1) 함수의 필요성

① 함수는 서로 구별되는 이름을 가짐

② 함수는 특정한 작업을 수행

③ 함수는 입력을 받을 수 있고, 결과를 반환할 수 있음

(2) 함수의 중요성

함수는 한 번 만들어지면 다른 프로그램에서도 재사용할 수 있고, 가독성이 좋아지며, 유지관리도 쉬워짐

(3) 함수를 사용하는 이유

① 코드의 중복을 막을 수 있음

② 한 번 제작된 함수는 다른 프로그램을 제작할 때도 사용이 가능함

③ 복잡한 문제를 단순한 부분으로 분해할 수 있음

2 함수의 종류

(1) 라이브러리 함수(library function)

컴파일러에서 지원하는 함수들을 라이브러리 함수(library function)라고 함

(2) 사용자 정의 함수(user-defined function)

개발자가 프로그래밍 작성 시 자신만의 필요한 함수가 있을 수 있으므로 직접 만들어서 사용함

제2절 라이브러리 함수

1 라이브러리 함수의 호출

[형식] 라이브러리 함수의 호출

함수명(인수목록)

- 인수목록 : 인수1, 인수2, …, 인수n
- 인수는 상수, 변수, 수식 등으로 표현할 수 있으며, 최종적으로 인수의 값이 전달됨
- 함수마다 인수의 순서, 자료형, 개수가 정해져 있음

2 라이브러리 함수의 종류

(1) 수학과 관련된 함수 : #include〈math.h〉가 필요

함수 호출의 예	수학 수식	의미
pow(x,n)	x^n	거듭제곱
sqrt(2*x+a)	$\sqrt{2x+a}$	제곱근
log(x)	$\ln x$	자연로그
log10(abs(2*x))	$\log_{10}\|2x\|$	상용로그
abs(−2)	$\|-2\|$	절대치(결과는 정수형)
fabs(−1.2)	$\|-1.2\|$	절대치(결과는 실수형)
exp(x)	e^x	자연상수 e의 거듭제곱
ceil(x)	$\lceil x \rceil$	실수 x와 같거나 x보다 큰 정수 중 가장 작은 정수
floor(x)	$\lfloor x \rfloor$	실수 x와 같거나 x보다 작은 정수 중 가장 큰 정수
sin(2*3.14159)	$\sin(360^\circ)$	사인 값(인수는 각도가 아니라 라디안 단위)
cos(3.14159)	$\cos(180^\circ)$	코사인 값(인수는 각도가 아니라 라디안 단위)
tan(3.14159/4)	$\tan(45^\circ)$	탄젠트 값(인수는 각도가 아니라 라디안 단위)

(2) 문자와 관련된 함수 : #include〈ctype.h〉가 필요

함수 호출의 예	함수의 의미
isdigit(ch)	ch에 저장된 문자가 숫자문자면 논리값 참, 그렇지 않으면 거짓을 반환
isalpha(ch)	ch에 저장된 문자가 영문자면 참, 그렇지 않으면 거짓을 반환
islower(ch)	ch에 저장된 문자가 영문 소문자면 참, 그렇지 않으면 거짓을 반환
isupper(ch)	ch에 저장된 문자가 영문 대문자면 참, 그렇지 않으면 거짓을 반환

(3) 문자열과 관련된 함수 : #include〈string.h〉가 필요

함수 호출의 예	함수의 의미
strlen(str)	str에 저장된 문자열의 길이를 반환
strcmp(str1, str2)	str1과 str2에 저장된 문자열이 같다면 0을, str1이 작으면 −1, str1이 더 크면 1을 반환
strcpy(str1, str2)	str2의 문자열을 str1의 문자열에 복사

(4) 그 외 범용 함수 : #include〈stdlib.h〉가 필요

함수 호출의 예	함수의 의미
rand()	정수 0 ~ 32767 중의 한 개의 난수를 반환
srand(time(NULL))	현재시간(time(NULL))을 난수 발생기의 씨드(seed)로 설정
exit(0)	프로그램을 종료(인수는 0과 1을 사용) exit(0)은 정상적인 종료, exit(1)은 비정상적인 종료
system("cls")	문자열 인수에 해당하는 시스템 명령을 실행 system("cls")는 화면을 지우는 시스템 명령을 실행

제3절 사용자 정의 함수

1 사용자 정의 함수의 호출과 정의

[형식] 사용자 정의 함수의 호출

함수명(인수목록)

인수목록 : 인수1, 인수2, …, 인수n

[형식] 사용자 정의 함수의 정의

```
반환 값의 자료형 함수명(매개변수 선언 목록)        함수의 헤더(header)
{
    함수에서 사용할 변수의 선언부
    함수에서 처리할 명령의 선언부                  함수의 본체(body)
    return 반환 값;
}
```

2 함수 원형 선언

[형식] 함수의 원형 선언

반환 값의 자료형 함수명(매개변수의 자료형 목록)

- 매개변수의 자료형 목록은 다음과 같이 선언문 형태와 또는 자료형만 명시하는 형태 두 가지 모두 가능
  ① (자료형1 매개변수1, 자료형2 매개변수2, …, 자료형n 매개변수n)

```
int func_large(int x, int y);
```

㉠ 함수 원형 선언문은 문장의 끝에 반드시 ;을 붙여야 함

㉡ 함수의 최초 호출문보다 앞에 선언해야 함

② (자료형1, 자료형2, …, 자료형n)

```
int func_large(int, int);
```

매개변수의 이름은 생략할 수 있으나 매개변수의 자료형은 반드시 명시해야 하며, 이 자료형은 함수의 정의에 나타나는 자료형과 같아야 함

3 함수의 인수 전달 : 값에 의한 호출

함수를 호출하면 호출할 때 명시한 인수의 값이 전달되어 호출된 함수의 매개변수에 저장됨. 인수의 값을 함수로 전달하기 때문에 값에 의한 호출(call-by-value)이라고 함

[형식] 값에 의한 호출 방식을 사용할 때의 함수의 호출과 정의

① 함수 호출

```
함수명(인수1, 인수2, …, 인수n)
```

```
func_sum(x)
func_large(a+100, a+10)
func_mul(sum, 7)
```

② 함수 정의

```
변환 값의 자료형 함수명(자료형1 매개변수1, 자료형2 매개변수2, …, 자료형n 매개변수n)
{
: 함수본체
}
```

```
int func_sum(int n1) {...}
int func_large(int n1, int n2) {...}
int func_mul(double n1, int n2) {...}
```

③ 인수는 값을 전달하므로 상수, 변수, 수식이 될 수 있지만 매개변수는 값을 저장해야 하므로 변수만 가능함

4 여러 가지 함수의 유형

형식	구분	의미
매개변수가 없는 경우	선언	int func_pay(void); 또는 int func_pay();
	특징	호출할 때 인수 없이 괄호만 사용
반환값이 없는 경우	선언	void print_char(char ch, int ct);
	특징	반환할 때 return문을 쓰지 않거나 return문만 사용. 호출문장을 수식의 일부로 쓸 수는 없음
매개변수와 반환값이 모두 없는 경우	선언	void print_title(void);
	특징	두 가지 경우의 특징을 모두 포함

제4절 기억클래스

1 지역 변수

지역 변수는 함수(블록) 안에서 선언된 변수로, 변수가 선언된 함수(블록) 안에서만 참조할 수 있음

(1) 지역 변수의 선언 위치

[형식] 지역 변수 선언

```
반환 값의 자료형 함수명(매개변수 선언 목록)
{
    자료형 지역 변수1;
    자료형 지역 변수2;
   : 함수 본체의 나머지 코드
}
```

{ }는 지역 변수1, 지역 변수2의 참조영역임. 함수의 본체 블록{ } 안에서 윗부분에 지역 변수 선언문을 두며, 이 지역 변수는 이 함수 안에서만 참조할 수 있음

(2) 지역 변수의 생존기간

지역 변수는 변수가 선언된 블록이 시작할 때 시스템 스택(stack)이라 불리는 메모리 공간에 만들어지며 동시에 초기화됨. 지역 변수에 할당된 메모리 공간은 블록 끝에서 반환됨. 이때 지역 변수도 사라지게 됨

2 전역 변수

[형식] 전역 변수 선언

```
전처리기 지시자
사용자 정의 함수의 원형 선언 ;
자료형 전역 변수1 ;
int main()
{
......
}
int function1(...)
{
......
}

자료형 전역 변수2 ;
int function2(...)
{
......
}
```

- 전역 변수는 자동으로 0으로 초기화되고, 필요 시 다른 값으로 직접 초기화함
- 전역 변수1의 참조영역은 변수 선언 이후로 어디서나 참조할 수 있음
- 전역 변수2의 참조영역도 선언할 수 있지만 권장하지 않음

3 자동 변수

[형식] 자동 변수 선언

```
반환 값의 자료형 함수 (매개변수 선언 목록)
{
  auto 자료형 자동 변수명 ;
 : 나머지 함수 본체
}
```

- { }는 자동 변수의 지속기간이고 함수의 실행 기간임
- auto는 생략할 수 있으며, 지역 변수는 모두 자동 변수에 해당함

4 정적 변수

(1) 정적 지역 변수

정적 지역 변수는 'static'을 변수 앞에 붙여 함수 안에서 선언한 변수임

[형식] 정적 지역 변수 선언

```
반환 값의 자료형 함수 (매개변수 선언 목록)
{
  static 자료형 정적 변수1 = 초깃값 ;
  static 자료형 정적 변수2 ;
 : 나머지 함수 본체
}
```

초깃값을 주지 않아도 자동으로 0으로 초기화됨

(2) 정적 전역 변수

정적 전역 변수란 함수 외부에서 선언한 정적 변수로, 선언한 이후로 프로그램 어디서나 참조할 수 있음

[형식] 정적 전역 변수 선언

```
static 자료형 정적 전역 변수1 = 초깃값 ;
static 자료형 정적 전역 변수2 ;

함수의 정의1
함수의 정의2
```

이 선언문 이후로 어디서나 정적 전역 변수1을 참조할 수 있음. 초깃값을 주지 않으면 자동으로 0으로 초기화됨

5 레지스터 변수

컴퓨터 시스템의 중앙처리장치(CPU) 안의 레지스터(register)를 할당받는 변수를 레지스터 변수라고 하며, 레지스터 변수는 지역 변수만 가능함. 레지스터 변수의 목적은 프로그램이 실행되는 동안 빈번히 발생하는 변수의 참조 속도를 증가시켜 프로그램 실행 속도를 증가시키는 것임

[형식] 레지스터 변수 선언

```
register 자료형 레지스터 변수명;          register int sum;
```

6 외부 변수

프로그램을 구성하는 파일이 여러 개가 있을 때 외부 파일에서 선언된 변수나 다른 함수에서 선언된 변수를 공유해서 사용하고자 할 때 변수명 앞에 extern으로 지정해서 외부 변수가 할당된 메모리 영역을 공유하는 변수임. 따라서 메모리 영역 중 공유 데이터 영역에 위치하게 되고 프로그램이 종료될 때까지 유효하므로 프로그램 종료 시에 메모리를 반납하고 사라짐. 초기화하지 않으면 자동으로 0으로 초기화됨

제6장 배열과 포인터

제1절 배열

배열은 같은 자료형의 많은 자료를 저장할 수 있으므로 자료 개수만큼의 변수를 모아 둔 것으로 볼 수 있음

1 1차원 배열

배열은 자료형이 같은 값 여러 개를 연속된 기억공간에 같은 이름(배열명)으로 저장함. 배열은 여러 변수 중 자료형이 같은 것만 저장할 수 있으며, 배열의 크기에 맞게 주기억장치의 연속된 기억장소에 저장됨

(1) 1차원 배열의 선언과 배열 원소

① 1차원 배열의 선언

[형식] 1차원 배열의 선언

```
자료형 배열명[배열 원소 수];

int age[1000];
int a[5];
double average[10];
char name[5];
```

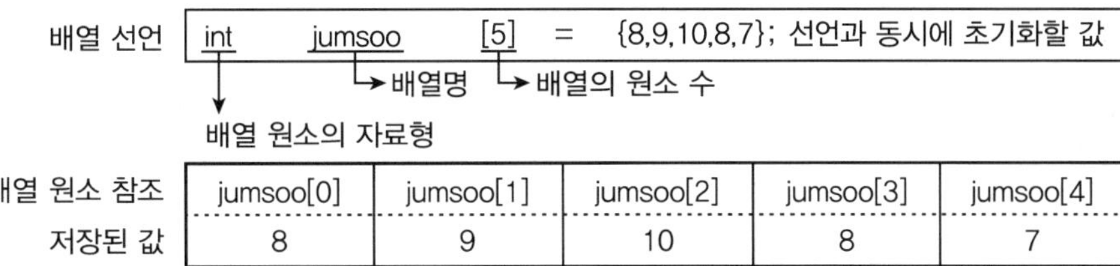

② 1차원 배열의 초기화

[형식] 1차원 배열의 선언과 동시에 초기화하기

자료형 배열명[배열 원소 수] = {초깃값 목록};

- { }안에 나열한 값이 순서대로 배열 원소 값으로 저장됨

int b[5] = {1, 2, 3 ,4, 5};	{ }안의 값이 배열원소에 순서대로 저장되어 b[0]에는 1, b[4]에는 5가 저장됨
int sum[10] = {0};	{ }안에 초깃값 개수가 배열 원소 수보다 적으면 나머지 원소는 0으로 초기화됨. 많은 배열 원소를 한번에 0으로 초기화할 때 유용함
int error[] = {1, 2, 3, 1, 0, 1};	배열 원소 수를 명시하지 않으면 { }안의 값 개수가 배열 원소수로 결정됨. int error[6] = {1, 2, 3, 1, 0, 1}과 같음

③ 1차원 배열의 원소 참조

[형식] 1차원 배열의 원소 참조

배열명[첨자]

- 첨자 : 0 ~ (배열 원소 수 - 1) 범위의 정수
- 배열에 저장된 첫 번째 원소는 첨자로 0, 마지막 원소는 첨자로 (배열 원소 수 - 1)을 사용

b[5] = 1;	배열 b의 여섯 번째 원소에 1을 저장
printf("%d", a[1]);	배열 a의 두 번째 원소에 저장되어 있는 값을 출력
c[2]++;	배열 c의 세 번째 원소에 저장된 값을 1 증가시킴

원소 참조 시 배열의 첨자는 0부터 시작된다는 점에 주의!

jumsoo[0]	jumsoo[1]	jumsoo[2]	jumsoo[3]	jumsoo[4]
8	9	10	8	7

int jumsoo[5]={8,9,10,8,7}

jumsoo배열의 첨자 5에 해당하는 원소는 7이 아니라 없다는 것임. 배열 참조 시 오류가 발생함

2 2차원 배열

2차원 배열은 1차원 배열이 여러 개 모인 배열로, 컴퓨터 주기억장치에서는 물리적으로 1차원의 연속된 기억 장소에 저장됨

배열 선언 int matrix [2][3] = {{1,2,3},{4,5,6}}; 선언과 동시에 초기화할 값

- int → 배열 원소의 자료형
- matrix → 배열명
- [2][3] → [행 개수][열 개수] 배열의 원소 수

배열 원소 참조

배열의 구조와 저장된 값

matrix[0][0]	1	matrix[0][1]	2	matrix[0][2]	3
matrix[1][0]	4	matrix[1][1]	5	matrix[1][2]	6

(1) 2차원 배열의 선언과 배열 원소

① 2차원 배열의 선언

[형식] 2차원 배열의 선언

자료형 배열명[행 개수][열 개수];

- 2행3열의 행렬을 저장하기 위한 배열
  int matrix[2][3];
- 3명의 4번 시험 점수를 저장하기 위한 배열
  int test[3][4];
- 1, 2, 3학년의 각 반별 평균 점수 8개를 저장하기 위한 배열
  double average[3][8];

② 2차원 배열의 초기화

[형식] 2차원 배열을 선언과 동시에 초기화하기

자료형 배열명[행수][열수] = {{1행 초깃값 목록}, {2행 초깃값 목록}, …, {마지막행 초깃값 목록}};

int matrix[2][3] = {{1, 2, 3}, {4, 5, 6}};	바깥{ }안에 명시한 { }순서대로 한 행씩 초기화
int matrix[ ][3] = {{1, 2, 3}, {4, 5, 6}};	1차원 배열에서 초깃값 목록이 있으면 원소수를 생략할 수 있는 것처럼 2차원 배열에서도 초깃값 목록이 있으면 행의 개수를 생략할 수 있음. 그러나 열의 개수는 반드시 명시해야 함
int matrix[ ][3] = {1, 2, 3, 4, 5, 6};	초깃값을 한 개의 { }안에 모두 명시하더라도 열의 개수가 3으로 명시되어 있어 int matrix[2][3]과 같이 행의 수를 2로 간주함

③ 2차원 배열 원소의 참조

[형식] 2차원 배열 원소의 참조

배열명[행 첨자][열 첨자]

- 행 첨자 : 0 ~ (행 개수-1) 범위의 정수
- 열 첨자 : 0 ~ (열 개수-1) 범위의 정수

matrix[0][0]	실제 행렬의 1행 1열의 값을 저장하는 배열 원소
matrix[1][2]	실제 행렬의 2행 3열의 값을 저장하는 배열 원소

(2) 2차원 배열의 입력 : 행 단위 입력과 열 단위 입력

① 행 단위 입력

```
int matrix[2][3];
int row, col;
for (row = 0; row < 2; row++)
{
 for (col = 0; col < 3; col++)
 {
  printf(“%d행 %d열?”, row, col);
  scanf(“%d”, &matrix[row][col]);
  }
}
```

| 결과 |

```
C:\WINDOWS\system32\cmd.exe
0행 0열?1
0행 1열?2
0행 2열?3
1행 0열?4
1행 1열?5
1행 2열?6
```

② 열 단위 입력

```
int matrix[2][3];
int row, col;
for (col = 0; col < 3; col++)
{
 for (row = 0; row < 2; row++)
 {
  printf(“%d열 %d행?”, col, row);
  scanf(“%d”, &matrix[row][col]);
 }
}
```

| 결과 |

```
C:\WINDOWS\system32\cmd.exe
0열 0행?1
0열 1행?2
1열 0행?3
1열 1행?4
2열 0행?5
2열 1행?6
```

3 char형 배열을 이용한 문자열 처리

(1) char형 1차원 배열을 이용한 문자열 처리

배열 선언 char s [6] = "dwkim";
- char → 배열 원소의 자료형
- s → 배열명
- [6] → 배열의 원소 수

배열 원소 참조	s[0]	s[1]	s[2]	s[3]	s[4]	s[5]
문자열 참조	'd'	'w'	'k'	'i'	'm'	'\0'

1차원 배열명 s는 문자열을 의미하며, 실제로는 배열의 시작 주소에 해당됨

① 문자열을 저장할 배열 선언

char s[6];	널문자를 제외한 최대 5개의 문자를 저장할 수 있는 배열
char s[6] = {'d', 'w', 'k', 'i', 'm'};	선언과 동시에 초기화할 때 배열 원소가 char형이므로 초기값 목록{ } 안에 문자 상수를 명시
char s[6] = "dwkim";	{ }안에 문자 상수를 명시하는 것이 번거롭기 때문에 문자열일 경우에는 초깃값을 문자열 상수 그대로 표현할 수 있음

② scanf()/printf()를 이용한 문자열의 입·출력

[형식] scanf()/printf() 함수를 이용한 문자열의 입·출력

scanf("%s", char형 1차원 배열명);	공백키, 탭키, 엔터키와 같은 공백문자를 입력하기 전까지의 문자열을 배열에 저장
printf("%s", char형 1차원 배열명);	배열에 저장된 문자열을 출력

char name[10] = "dwkim";	널문자를 제외한 최대 9개의 문자를 저장할 수 있음
printf("name : %s",name);	'name : dwkim'이 출력됨
scanf("%s", name);	키보드로부터 입력받는 문자열을 name에 저장

③ **문자열 전용 입력 함수** : gets()

> **[형식] gets() 함수를 이용한 문자열 입력**
> gets(char형 1차원 배열명);
> • 엔터키를 입력하기 전까지의 문자열을 배열에 저장

char name[12];	널문자를 제외한 11개의 문자를 저장할 수 있는 배열을 선언
gets(name);	실행할 때 입력되는 문자열이 name에 저장됨

④ **문자열 전용 출력 함수** : puts()

> **[형식] puts() 함수를 이용한 문자열 출력**
> puts(char형 1차원 배열명);
> • 배열에 저장된 문자열을 출력한 후 행을 바꿈

char name[12]= "Kim D.W."; puts(name);	'Kim D.W.'를 출력하고 자동으로 줄 바꿈을 함

⑤ **문자열에 포함된 문자의 처리**

```
char ID[14] = "8811111234567";
printf("%c%c년도에 태어난 ", ID[0], ID[1]);

if (ID[6] == '1') printf("남자\n");
else printf("여자\n");
```

| 결과 |

```
C:WWINDOWSWsystem32Wcmd.exe
88년도에 태어난 남자
```

⑥ **문자열의 끝을 의미하는 널문자의 중요성**

문자열을 저장하는 배열의 크기를 정할 때 저장할 문자의 개수보다 하나 더 많게 정해야 하는 이유는 문자열의 끝을 나타내는 특수문자인 널문자를 저장하기 위해서임. 만약 배열에 널문자를 포함하지 않으면 출력에 문제는 발생하지 않지만 결과를 예측할 수 없게 됨

(2) char형 2차원 배열을 이용한 여러 개의 문자열 처리

char형 1차원 배열에는 문자열을 1개만 저장할 수 있음. 여러 개의 문자열을 한 번에 저장하려면 char형 2차원 배열을 이용해야 함

배열 선언 char city [4][6] = {"SEOUL", "ICHON", "BUSAN", "DAEGU"};

- char → 배열 원소의 자료형
- city → 배열명
- [4][6] → [행 개수][열 개수] 배열의 원소 수

배열 원소 참조

문자열 참조	city[0][0]	city[0][1]	city[0][2]	city[0][3]	city[0][4]	city[0][5]
city[0]	'S'	'E'	'O'	'U'	'L'	'\0'
city[1]	'I'	'C'	'H'	'O'	'N'	'\0'
city[2]	'B'	'U'	'S'	'A'	'N'	'\0'
city[3]	'D'	'A'	'E'	'G'	'U'	'\0'

→ 배열명 뒤에 행 첨자만 명시하면 해당 행에 저장된 문자열을 의미하며, 실제로는 해당 행의 시작 주소에 해당됨

[형식] char형 2차원 배열에 저장된 문자열의 입・출력

scanf("%s", 배열명[행첨자]);	(행첨자 + 1)째 행에 문자열을 입력
printf("%s", 배열명[행첨자]);	(행첨자 + 1)째 행의 문자열을 출력
gets(배열명[행 첨자]);	엔터키 이전까지의 문자열을 (행첨자 + 1)째 행에 입력
puts(배열명[행 첨자]);	(행첨자 + 1)째 행의 문자열을 출력 후 행을 바꿈

4 3차원 배열

배열 선언 int n [2][3][4] = {{{0,1,2,3},{10,11,12,13},{20,21,22,23}}, {{100,101,102,103},{110,111,112,113}, {120,121,122,123}}};

- [2][3][4] → [면 개수][행 개수][열 개수] 배열의 원소 수

배열 원소 참조

배열 참조								
첫째 면	n[0][0][0]	0	n[0][0][1]	1	n[0][0][2]	2	n[0][0][3]	3
	n[0][1][0]	10	n[0][1][1]	11	n[0][1][2]	12	n[0][1][3]	13
	n[0][2][0]	20	n[0][2][1]	21	n[0][2][2]	22	n[0][2][3]	23
둘째 면	n[1][0][0]	100	n[1][0][1]	101	n[1][0][2]	102	n[1][0][3]	103
	n[1][1][0]	110	n[1][1][1]	111	n[1][1][2]	112	n[1][1][3]	113
	n[1][2][0]	120	n[1][2][1]	121	n[1][2][2]	122	n[1][2][3]	123

5 배열 원소를 함수로 전달하기

[형식] char형 2차원 배열에 저장된 문자열의 입·출력

① 함수의 호출
함수명(배열명[첨자])
② 함수의 정의
반환 값의 자료형 함수명(자료형 매개변수)
{
: 함수의 본체
}

배열명[첨자]와 자료형 매개변수는 인수가 일차원 배열 원소이든 이차원 배열 원소이든 간에 값이 하나만 전달되므로, 매개변수는 전달되는 값의 자료형으로 선언

함수의 호출	함수의 정의

positive(score[3])
int score[5];으로 선언한 배열의 네 번째 원소를 함수로 전달
	int positive(int n)
	{
	…
	}

positive(matrix[1][2])
int matrix[2][3];으로 선언한 배열의 2째 행 3째 열의 원소를 전달
	int positive(int n)
	{
	…
	}

제2절 포인터

포인터 변수는 데이터가 저장된 주기억장치의 주소만 저장할 수 있음

1 포인터

(1) 포인터를 사용하기 위한 세 가지 과정

① 포인터 변수도 일반 변수처럼 선언해야 사용할 수 있음
② 포인터 변수가 특정 기억장소를 가리키게 하려면 가리키고 싶은 기억장소의 주소를 대입해야 함
③ 포인터 변수에 저장된 주소를 이용해 다른 기억장소를 참조하려면 특별한 연산자인 간접 연산자 '*'를 이용해야 함

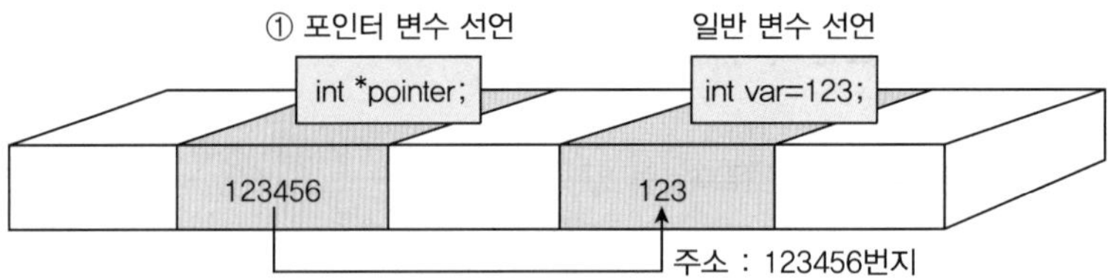

② 포인터 변수에 주소를 지정 : pointer = &var;

③ pointer가 가리키는 곳을 참조하기 : printf("%d", *pointer);

2 포인터의 사용

(1) 포인터 변수 선언

[형식] 포인터 변수 선언

자료형 *포인터 변수명; (가장 많이 사용하는 방법)	자료형* 포인터 변수명; , 자료형 * 포인터 변수명; int* ptr1, ptr2; (ptr1만 포인터 변수로 선언됨) int *ptr1, *ptr2 (ptr1과 ptr2 둘 다 포인터 변수로 선언됨)

① '*'은 간접 참조 연산자이지만, 여기서는 선언하는 변수가 일반 변수가 아닌 단순히 포인터 변수임을 표시하는 기호임

② 자료형은 포인터 변수가 가리키는 기억장소에 저장될 자료의 형임. 자료형(int형, char형)의 일반 변수와 달리 포인터 변수는 언제나 주기억장치 주소만 저장하므로 포인터 변수에 저장하는 내용에 대한 자료형은 의미가 없음. 그러므로 포인터 변수를 선언할 때는 이 포인터가 어떤 형의 변수를 가리키는데 사용할지를 명시함

③ 변수의 자료형이 다르면 해당 변수가 차지하는 기억장소의 크기도 다르므로 포인터를 선언할 때와 다른 자료형의 변수는 가리키게 할 수 없음

④ 포인터 변수가 차지하는 기억장소의 크기는 컴파일러가 16bit이면 2바이트, 32bit이면 4바이트, 64bit이면 8바이트가 됨. 일반적으로 컴파일러는 32bit임

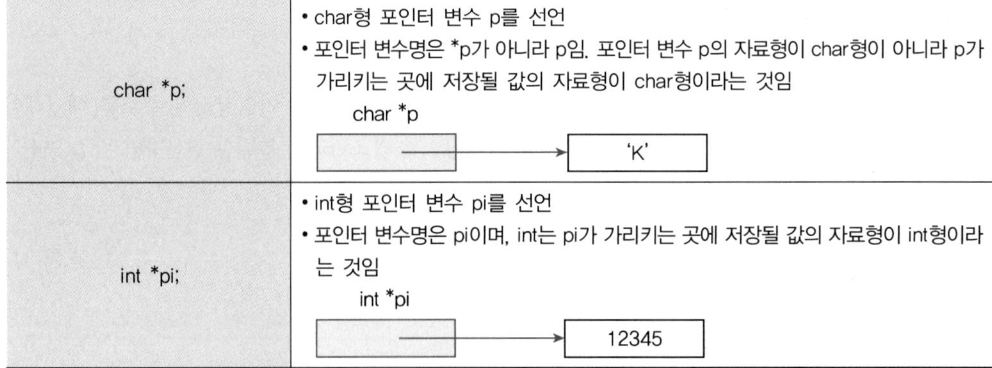

char *p;	• char형 포인터 변수 p를 선언 • 포인터 변수명은 *p가 아니라 p임. 포인터 변수 p의 자료형이 char형이 아니라 p가 가리키는 곳에 저장될 값의 자료형이 char형이라는 것임 char *p [ ] → ['K']
int *pi;	• int형 포인터 변수 pi를 선언 • 포인터 변수명은 pi이며, int는 pi가 가리키는 곳에 저장될 값의 자료형이 int형이라는 것임 int *pi [ ] → [12345]

(2) 주소 연산자 &와 주소 대입

[형식] 변수의 주소 구하기

&변수명;

- &는 변수가 실제로 주기억장치의 몇 번지에 해당하는 기억장소를 차지하는지 즉, 변수의 주소를 구함

[형식] 주소의 대입

포인터 변수명 = &변수명;

- 포인터 변수에 변수의 주소를 대입함으로써 결과적으로 포인터 변수가 해당 변수를 가리키게 됨

(3) 간접 연산자 *

① 일반 변수의 직접 참조

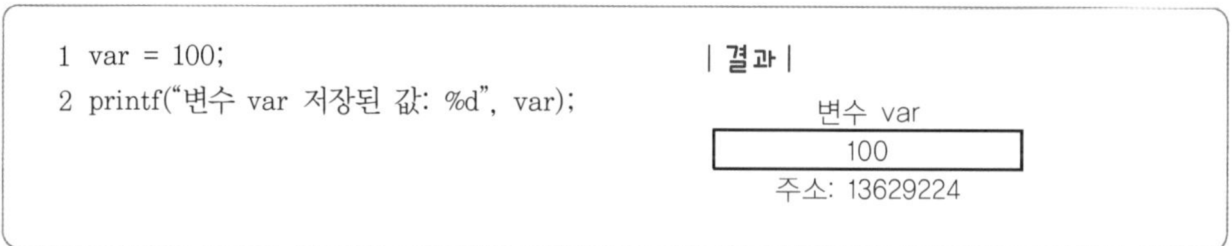

```
1 var = 100;
2 printf("변수 var 저장된 값: %d", var);
```


㉠ 1행: (변수 var 참조) 대입연산자로 var에 저장
㉡ 2행: (변수 var 참조) var에 저장된 값을 읽어 변환명세에 따라 100을 출력

② 포인터 변수의 직접 참조

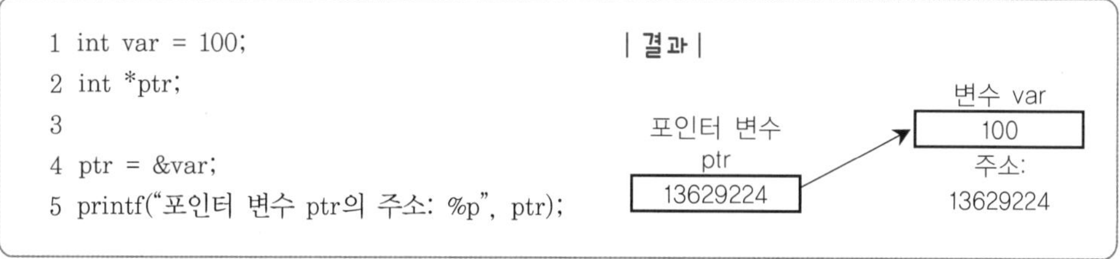

```
1 int var = 100;
2 int *ptr;
3
4 ptr = &var;
5 printf("포인터 변수 ptr의 주소: %p", ptr);
```


㉠ 4행: (포인터 변수 ptr 참조) 변수 var의 주소가 ptr에 저장되고 ptr은 var을 가리킴
㉡ 2행: (포인터 변수 ptr 참조) ptr에 저장된 값을 읽어 들여 13629224를 출력

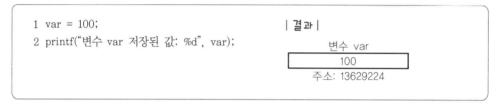

③ 포인터 변수의 간접 참조

*는 피연산자의 값을 직접 사용하는 것이 아니라 피연산자인 주소 값을 이용해 주소로 찾아가 참조하기 때문에 간접적인 방법으로 참조한다고 하여 간접 연산자라고 함

[형식] 포인터를 통한 간접 참조	
*포인터 변수명	포인터 변수에 저장된 주소에 해당하는 기억장소를 참조함. 포인터 변수가 가리키는 곳으로 해석할 수 있음. int *ptr;의 정확한 의미는 ptr이 가리키는 곳(*ptr)에는 int형 자료가 저장된다는 것임

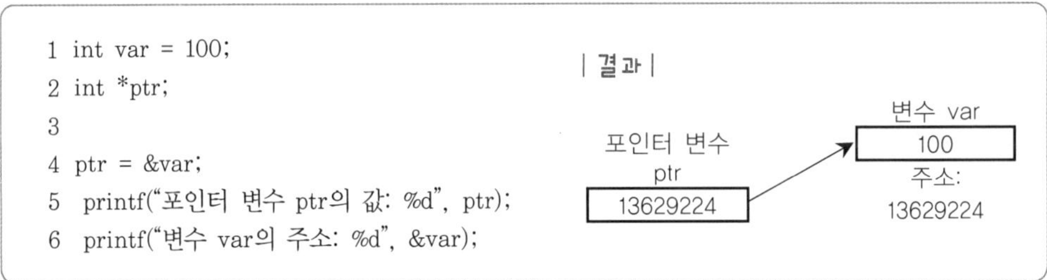

```
1 int var = 100;
2 int *ptr;
3
4 ptr = &var;
5 printf("포인터 변수 ptr의 값: %d", ptr);
6 printf("변수 var의 주소: %d", &var);
```


5행 : ptr을 참조하면 13629224를 읽어 들여 이 주소에 해당하는 기억장소를 참조하면 100이 출력됨

(4) 포인터 변수의 가감산

포인터에 대한 가감산은 다음 표와 같이 실제 피연산자의 값만큼 가감하는 것이 아니라(포인터의 자료형*피연산자)만큼 가감함

포인터 선언	ptr + 1의 실제 연산	ptr − 2의 실제 연산
char *ptr;	ptr + 1 (char의 크기)	ptr −2 * 1
int *ptr;	ptr + 4 (int의 크기)	ptr −2 * 4
double *ptr;	ptr + 8 (double의 크기)	ptr −2 * 8

연산자 우선 순위는 ++, −− 〉 간접연산자(*) 〉 +, − 이므로 *p++은 *(p++)로 처리됨. 간접 참조를 먼저 하고 싶으면 (*p)++로 사용해야 함

3 포인터와 배열

(1) 배열명은 배열의 시작 주소

배열명 array == 배열의 시작 주소 == 첫 원소의 시작 주소 (&array[0])

배열명은 배열의 시작 주소인 포인터 상수이기 때문에 포인터에 대한 가감 연산이 가능함

*(array + 0) or *array : 배열의 시작 주소에 해당하는 기억장소이므로 array[0]이다.
*(array + 1) : 배열의 시작 주소에서 int형 자료 한 개 크기만큼 더한 곳이므로 array[1]이다.
*(array + 2) : 배열의 시작 주소에서 int형 자료 두 개 크기만큼 더한 곳이므로 array[2]이다.
즉, *(array + i) == array[i] 이다.

(2) 포인터 변수를 이용한 배열 원소 참조

[형식] 포인터 변수가 배열을 가리키기

포인터 변수명 = 배열명; 포인터 변수의 자료형이 배열 원소와 같아야 함

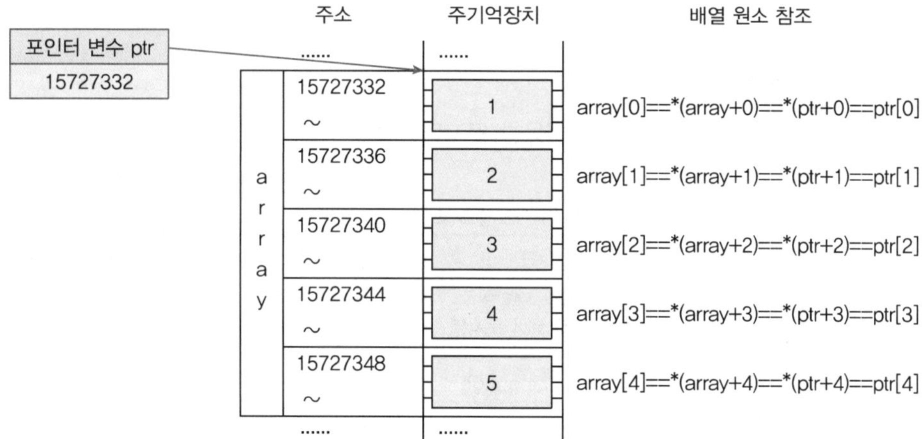

4 포인터와 함수

포인터를 이용한 주소에 의한 호출은 함수 간 독립성을 위해 함수는 다른 함수에서 선언한 변수를 참조하지 못함. 그러나 포인터를 이용하면 다음 swap() 함수와 같이 포인터를 이용한 간접 참조를 통해 다른 함수의 변수(인수)를 참조하여 수정할 수 있음

[형식] 함수의 호출

```
함수명(&인수명)
```

[형식] 함수의 정의

```
반환값의 자료형 함수명(자료형 *포인터 변수명)
{
   : 함수 본체
}
```

- 포인터 변수명 = &인수명 ;
- 포인터 변수가 인수를 가리키게 되며, 포인터 변수명의 자료형은 전달받는 인수와 자료형이 동일해야 함

함수의 호출	함수의 정의

swap(&a, &b);
 	
//int a, b; 로 선언된 인수의 주소를 전달
	void swap(int *x, int *y)
	{
	  *x = 0; //간접 참조를 통해 인수 a를 수정할 수 있음
	}

5 포인터와 문자열

(1) char형 배열과 char형 포인터를 이용한 문자열 저장

char str1[10]="language";

배열명 str1

l	a	n	g	u	a	g	e	\0	

배열의 크기에 해당하는 기억장소에 초깃값으로 지정한 문자열 상수가 저장되고 바로 뒤에 문자열 끝을 나타내는 널문자가 저장됨

char *str2="language";

포인터 변수 str2

l	a	n	g	u	a	g	e	\0

(초깃값인 문자열 상수의 길이 + 1)개의 문자를 저장할 수 있는 공간에 문자열과 문자열 끝을 나타내는 널문자가 저장되며 이 문자열이 저장된 기억장소의 시작 주소가 str2에 저장됨

(2) 문자열과 관련된 대표적인 함수의 사용

```
[예] char s1[10] = "start";
     char s2[10] = "end";
```

문자열 처리 함수			함수사용
strlen(s);			문자열의 길이(널문자는 제외)를 반환
strlen(s1);	결과	5	
strlen(s2);	결과	3	
strcmp(s1,s2);	결과	양수	s1과 s2를 사전적 순서에 의해 대소관계를 비교한 결과를 양수(s1 〉 s2), 음수(s1 〈 s2), 0(s1 = s2) 값을 반환
strcmp(s2,s1);	결과	음수	
strcmp(s2,"end");	결과	0	
strcmp("135","15");	결과	음수	
strcpy(s1,s2);	결과	s1에 "end"저장	s1의 문자열이 s2의 문자열로 변경된 후 s1 시작 주소를 반환
strcpy(s2,s1);	결과	s2에 "start"저장	
strcpy(s1,"C");	결과	s1에 "C"저장	
strcat(s1,s2);	결과	s1에 "startend"저장	s1문자열 뒤에 s2문자열을 붙인 후 s1의 시작주소를 반환
strcat(s1,"!");	결과	s1에 "start!"저장	

제7장 구조체와 공용체

제1절 구조체

1 구조체

구조체는 프로그래머가 직접 정의해서 사용할 수 있는 사용자 정의 자료형(user-defined data type)으로, 서로 관련된 다양한 자료형의 여러 값을 하나의 단위로 묶어서 편리하게 관리하고 사용할 수 있게 함

이름	회사	나이	평가점수
"Dongwook"	"SGS"	20	4.5

2 구조체의 정의와 변수의 선언

(1) 구조체의 정의

[형식] 구조체의 정의

```
struct 구조체 태그명
{
    자료형 멤버명1;
    ...
    자료형 멤버명n;
};
```

- struct : 구조체임을 표시하는 예약어
- 구조체 태그명 : 사용자가 직접 정하는 구조체 자료형 이름
- 자료형 멤버 : 멤버는 선언문 형태로 순서대로 명시
- 멤버 : 변수, 배열, 이미 정의된 다른 구조체 등
- 끝에는 반드시 ;을 붙여야 함

```
//학생의 정보를 저장할 구조체
struct student_info
{
    char id_no[10]; //학번
    char name[10]; //이름
    int grade; //학년
};
```

```
//도서 정보를 저장할 구조체
struct book_info
{
    char ISBN_no[20]; //도서번호
    char author[20]; //저자
    int year; //출판연도
};
```

```
//전자제품 정보를 저장할 구조체
struct product_info
{
    char SN[10]; //제품코드
    int price; //가격
    int sales[4]; //판매수
};
```

```
//3차원 공간의 한 점을 저장할 구조체
struct coordinate
{
    int x; //x좌표
    int y; //y좌표
    int z; //z좌표
};
```

(2) 구조체 변수 선언

[형식] 구조체 변수 선언

```
struct 구조체 태그명 구조체 변수명;
```

태그명 : 구조체 정의에서 struct 뒤에 지정한 식별자임

예약어	구조체 태그명	구조체 변수명	
struct	student_info	stud;	//학생의 정보를 저장할 구조체 변수
	book_info	c_language;	//도서 정보를 저장할 구조체 변수
	product_info	TV;	//전자제품의 정보를 저장할 구조체 변수
	coordinate	point;	//3차원 공간의 한 점을 저장할 구조체 변수

① 구조체 변수에 할당된 기억장소

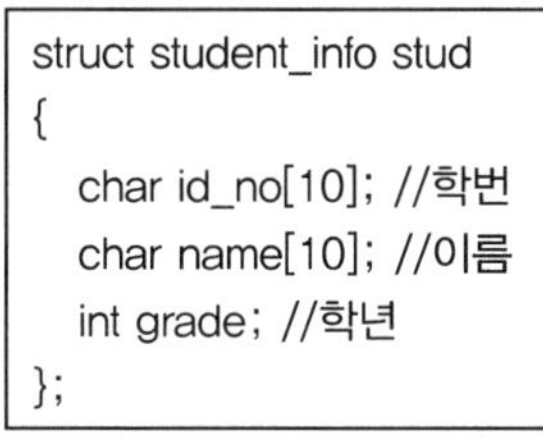
struct student_info stud
{
char id_no[10]; //학번
char name[10]; //이름
int grade; //학년
};

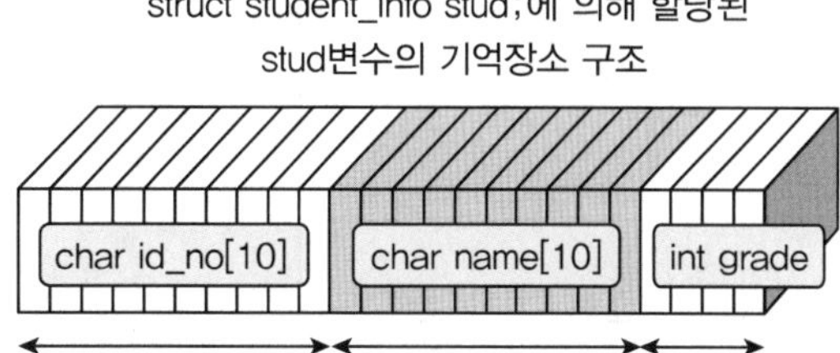
struct student_info stud;에 의해 할당된
stud변수의 기억장소 구조
char id_no[10]
char name[10]
int grade

② 구조체 변수의 선언 위치

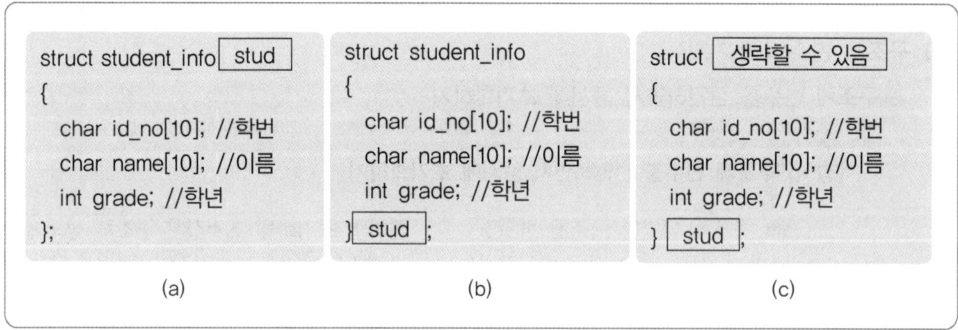
struct student_info stud
{
char id_no[10]; //학번
char name[10]; //이름
int grade; //학년
};
(a)
struct student_info
{
char id_no[10]; //학번
char name[10]; //이름
int grade; //학년
} stud ;
(b)
struct 생략할 수 있음
{
char id_no[10]; //학번
char name[10]; //이름
int grade; //학년
} stud ;
(c)

(3) 구조체 멤버 참조

[형식] 구조체 멤버 참조

구조체 변수명.멤버명

- '구조체 변수명.멤버명' 전체를 한 개의 변수명처럼 사용함
- scanf() 함수에서 입력 값을 저장할 주소를 구하는 &는 '&구조체 변수명.멤버명'과 같이 맨 앞에 붙여야 함

stud.grade = 1;	학생 정보 중에 stud(구조체 변수)의 학년(멤버)에 1을 대입
c_language.year = 2019;	도서 정보 중에 c_language(구조체 변수)의 제작연도(멤버)에 2019를 대입
TV.price = 120000;	제품 정보 중에 TV(구조체 변수)의 가격(멤버)에 120000을 대입
point.x = 10;	3차원 공간의 한 점에 point(구조체 변수)의 x좌표(멤버)에 10을 대입
scanf("%d",&point.x);	키보드로부터 point(구조체 변수)의 x좌표(멤버)값을 입력받음

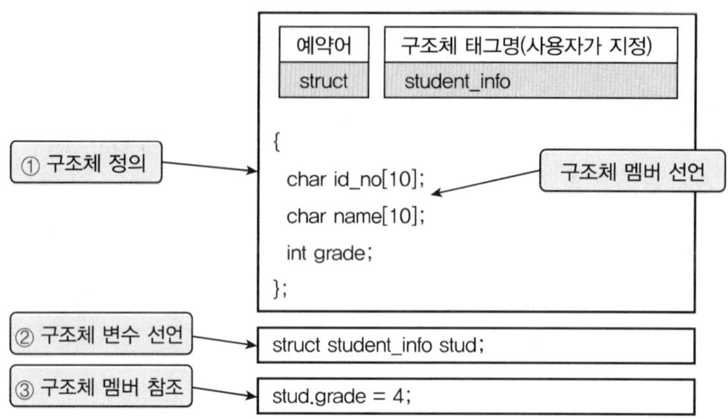
예약어
struct
구조체 태그명(사용자가 지정)
student_info
① 구조체 정의
{
char id_no[10];
char name[10];
int grade;
};
구조체 멤버 선언
② 구조체 변수 선언
struct student_info stud;
③ 구조체 멤버 참조
stud.grade = 4;

(4) 구조체 변수의 초기화

① 구조체 변수를 선언하면서 동시에 초기화하기

[형식] 구조체 변수를 선언하면서 동시에 초기화하기

struct 구조체 태그명 구조체 변수명 = {멤버 초깃값1, …, 멤버 초깃값n};	멤버의 초기화될 초깃값은 구조체 정의에서 나타난 멤버 순서대로 초깃값이 멤버에 저장됨

struct student_info **stud** = {"20191111", "김철수", 4};
⇨ 구조체 내의 멤버의 순서대로 멤버 초기화

struct book_info **c_language** = {"20180001", "김철순", 2019};
⇨ 구조체 내의 멤버의 순서대로 멤버 초기화

struct product_info **TV** = {"LCD50-15", 120000, {100, 200, 300, 400}};
⇨ 세 번째 멤버 판매수가 배열이므로 { } 안에 초깃값을 나열

struct coordinate **point** = {10, 20, 30};
⇨ x, y, z 좌표를 초기화

② 구조체 정의, 선언, 초기화를 한 번에 하기

[형식] 구조체 정의, 선언, 초기화를 한 번에 하기

```
struct 구조체 태그명
{
    자료형 멤버1;
    …,
    자료형 멤버n};
} 구조체 변수명  = { 멤버 초깃값 1,…, 멤버 초깃값 n };
```

구조체 변수명 앞에 static을 붙이면 정적 변수가 되고, 멤버의 초깃값은 멤버를 명시한 순서대로 초깃값이 멤버에 저장됨

```
struct person {
    char name[7];
    char gender[3];
    int age;
} user = {"김철수","남",20};
```

(5) 구조체 간의 대입

[형식] 구조체 변수 간의 대입

구조체 변수명1 = 구조체 변수명2;

```
struct coordinate point1 = {10,20,30}, point2;
point2 = point1;  ──────▶  point2.x = point1.x;
다음 세 개의 대입문과 같음    point2.y = point1.y;
                           point2.z = point1.z;
```

(6) 자료형 이름 재정의 : typedef

[형식] 자료형 이름의 재정의 : typedef

typedef 기존의 자료형 이름 새로운 자료형 이름;

```
typedef double REAL ;
double average; ──────▶ REAL average;

typedef double* DBLPTR ;
double* ptr; ──────▶ DBLPTR ptr;

typedef struct person PERSON ;
struct person user; ──────▶ PERSON user;
```

```
typedef struct point
{
    int x, y, z;
} POINT;
POINT start, end = {1,2,3}; //struct point start, end = {1,2,3};과 같은 표현
```

3 구조체 배열

배열은 자료형이 같은 여러 값을 저장할 수 있으므로 구조체형 배열도 가능

(1) 구조체 배열 선언

① 구조체 배열 선언

[형식] 구조체 배열 선언

struct 구조체 태그명 구조체 배열명[원소의 개수];

- 구조체 템플릿을 정의할 때는 사용한 이름으로 배열 원소의 자료형을 의미

struct person user[100];	사용자 100명에 대한 person형 구조체 정보를 저장할 배열
struct student_info stud[200];	학생 200명에 대한 student_info형 구조체 배열
struct product smart[10];	스마트 기능을 가진 제품 10개에 대한 product형 구조체 정보를 저장할 배열

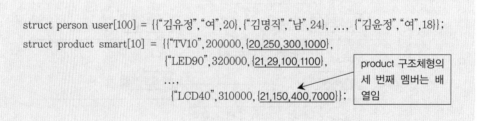

② 구조체 배열의 선언과 동시에 초기화

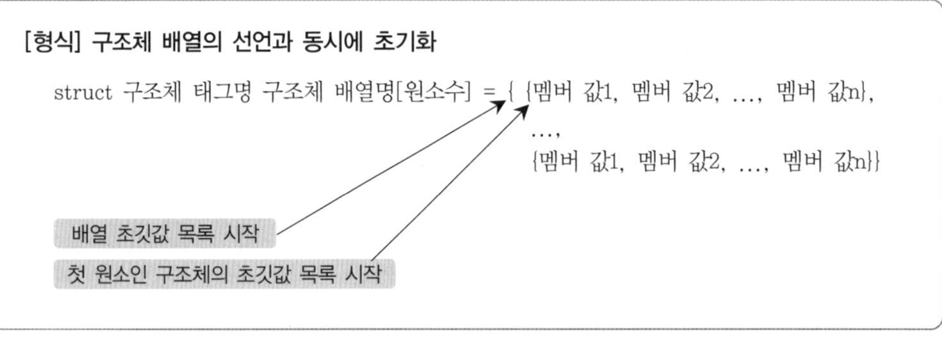


```
struct person user[100] = {{"김유정","여",20},{"김명직","남",24}, …, {"김윤정","여",18}};
struct product smart[10] = {{"TV10",200000,{20,250,300,1000},
                            {"LED90",320000,{21,29,100,1100},
                            …,
                            {"LCD40",310000,{21,150,400,7000}};
```

product 구조체형의 세 번째 멤버는 배열임

(2) 구조체 배열 원소와 멤버 참조

[형식] 구조체 배열의 원소 참조

구조체 배열명[첨자]	첨자는 0 ~ (원소 수 − 1)까지의 원소 저장 순서에 따른 정수

[형식] 구조체 배열의 원소 참조

구조체 배열명[첨자].멤버명	.(dot)은 멤버 연산자

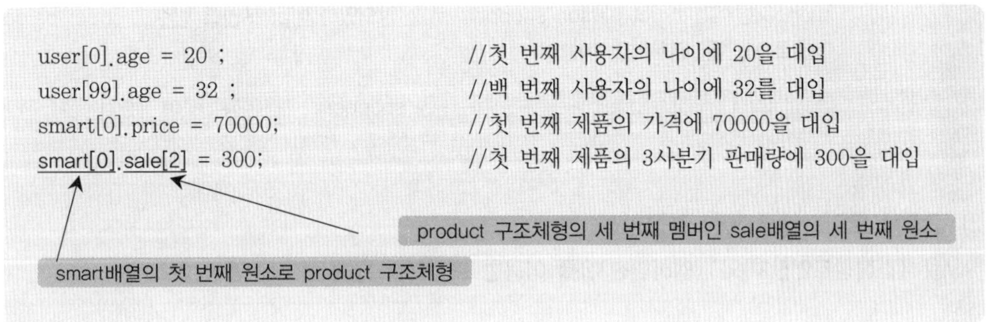

user[0].age = 20 ; //첫 번째 사용자의 나이에 20을 대입
user[99].age = 32 ; //백 번째 사용자의 나이에 32를 대입
smart[0].price = 70000; //첫 번째 제품의 가격에 70000을 대입
smart[0].sale[2] = 300; //첫 번째 제품의 3사분기 판매량에 300을 대입
product 구조체형의 세 번째 멤버인 sale배열의 세 번째 원소
smart배열의 첫 번째 원소로 product 구조체형

4 구조체 포인터

구조체의 시작 주소 값을 저장하는 구조체 포인터에 대해 *(간접 연산자)와 .(멤버연산자)를 조합하거나 ->(멤버 연산자)를 사용하여 구조체를 참조할 수 있음

(1) 구조체 포인터 선언

① 구조체 포인터 선언하기

[형식] 구조체 포인터 변수 선언

struct 구조체 태그명 *구조체 포인터 변수명;

- *는 간접 참조 연산자로 포인터 변수가 가리키는 곳을 의미함. 즉, 이 선언문은 구조체 포인터가 기리키는 곳에 구조체 태그명의 구조체가 있다는 것을 의미함

struct person *ptr;

- ptr은 person형의 구조체 데이터를 가리키는 포인터임을 선언함. 그러므로 ptr에 저장되는 것은 person형 구조체가 저장된 곳의 시작주소임
- 주소를 저장하므로 일반 포인터 변수와 마찬가지로 4바이트가 할당됨

ptr [| | |] ← person형 구조체의 시작주소만 저장됨

② 포인터가 구조체를 가리키게 하기

[형식] 포인터가 구조체를 가리키게 하기

구조체 포인터 변수명 = &구조체 변수명;

- 포인터 변수에 구조체 변수의 시작주소를 대입하므로 포인터 변수는 구조체 변수에 해당하는 기억장소를 가리키게 함
- 구조체 포인터 변수를 선언할 때 명시한 자료형과 구조체 변수명의 자료형은 같은 구조체이어야 함

ptr = &shopper;

- shopper변수가 struct person shopper; 로 선언되었다면 ptr포인터 변수도 struct person *ptr;로 선언된 경우에만 가능

ptr [&shopper] ⟶ shopper ["김유정" | "여" | 20]

(2) 구조체 포인터를 사용한 간접참조

① *(간접참조연산자)와 .(멤버연산자)를 이용한 포인터를 통해 구조체 멤버 참조하기

[형식] 포인터를 통한 구조체 멤버 참조: *(간접참조연산자)와 .(멤버연산자) 사용하기

(*구조체 포인터 변수명).멤버명

(*ptr).age=20;

- ptr이 가리키는 구조체의 age멤버에 20을 저장함. 'shopper.age=20;'과 같은 표현
  printf("%d",(*ptr).age); //결과는 '20'임
- ptr이 가리키는 구조체의 age멤버를 참조하여 저장된 값을 출력
- '*ptr'은 ptr에 저장된 주소에 해당하는 기억장소를 의미함. 이 기억장치에는 person형 구조체가 저장되어 있으므로 '*ptr'에 저장된 age멤버를 참조하려면 (*ptr).age로 표현해야 함

ptr [&shopper] ⟶ shopper ["김유정" | "여" | 20]

② '->' 이용한 포인터를 통해 구조체 멤버 참조하기

[형식] 포인터를 통한 구조체 멤버 참조 : ->(멤버연산자) 사용하기

구조체 포인터 변수명 -> 멤버명

'포인터 변수가 가리키는 구조체의'를 의미하므로 뒤에 '.'를 사용하지 않고 곧바로 멤버명을 사용

printf("%s", ptr -> age);
- ptr이 가리키는 구조체의 age멤버에 저장된 값을 출력

ptr -> age = 30;
- ptr이 가리키는 구조체의 age멤버에 30을 저장
- (*ptr).age와 의미는 같지만 '*', '.'로 표시하는 것보다 편리하게 사용할 수 있음

5 함수 간의 구조체 전달

(1) 값에 의한 호출

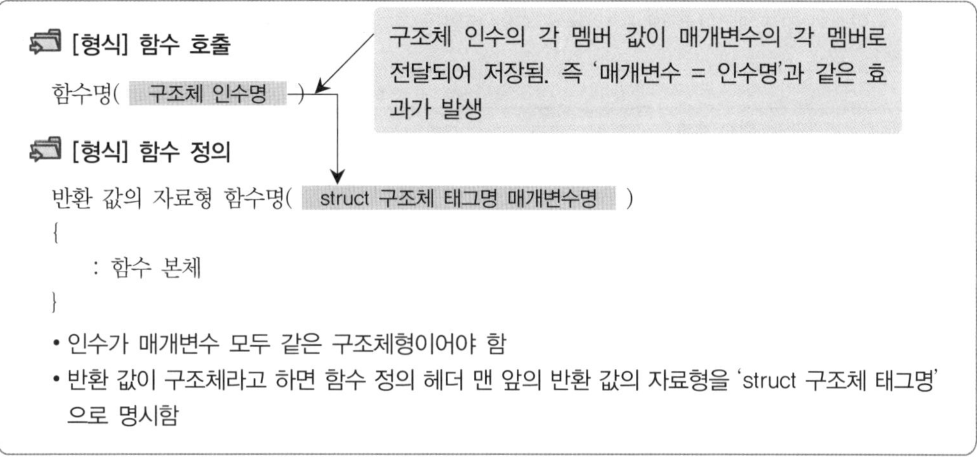

[형식] 함수 호출
함수명(구조체 인수명)
구조체 인수의 각 멤버 값이 매개변수의 각 멤버로 전달되어 저장됨. 즉 '매개변수 = 인수명'과 같은 효과가 발생
[형식] 함수 정의
반환 값의 자료형 함수명(struct 구조체 태그명 매개변수명)
{
: 함수 본체
}

- 인수가 매개변수 모두 같은 구조체형이어야 함
- 반환 값이 구조체라고 하면 함수 정의 헤더 맨 앞의 반환 값의 자료형을 'struct 구조체 태그명'으로 명시함

함수 호출	함수 정의
print(buyer);	void print(struct person shopper) { ...... }

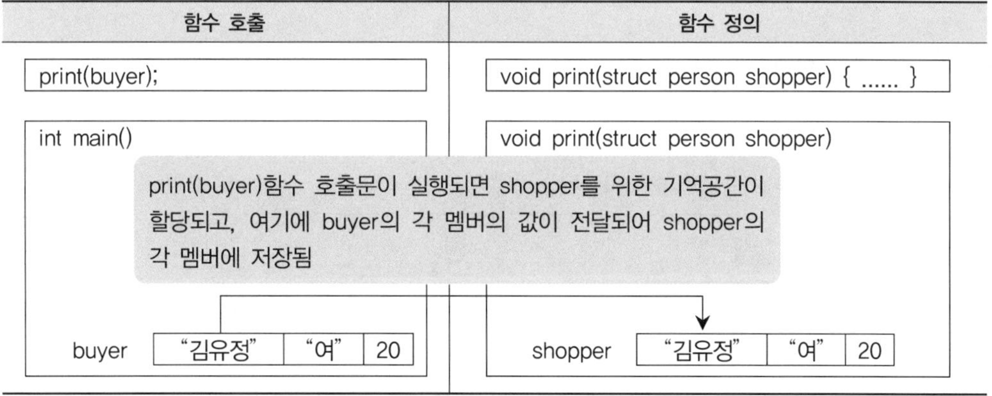

(2) 주소에 의한 호출

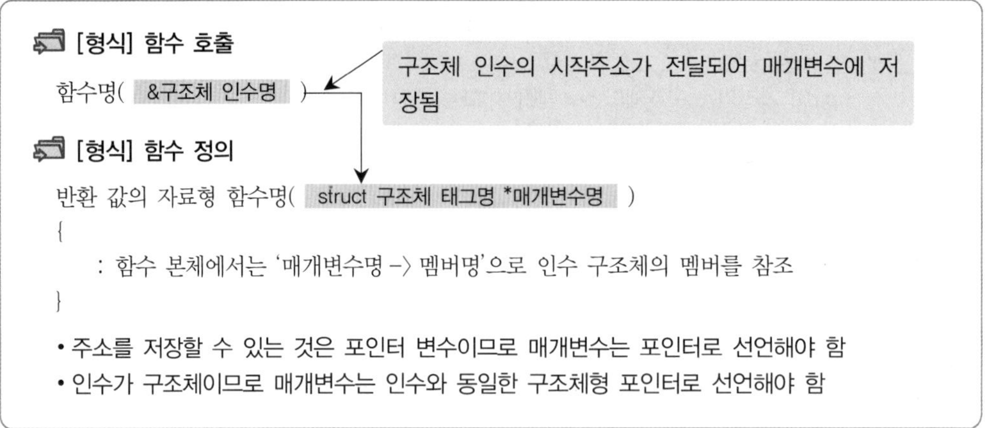

[형식] 함수 호출
함수명(&구조체 인수명)
구조체 인수의 시작주소가 전달되어 매개변수에 저장됨
[형식] 함수 정의
반환 값의 자료형 함수명(struct 구조체 태그명 *매개변수명)
{
: 함수 본체에서는 '매개변수명 -> 멤버명'으로 인수 구조체의 멤버를 참조
}
• 주소를 저장할 수 있는 것은 포인터 변수이므로 매개변수는 포인터로 선언해야 함
• 인수가 구조체이므로 매개변수는 인수와 동일한 구조체형 포인터로 선언해야 함

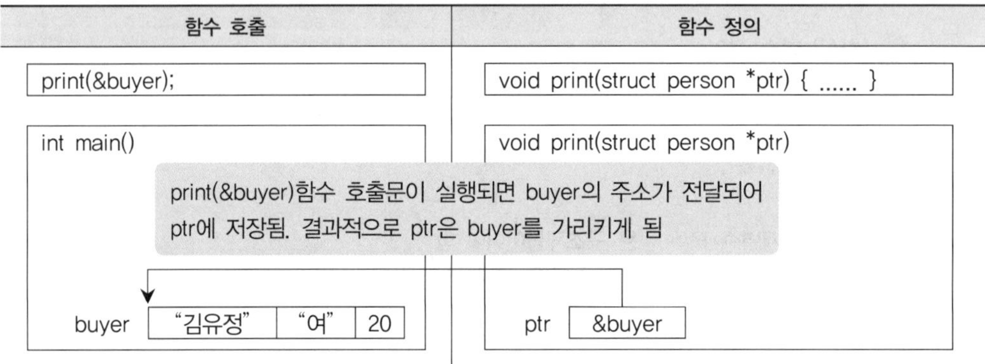

(3) 구조체 배열 전달

① 배열 선언 방식

함수를 정의할 때 매개변수를 배열로 선언하였더라도 실제로 새로운 배열이 만들어지는 것이 아니라 배열명이 포인터 변수로써 사용되는 것뿐임

[형식] 함수 호출

함수명(구조체 배열명) — 구조체 배열명은 배열명만 씀

[형식] 함수 정의

반환 값의 자료형 함수명 (struct 구조체 태그명 배열명[원소수]) — () 배열을 선언
{
: 함수 본체
}

② **포인터 선언방식**

[형식] 함수 호출

함수명(구조체 배열명)	구조체 배열명은 배열명만 씀

[형식] 함수 정의

```
반환 값의 자료형 함수명 (struct 구조체 태그명 *포인터 변수명)
{
: 함수 본체
}
```

전달받는 구조체 배열의 자료형과 동일해야 함

제2절 공용체와 열거형

1 공용체

같은 메모리 영역을 여러 개의 변수들이 공유할 수 있게 하는 기능으로 메모리를 절약하기 위해 사용함. 공용체는 멤버들이 같은 공간을 공유하기 때문에 동시에 멤버 변수들의 값을 저장할 수 없으면 어떤 순간에는 하나의 멤버만 존재할 수 있음. 구조체에서 각 멤버는 독립된 공간을 할당받고, 공용체에서는 가장 큰 멤버의 크기만큼의 메모리가 할당됨

(1) 공용체의 선언

공용체 변수의 크기는 멤버 중에서 크기가 가장 큰 멤버로 결정됨

[형식] 공용체의 선언

```
union 공용체형 태그명
{
   자료형 멤버명1;
   자료형 멤버명2;
   …
};
union  공용체형 태그명 공용체 변수명;
```

구조체의 struct 대신 union을 씀

(2) 공용체 변수의 초기화

[형식] 공용체 변수 초기화

union 공용체형 태그명 공용체 변수명 = {123};
- 공용체 변수의 선언과 초기화

union 공용체형 태그명 공용체 변수명 = {.멤버명 = 123};
- 첫 번째 멤버가 아닌 멤버를 초기화할 때 .(멤버연산자)를 직접 지정

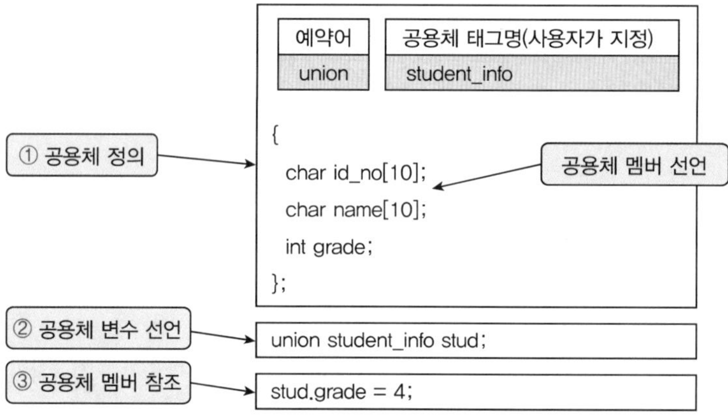
예약어
union
공용체 태그명(사용자가 지정)
student_info
① 공용체 정의
{
char id_no[10];
char name[10];
int grade;
};
공용체 멤버 선언
② 공용체 변수 선언
union student_info stud;
③ 공용체 멤버 참조
stud.grade = 4;

2 열거형

열거형이란 변수가 가질 수 있는 값들을 나열해 놓은 자료형임. 즉 변수가 가질 수 있는 값들을 나타내는 상수들을 모아 놓은 자료형임. 열거형으로 선언된 변수는 열거형에 정의된 상수들만을 가질 수 있음

(1) 열거형의 정의와 선언

① 열거형의 정의

[형식] 열거형의 정의

enum 열거형 태그 {열거행 변수에 저장할 수 있는 기호화된 정수 값들};

enum days{SUN, MON, TUE, WED, THU, FRI, SAT};
- 열거형 days을 저장하기 위한 문장
- SUN, MON, TUE, WED, THU, FRI, SAT와 같은 기호상수들이 모여 있는 자료형

② **열거형의 선언**

[형식] 열거형의 선언
enum 열거형 태그 열거형 변수;
열거형 변수 = 기호상수;

enum days today; today = SUN;	today는 열거형 변수로 열거형 태그 days에 정의된 값들을 가질 수 있음. 즉 SUN, MON, TUE, WED, THU, FRI, SAT중에서 하나만을 가질 수 있음
today = MY_Day;	정의되지 않은 값을 대입하면 오류가 발생

③ **열거형의 예**

```
enum colors { white, red, blue, green, black };
enum boolen { false, true };
enum levels { low, medium, high };
enum car_types { sedan, suv, sports_car, van_pickup, convertible };
```

(2) 기호상수들의 값

열거형 days안에 들어 있는 상수들은 0에서 시작하여 1씩 증가하는 정수 값으로 자동으로 설정됨. 즉 SUN은 0이고 MON은 1임

```
enum days{SUN, MON, TUE, WED, THU, FRI, SAT};
SUN = 0, MON = 1, …
```

이러한 값들의 배정은 사용자가 변경할 수 있고, 만약 1부터 시작하려면 첫 번째 식별자 뒤에 = 1을 붙여줌

```
enum days{SUN = 1, MON, TUE, WED, THU, FRI, SAT};
SUN = 1, MON = 2, …
```

필요한 경우에 사용자가 모든 식별자들의 값을 지정할 수도 있음

```
enum days{SUN = 7, MON = 1, TUE, WED, THU, FRI, SAT = 6};
SUN = 7, MON = 1, TUE = 2, SAT = 6, …
```

(3) 다른 방법과의 비교

정수 사용	기호상수	열거형

switch(code){
case 1:
printf("LCDTV\n");break;
case 2:
printf("OLEDTV\n");break;
}
	#define LCD 1
	#define OLED 2
	...
	switch(code){
	case LCD:
	printf("LCDTV\n");break;
	case OLED:
	printf("OLEDTV\n");break;
	}
		enum tvtype{LED,OLED};
		enum tvtype code;
		...
		switch(code){
		case LCD:
		printf("LCDTV\n");break;
		case OLED:
		printf("OLEDTV\n");break;
		}

컴퓨터는 알기 쉬우나 사람은 기억하기 쉽지 않음	기호 상수를 작성할 때 오류를 예방할 수 있음	컴파일러에 중복이 일어나지 않도록 가독성과 이해도를 높일 수 있음

제3절 동적 기억장소 할당

정적 할당은 실행 전 컴파일 시점에 변수나 배열에 필요한 기억장소의 크기가 결정됨. 반면 동적 할당은 프로그램을 실행하면서 실제로 필요한 만큼의 기억장소를 힙 영역에서 할당받아 사용하고 더 이상 필요하지 않다면 다음 동적 할당이나 다른 프로그램에서 사용할 수 있도록 해제함. 그러므로 동적 메모리 할당을 이용하면 기억장소를 낭비하지 않고 효율적으로 사용할 수 있음

더 알아두기

주기억장치의 네 가지 영역

① 코드 영역	← CPU에게 내리는 명령어 코드
② 데이터 영역	← 전역 변수와 정적 변수
③ 힙 영역	← 동적으로 할당할 기억 장소
④ 스택 영역	← 함수의 매개변수와 지역 변수

① **코드 영역**: C프로그램을 컴파일하면 CPU에게 내리는 명령어 코드를 모아둔 영역
② **데이터 영역**: 코드에서 처리할 데이터만 모아둔 영역으로, 저장되는 변수는 프로그램의 전역 변수와 정적 변수뿐임
③ **힙 영역**: 프로그램이 실행되는 동안 요청한 기억장소가 할당되는 곳으로, 동적 배열과 같이 프로그램 실행 동안 크기가 결정되는 동적 자료가 저장되는 곳임
④ **스택 영역**: 지역 변수는 프로그램이 실행되면서 함수가 실제로 호출되면 기억공간을 할당받으므로, 함수가 호출되었을 때 매개변수와 함수의 지역 변수를 위해 할당하는 기억장소임

1 동적 할당 함수 : malloc() 함수

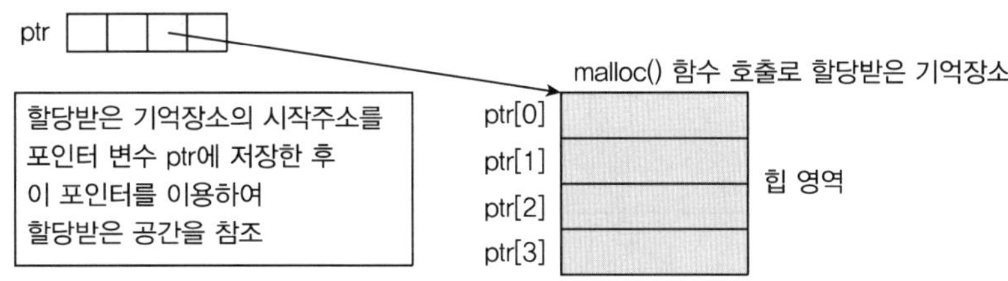

[형식] malloc() 함수 호출

자료형 *포인터 변수명;
포인터 변수명 = (자료형*) malloc(기억장소 크기 : 바이트 단위)

- 지정한 크기의 기억장소를 할당받아 시작주소를 반환 (malloc)
- 동적 할당 기억장소의 시작주소를 저장한 자료형의 포인터로 캐스팅함 (자료형*)
- 캐스팅 동적 할당 기억장소의 시작주소를 포인터 변수에 저장함. 즉 포인터 변수는 할당받은 기억장소를 가리키게 함 (=)

- malloc() 함수 : #include〈stdlib.h〉를 추가
- (자료형*) : malloc() 함수는 할당받은 기억장소의 시작 주소를 void형 포인터로 반환하므로 할당된 기억장소를 용도에 맞게 여러 개의 int형, double형 값을 저장할 공간으로 사용하려면 원하는 자료형으로 캐스팅해야 함. 즉 주소를 저장할 포인터 변수의 자료형과 동일한 자료형으로 캐스팅해야 함
- 힙 영역에 할당가능한 기억장소가 없다면 malloc() 함수는 NULL 매크로 상수를 반환하므로 동적 할당을 요청한 후에는 반드시 할당 여부를 확인하는 것을 권장함

```
int *ptr;
ptr = (int*)malloc(sizeof(int));   //sizeof 뒤의 () 안에 자료형의 크기를 구함
```

- 정수 한 개를 저장할 수 있는 공간이 할당되고 ptr이 이를 가리킴

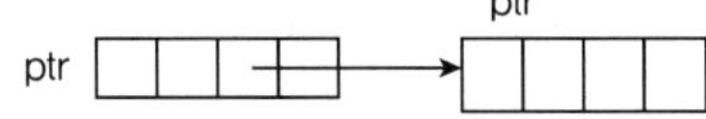


```
char *ch;
ch = (char*)malloc(sizeof(char)*10);
```

- 문자 열 개를 저장할 수 있는 공간이 할당되고 ch가 이를 가리킴

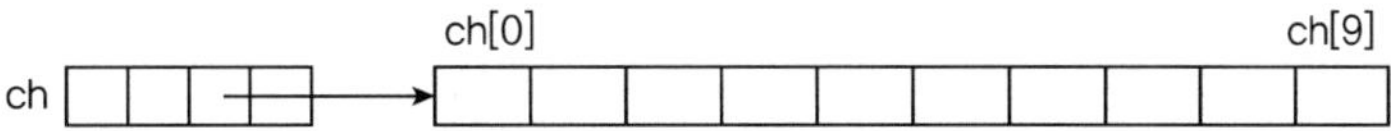

int *score = (int*)malloc(sizeof(int)*5);

• 정수 다섯 개를 저장할 수 있는 공간이 할당되고 score가 이를 가리킴

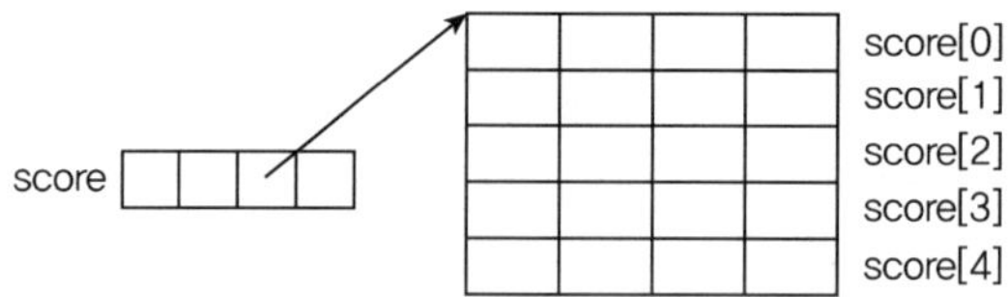

2 동적 할당 기억장소 해제함수 : free() 함수

[형식] free() 함수

free(포인터 변수명); //() 안에는 해제할 동적 할당 기억장소를 가리키는 포인터 변수

free(ptr);	ptr = (int*)malloc(sizeof(int));로 할당받은 기억장소를 해제
free(ch);	ch = (char*)malloc(sizeof(char)*10);로 할당받은 기억장소를 해제
free(score);	int *score = (int*)malloc(sizeof(int)*5);로 할당받은 기억장소를 해제

3 동적 할당 관련 함수

함수	구분	내용
malloc	원형	void *malloc(unsigned int size);
	기능	size바이트 수만큼 할당하고 시작 위치 반환
	예	int *p = (int*)malloc(sizeof(int));
calloc	원형	void *calloc(unsigned int ab, unsigned int size);
	기능	(ab*size)바이트 수만큼 할당하고 0으로 초기화한 후 시작 위치 반환
	예	double *p = (double*)calloc(5,sizeof(double));
realloc	원형	void *realloc(void *p, unsigned int size);
	기능	p가 연결한 영역의 크기를 size바이트의 크기로 조정하고 시작 위치 반환
	예	char *p = (char*)realloc(p,2*strlen(str));
free	원형	void free(void *p);
	기능	p가 연결한 영역 반환

제8장 파일처리함수

제1절 파일 입 · 출력

1 파일

파일(file)은 디스크나 자기 테이프 등과 같은 보조기억장치에 파일명으로 저장된 물리적인 데이터 집합체임

(1) 프로그램과 데이터

① **프로그램** : 특정 문제를 해결하기 위해 CPU가 실행할 명령을 모아둔 파일로, 한글프로그램, 파워포인트 프로그램, 엑셀 프로그램, 포토샵 프로그램, C프로그램이 이에 해당됨

② **데이터** : 프로그램 파일이 실행되면서 처리할 데이터 또는 프로그램 실행 동안 처리한 결과를 모아둔 파일임

(2) 파일의 저장된 데이터 형식에 따른 분류

① **텍스트(text) 파일** : 파일 내용을 화면이나 프린터로 출력해서 볼 때 사람이 알고 있는 문자로 표시되고, 지금까지 사용자가 키보드로 직접 입력해서 만든 프로그램 소스 파일이나 메모장에서 작성한 파일들임

② **이진(binary) 파일** : 사람에게는 의미가 없는 이상한 문자로 표시되어 컴퓨터의 특정 프로그램에 의해서만 읽을 수 있는 파일로, 그 예로 프로그램 실행 파일, 음악 파일, 이미지 파일 등이 있음

(3) 파일의 접근 방식에 따른 분류

① **순차(sequential) 파일** : 데이터를 처음부터 순차적으로 읽거나 쓰기 때문에 이미 읽은 데이터를 다시 읽으려면 파일을 닫은 다음 다시 열고, 파일의 맨 처음부터 읽어서 원하는 위치까지 이동하여 데이터를 읽어야 하는 파일

② **랜덤(random) 파일** : 파일의 어느 위치든지 곧바로 이동하여 읽고 쓰는 것이 가능한 파일로, 어떤 파일이든지 순차적으로 접근할 수도 있고 임의적으로 접근할 수도 있음

2 파일 처리 과정

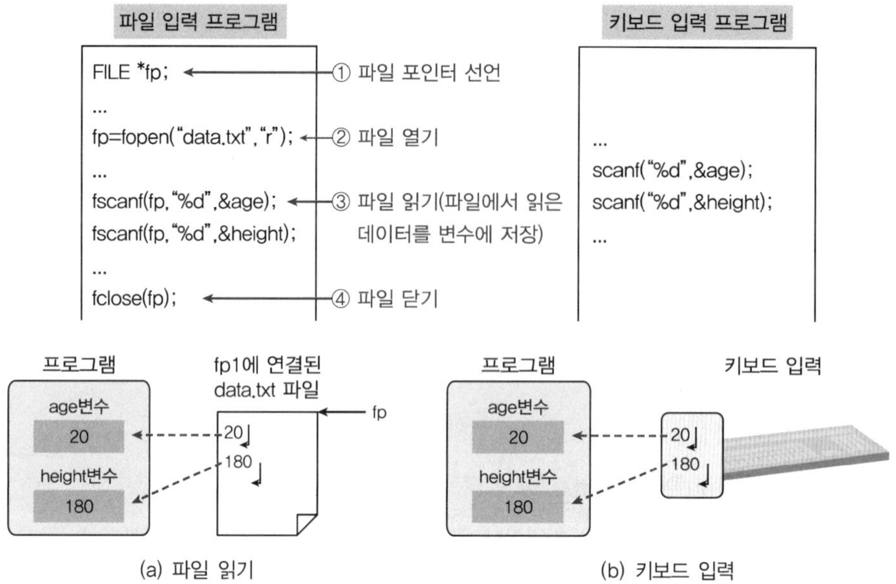

(a) 파일 읽기 (b) 키보드 입력

① 파일 포인터 선언 : 수많은 파일 중 하나를 지정하고, 이 파일에서 읽기/쓰기를 하는데 필요한 정보를 가리키는 FILE형 포인터를 선언해야 함
② 파일 열기 : 입·출력을 원하는 파일을 사용할 수 있도록 open한 후에 FILE형 포인터와 연결
③ 파일 읽기 : 파일 입·출력 함수를 이용하여 이 포인터에 연결된 파일로부터 데이터 읽기/쓰기를 함
④ 파일 닫기 : 파일의 모든 입·출력이 끝나면 열린 파일과 FILE형 포인터와의 연결을 해제하여 파일을 닫음

(1) 파일 포인터 선언

[형식] 파일 포인터 선언

FILE *파일 포인터 변수명

```
FILE *fp, *fw; //fp와 fw를 파일 포인터로 선언
```

(2) 파일 열기 : fopen() 함수

[형식] 파일 열기 : fopen() 함수

파일 포인터 변수명 = fopen("파일명", "모드");

① 파일 참조 모드

모드	용도	모드	용도	주의사항
r	읽기 전용	r+	읽기/쓰기	"파일명"의 파일이 없다면 오류로 NULL을 반환
w	쓰기 전용	w+	읽기/쓰기	파일의 원래 내용을 모두 지운 후 처음부터 씀. "파일명"의 파일이 없다면 새로 만듦
a	추가 전용	a+	읽기/쓰기	파일의 내용 끝에 데이터를 추가(append) "파일명"의 파일이 없다면 새로 만듦

② 파일 형태 모드

모드	파일 형태	사용 예
t	텍스트 파일	"wt" : 텍스트 파일로서 쓰기 전용으로 open "wb" : 이진 파일로서 쓰기 전용으로 open "w" : 파일 형태 모드가 없으면 텍스트 모드로 지정됨
b	이진 파일	

(3) 파일 입·출력 함수

처리대상	처리단위	파일입력	표준입력	파일출력	표준출력
텍스트 파일	지정형식 단위	fscanf()	scanf()	fprintf()	printf()
	문자 단위	fgetc()	getchar(), getch()	fputc()	putchar(), putch()
	문자열 단위	fgets()	gets()	fputs()	puts()
이진 파일	블록	fread()		fwrite()	

(4) 파일 닫기 : fclose() 함수

[형식] 파일 닫기: fclose() 함수

fclose(파일 포인터 변수명);

- 파일 포인터명과 연결된 파일이 닫히며 파일 포인터와의 연결이 해제됨
- 연결이 해제된 파일 포인터는 다음 파일에서 다시 연결하여 사용할 수 있음
- 파일 닫기에 성공하면 0을, 실패하면 −1에 해당하는 EOF(End Of File)라는 상수를 반환함

fclose(fp);

- fp = fopen("data.txt","w";로 fp에 연결된 data.txt 파일을 닫고 fp와의 연결을 해제

3 형식을 지정한 파일 입 · 출력

(1) 형식을 지정한 파일 출력 : fprintf() 함수

[형식] 지정한 형식으로 파일 쓰기: fprintf() 함수

fprintf(파일 포인터 변수, "변환 명세를 포함한 형식 문자열",변수명);

- 변수에 저장된 값을 "형식 문자열"에 맞게 변환하여 파일 포인터에 연결된 파일에 기록함. 변수명 대신 상수 또는 수식을 사용해도 됨
- 파일 포인터 변수 외 나머지 인수는 printf() 함수와 똑같은 역할을 함. 그러므로 파일 포인터 변수명을 stdout으로 지정하면 모니터로 출력됨

(2) 형식을 지정한 파일 입력 : fscanf() 함수

[형식] 지정한 형식으로 파일 읽기 : fscanf() 함수

fscanf(파일 포인터 변수, "변환명세", &변수명)

- 파일 포인터에 연결된 파일에서 변환명세에 맞게 데이터를 한 개 읽어서 변수명에 저장
- 파일 포인터 변수명 외 나머지 인수는 scanf() 함수와 똑같은 역할을 함. 그러므로 파일 포인터 변수명을 stdin으로 지정하면 키보드에서 입력받음
- 읽기에 실패하거나 파일의 끝에 도달했다면 EOF를 반환

(3) 파일 추가

파일 참조에 추가모드로 파일을 열어 파일의 끝에 자료를 추가함. 이전 실행결과와 새 실행결과를 같은 파일에 저장하고 싶을 때는 추가 모드로 열어야 함. 기본 파일 내용을 삭제하지 않으므로 안정적으로 파일에 저장한 후 편집기에서 파일을 열어 필요 없는 데이터를 직접 제거하거나 편집하는 목적으로도 사용됨

(4) 파일의 끝 확인

① feof() 함수 활용하기

[형식] 파일의 끝을 지났는지 확인하기 : feof() 함수

feof(파일 포인터 변수명)

- 파일 포인터에 연결된 파일의 끝을 지나갔다면 0이 아닌 값(참)을, 아직 파일의 끝을 지나지 않았다면 0(거짓)을 반환
- feof() 함수는 파일 포인터 변수가 가리키는 FILE 구조체에서 파일의 끝을 지났음을 알려주는 플래그를 참조하여 반환 값을 반환

```
if(feof(fp)) fclose(fp);
```
• fp에 연결된 파일의 끝을 지났다면 파일을 닫음

② fscanf() 함수의 반환 값을 활용하기

```
15 //파일에 저장된 모든 나이를 읽어서 모니터에 출력하기
16 //일단 파일에서 정수를 한 개 읽어온 후 성공했다면 출력하기를 반복
17 while(fscanf(fp, "%d", &age) ! = EOF)
18   printf("%2d \n", age);  //파일에서 읽은 정수(나이)를 모니터로 출력하기
19
20 fclose(fp);                                    //fp에 연결된 파일 닫기
21
```

㉠ 17행 : 일단 파일에서 정수를 한 개 읽어온 후 성공했다면 출력하고, while문이 참이 되므로 다시 반복하여 파일의 정수 값을 읽어옴. 읽어들인 파일의 마지막까지 출력한 후 while문이 거짓이 되면 20행으로 이동

㉡ 20행 : 읽어들인 파일의 마지막까지 출력 후 fp에 연결된 파일을 닫고 프로그램을 종료

4 문자 단위 파일 입 · 출력

(1) 문자 단위로 파일에 쓰기 : fputc() 함수

[형식] 문자를 파일에 쓰기 : fputc() 함수

```
fputc(문자, 파일 포인터 변수명);  //문자를 파일 포인터 변수가 가리키는 파일에 씀
fputc(정수, 파일 포인터 변수명);  //ASCII 코드 값이 정수에 해당하는 문자 한 개를 파일 포인터
                                    변수가 가리키는 파일에 씀
```

```
fputc(67,fp);
```
• fp에 연결된 파일에 ASCII code값이 67인 문자 'C'를 씀

```
ch = 'A';
fputc(ch,fp);
```
• fp에 연결된 파일에 'A'를 씀

(2) 문자 단위로 파일 읽기 : fgetc() 함수

[형식] 파일에서 문자 한 개 읽기 : fgetc() 함수

fgetc(파일 포인터 변수명);

- 파일 포인터 변수명에 연결된 파일에서 문자 한 개를 읽어서 반환
- 반환형은 읽은 문자의 ASCII code값이 반환되기 때문에 int형으로 함
- 읽기 오류가 발생하거나 파일의 끝에 도달하면 −1에 해당하는 매크로 상수 EOF를 반환함

```
char ch;
FILE *fp = fopen("data.txt","r");
ch = fgetc(fp);
```

fp에 연결된 data.txt 파일에서 문자 한 개를 읽은 후 ch에 저장함

5 문자열 단위 파일 입 · 출력

(1) 문자열 단위 출력 : fputs() 함수

[형식] 파일에 문자열 쓰기 : fputs() 함수

fputs(문자열 시작 주소, 파일 포인터 변수명)

- 문자열 시작 주소에 저장된 문자열을 파일 포인터에 연결된 파일에 씀. 이때 문자열의 끝을 나타내는 널문자는 파일에 쓰지 않으며 그 뒤에 개행 문자도 자동으로 들어가지 않음
- 출력이 성공하면 출력한 바이트 수를 반환하고, 실패하면 EOF를 반환

```
fputs("문자열 단위 출력",fp);
```

문자열 "문자열 단위 출력"을 fp에 연결된 파일에 씀. 문자열 내용 뒤에 추가로 개행문자를 출력하지 않음

(2) 문자열 단위 입력 : fgets() 함수

[형식] 파일의 문자열 읽기 : fgets() 함수

fgets(문자열 저장 주소, 최대 입력 문자수, 파일 포인터 변수명)

- 파일 포인터에 연결된 파일에서 (최대 입력 문자수 − 1)개의 문자를 읽은 후 뒤에 널문자(\0)를 합친 문자열을 지정한 문자열 저장 주소부터 저장함. 만일 최대 입력 문자 개수만큼 읽지 않았는데 중간에 개행 문자(\n)를 읽었다면 읽기를 중단하고 뒤에 널문자(\0)를 합친 문자열을 저장함. 즉 gets()와 달리 개행 문자도 문자열에 포함한다는 것에 주의
- 파일을 읽는 중 파일의 끝에 도달하거나 오류가 발생하면 NULL포인터를 반환

```
char string1[20], string2[20], string3[20];
FILE *fp = fopen("address.txt","r");
fgets(string1,20,fp);
```

파일에서 20개의 문자를 읽기 전에 개행 문자를 읽으므로 뒤에 널문자를 합친 "DWKIM, Incheon.\n"을 string1(배열명은 배열의 시작 주소) 배열에 저장

```
fgets(string2,20,fp);
```

- 파일에서 (20-1)개의 문자를 읽은 후 뒤에 널문자를 합친 "Dongwook-Kim, Inche"을 string2에 저장

```
fgets(string3,20,fp);
```

- 이전에 읽은 곳 다음부터 읽다가 20개의 문자를 읽기 전에 개행 문자를 읽게 됨. 따라서 그 뒤에 널문자를 합친 "on-Seoul.\n"을 string3에 저장

	[0]	[1]	[2]	[3]	[4]	[5]	[6]	[7]	[8]	[9]	[10]	[11]	[12]	[13]	[14]	[15]	[16]	[17]	[18]	[19]
string1	D	W	K	I	M	,		I	n	c	h	e	o	n	.	\n	\0			
string2	D	o	n	g	w	o	o	k	–	K	i	m	,		I	n	c	h	e	\0
string3	o	n	–	S	e	o	u	l	.	\n	\0									

```
DWKIM, Incheon.↵
Dongwook-Kim, Incheon-Seoul.↵
```

address.txt 파일

제2절 이진 파일 입 · 출력

1 이진 파일에 쓰기 : fwrite() 함수

[형식] 이진 파일에 쓰기 : fwrite() 함수

FILE *fp = fopen("파일명", "wb");

- 이진 파일 열기(w : 쓰기, b : 이진파일)

fwrite(데이터 시작 주소, 블록 크기, 블록 개수, 파일 포인터 변수명);

- 데이터 시작 주소부터 저장된 (블록 크기 * 블록 개수)바이트의 데이터를 파일 포인터 변수에 연결된 이진 파일에 쓴 후 파일에 쓴 블록의 개수를 반환
- 블록 크기는 바이트 단위로, 블록 개수는 정수로 지정
- 이진 파일에 쓰는 데이터의 형은 달라도 되지만 이럴 경우 이진 파일에서 읽어 올 때 데이터를 기록한 순서와 정확히 일치하도록 읽어야 함

2 이진 파일에 읽기 : fread() 함수

[형식] 이진 파일 읽기 : fread() 함수

FILE *fp = fopen("파일명", "rb");

- 이진 파일 열기(r : 읽기, b : 이진파일)

fread(데이터 저장 시작 주소, 블록 크기, 블록 개수, 파일 포인터 변수명);

- 파일 포인터 변수에 연결된 파일에서(블록 크기 * 블록 개수)바이트의 데이터를 읽어서 시작 주소에 저장한 후 읽은 블록 개수를 반환
- 블록 크기는 바이트 단위로, 블록 개수는 정수로 지정
- 첫 인수인 데이터 저장 시작 주소에 해당하는 기억장소는 (블록 크기 * 블록 개수)바이트의 데이터를 저장하기에 충분한 기억장소여야 함

제3절 파일의 임의 접근

1 파일 위치 지시자 이동하기 : fseek() 함수

[형식] 파일 위치 지시자 이동하기 : fseek() 함수

fseek(파일 포인터 변수명, 오프셋, 기준점)

- 파일 포인터 변수에 연결된 파일의 파일 위치 지시자가 기준점으로부터 오프셋만큼 떨어진 곳을 가리키게 함. 즉 읽기/쓰기를 시작할 위치를 (기준점 + 오프셋)바이트 위치로 변경
- 기준점(whence) : 오프셋을 적용할 기준점으로 다음 세 매크로 상수 중 한 개를 사용
  - SEEK_SET : 0이며 파일의 시작 지점을 의미
  - SEEK_CUR : 1이며 파일의 현재 지점을 의미
  - SEEK_END : 2이며 파일의 끝 지점을 의미
- 오프셋(offset) : 기준점에서 몇 바이트 이동할지를 나타내는 long형 정수로 기준점 이전이라면 음수를, 이후라면 양수를 사용
- 이동에 성공하면 0을 반환하고, 실패하면 0이 아닌 값을 반환

fseek(fp, 100, SEEK_SET);
- 다음 읽기/쓰기 위치를 파일 시작 지점에서 100바이트 이후로 이동

fseek(fp, 200, SEEK_CUR);
- 다음 읽기/쓰기 위치를 현재 위치에서 200바이트 이후로 이동

fseek(fp, −100, SEEK_END);
- 다음 읽기/쓰기 위치를 파일의 끝 지점에서 100바이트 이전으로 이동

2 rewind() 함수

[형식] rewind() 함수

rewind(파일 포인터 변수명)

- 파일 포인터에 연결된 파일의 다음 읽기/쓰기 위치를 파일의 시작 지점으로 이동

3 ftell() 함수

[형식] ftell() 함수

ftell(파일 포인터 변수명);

- 파일 포인터 변수에 연결된 파일에서 다음 읽기/쓰기를 시작할 위치를 반환

```
rewind(fp);
position=ftell(fp);
```

rewind() 함수에 의해 파일 위치 지시자가 파일의 시작 위치로 변경된 직후 ftell() 함수를 호출했으므로 position에는 0이 저장

```
#include 〈stdio.h〉

int main(void)
{
 FILE *fp;

 char buffer[100];

 fp = fopen(“sample.txt”, “wt”);
 fputs(“ABCDEFGHIJKLMNOPQRSTUVWXYZ”, fp);
 fclose(fp);

 fp = fopen(“sample.txt”, “rt”);


 fseek(fp, 3, SEEK_SET);
 printf(“fseek(fp, 3, SEEK_SET) = %c \n”, fgetc(fp));

 fseek(fp, -1, SEEK_END);
 printf(“fseek(fp, -1, SEEK_END) = %c \n”, fgetc(fp));

 fclose(fp);
 return 0;
}
```

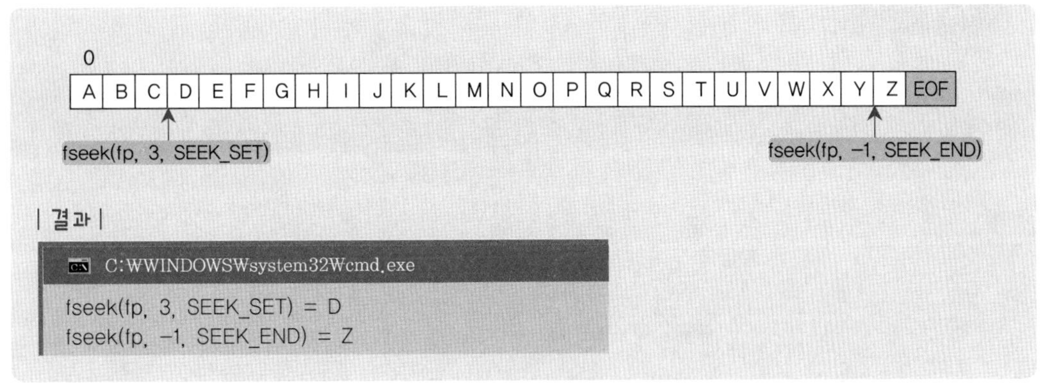
0
A B C D E F G H I J K L M N O P Q R S T U V W X Y Z EOF
fseek(fp, 3, SEEK_SET)
fseek(fp, −1, SEEK_END)
| 결과 |
C:WWINDOWSWsystem32Wcmd.exe
fseek(fp, 3, SEEK_SET) = D
fseek(fp, −1, SEEK_END) = Z

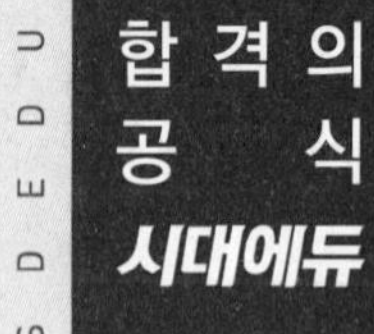

실패하는 게 두려운 게 아니라, 노력하지 않는 게 두렵다.

– 마이클 조던 –

독학사 2단계

컴퓨터공학과

C프로그래밍 핵심요약집

한번에

Pass!

1회

과학탐구 영역 [화학 I]

성명		수험 번호						–				

1. 그림은 학생 A가 작성한 캠핑 준비물 목록의 일부를 나타낸 것이다.

캠핑 준비물
☑ ㉠ 나일론 소재의 옷
☑ ㉡ 설탕($C_{12}H_{22}O_{11}$)과 소금
☑ ㉢ 숯과 화로

이에 대한 설명으로 옳은 것만을 〈보기〉에서 있는 대로 고른 것은?

〈보 기〉
ㄱ. ㉠은 합성 섬유이다.
ㄴ. ㉡은 탄소 화합물이다.
ㄷ. ㉢의 연소 반응은 발열 반응이다.

① ㄱ ② ㄷ ③ ㄱ, ㄴ ④ ㄴ, ㄷ ⑤ ㄱ, ㄴ, ㄷ

2. 다음은 학생 A가 세운 가설과 탐구 과정이다.

[가설]
○ 금속 결합 물질과 이온 결합 물질은 고체 상태에서의 전기 전도성 유무에 따라 구분된다.

[탐구 과정]
(가) 고체 상태의 금속 결합 물질 X와 이온 결합 물질 Y를 준비한다.
(나) 전기 전도성 측정 장치를 이용하여 고체 상태 X와 Y의 전기 전도성 유무를 각각 확인한다.

다음 중 학생 A가 세운 가설을 검증하기 위하여 탐구 과정에서 사용할 X와 Y로 가장 적절한 것은?

	X	Y		X	Y
①	Cu	Mg	②	Cu	H_2O
③	Cu	LiF	④	CO_2	H_2O
⑤	H_2O	LiF			

3. 다음은 AB_2와 B_2가 반응하여 A_2B_5를 생성하는 반응의 화학 반응식이다.

$$a\mathrm{AB_2} + b\mathrm{B_2} \longrightarrow c\mathrm{A_2B_5}\ (a\sim c\text{는 반응 계수})$$

이 반응에서 용기에 AB_2 4 mol과 B_2 2 mol을 넣고 반응을 완결시켰을 때, $\dfrac{\text{남은 반응물의 양(mol)}}{\text{생성된 }\mathrm{A_2B_5}\text{의 양(mol)}}$은? (단, A와 B는 임의의 원소 기호이다.)

① $\frac{1}{6}$ ② $\frac{1}{4}$ ③ $\frac{1}{3}$ ④ $\frac{1}{2}$ ⑤ 1

4. 그림은 원소 W~Z로 구성된 분자를 화학 결합 모형으로 나타낸 것이다.

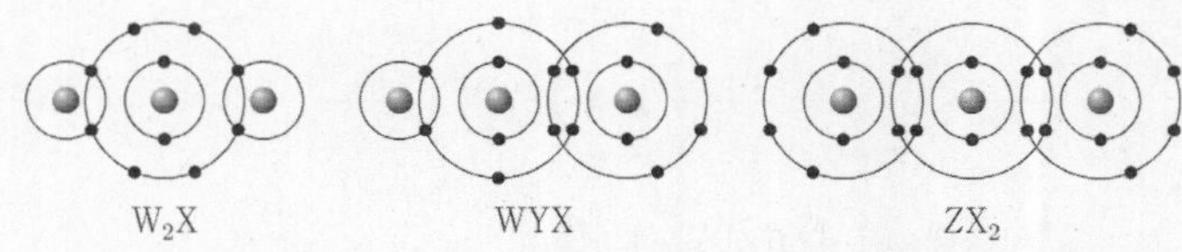

이에 대한 설명으로 옳은 것만을 〈보기〉에서 있는 대로 고른 것은? (단, W~Z는 임의의 원소 기호이다.) [3점]

〈보 기〉
ㄱ. W_2X는 무극성 분자이다.
ㄴ. WYX에서 X는 부분적인 음전하(δ^-)를 띤다.
ㄷ. 결합각은 WYX가 ZX_2보다 크다.

① ㄱ ② ㄴ ③ ㄷ ④ ㄱ, ㄴ ⑤ ㄴ, ㄷ

5. 표는 서로 다른 질량의 물이 담긴 비커 (가)와 (나)에 a g의 고체 설탕을 각각 넣은 후, 녹지 않고 남아 있는 고체 설탕의 질량을 시간에 따라 나타낸 것이다. (가)에서는 t_1일 때, (나)에서는 t_2일 때 고체 설탕과 용해된 설탕은 동적 평형 상태에 도달하였다. $0<t_1<t_2$이다.

시간		0	t_1	t_2
고체 설탕의 질량(g)	(가)	a	b	x
	(나)	a		c

이에 대한 설명으로 옳은 것만을 〈보기〉에서 있는 대로 고른 것은? (단, 온도는 일정하고, 물의 증발은 무시한다.) [3점]

〈보 기〉
ㄱ. $x=b$이다.
ㄴ. t_1일 때 (나)에서 설탕이 석출되는 반응은 일어나지 않는다.
ㄷ. t_2일 때 설탕의 $\dfrac{\text{석출 속도}}{\text{용해 속도}}$는 (가)에서가 (나)에서보다 크다.

① ㄱ ② ㄴ ③ ㄱ, ㄴ ④ ㄱ, ㄷ ⑤ ㄴ, ㄷ

6. 표는 원소 X와 염소(Cl)로 구성된 이온 결합 화합물에 대한 자료이다.

구성 이온	화합물 1 mol에 들어 있는 전체 이온의 양(mol)	화합물 1 mol에 들어 있는 전체 전자의 양(mol)
X^{2+}, Cl^-	a	46

이에 대한 설명으로 옳은 것만을 〈보기〉에서 있는 대로 고른 것은? (단, Cl의 원자 번호는 17이고, X는 임의의 원소 기호이다.) [3점]

〈보 기〉

ㄱ. $a=3$이다.
ㄴ. X(*s*)는 전성(펴짐성)이 있다.
ㄷ. X는 3주기 원소이다.

① ㄱ ② ㄷ ③ ㄱ, ㄴ ④ ㄴ, ㄷ ⑤ ㄱ, ㄴ, ㄷ

7. 그림은 분자 (가)~(다)의 구조식을 단일 결합과 다중 결합의 구분 없이 나타낸 것이다. (가)~(다)에서 모든 원자는 옥텟 규칙을 만족한다.

F−C−C−F (가)　F−O−O−F (나)　F−N(F)−N(F)−F (다)

이에 대한 설명으로 옳은 것만을 〈보기〉에서 있는 대로 고른 것은?

〈보 기〉

ㄱ. (가)에는 극성 공유 결합이 있다.
ㄴ. (나)에는 3중 결합이 있다.
ㄷ. 공유 전자쌍 수는 (다)>(가)이다.

① ㄱ ② ㄴ ③ ㄱ, ㄷ ④ ㄴ, ㄷ ⑤ ㄱ, ㄴ, ㄷ

8. 다음은 바닥상태 네온(Ne)의 전자 배치에서 전자가 들어 있는 오비탈 (가)~(다)에 대한 자료이다. n은 주 양자수이고, m_l은 자기 양자수이다.

○ n는 (가)=(나)>(다)이다.
○ $n+m_l$는 (가)=(다)이다.
○ (가)~(다)의 m_l 합은 0이다.

이에 대한 설명으로 옳은 것만을 〈보기〉에서 있는 대로 고른 것은?

〈보 기〉

ㄱ. (나)의 m_l는 +1이다.
ㄴ. (다)는 1*s*이다.
ㄷ. 방위(부) 양자수(l)는 (가)>(다)이다.

① ㄱ ② ㄴ ③ ㄱ, ㄷ ④ ㄴ, ㄷ ⑤ ㄱ, ㄴ, ㄷ

9. 다음은 X와 관련된 산화 환원 반응의 화학 반응식이다. X의 산화물에서 산소(O)의 산화수는 −2이다.

$$aX^{2-} + bNO_3^- + cH^+ \longrightarrow aXO_4^{2-} + bNO + dH_2O$$

(a~d는 반응 계수)

$\frac{b+d}{a}$는? (단, X는 임의의 원소 기호이다.)

① 3 ② 4 ③ 5 ④ 6 ⑤ 7

10. 다음은 원자 X~Z에 대한 자료이다. X~Z는 각각 N, O, F, Na, Mg 중 하나이고, X~Z의 이온은 모두 Ne의 전자 배치를 갖는다.

○ 바닥상태 전자 배치에서 X~Z의 홀전자 수 합은 5이다.
○ 제1 이온화 에너지는 X~Z 중 Y가 가장 크다.
○ (가)와 (나)는 각각 원자 반지름과 이온 반지름 중 하나이다.

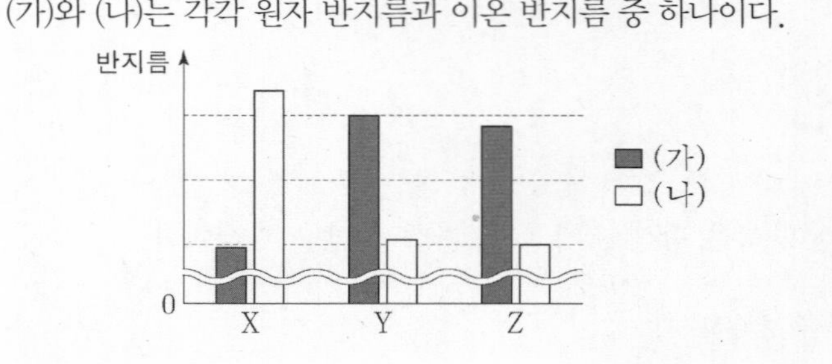

이에 대한 설명으로 옳은 것만을 〈보기〉에서 있는 대로 고른 것은? [3점]

〈보 기〉

ㄱ. (가)는 이온 반지름이다.
ㄴ. X는 Na이다.
ㄷ. 전기 음성도는 Z>Y이다.

① ㄱ ② ㄴ ③ ㄱ, ㄷ ④ ㄴ, ㄷ ⑤ ㄱ, ㄴ, ㄷ

11. 그림은 실린더 (가)와 (나)에 들어 있는 t ℃, 1기압의 기체를 나타낸 것이다. (가)와 (나)에 들어 있는 전체 기체의 밀도는 같다.

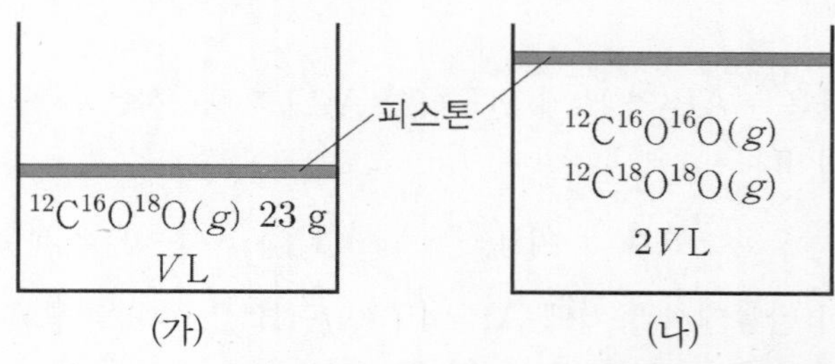

(나)에 들어 있는 전체 기체의 중성자 양(mol)은? (단, C, O의 원자 번호는 각각 6, 8이고, ^{12}C, ^{16}O, ^{18}O의 원자량은 각각 12, 16, 18이다.)

① 22 ② 23 ③ 24 ④ 25 ⑤ 26

12. 다음은 금속 A와 B의 산화 환원 반응 실험이다.

[실험 과정]
(가) A^{+}이 들어 있는 수용액 V mL를 준비한다.
(나) (가)의 수용액에 $B(s)$ w g을 넣어 반응을 완결시킨다.
(다) (나)의 수용액에 $B(s)$ $\frac{1}{2}w$ g을 넣어 반응을 완결시킨다.

[실험 결과]
○ (나), (다) 과정에서 A^{+}은 ㉠ 로 작용하였다.
○ (나), (다) 과정 후 B는 모두 B^{n+}이 되었다.
○ 각 과정 후 수용액에 존재하는 금속 양이온에 대한 자료

과정	(나)	(다)
금속 양이온 종류	A^{+}, B^{n+}	A^{+}, B^{n+}
금속 양이온 수 비율	$\frac{3}{4}$, $\frac{1}{4}$	$\frac{1}{2}$, $\frac{1}{2}$

다음 중 ㉠과 n으로 가장 적절한 것은? (단, A와 B는 임의의 원소 기호이고, 물과 반응하지 않으며, 음이온은 반응에 참여하지 않는다.)

	㉠	n		㉠	n
①	산화제	2	②	산화제	3
③	환원제	1	④	환원제	2
⑤	환원제	3			

13. 다음은 $A(aq)$을 만드는 실험이다.

[자료]
○ t ℃에서 a M $A(aq)$의 밀도: d g/mL

[실험 과정]
(가) t ℃에서 $A(s)$ 10 g을 모두 물에 녹여 $A(aq)$ 100 mL를 만든다.
(나) (가)에서 만든 $A(aq)$ 50 mL에 물을 넣어 a M $A(aq)$ 250 mL를 만든다.
(다) (나)에서 만든 $A(aq)$ w g에 $A(s)$ 18 g을 모두 녹이고 물을 넣어 $2a$ M $A(aq)$ 500 mL를 만든다.

w는? (단, 온도는 t ℃로 일정하다.) [3점]

① $50d$ ② $75d$ ③ $100d$ ④ $125d$ ⑤ $150d$

14. 다음은 ㉠에 대한 설명과 2주기 바닥상태 원자 X~Z에 대한 자료이다. n은 주 양자수이고, l은 방위(부) 양자수이다.

○ ㉠: 각 원자의 바닥상태 전자 배치에서 전자가 들어 있는 오비탈 중 $n+l$가 가장 큰 오비탈

원자	X	Y	Z
㉠에 들어 있는 전자 수	a	$2a$	5
전자가 들어 있는 오비탈 수	$2a$	b	b

$a+b$는? (단, X~Z는 임의의 원소 기호이다.) [3점]

① 4 ② 5 ③ 6 ④ 7 ⑤ 8

15. 다음은 25 ℃에서 수용액 (가)와 (나)에 대한 자료이다.

○ (가)와 (나)의 pH 합은 14.0이다.
○ H_3O^{+}의 양(mol)은 (가)가 (나)의 10배이다.
○ 수용액의 부피는 (가)가 (나)의 100배이다.

이에 대한 설명으로 옳은 것만을 〈보기〉에서 있는 대로 고른 것은? (단, 25 ℃에서 물의 이온화 상수(K_w)는 1×10^{-14}이다.) [3점]

〈보 기〉
ㄱ. (가)의 액성은 염기성이다.
ㄴ. $\frac{\text{(가)의 pH}}{\text{(나)의 pH}}=\frac{4}{3}$이다.
ㄷ. $\frac{\text{(가)에서 } H_3O^{+}\text{의 양(mol)}}{\text{(나)에서 } OH^{-}\text{의 양(mol)}}=100$이다.

① ㄱ ② ㄴ ③ ㄱ, ㄴ ④ ㄱ, ㄷ ⑤ ㄴ, ㄷ

16. 표는 원자 X~Z의 제n 이온화 에너지(E_n)에 대한 자료이다. E_a, E_b는 각각 E_2, E_3 중 하나이고, X~Z는 각각 Be, B, C 중 하나이다.

원자	X	Y	Z
$\frac{E_a}{E_1}$	2.0	2.2	3.0
$\frac{E_b}{E_1}$	16.5	4.3	4.6

X~Z에 대한 설명으로 옳은 것만을 〈보기〉에서 있는 대로 고른 것은?

〈보 기〉
ㄱ. Y는 B이다.
ㄴ. 원자가 전자가 느끼는 유효 핵전하는 Y>X이다.
ㄷ. E_1는 Z가 가장 크다.

① ㄱ ② ㄴ ③ ㄱ, ㄷ ④ ㄴ, ㄷ ⑤ ㄱ, ㄴ, ㄷ

17. 다음은 아세트산(CH_3COOH) 수용액 100 g에 들어 있는 용질의 질량을 알아보기 위한 중화 적정 실험이다. CH_3COOH의 분자량은 60이다.

> [실험 과정]
> (가) 25 ℃에서 밀도가 d g/mL인 $CH_3COOH(aq)$을 준비한다.
> (나) (가)의 수용액 10 mL에 물을 넣어 50 mL 수용액을 만든다.
> (다) (나)에서 만든 수용액 20 mL에 페놀프탈레인 용액을 2~3방울 넣고 0.1 M $NaOH(aq)$으로 적정하였을 때, 수용액 전체가 붉게 변하는 순간까지 넣어 준 $NaOH(aq)$의 부피(V)를 측정한다.
> [실험 결과]
> ○ V: a mL
> ○ (다) 과정 후 혼합 용액에 존재하는 Na^+의 몰 농도: 0.08 M
> ○ (가)의 수용액 100 g에 들어 있는 용질의 질량: x g

x는? (단, 온도는 25 ℃로 일정하고, 혼합 용액의 부피는 혼합 전 각 용액의 부피의 합과 같으며, 넣어 준 페놀프탈레인 용액의 부피는 무시한다.) [3점]

① $\frac{4}{d}$ ② $\frac{24d}{5}$ ③ $\frac{24}{5d}$ ④ $12d$ ⑤ $\frac{12}{d}$

18. 그림 (가)는 실린더에 $A_2B_4(g)$ w g이 들어 있는 것을, (나)는 (가)의 실린더에 $A_xB_{2x}(g)$ w g이 첨가된 것을, (다)는 (나)의 실린더에 $A_yB_x(g)$ $2w$ g이 첨가된 것을 나타낸 것이다. 실린더 속 기체 1 g에 들어 있는 A 원자 수 비는 (나) : (다)=16 : 15이다.

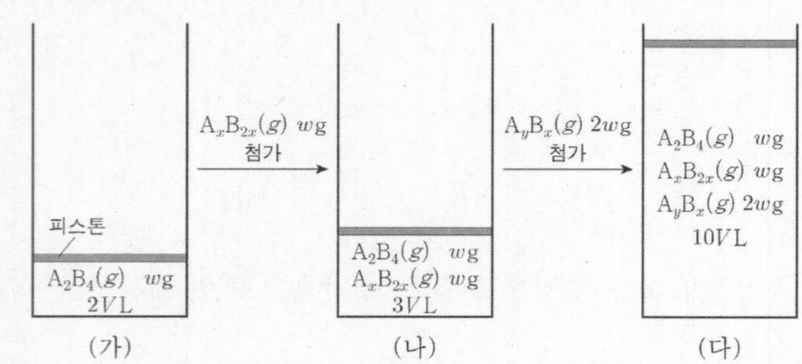

$\frac{\text{(다)의 실린더 속 기체의 단위 부피당 A 원자 수}}{\text{(가)의 실린더 속 기체의 단위 부피당 B 원자 수}}$는? (단, A와 B는 임의의 원소 기호이고, 실린더 속 기체의 온도와 압력은 일정하다.) [3점]

① $\frac{3}{16}$ ② $\frac{1}{4}$ ③ $\frac{3}{8}$ ④ $\frac{5}{3}$ ⑤ $\frac{15}{8}$

19. 표는 x M $NaOH(aq)$, 0.1 M $H_2A(aq)$, 0.1 M $HB(aq)$의 부피를 달리하여 혼합한 용액 (가)와 (나)에 대한 자료이다. (가)의 액성은 염기성이다.

혼합 용액		(가)	(나)
혼합 전 용액의 부피(mL)	x M $NaOH(aq)$	V_1	$2V_1$
	0.1 M $H_2A(aq)$	40	20
	0.1 M $HB(aq)$	V_2	0
모든 이온의 수		$8N$	$19N$
모든 음이온의 몰 농도(M) 합		$\frac{3}{50}$	$\frac{3}{20}$

$x \times \frac{V_2}{V_1}$는? (단, 혼합 용액의 부피는 혼합 전 각 용액의 부피의 합과 같고, 수용액에서 H_2A는 H^+과 A^{2-}으로, HB는 H^+과 B^-으로 모두 이온화되며, 물의 자동 이온화는 무시한다.)

① $\frac{1}{25}$ ② $\frac{1}{10}$ ③ $\frac{1}{5}$ ④ $\frac{1}{3}$ ⑤ $\frac{1}{2}$

20. 다음은 $A(g)$와 $B(g)$가 반응하여 $C(g)$를 생성하는 반응의 화학 반응식이다.

$$aA(g) + B(g) \longrightarrow 2C(g) \quad (a\text{는 반응 계수})$$

표는 $A(g)$ $5w$ g이 들어 있는 용기에 $B(g)$의 질량을 달리하여 넣고 반응을 완결시킨 실험 Ⅰ~Ⅲ에 대한 자료이다.

실험	넣어 준 $B(g)$의 질량(g)	반응 후 $\frac{\text{전체 기체의 양(mol)}}{C(g)\text{의 양(mol)}}$
Ⅰ	w	4
Ⅱ	$4w$	1
Ⅲ	$6w$	x

$x \times \frac{\text{C의 분자량}}{\text{A의 분자량}}$은? [3점]

① $\frac{7}{8}$ ② $\frac{9}{8}$ ③ $\frac{5}{4}$ ④ $\frac{7}{4}$ ⑤ $\frac{9}{4}$

> ＊ 확인 사항
> ○ 답안지의 해당란에 필요한 내용을 정확히 기입(표기)했는지 확인하시오.

2025학년도 대학수학능력시험 9월 모의평가 문제지

2회

과학탐구 영역 [화학 I]

성명		수험 번호	–

1. 다음은 일상생활에서 사용되고 있는 물질에 대한 자료이다.

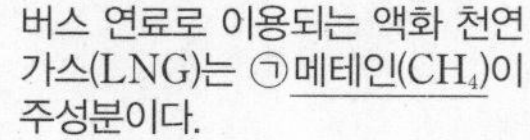
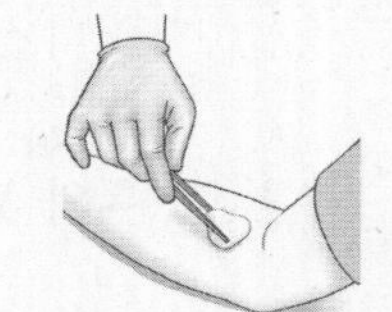

버스 연료로 이용되는 액화 천연 가스(LNG)는 ㉠메테인(CH_4)이 주성분이다.

의료용 알코올을 솜으로 피부를 닦으면 주성분인 ㉡에탄올(C_2H_5OH)이 증발하면서 피부가 시원해진다.

이에 대한 설명으로 옳은 것만을 〈보기〉에서 있는 대로 고른 것은?

〈보 기〉
ㄱ. ㉠은 탄소 화합물이다.
ㄴ. ㉠의 연소 반응은 흡열 반응이다.
ㄷ. ㉡이 증발할 때 주위로부터 열을 흡수한다.

① ㄱ ② ㄷ ③ ㄱ, ㄴ ④ ㄱ, ㄷ ⑤ ㄴ, ㄷ

2. 다음은 XOH와 HY가 반응하여 XY와 H_2O을 생성하는 반응의 반응물을 화학 결합 모형으로 나타낸 화학 반응식이다.

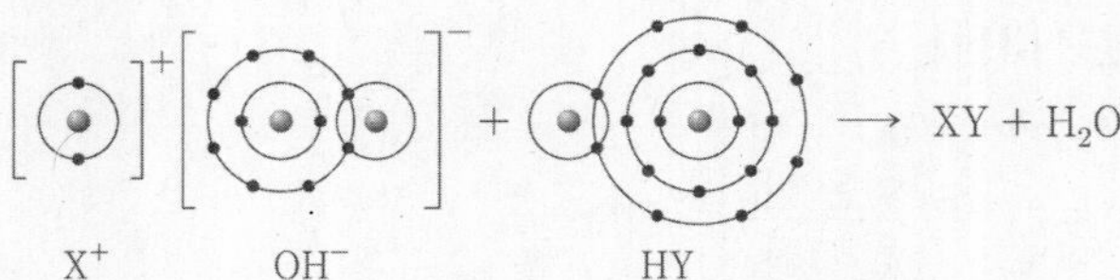

이에 대한 설명으로 옳은 것만을 〈보기〉에서 있는 대로 고른 것은? (단, X와 Y는 임의의 원소 기호이다.) [3점]

〈보 기〉
ㄱ. X(*s*)는 전성(펴짐성)이 있다.
ㄴ. XY는 이온 결합 물질이다.
ㄷ. X와 O는 2 : 1로 결합하여 안정한 화합물을 형성한다.

① ㄱ ② ㄷ ③ ㄱ, ㄴ ④ ㄴ, ㄷ ⑤ ㄱ, ㄴ, ㄷ

3. 그림은 용기에 $SiH_4(g)$와 $HBr(g)$를 넣고 반응을 완결시켰을 때, 반응 전과 후 용기에 존재하는 물질을 나타낸 것이다.

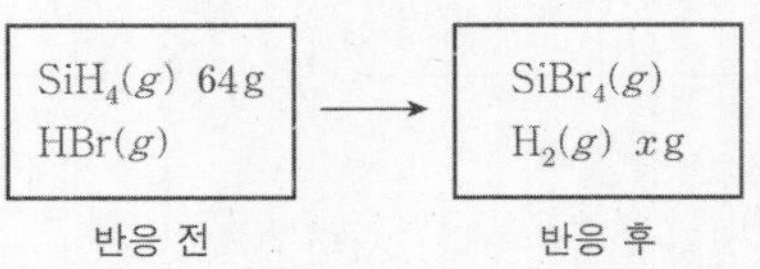

x는? (단, H, Si의 원자량은 각각 1, 28이다.)

① 12 ② 16 ③ 24 ④ 28 ⑤ 32

4. 다음은 학생 X가 수행한 탐구 활동이다. A와 B는 각각 염화 칼륨(KCl)과 포도당($C_6H_{12}O_6$) 중 하나이다.

[가설]
○ KCl과 $C_6H_{12}O_6$은 ☐ 상태에서 전기 전도성 유무로 구분할 수 없지만, ㉠ 상태에서는 전기 전도성 유무로 구분할 수 있다.

[탐구 과정 및 결과]
(가) 그림과 같이 전류가 흐르면 LED 램프가 켜지는 전기 전도성 측정 장치를 준비한다.

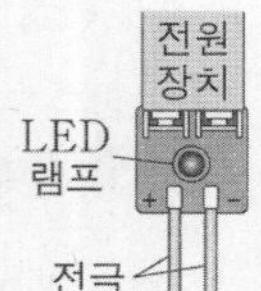

(나) KCl(*s*)에 전극을 대어 LED 램프가 켜지는지 확인하고, 결과를 표로 정리한다.
(다) KCl(*s*) 대신 KCl(*aq*), $C_6H_{12}O_6(s)$, $C_6H_{12}O_6(aq)$을 이용하여 (나)를 반복한다.

물질	A		B	
	고체 상태	수용액 상태	고체 상태	수용액 상태
LED 램프	×	○	×	×

(○: 켜짐, ×: 켜지지 않음)

[결론]
○ 가설은 옳다.

학생 X의 탐구 과정 및 결과와 결론이 타당할 때, 이에 대한 설명으로 옳은 것만을 〈보기〉에서 있는 대로 고른 것은? [3점]

〈보 기〉
ㄱ. '수용액'은 ㉠으로 적절하다.
ㄴ. A는 KCl이다.
ㄷ. B는 공유 결합 물질이다.

① ㄱ ② ㄷ ③ ㄱ, ㄴ ④ ㄴ, ㄷ ⑤ ㄱ, ㄴ, ㄷ

5. 그림은 4가지 분자를 주어진 기준에 따라 분류한 것이다. 전기 음성도는 N > H이다.

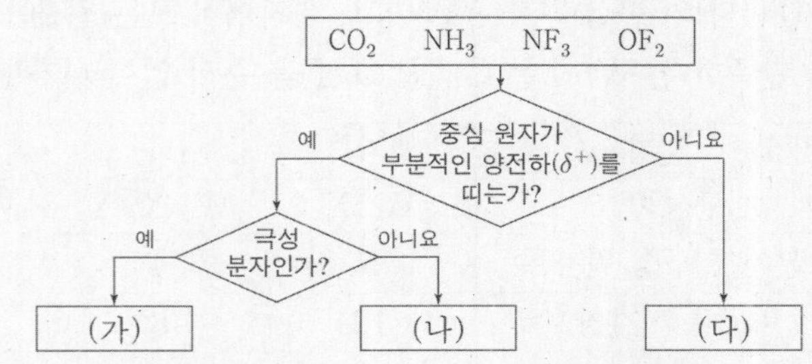

이에 대한 설명으로 옳은 것만을 〈보기〉에서 있는 대로 고른 것은?

〈보 기〉
ㄱ. (가)에 해당하는 분자는 2가지이다.
ㄴ. (나)에는 무극성 공유 결합이 있는 분자가 있다.
ㄷ. (다)에는 쌍극자 모멘트가 0인 분자가 있다.

① ㄱ ② ㄴ ③ ㄷ ④ ㄱ, ㄴ ⑤ ㄱ, ㄷ

6. 그림 (가)는 밀폐된 진공 플라스크에 $H_2O(l)$을 넣은 후 시간에 따른 H_2O 분자의 증발과 응축을 모형으로, (나)는 (가)에서 시간에 따른 플라스크 속 ㉠ 분자 수를 나타낸 것이다. (가)에서 Ⅲ은 (나)에서 t_1일 때 모습을 나타낸 것이고, t_1일 때 $H_2O(l)$과 $H_2O(g)$는 동적 평형 상태에 도달하였다. ㉠은 $H_2O(l)$과 $H_2O(g)$ 중 하나이다.

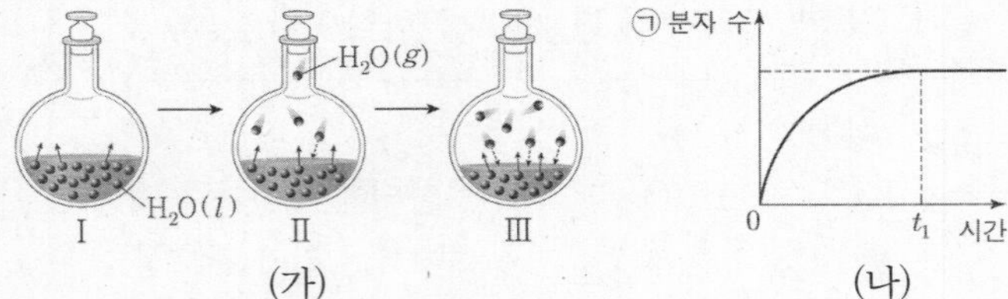

(가) (나)

이에 대한 설명으로 옳은 것만을 〈보기〉에서 있는 대로 고른 것은? (단, 온도는 일정하다.)

〈보 기〉
ㄱ. ㉠은 $H_2O(g)$이다.
ㄴ. Ⅱ에서 H_2O의 $\frac{\text{증발 속도}}{\text{응축 속도}}>1$이다.
ㄷ. t_1일 때 $H_2O(l)$이 $H_2O(g)$가 되는 반응은 일어나지 않는다.

① ㄱ ② ㄴ ③ ㄷ ④ ㄱ, ㄴ ⑤ ㄱ, ㄷ

7. 다음은 바닥상태 질소(N) 원자의 전자 배치에서 전자가 들어 있는 오비탈 (가)~(다)에 대한 자료이다. n은 주 양자수, l은 방위(부) 양자수, m_l은 자기 양자수이다.

○ $n+l$는 (나)=(다)>(가)이다.
○ $n-m_l$는 (다)>(나)>(가)이다.

이에 대한 설명으로 옳은 것만을 〈보기〉에서 있는 대로 고른 것은?

〈보 기〉
ㄱ. (가)는 $1s$이다.
ㄴ. (나)의 m_l는 $+1$이다.
ㄷ. 에너지 준위는 (나)>(다)이다.

① ㄱ ② ㄴ ③ ㄷ ④ ㄱ, ㄴ ⑤ ㄱ, ㄷ

8. 표는 원소 W~Z로 구성된 분자 (가)~(다)에 대한 자료이다. (가)~(다)의 중심 원자는 W이고, 분자에서 모든 원자는 옥텟 규칙을 만족한다. W~Z는 C, N, O, F을 순서 없이 나타낸 것이다.

분자	(가)	(나)	(다)
구성 원소	W, X	W, X, Y	W, X, Z
분자당 구성 원자 수	5	4	3
비공유 전자쌍 수	12	8	4

이에 대한 설명으로 옳은 것만을 〈보기〉에서 있는 대로 고른 것은?

〈보 기〉
ㄱ. Z는 N이다.
ㄴ. 결합각은 (가)>(다)이다.
ㄷ. (나)의 분자 모양은 평면 삼각형이다.

① ㄱ ② ㄴ ③ ㄱ, ㄷ ④ ㄴ, ㄷ ⑤ ㄱ, ㄴ, ㄷ

9. 다음은 원소 X, Y와 관련된 산화 환원 반응에 대한 자료이다. X와 Y의 산화물에서 산소(O)의 산화수는 -2이다.

○ 화학 반응식:
$aXO_4^- + bYO_3^{m-} + cH_2O \longrightarrow aXO_m + bYO_4^{2-} + dOH^-$
(a~d는 반응 계수)
○ $\frac{\text{생성물에서 X의 산화수}}{\text{반응물에서 Y의 산화수}}=1$이다.

$\frac{b+c}{a+d}$는? (단, X와 Y는 임의의 원소 기호이다.)

① $\frac{5}{8}$ ② $\frac{4}{5}$ ③ 1 ④ $\frac{5}{4}$ ⑤ $\frac{5}{2}$

10. 그림 (가)는 원자 W~Y의 ㉠을, (나)는 원자 X~Z의 $\frac{\text{제2 이온화 에너지}(E_2)}{\text{제1 이온화 에너지}(E_1)}$를 나타낸 것이다. W~Z는 F, Na, Mg, Al을 순서 없이 나타낸 것이고, W~Y의 이온은 모두 Ne의 전자 배치를 갖는다. ㉠은 $\frac{\text{원자 반지름}}{\text{이온 반지름}}$과 $\frac{\text{이온 반지름}}{\text{원자 반지름}}$ 중 하나이다.

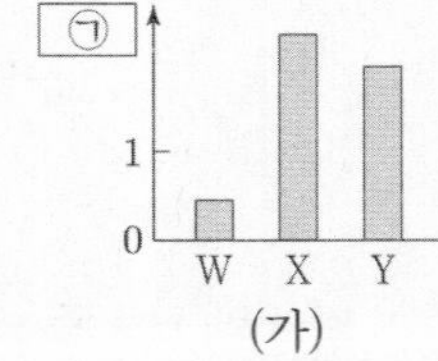

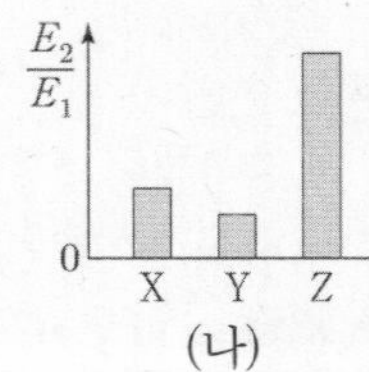

(가) (나)

이에 대한 설명으로 옳은 것만을 〈보기〉에서 있는 대로 고른 것은? [3점]

〈보 기〉
ㄱ. ㉠은 $\frac{\text{이온 반지름}}{\text{원자 반지름}}$이다.
ㄴ. 원자가 전자가 느끼는 유효 핵전하는 X>Y이다.
ㄷ. 원자가 전자 수는 Y>Z이다.

① ㄱ ② ㄷ ③ ㄱ, ㄴ ④ ㄴ, ㄷ ⑤ ㄱ, ㄴ, ㄷ

11. 그림은 수소(H)와 원소 X~Z로 구성된 분자 (가)~(다)의 구조식을 단일 결합과 다중 결합의 구분 없이 나타낸 것이다. X~Z는 C, N, O를 순서 없이 나타낸 것이고, (가)~(다)에서 X~Z는 옥텟 규칙을 만족한다. 비공유 전자쌍 수는 (가)>(나)이다.

```
  H  H
  |  |
H-X-X-H     H-Y-Y-H     H-Z-Z-H
  (가)         (나)         (다)
```

이에 대한 설명으로 옳은 것만을 〈보기〉에서 있는 대로 고른 것은? [3점]

〈보 기〉
ㄱ. X는 C이다.
ㄴ. 공유 전자쌍 수는 (나)>(다)이다.
ㄷ. (다)에는 다중 결합이 있다.

① ㄱ ② ㄴ ③ ㄷ ④ ㄱ, ㄴ ⑤ ㄴ, ㄷ

12. 다음은 2, 3주기 바닥상태 원자 X~Z에 대한 자료이다. (가)와 (나)는 각각 s 오비탈과 p 오비탈 중 하나이고, n은 주 양자수이며, l은 방위(부) 양자수이다.

○ (가)와 (나)에 들어 있는 전자 수의 비율(%)

	(가)	(나)
X	50	50
Y	60	40
Z	60	40

○ 각 원자에서 전자가 들어 있는 오비탈의 $n-l$ 중 가장 큰 값은 Y > X = Z이다.

이에 대한 설명으로 옳은 것만을 〈보기〉에서 있는 대로 고른 것은? (단, X~Z는 임의의 원소 기호이다.) [3점]

〈보 기〉

ㄱ. X와 Z는 같은 주기 원소이다.
ㄴ. 홀전자 수는 Y > Z이다.
ㄷ. 전자가 2개 들어 있는 오비탈 수는 Y가 X의 2배이다.

① ㄱ ② ㄴ ③ ㄱ, ㄷ ④ ㄴ, ㄷ ⑤ ㄱ, ㄴ, ㄷ

13. 다음은 중화 적정을 이용하여 식초 A에 들어 있는 아세트산(CH_3COOH)의 질량을 알아보기 위한 실험이다.

[자료]
○ CH_3COOH의 분자량은 60이다.
○ 25 ℃에서 식초 A의 밀도는 d g/mL이다.

[실험 과정]
(가) 25 ℃에서 식초 A 10 mL에 물을 넣어 수용액 100 mL를 만든다.
(나) (가)에서 만든 수용액 20 mL를 삼각 플라스크에 넣고 페놀프탈레인 용액을 2~3방울 떨어뜨린다.

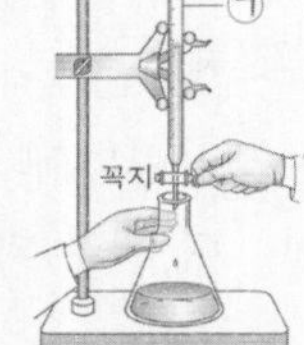

(다) 그림과 같이 0.2 M KOH(aq)을 ㉠ 에 넣고 꼭지를 열어 (나)의 삼각 플라스크에 한 방울씩 떨어뜨리면서 삼각 플라스크를 흔들어 준다.
(라) (다)의 삼각 플라스크 속 수용액 전체가 붉은색으로 변하는 순간까지 넣어 준 KOH(aq)의 부피(V)를 측정한다.

[실험 결과]
○ V: 10 mL
○ 식초 A 1 g에 들어 있는 CH_3COOH의 질량: w g

이에 대한 설명으로 옳은 것만을 〈보기〉에서 있는 대로 고른 것은? (단, 온도는 25 ℃로 일정하고, 중화 적정 과정에서 식초 A에 포함된 물질 중 CH_3COOH만 KOH과 반응한다.)

〈보 기〉

ㄱ. '뷰렛'은 ㉠으로 적절하다.
ㄴ. (나)의 삼각 플라스크에 들어 있는 CH_3COOH의 양은 2×10^{-3} mol이다.
ㄷ. $w=\frac{3}{50d}$이다.

① ㄱ ② ㄷ ③ ㄱ, ㄴ ④ ㄴ, ㄷ ⑤ ㄱ, ㄴ, ㄷ

14. 다음은 자연계에 존재하는 원소 X와 Y에 대한 자료이다.

○ X와 Y의 동위 원소에 대한 자료와 평균 원자량

원소	X		Y	
동위 원소	^{8m-n}X	^{8m+n}X	$^{4m+3n}Y$	$^{5m-3n}Y$
원자량	$8m-n$	$8m+n$	$4m+3n$	$5m-3n$
존재 비율(%)	70	30	a	b
평균 원자량	$8m-\frac{2}{5}$		$4m+\frac{7}{2}$	

○ XY_2의 화학식량은 134.6이고, $a+b=100$이다.

$\frac{a}{m+n}$는? (단, X와 Y는 임의의 원소 기호이다.)

① $\frac{25}{3}$ ② $\frac{15}{2}$ ③ $\frac{25}{4}$ ④ 5 ⑤ $\frac{25}{9}$

15. 다음은 금속 A~C의 산화 환원 반응 실험이다. B^{b+}과 C^{c+}의 b와 c는 3 이하의 서로 다른 자연수이다.

[실험 과정]
(가) A^+이 들어 있는 수용액 V mL를 준비한다.
(나) (가)의 수용액에 B(s)를 넣어 반응을 완결시킨다.
(다) (나)의 수용액에 C(s)를 넣어 반응을 완결시킨다.

[실험 결과]
○ (다)에서 B^{b+}은 C와 반응하지 않았다.
○ 각 과정 후 수용액 속에 들어 있는 금속 양이온에 대한 자료

과정	(가)	(나)	(다)
양이온의 종류	A^+	A^+, B^{b+}	A^+, B^{b+}, C^{c+}
전체 양이온의 양(mol)	$16N$	$8N$	$7N$

이에 대한 설명으로 옳은 것만을 〈보기〉에서 있는 대로 고른 것은? (단, A~C는 임의의 원소 기호이고 물과 반응하지 않으며, 음이온은 반응에 참여하지 않는다.) [3점]

〈보 기〉

ㄱ. (나)와 (다)에서 A^+은 산화제로 작용한다.
ㄴ. $b:c=2:3$이다.
ㄷ. (다) 과정 후 A^+의 양은 N mol이다.

① ㄱ ② ㄴ ③ ㄱ, ㄷ ④ ㄴ, ㄷ ⑤ ㄱ, ㄴ, ㄷ

16. 그림은 A(aq) (가)와 (나)의 몰 농도와 $\frac{\text{용매의 양(mol)}}{\text{용질의 양(mol)}}$을 나타낸 것이다.

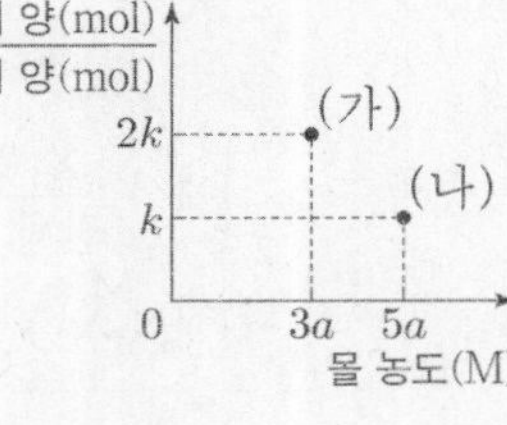

(가)와 (나)의 밀도는 각각 1.1 g/mL, 1.2 g/mL이다.

a는? (단, A의 화학식량은 40이다.) [3점]

① $\frac{5}{7}$ ② $\frac{5}{4}$ ③ $\frac{17}{8}$ ④ $\frac{17}{6}$ ⑤ $\frac{19}{6}$

17. 그림은 25 ℃에서 HCl(aq) (가)~(다)의 $\frac{\text{pH}}{\text{pOH}}$를 나타낸 것이다. (가)는 x M HCl(aq) 10 mL이고, (나)는 (가)에 물을 추가하여 만든 수용액이며, (다)는 (나)에 물을 추가하여 만든 수용액이다. pH는 (다)가 (가)의 3배이다.

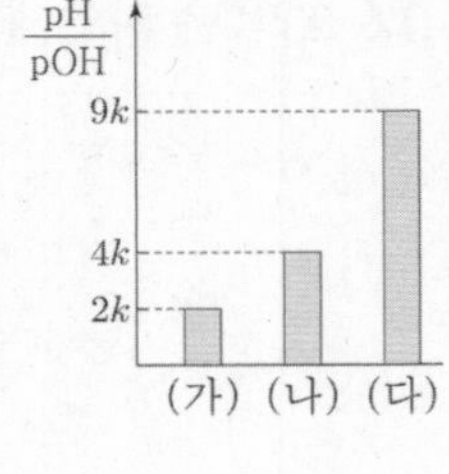

이에 대한 설명으로 옳은 것만을 〈보기〉에서 있는 대로 고른 것은? (단, 온도는 25 ℃로 일정하고, 25 ℃에서 물의 이온화 상수(K_w)는 1×10^{-14}이다.) [3점]

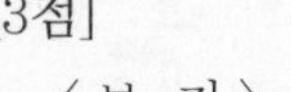

ㄱ. $x=0.01$이다.
ㄴ. 수용액의 부피는 (나)가 (가)의 10배이다.
ㄷ. (다) 100 mL에서 H_3O^+의 양은 1×10^{-7} mol이다.

① ㄱ ② ㄴ ③ ㄱ, ㄷ ④ ㄴ, ㄷ ⑤ ㄱ, ㄴ, ㄷ

18. 다음은 t ℃, 1 기압에서 실린더 (가)와 (나)에 들어 있는 기체에 대한 자료이다.

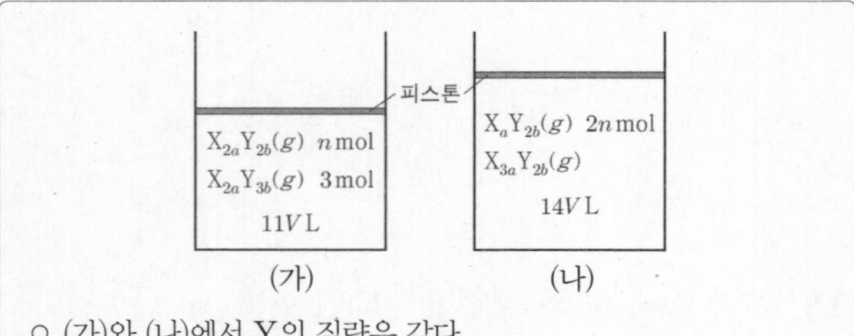

○ (가)와 (나)에서 Y의 질량은 같다.
○ (가)에서 $\frac{\text{X 원자 수}}{\text{전체 원자 수}}=\frac{11}{39}$이다.
○ (나)에서 $X_aY_{2b}(g)$와 $X_{3a}Y_{2b}(g)$의 질량은 같다.

$\frac{\text{X의 원자량}}{\text{Y의 원자량}}\times\frac{b}{a}$는? (단, X와 Y는 임의의 원소 기호이다.)

① 28 ② 24 ③ 12 ④ 7 ⑤ 6

19. 표는 x M H_2A(aq)과 y M NaOH(aq)의 부피를 달리하여 혼합한 용액 (가)~(다)에 대한 자료이다.

혼합 용액		(가)	(나)	(다)
혼합 전 수용액의 부피(mL)	x M H_2A(aq)	10	20	30
	y M NaOH(aq)	30	20	10
액성		염기성		산성
혼합 용액에 존재하는 $\frac{A^{2-}\text{의 양(mol)}}{\text{모든 이온의 양(mol)}}$(상댓값)		3	a	8

$a\times\frac{y}{x}$는? (단, 수용액에서 H_2A는 H^+과 A^{2-}으로 모두 이온화되고, 물의 자동 이온화는 무시한다.) [3점]

① $\frac{1}{12}$ ② $\frac{3}{16}$ ③ 2 ④ $\frac{16}{3}$ ⑤ 12

20. 다음은 A(g)와 B(g)가 반응하여 C(g)를 생성하는 반응의 화학 반응식이다.

$$2A(g) + B(g) \longrightarrow 2C(g)$$

그림 (가)는 t ℃, 1기압에서 실린더에 A(g)와 B(g)를 넣은 것을, (나)는 (가)의 실린더에서 반응을 완결시킨 것을, (다)는 (나)의 실린더에 A(g)를 추가하여 반응을 완결시킨 것을 나타낸 것이다. (가)와 (나)에서 실린더 속 전체 기체의 밀도(g/L)는 각각 $\frac{3w}{4}$, w이다.

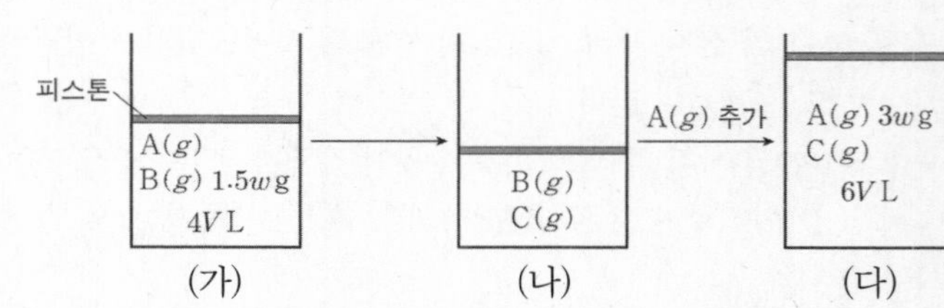

$V\times\frac{\text{A의 분자량}}{\text{C의 분자량}}$은? (단, 실린더 속 기체의 온도와 압력은 일정하다.) [3점]

① $\frac{6}{5}$ ② $\frac{8}{5}$ ③ 2 ④ $\frac{12}{5}$ ⑤ 4

＊ 확인 사항
○ 답안지의 해당란에 필요한 내용을 정확히 기입(표기)했는지 확인하시오.

2025학년도 대학수학능력시험 문제지

3회

과학탐구 영역 [화학 I]

성명 | 수험 번호 —

1. 다음은 일상생활에서 사용하는 제품과 이와 관련된 성분 (가)와 (나)에 대한 자료이다.

(가) 아세트산(CH_3COOH)

(나) 뷰테인(C_4H_{10})

이에 대한 설명으로 옳은 것만을 〈보기〉에서 있는 대로 고른 것은?

〈보 기〉

ㄱ. (가)의 수용액과 $KOH(aq)$의 중화 반응은 흡열 반응이다.
ㄴ. (나)의 연소 반응이 일어날 때 주위로 열을 방출한다.
ㄷ. (가)와 (나)는 모두 탄소 화합물이다.

① ㄱ ② ㄴ ③ ㄱ, ㄴ ④ ㄱ, ㄷ ⑤ ㄴ, ㄷ

2. 다음은 원소 X와 Y에 대한 자료이다.

- X와 Y는 3주기 원소이다.
- X(*s*)는 전성(펴짐성)이 있고, Y의 원자가 전자 수는 7이다.
- 바닥상태 원자의 전자 배치에서 홀전자 수는 Y > X이다.

다음 중 X와 Y가 결합하여 형성된 안정한 화합물의 화학 결합 모형으로 가장 적절한 것은? (단, X와 Y는 임의의 원소 기호이다.) [3점]

① 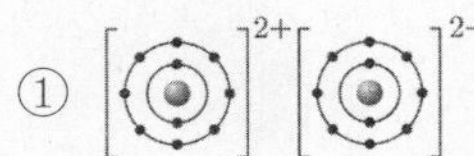
② 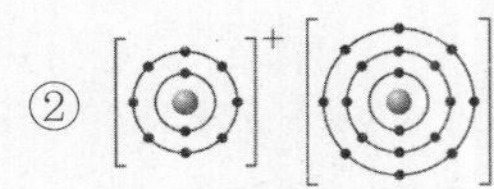
③ 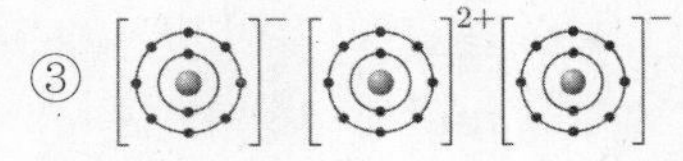
④ 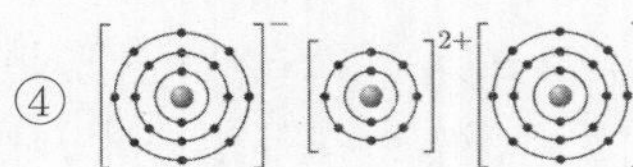
⑤ 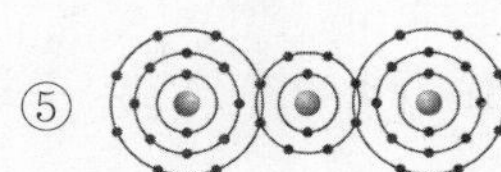

3. 표는 이온 결합 화합물 (가)~(다)에 대한 자료이다.

화합물	구성 이온	화합물 1 mol에 들어 있는 전체 이온의 양(mol)	화합물 1 mol에 들어 있는 전체 전자의 양(mol)
(가)	K^+, X^-	㉠	28
(나)	K^+, Y^-		36
(다)	Ca^{2+}, O^{2-}	㉡	㉢

이에 대한 설명으로 옳은 것만을 〈보기〉에서 있는 대로 고른 것은? (단, O, K, Ca의 원자 번호는 각각 8, 19, 20이고, X와 Y는 임의의 원소 기호이다.)

〈보 기〉

ㄱ. Y는 3주기 원소이다.
ㄴ. ㉠ > ㉡이다.
ㄷ. ㉢은 28이다.

① ㄱ ② ㄴ ③ ㄱ, ㄷ ④ ㄴ, ㄷ ⑤ ㄱ, ㄴ, ㄷ

4. 그림은 강철 용기에 $A_2(g)$와 $B(s)$를 넣고 반응을 완결시켰을 때, 반응 전과 후 용기에 존재하는 물질을 나타낸 것이다.

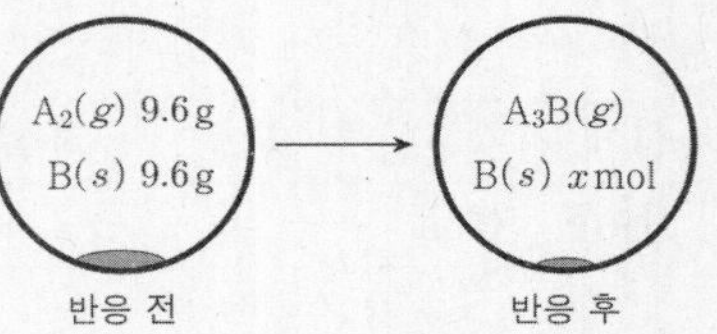

x는? (단, A와 B는 임의의 원소 기호이고, A와 B의 원자량은 각각 16, 32이다.)

① $\frac{1}{12}$ ② $\frac{1}{10}$ ③ $\frac{1}{8}$ ④ $\frac{1}{6}$ ⑤ $\frac{1}{4}$

5. 그림은 밀폐된 진공 용기에 $H_2O(l)$을 넣은 후 시간이 t일 때 A와 B를 나타낸 것이다. A와 B는 각각 H_2O의 증발 속도와 응축 속도 중 하나이고, $2t$일 때 $H_2O(l)$과 $H_2O(g)$는 동적 평형 상태에 도달하였다.

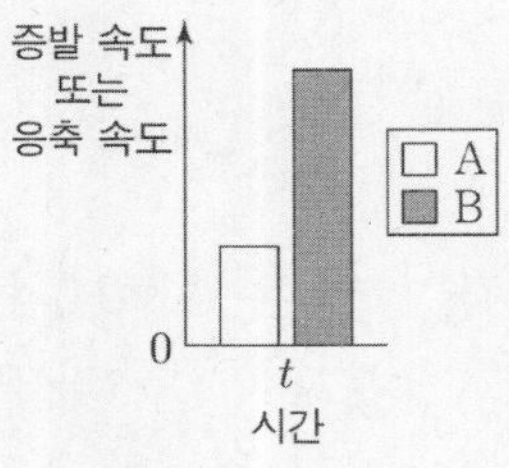

이에 대한 설명으로 옳은 것만을 〈보기〉에서 있는 대로 고른 것은? (단, 온도는 25 ℃로 일정하다.)

〈보 기〉

ㄱ. A는 H_2O의 응축 속도이다.
ㄴ. t일 때 $H_2O(g)$가 $H_2O(l)$로 되는 반응은 일어나지 않는다.
ㄷ. $\frac{B}{A}$는 $2t$일 때가 t일 때보다 크다.

① ㄱ ② ㄴ ③ ㄱ, ㄴ ④ ㄱ, ㄷ ⑤ ㄴ, ㄷ

6. 그림은 수소(H)와 원소 X~Z로 구성된 분자 (가)~(다)의 구조식을 단일 결합과 다중 결합의 구분 없이 나타낸 것이다. X~Z는 C, N, O를 순서 없이 나타낸 것이고, (가)~(다)에서 X~Z는 옥텟 규칙을 만족한다.

```
  Y
  |
H-X-H        H-Y-H        H-X-Z
 (가)          (나)          (다)
```

(가)~(다)에 대한 설명으로 옳은 것만을 〈보기〉에서 있는 대로 고른 것은? [3점]

〈보 기〉

ㄱ. 극성 분자는 3가지이다.
ㄴ. 공유 전자쌍 수 비는 (가) : (나) = 3 : 2이다.
ㄷ. 결합각은 (다) > (나)이다.

① ㄱ ② ㄴ ③ ㄱ, ㄷ ④ ㄴ, ㄷ ⑤ ㄱ, ㄴ, ㄷ

7. 다음은 학생 A가 수행한 탐구 활동이다.

[가설]
○ 분자당 구성 원자 수가 3인 분자의 분자 모양은 모두 ㉠ 이다.
[탐구 과정 및 결과]
(가) 분자당 구성 원자 수가 3인 분자를 찾고, 각 분자의 분자 모양을 조사하였다.
(나) (가)에서 조사한 내용을 표로 정리하였다.

가설에 일치하는 분자	가설에 어긋나는 분자
BeF_2, CO_2, …	OF_2, ㉡, …

[결론]
○ 가설에 어긋나는 분자가 있으므로 가설은 옳지 않다.

학생 A의 탐구 과정 및 결과와 결론이 타당할 때, 다음 중 ㉠과 ㉡으로 가장 적절한 것은?

	㉠	㉡		㉠	㉡
①	직선형	HNO	②	직선형	CF_4
③	굽은 형	HOF	④	굽은 형	FCN
⑤	평면 삼각형	FCN			

8. 그림은 수소(H)와 원소 X~Z로 구성된 분자 (가)~(라)의 공유 전자쌍 수와 구성 원소의 전기 음성도 차를 나타낸 것이다. (가)~(라)는 각각 H_aX_a, H_bX, HY, HZ 중 하나이고, 분자에서 X~Z는 옥텟 규칙을 만족한다. X~Z는 C, F, Cl를 순서 없이 나타낸 것이고, 전기 음성도는 Y>Z>H이다.

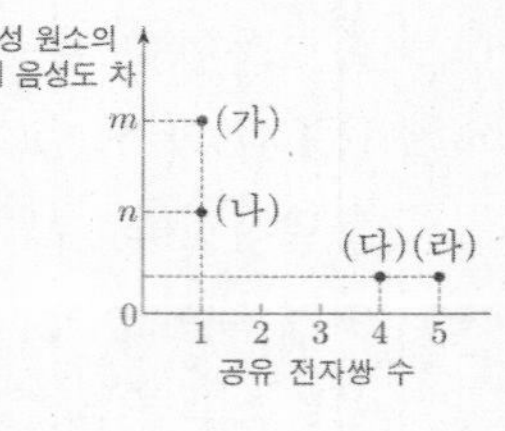

이에 대한 설명으로 옳은 것만을 〈보기〉에서 있는 대로 고른 것은? [3점]

〈보 기〉
ㄱ. $a=2$이다.
ㄴ. (라)에는 무극성 공유 결합이 있다.
ㄷ. YZ에서 구성 원소의 전기 음성도 차는 $m-n$이다.

① ㄱ ② ㄷ ③ ㄱ, ㄴ ④ ㄴ, ㄷ ⑤ ㄱ, ㄴ, ㄷ

9. 표는 바닥상태 마그네슘(Mg) 원자의 전자 배치에서 전자가 들어 있는 오비탈 (가)~(라)에 대한 자료이다. n은 주 양자수, l은 방위(부) 양자수, m_l은 자기 양자수이다.

오비탈	(가)	(나)	(다)	(라)
$\frac{1}{n+m_l}$(상댓값)	2	a	a	$2a$
$n+l+m_l$	4	3	2	2

〈보 기〉
ㄱ. (가)의 l는 1이다.
ㄴ. m_l는 (나)와 (다)가 같다.
ㄷ. 에너지 준위는 (라)>(다)이다.

① ㄱ ② ㄷ ③ ㄱ, ㄴ ④ ㄴ, ㄷ ⑤ ㄱ, ㄴ, ㄷ

10. 다음은 용액의 몰 농도에 대한 학생 A와 B의 실험이다.

[학생 A의 실험 과정]
(가) a M X(aq) 100 mL에 물을 넣어 200 mL 수용액을 만든다.
(나) (가)에서 만든 수용액 200 mL와 0.2 M X(aq) 50 mL를 혼합하여 수용액 I을 만든다.
[학생 B의 실험 과정]
(가) a M X(aq) 200 mL와 0.2 M X(aq) 50 mL를 혼합하여 수용액을 만든다.
(나) (가)에서 만든 수용액 250 mL에 물을 넣어 500 mL 수용액 II를 만든다.
[실험 결과]
○ A가 만든 I의 몰 농도(M): $8k$
○ B가 만든 II의 몰 농도(M): $7k$

$\frac{k}{a}$는? (단, 온도는 일정하고, 혼합 용액의 부피는 혼합 전 각 용액의 부피의 합과 같다.) [3점]

① $\frac{1}{30}$ ② $\frac{1}{15}$ ③ $\frac{1}{10}$ ④ $\frac{2}{15}$ ⑤ $\frac{1}{3}$

11. 다음은 원소 X, Y와 관련된 산화 환원 반응 실험이다.

[자료]
○ 화학 반응식:
$$aXO_4^{2-} + bY^- + cH^+ \longrightarrow aX^{m+} + dY_2 + eH_2O$$
(a~e는 반응 계수)
○ X의 산화물에서 산소(O)의 산화수는 −2이다.
[실험 과정 및 결과]
○ XO_4^{2-} $2N$ mol을 충분한 양의 Y^-과 H^+이 들어 있는 수용액에 넣어 모두 반응시켰더니, Y_2 $3N$ mol이 생성되었다.

$m\times\frac{a}{c}$는? (단, X와 Y는 임의의 원소 기호이고, Y_2는 물과 반응하지 않는다.)

① $\frac{1}{8}$ ② $\frac{1}{4}$ ③ $\frac{3}{8}$ ④ $\frac{1}{2}$ ⑤ $\frac{3}{4}$

12. 그림은 원자 A~D의 중성자수(a)와 전자 수(b)의 차($a-b$)와 질량수를 나타낸 것이다. A~D는 원소 X의 동위 원소이고, A~D의 중성자수 합은 96이다.

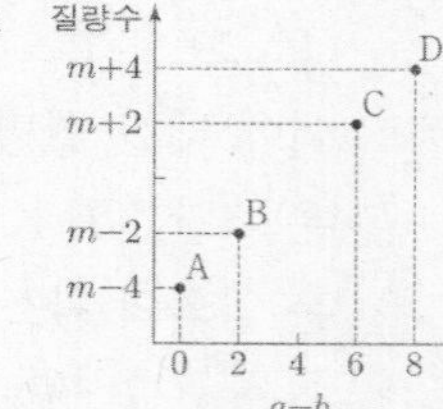

$\frac{1\text{ g의 A에 들어 있는 중성자수}}{1\text{ g의 D에 들어 있는 중성자수}}$는? (단, X는 임의의 원소 기호이고, A, B, C, D의 원자량은 각각 $m-4$, $m-2$, $m+2$, $m+4$이다.) [3점]

① $\frac{6}{7}$ ② $\frac{7}{8}$ ③ $\frac{8}{7}$ ④ $\frac{6}{5}$ ⑤ $\frac{4}{3}$

13. 다음은 금속 A~C의 산화 환원 반응 실험이다.

[실험 과정]
(가) 비커에 0.1 M $A^{a+}(aq)$ V mL를 넣는다.
(나) (가)의 비커에 충분한 양의 B(*s*)를 넣어 반응을 완결시킨다.
(다) (나)의 비커에 0.1 M $C^{c+}(aq)$ V mL를 넣어 반응을 완결시킨다.
[실험 결과]
○ 각 과정 후 수용액에 들어 있는 모든 금속 양이온에 대한 자료

과정	(가)	(나)	(다)
양이온의 종류	A^{a+}	B^{b+}	B^{b+}
양이온의 양(mol)(상댓값)	1	2	3

이에 대한 설명으로 옳은 것만을 〈보기〉에서 있는 대로 고른 것은? (단, A~C는 임의의 원소 기호이고 물과 반응하지 않으며, 음이온은 반응에 참여하지 않는다.)

〈보 기〉
ㄱ. (나)와 (다)에서 B(*s*)는 환원제로 작용한다.
ㄴ. $\frac{b}{c}=\frac{2}{3}$이다.
ㄷ. $\frac{\text{(다)에서 반응한 B}(s)\text{의 양(mol)}}{\text{(나)에서 생성된 A}(s)\text{의 양(mol)}}=1$이다.

① ㄱ ② ㄴ ③ ㄱ, ㄷ ④ ㄴ, ㄷ ⑤ ㄱ, ㄴ, ㄷ

14. 다음은 ㉠과 ㉡에 대한 설명과 2, 3주기 1, 15, 16족 바닥상태 원자 W~Z에 대한 자료이다. n은 주 양자수이고, l은 방위(부) 양자수이다.

○ ㉠: 각 원자의 바닥상태 전자 배치에서 전자가 들어 있는 오비탈의 $n+l$ 중 가장 큰 값
○ ㉡: 원자의 바닥상태 전자 배치에서 $n+l$가 가장 큰 오비탈에 들어 있는 전체 전자 수

원자	W	X	Y	Z
㉠	2	3	3	4
㉡	1	3	7	4

이에 대한 설명으로 옳은 것만을 〈보기〉에서 있는 대로 고른 것은? (단, W~Z는 임의의 원소 기호이다.) [3점]

〈보 기〉
ㄱ. W와 Y는 같은 족 원소이다.
ㄴ. 홀전자 수는 X>Z이다.
ㄷ. $\frac{p\text{ 오비탈에 들어 있는 전자 수}}{s\text{ 오비탈에 들어 있는 전자 수}}$의 비는 X : Y=5 : 8이다.

① ㄱ ② ㄷ ③ ㄱ, ㄴ ④ ㄴ, ㄷ ⑤ ㄱ, ㄴ, ㄷ

15. 그림 (가)는 원자 W~Y의 $\frac{\text{제1 이온화 에너지}}{\text{원자 반지름}}$를, (나)는 원자 X~Z의 $\frac{\text{이온 반지름}}{|\text{이온의 전하}|}$을 나타낸 것이다. W~Z는 O, F, Mg, Al을 순서 없이 나타낸 것이고, W~Z의 이온은 모두 Ne의 전자 배치를 갖는다.

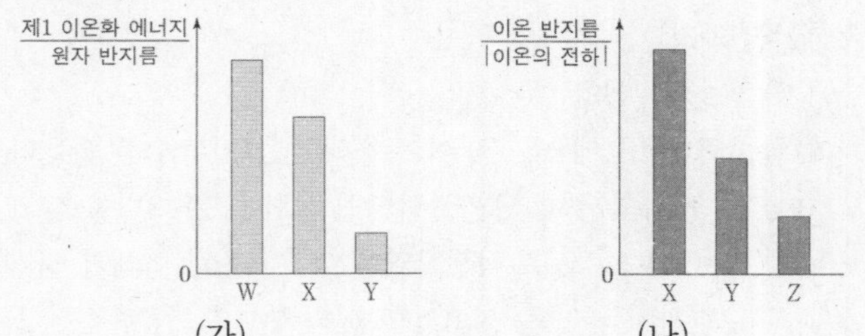

(가) (나)

이에 대한 설명으로 옳은 것만을 〈보기〉에서 있는 대로 고른 것은?

〈보 기〉
ㄱ. W는 F이다.
ㄴ. $\frac{\text{제3 이온화 에너지}}{\text{제2 이온화 에너지}}$는 X>Y이다.
ㄷ. 원자가 전자가 느끼는 유효 핵전하는 Z>Y이다.

① ㄱ ② ㄴ ③ ㄱ, ㄷ ④ ㄴ, ㄷ ⑤ ㄱ, ㄴ, ㄷ

16. 다음은 25 ℃에서 수용액 (가)~(다)에 대한 자료이다.

○ (가), (나), (다)의 $\frac{\text{pH}}{\text{pOH}}$는 각각 $\frac{5}{2}$, $16k$, $9k$이다.
○ (가), (나), (다)에서 OH^-의 양(mol)은 각각 $100x$, x, y이다.
○ 수용액의 부피는 (가)와 (나)가 같고, (다)는 (나)의 10배이다.

이에 대한 설명으로 옳은 것만을 〈보기〉에서 있는 대로 고른 것은? (단, 25 ℃에서 물의 이온화 상수(K_w)는 1×10^{-14}이다.) [3점]

〈보 기〉
ㄱ. $y=10x$이다.
ㄴ. $\frac{\text{(가)의 pH}}{\text{(나)의 pOH}}>1$이다.
ㄷ. $\frac{\text{(나)에서 OH}^-\text{의 양(mol)}}{\text{(다)에서 H}_3\text{O}^+\text{의 양(mol)}}=1$이다.

① ㄱ ② ㄴ ③ ㄷ ④ ㄱ, ㄴ ⑤ ㄴ, ㄷ

17. 다음은 25 ℃에서 식초 A, B 각 1 g에 들어 있는 아세트산(CH_3COOH)의 질량을 알아보기 위한 중화 적정 실험이다.

> [자료]
> ○ CH_3COOH의 분자량은 60이다.
> ○ 25 ℃에서 식초 A, B의 밀도(g/mL)는 각각 d_A, d_B이다.
> [실험 과정]
> (가) 식초 A, B를 준비한다.
> (나) A 50 mL에 물을 넣어 수용액 Ⅰ 100 mL를 만든다.
> (다) 10 mL의 Ⅰ에 페놀프탈레인 용액을 2~3방울 넣고 0.2 M NaOH(aq)으로 적정하였을 때, 수용액 전체가 붉게 변하는 순간까지 넣어 준 NaOH(aq)의 부피(V)를 측정한다.
> (라) B 40 mL에 물을 넣어 수용액 Ⅱ 100 g을 만든다.
> (마) 10 mL의 Ⅰ 대신 20 g의 Ⅱ를 이용하여 (다)를 반복한다.
> [실험 결과]
> ○ (다)에서 V: 10 mL
> ○ (마)에서 V: 30 mL
> ○ 식초 A, B 각 1 g에 들어 있는 CH_3COOH의 질량

식초	A	B
CH_3COOH의 질량(g)	$8w$	x

$x \times \frac{d_B}{d_A}$는? (단, 온도는 25 ℃로 일정하고, 중화 적정 과정에서 식초 A, B에 포함된 물질 중 CH_3COOH만 NaOH과 반응한다.) [3점]

① $6w$ ② $9w$ ③ $12w$ ④ $15w$ ⑤ $18w$

18. 표는 $2x$ M HA(aq), x M H_2B(aq), y M NaOH(aq)의 부피를 달리하여 혼합한 수용액 (가)~(다)에 대한 자료이다.

혼합 수용액		(가)	(나)	(다)
혼합 전 수용액의 부피(mL)	$2x$ M HA(aq)	a	0	a
	x M H_2B(aq)	b	b	c
	y M NaOH(aq)	0	c	b
혼합 수용액에 존재하는 모든 이온 수의 비율		$\frac{3}{5}$, $\frac{1}{5}$, $\frac{1}{5}$		$\frac{3}{5}$, $\frac{1}{5}$, $\frac{1}{5}$

$\frac{y}{x} \times \frac{\text{(나)에 존재하는 } Na^+ \text{의 양(mol)}}{\text{(나)에 존재하는 } B^{2-} \text{의 양(mol)}}$은? (단, 수용액에서 HA는 H^+과 A^-으로, H_2B는 H^+과 B^{2-}으로 모두 이온화되고, 물의 자동 이온화는 무시한다.) [3점]

① $\frac{1}{12}$ ② $\frac{1}{9}$ ③ $\frac{1}{3}$ ④ 9 ⑤ 12

19. 다음은 A(g)로부터 B(g)와 C(g)가 생성되는 반응의 화학 반응식이다.

$$2A(g) \longrightarrow 2B(g) + C(g)$$

그림 (가)는 실린더에 B(g)를 넣은 것을, (나)는 (가)의 실린더에 A(g) $10w$ g을 첨가하여 일부가 반응한 것을, (다)는 (나)의 실린더에서 반응을 완결시킨 것을 나타낸 것이다. 실린더 속 전체 기체의 부피비는 (가) : (나)=5 : 11이고, (가)와 (다)에서 실린더 속 전체 기체의 밀도(g/L)는 각각 d와 xd이며, $\frac{\text{C의 분자량}}{\text{A의 분자량}} = \frac{2}{5}$이다.

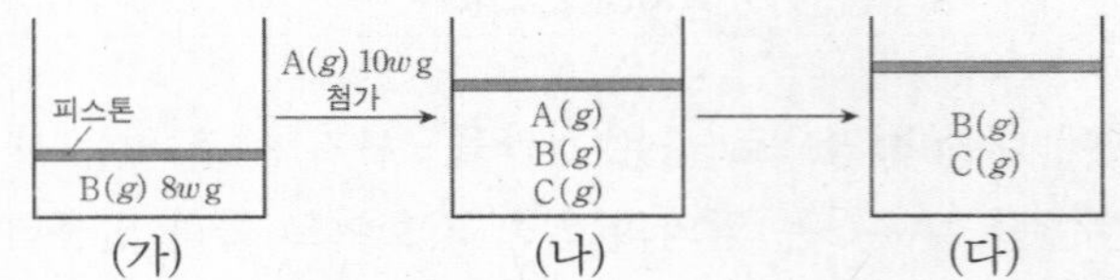

$x \times \frac{\text{(다)의 실린더 속 B}(g)\text{의 질량(g)}}{\text{(나)의 실린더 속 C}(g)\text{의 질량(g)}}$은? (단, 실린더 속 기체의 온도와 압력은 일정하다.)

① 9 ② 18 ③ 21 ④ 24 ⑤ 27

20. 다음은 t ℃, 1기압에서 실린더 (가)~(다)에 들어 있는 기체에 대한 자료이다.

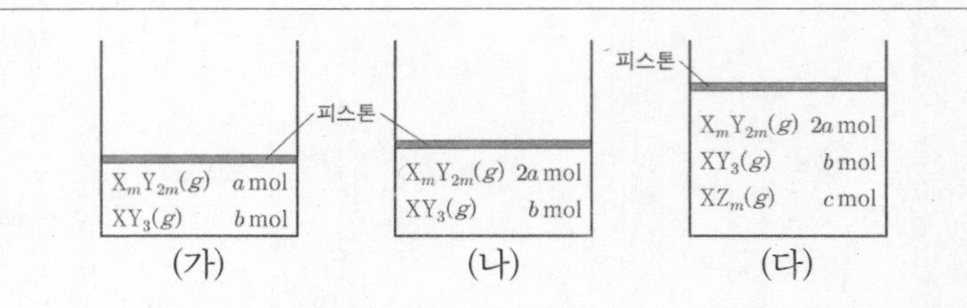

○ X의 질량은 (가)에서가 (다)에서의 $\frac{1}{2}$배이다.
○ 실린더 속 기체의 단위 부피당 Y 원자 수는 (나)에서가 (다)에서의 $\frac{5}{3}$배이다.
○ 전체 원자 수는 (가)에서가 (다)에서의 $\frac{11}{20}$배이다.

$\frac{b}{a \times m}$는? (단, X~Z는 임의의 원소 기호이다.) [3점]

① $\frac{1}{12}$ ② $\frac{1}{8}$ ③ 1 ④ $\frac{4}{3}$ ⑤ 2

> ＊ 확인 사항
> ○ 답안지의 해당란에 필요한 내용을 정확히 기입(표기)했는지 확인하시오.